지역사회에서 행동문제를 지닌
사람을 통합하는

긍정적 행동지원

Positive Behavioral Support:

Including People with Difficult Behavior in the Community

지역사회에서 행동문제를 지닌
사람을 통합하는

긍정적 행동지원

Positive Behavioral Support:

Including People with Difficult Behavior in the Community

Lynn Kern Koegel
Robert L. Koegel
Glen Dunlap 편저

이영철·박정식·이응훈 옮김

박학사

Positive Behavioral Support:
Including People with Difficult Behavior in the Community

edited by
Lynn Kern Koegel, Ph.D.
Robert L. Koegel, Ph.D.
Glen Dunlap, Ph.D.

역자 서문

장애인의 삶의 질에 대한 책을 읽다가 삶의 질의 핵심은 "행복"인 것을 알게 되었다. 삶의 질 향상을 방해하는 요인 중의 하나는 문제행동이며, 문제행동은 문제행동 그 자체만 문제가 아니라 부모와 교사들을 당혹하게 하며 과도한 스트레스를 만들어 아동과 아동을 둘러싼 모든 사람을 불행하게 만드는 경향이 있다.

삶의 질과 관련된 문제행동의 중재를 보다가 지금까지 응용행동분석의 철학과는 다른 새로운 접근방법인 긍정적 행동지원을 알게 되었다. 이 방면의 연구는 미국에서 1990년대 말에 벌써 10여 년의 연구결과가 축적되어 있었지만 우리나라에서는 연구하는 사람이 거의 없다는 것을 알게 되었다(이영철, 2000). 이러한 새로운 경향을 접하고 국내에 소개하려는 생각을 한 뒤 책을 번역하기까지에는 꽤 많은 시간이 흘렀다. 최근 우리나라에서도 이 방면의 연구가 나오고 있으며, 현장에 적극적으로 소개되고 있어 퍽 다행한 일이라 생각한다.

응용행동분석의 방법은 1960년대와 1970년대 행동중재절차를 개발하는 것을 선도해 나갔으며(Barrett, 1986; Kazdin, 1980), 각각의 절차들은 바람직한 행동을 증가시키고 문제행동을 감소시키는 데 성공적이었으나 어떤 상황에서는 그렇지 못했다. 또한 자극과 반응 행동의 일반화가 문제가 되기도 하였다.

전통적인 응용행동 분석방법이 효과적이지 못했던 두 가지 이유는 첫째, 일반적인 행동 원리를 적용할 때 (1) 문제행동을 하는 아동이 누구인지? (2) 문제행동에 대한 사회적 상황이 무엇인지? (3) 문제행동을 하는 기능과 목적이 무엇인지에 대해 이해하려는 관심이 없었기 때문이었다. 둘째, 전통적인 응용행동 분석절차는 사회적으로 적절하고 다양한 기회를 가르치고 강화하기보다는 오히려 사람의 행동을 억압하고 통제하는 불유쾌한 결과를 사용하는 배타적인 방법을 강조해 왔다(Bambara & Knoster, 1998).

1987년 이후부터 응용행동분석의 연구들은 새로운 방향을 시도하고 있으며, 이 새로운 경향을 **긍정적 행동지원**(positive behavior support: PBS)이라고 부른다(Koegel, Koegel, &

Dunlap, 1996). 긍정적 행동지원의 목적은 문제행동을 감소시키기 위해 지역사회에서 행동원리를 사용하는 것이며, 지속적인 변화와 풍부한 생활양식을 만들어 개인의 삶의 질을 향상시키는 행동을 하게 한다. 나아가 문제행동을 가진 개인이 행복한 삶을 살도록 하는데 목표가 있다.

긍정적 행동지원은 문제행동에 대해 다차원적인 접근을 시도한다. 다차원적 접근이란, 첫째, 긍정적 행동이 증가하는가? 둘째, 문제행동이 감소하는가? 셋째, 자극 및 반응 일반화가 일어나는가? 넷째, 배운 행동이 유지되는가? 다섯째, 삶의 양식에 변화를 가져오는가? 여섯째, 사회적으로 타당한 행동인가에 초점을 맞추고 있다(Bambara & Knoster, 1998).

이 책의 내용은 문제행동을 가진 영유아에서부터 성인에 이르는 다양한 대상에게 가장 적절한 접근방법을 제시하고 있으며, 지원 프로그램의 실행과 실제적으로 고려할 점을 아주 구체적이고 상세한 내용까지 언급하고 있다. 또한 긍정적 행동지원을 지원하는 전체적인 프로그램과 시스템 상의 강점과 언어발달과 개별화된 사정에 중점을 두고 설명하고 있다.

이 책은 총 4부로 구성되어 있으며, 제1부는 문제행동을 가진 개인의 가족들을 돕기 위한 가족 쟁점과 가족지원, 제2부는 장애와 문제행동을 가진 학생들을 지원하는 전략에 초점을 맞춘 교육 쟁점을 다루고 있다. 제3부는 사회적 관계, 사회적 상호작용, 그리고 문제행동과 행동지원을 설명하고 있는 사회적 통합, 제4부는 다양한 지역사회 환경에서 광범위하게 고려할 점을 설명하는 지역사회 통합을 다루고 있다.

20년 전에 배웠던 응용행동분석의 이론은 아동의 문제행동을 중재했던 나에게 많은 도움을 주었다. 하지만 아동의 문제행동의 본질과 일반화의 중요성을 이해하게 됨에 따라 문제행동의 중재에 대한 철학과 방법 등에서 패러다임 이동이 일어났다. 문제행동에 대한 긍정적 행동지원은 이러한 패러다임 이동을 반영하고 있다. 문제행동을 가지고 있는 발달장애인이 삶의 질을 높여 행복한 삶을 사는 데 긍정적 행동지원이 새로운 계기가 되었으면 하는 바람을 가져본다.

긍정적 행동지원에 대한 짧은 지식을 가지고 감히 이 책을 번역하기로 시작한 것은 나의 큰 모험이자 도전이었으며 그 모험과 도전을 통하여 나의 지식의 지평을 넓히게 된 것을 감사하게 생각한다. 특히 우리나라에 없는 다양한 제도와 조직, 시스템에 대해서 이해하는 데 어려운 점이 많았으며, 다양한 사례를 보면서 가족생활에 대한 문화 차이를 느낄 수 있었고, 그것들을 적절히 옮기는 데 힘든 점이 많았음을 아울러 밝힌다. 하지만 한 문화에서 다른 문화로 자료를 번역하고 적용하는 디딤돌을 놓을 수 있다는 사실에 의미를 부여해 본다. 번역상 잘못된 모든 책임은 역자의 몫이며 잘못된 점은 앞으로 꾸준히 보완해 나갈 것을 밝힌다.

이 책을 번역하기로 박학사 구본하 사장님과 이야기를 한 뒤, 역자가 갑자기 학교의 많은 일들을 맡게 되는 바람에 번역이 많이 늦어졌다. 그래서 박정식, 이응훈 박사의 도움으로 공역을 하게 되었다. 박정식 박사는 11장에서 15장, 이웅훈 박사는 16장에서 20장을 번역해 주었다. 그럼에도 불구하고 약속한 날짜를 훨씬 넘기게 되었지만 인내를 가지고 끝까지 격려해 주신 박학사 구본하 사장님께 심심한 감사의 말을 전하며, 박학사 편집부 일동의 노고에 감사를 드린다. 또한 원고를 정리해 주고 여러 가지 자질구레한 일들을 도와준 임건순 선생과 우석대학교 특수교육과 유진수 군에게도 고마움을 전한다.

삼례의 붉은 노을이 아름다운 연구실에서
이영철 씀

참고문헌

이영철 (200). 발달지체인을 위한 새로운 행동중재의 방향. 특수교육저널: 이론과 실천, 1(1), 215-223.

Bambara, L. M., & Knoster, T. (1998). *Designing positive behavior plans, Innovations* (monograph No. 13) Washington , DC: American Association on Mental Retardation.

Barrett, R. P.(Ed.). (1986). *Severe behavior disorders in mentally retarded.* New York: Plenum.

Kazdin, A. E. (1980). *Behavior modification in applied settings* (Rev. Ed.). Homewood, IL: Dorsey Press.

Koegel, L. K. Koegel, R. L., & Dunlap, G. (Eds.). (1996). *Positive behavioral support: Including people with difficult behavior in the community.* Baltimore: Paul H. Brookes.

저자 소개

편저자

Lynn Kern Koegel 박사. 자폐연구센터의 임상 Director. Santa Barbara에 있는 California 대학교 교육대학원 교수

Robert L. Koegel 박사. 자폐증 연구센터의 임상 Director. 상담/임상/학교심리학 프로그램 교수, Santa Barbara에 있는 California 대학교 발달과 장애 특별 프로그램의 총 책임자

Glen Dunlap 박사. 지역사회 발달프로그램의 Director. South Florida 대학교의 Florida 정신건강연구소의 아동 및 가족연구학과 교수

각 장의 저자

Richard W. Albin, Ph.D., Specialized Training Program, 1235 University of Oregon, Eugene, OR 97403-1235

Jacki L. Anderson, Ph.D., Department of Educational Psychology, California State University, Hayward, CA 94542

William R. Ard, Jr., Specialized Training Program, 1235 University of Oregon, Eugene, OR 97403-1235

Jon S. Bailey, Ph.D., Department of Psychology, Florida State University, Tallahassee, FL 32306-1051

Wendy Berg, M.A., Division of Developmental Disabilities, University Hospital School, Room 251, Hawkins Drive, University of Iowa, Iowa City, IA 52242

Stephen M. Camarata, Ph.D., Department of Hearing and Speech Sciences, Bill Wilkerson Center,

Vanderbilt University, Nashville, TN 37203

Edward G. Can, Ph.D., Department of Psychology, State University of New York at Stony Brook, Stony Brook, NY 11794-2500

Carol Davis, Ed.D., University of Minnesota, Pattee Hall, 150 Pillsbury Drive S.E., Minneapolis, MN 55455

H. Michael Day, Ph.D., Independent Living Services, 4603 Albion, Boise, ID 83705

Gigi De Vault, M.A., Program Development Services, Box 357925, College of Education, University of Washington, Seattle, WA 98195-7925

K. Mark Derby, Ph.D., Neurobehavior Unit, Department of Behavioral Psychology, Kennedy Krieger Institute, Johns Hopkins University School of Medicine, Baltimore, MD 21205

William L.E. Dussault, J.D., Attorney at Law, 219 E. Galer, Seattle, WA 98102

Kathleen Feeley, M.S., University of Minnesota, Pattee Hall, 150 Pillsbury Drive S.E., University of Minnesota, Minneapolis, MN 55455

K. Brigid Flannery, Ph.D., Specialized Training Program, 1235 University of Oregon, Eugene, OR 97403-1235

Lise Fox, Ph.D., Department of Child and Family Studies, Florida Mental Health Institute, University of South Florida, 13301 N. Bruce B. Downs Boulevard, Tampa, FL 33612-3899

Jay Harding, Ed.S., Division of Developmental Disabilities, University Hospital School, Room 251, Hawkins Drive, University of Iowa, Iowa City, IA 52242

Norris G. Haring, Ph.D., Program Development Services, College of Education, Box 357925, University of Washington, Seattle, WA 98195-7925

Peggy P. Hester, Ph.D., Department of Special Education, George Peabody College, Vanderbilt University, Nashville, TN 37203

Robert H. Homer, Ph.D., Specialized Training Program, 1235 University of Oregon, Eugene, OR 97403-1235

Tuna Itkonen, M.D., Hawaii Department of Education, 3430 Leahi Avenue, Honolulu, HI 96804

Susan Johnston, Ph.D., University of Minnesota, Pattee Hall, 150 Pillsbury Drive S.E., Minneapolis, MN 55455

Ann P. Kaiser, Ph.D., Department of Special Education, George Peabody College, Vanderbilt

University, Nashville, TN 37203

Diane Kellegrew, Ph.D., University of Southern California, Department of Occupational Therapy, 1540 Alcazar Street, CHP-133, Los Angeles, CA 90033

Craig H. Kennedy, Ph.D., College of Education, Division of Special Education, 1776 University Avenue, Wist 208, University of Hawaii, Honolulu, HI 96822

Don Kincaid, Ph.D., West Virginia University, UACDD/WVLI, 918 Chestnut Ridge Road, Morgantown, WV 26506

Frank W. Kohler, Ph.D., Allegheny-Singer Research Institute, 320 E. North Avenue, Pittsburgh, PA 15212-4772

Joseph M. Lucyshyn, Ph.D., Speciali.zed Training Program, 1235 University of Oregon, Eugene, OR 97403-1235

Darlene Magito-McLaughlin, M.A., Department of Psychology, State University of New York at Stony Brook, Stony Brook, NY 11794-2500

Mary McEvoy, Ph.D., University of Minnesota, Pattee Hall, 150 Pillsbury Drive S.E., Minneapolis, MN 55455

Gail McGee, Ph.D., Emory Autism Resource Center, Department of Psychiatry and Behavioral Sciences, Emory University School of Medicine, 718 Gatewood Road, Atlanta, GA 30322

Kimberly Mullen, M.A., Department of Psychology, West Virginia University, Morgantown, WV 26506

Cheryl Nickels, 545 North 100 West, Jerome, ID 83338

Stephanie Peck, Ph.D., Department of Special Education, Gonzaga University, Spokane, WA 99258-0001

Karen L. Pierce, M.A., Department of Psychology, University of California, San Diego, CA 92093-0109

Christine E. Reeve, M.A., Department of Psychology, State University of New York at Stony Brook, Stony Brook, NY 11794-2500

Joe Reichle, Ph.D., Department of Communication Disorders, University of Minnesota, 47 Shevlin Hall, 164 Pillsbury Drive S.E., Minneapolis, MN 55455

Todd Risley, Ph.D., Department of Psychology, University of Alaska, 3211 Providence Drive, Anchorage, AK 99508

Elisabeth Rogers, Ph.D., State University of New York, One College Circle, Geneseo, NY 14454-1401

Audrey Russo, M.T.A., Virginia Institute of Developmental Disabilities, Virginia Commonwealth University, Richmond, VA 23284

Wayne Sailor, Ph.D., The University of Kansas, Schiefelbusch Institute for Life Span Studies, 1052 Dole Human Development Center, Lawrence, KS 66045

Laura Schreibman, Ph.D., Department of Psychology, University of California, San Diego, CA 92093-0109

Denise D. Shearer, M.A., Allegheny-Singer Research Institute, Pittsburgh, PA 15212-4772

Aubyn C. Stahmer, Ph.D., Department of Psychology, P.O. Box 200, State University of New York, Cortland, NY 13045

Phillip S. Strain, Ph.D., University of Colorado, School of Education, 1444 Wazee, Denver, CO 32312

Connie C. Taylor, Ph.D., Private Consultant, 9120 Bithlo Lane, Tallahassee, FL 32312

Ann P. Turnbull, Ed.D., Beach Center on Families and Disability, do Life Span Institute, 3111 Haworth Hall, University of Kansas, Lawrence, KS 66045

H. Rutherford Tumnbull, III, LL.B/J.D., LL.M., Beach Center on Families and Disability, do Life Span Institute, 3111 Haworth Hall, University of Kansas, Lawrence, KS 66045

Bobbie J. Vaughn, Ph.D., Department of Child and Family Studies, Florida Mental Health Institute, University of South Florida, 13301 Bruce B. Downs Boulevard, Tampa, FL 33612-3899

David P. Wacker, Ph.D., Division of Developmental Disabilities, University Hospital School, Room 251, Hawkins Drive, University of Iowa, Iowa City, IA 52242

Kathleen Wolff, M.S., University of Minnesota, Pattee Hall, 150 Pillsbury Drive S.E., Minneapolis, MN 55455

저자 서문

긍정적 행동지원은 사람의 발달을 돕고, 사회적으로 바람직한 행동인 적응 행동에 참여시키며, 분열행동과 낙인찍힌 반응을 극복하는 광범위한 행동에 관련된 것이다. 이 용어는 일반적으로 발달, 인지, 또는 정서·행동장애를 갖는 사람에게 제공되는 지원에 관한 것이다. 그러나 원리와 접근방법은 보다 많은 일반성을 가지고 있다. 긍정적 행동지원은 개인의 요구, 특성, 그리고 선호에 기초하여 선택적으로 채택된 절차와 지원전략을 종합적으로 통합한다. 이러한 절차는 사람의 행동과 삶의 방식에 가시적인 개선을 제공하는 다른 학문 분야 및 안내와 마찬가지로 행동주의 심리학과 응용행동분석의 문헌에서 끌어낸 것이다.

긍정적 행동지원은 1980년대 행동관리의 토대에서 나타났으며 그 때 이후로 변화되고, 믿을 수 있게 되고, 실체가 되었으며, 그러한 자료의 성장하는 기초가 되어 왔다(Horner et al., 1990; Meyer & Evans, 1989). 그것은 장애인과 바람직하지 못한 행동 유형을 변화시키는 데 효과적인 방법으로 심각한 문제행동, 존경할 만한 인간 존엄성, 인간의 잠재능력을 성공적으로 향상시키는 데, 사람의 기회를 확장시키는 데, 인간의 생활양식의 질을 향상시키는 데 도움을 주기 위한 노력으로 개발되었다. 긍정적 행동지원의 필수적인 특징은 인간중심 가치에 기초하며, 사람이 선호하는 생활양식의 전망으로부터 의미 있는 결과에 기여하며, 개별화되고 기능적인 사정을 신뢰하며, 중다중재와 지원전략의 수용과 사용을 포함한다.

지원과 중재 프로그램의 목표는 그들이 실행하는 절차나 방법의 선택과 상당한 관계가 있다. 긍정적 행동지원의 맥락에서, 목표들은 사람이 지역사회 활동 안에서 살고, 학습하고, 사회화하고, 참여하는 방법을 향상시키는 것과 맞물려 있다. 목표는 사람들의 목적, 포부, 선호, 가정과 사회 기관에 의해 표현되는 문화적 기대의 인식으로부터 일어난다. 목표는 항상 문제행동의 발생과 기능적으로 양립할 수 없는 그러한 레퍼토리를 포함하면서 반응의 바람직한 레퍼토리의 확립을 포함한다. 긍정적 행동지원을 정의하는 가치 중의 하나는 중재가 사람의 능력을 향상시키도록 노력해야 하며 바람직한 환경, 사회적 상황, 그리고 활동에 접근하기 쉽도록 해야 한다. 마찬가지로 기본적인 중요한 가치 하나는 모든 사람을 존경과 존엄성을 가진 존재로 다루며 그러므로 중재 프로그램은 품위를 떨어뜨리거나, 굴욕감을 느끼게 하거나, 또는 고통을 유발하는 상호작용을 삼가지 않으면 안 된다.

모든 사람의 독특성에 초점을 맞추고 존경을 강조하는 것은 긍정적 행동지원의 중심 가치일 뿐만 아니라 사정과 중재의 필요불가결한 특징이기도 한다. 기능적인 사정은 자극에 대한 특정한 지식과 문제행동에 영향을 미칠 뿐만 아니라 사람의 강점, 경향, 그리고 의사소통 전략의 이해를 만들어내는 과정이다. 연구 문헌은 지원 선택의 많은 범주를 제시하고 있다. 부분적인 목록은 1) 기능적인 의사소통 선택의 확립과 통합, 2) 유용하고 즐거운 여가 기술의 개발, 3) 강화와 교정의 개선된 후속결과, 4) 새로운 교육과정과 활동 스케줄, 5) 자기-관리 기술의 개발, 6) 지원 전문가의 훈련, 7) 요구와 교수 전달의 수정, 8) 건강관리, 운동, 의료적 처치를 포함한다. 뿐만 아니라, 종합적인 행동지원 노력은 중요한 행동양식 적응(예: 직업 바꾸기, 새로운 주거지로 이사하기, 새로운 사회 집단에 들어가기)을 고려하는 것이 필요하며, 그것은 반응의 파괴적 방법을 가장 효과적인 방법으로 바꾸는 것이 될 수 있다. 긍정적 행동지원의 중심적인 특징은 개인적인 필요와 특성에 맞는 중다 구성요소를 제공한다. 긍정적 행동지원을 정의하는 전망, 가치, 구성요소는 점차 확산되고 있다. 그러나 이러한 방향이 처음 발표되고 많이 진보했음에도 10년이 넘지 않았다는 것을 깨닫는 것이 중요하다. 사실, 긍정적 행동지원은 역동적인 모험이 되었으며, 새로운 중재는 일반적인 기초 위에 정의되고 통합되었다. 새로운 사례가 보고되었고, 새로운 연구들이 발표되었으며, 정선된 개념적 틀이 나타나고 있다. 이러한 노력은 보다 다양한 장면과 참가자를 통합하는 것이며 절차의 일반화와 절차가 적용될 수 있는 창의성에 중요한 증거를 더해가고 있다.

긍정적 행동지원의 개발과 정의에 기여한 많은 지원 제공자, 가족 구성원, 정책 입안자, 그리고 연구자들이 있어 왔다. 이 책의 편집자와 많은 공헌자들은 1987년 이래 긍정적 행동지원에 대한 연구를 수행하며 훈련을 제공하기 위해 조직되어 온 한 그룹과 관계가 있다. 장애와 재활 연구에 대한 국립연구소(미국 교육부)에 의해 재정 후원된 긍정적 행동지원에 대한 연구 및 후원센터(Research and Training Center on Positive Behavioral support; RTC-PBS)는 6개 대학에서 운영하였다. 참가한 6개 대학은 University of Oregon (Robert H. Horner and Richard W, Albin), University of California at Santa Barbara (Robert L. Koegel. and Lynn Kern Koegel), University of South Florida(Glen Dunlap), State University of New York at Story Brook (Edward G. Carr), University of Kansas (Wayne Sailor, Doug Guess, and Ann P. Turnbull), 그리고 California State University at Hayward (Jacki L. Anderson)이다. 뿐만 아니라, 수많은 다른 훈련자와 연구자들이 다양한 조사, 워크숍, 그리고 컨퍼런스에서 프로젝트를 협력해서 하였다.

RTC-PBS 프로젝트는 발달장애, 행동장애, 특수 및 일반교육, 심리, 그리고 행동분석 분야 저널에 100개가 넘는 논문을 발표하였다. 수많은 책, 책의 장(Chapters), 그리고 전공 논문들이 출판되었으며, 프로젝트에 참여한 전문가들이 컨퍼런스와 연차 총회에서 수많은 프레젠테이션을 제공하였다. 다양한 직전 및 현직연수 프로그램이 수행되어 왔으며, 훈련에서 주요한 강조점이 주 훈련 팀의 개발과 지원에도 운용되었고(Anderson, Albin, Mesaros, Dunlap, & Morelli-Robbins, 1993), 그것의 일부분은 제20장에서 논의하였다.

RTC-PBS의 다른 주요한 요소들은 긍정적 행동지원의 실제적 및 개념적 개발에 초점을 맞춘 전국적인 컨퍼런스에서 다루어져 왔다. 지금까지, 일곱 개의 컨퍼런스가 전국 단위로 개최되었으며, 그것은 효과적이고 긍정적인 접근방법에 대해 가장 최근의 정보를 얻을 수 있도록 수많은 가족 구성원과 지원 제공자에 기회로서 제공되었다. 컨퍼런스는 또한 실제와 연구에 선도적으로 기여한 일부 사람들과 집중해서 상호작용할 수 있는 장면으로 제공되었다. 컨퍼런스에서 발표자는 긍정적 행동지원에 중요한 공헌을 해 온 다른 프로그램의 수많은 전문가와 함께 RTC-PBS 연구자를 포함해 왔다. 이 책의 각 장들은 RTC-PBS의 전국적인 컨퍼런스에서 한 번 혹은 그 이상의 주요한 프레젠테이션을 전달한 영향력 있는 저자들을 권유하여 저술하도록 하였다.

이 책의 내용과 조직은 긍정적 행동지원의 확장되고 성숙되는 장을 설명하기 위해 선택하였다. 몇몇 장은 지원 프로그램을 실행하는 데 실제적인 고려점에 초점을 맞춘 반면, 다른 장들은 응용된 연구의 새로운 개발을 강조하고 있다. 몇몇 장은 영유아 초등 및 중등학생들에게 적용할 수 있는 전략들을 제시한 반면, 다른 장들은 성인에게 가장 적절한 접근방법들을 제시하였다. 몇몇 장은 시스템상 쟁점과 지원 프로그램의 전체 디자인에 초점을 맞춘 반면, 다른 장들은 언어발달 또는 개별화된 사정과 중재의 세세한 면에 중점을 두었다.

4부로 구성된 책의 조직은 긍정적 행동지원의 종합적인 성격을 나타내기 위해 제공되었다. 우리는 긍정적 행동지원이 제공해야 할 네 가지 우선적인 맥락을 선택하였으며, 이러한 맥락에서 중요한 개발을 증폭시켜 일할 수 있는 저자들을 확인하였다. 비록 각 부들이 많은 부분 중첩되어 있다고 하더라도, 그들은 행동지원 활동의 독창적이고 역동적인 분야를 나타내고 있다. 4부의 각각은 선택한 장의 기여를 반영하기 위한 틀을 확립하는 논의로 끝을 맺고 있다.

이 책은 전문가, 학생, 긍정적 행동지원 노력의 현재 위치, 실험적 증거에 대한 긍정적 행동지원의 확장된 기초, 또한 긍정적 행동지원의 다양성을 고려해 만들어졌다. 우리는 의미 있는 결과를 개발하는 개별화되고 인간중심 가치와 종합적인 지원 대안에 맞는 것을 포함시킴으로써, 긍정적 행동지원의 주제 하에 이 모든 장들이 통일되는 특징들을 모든 독자들이 깨닫기를 희망한다. 긍정적 행동지원 계획의 본질은 인간의 노력이다.

이 책은 많은 사람의 생산물이다. 우리는 RTC-PBS에서 일한 모든 개인, 모든 학생, 그리고 전국적인 컨퍼런스를 하는 데 포함된 모든 스텝, 그리고 이 책의 편집을 도와준 Cindy M. Carter와 Josh K. Harrower에 대해 감사를 표한다. 또한 우리는 우리의 컨퍼런스에서 그들의 전문성을 공유하고 이 책에 사려 깊은 기여를 해 준 모든 장의 저자들에게도 감사를 표한다. 그리고 마지막으로, 우리는 컨퍼런스에 참여하고 긍정적 행동지원의 중요한 쟁점을 현재의 사회적 맥락에서 정의하도록 도움을 준 부모, 연구자, 서비스 제공자, 그리고 행정가들에 감사를 표한다.

참고문헌

Anderson, J., Albin, R., Mesaros, R.A., Dunlap, G., & Morelli-Robbins, M. (1993). Issues in providing training to achieve comprehensive behavioral support. In J. Reichle & D. Wacker (Eds.), *Communication and language intervention: Vol. 3. Communicative alternatives to challenging behavior: Integrating functional assessment and intervention strategies* (pp. 363-406). Baltimore: Paul H Brookes Publishing Co.

Horner, R.H., Dunlap, G., Koegel, R.L., Carr, E.G., Sailor, W., Anderson, J., Albin, R.W., & O'Nell, R.E. (1990). Toward a technology of "nonaversive" behavioral support. *Journal of The Association for Persons with Severe Handicaps, 15*, 125-132.

Meyer, L., & Evans, I.M. (1989). *Nonaversive interventions for behavior problems: A manual for home and community*. Baltimore: Paul H. Brookes Publishing Co.

차 례

가족의 쟁점과 가족지원 제 1 부

10 문제행동을 하는 취학전 아동에게 서비스를 제공하기 위한 조기중재자의 직전 및 현직훈련 조정하기 207

11 합당한 절차의 공판을 피하기 240

사회 통합 제 3 부

12 사회적 관계, 영향을 미치는 변인 그리고 생애 주기의 변화 260

지역사회 통합 제 4 부

제 1 부

가족의 쟁점과 가족지원

제1장

심각한 문제행동의 예방과 감소를 위한 부모교육

Lynn Kern Koegel, Robert L. Koegel,
Diane Kellegrew & Kimberly Mullen

문헌은 자폐증을 위한 중재의 개선과 부모 참여를 통한 심각한 문제행동의 표출을 예방하는 여러 가지 체계적인 방법을 제안하고 있다. 첫째로, 치료사만 제공되는 모델을 사용하는 것과 반대되는 것으로서 중재의 전달에 적극적인 참여자로 부모를 참여시키는 것은 중재 전달에 있어 시간과 비용 절감을 하는 것이다(Koegel, Glahn, & Nieminen, 1978; Koegel, Schreibman, Britten, Burke, & O'Neill, 1982; Lovaas, Koegel, Mills, & Burke, 1984; Schreibman, Runco. Mills, & Koegel, 1982). 둘째로, 가족-전문가 협력과 파트너십은 성공적인 결과에 주요한 변인이 되어 왔으며, 지원, 자료를 가족에게 제공하는 프로그램과 장애아동이 가지고 있는 복잡하고 어려운 문제를 다루는 효과적인 절차는 가족 기능을 크게 강화시킬 수 있다(참고: Dunst, Trivette, Starnes, Hamby, & Gordon, 1993). 셋째로, 의사소통 또는 협력에서 간격(gap)이 사라질 때, 중재절차는 전형적으로 서비스 유용성을 향상시켰고, 문제행동과 가족에게 미치는 장애의 스트레스를 예방하거나 개선시키는 것으로 나타났다(참고:

Turnbull et al., 1993).

부모 참여의 중요성은 계속해서 인식되어 왔고(Peterson & Cooper, 1989; Sloane, Endo, Hawkes, & Jenson, 1991), 문헌은 단지 문제해결의 부분으로서 부모를 고려하는 것만으로도 사회 복귀 과정에 진보가 있을 것이라고 오랫동안 주장해 왔다(참고: Schopler, 1971). 자폐아동에게 있어서, 성공적인 부모교육 프로그램은 말하려는 노력과 말의 복합성의 증가(Harris, 1986), 부적절한 행동의 감소(Marcus, Lansing, Andrews, & Schopler, 1978), 치료 결과의 향상된 일반화와 유지(Koegel, Koegel, & Schreibman, 1991; Koegel et al., 1982) 그리고 자폐 청소년 수용 시설화의 감소(Schopler, Mesibov, De Vellis, & Short, 1981)를 나타내고 있다. 사회 복귀 과정에서 적극적 참여자로서 부모를 통합시키는 것의 이점은 연구자들로 하여금 부모 중재 모델의 효율성과 효과성에 초점을 맞추는 쪽으로 나아가게 하였다. 치료에 있어서, 우리는 부모교육과 완전통합 학교 프로그램을 향상시키기 위해 교사-부모 협력을 통해 의사소통을 개발하고 행동을 관리하는 데 주의의 초점을 맞추었다. 이 장은 가정과 학교 같은 자연적인 환경에서 일어나는 심각한 문제행동의 감소 또는 예방과 효과적인 변화를 향상시킨 과학적으로 기록된 몇몇 프로그램을 검토한다.

중추적인(Pivotal) 반응과 동기

중재의 성공에 관련되는 한 영역은 구어 의사소통을 배우는 자폐아동이 동기에 있어 명백한 결핍을 나타낸다는 것이다(Dunlap, 1984; Dunlap & Koegel, 1980; Koegel & Koegel, 1986). 그러한 동기의 부족은 많은 행동에 영향을 미치는 중추적인(pivotal) 것이다. 의사소통하려고 하는 동기의 부족은 과제 또는 상호작용에 있어 아동으로 하여금 함께 하는 사람으로부터 벗어나버리는 것과 같은 가벼운 형태에서부터, 화내기, 공격, 자해행동, 또는 파괴행동과 같은 보다 심각한 형태로 나타날 수 있다. 자폐아동을 위한 조기중재는 구어 의사소통과 같은 표적행동을 가르치려고 시작하기 전에 분열적이고 방해하는 행동을 감소시키기 위한 처벌 절차에 초점이 맞추어졌다. 그러나 이 분야는 이러한 영역의 상호 관련성에 강조를 두는 쪽으로 이동해 왔다(예: Crystal, 1987; Koegel, Camarata, & Koegel, 1994; Koegel, Valdez-Menchaca, & Koegel, 1994). 기능적 사정에 기초한 중재 방법은 가끔은 심각한 분열행동을 적절한 의사소통 행동으로 성공적으로 대치하거나 현저하게 감소시킬 수 있었다. 예를 들면, 도움 또는 주의집중하도록 아동을 가르침으로써 공격행동, 화내는 행동 및 자해행동과 같은 행동을 의미 있게 감소시켰다. 이런 상호작용적 유형은 동기화가 안 된(escape-motivated) 상동행동에 기능적으로 동등한 의사소통 대안행동으로서 교사의 도움을 요구하도록 아동을 가르쳤을 때도 마찬가지로 나타났다(Dunrand & Carr, 1987).

이러한 연구와 더불어 몇몇 연구들은 중추적인 표적 행동으로서 구어 의사소통에 대한 동기의 중요성을 나타내는 것이다. 정상적으로 발달하는 아동은 어릴 때부터 부모에게 바람직하고 적절한 발화와 구어를 배우며 이것은 구체적인 강화를 더 많이 하도록 개선시키지만, 말과 언어 손상을 가진 아동은 의사소통에 어려움을 가지며 이것은 그들의 필요를 얻거나 욕구를 충족하기 위해 비구어적 의사소통의 유형에 계속 의존하게 한다. 아주 어릴 때는 비구어적 의사소통 행동의 이러한 유형이 비교적 경미하지만(예: 울기, 화내기) 그러나 아동이 나이가 많아짐에 따라 보다 심각한 형태로 발전되는 경향이 있다. 적절한 대안 의사소통 행동을 일찍 습득하지 않으면 공격행동, 파괴행동, 자해행동은 보다 심각한 문제로 발전해 간다.

아동이 장난감을 선택하는 것은 동기를 향상시키는 데 도움이 된다.

급격히 많아지는 데이터베이스와 전문적인 의견은 아주 어릴 때의 중재가 보다 나은 예견을 가져온다는 데 동의하며, 의사소통은 가장 성공적인 프로그램의 주된 표적 행동이라고 한다. 논리적으로 조기중재는 특히 기능적인 의사소통이 주요한 목적이라면, 심각한 정도를 증가시키는 것에서부터 비교적 가벼운 행동문제를 예방할 수 있는 것도 있다. 그러나 자폐아동에게 말과 언어를 가르치는 데 하나의 어려움은 의사소통을 배우려고 시도하는 적절한 동기가 가끔은 부족하다는 것이다. 아동이 사회적 상황을 능동적으로 피하는 아주 어린 시기에 이것이 나타날 수 있다. 이러한 도전을 극복하기 위해서, 많은 연구자들은 의사소통 기술을 개선시키기 위한 중추적인 행동으로서 성공적인 동기를 목표로 삼아 왔다. 일부 효과적인 방법은 자극 문항과 대화 주제와 관련하여 아동의 선택을 통합적으로 하는 것(Koegel, Dyer, & Bell, 1987), 표적 발화에 단지 엄격하게 정의된 연속적인 근접성과 보다 좁게 정의된 후속결과를 사용하기보다는 시도에 강화하는 것(Koegel, O'Dell & Dunlap, 1988), 단지 현재의 (새로운)과제 습득보다는 오히려 유지 과제를 산재(散在)시키는 것(Dunlap, 1984), 인위적인 강화제보다는 오히려 자연스런 강화결과를 포함한다. 이 모든 방법이 연합되고 자폐아동에게 언어를 가르치면서 사용할 때 특히 효과가 강력하였다(Koegel, O'Dell, & Koegel, 1987; Laski, Charlop, & Schreibman, 1988).

〈표 1〉은 덜 효과적인 동류어(analog) 절차와 자연적 언어 패러다임(Natural Language Paradigm; NLP) 사이의 차이점을 열거하고 있다(Koegel, O'Dell, & Koegel, 1987). 다운증후

〈표 1〉 아날로그와 자연적 언어 패러다임(NLP) 절차 사이의 차이점

	아날로그 조건	NLP 조건
자극 문항	a. 치료사가 선택 b. 준거에 도달할 때까지 반복 c. 음성학적으로 발음하기 쉽고, 자연적 환경 속에서 기능과는 상관없음	a. 아동이 선택 b. 시도하는 것이 반복되지 않고 다양함 c. 아동의 자연적 환경 속에 발견할 수 있는 연령에 적절한 문항)
촉구	a. 매뉴얼(예: 혀끝을 건드리거나, 입술을 함께 다뭄)	a. 치료사가 문항을 반복함
상호작용	a. 치료사가 자극 문항을 가지고 올림; 자극 문항은 상호작용 안에서 기능적이지 않음	a. 치료사와 아동이 자극 문항을 가지고 놀이함(예: 자극 문항은 상호작용 안에서 기능적임).
반응	a. 정확한 반응 또는 계속적인 근접성에 대해 강화함	a. 구어(자기자극 제외)로 반응하기 위해 시도하는 것과 마찬가지로 강화하는 느슨한 행동 형성 후속결과
후속결과	a. 사회적 강화와 짝지어진 먹을 수 있는 강화물	a. 사회적 강화와 짝지어진 자연적 강화(예: 놀이도구와 놀이할 기회)

출처: Koegel, O'Dell, and Koegel(1987)

군 아동(Hart & Risley, 1980; Warren & Kaiser, 1986; Yoder, Kaiser, & Alpert, 1991), 언어지체 아동(Camarata & Nelson, 1992), 일반적인 발달장애아동(Cavallero & Bambara, 1982), 빈곤 계층의 아동(Hart & Risley, 1980)과 같은 다른 아동에게 비슷한 언어 교수방법을 사용했을 때도 마찬가지로 효과적인 결과가 나타났다.

가정과 지역사회 장면의 일상적인 상호작용의 맥락 속에서 부모들은 이러한 절차를 성공적으로 수행할 수 있다는 것이 보고되었다(Laski et al., 1988). 나아가 표현 어휘와 언어 유창성을 향상시킬 뿐만 아니라 처치되지 않은 분열적인 행동도 동기절차를 통합하면서 언어 기술을 가르쳤을 때 감소하는 것으로 나타났다(Koegel, Koegel, & Surratt, 1992). 더욱이 부모가 패러다임을 사용하여 가르쳤을 때, 부모의 스트레스를 감소시키는 예기치 않은 이점도 나타났다(Moes, Koegel, & Schreibman, 1994).

일상활동을 통한 기능 습득과 실제

아동의 기능 습득에 직접적인 영향을 주는 가정환경의 한 가지 특징은 가정의 일상활동이다(Bronfenbrenner, 1979). 일상활동은 매일의 생활로 채워지는 사건과의 의례적인 활동이다. 이것은 옷 입기, 식사하기 또는 목욕하기와 같은 자립 과제를 포함한다. 일상활동은 또한 휴식, 운동, 가정 관리 또는 여가활동도 포함한다. 매일의 의례와 일상활동은 개인의 생활에 목적과 구조를 준다(Clark et al., 1991).

일상활동의 과정을 통하여, 아동은 사회생활에 완전하게 참여하는 데에 필요한 기술 개발과 연습할 수많은 기회를 제공받는다. 이러한 매일의 기회들은 아동이 양육되는 문화의 실제와 가치를 전이할 효과적인 방법을 형성한다. 일상활동의 역동적인 영향 때문에 이러한 가정의 일상활동은 장애아를 위한 중재에 중요한 요인이 된다.

모든 아동들은 일상활동 과정을 통하여 새롭게 학습한 기술을 연습하기 위한 기회로부터 이익을 얻는다. 그러나 기회의 부족은 장애아가 될 위험이 높은 아동에게 현저한 문제가 된다. 이것은 간단한 자립 기술에 가끔은 동기화되지 않는 것처럼 보이는 자폐아동에게 특히 심각한 문제가 될 수 있다. 그 결과로써 자폐아동이 자립 기술에 참여하는 매우 적은 기회를 제공받는 것에 대한 순환(cycle)이 개발될 필요가 있다. 그러므로 장애아들은 부가적인 학습과 강화를 필요로 하기 때문에 기회를 통합하는 일상활동에서 참여의 방법이 특히 중요하다(참고: Brown et al., 1991).

기능의 성취를 수행하는 데 기회의 긍정적인 영향과 비교하여 배운 기능을 연습하는 기회의 부족은 장애아동의 기능을 감소시키는 것과 관련되어 왔다. 예를 들면, Horner, Williams와 Konobbe(1985)는 중도장애를 가진 고등학생의 기능을 수행하는 데 기회의 효과에 대해 조사하였다. 결과는 학생들이 적은 수의 기회를 가졌던 기능과는 반대로 많은 수의 기회를 가졌던 개별화교육 프로그램(IEP)에서 목표로 했던 기능을 훨씬 잘 유지할 수 있음을 나타내었다. 저자들은 목적과 목표가 확립되었을 때, 일단 배운 기능을 수행할 정기적인 기회를 제공하는 계획에 관심을 쏟는다고 주장한다. 이러한 방법으로, 일상생활과 활동의 과정을 통하여 새롭게 배운 기능을 수행하도록 기회를 체계적으로 제시하는 것은 이러한 기능의 유지를 도와준다. 그러므로 매일을 기초로 하여 아동에게 유용한 기회의 유형은 아동이 수행하는 기능의 유형과 그러한 기능의 계속되는 유지에 중추적인 요인이 될 수 있다.

생태학적 변인 방 안의 배치, 장난감의 이용 및 일정의 고려와 같은 많은 생태학적 변인은 기능을 수행하는 아동에게 증가된 기회를 제공하는 데 기여할 수 있다. Burnstein(1986)은 장난감의 배치와 방 안에서 활동의 위치가 아동의 참여에 영향을 미친다고 주장하였다. 많은 장애아동들은 접근하기 쉽고 익숙한 장난감을 가지고 노는 경향이 있다. 결과적으로 방의 물리적인 진열과 가구(equipment)의 유형은 기능 발달을 위한 기회를 제공하는 데 기여할 수 있고, 그래서 학습을 향상시킨다.

유용한 기회의 유형 아동의 반응성은 가정과 다른 환경에서 제공되는 상호작용과 기능 연습을 위한 기회의 유형과 마찬가지로 관련되어 왔다. 연구자들은 장애아동에게 주어지는 단서가 덜 분명하며(Dunst, 1983; Yoder, 1987), 그 결과로서 그들은 상호작용을 위한 기회를 더 적게 받는다. 예를 들면, Guralnick과 Bricker는 다운증후군 아동이 정상적으로 발달한 아동만큼 놀이할 동안 효과적으로 자료를 사용하지 못한다고 보고하였고, 그들은 그들의 놀이에 다른 아동을 포함시키는 기회를 사용하는 데 실패한다. 그래서 장애아동들이 나타내는 반응성의 차이는 양육자와 또래 둘 다와 상호작용하는 감소된 기회를 만드는 데 기여할 수 있다(Guralnick, 1991; Hupp, 1991; Koegel & Johnson, 1989; Koegel & Koegel, 1987; Schwethelm & Mahoney, 1986).

가정 중재에 부모를 포함시키기

감소된 기회와 일상활동의 학습 잠재력에 관련된 이러한 요인의 입장에서 보면, 연구자들은 일상활동을 하는 동안 체계적으로 지도의 쟁점들을 나타내기 시작해야 한다. 예를 들면, Stremel 등(1992)은 장애아동의 일상활동 속에 IEP 목표를 통합하였다. 가족들은 일상활동에 아동의 발화를 증가시키는 것과 같은 부가적인 치료적 중재를 통합하는 것을 결정하였다. 빈번하게 자립 활동을 포함하는 일상활동이 선택되었다. 목표로 하는 중재의 각 단계를 성취하기 위한 구체적인 절차는 전문가 스텝에 의해 모델링되고 비디오테이프로 만들어졌다. 아동의 가족들은 그 방법을 성공적으로 모델링하기 위하여 필요한 만큼 자주 비디오테이프로 만들어진 예를 시청하도록 격려되었다. 목적에 따른 진보가 전문가 스텝에 의해 정기적으로 모니터되었다.

다른 연구에서 Vincent, Salisbury, Laten과 Baumgart(1979)는 가정의 일상활동과 일정에서 잠재적인 기회를 확인해내었다. 중재 우선순위를 가족과 함께 개발하였다. 이 정보를 가지고 부모들은 언제 어디서 아동의 중재 우선순위가 매일의 일정 속에 들어가야 될지 고려하도록 안내되었다. 중재 방법이 전문가 스텝에 의해 모델링되고 설명되었으며, 또한 부모들은 목적을 성취하는 데 그들 자신의 전략을 개발하고 탐사하도록 격려되었다. 형제자매와 아동을 돌보는 사람과 같은 가족 및 가족지원 체계의 다른 구성원들도 중재 프로그램 속에 마찬가지로 통합되었다. 그래서 이 접근방법은 가정에서 자연스럽게 발생하는 교육적 기회에 필요한 지원을 함으로써 아동의 학교에서의 역할을 확장시키는 것의 하나가 되었다.

이러한 유형의 프로그램이 성공적으로 나타났음에도 불구하고, 비슷한 다른 프로그램은 제한적인 성공을 보고하였다. 제한적인 성공처럼 보이는 일부 영역은 많은 프로그램이 일정한 시간의 단지 한 부분에서만 아동의 발달을 보는 사실과 관련되어 있다(Schafer, Bell, & Spalding, 1987). 나아가 일부 프로그램은 가정환경에서 차이(Handen, Feldman, & Honigman, 1987), 부모의 교육 수준과 같은 발달하는 데 영향을 미치는 부모의 특정한 특성(Donneley, Doherty, Sheehan, & Whittemore, 1984), 문화적 변인(예: 부모의 믿음과 기대, 종교적 신념, 문화적 관습과 의식), 및 아동 양육의 실제(참고: Wisner, Gallimore, & Jordan, 1993)를 고려하지 않는다.

Kellegrew(1994)는 이러한 쟁점의 일부를 나타내도록 시도하는 가족에 대한 몇몇 예비 연구를 수행하였다. 첫 번째 연구는 가정에서 자립 기능에 대한 아동의 기회와 수행능력에 대해 부모와 스텝을 인터뷰하였다. 이 연구는 이러한 과제를 수행하는 아동의 능력에 대해 부모와 스텝의 보고서가 일치함을 나타내 주었다. 그러나 스텝은 부모가 보고한 것보다는 가정에서 이러한 기능에 참여하는 기회가 더 적음을 예상하였다.

두 번째 연구는 직접관찰을 통하여 아동의 자립 기능을 수행해야 하는 실제 기회와 이러한 관찰이 부모와 스텝의 보고서 간에 일치하는지를 보는 과학적인 기록을 하도록 시도하였다. 이 조사의 결과는 아동이 보다 많은 능력을 나타내는 영역(예: 스스로 먹기)이 가정에서 활동을 수행하도록 증가된 기회를 주는 것과 관련되어 있음을 보여 주었다. 반대로 부모들은 그들 아동이 더욱 어려워하는 영역(예: 혼자서 옷 입기)에서 그들이 보고한 것보다 실제로 더 적은 기회를 제공하는 것으로 관찰되었다.

이러한 발견을 기초로 하여, 그들의 아동이 일정한 자립 절차에 참여하도록 기회를 제공하지 않은 부모들은 아동에게 자립 기능을 제공하는 기회의 수를 증가시키도록 고안된 중재 프로그램에 참여하도록 선택하게 하였다. 이것은 그들이 그들 아동에게 독립적으로 자립 기능에 참여하도록 기회의 수를 증가시키는 것과 관련하여 그들 자신의 행동을 부모가 자기-관리하도록 가르침으로써 성취되었다. 부모는 그들의 아동이 독립적으로 기능을 수행하는 것을 시도하는지 아니면 부모가 아동을 말로써 또는 신체적으로 도와주는지 모니터되었다. 자기-관리 양식이 부모에게 주어졌을 때 처음의 중재자는 부모에게 세 가지 개념을 전달하는 것으로 구성되었다. 첫 번째는 자립의 중요성, 즉 아동의 입장에 독립성을 만들어내려고 하는 필요, 일단 자립 기능을 습득하면 통합된 장면에서 아동이 보다 기능적이 되려고 하는 증가된 가능성과 관련되었다. 두 번째 개념은 장애아동이 정말로 자립 기능을 수행하려고 준비하고 그럼으로써 활동에 참여하는가이다. 세 번째 개념은 아동이 필요로 하는 자립 기능을 연습할 기회가 제공되는가이다. 기능습득에 직접적인 중재는 제공되지 않았다. 부모의 자기-관리 용지는 단지 목표행동에 참여하는 기회를 제공하는 데 초점이 맞춰졌고 부모가 제공하는 도움의 정도를 모니터하였다. 참여했던 대부분의 가족들은 아동에게 제공하는 자립 기회의 수를 즉각적으로 증가시키는 것을 나타내었다. 뿐만 아니라 그러한 기회를 제공받았을 때만이 그들의 기능 능력을 향상시켰으며, 궁극적으로는 자립 기능을 완전히 독립적으로 완수할 수 있었다.

Kellegrew(1994) 연구의 마지막 단계는 어떻게 부모가 자립 일상활동을 구성하여 가능한 변인을 관련시키는지, 왜 일부 아동에게는 기회를 주지 않는지를 탐구하는 것이었다. 세 가지 주제가 사정의 결과 나타났다. 첫 번째는 많은 문화적인 신념(예: 학교가 기능을 가르친다; 아동이 장애를 가지고 있으므로 기능이 떨어진다.)이 부모가 제공하는 기회의 수에 영향을 미쳤다. 두 번째 영역은 제한된 기회는 생태학적 제한(예: 시간적 제약)과 관련되어 있었다. 세 번째 영역은 부모가 그들 아동의 기능적인 잠재능력(예: 아동의 능력을 낮게 평가하는 것)의 타당하지 못한 지각과 관련되어 있었다. 이 연구의 결과는 많은 장애아동이 여러 가지 이유로 자립 기능을 수행할 기회를 제공받지 못하고 있음을 나타낸다. 그러나 일단 부모교육 프로그램이 기회를 증가시키도록 수행되면, 대부분의 아동은 실제로 자립 기능을 수행할 수 있었다.

최소한에서 이 연구들은 기능 발달 프로그램을 정교화시키려고 고안하기 전에 기능을 연습할 아동의 기회를 사정하는 중요성을 제안한다. 일상활동을 하는 동안에 제공되는 기회를 사정하고 정상화시키는 인터뷰는 간단한 방법일 수 있다(Bailey & McWilliams, 1990; Winton, 1990). 예방적인 틀 안에서 조기중재의 목적은 정상적인 발달을 향상시키는 입장에서 고려되며, 그래서 지체를 치료하는 중재보다는 오히려 발달지체를 최소화시키는 것이다. 예방의 차원에서 조기중재의 증가된 관심(Shonkoff, Hauser-Cram, Krauss, & Upshur, 1988; Simeonsson, 1991)은 아동의 기능 수행능력이 보다 정상적인 일상활동 속에서 단지 부모의 참여를 지원함으로써 향상될 수 있다는 생각의 미래 연구가 특히 흥미를 끌 것으로 보인다.

기능적 분석

부모교육의 맥락에서 일반적인 자립과 언어기능을 가르치는 것뿐만 아니라, 우리는 행동에 영향을 미치는 장면사건, 선행조건 및 후속결과를 확인함으로써 부모가 그들 아동의 분열적인 행동을 기능적으로 사정하는 자문 모델을 사용하는 것의 적절성을 연구하였으며, 그러고 나서 행동이 제공하는 기능에 대해 가정을 하였다(기능적 분석을 사용한 가정 프로그램을 위한 제3장 참고). 부모들이 기능적 분석을 수행하기 위해 선택한 것은 여러 가지 이유가 있다. 첫째, 아동의 자연적인 환경 안에서 중요한 타인들이 신뢰롭고 타당한 사정을 정확하게 수행하여 가르칠 수 있을 때, 거기에는 행동에 대한 계속적이고 체계적인 연구를 위한 가능성이 존재할 수 있다(Handleman, Powers, & Harris, 1984). 정기적인 기초 위에 발달장애인과 상호작용하는 개인은 전체 가족의 필요를 고려할 수 있고(참고: Foster, Berger, & McLean, 1981), 그래서 중재 프로그램은 특이한 가족 가치(예: 아동 양육 철학, 가족의 우선순위, 가족 구성원의 상호 관련성)와 환경(예: 경제적, 문화적, 종교적)을 개인과 높은 수준에서 일치시키도록 고안할 수 있다. 둘째로, 많은 부모들은 아동을 비교적 가끔씩 보는 전문가와는 달리, "하루 종일"(round-the-clock) 중재(Koegel et al., 1982; Koegel et al., 1991)를 제공하고 있다. 뿐만 아니라, 전문가가 하는 것보다 더 많은 시간을 자연적 환경에서 아동과 접근하기 때문에 보다 더 타당한 자료 수집을 할 수 있게 한다. 그러한 종합적인 조망은 전체적으로 다른 행동이 관련되어 있거나 또는 행동이 중다적인 요인을 포함하고 있을 때와 같은 하나의 통제 변인을 가진 하나의 행동을 확인하는 입장과는 다른 상황에서 특히 유용하다. 마지막으로, 부모의 투입이 중재절차의 개발에 가치 있고 통합될 때 그것은 논리적이며, 대치 행동이 가족의 독특한 환경에 적합할 가능성이 높다. 따라서 가르치고, 강화되고, 유지된 것들은 향상된다. 협력이나 협동 없이 고립되어 중재 프로그램을 개발하는 것은 아동의 생활이나 또는 가족생활의 전체적인 질에 있어서도 긍정적인 차이를 만들어내지 못한다(Mullen & Frea, 1995; Turnbull et al., 1993).

자폐증으로 진단되어 이 프로그램에 참여한 모든 아동들은 부모 또는 조부모와 함께 가정에서 살았으며, 공격행동과 다른 분열적인 행동을 나타냈으며 다른 도시에 거주하였다(적어도 클리닉에서 45분 떨어져 있었음). 연구의 첫 번째 단계는 어떻게 부모들이 그들의 문제행동을 기능적으로 평가하는지에 초점을 맞추었다. 사정의 목적은 기능적 분석을 사용하여 가정과 지역사회에서 계속적으로 정보를 수집하는 것이었다(예: Frea, Koegel, & Koegel, 1993; O'Neill, Horner, Albin, Storey, & Sprague, 1990). 양육자들은 클리닉에서 매주 1번씩 1시간 단위로 스텝 구성원을 만났다. 초기 모임(sessions) 동안 부모들은 자료기록용지에 익숙하게 되었다[그림 1]. 다음의 다섯 가지 측정을 가정과 지역사회에서 부모가 기록하였다.

1. 분열행동의 모든 것(예: 때리고, 장난감을 던지고, 책을 찢고)
2. 행동이 일어난 날짜, 시간 그리고 위치
3. 행동의 선행조건
4. 행동의 후속결과
5. 부모가 인지한 행동의 기능

한 시간 동안의 클리닉 회기에서, 스텝 구성원들은 독립적으로 기록의 정확성을 검증하기 위한 시도와 필요할 때 보호자에게 피드백을 제공하기 위해 자료를 기록하였다.

이런 자료 수집의 유형에 따라서, 부모들은 아주 빨리 수일에서 수주 간에 걸쳐 행동의 기능을 확인할 수 있었다. 일단 행동의 기능이 확인되면, 부모와 스텝들은 인지한 기능을 기초로 하여 중재 동안의 행동을 확인하는 데 초점을 맞추기 위해 함께 일하였다. 선택된 표적 행동들은 가장 빈번하게 일어나거나 또는 가족생활에 가장 분열적인 것이었다. 표적 행동의 선

이름: ________________

날짜: ________________

행동

시간								
장소								
이전:								
무엇인가 하기 위해 말함								
활동 변경								
이동함								
혼자 있음								
방해함								
"아니오"라고 말함								
이후:								
주의집중								
무엇인가 줌								
무엇인가 잃어버림								
영역에서 다시 벗어남								
무시됨								
벌을 받음								
위축을 요구받음								
이유:								
...을 벗어남								
전이								
...을 얻기 위해								
주의집중								
회피(사람/장소)하기								
기타: 구체화								

[그림 1] 기능적인 분석을 하기 위한 자료 용지 표집이다. 이 특정한 자료 용지는 지역사회 장면에서 그들 아동의 행동을 자료로 수집하기 위해 부모가 사용할 수 있다.

택에 뒤이어, 부모-전문가 팀은 중재계획을 개발하였다. 기능적으로 비슷한 의사소통적 발화가 아동의 언어적 수준과 구(phrase)가 그들의 일상생활에 맞다는 부모의 결정에 따라 선택되었다. 예를 들면, 할머니와 살고 있고 주의집중을 얻기 위해 심각한 공격행동을 보이는 한 아동에게 주의집중을 얻기 위해 "NaNa, 보세요."라고 말하도록 가르쳤다. 놀이 활동에 그들을 참여시키기 원할 때 다른 아동에게 반복적으로 공격행동을 하는 세 살 된 다른 아동은 바람직한 활동(예: "공놀이 하자")을 함께 하도록 "놀자"라고 말하도록 가르쳤다. 중재의 모든 것이 그들의 자연환경 속에서 양육자에 의해 가르쳐졌다. 각 아동의 표적으로 한 적절한 행동의 습득과 사용을 평가하기 위해, 부모는 1) 아동이 기능적으로 비슷한 의사소통적 반응을 사용하도록 촉구되었을 때, 2) 아동이 자발적으로 반응을 사용하는 경우의 데이터(자료)를 기록하였다. 클리닉(병원이나 치료 센터)에서 주 세션(치료 회기) 동안 전문가와 부모는 아동에게 표적의 대치 행동을 연습시키는 데 시간을 투자하였다.

연구의 세 번째 단계는 두 번째 행동을 기능적으로 사정하는 부모의 능력을 사정하기 위해 그리고 전문가의 심화된 도움 없이 전적으로 그들 자신이 중재를 개발하도록 고안되었다. Dougherty(1990)는 전문가 자문의 특성이 그 성격상 관계가 협력적이지만 임시적이라는 것을 지적한다. 우리 프로그램의 목적은 단순히 개인 문제행동을 다루는 것이 아니라, 부모에게 현재와 미래에 치료가 필요시 수많은 행동에 적용할 수 있는 기술을 제공하기 위한 것이다. 재미있게도, 이 연구의 중재 단계의 시행에 앞서, 분열행동을 다루는 부모의 가장 빈번한 절차는 간단한 타임아웃에서부터 심하게 때리는 것에 이르기까지 벌을 시행하는 것이었다. 우리는 부모들에게 부적절한 행동의 기능을 가정으로 세우고(hypothesize), 기능적으로 적절한 의사소통 반응을 개발하는 도구를 제공하기를 원한다. 그래서 이들 가정들이 처벌절차가 필요하지 않도록 그들 아동의 문제행동의 목적을 분명히 지각하도록 도와주고자 한다.

모든 부모들은 도움 없이 사정하고 심화된 중재를 계획할 능력이 있었다. 양육자가 독립적으로 고안한 기능적으로 똑같은 대치 행동의 예는 그의 아동이 음식 먹기를 끝내고 접시를 치우기 원할 때 아동이 음식을 던지고 음식을 뱉는 가정에 근거하여 "나는 다 먹었어요(I'm done.)"라고 하는 말을 포함시키거나, 아동이 특정한 게임 또는 놀이하는 것을 싫증낼 때 분열적 행동이 일어나는 가정을 근거로 해서 "지금 다른 것을 할 수 있어요?"라는 말을 하도록 포함하는 것이다.

대개 이 프로젝트의 결과는 두 가지 주요한 점을 나타내 주고 있다. 첫째로, 기능적 사정이 효과적인 개별화 중재 프로그램의 계획을 향상시킬 수 있다는 전의 연구를 뒷받침해 준다. (예: Carr & Durand, 1985; Cooper, Wacker, Sasso, Reimers, & Donn, 1990; Mace, Page, Ivancic, & O'Brian, 1986). 둘째로, 비록 부모가 기능적 분석의 시행에서 조수와 중재 제공자로 포함되어 왔다고 할지라도(Cooper et al., 1990), 이 연구는 부모가 그들 아동의 행동을 효과적으로 그리고 독립적으로 사정하는 것을 배울 수 있으며, 나아가 기능적으로 똑같은 대치 행동을 개발하고 가르칠 수 있다는 것을 보여 줌으로써, 부모의 역할을 확장시켰다.

독립적인 기능

동기를 향상시키고 기능적인 의사소통을 가르치기 위해 고안된 절차의 이점이 언어 기술을 향상시키고 부적절하고 분열적인 행동을 감소시키는 데 의미 있는 효과가 있음에도 불구하고 (예: Koegel, Koegel, & Surratt, 1992), 아동의 독립성을 표현하게 할 필요를 신중하게 눈여겨볼 필요가 있다. 아동에게 의사소통과 다른 기술을 가르치기 위해 고안된 많은 부모 중재 프로그램은 주요한 중재 요원으로서 부모를 강조하며, 그래서 아동들은 자주 부모에게 과도하게 의존하게 되고, 가끔은 단지 부모가 있을 때만 새롭게 배운 행동을 나타내 보인다. 이러한 문제를 다루기 위해서 연구자들은 자기-관리와 아동-시도 언어 학습 전략의 사용을 통한 독립적인 반응과 의사소통을 향상시키는 프로그램을 개발하는 데 노력을 집중하였다.

아동 자기-관리

부모교육의 맥락에서 가르친 중요한 행동으로서 자기-관리는 계속되는 부모의 경계심 필요를 감소시키고 아동의 독립심을 증가시키기 위해 개발되었다. 자기-관리는 장애가 없는 아동을 포함하여 다양한 아동 집단(Broden, Hall, & Mittis, 1971; Drabman, Spitalnic, & O'Leart, 1973), 경도에서 중등도 정신지체(Gardner, Cole, Berry, & Nowinski, 1983; Horner & Brigham, 1979), 학습장애아동(Dunlap, Dunlap, Koegel, & Koegel, 1991)에게 효과적인 것으로 나타났다. 주요한 연구들이 자폐증을 가진 아동에게는 자기-관리가 훈련된 중재가가 없는 동안에 새롭게 배운 행동의 사용을 향상시키는 효과적인 도구라고 추천하고 있다(Koegel, Koegel, 1990; Koegel, Koegel, Hurkey, & Frea, 1992).

자기-관리 프로그램의 일반적인 단계는 다음을 포함한다.

1. 조작적으로 정의된 표적 행동
2. 아동이 얻기 원하는 기능적인 강화제 확인하기
3. 자기-점검 방법 또는 장치를 고안하기
4. 아동에게 자기-점검 방법을 사용하도록 가르치기
5. 자기-점검 방법의 사용을 점차 감소시키기
6. 아동이 자연적인 환경 안에서 자기-점검 방법을 사용하도록 인정해 주기

우리는 부모교육의 맥락에서 자기-관리를 가르쳐오고 있으며 그래서 부모들은 그들의 자녀에게 독립적으로 수행하기를 가르치고자 할 때 어떤 행동에라도 그 절차를 적용할 수 있다. 아래에 진술된 것은 자폐아동의 집에서 그들 부모의 도움을 받고 실시된 몇 가지 자기-관리 프로그램을 나타내고 있다. 비록 개념적으로는 비슷하지만, 표현 언어 기술이 부족하고 지체된 수용 언어를 가진 아동을 위한 자기-관리 프로그램 및 절차는 언어 영역에서 보다 나은 기술을 가진 아동에게 사용되는 자기-관리 절차와는 다른 것을 요구한다. 연구는 무발화 아동에게는 그림으로 된 자기-관리가 가장 효과적이라고 제시하고 있다(Pierce & Schreibman, 1994).

우리는 현재 부모가 그들 아동이 사용하기 원하는 표적 행동을 부모가 선택하는 프로그램으로 실시하고 있으며, 중재는 자기-관리의 맥락에서 수행되게 하고 있다. 부모는 매주 자기-관리를 가르치는 실습 회기에 참여하며, 그러고 나서 한 주 동안 그들은 그들이 선택한 것을 지역사회 장면에서 절차를 시행한다. 예를 들면, 제한된 언어 기술을 가진 9세 아동의 가정에서는 표적 목적으로서 점심 도시락(lunch packing)을 선택하였다. 이 특정한 가정에서는 어머니가 저녁에 일을 하여서 그의 아들이 자신의 점심을 싸는 것이 더 도움이 된다고 느꼈다. 이것을 성취하기 위해서, 우리는 점심 도시락, 냅킨, 샌드위치, 음료수, 과일 그리고 야채를 포함한 여러 장의 그림을 그렸다. 점심 도시락에 들어갈 내용물은 미리 잘라서 냉장고의 플라스틱 통에 넣어두었다. 우리는 먼저 아동에게 한 장의 그림, 즉 도시락을 보여 주고 그것을 가지고 와서 열도록 가르쳤다. 다음에 두 번째 그림, 예를 들면, 샌드위치와 같은 것을 추가시켰으며, 그 다음 아동에게 (냉장고 속에 미리 만들어진)샌드위치를 꺼내도록 가르치고 그것을 플라스틱 샌드위치 통에 넣어 점심 도시락 통에 넣도록 가르쳤다. 그림의 수는 아동이 주어진 카드대로 점심 도시락에 항목을 다 넣을 수 있을 때까지 체계적으로 증가시켰다. 아동이 단순히 반복된 일상으로서가 아니라 실제로 자기-점검을 하는지 확인하기 위해, 카드의 순서를 자주 변화시켰다. 이것이 아동을 각각의 특정한 카드에 주의집중함으로써 실제 독립적으로 반응하게 하였다. 그림으로 된 자기-관리를 사용한 비슷한 프로그램이 무발화 아동과 아침에 옷을 입는 데 제한된 말 기술을 가진 아동, 저녁에 식탁 차리기(setting), 자기-보호기술 등이 필요한 아동에게 성공적으로 수행되어 왔다.

언어 능력을 가진 아동에게 일부 행동은 사건-점검(event-monitering) 절차(위에서 설명한 것과 같은)가 보다 쉽게 적용된 반면, 나머지 행동들은 간격 기록을 통해 보다 쉽게 조정되었는데, 거기서는 아동의 행동이 나타나는 시간간격을 조정하였다. 예를 들면, Koegel, Koegel, Hurley와 Frea(1992)는 아동에게 언어적 반응(사건)을 점검하도록 자기-점검 장치로 손목(골프) 계수기를 사용하여 언어의 질문에 따르는 언어적 반응을 증가시켰다. 이 연구에 참여하도록 선택된 아동들은 다른 사람의 질문에 대답하는 것을 시도하는 데 자주 실패하는 아동을 중심으로 선정하였다.

아동들은 질문에 대답하도록 가르쳐졌으며, 그러고 나서 각각의 성공적인 상호작용에 따라 손목의 계수기를 눌러 점수를 계산하였다. 자기-선택적 보상을 얻기 위해 아동이 요구한 언어 반응의 수는 점차 증가하였다(첫 번째 회기 동안 한 개에서 시작해서 뒤의 회기에서는 수백 개로 끝나게 되었다). 아동이 일관적으로 언어적 상호작용에 포함되면, 전체적인 상호작용의 유창성이 그들에게 서로 주고받는 것을 덜 어렵게 만드는 것처럼 보이는 것으로 나타났다. 이 결과는 아동의 반응을 유의하게 향상시키는 것뿐만 아니라, 아동이 공격행동, 자기자극행동 및 자해행동과 같은 처치할 수 없는 분열적인 행동 모두를 감소시킨다는 것을 보여 주었다(분명히 전에는 언어적 교환을 계속하지 못하거나 혼란을 느끼는 것에서부터 그러한 목적을 피하거나 도망치는 데 사용하였다).

다른 연구(Kernel & Kernel, 1990)는 자기-자극 행동을 자기-관리하는 시간간격(interval) 체계의 사용에 대한 것으로 제시하였다. 이 연구에서는, 아동들이 알람 기능을 하는 계수기(스포츠 상점에서 구입한)를 차고 있었다. 아동들은 알람이 울렸을 때 자기-자극 행동을 하지 않은 시간간격을 기록하도록 지도받았다. 자기-자극 행동을 하지 않은 성공적인 시간이 처음 간격에는 매우 짧았으나 점차 또 체계적으로 증가되었다. 결국 그 체계는 아동의 낮 동안 대부분 시행되었으며(예: 학교, 다른 지역사회 장면), 이 절차는 중재 제공자가 계속해서 없는 동안에도 자기-자극 행동을 감소시키거나 또는 제거하는 데 효과적이라는 결과를 제시하였다.

부모교육의 맥락에서 자기-관리를 가르치는 주요한 목적은 그러한 기법을 사용하여 변화를 끌어낼 수 있는 어떤 행동에도 적절하게 프로그램을 고안하는 일반적인 절차를 부모에게 제공하기 위한 것임을 명심해야 한다. 포함된 절차를 습득한 다음에, 부모들은 학교, 가정, 공원 등 다양한 환경에서 많은 자기-관리 행동유형을 통하여 그들의 아동을 독립적이게끔 가르치는 프로그램을 시행할 수 있다.

자기-시도적 질문

아동의 독립성에 관련된 초점의 두 번째 영역은 환경으로부터 언어 학습을 이끌어내는 자기-시도적 전략에 관한 것이다. 전형적인 아동에게서 어휘 습득과 언어 학습은 가끔 그들 자신의 자발적인 시도의 결과이며, 그것은 해가 거듭될수록 점차 복잡해지게 된다. 이러한 자기-시도의 많은 것들은 질문하기와 같은 직접적인 질문 형태로 나타난다. 사실 아동이 첫 어휘를 습득하는 동안 공통된 발화는 "저것?"이며, 그것은 가끔 물건을 가리키는 데 사용된다(Miller, 1981). 이러한 발화와 무발화 단서는 부모가 아동들을 위해 물건을 명명할 특정한 촉구가 될 수 있다(Halliday, 1975). 질문은 점차 더 정교해지며 그 수가 증가되고, 이에 따라 전형적인 발달을 보이는 4세 아동은 "무엇", "어디", "누구의 것", "누구"와 "왜"로 시작되는 형태를 포함한 다양한 질문을 사용하게 되었다.

아동이 스스로 질문하도록 가르치는 것은 언어-학습 상호작용을 시작하도록 하는 어른의 필요를 감소시킨다. 이 사진에서 아동의 엄마는 아동이 표현 어휘를 증가시키도록 아동-시도전략으로써 "저건 뭐예요?"라고 질문하도록 가르치고 있다..

전형적으로 언어발달을 하는 아동과는 달리 자폐아동들은 있다고 하더라도 아주 드물게 질문을 한다. Wetherby와 Prutting(1984)이 언어활동 사이의 차이점을 분석하였으며, 그들은 자폐아동이 스스로 말하는 언어가 훨씬 더 적을 뿐만 아니라 의사소통의 대부분이 금지하거나(예: "그만둬") 요구하는 것(예: "과자 주세요.")과 같은 것을 제한적으로 사용한다고 하였다. 빈번하게 정보를 요구하고(예: "저것 뭐예요?") 가끔 물건을 명명하지도 않는다. 그래서 이러한 아동은 정보에 접근하는 데 언어적으로 얻는 그들의 능력에 있어 극도로 제한을 받는다. 이러한 문제를 해결하기 위해, 우리는 일련의 아동-시도 발화를 가르쳐 왔으며 또한 언어 습득에 있어서 이러한 발화의 효과를 사정해 왔다.

아동을 위해 우리가 선택한 질문은 전형적인 아동이 발달적으로 가장 빨리 배우는 "저것 뭐예요?"였다. 이것을 성취하기 위해서, 아동의 부모는 질문을 하도록 그의 아동을 촉구하였다. 질문을 하는 아동의 동기를 증가시키기 위해서, 초기질문은 아동이 매우 갖고 싶어 하는 물건을 가방 속에 숨김으로써 촉구하였고 그러고 나서 아동이 가방의 내용물에 관심을 갖고 "저것 뭐예요"라고 물을 때, 부모는 명명을 하고 아동이 매우 갖고 싶어 하는 물건을 아동에게 준다. 일단 아동이 표적 질문을 하면서 높은 빈도로 물건을 명명하는 것을 반복하면, 다음에 덜 친숙한 것과 덜 갖고 싶은 물건도 점차 포함시키면서 가방도 제거시킨다. 궁극적인 결과는 아동이 다양한 환경 속에서 익숙하지 않은 다양한 물건에 대해 자발적으로 질문을 계속하도록 하는 것이다. 어휘 습득이 사정되었으며, 그 결과는 자기-시도 전략을 실시한 후에 어휘 습득이 빠르게 증가하였다는 것을 나타내었다. 나아가 회기 동안 처치할 수 없었던 분열적인 행동이 자발적으로 감소되었으며, 이것은 증가된 언어 기능이 의사소통 양식으로서 분열행동을 대치한 것으로 나타났다.

두 번째 질문은 "어디에?"로 목표를 정했으며, 아동의 전치사 습득을 사정하였다. 아동이 질문을 하는 것에 동기를 증가시키기 위해서, 아동의 부모들은 다양한 장소에 아동이 좋아하는 물건을 숨겼다. 예를 들면, 아동이 고무로 된 곰 인형을 좋아하면 그의 어머니는 그것을 인형의 집 테이블 꼭대기의 다양한 위치에 숨겼다. 아동들은 "어디에 있어요?"라고 질문하도록 촉구되었고, 그러고 나서 위치를 말하였다(예: 전치사, 안에, 위에, 밑에, 아래에). 물건을 받기 전에, 모든 아동은 다양한 전치사를 배우는 데 성공하였으며 표적 질문과 전치사의 일반화된 자발적인 사용도 나타내었다.

우리가 접근한 다음의 아동-시도 전략은 소유를 나타내는 말(예: 아버지 것) "누구 것이에요?"라고 묻도록 아동을 가르치는 것과, 소유 대명사 "네 것" 또는 "내 것"을 학습하게 하는 것이었다. "네 것" 또는 "내 것"을 가르치기 위해, 아동이 매우 갖고 싶어 하는 물건을 선택하고, 아동에게 "누구 것이에요?"라고 묻도록 촉구하였다. 아동에게 갖고 싶어 하는 것을 주기 전에, 부모는 "네 것"이라고 말하고 아동은 "내 것"이라고 반응하도록 가르쳤다. 부모 물건의 모든 것("네 것")은 부모에게 속해서 단지 아동에게는 낮은 관심만 있더라도, 처음에 모든 아동의 물건("내 것")은 아동이 매우 갖고 싶은 물건이라는 것은 확인할 필요가 있었다. 부모가 "내 것"이라고 말할 때 아동 또한 "네 것"이라고 반응하도록 가르쳤다. 소유를 나타내는 말은 매우 갖고 싶은 물건을 사용하여 비슷하게 가르쳤지만, 이러한 물건은 아동의 특정한 가족 구성원과 관련된 여러 가지 물건으로 하였다. 예를 들면, 어머니는 아동의 형제 중 한 명의 장난감 또는 아버지의 실내화와 같은 물건을 가져왔다. "누구 것이에요?"라는 질문을 한 뒤에 어머니는 "그것 Teddy 꺼야", 또는 "그것 아빠 꺼야"라고 반응하였다. 아동은 소유 형태를 반복하도록 요구되었고 그것을 하면 물건을 주었다.

아동의 독립성과 관련된 연구는 아직도 초보 단계에 있으며, 축적된 데이터베이스는 그들 자신의 중재 제공자로서 제공하기 위해 아동에게 요구하는 전략이 부모의 책임으로부터 이동하고 있는 것을 나타낸다. 이것은 장애를 가진 아동을 양육하는 데 관련된 증가된 요구와 함께 스트레스 일부를 감소시키는 부가적인 이점을 가지고 있는 것으로 보인다. 요약하면, 아동-시도 학습 전략의 사용은 학습을 가속화시키고 가족의 스트레스를 감소시키는 것으로 보인다. 마찬가지로, 이 영역은 앞으로 연구해 볼만한 가치가 더욱 큰 것으로 기대된다.

가정과 학교의 조정

가정과 학교 사이의 협력적인 동반자 관계(partnership)가 교육적인 생산성을 극적으로 신장시키리라는 데는 약간의 의심의 여지도 없다(Walberg, 1984). 교육 체계의 구조에서 변화는 그러한 협력이 전보다 더욱 중요하다. 지금은 많은 아동에게 완전통합이 하나의 현실로 되어

가기 때문에, 성공을 보장하고 행동문제와 학업 지체 때문에 배제되는 가능성을 감소시키는 절차를 개발할 필요는 중요하다. 그러나 연구는 학업 성취에 부모 참여의 효과가 일관적이지 않으며 의심의 여지가 있다는 것을 나타낸다(Keith et al., 1983). 자료 수집의 방법과 관련된 많은 불일관성과 부모 참여에 대한 정의가 다른 데서 실제적인 문제가 일어나고 있다.

연구에 특정한 관심이 되어온 부모 참여의 한 영역은 숙제이다. 재미있게도 이 장의 앞부분에서 언급한 바와 같이 많은 변인(예: 사회경제적 지위, 민족성, TV 보기, 동기, 성별, 이전 성취)이 숙제를 할 때 부모 참여 시간에 직접적으로 또는 간접적으로 영향을 미칠 수 있다. 점수가 높을 때 숙제에 투자한 시간에 대한 상호 관련이 분명하게 기록되어 오지는 않았지만 보다 나은 점수를 받기 위해 숙제에 더 많은 시간을 투자하는 경향이 있으며(Tymms, 1992), 신중하게 계획되고 프로그램 되었을 때, 숙제가 전형적으로 발달하는 아동의 학습을 향상시킨다는 데 더 많이 동의하고 있다.

논리적으로, 연구자들은 실제로 장애아동과 함께 숙제를 하는 노력을 시작해 왔다. 다시 말하면, 이 문헌은 숙제가 부과되었을 때(와 부과되지 않았을 때) 대부분의 학생은 향상을 나타내었고 일부는 후퇴했다는 혼합된 결과를 제시하였다(Cobb, Peach, Craig, & Wilson, 1990). 장애아동과 일반 아동에 대한 숙제의 효과가 긍정적으로 또는 부정적으로 영향을 미친다는 그럴 듯한 설명은 많은 숙제 활동이 수업에서 제시되었던 단순히 연습하는 방법과 관련되어 있다는 사실이다. 그러한 연습은 숙제를 완전히 이해하지 못하는 아동과 또는 수업 활동 동안에 이해를 방해하는 현재 행동에 어려움을 갖는 아동에게는 제한된 성공만 가져다 줄 것이다.

초기(Priming)

이러한 과제를 마음속에 명심하고, 우리는 분열행동을 가진 자폐증을 위해 학과 성취와 분열행동에 있어 가정과 학교 조정의 효과를 조사하는 몇몇 연구를 시작하였다. 특별한 관심 영역의 하나는 완전통합환경에 참여하는 많은 자폐아동이 수업 활동 동안 도피하고 회피하는 기제(mechanism)로서 기능을 나타내는 다양한 부적절성(예: 자기-자극) 행동과 분열(예: 소리지르기, 화내기)행동을 나타내는가였다. 아래에 논의된 한 연구 프로젝트(Wilde, Koegel, & Koegel, 1992)는 인과 관계(causal) 관찰을 기초로 하여 만들어졌으며, 여기서 완전통합 유치원에 참여하는 자폐아동이 그들의 집과 유사한 곳에서 이야기가 읽혀지는 서클 활동 동안 행동이 개선되었다고 하였다. 우리는 밤에 집에서 읽은 이야기책을 유치원 교사에게 보내어 서클 활동 동안 이야기책을 읽을 때의 효과를 체계적으로 분석하기 위한 시도를 하였다. 아동이 전날 밤에 집에서 재미있는 방법(예: 잠자리에 들기 전 이야기책 읽기)으로 이미 노출된 것을 교사가 서클 활동 동안 읽었을 때 그 자료는 일관적으로 다음날 학교에서 그들의 행동이 개선된 것으로 나타났다. 반대로, 학교에서 아동에게 익숙하지 않는 이야기가 읽혀졌을 때, 그 다음날 동안 부적절하고 분열적인 행동이 서클 활동 동안 항상 더 높은 수준으로 나타났다. 나아가, 전날 밤에 부모가 읽은 이야기에 대해 듣기 이해력이 항상 더 높았다. 다양한 연령 수준에 있는 아동과 다양한 학습 과제에 대해 이 절차를 반복했을 때, 우리는 이 절차가 분명 행동을 감소시키고 적절한 반응을 증가시키는 데 성공적임을 발견하였다.

이 절차의 성공은 아마도 부분적으로는 일반적인 숙제를 부과하는 것과 관련하여 중요한 것으로 논의된 변인과 관련 있을 수도 있다. 첫째로, 숙제를 둘러싼 조건은 개별화, 교사 평가, 그리고 가족 격려를 포함해야 하는 것으로 보고되어 왔다(참고: Epstein, Polloway, Foley, & Patton, 1994; Paschal, Weinstein, & Walberg, 1984). 숙제를 체계적이고 협력적인 방법으로 계획하고, 부과하고, 실행하도록 했을 때, 그들은 부가적인 연습 기회를 위한 매체로 제공할 수 있고 학습 시간의 심화된 자료로 제공할 수도 있다(Rosenberg, 1999). 그러한 변인들은 우리의 연구에 중요한 구성요소였으며, 숙제는 철저하게 교사와 함께 조정했으며, 가능한 수업에 제시되었던 방법과 유사하게 제시하였고, 혼란이 없는 비위협적이고 허용적인 환경(예: 잠자는 시간, 일상적인 읽기 활동 속에 숙제를 통합하는 것)에 소개하였다(Wilde et al., 1992).

학과와 행동 둘 다에 있어서 아동에게 이점이 되는 순향(proactive)의, 예방 지향의 그러한 접근방법은 앞으로 증가된 관심을 받을 것 같다. 교사들이 더욱 다양한 아동 집단을 만남에 따라, 가정과 학교의 조정을 정화할 필요는 교육 절차에 파트너로서 가정을 포함하여, 각 아동이 가지고 있는 독특한 특성을 이해하고 개별화할 필요가 모든 아동을 위한 교육을 향상시키는 데 상당한 잠재력으로 작용하게 되었다.

아동과 가족의 특성

예후와 결과에 대한 중요성의 다른 영역은 가족의 특성과 관련되어 있다. 우리 클리닉에 수집된 자료(Koegel, Schreibman, et al., 1992; Moes, Koegel, Schreibman, & Loos, 1992)는 자폐아동의 부모, 특히 어머니가 그들 자신, 가족 구성원, 그리고 자폐아동을 양육하는 일반적인 가정은 심각한 스트레스를 경험하고 있다는 것을 보여 주고 있다. 중재 프로그램과 관련하여, 어머니들은 증가된 가족지원과 협력이 그들의 스트레스를 감소시켜 줄 것이라고 느끼고 있다.

우리가 비록 중재 전달체계에서 실질적이고 실험적으로 측정할 수 있는 향상을 일정하게 기록할 수 있는 것을 발견했다고 하더라도, 항상 잘 반응하지 않는 하위 그룹 아동이 있기 마련이다. 이 장을 통틀어서 암시한 것처럼 이러한 어려움은 특정한 중재 효과에 보편적으로 관련되지 않지만, 가족변인, 아동 특성을 포함하는 복잡한 문제와 관련될 수 있다. 그러므로 적절한 중재기법이 가족과 아동의 독특한 특성과 짝지어질 수 있도록 중재를 개별화할 필요가 있다.

가정과 학교의 조정이 신중하게 계획될 때 학습을 향상시킨다. 예를 들면, 부모가 읽은 이야기를 다음 날 서클 시간에 제시하게 되면, 부적절한 행동은 감소되고 이해력은 향상된다.

아동 특성과 관련해서, 자폐증의 이질성에 대한 최근의 관심은 자폐증의 진단 속에 존재하는 상당한 다양성을 나타내는 실질적인 데이터베이스를 지원하는 것이다. 자폐증은 각각의 아동이 가장 독특하고 다른 변인을 가지고 있다는 것은 잘 알려져 있다(Courchesne et al., 1994; Courchesne et al., 1995; Damasia & Maurer, 1978; Gillberg, 1983; Ritvo, Ritvo, & Brothers, 1982; Rosenberg-Debiesse & Coleman, 1986). 관련하여 자폐 증후군의 행동 표현은 발달을 통해서 보면 아동 간 그리고 아동 자신 내에서도 아주 다양하다(Waterhouse, Fein, Nathe, & Snvder, 1983). 장애의 정도에서 그러한 행동의 이질성과 다양성은 특정한 중재의 비교를 어렵게 만든다. 이것은 중재의 효과를 극대화하는데 중재기법의 개별화에 대한 이동된 관심의 중요성을 의미한다.

중재의 개별화에 대한 논쟁을 지지하는 예는 앞에서 논의된 자기-관리의 수집된 자료와 관계가 있다. 이 자료는 특정한 양적 변인(예: 50 이상의 IQ)이 자기-관리 중재의 특정한 유형의 효과가 관련될 수도 있다는 것을 의미한다. 즉, 높은 인지 능력을 가진 아동은 일반적으로 성공적인 절차(예: 그림 자기-관리)와 적용이 필요하며 보다 전통적인 부모-관리 프로그램의 맥락에서 적어도 초기에 가르친 기능은 일부 영역에서 더 많은 효과를 나타내었다(예: Baker, Brightman, Heifetz, & Murphy, 1976; Koegel et al., 1989). 그러한 계속적인 개별화는 각 아동에 대해 더 큰 효과를 가져 올 뿐만 아니라 보다 많은 아동을 위해서도 향상된 결과를 나타내었다. 뿐만 아니라, 조기에 관찰할 수 있는 아동의 특성을 하위 유형으로 나누는 것을 기초로 하며 아주 일찍 나타나는 예후 능력과 중재의 특정한 특성의 독립은 궁극적으로 가능할 것이다.

부모교육의 영역에서 보다 많은 문헌은 부모 훈련의 일부 형태들은 부모 경험의 스트레스를 실제로 증가시킨다고 보고하였다(Benson & Turnbull, 1986; Gallagher, Bichman, & Cross, 1993). 우리 클리닉에 나온 데이터는 시행하기 간단한 부모 절차와 일상활동 속에 쉽게 적응시킬 수 있는 것과 같은 부모 훈련의 일부 유형들은 실제로 부모 스트레스를 감소시킨다고 보고하였다(Moes et al., 1994). 이것은 장애를 가진 특정한 가족 구성원과 일대일로 일하는 것은 제쳐놓고 특별한 시간을 요구하는 방법과는 비교되며, 그것은 부모의 스트레스를 감소시키지는 않는 것 같다. 부모 포함의 효과와 관련되는 다른 변인들은 교육적인 수준, 사회경제적 지위, 그리고 결혼 상태가 될 수 있다(Clark & Baker, 1983). 자폐 영역에 있어서, 부모의 스트레스는 가족-지향 훈련 프로그램에서 아동이 나타내는 진보의 양과 역상관관계에 있다고 보고되어 왔다. 구체적으로는, 개인적인 적응과 가족기능(예: 재정적 스트레스, 결혼 스트레스)에 적절한 부모 스트레스의 차원에 관련시켜 보면, 부모-아동 체계 내에서 스트레스의 관련성 정도는 부모 중재 프로그램에서 아동 진보의 정도와 아주 높은 상관관계가 있다. 그러한 변인들은 구체적으로 중재 효과와 관련되어 있으며 중재 유형과 관련하여 고려하여야 한다(Robbins, Dunlap, & Plienis, 1991).

아동과 가족 특성에 직접적으로 관련된 가장 큰 변인은 특정한 목적이 표현되는 것을 기초로 한 중재를 개별화하는 명백한 필요이다. 이것은 특정한 표적 행동이 중재 유형과 상호작용하는 효과를 가지는 것처럼 보이기 때문이다. 예를 들면, 변인이 동기에 영향을 미치는 것으로 밝혀질 때 첫 번째 어휘를 보다 의미 있게 반응한다(Koegel, O'Dell, & Koegel, 1987; Schreibman, Charlop, & Koegel, 1982). 반대로 자주 일어나지 않는 문법적 특성과 같은 일부 구조(Camarata & Nelson, 1992)는 적어도 보다 구조화된 일부 구성요소와 전통적인 개별화 표적 행동 모델에서 향상될 수 있다. 아동의 특성(Yoder et al., 1991), 부모 변인, 그리고 표적 행동에 기초한 그러한 개별화는 장애를 가진 모든 아동의 결과를 향상시키며, 개별화된 전도 유망한 중재가 되게 한다.

결 론

결국, 자폐증에서 나타나는 증상의 이질성에 대한 쟁점과 관련하여 자폐아동의 치료에는 특정한 차이(gap)들이 존재하는 것이 분명하다. 연구는 결과와 연관된 특정한 변인이 아동의 특성, 가족 변인, 그리고 표적 행동의 복잡한 상호작용에 관련되어 있다는 것을 암시한다. 구체적으로, 이러한 변인을 나타내는 개별화된 중재는 중재의 수행이 모든 아동에 걸쳐 심각한 문제행동의 예방 및 감소와 기능 습득을 할 수 있도록, 결국 부모교육에 규범적(prescriptive)인 접근방법이 될 잠재성을 가지고 있다.

지금은 훈련 절차에 부모-전문가 협력을 위한 효과적인 절차를 기록하고 있는 문헌들이 점차 많아지고 있다. 이러한 절차의 많은 것들은 장애아동과 의사소통을 개발하는 데 매우 중요한 강조점을 두고 있다. 초기 의사소통 문제는 가끔 심각한 학습과 심리사회적 문제의 전조가 되며 가끔은 심각한 문제행동과 직접적으로 관련이 된다. 그러므로 의사소통과 언어를 강조하는 중재절차는 장애아동을 위한 중심적인 목적이 되어야 한다. 요약하면, 언어, 의사소통 그리고 다른 목적을 수행하는 데 부모의 적극적인 참여는 훈련 절차에서 습득과 일반화를 가장 빠르게 촉진시킨다.

참고문헌

Bailey, D.B., & McWilliam, R.A. (1990). Normalizing early intervention. *Topics in Early Childhood Special Education, 10* (2) 33-47.

Baker, B.L., Brightman, A.J., Heifetz, L.J., & Murphy, D.M. (1976). *Behavior Problems.* Champaign, IL: Research Press.

Benson, H.A., & Turnbull, A.P. (1986). Approaching families from an individualizes perspective. In R.H. Jorner,. H. Meyer, & H.D. Fredericks (Eds.), *Education of learners with severe handicaps: Exemplary services strategies* (pp. 127-157). Baltimore: Paul H. Brookes Publishing Co.

Broden, M., Hall, R., & Mitts, B. (1971). The effect of self-recording on the classroom behavior of two eighth-grade students. *Journal of Appled Behavior Analysis, 4* (4), 191-199.

Bronfenbrenner, U. (1979). *The ecology of human development: Experiments by nature and human design.* Cambrige, MA: Harvard University Press.

Brown, L., Schwartz, P., Udvari-Solner, A., Kampschroer, E.F., Johnson, F., Jorgensen, J., & Gruenewald, L. (1991). How much time should students with esvere intellectual disabilities spend in regular education classrooms and elsewhere? *Journal of The Association for Persons with Severe Handicaps, 16* (1), 39-47.

Burnstein, N.D. (1986). The effects of classroom organization on mainstreamed preschool children. *Exceptional Children, 32* (5), 425-434.

Camarata, S.M. (1993). The application of naturalistic conversation training to speech production in children with speech disabilities. *Journal of Applied Behavior Analysis, 26,* 167-178.

Camarata, S.M., & Nelson, L.E. (1992). Treatment efficiency as a function of target selection in the remediation of child language disorders. *Clinical Linguistics and Phonetics, 6,* 167-178.

Carr, E.G., & Durand, V.M. (1985). Reducing behavior problems through functional communication training. *Journal of applied Behavior Analysis, 18,* 111-126.

Cavallero, C.C., & Bambara, L.M. (1982). Two strategies for teaching language during free play. *Journal of The Association for the Severely Handicapped, 7,* 80-92.

Clark, D.B., & Baker, B.L. (1983). Predicting outcome in parent training. *Journal of Counseling and Clinical Psychology, 51,* 309-311.

Clark, F.A., Parham, D., Carlson, M.E., Frank, G., Jackson, J., Pierce, D., Wolfe, R.E., & Zemke, R. (1991). Occupational science: Academic innovation in the service of occupational therapy's future. *American Journal of Occupational Therapy, 45* (4), 300-310.

Cobb, S., Peach, W., Craig, K., & Wilson, V. (1990). The effects of homework on academic performance of learning disabled and non handicapped math students. *Journal of Instructional Psychology, 16* (4), 168-171.

Cooper, L.J., Wacker, D.P., Sasso, G.M., Reimers, T.M., & Donn, L.K. (1990). Using parents as therapists to evaluate the appropriate behavior in their children: Application to a tertiary diagnostic clinic. *Journal of Applied Behavior Analysis, 23,* 285-296.

Courchesne, E., Saitoh, O., Townsend, J.P., Yeung-Courchesne, R., Press, G.A., Lincoln, A.J., Haas, R.H., & Schreibman, L. (1995). Two distinctly different cerebellar pathologies in infantile autism: Hypoplasia and hyperlasia. *Lancet, 343*, 63–64.

Couchesne, E., Townsend, J., Akshoomoff, N.A., Saitoh, O., Yeung-Courchesne, R., Lincoln, A.J., James, H.E., Haas, R.H., Schreibman, L., & Lau, L. (1994). Impairment in shifting attention in autistic and cerebellar patients. *Behavioral Neuroscience, 108*(5), 848–865.

Crystal, D. (1987). Towards a bucket theory of language disability: Taking account of interaction between linguistic levels. *Clinical Linguistics and Phonetics, 1*, 7–21.

Damasio, A.R., & Maurer, R.G. (1978). A neurological model for childhood autism. *Archives of Neurology, 35*, 777–786.

Donneley, B., Doherty, J., Sheehan, R., & Whittemore, C. (1984, April). *A comparison of maternal, paternal, and diagnostic evaluation of typical and atypical infants.* Paper presented at the National Conference for the Council for Exceptional Children, Washington, DC.

Dougherty, A.N. (1990). *Consultation: Practice and perspective.* Pacific Grove, CA: Brooks/Cole.

Drabman, R.S., Spitalnic, R., & O'Leary, K.D. (1973). Teaching self-control to disruptive children. *Journal of Abnormal Psychology, 83*, 10–16.

Dunlap, G. (1984). The influence of task-variation and maintenance tasks on the learning and affect of autistic children. *Journal of Experimental Child Psychology, 37*, 41–64.

Dunlap, L.K., Dunlap, G., Koegel, L.K., & Koegel, R.L. (1991). Using self-monitoring to increase students' success and independence. *Teaching Exceptional Children, 23*, 17–22.

Dunst, C.J. (1983). Communicative competence and deficits: Effects on early social interactions. In E. McDonald & D. Gallagher (Eds.), *Facilitating social-emotional development in the young multiply handicapped child.* Philadelphia: Home of Merciful Saviour Press.

Dunst, C.J., Trivette, C.M., Starnes, A., Hamby, D.W., & Gordon, N.J. (1993). *Building and evaluating family support initialtives: A national study of programs for persons with developmental disabilities.* Baltimore: Paul H. Brookes Publishing Co.

Durand, V.M., & Crimmins, D.B. (1988). Identifying the variables maintaining self-injurious behavior. *Journal of Autism and Developmental Disorders, 18*, 99–117.

Epstein, M.H., Polloway, E.A., Foley, R.M., & Patton, J.R. (1993). Homework: A comparison of teachers' and parents' perceptions of the problems experienced by students identified as having behavioral disorders, learning disabilities, or no disabilities. *Remedial and Special Education, 14*(5), 40–50.

Foster, M., Berger, M., & McLean, M. (1981). Rethinking a good idea: A reassessment of parent involvement. *Topics in Early Childhood Special Education, 1*, 55–65.

Frea, W.D., Koegel, R.L., & Koegel, L.K. (1993). *Understanding why problem behaviors occur: A guide for assisting parents in assessing causes of behavior and designing treatment plans.* Santa Barbara: University of California.

Gallagher, J.J., Beckman, P.J., & Cross, A.H. (1983). Families of handicapped children: Sources of stress and its amelioration. *Exceptional Children, 50*(1), 10–19.

Gardner, W.I., Cole, C.L., Berry, D.L., & Nowinski, J.M. (1983). Reduction of disruptive behaviors in mentally retarded adults: A Self-management approach. *Behavior Modification, 7*(1), 76–96.

Gillberg, C., & Gillberg, I.C. (1983). Infantile autism: A total population study of reduced optimality on the pre-, peri-, and neonatal period. *Journal of Autism and Developmental Disorders, 13*, 153–166.

Guralnick, M.J. (1991). The next decade of research on the effectiveness of early intervention. *Exceptional Children, 58*(2), 174–183.

Guralnick, M.J., & Bricker, D. (1987). The effectiveness of early intervention for children with cognitive and general developmental delays. In M.J. Guralnick & F.L. Bennett (Eds.), *The effectiveness of early intervention for at-risk and handicapped children* (pp. 115–173). Orlando, FL: Academic Press.

Halliday, M.A.K. (1975). *Learning how to mean: Explorations in the development of language.*

New York: Elsevier-North Hoolland Publising Co.

Handen, B., Feldman, R.S., & Honigamna, A. (1987). Comparison of parent and teacher assessments of developmentally delayed children's behavior. *Exceptional Children, 54*(2), 137-144.

Handleman, J.S., Powers, M.D., & Harris, S.L. (1984). Teching of labels: An analysis of concrete and pictorial representations. *American Journal of Mental Deficiency, 88*(6), 625-629.

Harris, S.L. (1986). Families of children with autism: Issues for behavior therapist. *Behavior Therapist, 6*, 175-177.

Hart, B., & Risley, T.R. (1980). In vivo language intervention: Unanticipated general effect. *Journal of Applied Behavior Analysis, 7*, 243-256.

Horner, R.H., Williams, J.A., & Knobbe, C.A. (1985). The effect of "opportunity to perform" on the maintenance of skills learned by high school students with severe handicaps. *Journal of The Association for Persons with Severe Handicaps, 10*(3), 172-175.

Hupp, S.C. (1991). Promoting cognitive competence in children at risk. *American Behavioral Scientist, 34*(4), 454-467.

Keith, T.Z., Troutman, G.C., Trivette, P.S., Keith, P.B., Bickley, P.G., & Singh, K. (1993). Does parental involvement affect eighth-grade student achievement? Structural analysis of national data. *School Psychology Review, 22*(3), 474-496.

Kellegrew, D.H. (1994). *The impact of daily routines and opportunities on the self-care skill performance of young children with disabilities.* Unpublished dissertation, University of California, Santa Barbara, CA.

Koegel, L.K., Koegel, R.L., Hurley, C., & Frea, W.D. (1992). Improving social skills and disruptive behavior in children with autism through self-management. *Journal of Applied Behavior Analysis, 25*, 341-353.

Koegel, L.K., Valdez-Menchaca, M.C., & Koegel, L.K. (1994). Autism: Social communication difficulties and related behaviors. In M. Hersen & V.B. Van Hasselt (Eds.), *Advanced abnormal psychology* (pp. 165-187). New York: Plenum.

Koegel, R.L., Camarate, S.M., & Koegel, L.K. (1994). Aggression and noncompliance: Behavior modification through naturalistic language remediation. In J.L. Matson (Ed.), *Autism in children and adults: Etiology, assessment, and intervention.* Sycamore, IL: Sycamore Press.

Koegel, R.L., Dyer, K., & Bell, L.K. (1987). The influence of child-preferred activities on autisitic children's social behavior. *Journal of Applied Behavior Analysis, 20*, 243-252.

Koegel, R.L., Glahn, T.J., & Nieminen, G.S. (1987). Generaliztion of parent-training results. *Journal of Applied Behavior Analysis, 11*, 95-109.

Koegel, R.L., & Johnson, J. (1989). Motivating language use in autistic children. In G. Dawson (Ed.), *Autism: New perspectives on diagnosis, nature, and treatment.* New York. Guilford Press.

Koegel, R.L., & Koegel, L.K., (1986). Promoting generalized treatment gains through direct instruction of self-monitoring skills. *Direct Instruction News, 5*, 13-15.

Koegel, R.L., & Koegel, L.K. (1987). Generalization issues in the treatment of autism. *Seminars, 8*, 241-256.

Koegel, R.L., & Koegel, L.K. (1990). Extended reductions in stereotypic behavior of students with autism through a self-management treatment package. *Journal of Applied Behavior Analysis, 23*, 119-127.

Koegel, R.L., Koegel, L.K., & Schreibman, L. (1991). Assessing and training parents in teaching pivotal behaviors. In R. Promz (Ed.), *Advances in behavioral assessment of children and families.* London: Jessica Kingsley.

Koegel, R.L., Koegel, L.K., & Surratt, A.V. (1992). Language intervention and disruptive behavior in preschool children with autism. *Journal of Autism and Developmental Disorders, 22*, 141-153.

Koegel, R.L., O'Dell, M.C., & Dunlap, G. (1988). Producing speech use in nonverbal autistic children by reinforcing attempts. *Journal of Autism and Developmental Disorders, 18*(2), 187-200.

Koegel, R.L., O'Dell, M.C., & Koegel, L.K. (1987). A natural language paradigm for teaching non-verbal autistic children. *Journal of Autism and Developmental Disorders, 17,* 187-199.

Koegel, R.L., Schreibman, L., Britten, K.R., Burker, J.C., & O'Neil, R.E. (1982). A comparison of parent training to direct child treatment. In R.L. Koreal, A. Rincover, & A.L. Egel (Eds.), *Educating and understanding autistic children.* San Diego, CA: College-Hill Press.

Koegel, R.L., Schreibman, L., Good, A., Cernigilia, L., Murphy, C., & Koegel, L.K. (1989). *How to teach pivotal behaviors to children with autism: A training manual.* Santa Barbara: University of California.

Koegel, R.L., Schreibman, L., Loos, L. M., Dirlich-Wilhelm, H., Dunlap, G., Robbins, F.R., & Plienis, A.J. (1992). Stress profiles for mothers and fathers of children with autism. *Journal of Autism and Developmental Disorders, 22,* 205-216.

Laski, K., Charlop, M.H., & Schreibman, L. (1988). Training parents to use the natural language paradigm to increase their autistic children's speech. *Journal of Behavior Applied Behavior Analysis, 21*(4), 391-400.

Lovaas, O.I., Koegel, R.L., Simmons, J.Q., & Long, J.S. (1973). Some generalization and follow-up measures on autistic children in behavior therapy. *Journal of Behavior Analysis, 6,* 131-166.

Mace, F.C., Page, T.J., Ivancic, M. T., & O'Brian, S. (1986). Analysis of enviornmental determinants of aggression and disruption in mentally retarded children. *Applied Research in Mental Retardation, 7,* 203-221.

Marcus, L.M., Lansing, M.D., Andrews, C.E., & Schopler, E. (1978). Improvement of teaching effectiveness in parents of autistic children. *Journal of the American Academy of Child Psychiatry, 17,* 625-639.

Miller, J. (1981). *Assessing language production in children.* Boston: Allyn & Bacon.

Moes, D., Koegel, R.L., & Schreibman, L. (1994, August). *Behavior therapy paradigms and parenting stress.* Paper presented at the American Psychological Association, Los Angeles.

Moes, D., Koegel, R.L., Schreibman, L., & Loos, L. (1992). Stress profiles for motheres and fathers of children with autism. *Psychological Report, 71,* 1272-1274.

Mullen, K.B., & Frea, W.D. (1995). A parent-professional consultation model for functional analysis. In R.L., Koegel & L.K.Koegel (Eds.), *Teaching children with autism* (pp. 175-188). Baltimore: Paul H. Brookes Publishing Co.

O'neill, R.E., Horner, R.H., Albin, R.W., Storey, K., & Spaque, AL. (1990). *Functional analysis of problem behavior: A practical assessment guide.* Sycamore, IL: Sycamore Press.

Paschal, R.A., Weintein, T., & Walberg, H.J. (1984). The effects of homework on learning: A quantitative synthesis. *Journal of Educational Research, 78*(2), 97-104.

Peterson, N.L., & Cooper, C.S. (1989). Parent education and involvement in early intervention programs for handicapped children: A different perspective on parent needs and the parent-professional relationship. In M.J. Fine (Ed.), *The second handbook on parent education: Contemporary perspectives.* Educational psychology. San Diego, CA: Academic Press.

Pierce, K.L., & Schreibman, L. (1994). Teaching daily living skills to children with autism in unsupervised setting through pictorial self-management. *Journal of Applied Behavior Analysis, 27,* 471-481.

Ritvo, E.R., Ritvo, E.C., & Brothers, A.M. (1982). Genetic and immunohematologic training, and the progress of young children with autism. *Journal of Early Intervention, 15*(2), 173-184.

Rosenberg, M.S. (1989). The effects of daily homework assignments of the acquisition of basic skills by students with learning disabilities. *Journal of Learning disabilities, 22*(5) 314-323.

Rosenberger-Debiesse, J., & Coleman, M. (1986). Brief report: Preliminary evidence for multiple etiologies in autism. *Journal of Autism and Developmental Disorder, 16,* 385-392.

Schafer, D.S., Bell, A.P., & Spalding, J.B. (1987). Potential predictors of child progress as measured by the early intervention developmental profile. *Journal of the Division for Early Childhood, 11*(2), 106-117.

Schopler, E. (1971). Parents of psychotic children as scapegoats. *Journal of Contemporary Psychotherapy, 4,* 17-22.

Schopler, E., Mesibov, G., De Vellis, R., & Short, A. (1981). Treatment outcome for autistic children and their families. In D. Mittler (Ed.), *Frontiers of knowledge in mental retardation*. Baltimore: University Park Press.

Schreibman, L., Charlop, M.H., & Koegel, R.L. (1982). Teaching autistic children to use extra stimulus prompts. *Journal of Experimental Child Psychology, 33*, 475-491.

Schreibman, L., Runco, M.A., Mills, J.I., & Burke, J.C. (1984). Training parent-child interactions. In E. Schopler & G.B. Mesibow (Eds.), *The effects of autism on the family* (pp. 187-205). New York: Plenum.

Schreibman, L., Runco, M.A., Mills, J.I., & Koegel, R.L. (1982). Teacher's judgments of improvements in autistic children in behavior therapy: A social validation. In R.L. Koegel, A. Rincover, & A.L. Egel (Eds.), *Educating and understanding autistic children*. San Diego, CA: College-Hill Press.

Schwethelm, B., & Mahoney, G. (1986). Task persistence among organically impaired mentally retarded children. *American Journal of Mental Deficiency, 90* (4), 432-439.

Shonkoff, J.P., Hauser-Cram, P., Krauss, M.W., & Upshur, C.C. (1988). Early intervention efficacy research: What have we learned and where do we go from here? *Topics in Early Childhood Special Education, 8* (1), 81-93.

Simeonsson, R.J. (1991). Primary, secondary, and tertiary prevention in early intervention. *Journal of Early Intervention, 15* (2), 124-134.

Sloane, H., Endo, G., Hawkes, T., & Jenson, W. (1991). Reducing children's interrupting through self-instructional parent training materials. *Education and Treatment of Children, 14* (1), 38-52.

Stremel, K., Matthew, P., Wilson, R., Molden, R., Yates, C., Busbea, B., & Holston, J. (1992, December). *Facilitating infant/toddler skills in family-child routines*. Paper presented at the Council for Exceptional Children/Division of Early Childhood International Conference on Children with Special Needs, Washington, DC.

Turnbull, A, P., Patterson, K.M., Behr, S.K., Murphy, D.L., Marquis, J.G., & Blue-Banning, M.J. (1993). *Cognitive coping, families, and disability*. Baltimore: Paul H. Brookes Publishing Co.

Tymms, P.B. (1992). The relationship of homework to A-level results. *Educational Research, 34* (1), 3-10.

Vincent, L.J., Salisbury, C., Laten, S., & Baumgart, D. (1979). *Designing home programs for families with handicapped children*. Unpublished manuscript.

Walberg, H.J. (1984, February). Families as partners in educational productivity. *Phi Delta Kappan*, 397-400.

Warren, S.F., & Kaiser, A.P. (1986). Incidental language teaching: A critical review. *Journal of Speech and Hearing Disorders, 51*, 291-299.

Waterhouse, L., Fein, D., Nath, J., & Snyder, D. (1983). Pervasive developmental disorders and schizophrenia occurring in childhood: A review of critical commentary. In G.L. Tischler (Ed.), *Diagnosis and classification in psychiatry: A critical apprasisal of DSM-III*. New York: Cmbrige University Press.

Weisner, T.S., Gallimor, R., & Jordan, C. (1993). Unpackaging cultural effects on R.N. Roberts (Ed.), *Coming home to preschool: Sociocultural context of early education* (pp. 59-90). Norwood, NJ: Ablex.

Wetherby, A.M., & prutting, C.A. (1984). Profiles of communicative and cognitive-social abilities in autistic children. *Asha, 27*, 364-377.

Wilde, L.D., Koegel, L.K., & Koegel, R.L. (1992). *Increasing success in school through priming: A training manual*. Santa Barbara: University of California.

Winton, P.J. (1990). Promoting a normalizing approach to families: Integrating theory with practice. *Topics in Early Childhood Special Education, 10* (2), 90-103.

Yoder, P.J. (1990). Relationship between degree of infant handicap and clarity of infant cues. *American Journal of Mental Deficiency, 91* (6), 639-641.

Yoder, P.J., Kaiser, A.P., & Alpert, C.L. (1991). An exploratory study of interaction between language teaching methods and child characteristics. *Journal of Speech and Hearing Research, 34*, 155-167.

제2장

조기중재와 심각한 문제행동

종합적 접근

Glen Dunlap & Lise Fox

조기중재는 발달장애인과 그들의 가족을 돕는 지원과 서비스 배열의 필수적인 요소로서 연구자들과 서비스 제공자들에게 가치를 인정받고 있다. 조기중재의 중요성은 1986년의 장애인 교육법 수정안(P.L. 99-457)과 1991년의 장애인 교육법 수정안(P.L. 102-119)에 의해 지원되며, 서비스의 수혜권을 제공하는 두 법률은 주도적인 연방 기금(예: 시범적인 모델 프로그램, Head Start)과 효과적인 연구이다. 조기중재는 장애아동과 그들 가족을 위해 기대되는 결과에서 중요한 차이를 만들어낼 것이라는 믿음에 기초하고 있다(Guralnick, 1991).

이 장은 미 교육부의 두 가지 프로젝트: 1) 장애와 재활 연구에 대한 국립연구소의 협력과제연구 H133B2004와, 2) 특수교육 프로그램국의 조기중재 시안과제연구 H042B2004에 의해 지원되었다. 그러나 여기에 제시된 의견은 저자의 것이며 교육부의 공식적인 입장이 아님을 밝힌다.

이 장에서는 심각한 문제행동을 가진 유아들을 위한 조기중재의 중요성을 설명하고 있다. 이 장은 현재의 조기중재의 개념화에 대한 논의로 시작해서 그것들이 어떻게 발달해 왔는가를 설명한다. 조기중재의 설명에 따라서 문제행동에 대한 조기중재의 적격성이 뒷받침할 수 있는 연구와 함께 제시되었다. 이 장의 주된 골격은 심각한 문제행동을 가진 아동의 포괄적 중재계획에 대한 주요한 구성요소로서 고려되어야 하는 세 가지 주제에 대한 논의를 제시한다.

조기중재: 생태학적 관점

조기중재에 있어 초기 노력들은 장애를 가진 영유아의 기능 목록을 증가시키는 데 주로 초점이 맞추어져 있었다. 효과를 평가하기 위해 사용된 종속 변인의 측정은 정신, 운동, 의사소통의 발달 면에서 향상되는 데 초점을 맞추고 있었다(Guralnick, 1991). 오랫동안 조기중재는 제공하는 지원과 서비스의 중요성을 이해하는 데 주로 아동에게만 초점을 맞추던 것을 넘어서 가족에게로 이동해 오고 있다. 최근의 연구자들은 성공을 위한 검사로서 전체적인 발달 측정을 사용하는 것의 적절성에 의문을 제기해 왔으며 가족과 그들 장애아동을 돕기 위해 제공되는 지원과 서비스의 집합체로서 조기중재의 더 광범위한 개념을 적용할 것을 요구하였다(Bailey & Worley, 1992; Dunst, 1986). 이 광범위한 개념은 중재가 아동의 기능 발달에 있어서 좁게 초점을 맞춘 변화가 상호의존적이고 상호 관련된 부분의 복잡한 가족 체계의 구성원으로서 발달에 영향을 미치는 아동을 고려하는데 실패한 데서 유래한다. 가족 안에서 아동을 넓게 보는 견해는 아동의 결과를 가족 기능의 독립된 것으로서가 아니라 체계 안에서 요인과 관련성의 복잡한 배열에 종속된다는 이해를 신장시켰다. 아동이 가족에 의해 영향을 받으며, 가족 간 상호 영향을 미치며, 가족은 이웃과 지역사회에 속해 있고 또 그것에 의해 영향을 받는다는 인식은 생태학적 이론의 관점을 반영하는 것이다(Baily & Wolery, 1992). 생태학적 관점에서 적절한 실제는 중재의 성질을 결정할 때 가정 속에서 아동의 총체적 관점에서 아동의 총체적 단위를 고려하는 것이다. 조기중재는 새로운 기술을 아동에게 가르치며, 가족에게 지원과 정보를 제공하며, 아동과 가족을 지원하기 위해 필요한 기술을 개발하는 데 양육자를 돕는 형태를 받아들이는 것이다. 생태학적 관점은 중재 프로그램의 계획에서 방법을 위한 지침을 제공할 뿐만 아니라 조기중재에 영향을 미치는(예: 문제행동을 감소시키기) 맥락적 쟁점을 이해하기 위한 틀을 제공한다.

조기중재와 문제행동

생태학적 관점으로서 조기중재를 보는 것은 심각한 문제행동을 가진 영유아와 그들 가족을 지원하는 데 조기중재의 역할을 이해하는 기초를 제공해 준다. 아동의 기술이 변화된다는 개념은 행동중재가 단지 문제행동의 감소에만 초점을 맞추는 것이 아니라 행동이 일어나는 생태학적 맥락도 강조해야 한다는 것이다(Horner et al., 1990). 긍정적 행동지원에 대한 포괄적인 접근은 문제행동을 하고 있는 개인의 삶의 양식을 변화시키는 것을 목표로 하고 있다. 효과적인 행동지원 프로그램은 다음의 결과를 도출해야 한다.

1. 개인의 사회적 관계와 일상적 행동양식의 변화
2. 지역사회 통합의 증가
3. 개인의 건강상태 또는 위기중재의 필요에 있어 변화
4. 기술 레퍼토리의 확장
5. 문제행동의 일반화된 감소

생태학적 관점은 중재자에게 개인의 문제행동을 좁은 초점의 관점을 넘어서 보게 하며, 보다 큰 사회적 맥락으로서뿐만 아니라 개인의 현재 환경과 장면의 구성원으로서 개인을 이해하는 쪽으로 안내해 준다.

조기중재는 심각한 문제행동을 가진 어린 아동에게 효과가 있다는 것이 증명되었다. 행동연구는 아동이 아주 어릴 때 중재가 시작되면 보다 큰 진전이 기대된다는 결론을 뒷받침하고 있다. 예를 들면, 과거의 분석을 통해서 Krantz와 McClannahan(1985)은 5세 이전의 자폐아동에게 중재 프로그램을 시작했을 때 5세 이후에 똑같은 프로그램을 시작할 때보다 의미 있는 보다 큰 향상이 있었다고 보고한다. 다른 연구자들도 조기중재는 기능 발달과 문제행동에 있어 인상적인 진보를 만들어낼 수 있다는 결과를 제시하였다(Anderson, Avery, Dipietro, Edwards, & Christian, 1987; Dunlap, Johson, & Robbins, 1990; Dunlap, Robbins, Morelli, & Dollman, 1988; Lovaas, 1980, 1987; Rosers & Dilalla, 1991).

연구와 경험은 다음의 현상이 부분적으로 문제행동에 대한 조기중재의 강력한 효과를 얻도록 우리를 인도한다. 첫째로, 발달의 초기 시기는 의사소통 기술의 습득을 위한 중요한 시기가 된다. 이 중요한 시기는 영유아 연령에서 일어나는 생리 발달과 관련성을 가지고 있는 것처럼 보인다. 연구자들은 영유아의 초기 사회-의사소통 행동이 나중의 언어발달을 위한 기초가 된다는 데 동의한다(Bricker, 1993).

발달의 초기 몇 해는 심각한 문제행동에 의미 있게 영향을 미치는 기회의 창을 제공한다. 실질적으로 많은 연구들은 문제행동에 대한 의사소통-중심 중재의 영향을 기록하고 있다

(Billingsley & Neel, 1985; Bird, Dores, Miniz, & Robinson, 1989; Carr & Durand, 1985; Durand & Carr, 1987; Horner & Budd, 1985). 따라서 조기 아동기 시절은 의사소통 기술의 발달에 초점을 맞춘 중재에 특별히 신경을 써야 할 시기이다.

가정에서 기술 레퍼토리를 확장하고 양육자와 의사소통 확립에 초점을 맞춘 조기중재는 문제행동을 감소시킬 수 있고, 또한 후에 재발되는 문제에 대한 "주입(inoculation)"을 제공할 수 있다. 이 사진에서는 어머니가 아동이 좋아하는 책을 사용하여 의사소통을 격려하고 있다.

둘째로, 어린 아동들은 짧은 배움의 과정들을 갖고 있고, 그들의 문제행동은 다양하고 복잡한 중재들과는 관계가 적을 확률이 높다. 뿐만 아니라 기능 레퍼토리, 다른 사람들과의 관계, 그리고 어린 아동들의 사회적 생태들은 제한적이고 접근하기 쉽다. 결론적으로 어린 아동들의 문제행동의 기능을 해석하는 것은 대체로 쉬워 보인다. 자연적 맥락에서의 아동들의 관찰과 양육자와의 면담들은 가끔 문제행동의 기능에 대해 직접적으로 좋은 가설로 안내한다.

셋째로, 어른의 양육자보다는 어린 아동들의 양육자와 함께 파트너십을 가지고 일하는 것이 보다 쉽게 접근할 수 있게 한다. 아동의 연령은 부모 또는 양육자로부터 보다 더 많은 조심과 지원을 요구한다. 부모들은 전형적으로 문제행동을 적절하게 중재하는 데 매우 걱정스러워 하며, 지원전략을 개발하는 데 전문가와 협력하기를 갈망한다. 또한 어린 아동의 부모들에게는 그들 아동의 사회성 발달을 안내하고 일반 아동들은 성장해 감에 따라, 행동중재가 다른 문제행동을 중재하는 데 외부 도움을 구하는 것이 일반적인 경향이다.

마지막으로 어린 아동의 문제행동을 중재하는 것은 그들의 신체가 작기 때문에 종종 더 쉽다. 예를 들면, 어린 아동이 물고, 때리기, 물건을 쳐 넘어뜨리는 것은 성인이 똑같은 행동을 할 경우보다는 신체적으로 다루기가 더 쉽다. 발달지체와 발달장애를 가진 어린 아동에게 조기중재를 제공하도록 명령하는 법률(P.L. 99-457)과 P.L. 102-119는 문제행동을 가진 어린 유아의 발달 과정에 중요한 영향을 미치는 기회를 제공한다. 의사소통에 초점을 맞춘 그리고 기능 개발을 확립하기 위한 조기의 체계적이고 집중적인 중재는 문제행동을 개선시킬 수 있으며(Dunlap et al., 1988; Robbins, Dunlap, Plienis, 1991), 그러한 문제행동이 나중에 재발하는 것을 방지할 수 있다(Dunlap et al., 1990). 그러한 노력으로 조기중재자들은 기능적 사정과 포괄적 행동지원전략을 사용해야 한다. 문제행동의 감소보다는 차라리 기능 발달에 초점을 맞춘 중재와 아동이 복잡한 사회 체계의 구성원이라는 인식은 어린 아동의 발달에 영향을 미치는 가장 강력한 전제가 된다.

포괄적 지원 방법

이 장의 나머지 부분은 의사소통과 행동 적응에 심각한 도전을 받고 있는 어린 아동을 위한 포괄적 지원 방법의 주요한 특성을 설명한다(Dunlap & Robbins, 1991, 1993). 그 방법은 가족과 전문가의 유용한 자료와 축적된 결과들을 기초로 하고 있다. 특히 그것은 가족과 협력해 온 우리의 경험과 장애아동을 위한 조기중재 서비스를 제공하는 것을 기초로 하고 있다.

이 방법은 다양한 능력과 도전을 가진 아동과 다양한 배경과 자원을 가진 가족들에게 적절하도록 고안되었다. 따라서 이 방법은 그 구조와 실행의 모든 면에 있어서 개별화를 높은 수준으로 통합한다. 이 방법의 가정은 포괄적 지원계획의 구체성이 다변량의 생태학적 사정의 계속적인 과정을 기초로 하고 있으며(예: Plienis, Robbins, & Dunlap, 1988), 아동 가정의 완전 참여와 자유로운 지침에 의존하고 있다.

포괄적 조기중재 접근의 기본적인 목표는 아동과 가족의 현재와 미래 생활을 향상시키는 것이다. 이것은 가능한 최대한도까지 아동의 기능, 흥미, 그리고 관계를 발달시키기 위해 돕는 것을 포함한다. 그것은 조기 아동기와 그 이후까지 괴롭히는 심각한 문제행동의 발생을 예방하는 데 가장 가치로운 자원들을 아동에게 제공하는 것을 의미한다. 그것은 또한 적절한 정도로 아동의 발달과 지원을 위해 계획을 조정하고 참여하는 데 아동의 가족을 돕는 것을 의미한다. 이 장의 다음 절에서 논의하겠지만, 포괄적 중재의 중심 목표는 가족의 체계가 강하도록 가족의 자원을 적용하고 통합적이고 응집된 가족생활의 기쁨을 즐기도록 돕는 것이다. 가족 체계는 아동이 생활하고 자라는 필수적인 맥락이며, 결과적으로 조기중재의 실제는 그것이 포괄적이고 궁극적으로 효과가 있도록 가정에 주요한 초점을 맞추어야 한다.

다음 페이지에 개괄된 이 방법은 세 가지 주된 주제 또는 중요한 고찰들을 포함하고 있다. 이러한 구성요소들은 중첩되고 상호 관련되어 있지만, 조기중재 서비스의 계획과 실행에 광범위하게 나타나는 특징적인 요소로서 그것을 나타내는 데 유용하다. 첫 번째 주제는 발달적으로 적절한 새로운 기능의 확립에 중재 노력의 초점을 맞추고 아동을 위해 유용한 기능을 제공하는 것이다. 이러한 교수목표들은 의사소통하고, 즐거움을 발달시키며, 관계를 만족시키고 아동의 능력과 기회를 신장시키는 데 특별히 중요하다. 두 번째 중요한 주제는 전형적이고 통합적인 환경에서 지원을 제공하며 지역사회에 노출과 맥락적으로 적절한 상호작용을 위해 기회를 늘려주는 것이다. 가장 가치롭고 일반화할 수 있는 학습이 일어나는 실제상황에서의 참여를 통해 한다. 세 번째 주제는 포괄적이고 개별화된 가족지원을 제공하는 것이다. 가족지원을 전통적인 훈련과 정보 제공 차원의 서비스, 즉 그것이 많은 가족에게 가장 이점이 있는 것으로 계속된다고 하더라도 지금은 그것보다는 더 많은 것으로 구성되는 것으로서 개념화되고 있다. 가족지원은 개별화되어야 하며 많은 다양성을 포함할 수 있어야 하며, 지원 선택의 연합을 할 수 있도록 하는 과정으로서 검토되기를 원하고 있다.

기술 발달

자폐증과 다른 장애를 가진 어린 아동들의 조기중재 경험의 성공을 보여 주는 방법의 차별된 특성은 교수적 적응을 받아들인다는 것이다. 즉, 그들은 관찰 가능하고 반복 가능한 잠재능력을 가르치기를 원한다. 뿐만 아니라, 기술은 아동이 그들의 환경을 다루는 데 효과적이어야 하며, 기능은 아동의 연령과 발달 수준에 적절해야 한다. 이러한 매개변수 속에서, 조기중재의 주요한 목적은 아동이 매일 상호작용이 계속되는 맥락에서 사용할 수 있는 의미 있는 기술의 레퍼토리를 성장시키는 데 기여해야 한다.

자폐증 혹은 관련된 다른 장애아동을 위한 기술 발달의 주된 초점은 의사소통을 필요로 한다. 이것은 다음의 몇 가지 이유 때문이며: 1) 이러한 장애아동의 집단 속에는 의사소통이 발달지체의 가장 주된 영역으로 나타난다. 2) 기능 영역 중에서 사회화와 인지 발달의 모든 영역이 가장 중요하다. 3) 그것은 주로 문제행동의 발생과 관련이 있다. 의사소통에서 교수는 생성적인 도구를 아동에게 제공하도록 고안되어야 하며 그것은 즉시적으로 아동의 생활을 통하여 광범위하게 제공될 것이다.

많은 저자들은 의사소통과 문제행동 사이의 중요한 관련성을 설명해 오고 있다(Carr et al., 1994; Donnellan, Mirenda, Mesaros, & Fassbender, 1984; Durand, 1990). 이 저자들은 화내는 행동이나 자해행동 같은 행동들은 가장 빈번하게 사회적 동기를 가지고 있으며, 의사소통의 의도적인(비록 그렇게 의식하지 않고 있다고 하더라도) 행동으로서 해석될 수 있다고 지적하였다. 이러한 관점은 조기중재 프로그램을 개발할 때 초점으로서뿐만 아니라 문제행동을 이해하는 데 가장 중요한 시사점을 가지고 있다. 특히 아동의 문제행동의 목적(예: 의사소통적 기능)에 대한 이해는 의사소통에 있어 조기중재를 위한 구체적인 목표를 중재자에게 알려주는 것이다. 기능적 사정전략은 아동의 문제행동의 기능을 결정하기 위해 사용할 수 있다(예: Lennox & Miltenberger, 1989; O'Nell, Horner, Albin, Storey, & Sprague, 1990). 그리고 나면 기능적으로 같은 대안들이 중재를 위한 적절한 목표로서 확인될 수 있다(Carr, 1988; Carr & Durand, 1985). 동등한 대안으로 선택된 형태는 아동을 위해 기존의 의사소통 체계와 맞아야 하며, 수행하기 쉽고, 바라는 결과를 얻는 데도 효과적이어야 한다. 기능적 의사소통 훈련으로 알려진 이 교수전략의 개념적 및 실제적 의미는 평판 좋은 많은 논문, 매뉴얼, 책에서 설명되어 왔다(예: Carr et al., 1994; Durand, 1990; Durand Berotti, &Weiner, 1993). (또한 제3장 참조)

이 접근에서 기술 발달에 중요한 메시지는 문제행동이 의사소통 표현으로서 인식된다는 것이며 교수는 보다 효과적, 통상적, 수용적이며 바람직한 대안을 가진 문제행동으로 대치될 수 있다는 것이다. 이러한 방법으로 4세 아동의 폭력적인 화냄은 기능적 의사소통 방법을 통해서 주의집중을 받기 위한 요구와 의사소통을 하기 위한 것으로 받아들여질 수 있다. 이 아동을 위한 교수는 음성적 요구와 같은(예: "엄마") 의사소통 대안으로 확립시킬 필요가 있고, 또는 아동이 말을 할 수 없다면, 엄마-아동 상호작용을 상징화한 그림과 같은 비구어적 신호로 의사소통 대안을 확립할 수 있다. 대안행동이 화내는 기능(예: 관심 얻기)으로 대치되고, 화가 났을 시간 동안 대안행동으로 확립되는 한, 대안행동은 빈도가 증가되고 화내는 행동은 감소될 것이다. 사실 이러한 유형은 많은 사례연구와 실험적 연구에서 보고되었다(예: Bird et al., 1989; Carr & Durand, 1985; Horner & Budd 1985).

의사소통의 대안을 확립하기 위한 공동의 노력은 아동이 아동기와 그 이후로 성숙해 감에 따라 어려움의 재발을 방지하는 데 도움을 줄 뿐만 아니라 문제행동의 실질적인 감소도 가져왔다(Dunlap et al., 1990). 그러나 기능적인 의사소통 훈련은 의사소통과 언어에서 교수의 보다 일반적인 계획의 단 하나의 구성요소에 불과하였다. 의사소통에 의해 제공되는 예를 들면, 요구를 말하고, 욕구와 감정을 표현하고, 환경에 대한 공통의 관심사를 나누고, 대인 간 친밀 관계성을 발달시키는, 아동이 무수한 목적을 위해 사용할 수 있는 생성적인 언어 체계를 확립하는 데 또한 굉장한 욕구가 있다. 아동의 초기에 확립되는 의사소통의 유용한 체계의 정도는 아동이 장애의 도전적인 것들을 조정할 수 있는 정도에 까지 중요한 영향을 미치는 것처럼 보인다(Prizant & Wetherby, 1988).

물론, 아동이 점차 독립적이고 유능한 지역사회의 구성원으로 성장하는 데 필요한 많은 다른 능력이 있다. 여기에는 놀이, 함께 하기, 이동, 자립능력(착탈의, 대소변 가리기, 먹기 등), 일상활동의 독립적 수행, 일상 업무의 처리와 활동에서 다른 사람을 고려하고 통합하는 일반적인 능력을 포함한다. 의사소통 기술이 기술 발달에 우선적인 것이라고 하더라도, 모든 다른 영역에서 능숙한 수행능력의 일반적인 증가는 문제행동의 발생과 밀접하게 관련되어 있다.

통합과 사회화

지역사회에서 문제행동을 가진 아동의 통합은 포괄적 지원의 중요한 결과로서, 그리고 기술 발달을 향상시키는 방법으로서 검토되어야 한다. 심각한 문제행동을 가진 어린 아동들은 지역사회 참여를 위한 기회에 접근하는 데 부정적 편견으로 위험이 증가되고 있다. 그 결과 심각한 문제행동을 가진 아동은 사회성과 의사소통 기술을 연습하고 또래와 지원적인 관계를 발달시키는 데 제한된 기회를 가질 수 있다.

통합은 그들의 지역사회 안에서 자연적인 환경에 능동적으로 참가하는 다양한 능력을 가진 아동들에게 무제한적인 기회를 제공하는 것으로서 설명될 수 있다. 어린 아동에게 있어서 이러한 환경은 취학전 프로그램, 아동 보호 센터, 또래와의 파티와 야외 활동, 쇼핑센터, 공원, 식당, 교회, 박물관, 그리고 친구의 집을 포함한다. 통합은 심각한 문제행동을 가진 아동의 발달에 원접 및 근접의 방법에 기여하는 것으로 이해될 수 있다. 원접의 이점은 장애와 문제행동의 정도에 관계없이 그들의 아동이 지역사회에 속해 있는 가족의 관점을 촉진시키고 지원하는 것을 포함한다. 통합의 근접 이점은 우정의 발달, 사회성 및 의사소통 기술의 향상, 그리고 정상적인 교육과정에의 참여에 대한 기회를 제공한다(Baily & Mc William, 1990).

어린 아동이 아장아장 걷거나 취학전 유치원생이 되어감에 따라, 또래와의 상호작용은 적절한 상황이 되며 사회성과 의사소통 기술은 학습하고 연습하게 된다. 전형적으로 심각한 문제행동을 지닌 어린 아동들은 그들 문제행동의 특징과 고집에 직접적으로 관련된 의사소통과 사회성 능력에 기술부족을 가지고 있다. 예를 들면, 의사소통이 지체된 아장아장 걷는 유아(toddler)는 그가 원하는 장난감을 가지기 위해 또래에게 물거나 때리는 신호를 사용한다. 이러한 유아를 위한 행동지원계획은 사회적 상호작용의 발달을 촉진하고 또래와 놀이하도록 할 뿐만 아니라 요구하는 것을 말하도록 새로운 의사소통 형태를 아동에게 제공하는 것을 포함해야 한다. 심각한 문제행동을 나타내지 않고 또래와 상호작용을 하기 어려운 유아는 놀이 상대로서 다른 유아들이 그를 피함으로써 또는 부모가 갈등 상황을 야기하는 상황에 아동을 놓아두는 것을 회피함으로써 상호작용할 기회가 감소할 수 있다. 이러한 경우에 문제행동을 지닌 유아는 또래와 사회성 및 의사소통 기술을 가르쳐야 할 뿐만 아니라 그러한 기술을 연습하고 일반화 하도록 증가된 기회가 필요하다.

통합이 일어나는 첫 번째 장면은 지역사회 안의 조기교육 프로그램이다. 장애아동이 장애가 없는 아동과 질적인 프로그램에서 지원을 받을 때, 그들은 특정한 분리된 장면에서 서비스를 받는 아동과 비슷하게 발달 진보를 할 것이라고 기대하게 된다(Lamorey & Bricker, 1993; Odom & McEvoy, 1988). 조기교육 프로그램에서 장애를 가진 또래와의 통합이 다른 아동의 발달 진보에 영향을 미치지 않는다는 것을 명심하는 것이 마찬가지로 중요하다(Esposito, 1987). 통합된 조기교육환경은 문제행동을 가진 어린 아동에게 그들 또래와 우정을 발달시킬 기회를 제공하며, 적절한 행동을 관찰하고 배우며, 바람직한 사회적 상호작용 유형을 발달시킨다. 뿐만 아니라, 통합환경은 의사소통 기술의 습득과 일반화를 위한 자연스런 맥락을 제공한다. 사회성 및 의사소통 기술을 분리된 맥락 또는 사회화할 수 없는 아동과 함께 가르쳤을 때, 아동은 가끔 기술 일반화에 어려움을 갖는다. 통합 프로그램의 자연스런 맥락에서 효과적이고 체계적인 교수는 이러한 문제행동을 유의미하게 감소시킨다.

장애를 가진 어린 아동이 통합 프로그램에 있을 때, 그들은 보다 더 사회적 상호작용에 참여하게 되며(Beckman & Kohl, 1984; Guralmick & Groom, 1988), 구어 상호작용도 더 많이 일어난다(Devoney, Guralinick, & Rubin, 1974; Paul, 1985). 대부분의 연구자들은 아동이 일상생활과 계획된 활동 속에 체계적인 교수를 내포하여 제공할 때 통합된 조기교육 프로그램의 배치로부터 긍정적 결과가 더욱 잘 일어난다고 동의한다(Fox & Hanline, 1993; Goldstein & Kaczmarek, 1992; Odom & Brown, 1993; Ostrosky, Kaiser, & Odom, 1993; Wolery & Fleming, 1993). 적절하고 자연적인 맥락에서 적용되는 체계적인 교수는 그러한 맥락에 존재하는 자연적인 단서와 강화를 많이 사용한다. 비록 실험연구의 결과가 통합 프로그램에서 심각한 문제행동을 가진 어린 유아의 교수에 적절하다는 것이 제한된다고 할지라도, 거기에는 자폐증과 다른 발달장애를 가진 어린 아동에게 성공적이라는 것을 많이 보여 주고 있다. 심각한 문제행동을 가진 아동에게 사회적 상호작용과 놀이 기술을 발달시키려고 지원하는 데 사용되는 체계적인 기법은 또래-조정 중재(Hendrickson, Strain, Tremblay, & Shores, 1982; Odom, Chandler, Ostrosky, McConnell, & Reaney, 1992; Strain, Shores, & Timm, 1977), 교사-조정 중재(Goldstein, Wickstrom, Hoyson, Jamieson, & Odom, 1988; Haring & Lovinger, 1989; McConnell, Sisson, Cort, & Strain, 1991), 애정 활동(McEvoy et al., 1988; Twardosz, Nordquist, Simon, Botkin, 1983). 우발 교수(Brown, McEvoy & Bishop, 1991), 통합 놀이 집단(Wolfberg & Schuler, 1993)을 포함한다.

환경중심 교수 절차는 자연적 맥락에서 의사소통과 언어 기술 발달을 지원하기 위해 사용될 수 있다. 환경중심 절차는 아동의 주도 또는 흥미를 따르는 간단하면서도 체계적인 절차의 에피소드이며, 의사소통 또는 언어 표현을 위한 명백한 촉구를 제공한다(Kaiser, Yoder, & Keetz, 1992). 의사소통과 언어 습득을 향상시키기 위한 통합 프로그램에 적용할 수 있는 환경중심 전략은 우발 언어 교수(Hart & Risley, 1975, 1990), 시간 지연(Warren & Gazdag, 1990), 요구-모델(Warren, McQuarter, & Rogers-Warren, 1984), 아동-단서 모델링(Alpert & Kaiser, 1992)을 포함한다.

지역사회 조기교육 프로그램은 지역사회 통합 기회를 제공했을 때, 고려해야 할 단지 그 맥락만은 아니다. 거기에는 가족에게 아주 중요한 다른 지역사회 맥락이 될 수도 있고 문제행동을 가진 어린 아동에게 도전적인 문제들을 나타낼 수도 있다. 예를 들면, 아동의 문제행동 때문에 아동이 부모와 함께 식료품 가게에 갈 수 없거나 또는 가족이 교회 활동에 참여하는 것을 어렵게 한다. 아동이 지역사회 환경에서 어려움을 가지고 있을 때, 가족들은 그러한 환경에서 활동을 제한받으며, 지역사회에서 그들의 아동을 지원하는 데 능력 부족을 느끼며, 그들의 아동에 대한 다른 사람의 지각에 대해 걱정을 하게 된다. 포괄적인 지원계획이 기능 사정과 중재를 목표로서 가족에게 중요한 환경에 초점이 맞춰져야 하며, 의미 있는 결과로서 그러한 환경 속에서의 성공을 고려해야 한다.

가족지원

어린 아동들이 깨어 있는 동안 대부분의 시간을 보내는 가정은 탁월하고도 참을성 있는 맥락을 제공한다. 이 사진에서 아동과 부모는 둘 다 좋아하는 활동인 가정의 컴퓨터를 사용하는 기회로 보상받고 있다.

포괄적 조기중재의 마지막 주요한 요소는 가족지원이다. 이 용어는 80년대 이후로 아주 넓게 사용되고 있으며, 그래서 그 용어가 정의되는 것이 중요하다. 이 장에서 제시한 것처럼, 가족지원은 가족체계를 강화하고 유지하기 위해 제공되는 어떤 혹은 모든 행동에 대한 것이며 특히 아동의 장애에 대해 가족이 동화하고 이해하기 위한 행동에 대한 것이다.

거의 대부분의 경우에 있어서, 가족은 아동의 발달에 가장 강력한 영향을 미치며 필수불가결한 맥락을 제공한다. 아동의 발달에서 맥락의 역할에 대한 증가되는 관심은 아동의 성숙과 진보에 주요한 요인이 가족 체계의 행복(삶의 질)이라는 것이 분명해지고 있다(Robbins et al., 1991). 아동은 다른 어떤 환경보다도 가족이 있는 가정의 생태적 환경 속에서 보다 오랜 시간 깨어 있는(잠자는) 활동을 한다. 뿐만 아니라, 가족 구성원 특히 부모는 아동에 대해 가장 참을성 있게 많은 자료를 제시하며, 이것은 심각한 장애를 가진 아동에게 더욱 두드러지게 나타난다.

필수적인 자료를 제외하고, 가족은 가족지원의 전달에서 중요한 고려점에 대해 두 가지 특성을 가지고 있다. 첫째로, 가족은 그들의 구성원에게 지원이 제공될 때 독특한 전문가가 된다. 가족 구성원들은 아동의 성장 배경, 행동 경향, 특질, 좋아하는 것, 특별한 능력에 대해 두드러지고 세세한 지식까지 가지고 있다. 그들은 또한 서비스 제공자가 똑같이 만들어낼 수 없는 아동의 환경에 대해 잘 알고 있다. 이 독특한 전문적 지식은 조기중재 프로그램을 개발하는 데 신중하게 고려되어야 하며, 이러한 이유로 중재활동을 계획할 때 전문가의 파트너로서 가족이 참여하는 것은 합리적이며 가장 적절하다.

두 번째 특성은 가족이 매우 개인적이며 다양한 체계를 가지고 있다는 것이다. 두 가족이 똑같은 경우는 없다. 예를 들면, 비일상적 지원 요구와 같은 일부 비슷한 경향을 가지고 있다고 하더라도, 가족은 아주 큰 차이를 가지고 있다. 그들은 그들의 기질, 그들의 문화적 및 인

〈표 1〉 개별화된 가족지원을 위한 서비스 전달 선택

정보
장애, 특정한 아동의 장애, 법적 및 절차적 권리, 서비스와 서비스 선택, 기타 자원 등

교육과 훈련
행동지원전략, 사람중심과 양육, 자기주장

계획과 도움
사람중심 계획, 전환, 재정 등

서비스 협력(사례 관리)
적절한 서비스의 확인, 중개인 연계하기, 교통정리, 기타 세부 지원

사회성과 정서 지원
상담, 지원 그룹, 부모 대 부모, 형제자매 지원, 우정

위탁 보호
가정, 가정 밖, 아동 보호, 확장된 위탁, 위기 경감

종적 배경, 성격, 욕구, 그리고 그들 구성원의 강점, 집안 내력과 구성원 간 상호작용의 맥락, 가족 단위의 가치와 우선순위에 따르다. 적절한 가족지원 프로그램은 이러한 개별화된 특성에 반응하고 가족의 강점을 알아내고, 도전적인 문제를 개선하기 위해 구조화된다(Turnbull, Turnbull, Summers, Brotherson, & Benson, 1986).

가족의 다양성은 가족이 요구하는 지원의 범위에서 비슷한 다양성이 있다는 것을 암시한다(Barber, Turnbull, Behr, & Kerns, 1988; Powell, Hecimoric, & Christensen, 1993). 그러나 가장 이익을 줄 수 있는 지원의 중요한 종류는 범주화될 수 있고 지원 선택의 목록으로서 제시된다. 〈표 1〉에 제시된 목록은 총망라된 것이 아니며, 대안으로서 이상적인 메뉴로 제시된 것도 아니다. 그것은 심각한 장애를 포함하는 가족에게 도움이 될 수 있는 지원의 다양성에 대한 설명으로서 우선적으로 제시된 것이다.

정보 모든 가족의 가장 큰 요구는 정보이다. 아동이 장애를 가진 것으로 처음 진단되면, 부모와 다른 가족들은 장애에 대한 사실 및 자료들이 아동의 발달과 가족의 역동에 어떤 영향을 미칠 것인지에 대한 긴장을 하게 된다. 구체적인 질문이 변화한다고 할지라도, 정보에 대한 요구는 아동의 일생에 걸쳐 계속된다. 많은 가족에게 의미 있는 도움을 계속적으로 주는 자료가 아동의 장애, 중재전략, 그리고 직업 수준 프로그램 선택에 대한 문헌에서 정보가 업데이트될 것이다. 이용 가능한 서비스, 법적 및 시민적 권리, 다른 가족의 경험, 그리고 학교와 지

역사회 환경에서 아동의 진보에 대한 정보에 가족이 쉽게 접근할 수 있는 것도 또한 중요하다. 가족지원 프로그램은 어떻게 하면 가족이 다양한 정보의 종류에 효과적이고 신속하게 접근해 얻을 수 있는 지를 분명하게 고려해 주는 것이 필요하다.

교육과 훈련 특히 어린 아동이 있는 많은 가정은 사람중심, 행동 관리, 그리고 자기주장과 같은 영역에서 교육과 훈련을 받는 것이 도움이 될 수 있다. 부모 훈련은 많은 연구에서 관심을 받았던 가족지원 영역 중의 하나이며(Dangel & Polster, 1984), 많은 가족이 큰 이익을 받을 수 있다는 데는 의심의 여지가 없다(Koegel, Schreibman, Johnson, O'Neill, & Dunlap, 1984). 특별한 가치는 가정과 지역사회의 상호작용 안에서 의사소통을 포함하여 발달의 모든 면에서 향상시키는 일반적인 접근방법과 특별한 기법이다. 심각한 문제행동의 감소에 대한 교수는 많은 가정들이 요구하고 있다(Dunlap, Robbins, & Darrow, 1994). 긍정적인 아동 양육 훈련과 일반적인 사람중심은 전형적인 다양성과 기대의 시야를 잃기 쉽기 때문에 심각한 장애를 가진 아동의 부모에게는 매우 유용할 수 있다. 부모 훈련의 또 다른 중요한 영역은 체계 안에서 작용하고, 개별화 프로그램의 선택을 협의하고, 자신(아동)의 주장을 충족시키는 것을 포함한다. 자기주장 훈련은 필요한 자원을 수집하는 것을 향상시키고 아동과 부모가 지역사회-중심 사회 서비스에 대한 신뢰를 가지고 있는 한 도움이 될 기술을 포함하기 때문에 부모 지원의 중요한 요소가 될 수 있다.

계획과 도움 계획과 도움은 나라 전체에 걸쳐 시행할 수 있는 가족지원의 광범위한 영역이다. 가족은 미래에 대한 신중한 계획을 매일매일 개발하는 기회가 거의 없이 살아가는 경우가 대부분이다. 이것은 실질적인 걱정을 만들어내며, 마찬가지로 가족의 삶의 질에도 해로운 영향을 끼칠 수 있다. 다행히도, 가족이 계획하는 전략에서 몇 년 기간 동안 아동의 지원과 발달을 위해 비전, 계획의 개요, 그리고 구체적인 계획은 지원하는 전문가와 친구를 모으는 것이 이제 가능하다. (사람중심 계획에 대한 상세한 논의는 제19장 참조). 계획은 결집할 수 있는 자원에 대해 포함할 수 있고 집단 계획의 역동성 없이는 개발할 수 있는 기회를 만들어낼 수 없다. 그러한 계획 과정은 특정한 관심(예: 전환, 재정 책임)을 표현하는 데 중요할 뿐만 아니라 그 계획 과정의 가장 큰 이점은 장애를 가진 아동을 위해 일할 수 있도록 목적과 이상적인 방향을 세울 수도 있다.

가치 있을지 모르지만, 계획을 세우는 것만으로는 충분치 않다. 계획을 실행하는 데 유용한 별개의 도움이 있어야 한다. 자원의 위임과 개인적인 노력이 없는, 계획 과정은 공허한 제스처로 끝날 수 있다.

서비스 협력(사례 관리) 서비스 협력은 서비스를 위치시키고 얻는 것을 포함하여 시간, 갈등,

그리고 좌절을 감소시킬 수 있기 때문에 가족을 위한 가치로운 지원을 나타낼 수 있다. 이상적으로 서비스 협력은 아동과 가족에게 유용하고 다양한 서비스를 만들어내는 중재자로서 봉사하는 협력자와의 "전체를 포함하는"의 전망으로부터 구조화된다. 효과적인 협력자에 의해 제공되는 구제는 보다 직접적이고 양육기능으로 지도될 수 있는 중대한 에너지로 보존될 수 있다. 많은 저자(예: Dunst & Trivette, 1989)들은 가족 체계의 강점에 적절한 쟁점을 직접적으로 나타내는 이 도움의 유형에 대한 전망을 제공해 왔다.

사회성 및 정서 지원 모든 사람들은 사회성 및 정서 지원을 필요로 하지만, 자폐증 또는 관련 장애를 가진 아동의 부모는 익숙하지 않은 환경에 직면해 있을 때 가끔 어려움을 발견하였다. 부모들이 그들 아동이 그러한 장애를 가지고 있는 것을 알고 있으면 실제적으로 적응시키는 것이 필요하다. 그들은 그들의 경험을 연계시킬 수 있는 친구가 거의 없으며(하나도 없을 수도 있음), 그들은 특히 고립, 외로움, 우울증의 감정으로 상처받기 쉽다. 일부 가정의 구성원은 상담이 크게 도움이 되었다고 하고, 나머지는 사회적 지원 그룹에서 적절한 양육 방법을 발견하거나 보다 경험 많은 부모(그리고 부모 대 부모와 같은 조직으로부터)로부터 적절한 지도와 격려를 얻는다. 일부 경우에는 장애를 가진 아동의 형제자매를 위해 계획된 지원 네트워크로부터 특별한 것을 얻을 수 있다.

심지어 전문가조차도 제공될 수 있는 가장 강력한 지원 중의 일부는 우정이라고 기술하고 있다. 부모와 다른 가족 구성원은 일반적이지 않은 장애와 관련한 도전과 스트레스를 이해할 수 있는 접촉이 매우 드물다고 한다. 동정적으로 그리고 비편파적으로 들을 수 있는 또 코멘트나 제안을 하면서 도와줄 수 있는 사람을 찾는 것은 종종 어렵다. 우리와 연계해 온 지원 프로그램에서, 가족 구성원들은 프로그램의 가장 가치 있는 특성이 그들이 경험한 것들—즉 그들의 성공과 기쁨뿐만 아니라 좌절과 도전까지도—을 사람들에게 개방적으로 이야기하는 능력이라고 진술하고 있다. 지역사회와 우정이라는 이 의식은 중요하며 가끔은 가족지원의 부분에서 경시되어 왔다.

위탁 보호 위탁 보호는 심각한 요구를 가진 아동을 보호하는 요구로부터 휴식이 필요한 가족 구성원에게 필수적인 프로그램 구성요소이다. 많은 가족들은 부모가 아동을 위해 안전하고 건강한 것으로 간주할 수 있는 위탁 보호와 아동 보호 프로그램을 개발하거나 또는 확언하는 노력들에 의해 잘 지원받을 수 있다. 가까운 친척이 지방에 있을 때와 같이 그들의 가용한 자원에 의지해서 일부 가족들은 간단하면서도 즉시적인 보호를 시킬 수 있다. 그러나 다른 경우에는 가족 체계가 재구성되거나, 위기에 대한 해결책을 찾거나, 가족이 도전적인 것들을 극복할 수 있는 방법을 찾거나, 그것에 대한 다음 경험을 받아들이는 확장된 보호를 위한 임시적인 필요가 있을 수 있다.

가족은 다양한 강점과 다양한 욕구를 가지고 있는 개별적인 체계라는 것을 기억하는 것이 중요하다. 두 가족이 서비스의 똑같은 숫자로부터 적절하게 도움을 받지는 못할 것이다. 그러나 모든 가족은 도움을 받을 수 있고, 제공되는 도움은 장애를 가진 아동의 생애 발달에 실질적인 효과가 있어야 한다.

결 론

장애와 심각한 문제행동을 가진 어린 아동을 위한 조기중재는 아동의 발달 과정을 통하여 아동과 가족이 지속할 수 있고, 매우 빠르게 분명해질 수 있는 의미 있는 결과에 대한 커다란 잠재력을 가진 노력이다. 지금은 조기중재의 이점을 증명할 수 있는 자료와 경험이 축적되어 있기 때문에 조기중재 서비스의 적절한 구성을 위한 지침을 제공해 줄 수 있다. 이 장에서는 장애와 문제행동을 가진 어린 아동의 장단기 이점에 중요한 세 가지 구성요소가 확인되었다. 세 가지 구성요소는 기능적인 의사소통 기술의 개발, 바람직한 사회적 상호작용을 증진시키는 통합경험의 제공, 그리고 개별화된 가족지원의 전달이다.

이러한 지침이 설득력 있게 제공된다고 하더라도, 그것들은 아주 일반적이며 서비스 전달의 구체적인 방법 또는 아동과 가족 특성을 사정하는 가장 좋은 방법에 대해서는 모르는 것이 아직도 굉장히 많이 있다. 연구와 시범적인 프로젝트는 중재자에게 많은 것을 가르쳐 주었으며, 아동과 그들의 가족이 처한 굉장한 도전에서 보다 효과적인 결과에까지 부가적인 연구가 확인하고 개발하는 것을 도울 수 있다.

참고문헌

Alpert, C.L., & Kaiser, A.P. (1992). Training parents as milieu language teachers. *Journal of Early Intervention, 16*, 31-52.

Anderson, S.R., Avery, D.L., DiPietro, E.K., Edwards, G.L., & Christian, W.P. (1987). Intensive home-based early intervention with autistic children. *Education and Treatment of Children, 10*, 352-366.

Bailey, D.B., & McWilliam, R.A. (1990). Normalizing early intervention. *Topics in Early Childhood Special Education, 10*, 33-47.

Bailey, D.B., & Wolery, M. (1992). *Teaching infants and preschoolers with disabilities* (2nd ed.). New York: MacMillan.

Barber, P.A., Turnbull, A.P., Behr, S.K., & Kerns, G.M. (1988). A family systems perspective on early childhood special education. In S.L. Odom & M.B. Karnes (Eds.), *Early intervention for infants and children with handicaps: An empirical base* (pp. 170-198). Baltimore: Paul H. Brookes Publishing Co.

Beckman, P., & Kohl, F.L. (1984). The effects of social and isolate toys on the interactions and play of intergrated and nonintegrated groups of preschoolers. *Education and Training of the Mentally Retarded, 19*, 169-175.

Billingsley, F.F., & Neel, R.S. (1985). Competing behaviors and their effects on skill generalization and maintenance. *Analysis and Intervention in Developmental Disabilities, 5*, 357–372.

Bird, F., Dores, P.A., Moniz, D., & Robinson, J. (1989). Reducing severe aggressive and self-injurious behaviors with functional communication training. *American Journal on Mental Retardation, 94*, 37–48.

Bricker, D. (1993). Then, now, and the path between: A brief history of language intervention. In A.P. Kaiser & D.B. Gray (Eds.), *Communication and language intervention: Vol. 2. Enhancing children's communication: Research foundations for intervention* (pp. 11–31). Baltimore: Paul H. Brookes Publishing Co.

Brown, W.H., McEvoy, M.A., & Bishop, N. (1991). Incidental teaching of social behavior: A naturalistic approach for promoting young children's peer interactions. *Teaching Exceptional Children, 24*, 35–38.

Carr, E.G. (1988). Functional equivalence as a mechanism for response generalization, In R.H. Horner, G. Dunlap, & R.L. Koegel (Eds.), *Generalization and maintenance: Lifestyle changes in applied settings* (pp. 221–241). Baltimore: Paul H. Brookes Publishing Co.

Carr, E.G., & Durand, V.M. (1985). Reducing behavioral problems through functional communication training. *Journal of Applied Behavior Analysis, 18*, 111–126.

Carr, E.G., Levin, L., McConnachie, G., Carlson, J.I., Kemp, D.C., & Smith, C.E. (1994). *Communication-based intervention for problem behavior: A user's guide for producing positive change*. Baltimore: Paul H. Brookes Publishing Co.

Dangel, R.F., & Polster, R.A. (Eds.). (1984). *Parent training: Foundations of research and practice*. New York; Guilford Press.

Devoney, C., Guralnick, M.J., & Rubin, H. (1974). Intergrating handicapped and nonhandicapped preschool children: Effects on social play. *Childhood Education, 50*, 360–364.

Donnellan, A.M., Mirenda, P.L., Mesaros, R.A., & Fassbender, L.L. (1984). Analyzing the communicative functions of aberrant behavior. *Journal of The Association for Persons with Severe Handicaps, 9*, 201–212.

Dunlap, G., Johnson, L.F., & Fobbins, F.R. (1990). Preventing serious behavior problems through skill development and early intervention, In A.C. Repp & N.N. singh (Eds.), *Perspectives on the use of nonaversive and aversive interventions for persons with developmental disabilities* (pp. 273–286). Sycamore, IL: Sycamore Press.

Dunlap, G., & Robbins, F.R. (1991). Current perspectives in service delivery for young children with autism. *Comprehensive Mental Health Care, 1*, 177–194.

Dunlap, G., & Robbins, F.R. (1993). *Individualized support for young children with severe problems in communication and behavior* (Model Demonstration Grant No. H024B30022). Washington, DC: U.S. Department of Education, Office of Special Education Programs.

Dunlap, G., Robbins, F.R., & Darrow, M.A. (1994). Parents'reports of their children's challenging behaviors: Results of a statewide survey. *Mental Retardation, 32*, 206–212.

Dunlap, G., Robbins, F.R., Morelli, M.A., & Dollman, C. (1988). Team training for young children with autism: A regional model for service delivery. *Journal of the Division for Early Childhood, 12*, 147–160.

Dunst, C.J. (1986). Overview of the efficacy of early intervention programs. In L. Bickman & D. weatherford (Eds.), *Evaluating early intervention programs for severely handicapped children and their families* (pp. 70–147).Austin, TX: PRO-ED.

Dunst, C.J., & Trivette, C.M. (1989). An enablement and empowerment perspective on case management. *Topics in Early Childhood Special Eduaction, 8*, 87–102.

Durand, V.M (1990). *Functional communication training; An intervention program for wevere behavior problems*. New York: Guilford Press.

Duran, V.M., Berotti, D., & Weiner, J.S. (1993). Functional communication training: Factors affection effectiveness, generalization, and maintenance. In J.Reichle & D.P. Wacker

(Eds.), *Communication and language intervention: Vil.3. Communicative alternatives to challenge behavior: Integrating functional assessment and intervention strategies* (pp. 317-340). Baltimore: Paul H. Brookes Publishing Co.

Durand, V.M., & Carr, E.G. (1987). social influences on "self stimulator" Behavior: Analysis and treatment application. *Journal of Applied Behavior Analysis, 20*, 119-132.

Education of the handicapped Act Amendments of 1986, P.L. 99-457. (October 8, 1986). Title 20m, U.S.C. 1400 et seq: *U.S. Statutes at Large, 100*, 1145-1177.

Esposito, B.G. (1987). The effects of preschool integration on the development of non-handicapped children. *Journal of the Division for Early Childhood, 12*, 31-46.

Fenske, E.C., Zlenski, S., Krantz, P.J., & McClannahan, L.E. (1985). Age at intervention and treatment outcome for autistic children in a comprehensive intervention program. *Analysis and Intervention in Developmental Disabilities, 5*, 49-58.

Fox, L., & Hanline, M.F. (1993). A preliminary evaluation of learning within developmentally appropriate early childhood settings. *Topic in Early Childhood Special Education, 13*, 308-327.

Goldstein, H., & Kaczmark, L. (1992). Promoting communicative interaction among children in integrated intervention settings. In S.F. Warren & J. Reichle (Eds.), *Communication and language intervention: Vol. 1. Causes and effects in communication and language intervention* (pp. 81-111). Baltimore: Paul H. Brookes Publishing Co.

Goldstein, H., Wickstrom, S., Hoyson, M., Jamieson. B., & Odom. S. (1988). Effects of sociodramatic script training on social and communicative interaction. *Education and Treatment of Children, 11*, 91-111.

Grualnick, M.J. (1991). The next decade of research on the effectiveness of early intervention. *Exceptional Children, 58*, 174-183.

Guralnick, M.J., & Groom, J.M. (1988). Peer interactions in mainstreamed and specialized classrooms: A comparative analysis. *Exceptional Children, 5*, 415-425.

Haring, T.G., & Lovinger, L. (1989). Promoting social interaction through teaching generalized play initiation responses to preschool children with autism. *Journal of The Association for Persons with Severe Handicaps, 14*, 255-262.

Hart, B.M., & Risley, T.R. (1975). Incidental teaching of language in the preschool. *Journal of Applied Behavior Analysis, 7*, 243-256.

Hart, B.M., & Risley, R.T. (1980). In vivo language intervention: Unanticipated general effects, *Journal of Applied Behavior Analysis, 13*, 407-432.

Hendrickson, J.M., Strain, P.S., Tremblay, A., & Shores, R.E. (1982). Functional effects of peer social initiations on the interactions of behaviorally handicapped children. *Behavior Modification, 6*, 323-353.

Horner, R.H., & Budd, C.M. (1985). Teaching manual sign language to a nonverbal student: Generalization of sign use and collateral reduction of maladaptive behavior. *Education and Training of the Mentally Retarded, 20*, 39-27.

Horner, R.H., Dunlap, G., Koegel, R.L., Carr, E.G., Sailor, W., Anderson, J., Albin, R.W., & O'Neill, R.E. (1990). In support of integration for people with severe problem behaviors: A response to four commentaries. *Journal of The Association for Persons with Severe Handicaps, 15*, 145-147.

Individuals with Disabilities Education Act of 1990(IDEA), P.L. 101-476. (October 30, 1990). Title 20, U.S.C. 1400 et seq: *U.S. Statutes at Large, 104*, 1103-1151.

Individuals with Disabilites Education Act Amendments of 1991, P.L. 102-119. (October 7, 1991). Title 20, U.S.C.1400 et seq: *U.S. Statutes at Large, 105*, 587-608.

Kaiser, A.P., Yoder, P.J., & Keetz, A. (1992). Evaluating milieu teaching. In S.F. Warren & J. Reichle (Eds.), *Communication and language intervention: Vol. 1. Causes and effects in communiction and language intervention* (pp. 9-47). Baltimore: Paul H. Brokes Publishing Co.

Koegel, R.L., Schreibman, L., Johnson, J., O'Neill, R.E., & Dunlap, G. (1984). Colllateral effects of parent training on families with autistic children. In R.F. Dangel & R.A. Polster (Eds.), *Parent training: Foundations of research and practice* (pp. 359–378). New York: Guilford Press.

Lamorey, S., & Bricker, D. (1993). Integrated programs: Effects on young children and their parents. In C.A. Peck, S.L. Odoms & D.D. Bricker (Eds.), *Integrating young children with disabilities into community programs: Ecological perspectives on research and implementation* (pp. 249–270). Batimor: Paul H. Brookes Publishing Co.

Lennow, D.B., & Miltenberger, R.G. (1989). Conducting a functional assessment of problem behavior in applied settings. *Journal of The Association for Persons with Severe Handicaps, 14*, 304–311.

Lovaas, O.I. (1980). Behavioral training with young autistic children. In B. Wilcox & A. Thompson (Eds.), *Critical issues in educating autistic children and youth* (pp. 220–233). Washington, DC: U.S. Department of Education.

Lovaas, O.I. (1987). Behaviroal treatment and normal educational and intellectual functioning in young autistic children. *Journal of Consulting and Clinical Psychology, 55*, 3–9.

McConnell, S.R., Sisson, L.A., Cort, C.A., & Strain, P.S. (1991). Effects of social skills training and contingency management on reciprocal interaciton of preschool children with behaviroal handicaps. *Journal of Special Education, 24*, 473–295.

McEvoy, M.A., Nordquist, V.M., Twardosz, S., Heckaman, K., Wehby, J.H., & Denny, R.K. (1988). Promoting autistic children's peer interaction in an integrated early childhood setting using affection activities. *Journal of Applied Behavior Analysis, 21*, 193–200.

Odom, S.L., & Brown, W.H. (1993). Social interaction skills interventions for young children with disabilites in integrated settings. In C.A. Peck, S.L. Odom, & D.D. Bricker (Eds.), *Integrating young children with disabilities into community programs: Ecological perspectives on research and implementation* (pp. 39–64). Baltimore: Paul H. Brookes Publishing Co.

Odom, S.L., Chandler, L., Ostrosky, M., McConnell, S.R., & Reaney, S. (1992). Fading teacher prompts from peer-initiation interventions for young children with disabilities. *Journal of Applied Behavior Analysis, 18*, 307–318.

Odom, S.L., & McEvoy, M.A. (1988). Integration of young children with handicaps and normally developing children. In S.L. Odom & M.B. Karnes (Eds.), *Early intervention for infants and children with handicaps: An empirical base* (pp. 241–267). Baltimore: Paul H. Brookes Publishing Co.

O'Neill, R.E., Horner, R.H., Albin, R.W., Storey, K., & Sprague, J.R. (1990). *Functional analysis of problem behavior: A practical assessment guide*. Sycamore, IL: Sycamore Press.

Ostrosky, M.M., Kaiser, A.P., & Odom, S.L. (1993). Facilitating children's social-communicative interactions through the use of peer-mediated interventions. In A.P. Kaiser & D.B. Gray (Eds.), *Communication and language intervention: Vol. 2. Enhancing children's communication; Research foundations for intervention* (pp. 159–185). Baltimore: Paul H. Brookes Publishing Co.

Paul, L. (1985). Programming peer support for functional language. In S. Warren & A.K. Rogers-Warren (Eds.), *Teaching functional language* (pp. 289–307). Autism, TX: PRO-ED.

Plienis, A.J., Robbins, F.R., & Dunlap, G. (1988). Parent adjustment and family stress on factors in behavioral parent training for young autistic children. *Journal of the Multihandicapped Person, 1*, 31–52.

Powell, T.H., Hecimovic, A., & Christense, L. (1993). Meeting the unique needs of families. In D.E. Berkell (Ed.), *Autism: Identification, education and treatment* (pp. 187–224). Hillsdale, NJ: Lawrence Erlbaum Associates.

Prizant, B.M., & Wetherby, A.M. (1988). Providing services to children with autism(ages 0 to 2 years) and their families. *Topics in Language Disorders, 9*, 1–23.

Robbins, F.R., Dunlap, G., & Plienis, A.J. (1991). Family characteristics, family training, and the progress of young children with autism. *Journal of Early Intervention, 15*, 173–184.

Rogers, S.J., & DiLalla, D.L. (1991). A comparative study of the effects of a developmentally based instructional model on young children with autism and young children with other disorders of behavior and development. *Topics in Early Childhood Special Education, 11*, 29-47.

Strain, P.S., Shores, R.E., & Timm. M. (1977). Effects of peer social initiation on the behavior of withdrawn preschool children. *Journal of Applied Behavior Analysis, 10*, 289-298.

Turnbull, A.P., & Turnbull, H.R., with Summers, J.A., Brotherson, M.J., & Benson, H.A. (1986). Families, professionals, and exceptionality: A special partnership. Columbus, OH: Merrill.

Twardosz, S., Nordquist, V.M., Simon, R., & Botkin, D. (1983). The effects of group affection activities on the interaction of socially isolate children. *Analysis and Intervention in Developmental Disabilities, 3*, 311-338.

Warren, S.F., & Gazdag, G. (1990). Facilitating early language development with milieu intervention procedures. *Journal of Early Intervention, 14*(1), 62-86.

Warren, S.F., McQuarter, R.J., & Rogers-Warren, S.K. (1984). The effects of teacher mands and models on the speech of unresponsive language-delayed children. *Journal of Speech Hearing Research, 49*, 43-52.

Wolery, M., & Fleming, L.A. (1993). Implementing individualized curricula in integrated settings. In C.A. Peck, S.L.Odom, & D.D. Bricker (Eds.), *Integrating young children with disabilities into community programs: Ecological perspectives on research and implementation* (pp. 109-132). Baltimore: Paul H. Brookes Publishing co.

Wolfberg, P.J., & Schuler, A.L. (1993). Integrated play groups: A model for promoting the social and cognitive dimensions of play in children with autism. *Journal of Autism and Developmental Disorders, 23*, 467-489.

제3장

문제행동을 가진 어린 아동과 부모 사이에 장기간의 호혜적 상호작용 개발하기

David P. Wacker, Stephanie Peck,
K. Mark Derby, Wendy Berg & Jay Harding

이 장은 문제행동을 가진 어린 아동들이 그들의 부모와 장기간의 상호작용을 증가시키기 위한 모델을 제공한다. 이 모델은 우리가 아동의 집에서 수행하고 있는 연구에 기초하고 있다(Wacker & Berg, 1992a, 1992b). 우리는 몇몇 아동들을 3년 이상 동안 추적하여 연구해 오고 있으며, 우리의 초점은 장기간, 긍정적인 상호전환 작용을 수립하는 것이었으며, 그것이 문제행동의 감소를 유지시키기 위한 열쇠라고 믿었다. 1~5세 범위의 프로젝트에 있는 아동들 대부분은 자해행동과 공격행동을 포함하는 심한 문제행동뿐만 아니라 발달장애를 가지고 있었다. 이 연구를 통해서, 우리는 우리의 사정과 중재 접근의 안내를 위한 유지 모델을 개발해 왔다.

이 모델을 설명하기 전에, 몇몇 서론적인 설명이 필요하다. 구체적이고 기능적인 분석의 사정은 모든 중재활동의 중요한 구성요소이다. 우리는 기능적인 분석 없이는 적절한 중재가 일어날 수 없다고 믿는다(Iwata, Dorsey, Slifer, Bauman, & Richman, 1982). 이 장의 첫 번째 부분은 사정 방법론의 제한된 요약을 제공하며 그것은 다른 경우에도 좀 더 깊이 있게 설명된다(Wacker, Cooper, Peck, Derby, & Berg, in press). 사정의 결과는 치료에 대한 우리의 선택을 안내한다. 문제행동의 기능이 이해되었을 때, 적절한 중재를 목표행동에 조화시킬 수 있다(Iwata, Pace, Kalsher, Ccowdery, & Ccataldo, 1990).

우리가 선호하는 중재는 **기능적 의사소통 훈련**(functional communication training; FCT)이다(Carr & Durand, 1985). 우리가 중재부분에 대해 설명할 때, 대부분은 문제행동에 대한 요구를 대신하기 위해 그리고 강화물을 요구하기(예: 요청) 위해 아동들을 가르치는 것을 항상 시도한다. 그러나 이런 대체는 오직 문제행동의 기능이 확인될 때 발생할 수 있다(Carr, 1988). 우리는 세 가지 기본적인 이유로 기능적 의사소통 훈련에 대해서 편견을 가진다. 첫째, Durand와 Carr(1985)에 의해 설명된 것으로서, 요구하기 반응은 아동들이 강화물을 얻기 위한 즉각적인 방법으로 종종 효과적이다. 문제행동의 기능을 확인하고 나서 같은 강화물을 얻기 위해 대안적인 반응을 아동들에게 가르치는 것은 일관된 반응(response covariation)을 통해 문제행동을 감소시키는 방향으로 이끌어야만 한다(Parrish & Robert, 1993). 즉, 대안적인 반응이 증가할 때 문제행동은 감소될 것이다. 더욱이, 반응[예: 사인(sign)]을 요구하는 것은 강화를 얻기 위해 문제행동을 하는 것보다 더욱 효과적이고 효율적이다. 요구하기가 훈련될 때, 상대적으로 즉각적인 결과가 발생해야만 한다. 반응 요구하기가 독립적(비촉구적)이 되기 위해서 목적은 성취를 위해 종종 시간이 걸리는 결과로 나타난다. Wacker와 Reichle(1993)의 논의에 의하면, 기능적 의사소통 훈련은 차별적인 강화 절차이며, 이는 다른 강화 절차처럼 초기의 훈련시간은 많이 걸릴 수 있다(예: 몇 달). 게다가, 문제행동의 동기는 제거되어야만 한다. 이런 식으로, 소거 혹은 가벼운 처벌은 중재절차의 결정적인 구성요소이다.

둘째, 기능적 의사소통 훈련은 거의 부정적인 부작용을 낳지 않는다. 비록 절차가 문제행동을 통제하는 데 실패했을 때일지라도, 적어도 부모들은 사회적으로 중요한 기술에 계속 초점을 맞추어 왔다. 이 프로젝트에 참여한 부모들은 자원봉사자들이고, 모든 사람들은 기능적 의사소통이 유용한 기술이라고 동의해 왔다.

셋째, Koegel과 Koegel(1988)의 논의에 의하면, 독립적인 요구하기는 중요한 반응일 수 있으며, 그것은 사회적 상호작용의 다른 형태를 촉진할 수 있다. 기능적 의사소통 훈련 프로그램에서 그들 아동들과 함께 일해 온 부모들은 아동과 부모 모두 종종 좀 더 긍정적인 방향으로 상호작용을 시작한다. 중재에 대한 "부작용"은 유지에 중요하다(이 장의 반응 일반화 부분을 참고).

문제행동을 대체하는 요구하기와 훈련을 받아들이는 것은 사회적 상호작용을 향상시키며,

중재의 마지막 구성요소는 발생의 유지를 위해 자극 일반화가 일어나도록 하는 것이 여전히 요구된다(DePaepr, Reichle, & O'Nell, 1993). 행동의 장기간 유지를 위해, 아동과 부모는 그들의 새로운 행동을 장면, 양육자, 활동에 걸쳐서 일반화해야 한다.

유지를 위한 모델

중재과정은 복잡하고 여러 단계를 포함한다. 〈표 1〉은 이 단계들을 요약하고 중재의 각 단계를 위한 합리적이고 개념적인 근거를 제공한다. 문제행동에 대한 작동적인 기능이 기능적인 분석을 통해 확인될 때(단계 1), 기능적 의사소통 훈련(단계 2)은 문제행동을 요구하기로 대체하기 위해 시작된다. 성공적으로 일어났을 때, 반응을 요구하는 것은 문제행동과 같은 기능을 충족시키지만 강화를 얻는 것이 좀 더 효과적이고 효율적이다.

이런 초기의 요구하기 반응은 훈련과정에서 매우 중요시된다. 요구하기가 아동에 의해서 독립적으로 나타날 때, 중재의 초점은 요구하기 훈련을 통해 유발되는(단계 3) 다른 적절한 사회-의사소통적인 행동이다. 강화를 통하여, 이런 다른 행동들은 점점 수나 양적으로 증가하고 문제행동과 훈련된 원래의 요구하기 둘 다를 대체하는 것이 된다(단계 4). 대체 행동들

〈표 1〉 기능적 의사소통 훈련을 통한 유지를 위한 모델

단계	절차	목적	개념적 메커니즘
1	기능적인 분석	문제행동에 대한 강화물 확인하기	문제행동의 작동적 기능 (Iwata, Dorsey, Bauman, Silfer, & Richman, 1982)
2	기능적 의사소통 훈련	하나 혹은 그 이상의 요구를 가지는 문제행동 대체하기	기능적 동일성 (Carr, 1988)
3	사회-의사소통 반응에 관계된 강화	적절하고, 강화된 행동 목록 증가하기(반응 일반화)	유도 (Koegel & Koegel, 1988)
4	사회-의사소통 반응의 차별 강화	유지	이론에 일치시키기 (McDowell, 1988)
5	상황 간에 걸쳐 훈련 실행	자극 일반화	자극 조절 (Halle & Holt, 1991; Halle & Spradlin, 1993; Shore et al., 1994)

은 부모와 아동의 상호작용으로 구성된다. 동시에, 자극 조건을 다양하게 해서 훈련하는 것은 (단계 5) 일반화를 증진시키기 위해 수행된다.

다음 절에서, 각각 구성요소는 그들의 가정에서 어린 아동과 함께 수행될 때 논의될 것이며, 실제적인 사례의 예는 간단히 설명된다. 〈표 1〉에서의 모델은 수행 지침의 틀을 나타낸다. 그러고 나서 합법적인 질문은 이 모델을 얼마나 자주 수행하는가이다. 이 글에 따르면, 최소한 6개월 동안 13명의 아동과 우리는 이 접근을 시도해 왔다. 지금까지 77%는 적어도 90%의 문제행동에 있어서 감소를 보여 왔고, 92%가 사회적 행동에 기대된 증가를 보여 왔다. 요컨대, 중재 모델은 장래성이 있지만, 개선이 한층 더 요구된다.

문제행동의 재택 사정

연구자는 가정에서의 어린 아동들의 문제행동에 대한 통제 변인들을 조사하기 위해 다양한 직접적인 관찰 기법을 사용해 왔다. 이런 자연스러운 연구의 일반적인 초점은 보통의 일상동안에 아동과 가족 구성원 사이의 상호작용을 분석하는 것이다. 이러 조사들은 행동을 만들어내고 유지시키는 선행조건-행동-후속결과(A-B-C) 사건의 자연스러운 발생 순서를 확인하기 위한 수단으로서 다양한 방식의 관찰 체계(Karpowitz & Johnson, 1981; Patterson, 1974; Sanders & Glynn, 1981; Wahl, Johnson, Johansson, & Martin, 1974; Wahler & Dumas, 1986; Wahler, Williams, & Cerezo, 1990), 혹은 설명적인 기록(Pettit & Bates, 1989)을 사용해 왔다. 결국, 이런 기술적인 분석의 결과는 진행 중인 아동의 행동과 부모의 반응 사이의 기능적인 관계를 시사한다(Mace & Lalli, 1991).

다음은 가정 장면에서의 개별화된 중재를 선택하고 평가하기 위해 사용되는 다면적 사정 방법의 간단한 개요이다(〈표 2〉 참고). 부모들은 우리의 지도와 함께 각각의 사정 절차를 수행한다. 1단계에서, 말로 기술하는 사정은 부모 인터뷰와 부모의 체크리스트 완성을 포함하여 수행된다. 2단계에서, 구조적인 분석은 문제행동을 발생하게 하는 경우 선행조건 상황을 좀 더 정확하게 확인하기 위해 수행된다. 3단계에서, 기능적인 분석은 문제행동을 유지하는 사건에 관한 가설들을 조사하기 위해 수행된다. 4단계에서는, 진행 중인 중재결과, 최초의 사정 결과의 지속성과 치료 수용성이 평가된다.

단계 1. 기술적 사정: 문제행동과 관련된 사건 확인하기

아동 행동 기록 첫째, 부모들은 하루 중 30분 동안 부적절한 행동의 빈도를 나타내는 그들 아동의 행동을 1주일 동안 기록하도록 요청받는다. Touchette, MacDonald, Langer(1985)가 설명한 스캣플롯(scatterplot) 분석에 근거하여, 부모의 기록은 일반적으로 발생하는 문제행동이

〈표 2〉 재택 사정 절차

방법	목적
단계 1: 기술적	
스캣플롯(scatterplot)[a]	문제행동과 관계된 하루의 시간을 확인하기
A-B-C 사정[b]	행동과 관계된 자연스러운 발생 사건 확인하기
부모 인터뷰	행동 발생과 관계된 기본적인 행동 관심들이나 사건들을 확인하기
활동 선택	구조적인 변인들 간에서 인형과 활동을 범주화하기(선호도, 요구, 그리고 후속적인 사정활동의 사용에 있어서의 주의)
선호도 사정	잠재적인 강화물 확인하기
단계 2: 구조적	
구조적인 분석[c]	행동을 발생시키는 선행사건 확인하기
단계 3: 기능적	
간단한 기능적인 분석[d]	행동을 유지시키는 사건 확인하기
단계 4: 추후	
치료 평가	중재 회기와 일반화 조건에 걸쳐 치료 효과 분석하기
간단한 기능적 분석	시간을 넘어 유지되는 사건의 지속성 분석하기
부모 체크리스트	아동 행동의 부모 보고서에 대해 치료 평가의 일치성을 사정하기
치료 수용성[e]	치료의 일반적인 수용성, 치료 효과의 부모 지각, 그리고 어떤 부작용이 있는지 사정하기

[a] Touchette, MacDonald, & Langer(1985) 참조.
[b] Bijou, Peterson, & Ault(1968) 참조.
[c] Carr & Durand(1985) 참조.
[d] Iwata, Dorsey, Silfer, Bauman, & Richman(1982) 참조.
[e] Reimers & Wacker(1988) 참조.

하루 중 어느 시간에 일어나는지 확인하기 위해 사용된다. 둘째, 부모들은 문제행동 이전 또는 문제행동과 동시에 발생하는 사건, 그들이 관찰한 특정한 행동, 아동의 행동(A-B-C 사정)에 대한 그들의 반응을 간단하게 설명하도록 요청받는다(Bijou, Peterson, & Ault, 1968).

부모 인터뷰 인터뷰는 문제행동의 발생에 영향을 미치는 변인의 확인을 촉진하기 위해 수행된다(O'Neill, Horner, Albin, Storey, & Sprague, 1989). 부모 스캣플롯과 A-B-C 사정의 결과는 아동의 행동을 통제할 사건에 관한 사전의 가설을 개발하고 부모들의 관심을 명확히 하기 위해 검토된다. 그러나 이런 정보의 해석은 많이 알려지지 않은 변인이 부모 기록의 정확성에 영향을 미치기 때문에 신중하게 취급되어야 한다.

활동 선택 놀이 활동은 전형적으로 아동의 하루 중 가장 중요한 부분이며, 이는 적절한 행동과 부적절한 행동의 발생에 있어 기능적인 관계를 가지고 있다. 아동 행동에 대한 기술적인 사정을 따르면서 부모들은 집에서 이용 가능한 장난감과 활동들에 대한 정보를 제공하는 활동 선택 양식을 완성한다. 이 사정은 적절한 행동에 대해 잠재적 강화를 확인하고 후속 분석을 사용하기 위한 활동 선택을 위해 수행된다. 부모는 아동의 장난감을 가지고 배우며 그것들을 아동의 선호, 난이도 수준, 일반적으로 각각의 활동과 관련되는 부모 관심의 정도가 낮거나 높은지 범주화한다. 이것은 우리가 아동의 놀이를 관찰하는 간단한 선호도 사정에 따라 할 수 있다. 이 절차에서, 아동은 주어진 장난감에 자유롭게 접근하며, 각 장난감을 가지고 놀이하는 아동의 시간 퍼센트에 대한 자료들이 수집된다.

기술적인 사정의 이러한 유형을 수행하는 것은 사정 절차의 시작에서부터 능동적인 협력자로서 부모를 포함하고, 후속 사건 사정의 효율성과 정확성을 향상시키는 정보를 제공해 준다(Lalli & Goh, 1993). 그러나 Lalli와 Goh(1993)과 Lerman과 Iwata(1993)가 주장한 바에 따르면, 기술적인 정보는 종종 해석하기 어렵고 오직 기능적인 관계만을 제시해 준다고 하였다. 이것은 어떤 특정한 중재가 문제행동의 치료에 있어 가장 효과적인 것이 될 것이라는 결정을 하는 데 그들의 유용성을 제한한다(Cooper, Wacker, Sasso, Reimer, & Donn, 1990). 그래서 다음의 경험적인 분석이 아동들의 행동, 과제 난이도의 다양성, 과제 선호도와 부모의 관심 사이의 관계를 좀 더 직접적으로 사정하기 위해 수행된다.

단계 2. 구조적 분석: 문제행동을 발생시키는 선행조건변인의 체계적인 조정

2단계에서, 구조적인 분석(Axelrod, 1987; Carr & Durand, 1985)은 문제행동을 발생시키는 선행사건을 좀 더 정확히 확인하기 위해서 수행된다. 이 절차에서 기술적인 사정은 필요에 따라, 부모의 관심, 과제 선호도, 그리고 아동 행동에 있어 과제 요구의 효과가 높거나 낮은지 평가하기 위해 사용된다. 이러한 분석은 다요소 설계 안에서 5~10분 연속적으로 수행되는 아날로그적 조건들로 구성된다. 이런 조건들은 사정 결과의 안정성을 부분적으로나마 검증하기 위해 적어도 2일 동안 반복된다.

우리는 기술적인 사정에 근거하여 부적절한 행동과 관계된 가설을 할 수 있는 변인을 사정하는 것으로 시작한다. 이런 식으로, 아동 행동의 다른 두 가지 변인(예: 주의, 선호)은 끊임없이 유지되는 동안 하나의 구조적인 변인(예: 요구)의 효과가 평가된다. 각각의 분석에서 끊임없이 유지되는 변인은 비강화적으로 제공되고, 전형적으로 적절한 행동과 연합시키는 방법을 취한다. 즉, 만약 요구가 평가되면, 과제의 높거나 낮은 요구는 선호하는 과제와 부모의 계속적인 주의를 사용해 다양화된다. 행동의 안정적인 형태가 관찰될 때, 만약 필요하다면, 다음 두 가지의 변인이 비슷한 방식으로 사정된다.

단계 3. 기능적 분석: 문제행동을 유지하는 변인 확인하기

3단계에서, 기능적인 분석(Iwata et al., 1982)은 문제행동을 유지시키는 후속결과(강화)에 관한 가설을 평가하기 위해 수행되었다. 사건의 유지는 세 가지 일반적인 범주로 나뉠 수 있다: 1) 정적 강화, 어디에서나 아동들이 원하는 물건이나 활동을 얻기 위해 행동할 수 있게 한다; 2) 부적 강화, 어디에서나 아동들이 비선호 과제로부터 도망치거나 회피하기 위해 행동이 일어나게 한다; 3) 자동 강화, 어디에서나 내재적인 변인에 의해 행동이 유지된다(예: 자기-자극). 기능적인 분석은 문제행동의 발생에 대해 아동이 강화를 제공받는 일련의 간단한 조건으로 구성된다. 예를 들어, 만약 구조적인 분석 동안에 주의에 대한 낮은 수준이 부적절한 행동과 관련된다면, 기능적인 분석은 부적절한 행동 발생에 뒤따르는 간단한 부모 주의를 제공한다(예: 그렇게 하지마라, 너는 상처 입을 거야). 이런 뒤따르는 주의 조건은 만약 실제로, 주의가 문제행동을 유지하고 있다면, 이를 확인하기 위해 조절을 통제하는 대안이 된다(예: 자유롭게 놀기).

우리는 조절 조건을 수행함으로써 기능적인 분석을 시작한다: 자유롭게 놀기. 자유롭게 노는 동안, 아동은 좋아하는 장난감과 일관적인 부모의 관심에 접근을 제한받지 않아 왔고, 요구하지 않은 것은 아동에게 주어지지 않았다. 후속 사건에 대한 사정 조건의 유형과 순서는 구조적이고 기술적인 분석 동안에 생성되는 가설에 근거한다. 다시, 다요소(multielement)의 설계는 결과를 평가하기 위해 사용된다.

기능적인 분석을 수행하기 위한 우선적인 이유는 문제행동의 기능에 따라 중재를 적합하게 적용하기 위해서이다(Iwata et al., 1990). 기술적이고 구조적인 분석절차가 아동 행동에 영향을 미치는 변인에 대한 정보를 제공하긴 하지만, 기능적인 분석은 기능적인 관계를 검증하기 위해 필요하다.

단계 4. 추후: 치료 결과의 사정

단계 4에서 사정 절차의 조합은 최초의 사정 결과의 내구성과 치료 결과를 평가하기 위해 사용된다. 주간 중재 측정은 중재의 회기와 일반화 측정을 둘 다 포함하여 수행된다. 간단한 기능적인 분석에서 사용되는 간헐적인 사정 측정은 문제행동의 유지 변인이 계속해서 지속되는지 결정하기 위해 수행된다. 부모들은 한 주 동안 아동 행동에 대해 평가하기 위해 Cooper등(1992)이 사용한 간단한 체크리스트를 완성하도록 요청받는다. 체크리스트 결과는 하루 동안 부모가 관찰한 것과 우리가 관찰한 것 사이의 일치를 결정하기 위해 직접관찰 자료와 비교된다. 마지막으로, 부모는 수용 체크리스트, 즉 치료 수용 평가 양식-개정판(Reimer & Wacker, 1988)을 완성하도록 요구받는다. 이 양식은 치료 효과, 치료에 대한 부모의 이해, 치료의 부작용에 대한 부모의 인식을 사정한다. 이 양식으로부터의 정보는 필요에 따라 중재를 조정하기 위해 사용된다. 사례연구 3.1은 재택의 사정 절차의 한 예이다.

사례연구 3.1 Ben

Ben은 발달장애로 진단 받은 2살의 남자 아이이다. 그는 공격적인 행동(물기와 때리기), 파괴적인 행동(장난감이나 가구 부수기), 불복종, 그리고 화내는 성격 때문에 의뢰되었다. 기술(記述) 사정 결과(단계 1)는 문제행동이 하루 동안의 다양한 상황을 통해 나타난다는 것을 알려 준다. 비록 이런 결과들이 문제행동의 발생을 기록한 것이지만, 이런 정보들이 Ben의 행동 기능에 대한 분명한 가설을 설명해 주지는 못하고 있다.

구조적 분석(단계 2)은 Ben의 행동과 부모의 요구와 관심 사이의 관계를 확인하기 위해 수행되었다. 구조적 분석 결과는 문제행동이 부모의 요구 및 보다 중요하지 않은 것의 정도, Ben이 부모의 관심을 적게 받는 상황에 의해 거의 자주 발생한다는 것을 나타내고 있다. 그래서 Ben의 행동을 위한 두 가지 가설의 기능은 1) 부모의 요구로부터 벗어나기, 2) 부모의 관심 얻기로서 그럴 듯하다.

이들 가설들은 간단한 기능적 분석을 통해 검사된다(단계 3). 관심을 받는 상황 동안 Ben은 단지 그의 부적절한 행동이 보여질 때에만 간단한 부모의 주의(질책)를 받게 된다. 도피 상황 동안 Ben은 그의 부모와 함께 분류 과제를 완성하도록 요구받고, 부적절한 행동은 과제로부터 짧은 휴식을 갖게 한다. 이들 조건들은 통제 조건(자유 놀이)으로 비유된다. Ben의 부적절한 행동은 자유 놀이나 관심을 받을 때는 거의 나타나지 않고, 도피 상황으로부터 실제적으로 증가한다는 것을 보여 준다. 이로 인해 기능적 분석은 도피하는 것이 그의 문제행동의 중요한 원인임을 확인하였다.

사정-중재 관계

자해, 공격성, 그리고 상동행동 등의 행동들을 위한 중재전략들은 다양하며, 기계적 및 신체적 제한, 정신 상태를 바꾸는 약물치료, 강화 절차, 그리고 체벌 등을 포함한다. 치료가 굉장히 광범위하기 때문에 개인에 대한 적절한 중재의 선택은 복잡하다고 밝혀지고 있다(Lennox & Mitenberger, 1989). 앞 절에서 논의한 것처럼, 실험분석은 알맞은 중재 유형을 중재자가 선택하도록 허용하는 사정 방법론이다. 실험분석의 결과는 1) 후속결과가 문제행동을 유지하고, 2) 선행조건은 중재를 위해 제거되거나 선택되어야 하며, 3) 강화는 대안행동을 증가시키기 위하여 사용되도록 구체화함으로써 직접적으로 치료 중재에 영향을 준다.

실험분석의 긍정적인 측면의 효과는, 그 방법을 사용하는 사람에게 강화중심의 절차에 초점을 맞추게 하고, 가벼운 제한과 처벌중심의 절차를 신뢰하도록 이끈다는 점이다(Axelrod, 1987). 처음에 처벌중심의 절차는 비교적 부적절한 행동의 감소가 빨리 나타나므로 보호자들에게 좋은 반응으로 받아들여질 수도 있다. 그러나 처벌중심의 중재절차는 부족한 부분의 치료 중재(Iwata, 1988)나 현저하게 작은 부분의 강화중심의 중재에만 사용되어야 한다. 후자의 접근법은 우리가 전형적으로 우리 자신의 일에 사용하고 있는 접근방법이다.

문제행동의 기능이 확인되면 기능적인 범주 안의 다양한 치료법이 선택될 수 있다. 한 중재요소는 문제행동의 강화를 중지시키기 위해 소거를 사용하는 것이다. 그래서 관심에 의해 문제행동이 유지되는 아동에게 중재는 관심을 억누르거나 관심을 주지 않는 형태(타임아웃)를 포함하게 된다. 도피에 의해 행동이 유지되는 아동에게 중재는 과제 촉구를 계속해서 제시하거나 유도되는 승낙을 사용하는 것을 포함한다.

대안적인 중재의 선택은 가능한 한 문제행동이 발생하는 선행조건을 제거하는 것이다. 그래서 관심에 의해 문제행동이 유지되는 아동들에게 중재는 아동에게 관심을 두지 않음으로써 상황을 피하는 것이 포함한다. 도피에 의해서 문제행동이 유지되는 아동에게 중재는 요구를 감소시키는 것이 포함된다. 우리는 상식적인 접근방법을 사용한다. 만약 문제상황을 피할 수 없는 경우, 소거나 가벼운 처벌은 종종 중재 패키지 안에 통합된다.

그러나 우선적인 중재 요소는 아동에게 새롭고, 지속되는 문제행동에 대한 같은 강화를 획득할 수 있도록 좀 더 적응적인 반응을 가르치는 것이다. 아동은 문제가 되는 반응과 기능적으로 동등한(Carr, 1988) 새로운 반응을 배운다. 새롭고 적응적인 반응은 문제행동을 유지하는 것과 같은 강화의 값을 가져야 한다. 예를 들어, 만약 행동이 주의집중하는 것과 같이 긍정적인 강화에 의해 유지된다면, 새로운 반응은 마찬가지로 주의집중하는 것이 되어야 한다. 개념상으로, 이러한 중재의 양식은 아동이 강화를 얻는 새로운 대안적인 방법을 알았기 때문에 부적절한 반응은 감소하게 된다. 그러나 또 다시 문제행동이 강화를 이끌지 않으면 문제행동이 다시 계속해서 일어날 수도 있다.

다양한 대안 반응은 비정상적인 반응을 대신하기 위해 선택될 수 있다. 중재를 위해 선택된 대안 반응의 기능은 대안 반응의 형성보다 더 중요하다. Iwata 등(1990)은 사정과 치료 사이의 기능적인 일치를 확립하는 것의 중요성에 대해 언급했다. 예를 들면, 도피(부적 강화)에 의해 자해가 유지되면, 중재는 승낙에 대한 강화 요구를 제거하는 것을 포함한다. 관심(정적 강화)에 의해 자해가 유지되면, 중재는 승낙을 위해 증가된 관심에 접근하도록 할 수 있다. 그래서 같은 강화에 의해 강화되는 적절한 행동은 문제행동을 유지하는 것으로 확인된다.

기능적인 의사소통 훈련(Functional Communication Training)

강화중심 치료는 유용하며, 가장 성공적인 것 중의 하나는 FCT이다. FCT는 단어, 제스처, 또는 사인과 같은 의사소통적 반응이 강화를 얻기 위해 문제행동에 대한 대체 반응을 사용한다. 그러므로 의사소통 반응은 문제행동과 기능적으로 동등하다(Carr, 1988). Carr와 Durand (1985)는 자폐로 진단된 아동에게 이 절차를 적용하였다. 그들은 각각의 아동에게 두 가지 언어적인 대답을 가르쳤으며, 하나는 관심을 얻기 위한 것이고 하나는 요구를 줄이는 것이다(예를 들면, "내가 어떻게 하면 될까"는 관심을 얻기 위한 것이고, "나 좀 도와줘"는 요구를 줄이는 것이다). 모든 경우에 있어서 예를 들어, 문제행동의 기능과 같은 반응이 사용되었을 때, 부적절한 행동은 감소되었다. 이 연구는 행동의 기능이 성공적인 의사소통 훈련에 관계된 가장 적절한 변인이라는 것을 증명하였다. 이 결과는 후속 연구에서 다양한 사람들에 걸쳐 여러 번 입증되었다(Durand & Carr, 1985, 1991; Northup et al., 1991; Wacker et al., 1990).

처음에는, FCT는 상당히 단순한 중재인 것처럼 보일지도 모른다. 그러나 FCT는 기능적인 분석과 함께 시작되는 다요소 중재 패키지로서 최고의 생각이다(Durand & Carr, 1985). 지속적인 강화가 확인되고 있을 때, 요구(의사소통적 반응)는 아동이 강화를 요구할 수 있도록 가르친다. 만약 1) 요구가 강화가 될 때, 그리고 2) 문제행동이 더 이상 강화의 결과가 되지 않을 때, 문제행동에서 감소가 일어난다면 그것은 직관적인 의미가 있게 된다. 대부분의 경우, FCT 패키지는 적절한 반응을 위한 강화가 될 뿐만 아니라 부적절한 반응을 위한 강화도 포함한다. 예를 들면, 요구 반응에 대한 강화를 제거하는 강화를 제공하는 동안 Carr와 Durand(1985)는 또한 모든 부적절한 행동을 소거시켰으며, Steege 등(1989)은 부적절한 행동에 대해 소거시키고 재지시하는 강화를 제공하였다. 이 연구결과와 다른 연구결과(Fisher et al., 1993; Wacker et al., 1990)는 적절한 반응 및 부적절한 반응 둘 다에 대한 강화가 성공적인 FCT 중재에 대해 필요하다고 하였다. 이러한 이유로 이 절차는 FCT가 가정 장면에서 사용될 때 패키지 속으로 연결시킬 수 있다.

FCT 패키지가 기능적인 분석의 결과에 기초하고 적절하거나 부적절한 행동 모두를 위한 강화를 포함할 때, 비교적으로 최초의 결과가 빠르게 성취될 수 있다. 예를 들면, Noorthup 등(1991)은 장애를 가진 청년과 청소년이 나타내는 계속적인 공격행동의 변인을 확인하기 위해 외래 환자 병원에서 간단한 기능적인 분석들을 수행하였다. 기본적인 분석에 따르면, 각 내담자들은 요구 반응(예: 수화, 어휘) 및 소거에 대한 강화 또는 공격에 대한 가벼운 처벌이 포함된 FCT 패키지를 받았다. 이것은 중재가 도입된 90분 내에 요구가 높게 나타나고 공격행동은 낮은 비율로 나타나게 하였다.

아동의 집에서 FCT 패키지 적용하기 우리는 종종 여러 주 동안 아동의 집에서 사정을 하였다.

이것은 우리에게 아동과 그의 가족에 대한 이해를 좀 더 촉진시켰으며, 우리가 집을 방문하는 것에 대해 그들에게 적응할 수 있는 기회를 준다. 사례연구 3.2와 3.3은 부적절한 행동을 한 Billy에게는 긍정적인 강화(즉, 관심)가 유지되고, 부적절한 행동을 한 Nile에게는 부정적인 강화(즉, 도피)를 유지하도록 수행한 사정과 중재절차를 요약한 것이다. Billy와 Nile은 가정 내 프로젝트에 등록한 최초의 두 아동이었다.

사례연구 3.2 Billy

Billy는 무발어의 발달장애로 진단받은 2세의 남자 아동이다. 우리가 처음 Billy를 포함시켰을 때, Billy의 어머니는 하루의 대부분을 Billy를 데리고 다니며, 심지어 설거지 같은 집안일을 할 때도 그렇게 다닌다고 말했다. 그녀가 Billy를 떼어 놓으려 하면 그는 심하게 화를 내고, 비명을 지르고, 몸을 앞뒤로 밀어 젖히며, 장난감을 부수고, 그의 머리를 바닥에 세게 부딪친다. 그래서 Billy의 어머니는 화를 내고 자해하는 것을 피하기 위해 Billy가 그녀의 무릎에 앉는 것을 허락했다.

우리는 다양하게 구조화된 상황 아래서 Billy의 행동을 직접적으로 관찰하면서 사정을 시작했다. 왜냐하면 그의 부적절한 행동이 그의 어머니가 제공하는 관심의 양에 관계해서 나타났으므로, 우리는 먼저 부모 관심의 다양한 수준(예를 들면, 높은 관심 대 낮은 관심)에 따라 관찰하였다. 예상대로 Billy의 대부분의 문제행동은 그의 어머니가 그를 무시할 때 일어났지만, 그의 어머니가 지속적인 관심을 보일 때는 아주 적은 부적절한 행동을 하였다. 이것이 우리의 기능적인 분석에 의하여 확인되었다.

관심이 지속적으로 주어진 경우와 관심이 부적절한 행동이 있을 때 주어지는 경우로 번갈아 사용되었다(즉, Billy의 어머니가 무릎에서 Billy를 떼어 놓았을 때 만약 Billy가 화를 내기 시작하면, 그녀의 무릎에 Billy가 앉아 있을 수 있도록 허락하였다). 부적절한 행동은 단지 그의 어머니가 무릎으로부터 Billy를 떼어 놓으려고 할 때만 발생했으며, 그녀의 무릎에 Billy가 앉는 것을 허락하면 즉시 감소하였다. 이 결과는 부모의 관심이 Billy의 부적절한 행동을 강화시키는 역할을 한다는 가정을 확인하였다.

Billy의 어머니는 기능적인 의사소통 훈련과 짧은 타임아웃으로 이루어진 치료 패키지를 수행하였다. Billy에게 어머니의 관심을 유지하도록 **제발**이라는 말을 처음으로 가르쳤다. 처음에 어머니는 Billy에게 전체 회기 동안 어머니의 무릎에 앉아 있도록 하기 위해 회기를 통하여 **제발**(PLEASE)이라는 표시를 하도록 Billy를 촉구하였다. 몇 주가 지나는 동안, 이런 촉구는 점점 줄어들었고, 어머니의 관심을 유지하기 위해서 독립적으로 **제발**이라는 말을 요구하게 하였다.

치료를 통하여, Billy의 어머니는 **제발**이라는 표시를 하면 관심에 더하여 좋아하는 장난감을 같이 제공하였다. 우리의 희망은 Billy 어머니의 관심과 함께 장난감을 짝지음으로써, Billy가 장난감을 찾는 것이 어머니의 관심과 같은 강화가 되도록 하는 것이었다. 이것은 좋아하는 장난감을 줌으로써 어머니가 짧게나마 Billy를 떠날 수 있도록 하는 것이다. 마지막으로, Billy가 **제발**이라고 하기보다 부적절한 행동을 한다면, 그의 어머니는 타임아웃을 한다. 타임아웃 동안에 그의 어머니는 방을 떠난다. 부적합한 행동을 한다면 그의 어머니는 타임아웃을 한다. 타임아웃 동안에 그의 어머니는 방을 떠난다. (그의 부상을 막기 위해 다른 어른이 감시한다.) Billy가 화를 멈출 때, 그는 **제발**이라는 말을 사용하도록 촉구 받았으며, 그의 어머니는 즉시 그와 함께 놀기 위해 방으로 돌아왔다. 4개월 안에, Billy는 몇 분 동안이나마 어머니의 무릎에서 떠나 스스로 놀게 되고, **제발**이라는 말을 사용하였다. 또한 그는 어머니가 다른 일로 바쁠 때 어머니의 관심을 요청하기 위해서 독립적으로 **제발**이라는 말을 사용하였다. 자학은 거의 나타나지 않았다.

사례연구 3.3 Nile

Nile은 무발어의 발달장애와 자폐로 진단받은 3세의 남자 아동이다. 가족들이 그와 상호작용하기 위해 시도할 때마다, 그는 맹렬한 공격을 하고(예: 깨물기, 꼬집기, 다른 사람 할퀴기), 자해(예: 깨물기, 스스로 때리기, 머리 박기), 그리고 화내기(예: 비명 지르기, 장난감 부수기)를 한다.

Billy처럼, 우리는 다양한 선행조건(예: 높은 관심 대 낮은 관심, 높은 과업적 요구 대 낮은 과업적 요구, 많이 좋아하는 일 대 적게 좋아하는 일)하에 Nile의 행동을 직접관찰함으로써 사정을 시작하였다. 비록 Nile이 모든 상황에서 약간의 부적절한 행동을 보였지만, 요구받은 과제를 수행하도록 요청받았을 때, 그는 지속적으로 대다수 문제행동들을 나타냈으며, 심지어 놀이를 하도록 요구하는 것도 포함하였다. 이것은 그의 부모가 우리에게 준 보고서와도 일치하며, Nile의 부적절한 행동은 부정적인 강화에 의해서도 유지된다는 가설에 이르게 한다.

다음으로 우리는 과업을 요구하는 것으로부터 피하는 것이 Nile의 부적절한 행동을 증가시키는지, 또는 강화시키는 역할을 하는지 증명하기 위해 기능적인 분석을 실시하였다. 기능적인 분석을 하는 동안, 우리는 Nile이 어떤 요구도 없는 상황(엄마와 함께 놀기)에 있을 때와 부적절한 행동에 과제 강화를 간단히 도피하도록 허용은 하지만 요구되는 과제(어떤 방식으로 놀기)를 완성하도록 요구하는 조건을 변경시켰다. 부적절한 행동은 요구되는 과제를 회피하는 것이 허락된 회기 동안에는 증가되었으나, 일단 과제 요구가 제거되면 부적절한 행동은 즉시 감소되었다. 이것은 부정적 강화에 대한 우리의 가설을 확인해 주었다.

기능적인 의사소통 패키지는 Nile에게 "다 했어(Done)"라는 말을 함으로써 요구하는 과제로부터 휴식을 요청하는 것을 가르치는 것을 포함하였다. 패키지는 세 가지 중요한 요소로 구성되었다. 1) 말하는 것 여하에 따라 요구되는 과제로부터 휴식을 제공하기, 2) 부적절한 행동 여하에 따라 강화 유지하기(지속적인 활동), 3) 강화에 접근하기 위해 긍정적인 부모 관심을 짝짓기이다. 치료하는 동안, Nile은 어머니(나중에 그의 형제와 아버지)로부터 놀이 활동 부분을 완료하라고 촉구 받았다. Nile이 활동의 한 단계를 수행하자마자 Nile은 "다 했어"라고 말하도록 촉구 받았다. 만약 Nile이 "다 했어"라는 말을 했다면, 과제는 제거되고, 그는 휴식을 취할 수 있도록 허락받았다. 휴식 동안에 Nile의 부모는 그를 보호할 것이고 같이 놀아주겠지만, 그에게 다른 활동을 지도하려는 시도는 하지 않았다. 우리의 바람은 계속해서 그의 가족과 함께 하는 사회적 상호작용이 그를 꺼려하기보다는 오히려 강화가 되기를 바란다는 것이다. 휴식이 끝나면 Nile은 또 다른 단계의 과제의 수행과 "다 했어"라는 말을 하도록 요구받을 것이다. 만약 Nile이 어떤 때에 부적절한 행동에 참여하고 있다면, 그는 휴식을 허락받지 못하며, 대신에 과제를 계속 진행하도록 요구받았다.

계속해서, 우리는 그가 휴식을 요구하기 전에 과제에 대한 시간의 양이 차츰 증가한다는 것을 알았다. 대략 3개월 후, Nile은 "다 했어"라는 말을 독립적으로 표시했고 더욱이 "다 했다"라는 말을 시작했다. 6개월 안에, 부적절한 행동이 발생되는 것이 현저히 감소되었고, 같은 정도로 중요하게, 그는 가족들과 함께 놀기 시작 했고 다른 단어를 말하기 시작했다.

FCT 패키지 안에서 통합된 선택을 하도록 하기 Billy와 Nile에게서 얻어진 결과가 우리 프로젝트에 참여한 많은 아동의 결과를 나타내 준다. 우리는 FCT를 기초로 한 중재 패키지를 사용하여 성취해온 전반적인 성공에 매우 기뻐하였다. 그러나 우리는 지속적으로 우리의 치료 전략을 증가시키기 위한 방법을 찾는 중이다. 예를 들면, 일부 아동들을 위해 우리는 FCT 중재 패키지 안에 이론에 맞는 선택하기를 통합하려고 시도하고 있다.

앞에서 설명한 것처럼, FCT 패키지의 핵심 요소는 부적절한 행동에 대한 강화를 보류하는 것이다. 이것이 개념적으로는 간단할지라도, 실제로 이러한 규칙을 강하게 지지하는 것은 거의 불가능하다. 예를 들면, 문제행동이 생명을 위협하거나 관심에 의해 유지된다면 대부분의 돌보는 사람은 그 행동을 무시하거나 타임아웃을 시행하지 못할 것이다. 이와 마찬가지로 생명에 위협을 주는 행동이 선호하지 않는 과제로부터의 회피에 의해 유지된다면, 돌보는 사람은 자해행동을 막는 동안 과제 요구를 지속하지 못할 것이다. 이 두 예에서, 돌보는 사람은 완전히 강화를 제거하지 못할 것이다(즉, 어떤 관심이 제공되거나 짧은 휴식이 허락되는 것). 그러면 아동은 일부 강화를 받게 된다. 이런 상황에서, 돌보는 사람은 문제행동에 대한 강화를 최소화하고 아동이 강화를 찾는 부적절한 반응보다는 요구를 사용할 가능성을 증가시키기 위해서 적절한 요구를 할 수 있도록 강화를 최대화해야만 한다.

돌보는 사람이 강화를 완전히 제거하는 것이 불가능한 상황에서, 아동은 강화를 얻기 위해 두 가지 반응(적절한 의사소통 반응과 부적절한 반응)을 한다. 이것은 아동이 강화를 얻기 위해 사용하는 반응을 아동이 선택할 수 있는 두 가지 선택의 상황을 구성한다. 의사소통 반응과 부적절한 반응이 그들 자신의 강화 스케줄의 결과를 나타내는 반응 선택으로서 보여질 수 있다. 이러한 반응이 선택으로서 간주된다면, Mace와 Roberts(1993)는 조화 이론(matching theory)(McDowell, 1988)이 중재를 위한 가장 좋은 모델을 제공할 수 있다고 제안했다.

이론은 협력 스케줄과 조화 규칙에 대한 기초 연구로부터 나왔다(de Villiers, 1977; Herrnstein, 1961, 1970). 조화 이론의 기초가 되는 전제는 개인이 동시에 이용 가능한 일련의 반응을 가지고 있고 각 반응이 독립적인 강화 스케줄과 연관이 있다는 것이다. 각 반응과 관련된 강화 스케줄은 개인의 선택 또는 반응 대안 중에서 행동의 할당에 영향을 끼친다. 조화 이론에 의하면, 개인은 대부분 강화의 결과를 나타내는 반응들을 나타낸다.

Mace와 Roberts(1993)은 선택 또는 반응 할당에 영향을 끼치는 네 가지 요소가 있다고 제안하였다: 1) 강화 비율(스케줄), 2) 강화의 질, 3) 강화의 즉시성, 4) 반응 효과. 대부분의 상황에서, 이들 요소들이 상호작용을 하는 것 같다. 강화의 비율, 질, 즉시성을 증가시킴으로써 또는 요구와 관련된 반응 효과를 감소시킴으로써, 부적절한 반응이 증가할 것이라고 나타내기보다는 요구하는 개인의 선택하기 가능성이 증가할 것이라는 가설이 설정된다.

FCT에서, 아동들이 부적절한 반응보다는 오히려 적절한 행동에 참여하는 것을 선택할 것이라는 가능성이 요구 반응에 대해 제공되는 강화의 양에 의해 최대화됨으로써 또는 부적절한 반응에 대해 제공되는 강화의 양을 최소화함으로써 증가될 수 있다. 이런 반응들은 아동에게 적절한 의사소통이 가장 큰 강화의 결과를 낳는다는 것을 가르쳐 준다. 의사소통 반응을 증가시키는 것이 미소와 웃음과 같은 일련의 다른 사회-의사소통 행동을 증가시켜 줄 것이다. 왜냐하면 그런 행동들이 강화와 연관되어 있기 때문이다(Sprague & Horner, 1992). 이러한 행동은 증가하는 큰 친사회적인 반응 유목의 부분이 되고, 교대로 아동에게 더 많은 강화의 결과를 낳는다. 적절한 행동의 반응 유목이 점점 증가함에 따라, 아동이 적절한 반응의 대가로 받는 강화의 양이 증가하게 되고, 적절한 행동에 대해 받는 강화의 양이 감소할 것 같다. 그러므로 조화 이론에 따라, 아동은 제한된 수의 부적절한 반응에 참여하는 것을 선택하기보다는 자신의 레퍼토리에서 더 증가하는 적절한 사회적 반응에 더 많이 참여한다. 아동을 위한 선택적인 기회는 FCT를 통하여 친사회적이고 의사소통 반응을 더 선호하는 쪽으로 나아가게 될 것이다. 적절한 행동을 위한 아동의 선택을 증가시키기 위하여 반응 일반화가 필요하다.

반응 일반화

FCT가 장기간의 효과를 나타내기 위해서는, 아동의 강화의 결과를 낳는 친사회적 반응 레퍼토리가 확장되어야만 한다. 그러므로 하나 이상의 요구(기능적 등가)를 지닌 문제행동의 대치와 함께 반응 일반화도 일어나야 한다. 목표행동이 강화를 통해 개발되거나 증가될 때 다른 행동의 증가가 있다면 반응 일반화가 일어난다(Sulzer-Azaroff & Mayer, 1991). 예를 들면, 새롭게 훈련된 요구를 강화하는 것이 웃기, 껴안기, 다른 의사소통 반응과 같은 요구와 관련이 있는 행동을 나타나게 할 것이다. 본질적으로 아동이 부모와 상호작용하는 전반적인 방법이 변화될 것이다. 부모가 새로운 행동에 대해 아동을 강화함으로써 반응한다면, 부모의 행동도 역시 변화된다. 부모나 아동의 행동이 상호작용하는 동안 수정된다면, 이것이 상호작용에서의 변화를 가져올 것이다. 이러한 분석을 근거로 해서, 요구를 강화하는 것이 아동과 부모의 다른 친사회적인 행동의 긍정적 변화를 유도할 것이고, 그것에 의해 그들의 전반적 상호작용을 수정될 것이다.

1990년대 초에 단 하나의 FCT와 관련된 반응 일반화를 분석한 조사가 출판되었다(Sprague & Horner, 1992). 이들 저자는 1) 반응 유목 내에 있는 부적절한 행동의 발생이 체벌을 통해 감소되거나, 2) 대안적이고 사회적으로 수용되는 행동(예를 들면, 도움을 요구하기)의 발생이 FCT를 통해 증가될 때 발생하는 행동의 변화에 관심을 가졌다. 이 두 중재가 문제행동을 감소시킴에도 불구하고, 다양한 형태의 반응 일반화가 각 처치 동안 발생하였다. 체벌 절차가 있었을 때, **긍정적 대비 효과**(Reynolds, 1961)가 발생하였다. 즉 부적절한 행동의 감소된 발생이 같은 반응 유목 내의 다른 부적절한 행동의 증가된 발생과 함께 변화되는 것이 발견되었다. 부적절한 행동에서의 이러한 증가가 이들 행동에 대해 얻어지는 강화를 증가시키는 것 없이 발생하였다는 것을 주목하는 것은 중요하다. 반대로 요구가 FCT를 통해 증가될 때, 같은 반응 유목 안에서 나타나는 모든 부적절한 행동은 감소되었다. 이와 더불어 반응 일반화가 나타났으며, 즉, 다른 사회적으로 수용되는 행동의 동시적인 증가가 관찰되었다.

Koegel과 Koegel(1988)에 의해 논의된 것처럼, 초기 목표 반응이 또 다른 기대되는 행동을 증가시키는 것으로 나타날 때, 초기 반응은 **중심축 반응**(pivotal response)으로서 고려될 수 있다. 아동이 요구하고(예를 들면, 적절하게 주의, 휴식, 좋아하는 장난감을 요구하는 것), 부모가 긍정적으로 반응("그래, 놀자" "그래, 쉬어라" "자, 장난감")할 때 아동은 웃기, 애정 표현하기, 놀기와 같은 친사회적인 행동으로 부모에게 반응할 것이다. 이러한 일이 일어나면, 요구가 친사회적인 행동을 유도했다고 말한다. 요구와 같은 반응이 다른 사람과 보다 긍정적 상호작용과 같은 다른 행동을 유도했다면, 요구는 중심축 반응이라고 부를 수 있다.

유도된 친사회적인 행동이 또한 부모에 의해 강화된다면(그리고 부모가 그렇게 할 것이라면) 그때는 단지 요구만이 아니라 전체적으로 친사회적인 행동이 증가할 것이다. 그러므로 아동이 관심을 원한다면 아동은 물론 요구를 할 것이다. 그러나 점차적으로 다른 친사회적인 반응들이 강화된다면, 아동은 초기 요구를 하기보다는 더 웃고, 애정을 나타내고 심지어 다른 말("놀자")을 할 것이다. 시간이 지남에 따라 전체 친사회적인 행동들을 문제행동에 대한 대안적인 반응으로서 아동이 사용할 것이다. 개념적 모델에 근거하여, 부적절한 행동이 같은 기능을 하는 요구로 대치되었다면, 중재가 기능적 등가 때문에 처음에는 성공적이 된다(Carr, 1988). 요구 반응이 부적절한 행동에 대한 일대일 대치 반응으로서의 역할을 한다. 요구 반응은 요구가 강화되고 문제행동은 강화되지 않을 것이기 때문에 부적절한 행동을 대치할 것이다. 그러나 요구는 웃기, 놀기와 같은 다양한 사회-의사소통의 행동과 관련이 있다. 그러므로 요구가 증가됨에 따라 반응 일반화 때문에 웃기나 놀기도 증가될 것이다. 다양한 행동들이 강화된다면, 적절한 행동을 통해 얻어진 강화가 상대적으로 부적절한 행동의 보다 적은 수에 의해 얻어진 강화를 초과해야 한다.

Northup 등(1994)은 요구가 중심축 반응으로서의 기능을 할 것이라고 주장하였다. 연구에서 Northup 등은 중증의 장애를 가진 5명의 학생들을 17개월 동안 학교 장면에서 FCT의 유지를 평가하였다. 적절한 행동이 전체 17개월 동안 유지된 세 명의 학생은 그들의 부적절한 행동에서 뿐만 아니라 초기요구도 지속적인 감소경향을 나타내었다. 계속되는 요구와 부적절한 행동에서의 감소는 요구가 부적절한 행동을 대치할 것이라는 가설 때문에 기대되지 않았다.

이들 결과를 더 심도 있게 조사하기 위하여, Fus, Wacker, Grisolano, Berg와 Rogers(1991)는 같은 학생(모든 회기가 녹화되었음)에 대해 연구를 수행하였고 초기 요구의 강화가 다중의 다른 적절한 행동을 유도할 것이라고 말했다. 이것은 두 단계에서 발생한다. 조사의 첫 해 동안에는, 요구하기의 증가된 발생이 부적절한 행동의 감소된 발생과 함께 변화했고, 그 결과 요구하기가 기능적으로 본래의 부적절한 행동과 동등하다는 것을 제안했다(Carr, 1988). 게다가 교사의 행동이 그 해 내내 변화한 것이 관찰되었다. 아동이 요구하기의 사용을 증가하고 덜 자주 문제행동을 나타낸다면, 교사도 아동과 더 긍정적인 방법으로 상호작용을 한다. 그러므로 첫 해의 반응 일반화가 교사의 행동과 함께 발생했다. 두 번째 해 동안에는, 요구하기가 거의 나타나지 않았지만, 대신 사회적으로 적절한 많은 행동(예를 들면, 장난감 놀이, 인사)이 높은 빈도로 나타났다. Fus 등(1991)은 학생이 표현한 새롭게 유도된 사회적 행동이 학생이 얻은 총 강화의 양을 증가시켰다고 가설을 세웠다. 이러한 사회적 행동에서의 전반적인 증가는 문제행동뿐만 아니라 초기의 요구하기를 위한 필요성도 감소시켰다.

요약해 보면, 첫 해에는 FCT가 학생들에게 더 강화하는 상황의 결과를 가져 왔다. 친사회적인 행동들이 나타났을 때 그 행동들은 강화되었다. 두 번째 해에는 다른 행동들이 충분하게 유도되었고 요구하기나 문제행동이 발생하지 않으면 강화되었다. 그러므로 요구하기는 처음에 교사의 행동을 변화시키고 그 다음 학생의 행동을 변화시키는 중심축 반응으로서 기능을 하였다. Carr, Taylor와 Robinson(1991)은 학생의 행동이 교사의 행동에 영향을 줄 수 있다는 것을 역시 보여 주었다. 그들의 연구에서, 문제행동은 교육 과제가 제시되는 방식에 영향을 미쳤다. Fus 등(1991)의 연구에서도 비슷한 변화가 나타났지만 이 사례에서는 교사 행동의 변화가 학생에 의해 사용된 요구하기와 관련이 있었다.

지침으로서 〈표 1〉에 설명된 유지를 위한 개념적 모델을 사용하여, Fus 등(1991)의 결과에 대한 한 가지 설명은 사회적으로 받아들여지는 행동 유목들을 유도하기 위해서 대체 요구가 중심축 반응으로서 역할을 했다는 것이다(Koegel & Koegel, 1988). 부적절한 행동과 요구하기 둘 다가 감소한 이유는 이런 일반화된 행동들이 요구하기나 문제행동보다 더 많은 강화의 결과를 나타냈기 때문이다. 조화 이론(McDowell, 1988)에 근거하여 사회-의사소통 행동은 문제행동뿐만 아니라 요구하기도 압도하였다.

우리는 아동의 집에서의 초기 중재절차에 대한 기초로서 〈표 1〉의 모델을 사용하였다. 우리의 명백한 의도는 중심축 요구하기를 훈련하기 위하여 FCT를 사용한 것이다. 우리는 처음에 요구하기가 문제행동과 함께 변화하기를 원했으나, Billy와 Nile의 사례연구에서 설명한 것처럼, 이 결과가 나타났다. 그러나 우리는 유지 기간이 오랫동안 지속되기 위하여 반응 일반화가 필요하다는 것을 확신하였다. 요구하기는 중심축 반응으로서의 역할을 할 필요가 있었고, 부모가 일반화된 반응을 강화할 필요가 있었다. 그러므로 우리는 요구하기(FCT)를 훈련하고 모든 새로운 행동을 강화(다른 행동에 대한 차별강화)하기 위해서 부모를 가르쳤다. 이 결과를 더 잘 설명하기 위해서, 우리는 Billy와 Nile(사례연구 3.4와 3.5 참고)의 논의로 돌아가 보자.

Billy와 Nile를 위해, FCT는 우리에게 요구하기가 부적절한 행동과 같은 기능으로서 역할을 하기 때문에 효과적으로 부적절한 행동을 대치하는 대안 의사소통 반응을 가르치게 했다. 중재에 도움이 되는 부작용은 의사소통 반응이 중요하다는 것이다. 상대적으로 많은 다른 적절한 행동들이 중재 기간 내내 나타났다. 이런 새로운 형태의 적절한 행동 유목은(부모와 아동을 위해) 강화에서의 전반적인 증가를 나타냈으며, 가정에서의 부적절한 행동의 재발을 억누르는 역할을 했다. 불행히도 우리는 친사회적인 행동이나 요구하기 둘 다 집밖에서는 자동적으로 일반화되지 않는다는 것을 알았다. 대신에 문제가 교회, 돌보는 사람, 가게, 그리고 다른 공동체 상황에서 지속되었다. 이러한 형태의 문제가 발생했을 때, 우리는 자극 일반화(〈표 1〉의 단계 5)를 평가할 필요가 있다.

사례연구 3.4 Billy를 위한 반응 일반화

처치를 시작하기 전에, 부적절한 행동이 긍정적 강화에 의해 유지되는 것으로 밝혀졌다. Billy에 대한 중재는 몇 가지 흥미진진한 관심을 제기했다. 첫째, 그의 의사소통 능력이 옹알이, 소리 지르기, 울기로 제한되어 있었기 때문에 그의 엄마가 그를 무릎에서 내려놓자마자 그는 이런 행동을 시작했다. 둘째, Billy의 독립적인 장난감 놀이 행동의 목록이 실제로 존재하지 않았기 때문에, 그의 엄마가 집안일을 끝마칠 동안 엄마의 관심을 분산시키고 선호하는 놀이 활동을 위한 선택이 없었다.

이러한 관심을 이용하여, 우리는 Billy가 엄마의 관심을 얻기 위하여 적절한 요구('**제발**'이라고 말하는 것)를 사용하도록 훈련시켰다. Billy가 '**제발**'이라고 신호를 보낼 때 엄마는 관심을 보이고 항상 그에게 장난감을 주며 그것을 가지고 함께 놀아준다. 그러므로 우리는 Billy가 엄마와 상호작용을 하는 동안 장난감에 대한 지속적인 접근을 제공함으로써 반응 유발을 통해 장난감 놀이를 증가시키려고 하였다. 개념적 모델에 근거하여 우리는 새로운 장난감 놀이 행동이 두 가지 이유로 발생할 것이라는 가설을 세웠다. 첫째, 요구가 장난감에 대한 증가된 접촉과 엄마의 관심과 함께 놀이 기회를 일으킬 것이다. 둘째, 확인된 강화제(예를 들면, 엄마의 관심)가 장난감과 함께 제공될 것이기 때문에 증가된 장난감 놀이가 강화 역할을 하여 전체적인 증가를 늘려나갈 것이다.

다시, 우리의 개념적 모델을 근거로 해서, 우리는 세 가지 결과가 중재 기간 동안 발생할 것이라고 가설을 세웠다. 첫째, 요구 행동이 처음에는 증가할 것이고 기능적인 등가를 거쳐 이 증가가 부적절한 행동의 동시적인 감소와 상관관계가 있을 것이다. 둘째, 요구가 그의 행동의 확립된 부분이 되었을 때, 증가된 장난감 놀이 행동과 같은 다양한 새로운 사회적 행동이 나타날 것이다. 셋째, 그가 장난감을 가지고 더 많이 놀기 시작하고 엄마의 관심이 더 많이 필요하지 않기 때문에 중재 효과가 유지될 것이다. FCT가 시행된 지 4달 후에는 부적절한 행동이 거의 발생하지 않았다. 마찬가지로 중요한 것은 그는 이제 대부분의 시간을 엄마의 무릎에서 벗어나 지내고 엄마의 주의를 요구하기보다는 혼자서 더 많이 보낸다.

Billy가 장난감에 대한 접근을 제공받고 엄마의 관심이 그로부터 멀리 있을 때, Billy의 부적절한 행동은 다음 2년 동안 거의 발생하지 않았다. 게다가 그는 주의를 요청하기 위해서 '**제발**'이라는 신호를 보내지 않지만, 대신 몇 분 동안 놀거나 구어("보세요")를 사용하기 시작했다. 전반적으로 새로운 놀이 행동이 2년 동안 100% 증가가 일어났다.

사례연구 3.5 Nile을 위한 반응 일반화

중재를 시작하기 전에, Nile의 부적절한 행동은 부모나 다른 돌보는 사람과의 상호작용을 필요로 하는 상황을 회피하기 위해 유지되는 것으로 밝혀졌다. 예를 들면, 블록 놀이 동안 Nile은 엄마가 블록을 줄 때는 부적절한 행동을 나타냈지만, 혼자서 블록을 가지고 놀 때는 부적절한 행동을 나타내지 않았다. 그가 외래 진료기관의 실험실에 혼자 남겨졌을 때에는 잘 있었지만, 어떤 어른이 문 옆에 서있기만 해도 소리를 지르고 화를 내었다.

Nile의 부적절한 행동이 회피에 의해 유지된다고 가정하고 우리는 FCT를 통해 그가 '**제발**'이라는 신호를 보냄으로써 휴식을 요청하도록 가르쳤다. 그러므로 블록 놀이나 공을 굴리는 것과 같은 과제를 하는 동안 그는 아무 때나 휴식을 요청할 수 있다. 그러나 우리는 그의 부모와 더 나은 상호작용을 유도하기를 원하기 때문에 그가 휴식하는 동안 혼자 있는 것을 원하지 않았다. 그러므로 휴식하는 동안 그의 엄마는 그를 따라다녔다. 그녀는 그에게 요구를 하지 않았고 대신 그가 원하는 것을 예측하고 그것을 그에게 주려고 노력했다. 예를 들면, 아들이 크래커를 좋아한다고 생각이 들면, 아래의 시나리오처럼 하였다. Nile은 '**제발**'이라는 신호를 보내고 즉각적으로 활동을 멈춘다. 그가 부엌으로 향한다면, 그녀는 그와 함께 걸어가고 크래커를 잡고 웃으면서 크래커를 그에게 건네준다. 만약 그가 장난감 쪽으로 향한다면, 그녀는 장난감을 그에게 건네준다. 이러한 방법으로 심지어 휴식하는 동안에도 Nile은 엄마와 그가 가장 선호하는 방법으로 상호작용을 한다. 시간이 흐름에 따라, 엄마는 휴식기간 동안 점점 언어적이고 신체적인 상호작용을 증가하였다.

우리는 Nil과와 엄마의 적절한 상호작용을 유도하기를 원했기 때문에 FCT와 잘 드러나지 않은 결합된 형태를 실행하였다. 성인 접촉으로부터의 회피에 의해 유지되는 행동을 하는 아동을 위한 공통적인 목표가 주어졌다면, 우리는 1) 아동에게 휴식을 위한 요구를 가르치고, 2) 아동에게 휴식동안 부모에 의해 전달되는 선호 활동을 제공할 것이다. Nile을 위해 우리는 그가 적절하게 휴식을 요구한 후에 선호하는 활동과 먹을 것을 제공했고, 그의 부모가 선호하는 물품에 대한 접근을 제공하기 위하여 가깝게 따라다닐 것을 요구하였다. Billy의 경우에서처럼 요구가 중심축 반응으로서 역할을 하였다. 왜냐하면 선호하는 물품에 대한 접근뿐만 아니라 어른과의 접촉이나 요구로부터 벗어나는 접근을 제공했기 때문이다.

우리는 8개월 동안 Nile을 조사하였다. 중재의 첫 달 동안에 목표된 요구의 증가된 발생이 부적절한 행동의 감소와 더불어 관찰되었다. 휴식 동안과 요구의 이후에 엄마와의 사회적 상호작용이 증가하였다. 그는 더 자주 엄마와 접촉했고 음성으로("공") 표현하기 시작했고 더 친근감 있게 되었다. 중재의 마지막 달에 우리는 엄마의 관심이 그에게 벗어나 있을 때 Nile이 엄마를 찾는다는 것을 발견하였다. 우리는 사회적 시작 행동의 증가가 유도에 의한 것이라고 믿었다. 마지막으로 그가 더 이상 엄마와의 접촉에 대해 저항하지 않았기 때문에 Nile과 엄마는 휴식 신호를 필요로 하지 않게 되었다.

자극 일반화

몇몇 아동들은 가정에서의 성공적인 중재 몇 달 후에도 집 이외의 다른 환경에서 문제행동을 많이 나타내며 의사소통적 또는 친사회적인 행동을 적게 나타낸다. 일반화의 부족 등 여러 원인이 있겠지만, 적어도 세 가지 이유가 부적절한 행동에 대한 중재로서의 FCT의 사용에 직접적으로 관계가 있는 것 같다. 첫 번째는 사정의 적절함과 관련이 있다. 각 FCT 계획이 기능분석의 결과로부터 직접적으로 파생된다면, 중재 패키지는 사정에서도 철저해야 한다. 몇몇 사례에서 사정은 여러 환경이나 사건에서 발생하는 비정상적인 행동에 대한 다양한 기능을 적절하게 파악하지 못하는 것 같다. 이 경우에는 중재를 위한 대안 반응으로서 선택되는 요구가 일부 맥락에서 아동에 대한 바람직한 결과를 나타내지 못하는 것 같다.

두 번째 가능한 문제는 요구로서 선택되는 반응의 적절함과 관련이 있다. 훈련을 위해 선택된 요구가, 인식되지 않거나 받아들여지지 않기 때문에 장면에 대해서 원하는 결과를 얻는 효과적인 방법이 되지 못할 수도 있다(Durand & Carr, 1991).

마지막 문제는 적응행동을 위한 부적절한 자극통제를 반영한다. 가정에서의 요구와 다른 사회-의사소통 행동을 통제하는 선행자극이 집 밖에서는 아동에게 제공되지 않거나 인식되지 않는다.

Halle와 Spradlin(1993)에 의해 제안된 것처럼, 문제행동과 중재 효과를 유지시키는 상태에 대한 평가는 선행자극뿐만 아니라 맥락 내에서와 맥락을 통해서 행동을 통제하는 후속결과를 파악하는 것으로 확장될 필요가 있다. 이러한 선행자극의 확인은 다양한 맥락에서 일반화를 촉진시키는 중재 패키지를 개발하는 데 필수적이다. 선행자극은 목표 반응, 요구나 다른 행동 이전에 나타나거나 목표 반응이 나타나는 동안 있었던 어떤 물건, 사건, 사람을 포함한다. 그러므로 집 안의 물건, FCT에서 사용된 활동, 부모나 형제자매, 그리고 부모에 의해 사용된 촉구의 유형이 모두 선행자극이다. 이러한 자극이 행동의 발생을 통제할 때, 그것들은 차별적인 자극(discriminative stimuli)이 되며 때때로 통제 자극(controlling stimuli)으로서 언급된다.

평가의 적절성 Asmus, Derby, Wacker, Porter와 Ulrich(1993)과 Derby 등(1994)에 의해 설명된 것처럼, 비정상적인 행동은 같은 아동이 행동의 맥락에 의존하여 여러 가지 기능의 역할을 한다. Asmus 등(1993)은 비정상적인 행동의 기능이 당면한 환경에서 특정 선행자극의 유무에 따라 아동들에게는 다르게 나타난다고 제시하였다. 기능분석에서의 다양한 후속자극의 효과를 비교하는 것과 더불어 Asmus 등은 사정 상황 내에서 형제들의 존재 유무의 효과를 또한 비교하였다. 대부분의 아동에게는 수행이 지속적이고, 그 결과 문제행동의 기능이 형제가 있는 것과는 관계없이 같은 기능으로 유지되었다. 그러나 몇몇 아동은 사정 기간 동안 형제자매의 유무에 따라 기능분석에서 다양한 반응 유형을 나타내었다. 부모가 모든 조건들을 수행한다는 것을 아는 것은 중요하며, 형제자매는 아동과 상호작용하지 않는다. 즉 아동은 단순히 존재할 뿐이다. 한 사례에서 형제자매의 존재가 부모의 관심을 얻기 위해 부모와 접촉하는 것으로부터 회피하는 비정상적인 행동의 기능을 변화시켰다.

형제자매의 존재 유무와 같은 환경 변인에서의 상대적으로 미묘한 변화가 사정의 결과에 영향을 미친다면, 여러 돌보는 사람(교사 대 부모), 환경(학교 대 집), 과제(요구의 유형들)와 같은 다른 맥락적 변화가 행동에 대해 비슷한 영향을 미친다는 것은 논리적이다. 만약 다양한 선행변인의 효과가 필요할 때 사정되고 중재 패키지 속으로 통합되지 않는다면, 어떤 하나의 중재가 모든 상황에 효과적일 것 같지 않다. 이러한 경우에 일반화는 발생하지 않을 것이고 유지도 문제가 될 것이다.

Derby 등(1994)은 다양한 비정상적인 행동들이 같은 아동에게 여러 가지 기능을 제공할 것이라고 하였다. 이 조사에서, 저자는 복합된 문제행동(공격, 자해, 상동)을 나타내는 네 명의 아동을 위한 기능분석의 결과를 조사하였다. 분석의 결과가 하나의 부적절한 행동을 구성하는 것으로서 기록된 다양한 행동과 함께 처음으로 평가되었다. 데이터가 분리된 것으로 기록된 비정상적인 행동의 각 형태와 함께 재분석되었다. 두 번째 분석의 결과는 다양한 형태의 비정상적인 행동이 다양한 기능으로서 역할을 한다고 말했다. 예를 들면, 한 아동은 사회적 관심을 얻기 위하여 자해행동을 하고 과제 요구를 피하기 위해서 공격행동을 나타낸다. 만약 중재 패키지가 각 행동의 기능을 다루지 못한다면, 다양한 선행조건(예: 요구 시간 대 낮은 관심 시간)에서의 모든 비정상적인 행동의 감소가 일어난다고는 기대하지 못한다.

이 두 조사는 여러 맥락(Asmus et al., 1993)에서나 행동(Derby et al., 1994)들에 대해 정해진 아동의 비정상적인 행동의 여러 기능을 파악하기 위해 기능분석을 확장해야 하는 중요성을 강조하였다. 비정상적인 행동이 한 아동에게 복합적인 기능으로서 역할을 한다면, 중재가 각 기능을 다루게 해야 한다. 몇몇 사례에서 이것은 행동의 두 기능을 다루는 단일 요구를 사용함으로써 성취될 수 있다(사례연구 3.6 참조).

사례연구 3.6 Lyle

Lyle은 4세이고 그의 행동은 이익 기능(사회적 관심)과 회피 기능(과제 요구) 둘 다 지니고 있다. 그는 학교생활 대부분에서 공격행동(꼬집고 할퀴기)과 파괴행동(물건던지기)을 나타내었다. 기능분석의 결과, 맥락에 따라 두 행동이 회피와 사회적 관심 기능으로서 역할을 한다고 밝혀졌다. Lyle이 "나는 놀고 싶어요."라는 메시지를 표현하는 마이크로 스위치를 누르는 법을 배우는 중재계획이 실행되었다. 중재가 낮은 사회적 상황(Lyle에게 관심을 주지 않는)

에서 시작되었고 아동이 장난감을 가지고 놀 동안 학급 교사는 Lyle을 칭찬하고 말하는 형태로 스위치를 눌러 긍정적 관심을 나타내었다. 후에 같은 스위치와 메시지가 요구 상황에서 소개되었다. 이런 맥락에서 마이크로 스위치를 누르는 것이 같은 결과를 나타내었다. 교사는 Lyle에게 선호하는 장난감을 제공했고, 아동이 적절하게 놀 동안 아동을 칭찬했다. 이러한 경우에 ("나는 놀기를 원해요.")라는 메시지가 Lyle에게는 두 가지 기능을 했다. 그것이 긍정적, 사회적 관심과 놀 것을 제공했으며 상호작용의 결과, 과제 요구의 임시적 종료의 결과를 나타냈다.

몇몇 아동들에게는 더 생성적인 반응이 "나는 쉬고 싶어요"나 "나는 '특정한 아이템'을 원해요"라고 말하는 것과 같은 여러 기능으로서 역할을 한다. 이들 예에서 부모나 교사는 "제발"이라는 반응에 대한 적절한 결과를 결정하기 위해 행동의 맥락을 사용해야만 한다. 우리는 생성적인 반응—맥락에 따라 다양한 기능을 제공할 수 있는 반응—이 특정한 반응보다 더 잘 일반화된다는 것을 알았다.

선택된 반응의 적절성 Reichle, York와 Sigafoos(1991)에 의해 논의된 것처럼, 의사소통 반응은 다양한 맥락을 통한 신호로서 그 효과는 다양하다. 손으로 하는 신호는 쉽게 사용자에게 이용 가능하지만 아동이 만나는 여러 돌보는 사람에게는 이해되지 않을 수도 있다. 언어판과 마이크로 스위치는 다른 사람이 쉽게 이해하지만 갖고 다니는 것이 쉽지 않다. 심지어 음성적인 의사소통도 메시지가 너무 일반적이거나 아동이 바라는 결과를 산출하지 못한다면 잘못 이해될 수 있다. 각 한계가 다양한 환경에서 요구하기 반응의 사용에 영향을 미치며, 그럼으로써 반응이 다양한 상황에서 유지될 가능성은 감소할 것이다.

중재 이익의 장기간의 유지를 촉진시키기 위해서 장면이나 돌보는 사람 그리고 활동에 걸쳐 원하는 결과를 구하는 의사소통 반응을 선택하는 것은 필수적이다. 이것은 아동과 상호작용을 할 것 같은 사람들에 의해 쉽게 인식되는 의사소통 반응을 선택함으로써 가장 잘 성취될 수 있다. Durand와 Carr(1991)는 돌보는 사람과 상황에 걸쳐서 중재 이익과 일반화의 장기간(2년) 유지는 의사소통 반응이 아동을 위해 자연적인 유지 결과를 요청할 때 가능하다고 하였다. Durand와 Carr(1991)의 연구에서 과제 요구를 줄이기 위해서 또는 사회적 주의를 얻기 위해서 자해행동과 공격행동에 참여하는 3명의 학생들이 도움과 사회적 관심을 얻기 위해 단순한 구어 문장을 배웠다. 훈련된 반응은 도움을 요청하기 위해서 "나는 이해가 안 되요"와 "도와주세요"와 긍정적 사회적 관심을 얻기 위하여 "내가 잘하고 있나요?"로 구성되었다. 모든 학생들이 2년 동안 요구를 사용하는 것을 유지했으며, 2년째 해의 조사기간 동안 새로운 교사와 새로운 교실에서 요구하기의 사용을 일반화하였다. 3개의 사례 중 2개에서의 요구는 학급 교사를 위한 추가적인 훈련이나 교육 없이 새로운 환경에서 학생들에게 원하는 결과를 나타내었다. 그러므로 대상 아동의 사용을 위해 선택된 요구는 자극 일반화 유지가 발생하는데 중요하다.

자극통제의 적절성 일부 사례에서 아동은 중재의 맥락에서 효과적인 요구를 사용하겠지만 다른 환경, 돌보는 사람, 활동에서는 반응을 나타내지 못할 수도 있다. 이러한 예에서 아동은 행동을 통제하는 자극이 존재하지 않고 중재 환경 이외의 환경에서 아동이 인식하지 못하기 때문에 요구를 나타내지 못한다. 만일 아동이 다양한 돌보는 사람, 활동, 환경에 걸쳐 요구하는데 바람직한 강화를 받은 경험이 없다면, 요구는 이러한 자극이 있을 때도 나타나지 않을 것이다. Durand와 Carr(1991)는 조사에서 3명의 아동과 함께 요구하기 훈련을 실행하기 위해서 다양한 훈련자를 사용함으로써 이 문제를 다루었다. 다양한 훈련자를 사용하는 것은 아동들이 다양한 사람들에게 요구를 사용하면 원하는 결과를 받을 수 있다는 것을 확신시켜 주고 요구가 다양한 돌보는 사람에 걸쳐 공통적이지 않은 낯선 자극의 통제 하에서 나타나는 것을 줄여주었다(예를 들면, 특정한 훈련자의 방식).

훈련되지 않은 사건에 걸쳐 일반화를 촉진시켜 주는 것의 중요성은 Billy의 경험에 의해 볼 수 있다. 집에서의 일 년 기간의 훈련 후에, Billy는 자해행동에 참여하지 않았고 일상적으로 가족들과 다양한 의사소통 반응을 나타내었지만 학교에서는 심지어 교사에 의해 촉진되었을 때조차도 말을 하지 않았다. Billy의 어머니는 학교에 올 것을 요구받았고 1시간 동안 아동과 함께 상호작용할 것을 요구받았다. 교사는 아이의 어머니와 함께 있었고, 1시간 이내에 Billy는 독립적으로 신호를 보내기 시작했다. 훈련된 상황(Billy의 어머니)과 훈련되지 않은 상황(Billy의 교사)을 함께 하는 것은 새로운 상황으로의 자극통제의 전이의 결과를 나타낸다. 이들 전이 기간은 중요하고 주의 깊은 계획을 보장한다.

결 론

이 장에서는 가정에서 문제행동을 나타내는 어린 아동들과 함께 할 때 필요한 몇 가지 절차들을 살펴보았다. 부모와 직접적으로 협력하는 것은 왜 문제행동이 발생하는지 파악하고 효과 있는 중재를 개발하는 것을 가능하게 해 준다. 목적은 간단하다. 오랜 시간에 걸쳐 지속가능한 긍정적이고 상호보완적인 중재를 개발하는 것이다. 그러나 그런 목적을 얻기 위해 필요한 과정은 꽤 복잡하다.

부모가 행동의 기능을 이해했을 때 부모들은 좀 더 효율적으로 중재를 할 수 있다. 불확실한 것은 걱정의 변수가 될 수 있으며 철저히 설명적이고 기능적인 분석을 실행하는 것은 부모에게 자신감을 제공해 준다. FCT는 부모에게 받아들여졌고 부적절한 행동을 진정시키며 많은 바람직한 효과를 주는 중재를 제공한다. 유지를 위해 중요한 점은 바로 부모와 아동이 상호작용하는 방법에서의 변화가 부수적인 효과이다. 그러나 대상자, 상황, 활동의 범위에 걸쳐 행동의 변화의 체계적인 통합도 동등하게 중요하다. 이러한 다양성이 고려되지 않는다면, 심지어 가정에서의 가장 긍정적인 변화도, 아동이 학교를 다니기 시작하고 교실이나 교사가 바뀌거나 또는 여러 일상 환경에서 다양성을 경험할 때, 그 후까지 방해받을 수 있다.

많은 중재들이 가능하다. 우리는 FCT가 아동과 부모사이에 상호작용에서 즉각적인 변화를 생산할 수 있기 때문에 우리의 연구에서 거의 배타적으로 FCT를 사용했다. 그러나 그것은 "마술"이 아니고 종종 차별강화나 가벼운 벌 절차의 동시적인 사용을 필요로 한다. 우리와 함께 한 아동 중 20% 이상이 가장 적합한 환경에서 조차도 우리의 중재로부터 이익을 받지 못했기 때문에 더 심도 있고 세심한 연구가 여전히 요구된다. 이러한 이유로, 우리는 성공의 보증된 공식으로서가 아니라 지침으로서 〈표 1〉에 제시된 절차들을 다시 한 번 검토해 보아야 한다. 너무 많은 치료가 너무 자주 요구되었기 때문에, 부모와 전문가들이 냉소를 보내는 결과를 낳았다. FCT는 매우 바람직한 중재절차를 제공해 주고 이 중재의 초기 성공은 더 이 고려할 점이 있다는 것을 보증해 준다.

참고문헌

Asmus, J,. Derby, K.M., Wacker, D.P., Porter, J., & Ulrich, S. (1993, May). *The stimulus control effects of siblings during functional analyses conducted in home settings.* Paper presented at Stimulus Control of Problem Behavior, a symposium presented at the annual conference of the Association for Behavior Analysis, Chicago.

Axelrod, S. (1987). Functional and structural analyses of behavior: Approaches leading to reduced use of punishment procedures. *Research in Developmental Disabilities, 8*, 165-178.

Bijou, S.W., Peterson, R.F., & Ault, M.H. (1968). A method to integrate descriptive and experimental field studies at the level of data and empirical concepts. *Journal of Applied Behavior Analysis, 1*, 175-191.

Carr, E.G. (1988). Functional equivalence as a mechanism of response generalization. In R. Horner, R.L. Koegel & G. Dunlap (Eds.), *Generalization and maintenance: Life-style changes in applied settings* (pp. 221-241). Baltimore: Paul H. Brookes Publishing Co.

Carr, E.G., & Durand, V.M. (1985). Reducing behavior problem through functional communication training. *Journal of Applied Behavior Analysis, 18*, 111-126.

Carr, E.H., Taylor, J., & Robinson, S. (1991). The effects of severe behavior problems in children on the teaching behavior of adults. *Journal of Applied Behavior Analysis, 23*, 523-535.

Cooper, L.J., Wacker, D.P., Sasso, G.M., Reimers, T.M., & Donn, L.K. (1990). Using parents as therapists to evaluate the appropriate behavior of their children: Application to a tertiary diagnostic clinic. *Journal of Applied Behavior Analysis, 23*, 285-296

Cooper, L.J., Wacker, D.P., Thursby, D., Plagmann, L.A., Harding, J., & Derby, K.M. (1992). Analysis of the role of task preferences, task demands, and adult attention on child behavior in outpatient and classroom settings. *Journal of Applied Behavior Analysis, 25,* 823–840.

DePaepe, P., Reichle, J., &O'Neill, R. (1993) Applying general-case instructional strategies when teaching communicative alternatives to problematic behavior. In J. Reichle & D. Wacker (Eds.), *Communication and language intervention: Vol. 3. Communicative alternatives to challenging behavior: Intergrating functional assessment and intervention strategies* (pp. 237–262). Baltimore: Paul H. Brookes Publishing Co.

Derby, K.M., Wacker, D.P., Peck, S., Sasso, G., DeRaad, A., Berg, W., Asmus, J., & Ulrich, S. (1994). Functional analysis of separate topographies of aberrant behavior. *Journal of Applied Behavior Analysis, 27,* 267–278

deVilliers, P.A. (1977). Choice in concurrent schedules and a qualitative formulation of the law of effect. In W.K. Honing & J.E.R. Studdon (Eds.), *Handbook of operant behavior* (pp. 233–287). Englewood Cliffs, NJ: Prentice Hall.

Durand, V.M., & Carr, E.G. (1985). Self-injurious behavior: Motivating conditions and guidelines for treatment. *School Psychology Review, 14,* 171–176.

Durand, V.M., & Carr, E. G. (1991). Functional communication training to reduce challenging behavior: Maintenance and application in new settings. *Journal of Applied Behavior Analysis, 24,* 251–264.

Fisher, W., Piazza, C., Cataldo, M., Harrell, R., Jefferson, G., & Conner, R. (1993). Functional communication training with and without extinction and punishment. *Journal of Applied Behavior Analysis, 26,* 23–36.

Fus, L., Wacker, D., Grisolano, L., Berg, W., & Rogers, L. (1991, May). *Social collateral behavior as a long-term maintenance factor for treatment of aberrant behaviors for profoundly handicapped students.* Paper presented at Recent Applications of Social Interaction Interventions Across Populations, a symposium presented at the annual conference of the Association for Behavior Analysis, Atlanta.

Halle, J.W., & Holt, B. (1991). Assessing stimulus control in natural settings: An analysis of stimuli that acquire control during training. *Journal of Applied Behavior Analysis, 24,* 579–589.

Halle, J.W., & Spradlin, J.E (1993). Identifying stimulus control of challenging behavior. In J. Reichle & D. Wacker (Eds.), *Communication and language intervention: Vol. 3. Communicative alternatives to challenging behavior: Integrating functional assessment and intervention strategies* (pp. 83–109). Baltimore: Paul H. Brooks Publishing Co.

Herrnstein, R.J. (1961). Relative and absolute strength of response as a function of frequency of reinforcement. *Journal of the Experimental Analysis of Behavior, 4,* 267–272.

Herrnstein, R.J. (1970). On the law of effect. *Journal of the Experimental Analysis of Behavior, 13,* 243–266.

Iwata, B.A. (1988). The development and adoption of controversial default technologies. *The Behavior Analyst, 11,* 149–157.

Iwata, B. A., Dorsey, M.F., Slifer, K.J., Bauman, K.D., & Richman, G.S. (1982). Toward a functional analysis of self-injury. *Analysis and Intervention in Developmental Disabilities, 2,* 3–20.

Iwata, B.A., Pace, G.M., Kalsher, M.J., Cowdery, G.E., & Cataldo, M.F (1990). Experimental analysis of self-injurious escape behavior. *Journal of Applied Behavior Analysis, 23,* 11–27

Karpowitz, D.H., & Johnson, S.M (1981). Stimulus control in child-family interaction. *Behavior Assessment, 3,* 161–171.

Koegel, R.L., & Koegel, L.K. (1988). Generalized responsivity and pivotal behaviors. In R. Horner, G. Dunlap, & R. Koegel (Eds.), *Generalization and maintenance: Life-style changes in applied settings* (pp. 41–66). Baltimore: Paul H. Brookes Publishing Co.

Lalli, J.S., & Goh, H. (1993). Naturalistic observations in community setting. In J. Reichle & D. Wacker (Eds.), *Communication and language intervention: Vol. 3. Communicative alternatives to challenging behavior: Integrating functional assessment and intervention strategies* (pp. 11–39). Baltimore: Paul H. Brookes Publishing Co.

Lennox, D. B., & Miltenberger, R.G. (1989). Conducting a functional assessment of problem behavior in applied settings. *Journal of The Association for Persons with Severe Handicaps, 14*, 304–311.

Lerman, D.C., & Iwata, B.A. (1993). Descriptive and experimental analysis of variables maintaining self-injurious behavior. *Journal of Applied Behavior Analysis, 25*, 293–319.

Mace, F.C., & Lalli, J.S (1991). Linking descriptive and experimental analysis in the treatment of bizarre speech. *Journal of Applied Behavior Analysis, 24*, 553–562.

Mace, F.C., & Roberts, M.L. (1993). Factors affecting selection of behavior interventions. In J.Reichle & D.Wacker (Eds.), *Communication and language intervention: Vol. 3. Communicative alternatives to challenging behavior: Integrating functional assessment and intervention strategies* (pp. 113–133). Baltimore: Paul H. Brookes Publishing Co.

McDowell, J.J. (1988). Matching theory in natural human environments. *The Behavior Analyst, 11*, 95–109.

Northup, J., Wacker, D.P., Berg, W.K., Kelly, L., Sasso, G., & DeRaad, A. (1994). The treatment of severe behavior problems in school settings using a technical assistance model. *Journal of Applied Behavior Analysis, 27*, 33–47.

Northup, J., Wacker, D., Sasso, G., Steege, M, Cigrand, K., Cook, J., & DeRaad, A. (1991), A brief functional analysis of aggressive and alternative behavior in an outclinic setting. *Journal of Applied Behavior Analysis, 24*, 509–522.

O'Neill, R.E, Horner, R.H., Albin, R.W., Storey, K., & Sprague, J.R. (1989). The functional analysis interview. In R.H. Horner, J.L. Anderson E.G. Carr, G. Dunlap, R.L. Koegel, & W. Sailor (Eds.), *Functional analysis of problem behavior: A practical assessment guide* (pp. 10–23). Eugene: University of Oregon Press.

Parrish, J. M., & Roberts, M.L. (1993). Interventions based on covariation of desired and inappropriate behavior in J. Reichle & D. Wacker (Eds.), *Communication and language intervention: Vol. 3. Communicative alternatives to challenging behavior: Integrating functional assessment and intervention strategies* (pp. 135–173). Baltimore: Paul H. Brookes Publishing Co.

Petterson, G. R. (1974). A basis for identifying stimuli which control behaviors in natural setting. *Child Development, 45*, 900–911.

Pettit, G.S., & Bates, J.E. (1989). Family interaction patterns chidren's behavior problems from infancy to 4 years. *Developmental Psychology, 25*, 413–420.

Reichle, J., York, J., & Sigafoos, J. (1991). *Implementing augmentative and alternative communication: Strategies for learners with severe disabilities.* Baltimore: Paul H. Brookes Publishing Co.

Reimers, T., & Wackers, D. (1988). Parents' ratings of the acceptability of behavioral treatment recommendations made in an outpatient clinic: A preliminary analysis of the influence of treatment effectiveness. *Behavioral Disorders, 14*, 7–15.

Reynolds, G.S. (1961). Behavioral contrast. *Journal of the Experimental Analysis of Behavior, 4*, 53–59.

Sanders, M.R., & Glynn, T. (1981). Training parents in behavioral self-management: An analysis of generalization and maintenance. *Journal of Applied Behavior Analysis, 14*, 223–237.

Sprague, J.R., & Horner, R.H. (1992). Convariation within functional response classes: Implications for treatment of severe problem behavior. *Journal of Applied Behavior Analysis, 25*, 735–745.

Steege, M.W., Wacker, D.P., Berg, W.K., Cigrand, K.K., & Cooper, L, J. (1989). The use of behavioral assessment to prescribe and evaluate treatments for severely handicapped children. *Journal of Applied Behavior Analysis, 22*, 23–33.

Sulzer-Axaroff, B., & Mayer, G. R. (1991). *Behavior analysis for lasting change.* Chicago: Holt, Rinehart & Winston.

Touchette, P.E., MacDonald, R. F., & Langer, S. N. (1985). A scatter plot for identifying stimulus control of problem behavior. *Journal of Applied Behavior Analysis, 18*, 343–351

Wacker, D. P., & Berg, W.K (1992a). *Functional analysis of feeding and interaction disorders with young children who are profoundly disabled.* Washington, DC: U.S. Department of Education, National Institute on Disability and

Rehabilitation Research.

Wacker, D.P., & Berg, W.K (1992b). *Inducing reciprocal parent/child interactions.* Washington, DC: Department of Health and Human Services, National Institute of Child Health and Human Development.

Wacker, D.P., Cooper, L.J., Peck, S., Derby, K.M., & Berg, W.K (in press). Community-based functional assessment. In A.C. Repp & R.H. Horner (Eds.), *Functional analysis of problem behavior: From effective assessment to effective support.* Pacific Grove, CA: Brooks/Cole.

Wacker, D.P., & Reichle, J. (1993). Functional communication training as an intervention for problem behavior: An overview and introduction to our edited volume. In J. Reichle & D. Wacker (Eds). *Communication and language intervention: Vol. 3. Communication alternatives to challenging behavior: Integrating functional assessment and intervention strategies* (pp. 1-8). Baltimore: Paul H. Brookes Publishing Co.

Wacker, D.P., Steege, M.W., Northup, J., Sasso, G., Berg, W., Reimers, T., Cooper, L., Cigrand, K., & Donn, L. (1990). A component analysis of functional communication training across three topographies of severe behavior problems. *Journal of Applied Behavior Analysis, 23,* 417-429.

Wahl, G., Johnson, S.M., Johansson, S., & Martin, S. (1974). An operant analysis of child-family interaction. *Behavior Therapy, 5,* 64-78.

Wahler, R.G., & Dumas, J.E. (1986). Maintenance factors in coercive mother-child interactions: The compliance and predictability hypotheses. *Journal of Applied Behavior Analysis, 19,* 13-22.

Wahler, R.G., Williams, A.J., & Cerezo, A. (1990). The compliance and predictability hypotheses: Sequential and correlational analyses of coercive mother-child interactions. *Behavioral Assessment, 12,* 391-407.

제4장

행동지원계획을 위한 맥락적 적합성

"적합성의 훌륭한" 모델

Richard W. Albin, Joseph M. Lucyshyn,
Robert H. Horner & K. Brigid Flannery

평가된 도전적 문제행동을 가진 사람들을 위한 행동지원계획의 준거는 변화하고 있다. 전문적인 행동지침의 적용에 대한 행동중재전략을 개발하는 것은 더 이상 간단하지 않다. 행동 원리의 적용에 있어 기술적으로 적절한 행동중재전략을 창조해내는 것은 이미 단순한 일이 아니다. 그럼에도 불구하고, 이러한 계획은 행동지원계획이 중재가 시행되는 곳에서

이 장은 교육부의 연구과제 H133C20114와 H133B20004에 의해 부분적으로 지원되었다. 그러나 이 글 속의 표현들은 U.S. 교육기관의 정책이나 논의를 필수적으로 반영한 것이 아니며, 기관의 공식적인 입장은 아니다.

저자는 이 장을 쓰는 데 Drs. Glem Dunlap, Jacqui Lichtenstein, Charles D. Nixon, Robert E. O'Neill과 Ann P. Turnbull, Ms. Roz Slovic의 코멘트와 기여에 감사를 표한다.

사람과 환경에 잘 맞아야 하는 계획처럼 기술적으로 기초를 잘 두기 위해서는 필수적이어야 한다. 맥락적 적절성의 개념은 이 장에서 행동지원계획 특성, 개발과 실행에 심각하게 영향을 주는 다양한 변인들과 그리고 그러한 계획의 효과 사이의 일치를 설명하기 위해 제안되었다. 이 장은 1) 맥락적 적절성의 개념을 정의하고 개념에 대한 저자의 전개와 이해를 설명하며, 2) 행동지원계획의 맥락적 적절성에 참여하는 이론적 합리성을 제시하며, 3) 맥락적 적절성에 기여하는 변인을 설명하고 확인하며, 4) 계획에 있어 적합의 좋은 점을 평가하기 위한 양식과 함께 문제행동을 가진 아동의 가족에게 적합한 행동지원계획을 고안하기 위한 접근방법을 제시한다.

맥락적 적절성과 행동지원계획

맥락적 적절성은 구체적 특성과 행동지원계획의 구성요소와 개인과 환경에 관련된 적절한 변인의 다양성 사이에 존재하는 일치성 또는 양립성에 대해 관련된다.

이러한 변인은 세 개의 일반적인 분류를 할 수 있다.

1. 계획이 설계된 대상자 특성
2. 계획을 수행할 사람과 관련된 변인
3. 계획이 실행될 환경과 시스템의 특징

맥락적 적절성에 대한 접근방법은 Bailey와 그의 동료들(1990)이 가족중심 조기중재 접근방법을 안내하기 위해 사용된 "적합의 좋은 점" 틀에 따른다. Bailey 등은 조기중재 지원과 아동과 그들 가족의 독특한 특성 간의 조화가 적절한지 설명하기 위해 "적합의 좋은 점" 개념을 사용하였다. 우리의 경험에서 좋은 맥락적 적절성을 창조하는 아이디어는 적절하며 가족과의 활동뿐만 아니라 학교 안에서의 행동지원, 지원받는 삶과 일의 내용, 그리고 다른 의사소통 환경도 제공한다.

맥락적 적절성이 높거나 좋을 때는, 지원계획과 그것의 구성요소가 중요한 이해 당사자와 계획 수행자들의 가치와 기술, 즉 주어진 자료와 환경적 제약, 조건, 계획이 수행되는 시스템이 유지될 수 있다. 그리고 문제행동아의 독특한 요구에 대해 적합하다. 간단히 보면 지원계획 일은 그것이 수행되는 곳에서 사람과 환경에 적절(즉, 좋은 적합성을 만들어내는)하다. 계획 실행에서 중요한 이해 당사자(예를 들면, 도전적 행동을 보이는 아동, 가족 구성원과 친구, 교사와 직접 지원 제공자)는 1) 계획안에 포함된 전략과 계획을 추진하는 목적을 더욱 쉽게 받아들이고, 2) 수행하기 위한 요소와 기술을 가짐으로써 전략을 지각하고 3) 성공할 높은 가능성을 가진 계획을 보여 주어야 한다.

지원계획은, 아동과 아동이 포함된 환경에는 아직 적절하지 않지만, 이론과 기록된 실제 둘 다에서는 이론적으로 잘 고안되고 기초가 잘 만들어져 갈 것이다. 좋은 맥락적 적절성이 부족한 계획은 강하게 내포하고 있는 가치와 신뢰가 일치하지 않거나 또는 일상 환경과 환경 속의 매일 삶의 유형과는 양립할 수 없을 것이다. 그것은 오랫동안 지속할 수 없거나, 자원이 부적절할 수 있다. 계획은 과거에 비효과적이라고 입증되어 왔기 때문에 현재도 쉽게 비효과적이라고 할 수 있거나 또는 이전에 수행관리적인 이유로 거부되어 왔기 때문에 실행자에게는 좋은 적합성이 되지 않을 수도 있다. 그렇지 않으면 계획은 문제행동을 가진 아동을 넘어 이해당사자의 중요한 필요를 만족시키는 데 실패할지도 모른다(예: 부모, 교사).

예를 들면, 부모가 아동에게 구어적 질책을 사용하는 부적절한 방법을 고려한다면, 아동을 위한 지원계획안에서 질책의 사용은 빈약한 맥락적 적절성을 나타낸다. 질책이 효과적인 중재 요소라고 믿어진다고 해도, 지원계획의 한 부분으로서 사용되어서는 안 된다. 유사하게, 특정한 지원 접근(예: 타임아웃의 사용, 음식물 강화의 사용)에 반대하는 교사는 받아들일 수 없는 접근방법을 포함하는 지원계획을 찾을 가능성이 많다. 가족의 스트레스 요인을 다루기에 실패하거나(예: 휴식이 요구됨) 효과적이지만 실행함으로써 지원 제공자에게 스트레스를 증가시키는 전략을 포함한 계획(예: 이미 재정적인 자원에서 무리한데, 더 많은 내용을 첨가하기)은 좋은 맥락적 적절성이 부족한 것이다. 지원계획이 심각한 위험에 처해 있으면, 지원계획 또는 그것의 구성요소의 어떤 경우라도 좋은 맥락적 적절성과 효과적인 실행이 될 수 없다. 책임자에게 명백하게 설명할 수 없고 계획이 불충분하게 실행되거나 실패할 때만 발견 가능성이 높다.

지원계획의 맥락적 적절성이라는 개념은 자연적인 결과이고, 긍정적 행동지원 접근의 적용에서 현재의 중요성을 논리적으로 확장하는 것을 의미한다. 긍정적인 접근은 포괄적인 계획을 강조하고 환경 지원의 많은 특성을 포함하는 다양한 요소의 지원계획을 강조하며 다음을 포함한다. 1) 생태학적인 변인과 장면사건의 조작, 2) 즉각적인 선행변인의 조작, 3) 새로운 반응을 가르치는 것을 포함한 반응과 기술 중재, 4) 결과의 조작, 5) 위기중재(Horner, Albin, & O'Neill, 1991; Horner et al., 1990; Horner, O'neill, & Flannery, 1993; Lucyshyn & Albin, 1993). 가설은 언제나 다수의 선택권이 되도록 하고 효과적인 지원계획이 될 수 있도록 하는 전략을 구성하고 있는 것의 조합이 될 것이다. 그것은 크게 잘될 것 같지 않은 정해진 한 가지 지원전략, 한 가지의 중재계획의 정해진 장면으로서는 성공하기 어렵다. 도전적인 과제는 포괄적인 지원계획을 개발하기 위한 잠재적인 선택권 중에 선택하기 위한 것으로, 기술적으로 응용행동분석의 원칙을 적용하는 것이고, 실행자들의 기술과 가치에 양립할 수 있는 것이며, 그것이 실행되는 환경의 중요한 요소들과 일관된 것이다.

지원계획의 맥락적 적절성에서의 강조점은 문제행동의 패턴이 그것이 일어나는 좀 더 폭넓은 환경적 배경(예: 가정, 교실, 활동 장면)을 고려 없이는 이해되거나 다루어질 수 없다는 점을 인정한다(Horner, 1994). 지원계획과 중재전략은 맥락에 맞게 개발되고 적합해야 한다. 맥락적 적절성의 개념은 중요한 역할이 모든 이해 당사자에 의해 지원계획의 설계, 실행, 평가가 이루어진다는 사실을 인정한다. 핵심 이해 당사자의 목표는 그들의 지식이나 기술의 수준, 그들에게 이용할 수 있는 요소가 성공적인 실행을 도모하기 위한 계획에 반영되어야 한다는 것이다.

또한 좋은 맥락적 적절성을 만들기 위한 강조점은 매일의 환경과 일상생활의 전체적인 맥락 안에서 실행을 촉진시키는 것과, 중재 효과의 일반화와 유지를 증가시키는 지원 중재를 포함시켜야 한다(Martens & Witt, 1988; O'Donnell & Tharp, 1990). O'Donnell과 Tharp는 개인보다는 오히려 활동 장면이 행동중재 분석의 기초 단위가 될 것이라고 주장하였다. 오직 그래야만 활발한 장면에서 일어나는 풍부한 상호작용과 상호간의 참여 패턴이 계획 과정과 행동 패턴 변화를 위한 실행 안에서 고려되어 일어날 수 있다. 지원계획의 장점에 대한 주의는 활동 장면 속에서 나타나는 사람과 환경의 다양성과 전체 범위를 고려하는 것이 요구된다.

맥락적 적절성에 주목하는 이론적 근거

많은 임상가와 전문가는 1) 불충분하고 일치하지 않게 실행된 것, 2) 중요한 시간 기간을 넘어 유지되지 않게 실행된 것, 3) 이용되지 않고 단순히 책상서랍의 먼지를 모으는 것과 같은 문제행동에 전문적으로 관계되며 매우 훌륭하게 계획된 경험을 갖고 있다. 불충분한 맥락적 적절성은 위와 같은 현상에 공헌자다. 가장 큰 영향력이 행동적 지원계획을 위한 좋은 맥락적 적절성에서부터 일어나는데 우리 임상경험은 그러한 계획의 실행에 달려 있다(Horner et al., 1996; Lucyshyn, Olson, & Horner, 1995).

좋은 맥락적 적절성을 가지는 지원계획은 계획 실행자의 목적과 가치에 민감하게 반응을 잘 일으키며, 실행 환경에 사람들이 가져온 기술, 지식, 경험을 이용하며, 실행 환경에 특성을 부여하고 그들의 독특성에 기여하는 전형적인 일상과 매일의 활동이 양립할 수 있어야 한다. 이러한 특성은 지원계획 전략의 실행 충실도를 상승시키는 것을 도모할 뿐만 아니라 지원계획 실행의 유지나 유지 능력을 상승시킨다. 심각한 문제행동을 가진 사람은 가끔 장기간 동안을 아우르는 충실하게 실행된 장기의 종합적 지원계획을 요구한다(Lucyshyn et al., 1995). 좋은 맥락적 적절성을 가진 지원계획은 요구를 충족할 수 있고, 그들의 장기간의 성공 가능성을 증가시킨다.

게다가 좋은 맥락적 적절성을 가진 지원계획은 개발과 실행에 포함된 계획의 소비자(예: 가족 구성원, 직접적인 지원 제공자)에게 증가된 만족을 만들어주기가 쉽다. 증가된 소비자의 만족도는 실행 충실도와 유지 능력을 높일 뿐만 아니라 지원팀 구성원 중에 확산된 목적, 불일치, 또는 불만족에서 탈피할 수 있는 지원계획 성공을 위해 방해물이나 신체장애를 또한 감소시킬 수 있다.

맥락적 적절성에 기여하는 변인

좋은 맥락적 적절성인 행동지원계획을 고안하는 것은 지원계획 속에서 수렴하는 다음 세 가지 요소에 집중할 것을 요구한다. 1) 문제행동과 행동패턴을 가지는 사람과 관련된 변인과 쟁점, 2) 지원계획을 개발하고 실행하는 것을 포함한 사람과 관련된 변인과 쟁점, 3) 계획이 실행되고 그 환경에서의 시스템인 환경과 관련된 변인과 쟁점.

문제행동을 가진 사람 어떠한 행동지원계획이라도 효과적이기 위해서는 종합적 기능 사정 과정으로부터 확인된 가설과 정보에 논리적으로 연결되는 중재전략 형태를 가지고 있어야 한다 (Carr, Robinson, & Palumbo, 1990; Horner et al., 1993; Iwata, Volmer, & Zarcone, 1990; O'Neill, Horner, Albin, Storey, & Sprague, 1990). 만약 계획이 기술적으로 훌륭한 것이 아니라면, 좋은 맥락적 적절성의 개념은 무의미한 것이 된다. 기술적으로 훌륭하고 좋은 맥락적 적절성을 지닌 계획을 성취하는 데 중요한 한 가지 요소는 문제행동의 예상과 결과를 유지하는 것에 대한 가설을 고려하는 계획 개발자와 실행자 사이를 일치시키는 것이다. 특히 문제행동의 기능에 대한 동의에 실패하면, 계획 설계와 실행이 동의에 이르지 않는 것 같이 심각하게 계획 실행을 방해한다. 좋은 맥락적 적절성은 왜 문제행동이 일어났는지에 대해 핵심 이해당사자들이 동의하지 않을 때는 일어나지 않는다.

계획을 설계한 사람과 관련된 맥락적 적절성의 좋은 점에 대한 추가적인 고려는 계획의 특징이 세워지고 사람의 현재 강점과 잠재능력을 통합하도록 고안한다. 이 고려점이 명백하게 보임에도 불구하고, 계획이 강점을 이용하는 데 실패하거나(예를 들면, 특이한 의사소통 전략, 다른 좋아하는 것이나 상호작용 활동에 관심을 보이는 것), 일부 사례에서는 프로그램조차도 흥미를 무시하거나 오랫동안 지속되는 일과(예를 들면, 문제행동이 "통제된 상태"가 될 때까지 선호하는 활동을 억제하거나 제거시키는 것)와 같은 상황이 너무 자주 발생한다.

마지막으로, 종합 지원계획은 문제행동을 가진 사람을 위해 좀 더 광범위한 가능성까지 모든 범위의 요구를 다루어야 한다. 그것이 덜 완전하기 때문에 모든 위의 요구를 다루는 데 실패한 계획은 문제행동의 중요한 감소의 결과와 또는 삶의 질에서 중요한 진보를 가져오지 못할 것이다. 이것은 아마도 문제행동을 가진 사람의 인생을 어설프게 다루는 경험을 했던 사람, 성공적인 지원계획과 연합하여 긍정적인 산출을 경험하지 못한 사람으로부터 반항을 증가시키도록 유도하였을 것이다. 또한, 실행에 대한 방해물은 몇몇 범위의 요구를 다루는 데 실패하였을 것이다. 다루지 않은 범위의 요구는 중재전략을 위한 선택권을 제한시키거나 제안된 전략들의 실행에 부정적으로 영향을 줄 수도 있다. 예를 들면, 적절한 위기 반응절차에 대한 요구를 다루는 데 실패하면, 전체적인 지원계획의 성공을 위한 주요한 요소가 될 수 있는 선호가 높은 지역사회 활동으로의 접근을 제공하기 위한 계획 실행자의 부분에서는 기꺼이 하려고 하지 않는다. 또한, 만약 다루어지지 않은 요구가 행동 변화의 부족과 몇몇 환경 또는 상황에서 성공하지 못하면 계획 실행은 다른 맥락에도 영향을 줄 것이다.

계획 실행자와 다른 이해 당사자 일반적으로 행동지원계획은 개인에게 중점을 두고 문제행동의 변화를 꾀하기 위해 설계된 것으로 보여진다. 그러나 지원계획은 실제로 진단, 방향의 설정, 계획을 실행하는 데 참여하는 모든 사람을 말한다. 지원계획 요소들은 개인의 문제행동 패턴의 변화를 지원하고 효과를 달성하기 위하여 계획 실행자들이 얼마나 행동하고, 상호작용하고, 반응해야 하는지 확인한다. 계획 구성요소는 또한 장면 수정을 지시하거나 지원하는 환경적 특징들을 창조하기 위해 다른 생태학적인 개발을 포함한다. 명확하게, 지원계획 실행자와 관련된 사람 변인은 지원계획의 맥락적 적절성에 대해 실질적인 영향력을 갖게 될 것이다.

사람과 관계된 두 가지 중요한 변인은 맥락적 적절성에 영향을 주며, 이것은 계획 실행자들이 행동적 지원 과정에 가져오는 가치와 기술들이다. 모든 가족은 행동하는 양식, 형태, 더 나아가서 가치, 미래전망, 집에서 주된 양육자 또는 부모의 기술에 있어서 특징적인 스타일을 가지고 있다. 가족과 함께 일하는 것은 지원계획 특징이 가족의 관점, 부모양육방식에 접근, "가족이 되는 것"의 의미와 결과를 고려하기 때문에 중요하다. 마찬가지로 학교와 지역사회 지원프로그램은 더 큰 부분에서는 가치, 경험, 지원하는 사람들의 기술을 반영하는 그들만의 독특한 문화를 가지고 있다. "일들이 여기에서 완성될 때" 그것은 공정하면서 잘 확립된다. 사람들의 가치나 현재 수행수준의 지식, 기술, 경험을 넘어 조화되지 않는 지원계획 요소는 어떠한 일관성 또는 충실도에서도 실행될 가능성이 적다. 그러나 만약 실행자가 개개의 특정한 과정을 사용한 경험을 가지고 있고, 과정을 성공한 것이 있다면 계획이 충실하게 실행될 가능성이 실질적으로 증가한다(Reimers, Wacker, & Koeppl, 1987; Sprague & Horner, 1991). 가족, 학교, 또는 지원 단체와 함께 일하든 않든 간에 지원계획 요소의 특징은 가족, 학교, 기관의 강점을 강조하고 그것을 끌어내는 것이 중요하다.

세 번째, 사람과 관련된 중요한 변인은 지원계획의 목적이 계획 실행자의 목적과 일관되는 정도이다. 불행하게도, 행동지원프로그램을 개발하는 데 확인된 명백한 목적 안에서 추진하려는 계획이 계획 실행자의 모든 것과 공유되지 않는 상황과 마주치는 것은 흔히 볼 수 있다.

예를 들어, 계획은 특정한 학급이나 교실에서 심각한 문제행동을 가지고 있는 학생에 대해 확인된 목표를 개발하는 것인데, 핵심 스텝요원이 실제로 학생을 다른 학급이나 환경으로 옮기는 것을 원할 수 있다. 이런 상황에서는 효과적인 지원이 심각하게 방해받는다. 핵심 이해 당사자의 목적의 불일치는 지원계획 절차와 요소의 불일치뿐만 아니라 목표의 계획 목적을 넘어선 불일치로 바뀌게 될 것이다. 만약 목적과 관계된 적합성이 쉽게 성취되지 않는다면, 목적은 일치에 이르기까지 협상되어야 한다.

마지막으로, 계획 실행자들과 관련된 변인을 다룰 때 계획 실행자들이 경험한 스트레스 요인들을 고려하는 것이 중요하다. 문제행동에 관련된 스트레스 요인(예를 들어, 통제 밖의 행동이나 매우 심각한 사건과 관련된 불안 또는 공포, 심각한 문제행동을 가진 사람을 떠난 휴식이나 시간의 필요)만 포함하는 것이 아니라 많은 가정이 자주 경험하는 것 같은 스트레스 요인과 문제행동을 가진 아동과 성인들에게(예를 들어, 재정상의 걱정, 직업의 불만족, 다른 직업 관련 스트레스, 결혼문제, 건강문제) 연관되지 않은 것까지 포함해야 한다. 명백하게 좋은 지원계획은 스트레스 요인을 발생시키지 않는 것으로 설계되어야 한다. 좋은 맥락적 적절성을 가진 지원계획은 계획 실행을 방해할 수도 있는 스트레스 요인을 제거하거나 고려하기 위해 주의해야 한다.

환경과 시스템 맥락적 적절성은 지원계획이 실행되는 환경에서의 조직과 프로그램의 특징과 연관된 변인에 영향을 받기 쉽다. 환경의 물리적 상태, 환경 속의 다른 사람의 수, 환경 속에서의 전형적인 일과와 활동(특히, 가정), 활동이나 행사의 스케줄(특히, 학교나 직장), 그리고 교육과정 특성과 모든 일에 대한 요구, 개별과 조화, 이러한 것들은 어떻게 행동지원계획이 구성되어야 하는지 영향을 준다. 좋은 맥락적 적절성을 도모하기 위한 한 가지 방법은 지원계획이 가정, 학교, 지역사회에서 매일의 삶의 적절한 일과와 활동 속으로 내포되도록 지원계획을 보장하는 것이다(Lucyshyn & Albin, 1993; O'Donnell & Tharp, 1990).

일반적으로 계획은 현행의 일상생활, 실행 목적, 매일의 삶의 구조를 가능한 한 적게 바꾸어야 한다. 오히려 자연적으로 일어나는 일상생활, 활동, 강화, 사회적 지원 구조들의 장점을 이용해야 한다. 현재의 일상생활에 적합하게 잘 맞춘 지원계획은 확장된 기간까지 잘 뒷받침해 줄 수 있다. 전형적인 일상생활이나 활동 그리고/또한 환경적이거나 프로그램 특징의 중요한 변화, 또한 특별한 노력이나 특정한 외부 자원들에 의존하는 것들을 요구하는 지원계획은 불충분하게 실행되고 시간을 넘어도 지속할 수 없게 되기 쉽다.

환경 속의 현재 활동, 일상생활, 또는 특징들이 기술적으로 건전한 행동지원계획을 위한 요구와 양립할 수 없을 때, 또는 그것이 새로운 일상생활이나 새로운 활동 유형을 구성하기 위해 바람직할 때, 이해 당사자는 이러한 변화들을 협상하기 위한 협력적인 과정에서 참여해야만 한다. 이 협력의 목적은 적절한 환경과 활동의 유형을 생산하기 위한 것이며, 1) 효과적인 행동지원에 이바지 하는 것, 2) 문제행동을 지닌 사람을 위한 높은 삶의 질 스타일을 위해 이해 당사자의 가치와 비전을 반영하는 것, 3) 논리적으로 지속할 수 있는 것이다. 이것은 특히 가정에서 가족과 함께 일할 때 중요한 시사점을 갖는다. 활동, 일상생활, 가족의 가정 특징에서의 변화는 외부 전문가들에 의해 규정될 수 없다(Walker & Singer, 1993). 좋은 맥락적 적절성을 도모하기 위해 조직하거나 재조직화한 환경 안에서 할 수 있는 것과 해야 하는 일들에 대한 일치를 이루기 위해서 공통적인 목적을 설립할 때, 계획 과정의 모든 이해 당사자는 함께 일하는 것이 중요하다(Baileym 1987; Lucyshyn & Albin, 1994).

맥락적 적절성은 여러 가지 자원과 지원 시스템 변인, 시간, 노력, 지원계획 실행을 위해 요구되는 재정에 의해 영향 받는다; 훈련과 계획 실행자들의 지원필요(가족 구성원과 고용된 지원 스텝을 포함); 행정과 조직의 이용 가능한 지원시스템(공식적인 것과 비공식적인 것); 학교와 다른 지원기관에서 시행하는 정책. 지원변인은 장비를 위한 비용(예를 들면, 대안적 의사소통 장치)과 초기 예산과 장소 안에 행동적 지원계획을 투입하는 것과 관련된 인건비를 포함한다.

프로그램 시작 비용은 특별히 중요하다. 왜냐하면 그것은 계획 실행을 위한 중요한 잠재적 장애물을 나타내기 때문이다. 종합적 지원계획은 초기의 직원 훈련 전략, 대안 의사소통 시스템이나 자기 관리 시스템 같은 지원 프로그램의 개발, 더욱 적절한 환경을 만들기 위해 필요한 자료 구매와 바람직한 새로운 활동을 도모하는 것들을 포함할 것이다. 이러한 전략의 계속적인 실행은 가장 적절한 비용과 계속해서 사람들의 노력을 포함할 것이며 그러나 초기에 설정된 비용과 노력을 얻기 위해 실제적인 것이 될 수도 잇다. 초기의 실행 비용뿐만 아니라 지원계획을 유지하기 위해 요구되는 진행중인 비용과 노력을 계산하기 위해 지원계획을 설계할 때 신중한 고려가 이루어져야 한다.

좋은 맥락적 적절성을 가진 지원계획은 기본적이고 사회적 지원의 공식적 및 비공식적인 요소를 포함하여 현재의 지원에 연결될 것이다. 이것은 계획 실행의 장기간 유지를 보장하는데 도움을 준다. 맥락적 적절성의 중요한 점은 지원계획이 계획 실행자들에게 필요한 지원을 받아들이는 것을 보장하는 범위까지이다. 가족들을 위한다는 것은 접근성을 쉽게 하고 지원의 공식적인 요소를 발전시키는 것 안에서 공식적인 지원 네트워크나 그들을 지원하는 것과 가족들을 연결시키는 것을 의미한다. 학교나 지원기관에서, 계획은 현재의 시스템을 이용해야 한다. 이러한 시스템이 존재하지 않거나 적절하지 않은 곳에서는 핵심적인 이해 당사자는 효과적인 시스템을 만드는 일이 필요할 것이다. 현재의 정책과 절차 행동 프로그램의 행정적 지원의 수준과 같은 시스템 변인은 역시 맥락적 적절성에 크게 영향을 줄 것이다.

좋은 맥락적 적절성을 가진 지원계획 개발

만약 행동지원계획이 기술적으로 다루어지고 맥락적으로 적절하다면, 그것은 행동분석에서 전문적 능력을 가진 사람과 실행 환경의 가치와 구조의 깊은 지식을 가진 사람에 의해 조직되어야만 한다. 이러한 요구는 정의를 내리기 위한 현재 노력을 강화하기 위해 제공되고, 행동지원계획을 세우기 위한 팀 접근의 사용을 강조한다(Anderson, Albin, Mesaros, Dunlap, & Morelli-Robbinsm 1993; Colvin, Kameenui, & Sugai, in press). 가족 구성원, 학교 직원, 다른 직접적 지원 전문가와 치료전문가와 같이 이해 당사자를 포함하는 협력적 과정은 좋은 맥락적 적절성에 필수적이다(Bailey, 1987; Lucyshyn & Albin, 1993). 이러한 것에는 문제행동을 가진 사람을 아는 사람, 그 속의 구성원과 환경을 아는 사람, 지역적인 자원과 시스템에 친숙한 사람, 지원계획을 실행하거나 유지하기 위해 요청받는 사람들이 될 수 있다. 개별 전문가나 자문가 개인에 의해 개발된 계획은 중요한 요소나 고려사항, 특별히 사람들이 실행 환경과 이해 당사자에 대한 단지 적은 정보를 가지고 있기 때문에 부족할 수 있다. 행동계획에 직접적으로 영향을 받는 대부분의 사람들은 그것을 개발할 때 다양한 의견을 고려해야 한다.

우리의 초기 개념화와 맥락적 적절성 개발의 많은 부분은 심각한 문제행동과 발달적인 무능력을 가진 아동의 가족에 대한 임상자문과 연구를 성장시켜 오고 있다(Lucyshyn & Albin, 1993, 1994; Lucyshyn, Nixon, Glang, & Cooley, 1996). 가족들은 가치를 판단하고, 매일 생활하는 활동과 일과를 조직화하는 방법, 아동의 강점과 문제행동에 대해 반응해 온 적응과 조절, 문제행동을 가진 아이들에게 지원을 제공하는 것에서의 방해물과 그들이 직면한 스트레스 요인, 가족 삶의 스타일이 찾고 있는 가치화된 것을 공유하는 비전에 있어 독특하다. 가족 문화, 가치, 강점과 약점, 자원, 전체적인 필요를 고려하지 않는 행동지원계획을 세우는 것은 기술적인 정교함을 고려하지 않고 지원계획을 세우는 것처럼 심각한 실수를 범할 수 있다.

가족에 대한 행동중재 지원을 제공하기 위한 기초적인 접근은 Lucyshyn과 Albin(1993)에 의해 상세히 설명되어 왔다. Lucyshyn과 Albin(1993)은 초기 의뢰 또는 문제 확인 절차로 시작하는 과정을 상세히 설명하였으며, 그러고 나서 다음의 기초적인 단계를 따를 것을 주장하였다.

1. 종합적인 기능 사정은 문제행동의 기능을 고려한 가설의 개발을 하게 한다.
2. 예비적인 계획은 가능한 중재전략을 확인하기 위해 팀이나 행동 전문가에 의해 설계된다.

3. 팀 모임은 종합적 지원 프로그램과 실행 계획 둘 다 완성하기 위한 절차이다.
4. 가족에 대한 실행 지원은 문서 자료를 포함해서 행동 시연과 코칭, 가정회합, 자료 개발의 지원, 가정 일과나 활동을 조직하거나 또는 재조직화하는 것에 대한 지원을 포함한다.
5. 계획 평가와 추수 지원

과정의 우선적인 목표는 협력적이고, 문제행동의 중요한 변화를 나타내는 가족 우호적인 과정과 아동 삶의 질에 있어 중요한 변화를 가족에 맞도록 행동지원을 만드는 것이다. 과정이 가족과 함께 실행되는 방법의 예들이 Lucyshyn과 Albin(1993)과 Lucyshyn(1996)에서 진술된다.

가족의 생태 및 요구의 사정과 반응

맥락적 적절성에 대한 주의는 가족과 함께 행동지원 과정을 통해 시작된다. 그것은 부모와 다른 가족 구성원이 지원계획 개발과 실행 과정의 모든 면에서 능동적인 협력자가 될 때 보장된다. 이어서 맥락적 적절성의 좋은 상태를 위한 구체적인 노력과 활동이 그 과정을 통해서 일어난다. 초기 사정활동을 하는 동안에, 맥락적 적절성에 대한 주의는 가족중심 사정활동의 포함과 더불어 문제행동의 기능적 사정을 포함한다. 가족 생태학적 사정은 가족의 특성과 가치, 목적 그리고 가정생활이 구성을 이해하고 확인하는 것을 목적으로 수행된다(Gallimore, Weisner, Kaufman & Bernheimer, 1989). 이것을 달성하는 중요한 방법은 가족 구성원과 인터뷰하기나 논의를 통해서이다. [그림 1]은 우리가 가족으로부터 정보를 수집할 때 사용해온 프로토콜의 한 예이다. 기능적 사정으로 수집된 정보처럼 행동중재전략을 위한 기초로 제공되며, 가족의 특성과 생태학에 대한 정보는 좋은 맥락적 적절성의 기초를 제공한다.

사정과 예비의 지원계획 개발 과정을 통하여, 가족 구성원의 아이디어와 문제행동의 기능에 대한 가설, 잠재적인 지원전략과 수행을 위한 쟁점에 대한 반응, 그리고 맥락적 적절성이 능동적으로 확인된다. 문제행동에 대처한 성공적인 전략과 조정을 포함하여 가족은 매일 삶의 양식과 일로 구성된 현재의 방법과 미래에 대한 가족들의 바람과 비전 둘 다에 관심을 기울여야 한다. 더욱이 가족의 스트레스 원인이 확인되고 밝혀져야 한다.

가족은 현재 가장 문제가 있거나 분열적인 행동 그리고 어디서, 어떤 계열로 일의 우선순위를 매기는 일과와 활동(예: 일어나기 및 학교 가기, 저녁식사시간, 잠자리를 준비해 잠자리에 들기, 아동을 돌보기 위해 집으로 가기)을 확인하는 데 선도적인 역할을 받아들이며, 중재는 가정 안에서 가족의 삶을 최대로 향상시키기 위하여 수행되어야 한다. 가족은 또한 새 일

인터뷰 프로토콜

가족 특징

1. 당신 가족의 강점으로서 무엇을 특성화할 수 있는가?
2. 당신 가족의 스트레스 원인은 무엇인가?
   a. 당신 아이의 문제행동이 부모로서 당신에게 어떤 영향을 주는 가?
   b. 당신 아이의 문제행동이 가족 전체에게 어떤 영향을 주는가?
   c. 가족에 있어서 스트레스의 다른 원인은 무엇인가?
3. 상황을 개선하는 데 돕기 위해 사용했던 공식적 혹은 비공식적 자원들은 무엇인가? (예를 들면, 돌보는 것을 잠시 쉬게 해 주는 것, 가족지원 집단에 참여하는 것, 다른 가족의 구성원들이 집안의 허드렛일과 아이를 돌보는 것을 돕는 것)
4. 사회적 지원의 당신 자원은 무엇인가? (즉, 문제와 해결책을 찾기 위해 당신과 논의하는 사람, 당신과 여가활동을 함께 하는 사람, 당신의 가치를 인정해 주는 사람)
5. 아이와 가족에 대한 당신의 목적은 무엇인가?

아이 활동 장면을 위한 가족 사회구성

1. 지원과 중재를 위한 아이 활동 장면의(집에서의 일과와 지역사회에서의 활동) 기술
   a. 누가 같이 있는가?
   b. 당신이 사용하거나 (이용할 수 있는) 자원은 무엇인가?
   c. 수행할 수 있는 과업은 무엇인가? 그것은 어떻게 조직되는가?
   d. 일상활동(행동)을 통해 알 수 있는 가족의 목적, 가치 또는 믿음은 무엇인가? 왜 당신이 기술한 것과 같이 일상활동(행동)이 행해지는가? 왜 이 일상활동(활동)이 당신의 가족 또는 아이의 활동 부분이 되는가?
   e. 일상활동(행동)하는 중에 발생하는 공통적인 주제는 무엇인가? (예: 의사소통의 공통적인 스크립트, 상호작용의 공통적인 형태)
   f. 당신이 꽤 성공이라고 느끼는 조절은 무엇인가? (예를 들면, 계속해서 유지되거나, 아이의 특징과 일치, 가족 가치, 목표 또는 믿음과 일치)

성공적인 활동 장면을 위한 가족의 비전

1. 집에서의 일상활동과 지역사회 활동을 하는 동안 당신이 먼저 향상시킬 것과 어떻게 성공적인 일상활동(행동)을 볼 것인가?
   a. 누가 그곳에 있는가?
   b. 당신이 사용할 이용 가능한 자원은 무엇인가?
   c. 참여자들은 무엇을 해야 하는가? 일상활동(행동)을 향상시키기 위해 과제를 재조직하고 혹은 다른 과제를 어떻게 소개할 것인가?
   d. 일상활동(행동)의 부분을 명확히 하기 위한 가족의 목적, 가치 혹은 믿음은 무엇인가? 아동의 어떤 목적이 일상활동(행동)의 부분이 될 수 있는가?
   e. 이 향상된 일상활동(행동)과 함께 연계될 수 있는가?
   f. 어떤 조절이 일상활동(행동)을 장기간 동안 계속하도록 하여 향상시킬 것인가?

[그림 1] 가족 사정 인터뷰: 가족 생태학을 이해하기

과 또는 활동들을 확인하기 위해 어떤 것들은 과거에 피해 왔던 것에 대해 격려되어야 하며, 그것은 가족 삶의 양식뿐만 아니라 문제행동을 지닌 아이를 위한 삶의 질을 증진시키는 데 기여해야 한다(아이와 함께 외식하는 것, 쇼핑하는 것, 집에서 즐기는 것, 가족이 친구나 친지 등을 방문하는 것). 궁극적으로 좋은 맥락적 적절성을 가진 지원계획은 종합적인 지원계획에 필요한 가족중심의 중재전략을 포함하고 가족을 하나의 단위로서 강화할 것이다(Dunst, Trivette, & Deal, 19; Lucyshyn & Albin, 1933; Turnbull, 1988). 지원계획에 단지 아동중심의 전략만이 포함된다면, 가족 전체의 요구에 대처하지 못하게 되고 그것은 가족에게 좋은 맥락적 적절성이 되지 못할 것이다.

일과와 활동은 지원계획이 수행되는 동안에 가족 구성원이 맥락이 된다는 것을 확인하게 되고 그 안에서 필요한 만큼 계획의 중재전략들을 사용하여 가르치고, 코치하고, 지원하게 된다. 일과와 활동에 대한 가족의 목적과 우선순위들은 기술적으로 훌륭한 지원계획 또는 계획의 실행을 위해 논리적 또는 다른 문제를 만들어낼 때 나타나게 되며, 협상은 기술적인 통합과 맥락적 적절성의 균형을 유지하는 동의할 수 있는 해결책을 만들어내기 위해 일어난다. 팀 접근방법에서 지원계획 개발을 위한 한 명의 행동전문가나 자문가 협상과정에서 특히 이해당사자의 중요한 집단들 사이에 동의가 부족할 때 조정자의 역할을 맡을 수 있다(예를 들면, 가족 구성원과 학교 인사).

종합적인 지원 프로그램의 구성요소를 완성하는 것뿐만 아니라 그것의 실행을 위한 계획을 짜는 것은 모든 지원팀 구성원 또는 적어도 실제적인 대다수의 의견일치에 달려 있다. 이것은 좋은 맥락적 적절성의 달성을 위한 필수적인 요소이다. 모든 지원프로그램 안의 이해 당사자들은 지원의 특성과 실행 계획이 완성되도록 하는 지원팀의 모임에 참여하도록 격려된다. 의견의 일치를 위해 가능한 한 많은 모임들이 열린다. 그러나 기능적 사정과 가족사정의 철저한 수행은 잠재적인 계획 구성요소와 전략들을 논의하고 확인하는 데 능동적인 협력을 하게하며 이것은 최종의 지원 프로그램과 그것의 실행을 위한 계획에 대해 의견 일치에 도달하도록 필요한 시간과 당면한 어려움을 최소화 할 수 있다.

계획 실행을 통해 맥락적 적절성에 주의하기

일단 지원계획의 실행이 시작되어 진행되면, 맥락적 적절성에 대한 주의가 계속된다. 이 주의의 핵심적인 면의 하나는 가족이 확인하고 목표로 한 일상활동 안에서 성공적인 계획 실행을 위한 필수적인 훈련과 지원을 제공하기 위해 가족 구성원과 함께 일하는 것을 포함한다. 팀으로써 밀접한 협력은 문제해결과 지원계획 실행의 초기 단계를 특징짓는 문제로 전과정을 통해 계속 된다. 우리의 과정은 정규적이고 특히, 지원계획 실행의 초기단계 동안, 실행과정뿐만 아니라 계획효과와 연관된 피드백을 논의하고 제공하기 위한 빈번한 기회를 요구한다. 팀미팅은 적어도 일주일 단위로 일어난다. 팀으로서 계속적인 모니터링과 논의는 성공적이고 효과적인 지원을 보장하기 위해 자주 요구되는 계획특성과 실행전략에서 수정과 적응에 대한 결정을 끌어내는 정보를 제공한다.

우리에게 맥락적 적절성이 중요하기 때문에 우리는 또한 가족과 함께 사용하기 위해 개발된 설문 형태를 사용하여 구체적으로 적합의 좋은 점을 사정한다. [그림 2]는 현재의 설문 형태를 제시하고 있다. 이 설문지는 일단 지원계획이 완성되면 개인 가족 구성원이 먼저 완성할 수 있다. 이 설문지는 좋은 맥락적 적절성이 유지되는 것을 보장하기 위해 계획이 실행될 때 정기적으로 완성된다. 만약 맥락적 적절성이 벗어난다면, 조정이 자연스럽게 이루어진다. 지원계획이 실행될 때, 가족의 목적, 또는 비전이 변화될 수 있고, 일상활동이나 행동도 변화될 수 있으며, 실행 계획 전략과 관련된 요구와 책임도 변화될 수 있다는 것을 명심하는 것이 중요하다. 좋음 맥락적 적절성은 기초에 의거하여 계속 평가되어야 한다. 그러므로 설문지는 모든 팀 구성원과 좋은 맥락적 적절성을 유지하기 위해 중요한 고려사항의 계획 실행자를 상기시키는 지침으로서 제공된다.

몇몇의 가족과 함께 적합의 좋은 점 설문지를 사용한 우리의 경험은 놀라울만큼 긍정적이다. 가족 구성원들은 행동적 지원 과정이 그들에게 어떻게 이루어졌는지에 대한 피드백을 제공하기 위한 기회와 양식에 감사하였다. 설문지의 사용은 지원계획 중 적합의 좋은 점을 확인하는 것을 목표로 기술되어 왔다(Lucyshyn & Albin, 1994). 이러한 점에서 설문지는 유용한 임상도구로 증명되었다. 그러나 또한 우리는 지원계획 절차 실행의 적합성 또는 행동지원계획의 실행 유지와 같은 맥락적 적절성의 좋은 점과 변인 사이의 연관성을 고려한 연구에서 연구 방법으로서 설문지의 유용성을 예견하였다. 그러한 연구는 효과적인 행동지원계획을 개발하는 데 강조되는 변인으로서 맥락적 적절성의 중요성을 확인하는 데이터베이스의 기초를 제공하는 데 필요하다.

결 론

이 장은 행동지원계획의 맥락적 적절성을 기술적으로 잘 운영하는 것뿐만 아니라 그것을 고려하는 중요성을 강조해 왔다. 우리는 행동지원계획을 개발하고 실행하는 것을 고려하는 변인에 더해서 이미 복잡한 과정에 추가된 일을 만들어내고 있다. 그러나 우리는 지원 과정에 핵심 이해 당사자의 모두를 포함하는 지원계획이 협력적 팀 접근을 통해 개발될 때 거의 자연적으로 발생하는 것으로써 맥락적으로 좋은 적합성을 본다. 지원 과정을 통해서 또는 가족

좋은 적합성에 대한 설문

가족의 이름:
가족 구성원이 완성하는 체크리스트:
날짜:

소개: 이 설문지는 전문가와 함께 일하는 가족이 그들의 아들 또는 딸의 행동과 삶의 양식 개선을 위해 사용되도록 하기 위한 것이다. 이 설문지는 지원계획의 성공이 계획의 적합성과 그 가족의 가치와 삶의 양식에 많은 부분 의존하고 있다는 우리의 경험을 기초로 하고 있다. 당신의 응답은 우리에게 a) 계획의 질 개선, b) 어떻게 하면 가장 도움을 주는 계획을 세울 것인지에 대한 이해를 더 낫게 해 주는 데 우리를 도와줄 것이다. 아래는 계획과 계획의 성공을 위해 전망할 수 있는 20개의 설문들이다. 각각의 질문에 대해 당신의 현재 의견과 가장 근접한 평정의 숫자에 맞추어 대답해 주기 바란다. 그 평정은 다음과 같다: 1) 전혀 그렇지 않다. 2) 그렇지 않다. 3) 보통이다. 4) 그렇다. 5) 매우 그렇다.

	전혀 그렇지 않다	그렇지 않다	보통이다	그렇다	매우 그렇다
1. 당신은 지원팀이 당신의 아동이 지원에 대해 가지고 있는 필요를 매일 여러 시간 그리고 당신의 아이가 참여하는 각각의 중요한 장면에 대한 필요를 이해하고 있다고 믿는가?	1	2	3	4	5
2. 당신은 계획이 아동에 대한 이해를 수용할 수 있다고 믿는가? (예를 들면, 문제행동의 이유와 긍정적인 행동과 아동 선호를 증진시키기 위한 전략)	1	2	3	4	5
3. 계획은 당신 아동과 가족을 위한 가장 우선적인 목적을 잘 나타내고 있는가?	1	2	3	4	5
4. 당신은 이 계획의 부분으로서 당신이 하기를 원하는 것을 이해하는가?	1	2	3	4	5
5. 당신은 당신이 하기를 원하고 기대하는 무언가를 함께 하는 것에 편안함을 느끼는가?	1	2	3	4	5
6. 당신은 다른 사람들이(예를 들면, 상담가, 교사, 다른 가족 구성원) 이 계획의 부분을 통하여 기대하는 것을 이해하는가?	1	2	3	4	5

7. 당신은 다른 사람들이 기대하는 무언가를 함께 하는 것이 편한가?	1	2	3	4	5
8. 계획은 엄마 또는 아빠로서 당신의 필요를 인식하고 지원하는가?	1	2	3	4	5
9. 계획은 집에 사는 다른 가족 구성원의 필요를 인식하고 지원하는가? (예를 들면, 다른 아이, 조부모)	1	2	3	4	5
10. 전체적으로, 지원계획들은 가족의 일상적인 활동과 함께 얼마나 잘 맞는가? (예를 들면, 식사, 쇼핑, 사교적모임, 취침)	1	2	3	4	5
11. 전체적으로, 계획은 당신의 장애아동과 의미있는 가족생활을 함께 만들어나가는 당신의 가치와 신념에 얼마나 잘 맞는가?	1	2	3	4	5
12. 계획은 집 또는 지역사회 내에서 가족활동을 하는 동안 사용할 수 있는 성공적인 전략들을 포함하는가?	1	2	3	4	5
13. 계획이 스트레스와 곤란을 만들어내어 결국 집 또는 지역사회 안에서 가족 활동을 분열시키는가?	1	2	3	4	5
14. 계획은 가족의 강점을 인식하고 세울 수 있게 하는가?	1	2	3	4	5
15. 계획은 아동이 가족에게 주는 긍정적인 공헌을 인식하고 세울 수 있게 하는가?	1	2	3	4	5
16. 계획은 당신과 가족이 이용할 수 있는 자원을 (예를 들면, 배우자로부터의 도움, 돌보는 것에 대한 잠깐 동안의 휴식, 부모 지원 집단) 사용할 수 있게 만드는가?	1	2	3	4	5
17. 계획은 당신이 오랫동안 필요로 하는 사회-정서적 지원을 포함하고 있는가? (예를 들면, 당신의 문제들을 논의할 사람, 당신과 함께 즐거운 활동을 하는 사람)	1	2	3	4	5

18. 모든 것들을 고려해 볼 때, 이 지원계획을 사용하기 위해 당신이 그것을 하는 것은 얼마나 어려운가? (예를 들면, 시간과 관련된, 협력, 과제)	1	2	3	4	5
19. 당신은 지원계획이 효과적이라고 믿는가?	1	2	3	4	5
20. 만약 계획이 효과적이라면, 당신은 지원팀의 다른 멤버들이 해야 할 만큼의 일들을 하지 못한다 하더라도 오랫동안(1년 이상) 그 지원전략들을 계속 사용할 수 있다는 믿음이 있는가? (예를 들면, 자문가와 접촉이 없거나, 전화에 의한 상담도움, 학교 직원과의 접촉 부족)	1	2	3	4	5

일반 사항:

[그림 2] 가족 구성원에 사용되는 행동지원계획을 위한 좋은 적합성에 대한 설문

을 위한 좋은 적절성 설문지와 같은 양식을 사용하여 핵심 이해 당사자에게 질문함으로써 맥락적 적합성에 직접적으로 주의를 기울이는 것은 높은 맥락적 적절성의 수준을 가진 지원계획의 개발을 보다 심화시켜 촉진하는 것이다. 우리의 임상적 경험은 맥락적 적합성 변인을 나타내는데, 실패는 좋은 적합성을 만들어내기 위해 일하는 시간과 노력이 충분한 가치가 있는 행동지원계획 과정에 부정적인 영향과 같다는 것을 우리에게 말해 주고 있다.

참고문헌

Anderson, J.L., Albin, R.W., Mesaros, R.A., Dunlap, G., & Morelli-Robbins, M. (1993). Issues in providing training to achieve comprehensive behavioral support. In J. Reichle & D.P.Wacker (Eds.), *Communication and language intervention: Vol.3. Communicative alternatives to challenging behavior: integrating functional assessment and intervention strategies* (pp. 363-406). Baltimore: Paul H. Brookes Publishing Co.

Bailey, D.B. (1987). Collaborative goal-setting with families: Resolving differences in values and priorities for services. *Topics in Childhood Special Education, 7*, 57-71.

Bailey, D.B., Simeonsson, R.J., Winton, P.J., Huntington, G.S., Comfort, M., Isbell, P., O'Donnell, K.J., & Helm, J.M. (1990). Family-focused intervention: A functional model for planning, implementing, and evaluating individualized family services in early intervention. *Journal of the Division for Early Childhood, 10,* 156-171.

Carr, E.G., Robinson, S., & Palumbo, L.W. (1990). The wrong issue: Aversive vs. nonaversive treatment. The right issue: Functional vs. non-functional treatment. In A. C. Repp & N.N. Singht (Eds.), *Perspectives on the use of non-aversive and aversive interventions for persons with developmental disabilities* (pp. 361-379). Pacific Grove, CA: Brooks/Cole.

Colvin, G., Kameenui, E., & Sugai, G. (in press). Reconceptualizing behavior management and school-wide discipline in general education. *Education and Treatment of Children.*

Dunst, C.J., Trivette, C.M., & Deal, A.G. (1988). *Enabling and empowering families: Principles and guidelines for practice.* Cambridge, MA: Brookline Books.

Gallimore, R., Weisner, T.S., Kaufman, S.Z., & Bernheimer, L.P. (1989). The social construction of ecocultural niches: Family accommodation of developmentally delayed children. *American Journal on Mental Retardation, 94,* 216-230.

Horner, R.H. (1994). Functional assessment: Contributions and future directions. *Journal of Applied Behavior Analysis, 27,* 401-404.

Horner, R.H. Albin, R.W., & O'Neill, R.E. (1991). Supporting students with severe intellectual disabilities and severe challenging behaviors. In G. Stoner, M.R. Shinn, & H.M. Walker (Eds.), *Interventions for achievement and behavioral problems* (pp. 269-287). Washington, DC: National Association of School Psychologists.

Horner, R.H., Close, D.W., Fredericks, H.D., & Heathfield, L.T. (1996). Sprague, J.R., Kennedy, C.H., Flannery, K.B., & Heathfield, L.T. (1996). Supported living for people with severe problem behaviors: A demonstration. In D.H. Lehr & F. Brown (Eds.), *People with disabilities who challenge the system* (pp. 209-240). Baltimore: Paul H. Brookes Publishing Co.

Horner, R.H., Dunlap, G., Koehel, R.L., Carr, E.G., Sailor, W., Anderson, J., Albin, R.W., & O'Neill, R.E., (1990). Toward a technology of "non-aversive" behavioral support. *Journal of The Association for persons with severe handicaps, 15,* 125-132

Horner, R.H., O'Neill, R.E., & Flannery, K.B. (1993). Effective behavior support plans from functional assessment information. In M. Snell (Ed.), *Systematic instruction of persons with severe handicaps* (4th ed., pp. 184-214). Columbus, OH: Charles E. Merrill.

Iwata, B.A., Volmer, T.R., & Zarcone, J.R. (1990). The experimental (functional) analysis of behavior disorders: Mehtdology, applications, and limitations. In A.C. Repp & N.N. Singh (Eds.), *Perspectives on the use of nonaversive and aversive interventions for persons with developmental disabilities* (pp. 301-330). Pacific Grove, CA: Brooks / Cole.

Lucyshyn, J.M., & Albin, R.W. (1993). Comprehensive support to families of children with disabilities and behavior problems: Keeping it "friendly." In G.H.S. Singer & L.E. Powers (Eds.), *Families, disability, and empowerment: Active coping skills and strategies for family interventions* (pp. 365-407). Baltimore: Paul H. Brookes Publishing Co.

Lucyshyn, J.M., & Albin, R.W. (1994, December). *An experimental and descriptive analysis of positive behavioral support with a family of a child with severe disabilities and problem behaviors.* Paper presented at The Association for Persons with Severe Handicaps Conference, Atlanta, GA.

Lucyshyn, J.M., Nixon, C., Flang, A., & Cooley, E. (1996). Comprehensive family support for behavior change in children with ABI. In G.H.S. Singer, A. Glang, & J. Williams (Eds.), *Children with acquired brain injury: Educating and supporting families* (pp. 99-136). Baltimore: Paul H. Brookes Publishing Co.

Lucyshyn, J., M., Olson., D., & Horner, R.H. (1995). Building an ecology of support: A case study of one young woman with severe problem behaviors living in the community. *Journal of The Association for Persons with Severe Handicaps, 20,* 16-30.

Martens, B.K., & Witt, J.C. (1998). Ecological behavior analyses. In M. Hersen, R.M. Eisler, & P.M. Miller (Eds.), *Progress in behavior modification* (Vol. 22) (pp. 115-140). Newbury Park, CA: Sage Publications.

O'Donnell, C.R., & Tharp, R.G. (1990).

Community intervention guided by theoretical development. In A.S. Bellack, M. Hersen, & A.E. Kazdin (Eds.), *International handbook of behavior modification and therapy* (2nd ed., pp. 251–266). New York: Plenum Press.

O'Neill, R.E., Horner, R.H., Albin, R.W., Storey, K., & Sprague, J.R. (1990). *Functional analysis of problem behavior: A practical assessment guide.* Pacific Grove, CA: Brooks/Cole.

Reimers, T., Wacker, D., & Koeppl, G. (1987). Acceptability of behavioral interventions: A review of the literature. *School Psychology Review, 16*, 212–227.

Sprague, J.R., & Horner, R.H. (1991). Determining the acceptability of behavior support plans. In M. Wang, H. Walberg, & M. Reynolds (Eds.), *Handbook of special education* (pp. 125–142). Oxford, London: Pergamon Press.

Turnbull, A.P. (1998). The challenge of providing comprehensive support to families. *Education and Training in Mental Retardation, 23*, 261–272.

Walker, B., & Singer, G.H.S. (1993). Improving collaborative communication between professionals and parents. In G.H.S. Singer & L.E. Powers (Eds.), *Families, disability, and empowerment: Active coping skills and strategies for family interventions* (pp. 285–315). Baltimore: Paul H. Brookes Publishing Co.

제5장

종합적인 가족지원을 제공하기 위한 전략으로서 그룹 행동계획

Ann P. Turnbull & H. Rutherford Turnbull, III

행동 문제를 가지고 있는 26세 남자, JT의 부모로서 저자는 통합적이고 직업 생활 선택(state-of-the-art lifestyle)을 창조하기 위해 적절한 정보와 특히 공식적이고 비공식적인 지원의 종합적인 정보망에 대한 필요를 절실하게 인식하였다.

이 장에서는 긍정적 행동지원 분야에 대한 우선순위가 높은 주제를 우리의 개인적이고 전문적인 연구 전망을 섞어 다음과 같이 제시하였다.

1. 종합적 긍정적 행동지원을 위한 가족의 광범위한 필요
2. 행동 변화와 대조되는 생활 습관 변화를 측정하기 위한 준거
3. 종합적 가족지원 제공을 위한 전략으로서 그룹 활동 계획

종합적 긍정적 행동지원을 위한 가족의 필요

가족과 장애에 대한 Beach 센터(Beach Center on Families and Disability)의 가족 연계 직원인 저자는 그곳에서 연구와 훈련을 수행하며 행동문제를 가진 개인의 17 가족들의 심층 인터뷰를 포함하는 질적 연구를 완성하였다(Turnbull, Ruef, & Reeves, 1994). 연구는 두 가지 광범위한 주제를 밝혀내었다.

1. 많은 가족은 그들의 아들과 딸을 위해 합리적인 생활 습관을 특별한 기간 만들어내려고 하지만 대부분의 서비스와 지원들은 분리된 환경에서 제공된다.
2. 시스템은 제한되고 종합적이지 않아서 가족에게 지원을 제공하는 데 계속 실패해 왔다.

[그림 1]은 행동문제를 가진 개인의 생활양식을 특징짓는 다양한 요소(Mirenda, 1993)의 모자이크로 된 놀랄 만한 가족 책임 정도를 나타내고 있다. 가족의 광범위한 책임감은 가족들이 받을 수 있는 서비스와 지원을 대표하는 매우 작은 타일들과 가족의 책임감을 대표하는 아주 크게 드러난 "타일"로 나타나고 있다. 예를 들면, Turnbull 등(1994)의 질적 인터뷰에서 행동문제를 가진 개인의 1/3보다 적은 수가 1명의 친구를 겨우 가지고 있었고, 연구에서 4명의 어른은 직장이 없었다. 인터뷰와 관련된 우정에 대한 몇몇 코멘트는 다음과 같다.

- "Denny는 그의 가족 이외의 관계를 맺지 않았다."
- "Josh는 그와 함께 놀 동료나 친구가 없다."
- "Jessie, 그녀는 1년 6개월 동안이나 학교에서 친구가 없다."
- "Patrick은 유급된(paid) 친구와 함께 학교에서 집에 간다."

고용의 입장에서 보면 한 가족은 성인 나이의 아들이 참여할 다음과 같은 주간 프로그램에 대해 설명하였다. "우리는 그 곳에 3번 또는 4번 갔지만 매번 아무것도 하지 않고 그냥 앉아 있기만 했다. 그는 블록만 가지고 놀았다"(p. 43).

보고된 서비스의 대다수는 분리된 환경에서 제공되었다. 가족은 광범위한 가족, 교사, 행정가, 고용 대리인, 교회, 의사, 이웃, 지역사회 시민, 그리고 다수의 다른 사람들로부터 서비스와 지원들에 대해 주장하는 무자비한 책무를 기술하였다. 결코 끝나지 않는 서비스 요구와 협력에 대한 가족의 책임은 사회적 모자이크에서 "파헤쳐진다."

그것은 많은 가족들의 비전과 활력을 종종 제한하는 극단적인 요구이다. 사실 가족은 그들의 아들과 딸의 문제행동을 다루는 것보다 서비스 체계의 반대와 융통성 없는 것에 더 많은 좌절을 기술하였다.

[그림 1]의 모자이크는 우리 자신이 경험한 것에 깊이 공명을 울린다. 지역사회에서 모든 다

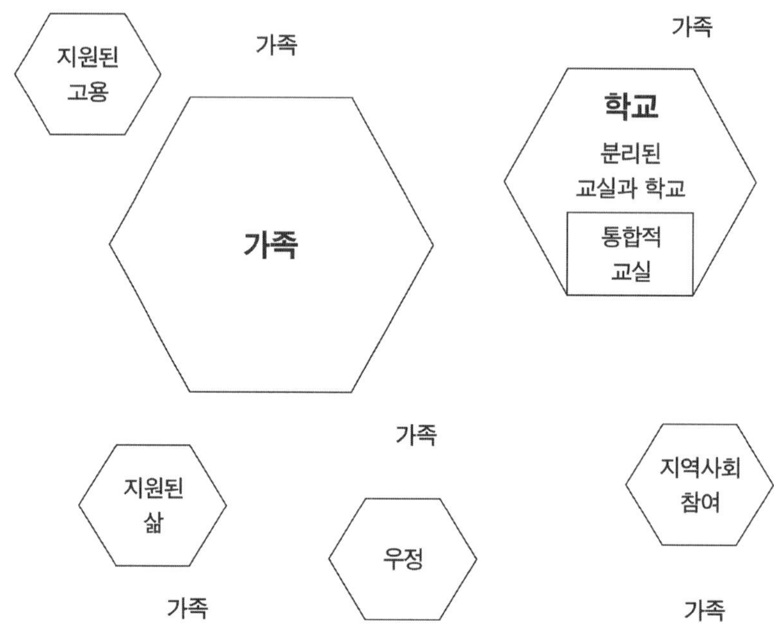

[그림 1] 문제행동을 지닌 개인의 생활양식을 위한 전형적인 지원과 서비스의 모자이크

른 장애학생과 지내온 우리의 아들 JT가 고등학교에서 타운의 유일한 성인 기관, 즉 분리된 고용, 분리된 주거, 분리된 교통 기관, 그리고 분리된 여가활동을 하는 곳으로 전이되었다. 종종 장애를 가진 성인들은 그들의 개인적 선호에 대한 배려 없이 항상 한 장소에서 좀 더 큰 그룹으로 옮겨가는 "한 무리의 정신결함을 나타내는 생활의 양식으로 특징짓는다.

몇 달 이내에, JT는 점점 분리되고 그의 활동이 점점 무리 속에서만 행해졌기 때문에 그의 삶에서 심각한 좌절과 소외감을 경험하였다. 그는 머리를 박고, 흥분했으며, 머리를 잡아당기고, 아침에 일어나는 것을 거부하기 시작하였다. 그의 행동은 발음은 잘 할 수 없었지만 크고 분명하게 말해 줬다. "나는 외롭다. 나는 두렵다. 나는 소중함과 존경심을 느낄 수 없다. 나는 하류 시민 같이 느껴진다. 나는 내가 할 수 있는 것의 가장 최고가 되기 위해 필요한 지원을 받을 수 없다."

성인 기관을 향상시켜서 함께 일하기 위해 집중적인 자기주장과 시도를 한 지 5개월 후, 우리는 피할 수 없는 일을 접하게 되었다. 우리는 행정가가 JT를 내쫓으려는 준비를 하고 있었기 때문에 프로그램으로부터 JT를 철수시켰다. 우리는 마음속으로 두 가지 약속을 하면서 이 결정을 내렸다. 첫째, 우리는 서비스에 있어 JT가 다시는 평범한 사람이 되지 않도록 하겠다고 약속하였다. 둘째, 우리는 JT와 다른 장애인을 위해 상호의존(우정), 통합(지원되는 교육, 지원되는 고용, 지원되는 삶을 통한), 그리고 공헌(지역사회 참여)에 의해 특성화되는 서비스 모델을 개발하겠다는 약속을 하였다. 이 두 가지 약속의 기초를 이루는 일반적인 하나: 우리는 JT가 삶에 있어 그가 원하는 무언가를 얻기 위해 도움이 필요한 모든 것을 할 것이며 결국 그것은 그의 삶이고, 그가 원하는 무엇인가에 있어 잘 발달된 감각을 가지게 되는 것이다. 오늘날, 이것은 "그가 원하는 무엇인가를 얻기 위해 무엇이든지"의 태도인 권한 부여(empowerment)로 불려진다.

우리가 JT를 위한 우리의 미래 계획에 관한 전통적인 기관의 관리자와 함께 이야기를 할 때, 그가 하는 일부 질문은 "당신이 실패했을 때 당신은 무엇을 하려고 합니까?"이다. 그가 실제로 말하는 것은 그가 타운 내의 단 하나의 프로그램에 참여하고 대기자 명단의 아랫부분에 우리의 이름이 있으며, 우리는 허가를 얻기 위해 우리의 방법으로 돌아가 일해야 한다는 것이다. 그때 우리의 가족 모자이크는 필수적으로 오직 하나의 가족이라는 타일을 가진다. 왜냐하면 JT는 일자리가 없고, 가족과 함께 있을 집이 없고, 또래친구가 없으며, 제한된 지역사회 참여만이 있기 때문이다.

통합적인 생활양식의 변화를 위한 준거

통합적인 생활양식의 변화가 의미하는 것은 무엇이고, 그들의 일을 문제행동을 가진 개인과 함께 완성할 때 결정하기 위해 행동 자문가가 사용할 수 있는 준거는 무엇인가? 이 질문의 첫 번째 부분은 생활양식 변화와 통합이라는 두 가지 용어의 정의를 통해 대답할 수 있다. Horner와 동료들(1990)은 생활양식 변화의 의미를 다음과 같이 설명하였다.

> 긍정적/비혐오적 접근은 문제행동의 빈도, 지속기간, 그리고 강도에 초점을 둘 뿐만 아니라 개인의 생활양식에 초점을 두고 있다(Horner, Dunlap, & Koegel, 1998). 행동지원은 개인이 행동하는 방법에 있어 지속되고, 일반화되는 결과를 가져와야 하며, 이 변화는 지역사회 장면, 사회적 접촉, 그리고 좋아하는 일의 배열에 있어 개인의 접근성에 영향을 끼친다. 행동지원의 기술을 위한 가장 중요한 쟁점 중의 하나는 "성공" 사정을 위한 표준이 변화되고 있다는 것을 인식하는 것이다. (p. 127)

이 생활양식 변화의 정의는 바람직한 결과를 만들어내는—다시 말해서 지역사회 환경, 사회적 접촉, 좋아하는 일의 배열에 개인적 접근성을 증가시키는 행동에 있어서의—변화 즉, 기술(긍정적 행동지원)을 적절히 요구한다. 통합적 생활양식의 변화는 아마도 상호의존도(우정과 다른 사회적 접촉 등), 통합(지원된 교육, 지원된 고용, 지원된 삶), 그리고 공헌(지역사회 참여와 생산성)을 참고하여 심도 있게 정의되어야 하며, 선택의 요소에 의해 가능한 것으로서 모든 것은 권한 부여의 맥락과 개별화된 지원을 통해 살아 있어야 한다.

변화무쌍한 정의 속에서 삶을 숨쉬도록 하는 것은 가족과 전문가들에게 불가항력이 될 수 있다. 많은 전문가들은 오직 하나의 생애 범위 단계에서 그리고 쟁점의 비교적 제한된 범위에서 특별화하는 경향이 있다. 예를 들면, 그들은 전형적인 학교 문제와, 고용된 다른 사람에 초점을 맞춘 행동전문가가 될 수 있고, 의사소통과 사회적 관계에 있어 특별화된 다른 사람이 될 수 있다. 만약 가족에게 운이 좋게도 충분한 자문가가 있더라도 자문가는 종종 가족 모자이크의 단지 하나의 타일에 집중하면 모든 생활양식 모자이크 타일에 걸쳐 종합적 지원을 위한 가족의 강압적인 필요를 받아들이지는 않을 것이다.

비록 긍정적 행동지원 분야의 전문가일지라도 생활양식 변화의 "이야기를 계속"할 것이고, 여전히 "직접 방문하여" 일을 처리할 것이다. 우리는 여전히 긍정적 행동지원의 원리에 근원을 두고 개인의 삶에 매일 걷고 자는 시간을 공급하고 전문적 체계에서 변화를 일으키고 반영하는 통합적 경험들과 변화들을 위한 바람직한 변화를 만드는 방법을 배우려고 한다.

예를 들면, 현재의 전문적인 문헌은 지난 10년 동안 너무 많이 변화되지 않은 "성공을 사정하기 위한 표준들"을 분명하게 만든다(Honer et al., 1990, p. 127). 연구는 종종 단일의 환경에서 시행된 하나 또는 두 개의 중재기법들을 설명하고 있다. 질문은 이것이다: 통합적 생활양식 변화를 나타내고 확실히 보장하는 중재의 종류는? 사실, 장기간의 추후조사는 가족이 3~6개월 추수 중재를 어떻게 보는지 되돌아감으로써 종종 특징짓는다. JT를 위한 통합적 생활양식을 성취하기 위해 가족으로서 우리가 함께 자문하기 위해 필요로 하는 시간은 얼마였는지 고려해 보라.

[그림 2]에 설명한 것처럼 가족, 우정, 지역사회 참여, 지원받는 삶, 지원받는 고용 구성요소의 균형을 맞추는 생활양식 변화를 하는 데는 6년이 걸렸다. 그 사실에도 불구하고 우리는 장애분야에 빠져들고, 대학 교수와 학생들의 접근성을 준비하고, 서비스를 구입하기 위한 재정적 지원을 가지는 여섯 가지 정도를 가지고 있다. 얼마나 오랫동안 행동 자문가들이 전형적인 부모와 함께 일하는 데 필요할 것인지 받아들인다면 단지 행동 변화를 넘어 중요한 생활양식의 변화(예: 신중하면서 새로운 패러다임에 맞는 생활양식 변화)를 만드는 데 실제로 얼마나 많은 지원이 전형적인 가족에게 필요할 것인가?

대부분 전문가들은 많은 과제, 시간의 범위, 재정적 자원을 충분히 다룰 수 없기 때문에 통합적 생활양식 변화를 성취하기 위해 꼭 필요한 종합적 지원을 제공할 것이다. 다음 절에서는 현재 JT 삶의 모자이크에 가장 중요한 부분을 간단히 볼 것이며, 이것은 생활양식 변화를 성취하기 위해 우리가 사용하는 과정이다.

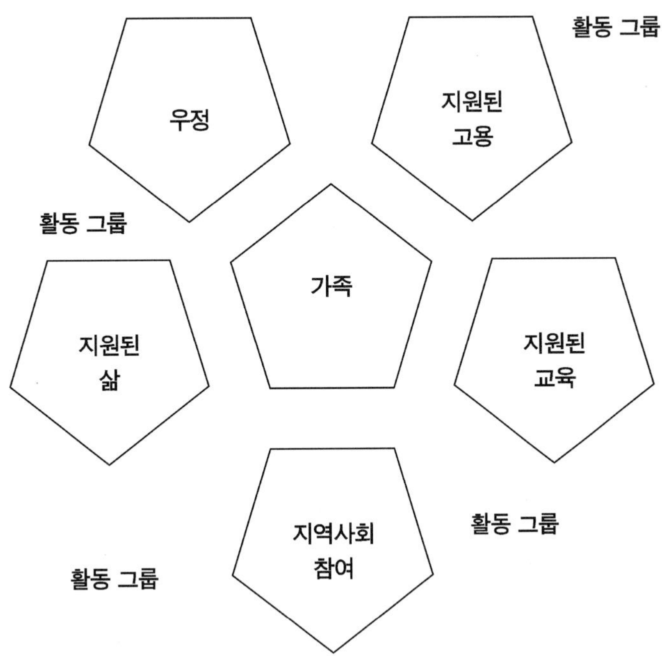

[그림 2] 문제행동을 지닌 개인의 생활양식을 위한 종합적인 지원과 서비스의 모자이크

종합적 가족지원 제공을 위한 전략으로서 그룹 활동 계획

"당신이 실패했을 때, 무엇을 할 것입니까?"라는 질문을 한 후 우리는 실패가 전혀 수용되지 않을 과제를 준비한다. 매우 비공식적이지만 1년 안에 우리의 노력이 현재 그룹 활동 계획이라 부르는 과정으로 발전되기 시작하였다. 두 가지 기본적인 활동 그룹의 특징은 1) 사회적 연결과 상호의존적 봉사를 위한 맥락을 창조하고, 2) 사회적 연결을 통하여 역동적이고, 창조적인 문제를 해결과 활동에 참여시킨다.

이 아이디어는 장애인에게 전적으로 헌신적인 사람과 함께 네트워크를 구축하는 것이다. 이 사람들은 장애인, 가족 구성원, 친구, 지역사회 시민, 그리고 전문가를 포함한다. 네트워크는 장애인의 선호와 일치하는 비전을 기초로 하여 생활양식을 함께 창조한다. 기관 또는 전문적으로 지도되기보다는 그룹 활동은 우선적 및 최우선적으로 장애인 또는 가족의 선호도에 의해 지도된다. 그룹 활동 구성원은 개인의 전망으로부터 세계를 용감히 보게 된다. 왜 그렇지 않은가?

결과

JT를 위한 그룹 활동 계획의 중요한 결과는 다음과 같다.

지원된 고용 JT는 Kansas 대학교의 보좌관으로서 1주일에 30시간 일을 한다. 교수로서 우리는 이 위치에서 그를 도울 수 있다. 그러나 이것은 장애가 없는 많은 사람이 사용하는 전략과 같다. 많은 사람들은 가족이나 친구의 네트워크를 통해 직업을 얻는다. JT는 보호 작업장에서 한 해에 만드는 것보다 한 달 동안 더 많이 만든다. 지난 6년 동안 작업장에서 문제행동이 단지 하나가 있었고, 그를 좋아하고, 그를 믿고, 그의 기술 향상을 도와주는 협력자가 돌보는 네트워크 내에서 일을 한다.

지원된 생활 이 글을 쓸 때 JT는 그의 급료로 물건을 살 때 도와주는 그의 집에서 5년 동안 생활했다. 그는 두 명의 대학교 학생들과 함께 침실이 3개인 집을 같이 사용하였다. 그의 룸메이트들은 대여료와 이용을 위한 대가로 1주일에 12~15시간씩 개인적 지원, 새로운 기술을 배우는 데 돕기, 그의 일정을 조정하고, 동료관계와 연결된 즐겁고 정서적인 경험을 그에게 제공하였다.

대중 교통 기관의 이용 장애인용 밴을 타는 것보다 JT는 대학교에 가기 위해 블록의 모퉁이를 걷고 시내버스를 탄다. 일단 대학에 도착하면, 다양한 몇 개의 건물을 통과해 복잡한 길을 걷고 그의 일을 하기 위해 가파른 언덕길을 내려온다. 결코 예상할 수 없는 공격적인 행동 때문에 누군가가 항상 그와 동행해야 했고, 12개월이 지났을 때에야 그는 혼자서 이 일을 할 수 있었고, 그것은 우리의 상상을 넘어서는 것이었다.

우정 JT의 생활에서 가장 흥분되는 부분은 그를 돌봐주는 친구들로 둘러싸여 있다는 것이다. 매주 그 주의 다른 시간 동안 대략 12명의 다른 사람들을 사귄다. 21세가 될 때까지 친구가 없던 젊은 남자를 위해 그는 지난 시간을 위해 충분히 보상받았다.

지역사회 참여 통합에 JT가 첫 번째 소개되었던 것은 5년 전 대학의 협동단체에 참여한 것이었다. 파티와 특별한 활동에 참여하는 장소를 가진 후부터 JT는 많은 방법으로 지역사회에 진출하였다. 모든 사람이 그의 이름을 알기에 그가 갈 수 있는 장소, 즉 유명 제과점, 두 군데의 재즈 클럽, 레스토랑(특별히 라이브 음악이 있는), 교회, 이웃 식료품 가게, 그리고 피트니스 센터와 같은 연결은 그의 사기를 북돋아준다. JT 생활의 핵심적인 모습은 그가 다수의 구성원으로서 보다는 개인으로서 지역사회에 가는 것이다. 우리는 계속해서 그가 어떤 여분의 지원을 필요로 할 때 그의 관심을 살펴보고 그의 성공을 위해 투자하는 지역사회의 평범한 시민 구성원들에게 존경을 표하고 격려해야 한다.

그룹 활동 계획의 요소

그룹 활동 계획 요소는 통합적인 생활양식 변화를 만들기 위해 고려하는 것보다 다음 부분을 설명하고 포함한다.

- 지원을 요구하기
- 관계 맺기
- 큰 기대를 상상하기
- 문제를 해결하기
- 성공을 축하하기

지원을 요구하기 그룹 활동의 중요한 특징의 하나는 그들이 개인을 대표하는 각각의 생활양식 모자이크의 필요한 조각을 구성하는 것이다. JT를 위해, 우선 부모와 그의 여동생들 Amy와 Kate를 포함하는 가족; 가족의 친구들, 그리고 JT는 협동단체부터 알기 시작할 것이다. JT를 우리 집 밖으로 이사하게 하는 생각을 낸 것은 두 명의 친목클럽의 형제였으며, 그들은 룸메이트가 되어 대학에서 그의 직업을 시작하게 하고 안전하도록 돕는 가족 친구였다. 그가 두 가지 새로운 환경에서 상호작용하기 시작한 후에—고용과 그의 집—그의 직업 코치, 몇몇 동료, 그리고 그의 룸메이트는 부가적인 그룹 활동 구성원이 되었다. JT는 음악을 매우 즐기기 때문에 음악 치료를 가르치는 대학 교수를 포함시켰고, JT의 생활에 12명의 음악가를 참여하게 하였다. 다음에, 우리는 통합된 지역사회 기회를 가진 자연적 "결혼 중매인"인 전략적 지역사회 지도자를 찾았다. 그래서 지역의 제과점에서 일 할 수 있고, 마을의 거의 모든 사람을 알고, 그룹의 촉진자로서 활동하는 데 풍부한 의사소통 기술을 가진 사람을 교회에서 찾았다.

요점은 생활양식 변화가 각각 이 장면에서 제공되는 중요한 지원과 서비스를 제공하도록 요구하기 때문에 활동 그룹은 각각의 단일 생활양식 주제에 걸쳐 사람을 구성한다. 각 생활양식 주제로부터 중요한 대표자를 갖는 것은 지원과 기술 발전을 조정할 수 있고, 그리고 JT의 학습과 통합을 좀 더 효과적으로 할 수 있다. 예를 들면, 그의 네트워크에 있는 모든 사람들은 그의 이전 환경에서의 일어난 일과 반대되는 것으로, 유사한 접근을 사용한 그의 대화 기술을 촉구하는 것이다. 그의 가속화된 학습의 속도뿐만 아니라 일반화가 잘된다.

우리는 활동적인 지원을 받기 이전에 8년 동안 Lawrence 지역에 살았다. 이것은 우리 삶의 일부분으로서 요구되지 않았기 때문에 활동하지 않았던 모든 해에 우리를 둘러싸고 있던 자연적이고 유능한 자원은 우리에게 놀라웠다.

장애를 가진 가족 구성원들은 다른 사람에게 부과하거나 또는 그들의 도움을 기대하지 않고, 지역사회 생활의 주변에서 일반적으로 살아왔기 때문에 그들의 가족 구성원을 위해 대부분 단 한사람 책임을 지는 것으로 조건화되어 왔다. 활동 그룹은 단 하나의 생활양식(가족)에 초점을 맞추는 것에서 모든 양식을 포함하는 것으로(일, 생활, 그리고 다른 지역사회 환경), 그리고 단지 몇몇 전문가와 부모에게 초점을 맞추는 것에서 가족, 친구, 지역사회 시민 등 풍부하고 확장된 영역으로 지원을 확장하기 위한 도전과 기회에 직면해 있다.

관계를 창조하기 많은 개별화된 교육 프로그램(IEP)과 개별화된 전환 계획(ITP)회의에서, 그것은 가끔 침울함, 불안, 긴장, 그리고 관계없는 것에 의해 특징지어지는 경향이 가끔 있다. 전형적인 개별화된 팀을 만나는 것과 대조적으로, 교사는 우리의 지역사회에서 미팅이나 파티에 가려고 하는 것을 결정하지 못하는 중학생을 위한 그룹 활동에 참여한다. 파티를 위한 IEP 또는 ITP 모임은 실수할 가능성이 아주 높다.

그룹 활동 계획의 장소는 특히 장애인을 포함한 모든 그룹의 구성원들은 사회적이고 정서적인 관계를 창조하는 것을 강하게 강조한다. 이것은 그룹의 거의 모든 사람－전문가, 친구, 지역사회 시민, 그리고 가족－이 다수의 책임으로부터 지치고 지나치게 확장되는 전형적인 경우이다. 그래서 그룹 활동 계획의 핵심은 그들 스스로 즐길 수 있고, 새롭고 다시 젊어지는 감각을 느끼고, 일부 사람의 생활에 있어서는 차이를 만드는 개인적 인정과 효력을 얻는 맥락을 창조한다. 그것은 진보에 투자하는 그들의 소중하고 한정된 시간과 에너지 가치가 있고, 대개 그들이 전형적으로 일하는 날 이외에도 일어나는 하나로 각 사람을 위한 충분한 개인적 보상을 만들어낸다. 그룹 활동 내에서 사회적 관계를 창조하는 점에서 고려사항의 핵심은 다음을 포함한다.

- 전문적인 장면 배치보다는 사람들의 집에서 만남을 가진다.
- 시험 점수나 형식적인 보고서에 의지하기보다는 개인의 과거와 미래에 바라는 것에 대한 이야기를 한다.
- 만남을 갖기 전후 친교를 할 수 있는 음식과 기회를 제공한다.
- 자기 존중, 차이에 대한 인정, 전문적인 이점, 그리고 각각 구성원의 개인적 필요에 반응하는 관점에서 모든 사람을 위한 이익을 강화하는 방법을 찾는다.
- 문제의 고통과 그것을 극복하는 승리 사이를 공유함으로써 그룹의 결속을 위한 시기로서 위기를 받아들인다.

장애인과 가족뿐만 아니라 모든 그룹 구성원에게 사회적 관계를 창조하는 것과 정서적 관계의 감각을 강화하는 것은 중요하다. 장애인의 관점에서 보면 그룹 구성원들은 배우는 방법을 지원받을 수 있다.

- 관계가 피상적 수준의 범위를 넘어서 정서적 관계의 보다 친밀한 수준으로 가도록 개인

과 최상으로 상호작용한다.

- 관계와 전환계획을 위한 기초가 될 수 있도록 개인의 우선순위와 강점을 인정한다.
- 긍정적이고 부정적인 감정을 표현하고 가능한 한 상호간의 대화를 이끌어 가도록 개인을 격려한다.

예를 들어, 우리는 다른 사람들과 관계가 있다고 느끼는 JT를 돕기 위해 그와 함께 일하는 일부 기술들을 아는 가족 구성원을 발견하였다. 각 새로운 구성원은 시행착오에 의해 이 기술들을 이해하기 위해 질문하는 것보다 우리는 새로운 구성원들이 쉽게 관찰하고 그들과 빨리 친해지기 위하여 활동 그룹과 함께 예들을 공유한다. 또한 각 그룹 구성원과 함께 시작하는 많은 만남은 그들이 특히 감사하는 JT에 대한 무언가 긍정적인 진술을 한다. 이것은 그들이 JT의 강점에 대해 알도록 모든 사람을 돕고, 그러한 긍정적인 피드백을 들음으로써 JT에 대한 강력한 경험이 된다.

발달장애의 분야에서 가장 강조하는 점은 사람이 경험하는 사회적 관계의 양에 초점을 맞춰왔다. 이것은 중도장애인을 위해 토요일 밤에 누군가와 함께 영화를 보러 가는 것일수도 있고 또는 상호작용으로부터 유래된 정서적 지원과 동료애와 같은 관계의 결과를 보증하기 위한 시도를 하는 것이다. 확실히, 다른 사람과 함께 시간을 보내는 것은 우선적으로 필요하다. 그러나 전문가들은 배우기 위해 관계의 사회적 연계에 초점을 두는 것뿐만 아니라 의미 있는 결과를 가지는 관계를 촉진하고 문서화하는 것을 배워야 한다.

우리는 JT가 상호작용을 하도록 남에게 관심을 표현하도록 함으로써 발전되고 있는 관계를 향상 시키는 것과 보상적 및 정서적 요구에 반응하도록 하는 것이 필요함을 발견하였다. 예를 들면, 그는 그들의 애완동물의 이름 또는 취미와 같은 그룹 구성원 각자와 관련된 정보를 배움으로서 그의 대화적 기술을 확장해 왔다. 이것은 그가 그들의 삶에 있어 행복하고 슬픈 사건들을 알고, 사려 깊은 호의를 베풀고, 그들이 선호하는 것(특별히 그것이 그가 가진 관심과 충돌할 때)에 반응하고 그것에 대해 질문하기 위해 중요하다. 그것은 장애인을 위해 통합된 성인 생활양식의 필수적인 구성요소임에도 불구하고 관계 향상에 충분하게 주의를 해 보지 못하고 있다.

큰 기대를 상상하기 이것은 미래에 마련해야 할 적어도 무언가 큰 기대가 될 그룹 활동 계획에 필수적이다. 사실상, 우리의 경험에 의하면 이것은 기대가 좀 더 높은 경향을 보일 때 활동 그룹이 좀 더 효과적으로 수행되는 것으로 나타났다. 많은 사람들이 도달할 수 없는 것을 예견하는 목표에 도달하기 위한 도전은 그룹 구성원들이 이상적인 조건을 맞추기 위한 동기를 제공한다.

점차적으로, 미래 계획에 있어 비전의 중요성에 대해 쓰는 것을 더 많이 다룬다(참고 예:

Senge, 1990). 그룹 활동 계획에서, 우리는 차차 증가하게 되는 큰 기대를 찾을 수 있다. 이것은 오늘날 JT의 정말로 좋은 삶을 위해 7년 전에 계획한 것이 우리에게는 전적으로 불가능한 것이었다. 사실, 점차적으로 다른 사람을 위한 우리의 기대를 이루려는 목적이 가능하게 되었다.

큰 기대를 가지고, JT의 그룹에서 이것은 반절 정도 빈 것 보다는 반절 정도 찬 컵을 보는 경향이 있는 사람들을 포함하는 것이 필수적이라는 것을 발견하였다. 지원을 받는 것은, 부정적으로 말하는 사람으로 자신을 둘러싸는 것이 아니라 많은 사람이 불가능하다고 생각하고 성취하기 어려운 것을 기꺼이 할 수 있는 사람을 초대하는 것이다.

문제해결하기 그룹의 핵심적인 공헌은 창조적인 문제해결에 초점을 맞추는 것이다. 회의를 하기 전에 실제로 많은 결정이 이루어지는 전통적인 팀 모임과는 반대되는 것으로서 회의에서 논의는 이미 결정된 것을 검토하는 경향으로 가지만, 활동 그룹에서는 문제에 대해 어떤 해결책도 가능하다는 가정에서 절대적으로 개방되어 있다. 그룹의 촉진자는 전문가, 친구, 또는 가족 구성원이 될 수 있으나 문제해결의 단계를 통해 그룹 촉진자는 그룹을 리드하는 데 중요한 역할로서 뛰어난 의사소통 기술을 가져야 한다.

1. 선호, 강점, 필요를 분석하기
2. 선택의 넓은 범위에 대해 브레인스토밍하기
3. 각 선택을 주의 깊게 평가하기
4. 자세한 활동 계획을 계발하는 데 선호하는 것을 선택하기
5. 계획을 실행하기
6. 계획의 결과를 평가하기

이것은 모든 선택에 대해 충분히 조사를 하는 문제해결 환경을 만들어내는 데 필수적이며, 모든 그룹 구성원은 참여시 동등한 기회를 갖고, 윈/윈(win/win) 결과를 창조하도록 한다.

특별히 그들의 친구나 지역사회 시민이 참여할 때와 같이 다양한 구성원은 전통적인 팀 회의시 이용 가능한 것과는 대조적인 것으로서, 다양한 자원과 선택의 모든 새로운 것들이 문제해결을 하는 데 유용하다. 고려사항은 가능한 한 다른 의견들이 많이 포함될 수 있도록 각 개인이 다른 사람의 노력을 수행할 수 있는 방법을 제공하는 것이다.

JT의 활동 그룹 내에서, 우리는 새로운 기술(예; 면도하는 것을 배우기, 마을버스를 타는 것을 배우기, 새로운 룸메이트를 찾기)을 배우는 것을 우선적으로 포함하는 작은 도전들뿐만 아니라 체계적인 변화를 요구하는 매우 큰 문제도 다루어 왔다. 보다 큰 체계의 쟁점에서 보면, JT는 직업을 가진 후 잘 적응했으며, 한 때 공격적인 일부 행동을 했던 새로운 집으로

이사했다.

다양한 생활양식에서 진보를 해나감에 따라, 우리는 행동 관리 프로그램의 확산을 인식하기 시작했다. JT는 그가 솔선하여 아침에 일어나는 것을 포함하는 하나의 행동 프로그램과 일의 동기와 오후와 저녁에 우정과 오락 활동의 적절한 행동을 시도하는 일관되지 않는 시도를 위한 다른 행동 프로그램에 속해 있었다. 우리는 필수적으로 매일의 생활양식이 적어도 하나의 행동프로그램을 가진다는 것을 인식하였고 모자이크를 창조하는 것보다도 깨진 조각들을 수리하는 수선공이라는 것을 깨달았다.

1989년 봄 어떤 활동 그룹 회의에서, 첫 해 후에 우리는 생활양식 모자이크를 작동하기 시작하였고, 거리낌 없이 통합 생활양식 지원의 충분한 중요성을 이해하는 데 실패한 불쾌한 실제 그룹이라는 것을 깨달았다. JT의 룸메이트는 종합적 행동지원 프로그램을 계획하는 데 기본이 되었고 실행을 진행 중이다. 그들은 JT의 삶과 우리의 예외적인 차이를 만들었고, 그들은 우리가 직면한 과제의 중요성을 이해하도록 지원하였다.

1. 분명하게 구체화된 JT의 책임과 모든 생활양식 요소에 그가 상호작용하는 것으로서 밤에 침대에 가는 시간과 매일 아침 일어나는 시간으로부터 얻는 보상에 대한 행동 관리 계획을 실행하기
2. 룸메이트, 가족, 직업 코치, 그리고 친구 즉, 일관된 방법으로 행동 관리 계획을 실행하는 그의 삶에서 모든 사람들과 의사소통하기
3. 관계 속으로 행동 프로그램의 단지 필수적인 요소를 통합시키는 것을 추구함으로서 친구의 독특한 역할을 구별하고 또래교사로서 친구의 이용을 피하기
4. JT의 사회적 네트워크에 다수의 사람을 확장하고 모든 네트워크 구성원과 함께 그의 정서적 관계를 격려하기
5. JT에게 이 변화가 일어났을 때 자리를 배치하는 활동의 체계 지원과 스케줄 변화의 일관된 주의를 제공하기
6. JT와 그룹 구성원에게 불안보다는 자신감을 가지고 변화를 다루는 방법을 훈련시키기
7. JT가 듣고, 강화하고, 반응하는 사회적 정보망의 구성원을 격려하는 동안 다른 사람들이 그가 선호하는 것을 자랑스러워하지 않을 때 그가 좋아하는 것을 언어적으로 표현하고 자신을 주장하도록 배우는 것을 격려하기
8. JT에게 걱정, 좌절, 화, 두려움과 같은 부정적인 감정들을 적절하게 표현하는 것을 훈련시키고 듣고, 강화하고, 반응하는 사회적 네트워크 지원을 훈련시키기
9. 걱정, 좌절, 화, 그리고 두려움의 강한 감정의 강도를 경험할 때 끌어당기는 경향이 있는 길고, 뒤로 땋은 검은 머리에 대한 민감성을 줄이기

10. JT의 공격적 폭발을 경고하는 신호, 폭발했을 때 무엇을 해야 하고, 경고하는 신호에 어떻게 반응해야 하는가에 대한 방법을 모든 그룹 구성원들에게 훈련시키기
11. 성공과 강점 대신에 일어나는 위험한 행동에 대해 초점을 낮추고 너무 걱정을 하지 않도록 학습하고 큰 기대를 계획하는 그룹 구성원들 지원하기

이러한 과제에 모두 참여하는 것은 세 개의 전일제 직업 이상이 되지만, 아직도 JT의 활동 그룹의 모든 사람들은 다양한 책임을 가지고 있다. 불행하게도 많은 가족들은 그들이 할 수 있는 많은 것을 포기하는 것에 대해 큰 놀라움을 느낀다.

JT의 활동 그룹의 가장 지원적인 요소는 부모로서, 우리는 우리 스스로 중재의 모든 것을 시작하고 계획하고 실행하지 않았다. 일주일에 40시간 이상을 전형적으로 일하는 곳에서 JT뿐만 아니라 다른 두 명의 아동을 돌보는 것은 우리에게 다른 책임과 두 가지 직업을 갖고, 역할을 못하게 하며, 우리 자신에 대해서도 JT의 통합된 성인 생활양식을 만들어내는 우리를 매우 어렵게 해 왔다.

오히려 도움을 받아온 3년의 시기는 모든 단일의 활동 그룹 구성원의 공헌, 중요한 과정이 제안된 모든 과제를 만들어 온 중요한 과정이며, 그러나 끊임없는 경계가 기술 발전, 점검, 수정을 위해 여전히 요구된다. 우리가 필수적으로 배우는 것은 영원히 지속되는 극소수의 일이거나 긍정적 행동지원은 계속되는 과정임이 확실하다. 통합적 성인 생활양식은 개인의 부모가 이후 더 이상 살아 있지 않은 경우 계속적인 하나로 평생 위탁하는 것을 강화하고 확장해야 한다.

문제를 해결하는 점에서 활동 그룹의 가장 좋은 점의 하나로 중요한 사람은 개인 참여의 모든 다른 환경과 교차된다. 그 결과 그것은 조정될 수 있고 책임을 공유하고, 모든 사람의 필요가 고려되는 지원이 될 수 있다. 모든 회의의 끝에는 다음 회의 이전에 실행해야 하는 구체적인 과제를 명확하게 활동 계획으로 쓰는 것이 중요하다. 만약 활동 그룹의 모든 구성원들이 수행해야 할 하나의 과제를 남긴다면, 그들은 다른 사람의 도움을 받으며, 질적으로 보장된 기술로서 동료 지원을 하고 검토하는, 그리고 모든 영역에서 JT의 통합을 강화하도록 다른 사람을 놀라게 하지 않고, 대략 10～14개의 다른 목적을 가질 수 있다.

성공을 축하하기 많은 전통적 팀 회의의 불행한 모습의 하나는 축하를 위한 기회가 드물다는 것이다. 이 분위기는 전형적으로 침울하고 심각한 경향을 나타낸다. 이와 대조적으로, 활동 그룹의 핵심 모습은 항상 문제를 해결하는 것보다는 오히려 "파티"하기 위해 따로 두는 시간을 마련하고 진보, 수용, 그리고 태도를 격려하는 뜻에서 축하를 위한 많은 기회를 갖는다는 것이다.

축하하기 위한 한 가지 방법은 실제로 우리가 지난 6년 동안 자주 해온 어떤 일과 연계해 파

티를 여는 것이다. 그것은 생일 파티, 파트럭(potluck) 저녁모임, 공휴일 파티를 위한 기회를 가지고 함께 즐기는 시간을 가진다. JT를 위한 전형적인 방법은 초대를 하게 하고 그 결과 그가 주인이 될 기회를 가지게 하는 것이다. 이것은 그의 상호관계를 강화하는 것으로 사회적 및 정서적 연계를 창조해낸다.

축하하는 다른 방법은 때때로 그룹의 능력과 기여를 확인하는 회의의 시간을 갖는 것이다. 우리의 최근 활동 그룹의 모임에서, 우리가 모든 사람들에게 양초를 나눠주고 JT를 위해 단지 가족 구성원의 양초에만 불을 붙여서 양초의 불빛을 제한적으로 나타나게 하고, 축하를 시작하였다. 그러고 나서 원을 돌면서 사람의 양초에 불을 붙이고, 상승적인 방법으로 협력하여서 JT의 생활이 창조될 수 있도록 촛불을 밝힌다. 모든 사람들이 함께 함으로써 만들어낸 진보를 축하하는 방법으로서 "나의 작은 불빛"이라는 JT의 노래를 부르며 만남을 마무리 한다.

시사점

JT 활동 그룹의 가장 성공적인 면의 하나는 부분의 단순한 합보다는 전체가 훨씬 더 좋다는 강력한 느낌, 그룹의 열정과 창조성이 개인이 혼자서 만들어내는 것보다 훨씬 더 빛난다는 강력한 느낌으로써 그룹 상승작용의 일관된 느낌이 계속된 것이었다. 상승작용의 개념은 말로 설명하기 어렵다. 이것은 변화를 창조하기 위해 개인의 능력이 움직임의 부분 또는 거부할 수 없는 물결이 되는 사람들의 그룹을 의미한다. 가능성과 권한 부여의 결과는 비전으로부터 생활양식 선택 속으로 진정한 큰 기대로 변화시키는 새로운 경험이다. 초기의 질문으로 돌아가서, 통합된 성인 생활양식을 행동상담가가 알았을 때 상담하고 있는 개인을 성취시키는가? Kansas 대학의 우리 멘토인 Schifelbusch는 "진보는 문제의 새로운 배치이다."라고 즐겨 말한다. 예를 들면, JT가 일하는 곳에 가기 위해 택시 타는 법을 배우자마자 그는 시내버스를 탈 수 있는 보다 큰 과제의 성취를 우리에게 보여 준다. 일하러 가기 위해 버스를 타는 훈련 절차를 경험하자마자 그의 집 근처에서 다른 곳으로 버스를 타고 내리는 일련의 다른 기술이 포함된 기술을 이해하는 과제를 함으로써 걸어서 그의 집에 이르는 다양한 길도 알게 된다. 이와 비슷하게, JT가 룸메이트의 상황이 되는 것에 적응하자마자 모든 결함들이 사라지고, 룸메이트가 떠나려 하고, 다음 장소를 정하고, 그리고 이러한 지원을 다시 시작할 때 그것에 대해 생각하기 시작한다.

통합적 생활양식 모자이크를 창조하는 종합적 가족지원의 요점은 단지 하나 또는 두 개의 타일로 둘 또는 열 개의 행동들을 다루는 절차를 실행하는 것을 의미하지 않는다. 오히려 이것은 10년 이상에 걸쳐 생활양식 모자이크에서 모든 하나의 타일의 생태학 전체를 통해 결합력 있고, 응집성 있고, 복잡성을 기꺼이 받아들여 일하는 것을 의미한다.

본질적으로, 생활양식 중재의 "성공을 사정하는 것"(Horner et al., 1990, p. 127)을 위한 새로운 기준은 무엇인가? 질문에 대한 대답은 문제행동을 지닌 사람들을 위한 긍정적 행동지원이며 즉, 평생의 중재이다. 우리는 우리의 JT가 "기분"을 확장하는 일반적인 방법으로 지역사회 시민이 JT를 알아 왔고 그들의 책임감을 증가시키는 일을 주도하는 활동 그룹의 새로운 시기에 들어서고 있다. 레스토랑의 웨이터는 그가 불안해 할 때 부가적인 지원을 제공하고, 만약 그가 버스를 잘못 타면 버스 운전사는 그가 집에 안전하게 가는 방법을 알고 있으며, 이웃 사람은 그가 아침에 탄 것을 확실히 관찰한다. 이 역할을 맡은 사람들은 아직 아무도 요구하지 않고 있지만, 점차적으로 지역사회는 그렇게 나아갈 것이며 지원을 시작할 것이다. 아마도 행동 상담가들은 문제행동을 가진 개인이 각 생활양식 내에서 평범한 지역사회 시민과 믿을 수 있는 동맹관계를 맺는 통합적 생활양식을 만들어내고 끝내는 것을 알게 될 것이다. 그것은 다음의 자연주의적 관찰로 우리가 우리의 가족 모자이크를 계속해서 진보하도록 할 것이다.

활동 그룹과 함께 한 우리의 경험은 우리에게 많은 것을 가르쳐주었으나, 수년전 인류학자 Margaret Mead는 좀 더 중요한 것을 말했다. "사려 깊고, 헌신적인 시민의 작은 그룹이 세계를 변화할 수 있다는 것을 결코 의심하지 말라: 정말로 그것이 세계를 변화시킨 유일한 것이다."

참고문헌

Horner, R.H., Dunlap, G., & Koegel, R.L. (Eds.). (1988). *Generalization and maintenance: Life-style changes in applied settings.* Baltimore: Paul H. Brookes Publishing Co.

Horner, R.H., Dunlap, G., Koegel, R.L., Carr, E.G., Sailor, W., Anderson, J., Albin, R.W., & O'Neill, R.E. (1990). Toward a technology of "nonaversive" Behavioral support. *Journal of The Association for Persons with Severe Handicaps, 15*(3), 125-132.

Mirenda, P. (1993). AAC: Bonding the uncertain mosaic. *AAC Augmentative and Alternative Communication, 9*, 3-9.

Senge, P.M. (1990). *The fifth discipline: The art and practice of the learning organization.* New York: Doubleday.

Turnbull, A.P., Ruef, M., & Reeves, C. (1994). *Family perspectives on lifestyle issues for individuals with problem behavior* (Monograph No. P-11). Lawrence: University of Kansas, Beach Center on Families and Disability.

논의

Norris G. Haring & Gigi De Vault

일찍이 1905년, 영국에서 무상교육 개혁 운동 기간에, Joseph Lancaster는 주로 정적 강화, 토큰 강화 그리고 또래 조정자에 근거한 체계를 개발하였다. 1950년대 놀랄 만한 속도의 움직임이 대두되면서, Skinner의 기본적인 행동 원리의 수립은 교육을 현상적인 성공에 적용되도록 하였다. 응용행동분석을 사용한 초기의 시도가 재검토됨으로써, 오늘날의 기준들로 보면 그때 적용된 절차들은 다루기 힘들고 불합리한 것처럼 보인다. 토큰과 M & M 사탕의 사용은 너무나 계획적이었기 때문에 행동분석가들이 그러한 성공적인 결과를 경험했다는 것은 믿어지지 않았다. 그러나 같은 시기 동안에 행동 변화를 위한 전략을 수행하는 것이 상대적으로 비효과적이라는 것을 인식하는 것은 중요하다(예: 심리치료와 상담).

1970년대와 1980년대 동안에, 행동중재 수행에 대한 전략과 절차에 있어 주목할 만한 개선이 일어났다. 이런 진보들은 중재자들이 기본적인 행동 원칙과 기술들에 엄격히 충실해 온 것에 기인했다. 게다가, 중재자들은 다양한 자연과 조건들에 대한 효과적인 전략들의 자료를 축적해 왔다. 기능적 사정의 중요성은 행동중재의 표준으로서 인정되고 있다.

이 책은 응용행동분석의 문헌에 관한 진보를 설명하고, 지역사회와 가정 내에서 긍정적인 행동지원의 성공적인 몇몇 적용을 증명하기 위해, 그리고 교육 개혁을 위한 노력을 지원하기 위해 설계된 강력하고도 포괄적인 접근을 제공한다. 더욱이, 편집자는 일반적으로 긍정적인 행동지원의 연구와 실례에 현재 참여하고 있는 저명한 저자를 선택해 왔다. 긍정적인 행동지원은 문헌에 포함되어 온 몇몇 중요한 개념을 채택하고 있다. 그러나 문헌에 대한 훌륭한 수집은 부모와 교육자들을 위해 뛰어난 명료성과 보다 더 잘 활용할 수 있는 절차와 어울린다. 제1부에서 정의한 바와 같이 가족 쟁점과 가족지원, 긍정적 행동지원은 아래 내용을 의미한다.

- 행동이 발생하는 범위 내에서 상황을 고려한 중재

- 문제행동의 기능성을 다루는 중재
- 결과에 의해 정당화될 수 있는 중재
- 개인적으로, 가족에게, 그리고 지원하는 지역사회에 받아들여질 수 있는 결과

긍정적인 행동지원의 두 가지 근본적인 특성은 중재의 목표로서 분열행동을 강조한 초기의 유사성을 넘는 접근까지 확장된다. 이런 특성은 포괄적인 행동지원계획의 틀 속 1) 기능적으로 동등한 행동, 2) 적절한 의사소통의 둘 다에 초점을 맞춘다. 이 포괄적인 계획이 수행될 때, 포함된 개인의 존엄성을 강화한다. 분열행동의 높은 빈도를 보이는 개인의 존엄성에 대한 쟁점은 특히 혐오적인 후속 사건의 사용에 대하여 계속해서 중요시 될 것이다. 현재 긍정적인 행동지원에 대한 가장 중요한 가치는 혐오적인 후속 사건의 도움 없이 긍정적인 행동 변화를 달성하도록 하는 접근의 효과성이다.

Koegel, Koegel, Kellegrew와 Mullen은 자폐행동을 보이는 아동들과의 의사소통 증가가 다음 행동의 빈도를 극적으로 감소시켰다는 주장에 대한 연구의 기초를 제시함으로써 제1부를 시작하였다. 더욱이, 저자는 의사소통의 확립과 유지를 강화해 주는 전문가와 협동적인 관계에 있는 부모를 포함할 것을 주장한다. 아동의 욕구를 표현하는 것이 아주 중요하다는 것을 통하여 부적절한 무발화 행동유형은 어린 아동에게 있어서 적절한 발화 부족을 가져온다고 생각했다. 이런 견해는 발화와 발성의 부족은 자폐아동의 또 다른 단순한 특성이라는 전통적인 관념으로부터 중요한 전환을 제공한다. 다른 말로 하면, 유아기에 의사소통의 부족은 울음과 비명 지르기의 결과로 끝나고, 그것은 유아기 후에 공격행동과 방해행동을 가속시킨다. 긍정적인 행동지원 중재가 어린시기에 시작되는 것은 중요하며 그것은 성공의 가망을 증가시킨다. 게다가, 의사소통 기술의 수립은 중재의 주요한 목표가 되어야 한다. 기능적인 사정 절차를 사용하도록 부모를 가르치고 지원하는 것은 그들 아이의 방해행동에 대한 효과적인 중재를 위한 중요한 전략이다. Koegel 등의 연구에서, 부모는 그들 아이의 행동과 직접적으로 연관된 환경적인 사건, 선행사건, 그리고 후속조건을 좀 더 정확하게 확인하기 위해 기능적인 사정의 사용에 대해 배운다.

Dunlap과 Fox는 제2장에서 언급한 심각한 문제행동을 가진 유아를 위한 조기중재에 생태학적 접근을 제시한다. 이 장의 주요한 주제는 가족, 이웃, 그리고 지역사회의 보다 넓은 조망 안에서 문제행동의 중재를 하고자 하였다. 이 생태학적 접근은 아동을 위한 중재결과의 맥락적 요인에 대한 복잡한 배치의 영향력을 강조한다. 강조점은 필요한 지원을 확인하고 획득하며 통합된 지역사회 안에서 기능할 수 있는 강한 가족 체계의 개발에 있다. Dunlap과 Fox는 효과적인 조기중재를 위해 지원과 가족의 지원요구에 주의하도록 독자를 상기시켰다. 인상적인 결과가 복잡한 사회적 체계의 구성원인 아동이 중재계획의 초점이 될 때 특히 의사소통과

문제행동 영역에서 조기중재의 효과가 나타났다. 제1장에서처럼 기능 발달이 심각한 문제행동을 가진 유아를 위한 조기중재의 중요한 공헌으로 보여진다. 문제행동에 대한 기능 발달 접근의 주요한 고려사항은 시간이 지난 후 행동 재현의 예방을 돕기 위한 "주입"(inoculation)에 대한 가능성이다. 아마도 문제행동에 대한 의사소통적인 대안들이 수립될 때 이것은 특히 사실이다. 독자들에게 가능한 범위로부터 선택된 중재와 적절한 전략 사이에서의 조화의 중요성과 중재가 사용되기 위해 예상되는 상황이 상기된다.

제3장에서 Wacker, Peck, Derby, Berg, 그리고 Harding은 문제행동을 다룰 때 맥락의 고려를 위해 또 다른 특징, 즉 장기간 동안의 긍정적인 결과의 유지를 추가한다. 제3장에서는 사정과 중재를 소개하는 유지 모델을 제공한다. 부모들은 이 모델의 수행에 있어 분명한 파트너이다. 가정과 기술적인 지원은 아동의 가정생활에서 직접적으로 수행될 것이고, 동시에 협력자에게 요구하는 동안에 아동과 가족의 이익을 달성하기 위한 협력적인 노력을 하게 될 것이다. 전문가와 협력적인 관계에 있어 부모-수행자의 균형은 부모에게 문제행동을 더 잘 이해할 수 있는 틀과 행동의 변화를 가져올 효과적인 전략들을 제공함으로써 향상될 것이다. 이 장에서 저자가 사람, 장면, 과제 간에 걸쳐 변인을 다루는 체계적인 접근의 중요성을 설명하는 것처럼, 맥락의 복잡성은 명백하다.

제4장에서, Albin, Lucyshyn, Horner, 그리고 Flannery는 넓은 환경의 맥락 안에서 제시된 요인들을 주의 깊게 고려하기 위해 어떤 수행 계획에라도 참여하는 사람을 위한 매우 강력한 논쟁을 제시한다. 그들은 긍정적인 행동지원의 강점을 강조하고 특히 이 접근이 가능한 한 아동의 일상에서 아동 환경 안에 있는 많은 사람들을 포함하는 포괄적이고 다중 구성요소 계획 안에 결합될 때라고 강조한다. 저자들은 문제행동이 일어나는 상황을 전체 맥락의 단서 분석을 통하여 결정된다면 중재자들이 문제행동을 보다 더 간결하게 이해할 수 있다고 주장한다.

상담가로서, 이 논의의 저자들은 완전하지 못한 중재계획들로 비슷한 경험을 해 왔고, 우리는 그들이 주로 중재를 개발하고 실행하기 위해 다른 사람을 도울 때 부딪치는 Albin 등의 문제 확인에 대해 강한 인상을 받아왔다. 그들이 긍정적 행동지원의 모든 원리와 절차를 따르는 훌륭한 계획을 관찰해 왔지만, 그들이 할 수 있거나 혹은 해야만 되는 것만큼 효과적인 것이 되는 데는 실패하고 있다. 저자는 왜 수행 계획이 빈약한 결과로 끝났는지에 대한 네 가지의 이유를 제공한다. 그런 계획들은

1. 불충분하거나 일관적이지 않게 수행되었다.
2. 수행되었지만 중요한 기간에 걸쳐 유지되지는 않았다.
3. 결코 충분하게 수행되지 않았다.
4. 맥락에 맞는 중요성에 민감하지 않았다.

Albin과 동료들에 따르면 성공의 높은 가능성에 관계된 계획의 본질적인 요소는 다음과 같이 계획된다.

1. 행동이 일어나는 맥락을 고려한다.
2. 효과적인 행동지원을 위해 이끌어낸다.
3. 양질의 삶의 양식을 위한 주요 이해 당사자의 가치와 비전을 반영한다.
4. 논리적으로 지속될 수 있다.
5. 충분히 수행되고 유지된다.

Turnbull과 Turnbull은 포괄적인 가정 지원의 제공에 대한 전략을 I절에서 결론지었다. 이 전략은 가족의 관심, 그룹 활동 계획, 그리고 긍정적인 행동지원의 훌륭한 혼합을 제시하고 있다. 장의 많은 특징들 중에서 Turnbull의 능력은 장애를 가진 그들 자신의 아들 JT와 실제적인 경험으로부터 분명하고 믿을 만한 예들을 끌어내었다. 그들은 지역사회 환경에서 그 혹은 그녀의 통합을 증가시키기 위해 그들 아동의 긍정적인 성격을 향상시킬 긍정적인 행동지원과 같은 기술을 가진 부모의 중요성을 강조하고 있다. 또한 이 장에 포함된 것은 활동 집단에 의해 사용된 문제해결 절차이다. 제안된 창조적인 문제해결이 Osborn과 Parnes의 창조적인 문제해결 전략을 생각나게 하며, 저자는 적용을 좀 더 적합하게 하기 위해 발견한 단계의 다른 단계들을 나타내고 있다.

우리는 유년기에서 성인기까지 Turnbull이 아들 JT를 양육하면서 그들 자신의 부분적인 성공 경험에 기초해, 부모들을 위해 긍정적인 해결책들을 개발해 온 Turnbull을 칭찬하는 것을 계속하고 있다. 여러 해 동안, 그들은 부모와 전문가를 위한 문헌에 많은 실질적인 기여를 제공해 왔다. 그들의 저서는 진실로 "성공을 축하하는" 강점의 확언이다. 틀림없이 오늘날의 성공적인 중재활동의 예가 되는 부모와 전문가의 협력은 아동의 부모들로부터 아동의 분리를 제안한 Bettelheim(1967)과는 반대된다.

제1부의 각 장은 문제행동을 나타내는 아동의 긍정적인 행동 변화의 지원을 위한 기법으로 건전하고 포괄적인 전략을 제시하고 있다. 제1부에 지시된 접근방법 안에 내포된 것은 아동의 문제행동이 성취하려는 것과 협력적으로 수용될 만하고 기능적으로 대안행동과 같은 기능을 만들어내는 기능을 확인하는 데 대한 강조이다. 이 장의 일반적인 줄거리는 이 즉각적인 상황에 예민하고, 동시에 상황의 역동적인 특성을 다루는 방식으로 수행될 중재절차를 개발하는 중요성이다. 행동지원의 중요한 결과라는 관점에서 특별히 중요하게 수행되어야 할 중재와 맥락 또는 환경 사이의 적절한 조화는 통합환경 속에서 참여를 증가시켰다. 저자는 문제행동을 다루기 위한 가족과 지역사회 구성원의 기술들뿐만 아니라 문제행동을 가진 아동의 기술을 개발하는 전략을 심사숙고해서 상세하게 제시하고 있다. 비록 이런 전략이 연구에 기

초하고 있을 지라도, 몇몇 경우는 전통적인 지혜에 부분적으로 뿌리를 두고 있고, 그것은 가족에게 즉각적으로 사용된다.

제1부에서 제시된 중재 접근의 틀은 문제행동을 가진 아동과 그들 가족을 위한 기술 개발, 가족지원, 삶의 질을 강조하는 한 가지이다. 저자는 문제행동으로 도전을 받고 있는 장애아동과 그 가족의 존엄성을 주장하는 광범위한 휴머니즘 안에서 기술적으로 간결한 중재전략의 균형을 열정적으로 제시하고 있다. 제1부에서 구별되는 특징은 저자가 문제행동에 대한 중재 영향의 복잡성과 보다 큰 체계의 부분으로서 이 상호작용을 이해하는 이점에 대한 민감한 일관성을 인정한 사려 깊은 방법이다. 제1부는 많은 가족들이 알도록 해야 하고, 문제행동에 참여하고 있는 가족 구성원을 지원하기 원하는 사람들에게 통찰력 있고 효과적인 실제의 개발을 틀림없이 향상시킬 것이다.

참고문헌

Bettelheim, B. (1967). *The empty fortress*. New York: Free Press

제 2 부

교육 쟁점

제6장

Alex의 재능-소속감의 예술

학업 및 사회통합을 위한 전략

Cheryl Nickels

이 장은 이 책의 대부분의 다른 장들과 다소 내용이 다르다. 저자 이름 뒤에 따라오는 인상적인 머리글자도 없고, 표나 그래프 그리고 연구나 과학적인 방법에 기초한 결과와 결론도 없다. 몇 년 전에 남편 앨프(Alf)는 내 이름 뒤에 따라오는 중요한 머리글자 부족으로 인해 야기되는 전문가 컨퍼런스에 참여하는 데 대한 부적당성과 협박에 대한 내 느낌을 알게 되었다. 어느 날, 회의 바로 직전에, 남편은 곧 다가오는 나의 프레젠테이션에 사용될 추천서의 TP 용지를 나에게 보여 주었다. TP에서, 나는 세 개의 매우 강력한 머리글자처럼 보이는 것에 의해 뒤따라온 내 이름을 발견했다. 그 머리글자는 M.O.S였다. 그 머리글자는 내 이름 뒤에서 멋져보였지만 나는 그것이 무엇을 의미하는지 알지 못한다는 것을 깨달았다. 내가 설명해 줄 것을 요청하자, 남편은 그 머리글자는 여섯 명의 어머니라고 자신 있게 대답했다. 나아가 그는, 만약 당신이 여섯 명의 우리 아이들의 나이를 모두 합쳐서 더하면 그 글자들은 발표하기 위해 주어진 훌륭한 자격을 나타내기 때문에 머리글자는 양육상 65년간의 경험을 나타낸다고 말한다. 나는 갑자기 매우 피곤함을 느꼈다. 내가 이 글을 쓰는 동안에 연도의 전체 숫자는 122년으로 증가해 있었다. 그리고 연구와 과학적 방법 대신에 나는 내가 수년 동안 자녀 양육을 통해 마음으로 느낀 조망과 이해를 제공하고자 한다.

나의 희망은 이 장이 끝날 무렵에 독자들이 부모가 그들을 관찰함으로써 통합의 개념 뒤에 희망과 꿈, 논리와 이점에 대한 인간 영역에 대해 보다 명백한 생각을 갖기를 원한다. 나는 내가 배웠던 수업에 대한 이야기, 준 선물과 받은 선물, 지금 젊은 청년으로 자라나고 있는 Alex라는 이름의 작은 소년에 의해 기적적으로 만들어진 것을 공유하기를 원한다.

1985년 11월에 남편과 나는 Idaho 주 Baise시의 교육 상담가인 Michael Day 박사가 추천한 프로그램으로 평가를 받았다. Day 박사는 시골 Idaho 학군 안에서 심각한 장애를 가진 아동을 위해 우리가 처음으로 통합 배치를 시도하고자 했을 때 그러한 것을 꺼려하는 시스템에 대해 우리를 변호해 줄 것에 동의했다. 우리는 자폐를 가진 6살인 Alex를 위한 배치를 요구하였다. 다음에 기술되는 몇 줄은 Day 박사의 차트 밖에 우리의 임박한 여행에 관한 겉표지에 쓰여진 글이다.

> 연구 또는 최고의 실제와 폭넓게 사용되고 있는 실제 사이에는 항상 차이가 있다. 연구가 널리 확산되어 사용되고 융화되기 위해서는 10년에서 15년의 시간이 걸린다고 말한다. 그것이 이런 문제들로 다가올 때, 변화는 너무 늦은 것처럼 보인다. 그러나 변화를 위한 기동력은 대개 당신 자신처럼 잘 알려진 소비자라는 사실 속에서 마음을 다잡아야 한다. Alex를 위해 당신이 바라는 프로그램은 만약 그것이 과장되지 않았다면, "직업 상태(state-of-the-art)" 실제와 서로 접하게 될 것이다. 모두 포함한 것을 오직 도전으로, 그리고 모든 도전이 성장을 이끈다는 것은 잘못되지도 비현실적이지도 않다. 이것은 단지 Alex가 다른 사람에게 준 선물일 것이다. (H. Michael Day, 개인상담, 11월 5일, 1985)

Alex가 다른 사람에게 준 선물은 1985년 11월이 되어서도 분명하게 알려지지 않았고 또한 감사하지도 않았다. 그러나 10년이 지나고, 우리는 Alex의 선물에 대해서 깊이 알게 되었고 나와 많은 다른 사람들은 그의 선물을 여러 번 반복해서 받고 있다. 내가 우리학교, 교회, 그리고 지역사회에서 가장 보고 싶어 하는 것은 장애를 가진 사람들이 일반교실, 스카우트 단원, 교회 모임, 그리고 일반 사람들이 발견한 모든 지역사회 활동 등에 소속되고 참여하는 전략과 기술을 배우는 것이다. 그렇게 되면 사회는 Alex와 다른 사람들이 그를 좋아하는 것에 의해 받게 될 그 선물을 받을 특권이 생기게 된다. 나의 최대 희망은 가족들이 지금 직면한 거

대한 어려움이나, 장벽이 없는 배치를 그들의 아이들을 위해서 할 수 있는 때가 오는 것이다. 여전히 성공적으로 성취한 통합유형들이 많이 있다. 가족으로서 우리의 경험은 그들이 통합을 제공받았을 때 심화된 중재가 제공되지 않더라도, 장애의 많은 어려움을 성취할 수 있다는 것이다.

몇 년 전에, 나는 스카우트 리더들을 위한 미팅에 참석하고 나의 관심을 끄는 그들의 이야기를 들었다. 나는 누가 화자인지 그의 이야기의 요점이 무엇인지 잊어가기 시작했다. 그러나 나에게 있어서 그 이야기는 나의 마음속에 특별한 의미를 새겼고, 강한 인상을 남겼다. 그 이야기는 올해의 시각장애인 Golfer라고 알려진 남자의 이야기였다. 우리는 그가 시각장애인용 신호기를 통해 신호음을 들음으로써 공의 위치와 구멍의 위치를 알 수 있다는 것을 알게 되었다. 시상식은 연회에서 진행되었다. 시상식이 진행되는 동안에 사회자는 골프라운드에 설 것을 도전받았다. 그 도전은 받아들여졌다. 보이는 골퍼와 보이지 않는 골퍼 사이에 기이한 것이 더해질 것을 생각하면서 사회자는 부드럽게 수상식의 장소와 시간에 대한 허락을 제의하였다. 신중하게 고려한 후에 선택의 골프코스라고 이름 붙여진 수상식은 밤 12시로 정해졌다.

아마 내가 장애아들을 돌보고 있기 때문에, 이 이야기는 나에게 중요했으며 그것으로부터 두 가지 중요한 교훈을 얻을 수 있었다. 첫째는 조건을 조금만 바꾸면 장애를 가진 사람에 대한 우리의 지각을 크게 바꿀 수 있다는 것이다. 두 번째는 장애인에게 맞게 수정된 도구를 주게 되면 그들도 우리들처럼 같은 “코스”를 “할 수 있다”는 것이다. 그 이야기는 장애인에 대해 우리가 어떻게 생각할 것인가 하는 새로운 틀을 짜도록 할 필요성에 대해 우리를 상기시켜 준다.

아마도 우리는 일반학교 학급이나 지역사회 활동에서 장애아동이 참여하고 소속되도록 수정된 도구들을 어떻게 제공해야 하는지 배워야 할 필요성이 있다. 장애를 가진 아동이 같은 장소에서 놀도록 허락되는 것이 매우 중요하지만, 그들이 성공적으로 그곳에 통합되기 위해서는 그들에게는 몇 가지 특정한 도구들이 필요할 것이다. 비록 모든 사람이 같은 도구들을 이용함으로써 놀 수 있었지만, 오랫동안 그들은 같은 장소에서 놀 수 있다고만 말해져 왔다. 그러나 만약 그들이 같은 도구들을 성공적으로 이용하지 못했다면, 그들은 통합의 길과는 멀어졌을 것이다. 우리는 그들에게 성공적으로 통합할 수 있도록 도움을 주는 부가적인 도구들을 제공함으로써, 즉 일반 학급과 같은 장소에 장애를 가진 아동들은 포함시켜야만 한다.

장애를 가진 아동의 요구들은 독립학급의 보호받는 환경의 기능적 및 학업적 교육과정을 넘어서서 확장되었다. 실제 세계에서의 정서, 느낌 그리고 삶의 균형이 잡혀야 한다. 이런 아동들과 그들의 가족은 분리된 체계에서의 거부와 고립의 감정을 느낀다. 지구상에서 가장 큰 고통은 가난과 배고픔에 의한 고통이 아니라 고립의 감정이다. 장애를 가진 사람들은 이런 고립의 감정을 잘 알고 있다. 완전통합의 목적은 이러한 고립, 거부, 명칭 붙임의 감정을 끝내는 것이다.

내가 느낀 최대의 고통은 나의 아들이 중도장애를 진단받은 것이 아니라 그가 읽고, 셈하기를 배우는 데 어려움을 겪을 지도 모른다는 것, 사회적 관계에 어려움을 겪을지도 모른다는 것, 또는 나의 어깨 위에 새로운 책임감들이 부여되는 것이었다. 나아가 나의 최대 고통은 그가 장애를 가졌기 때문에 사회가 그를 그렇게 할 수 밖에 없다는 것을 알았을 때이다. 내가 6학년 때 내 친구가 자기 여동생이 "몽고리즘" 장애로 태어난 날 슬퍼서 학교에 울고 온 그 아침이 생각났다. 나의 일생 동안 나는 내 친구의 여동생을 한 번도 본 적이 없으나 그 사실을 인식하고 있었다. 나는 또한 우리 교회에 다니던 젊은 여자를 기억한다. 항상 그녀는 그녀의 어머니와 함께였고, 항상 주변부에 있었으며, 단 한 번도 다른 젊은 사람들과 통합된 적이 없었다. 내가 어린이였을 동안 사회는 나에게 장애를 가진 사람들은 숨어 있게 함으로써 어떤 것이든지 하기가 어렵다는 것을 일찍 가르쳐 주었다. 문 뒤나 조용한 곳에 숨어 있게 함으로써 그리고 지금 숨어 있는 아동들 중 한 명이 바로 나의 아이이다.

내 아들 상황의 현실을 다루었던 초기 몇 달 동안에 나는 그 조건들이 개선되기를 희망하면서 우리 지역학교와 사회에서 장애를 가진 많은 아동들을 꽤 많이 관찰했다. 나는 장애를 가진 아동들이 학교 뒤쪽에 부가적으로 있는 곳이거나, 지하실에 위치한 분리된 교실 안으로 버려지는 것을 발견하였다. 점심시간에 그들은 그들의 테이블에 앉고, 휴식시간에도 일반 아동들과 섞이지 않으며, 그곳에 일반 아동들이 들어가지 않아, 같이 있지 않으므로 그들은 컵 속의 거품처럼 보인다. 그들은 나이 들어감에 따라, 그들이 좀 더 기괴하고 이상해지며, 오명 붙여지고, 고립되며, 종종 그들의 동료들에 의해 경멸과 거부의 대상이 되는 것처럼 보인다. 또한 14살인 Alex의 형은 장애를 가진 사람을 치료하는 것을 관찰한 후에 집으로 돌아와서는 그의 얼굴에 눈물을 흘리면서 "엄마 Alex는 어떤 아이로 자라게 되나요?"라고 물었다.

만약 사람들이 진정으로 도와주는 것에 관심이 있다면, 그들이 가족들에게 할 수 있는 가장 큰 선물은 그들의 아이들을 위해 완전통합의 배치를 해 주는 것이다. 가족으로서 Alex가 동료들에게 수용되고 지원받으면서 그의 친구들 그룹에 둘러싸여 소속되고 참여하는 것을 볼 때, 우리의 고통은 감소되고, 우리는 우리 아들의 삶 속에서 기뻐하게 될 것이다.

통합의 단계

학교 체계 안에서 Alex를 위한 통합교육 배치는 가족의 집중적인 의뢰를 필요로 하는 부분으로서 배치하는 것과 같은 것에는 익숙하지 않았다. Alex의 프로그램의 개발과 실행은 Alex선생님과 나 사이의 팀 과제가 되었다. 통합 프로그램을 만들어 나가는 것은 교육자와 부모 사이의 공동 노력이 계속되어야 가능하다. 1980년대 중반 이후부터 나는 Alex 프로그램의 교육자와 밀접하게 일해 왔기 때문에 통합 배치를 위해 유용한 5개의 기본적인 단계를 확인하였다. 단계는 다음과 같다.

1. 통합의 의미를 안다.
2. 왜 통합이 중요한지 앟다.
3. 목표가 무엇인지 안다.
4. 전형적인 환경에서 프로그램을 만드는 방법을 안다.
5. 아동이 친구를 사귀는 것을 도와주는 방법을 안다.

처음의 세 단계는 통합 프로그램들을 만드는 과정에 필수적인 구성요소의 기본적인 요소로 이루어져 있다. 그 중 몇몇은 고려해야 할 아주 기본적인 것이지만, 부모와 전문가 둘 다의 경험에 비춰보면 보통 간과하기 쉽다. 이런 기본적인 요소들을 간과하기 때문에, 통합 프로그램은 종종 실패한다. 이런 요소들은 왜 가족이 통합 프로그램을 찾아야 하는지에 대한 생생한 이해를 하게 해 준다. 가족은 4단계와 5단계에서 통합 프로그램을 만들기 위해 실제적인 나사와 볼트 역할을 하는 선구자가 된다. 처음의 세 단계는 우리가 빌딩 블록을 만들 때 사용하는 철학적인 요소들이며, 그 기초에 대해 우리는 위임을 받아들인다.

단계 1: 통합의 의미를 알기

팀으로서 통합이 무엇을 의미하는지 정의를 내리는 것은 프로그램의 통일성에 매우 중요하다. 통합은 아동이 휴식과 실외 운동시간, 음악과 체육시간 등 단지 일부분의 시간에만 방문자로서 배치되는 것 이상을 의미하며, 그렇게 되면 그들은 실제로는 포함되지 않는 것과 같다. 통합이란 아동이 그들 형제자매와 함께 학교에 다니고 그들의 이웃 아동과 함께 수업에 참여하는 기회를 갖는 것을 의미한다. 그들은 대부분의 시간을 이웃 친구들과 가까이에 앉아서 함께 먹고, 함께 놀고, 함께 배우는 데 보낸다. 그들은 장애를 가진 아동들의 그룹이 아니라 일반 학급 아이들의 그룹에 포함될 것이다. 부분적인 통합과 토큰 통합에 대한 생각을 버리지 않는다면, 우리는 성공적인 통합을 성취할 수 없을 것이다.

단계 2: 왜 통합이 중요한지 알기

통합은 분리된 환경에서는 성취될 수 없는 몇 가지 결과물을 제공해 준다. 만약 아동이 일반 아동을 모델하는데 일반 아동과 함께 있는 것을 제한 받는다면 어떻게 그들이 적절한 반응과 행동을 배우겠는가? 어떻게 하는지 보여 줄 수 있는 일반 아동과 함께 하지 않는다면, 그들이 어떻게 서로 나눠가지는지, 다른 아동과 함께 지내는지 배울 수 있겠는가? 통합은 우정이 어떻게 형성되는지 아동이 소속되고, 참여하고, 가치와 자존감을 개발하는 장소를 제공해 준다.

통합환경에 있는 아동들은 그들을 둘러싸고 있는 세계를 구성하고 있는 수많은 작은 환경들에 노출되어 있다. 세계에 대한 그들의 인식은 확장되며 그들의 생활 지평은 확대된다. 일반적인 의견과는 반대로 정말 장애아동은 일반교실에서 문자, 숫자, 소리, 언어, 자르는 방법, 색깔, 쓰기, 읽기, 참여, 과제를 끝내는 방법을 배울 수 있다.

뿐만 아니라 일반 아동에게도 통합의 중요성을 간과하지 않는 것이 중요하다. 장애를 가진 아동이 함께 있을 때 일반 아동이 배울 수 있는 기회는 제한되지 않고 더 확장된다. 장애를 가진 아동이 통합되어 있을 때, 사회의 태도는 변하게 된다. Alex와 함께 자란 일반 아동은 장애를 가진 사람에 대한 새로운 관점을 갖게 된다. Alex와 함께 자란 아동이 있는 가정, 일터, 교회에 장애인이 있을 때 이런 아동이 측정할 수 없는 공포와 무시의 감정을 느끼는 것이 아니라 이 사람들도 가치 있고, 재능 있고, 능력이 있다는 것을 알게 된다. 장애를 가진 아동들이 참여하게 되고, 사랑받게 되고, 고맙게 생각되고, 받아들여지고, 가치를 알게 될 때, 그들은 제한점에도 불구하고, 모든 아동은 장애를 가진 아동이 너무 사랑스럽고 가치롭다는 것을 느끼고 깨닫기 시작한다.

단계 3: 목적이 무엇인지 알기

Alex가 통합 장면에 있는 몇 년 동안에, Alex가 왜 거기에 있어야 하는지 비전을 이해시키는데 가장 방해가 된 과정인 학교 전문가의 무능력에 대한 문제가 나에게 가장 명백한 것이 되었다. 이러한 비전의 부족은 계속해서 가장 큰 방해가 되었다. 학교 전문가들은 1학년 기능을 가진 아동에게 5학년 교육과정을 찾아서 "나는 이러한 자료들을 이용하여 이 아동에게 적절한 쓰기 목적을 진술하려고 한다."고 말한다. 나는 교육자들의 생각이 주로 인지 기능과 자립기술을 기반으로 한다는 것을 일찍 발견하였다. 그러나 부모로서 우리는 Alex가 가지고 있는 자폐 증상에서 빠져나올 수 있는 것과 실제 세계의 장면과 상황에 기능할 수 있는 것을 배울 수 있도록 하는 것에 필요함을 느껴서 부가적인 과제를 고려하고 있었다.

일반교실에서 아동을 위한 목적을 개발할 때, 인지 또는 자립 기술을 넘어 거기에서 아동이 많은 것을 배울 수 있다는 것이 고려되어야 한다. 실제 세계를 이해하고 받아들이는 것과 같은 과제, 활동 또는 프로젝트의 부분에 참여하기, 대집단 환경에서 지시를 받아들이고 주의집중하기, 환경이 부과하는 것과 같은 좌절을 극복하고 참는 것을 배우기, 듣기를 배우기, 함께 따라가기, 과제를 끝내기, 동료 도우미 또는 교사의 적절한 지시를 받아들이기, 명령을 구별하고 반응하기, 적절한 사회적 반응과 행동을 개발하는 것을 배우기, 친구가 되기, 일상적인 생활의 자연적인 리듬과 반복을 자발적으로 따르기와 같은 것이 목적 속에 포함되어야 한다. 일반교실에서 가르칠 수 있는 중요한 기술과 능력이 통합환경의 목적이 되어야 한다. 이러한 것들은 분리된 환경에서는 달성할 수 없는 Alex의 미래를 위해 필요한 결과들이다. 적절하게 잘 디자인될 때, 일반교실 장면은 좋은 교수 기법을 위한 기회를 제공할 수 있어서 아동의 개인적 필요를 반영하는 인지와 자립 기술을 완전하게 가르칠 수 있다.

급우가 교실에서 Alex에게 지원과 도움을 제공하고 있다.

그러나 중도장애를 가진 아동의 목적을 고려할 때, 교육자들은 아동이 현재와 미래에 그들 동료의 지역사회에서 완전한 시민이 될 수 있게 하는지 또한 심사숙고하여 조사해 보아야 한다. 문자와 숫자를 사용하려고 하기보다는 일반교실 교육과정의 개념을 아동이 우호적으로 배울 수 있고 자연적인 환경에 반응할 수 있도록 아동을 가르쳐야 한다. 교육자들은 이러한 철학을 반영할 수 있는 개별화교육 프로그램(IEP)을 위한 목적을 어떻게 진술할지 고민하고 있다. 나는 Alex를 교육시키는 과정을 통해서 이것을 우리가 어떻게 배울 수 있는지 공유하고자 한다.

Alex의 IEP 첫 번째 부분은 문자, 소리인식, 읽기, 수학, 신발끈 묶기 등과 같은 전통적인 인지와 자립목적을 반영하고 있다. 이러한 목적은 Alex가 일대일 교수를 받는 약 1시간 동안 따로 수업 받는 회기 동안 수행되었다. 그의 IEP 나머지 부분은 일반교실 참여를 통하여 맞출 수 있는 목적을 반영한다. Alex가 잘 할 수 없는 것과 그의 행동 평가를 기초로 하여, 우리는 성인으로서 세상에 기능을 할 수 있도록 직장과 사회적으로 둘 다에서 Alex가 어떤 기능을 개발해야 한다는 것을 알았다. 이러한 필요한 기술들은 네 가지 기본적인 범주와 맞아 떨어진다. 첫째는 Alex가 그의 주위에서 일어나는 것에 대해 주의집중을 하고, 참여하는 것을 배우는 것이 필요하였다. 둘째는 Alex가 그의 주위에서 일어나는 일들에 참여하는 것을 배울 필요가 있었다. 셋째는 Alex가 책임 있는 사람이 그에게 하는 지시에 적절하게 반응하는 방법을 배울 필요가 있었다. 그리고 넷째는 Alex가 친구를 사귀는 방법과 어떻게 친구가 되는지 배울 필요가

〈표 1〉 Alex의 8학년 IEP

학급목표: 8학년 수업의 자료와 교육과정들을 이용하여(영어, 수학, 과학, 사회, 탐구 및 보충학습) Alex는 전형적인 학급 활동에 참여할 것이다.

I. Alex는 학급 활동, 토의 그리고 발표에 참여한다.
  A: Alex는 책, 칠판, 차트, 또는 스크린을 주목할 것이다.
  B: Alex는 자료와 전략을 이용할 것이다.
    1. Alex는 그의 손가락을 수업이 이루어지는 책이나 종이 위의 위치에 계속 유지할 것이다.
    2. Alex는 토의되고 있는 질문의 번호에 동그라미를 그릴 것이다.
    3. Alex는 정답라벨을 토의되고 있는 질문에 답하기 위해 빈칸에 놓을 것이다.
  C: Alex는 그렇게 하도록 요구받을 때 주의를 기울일 것이다.
II. Alex는 학급 활동, 발표, 그리고 토의에 참가할 것이다.
  A: Alex는 담임이나 또래 도움이가 준 단순한 지시에 반항 없이 반응할 것이다.
    1. Alex는 그의 책을 꺼낼 것이다.
    2. Alex는 페이지를 찾을 것이다.
    3. Alex는 저항 없이 하나의 임무에서 다른 임무로 전환할 것이다.
    4. Alex는 질문을 받을 때 어떤 항목에 주의를 돌릴 것이다.
  B: Alex는 수업시간 동안에 교사에게서 받은 두 개의 간단한 질문에 반응할 것이다.
    1. Alex, 3 더하기 2가 얼마지?
    2. Alex, 플래시 카드 문제에 대한 답은 뭐지?
    3. Alex, 그림 안에 무엇이 있지?
    4. Alex, 이 단어는 뭐지?
  C. Alex는 미리 준비한 질문에 대한 답을 하기 위하여 그의 손을 들 것이다.
  D: Alex는 시각자료를 이용한 각 단원으로부터의 개념에 대한 특별한 보고를 제시할 것이다.
  E: Alex는 적응되고, 수정되고 그리고/또는 미리 가르쳐준 자료의 완료와 이러한 개념에 대한 테스트를 완수함으로써 각 단원으로부터 나온 최소한 네 개의 개념을 습득할 것이다.
  F: Alex는 교사와 또래로부터 피드백을 받을 것이고, 요구받은 과제를 정확하게 할 것이다.
  G: Alex는 그의 자료를 적절한 방법으로 다룰 것이다(락커 관리, 책가방 준비하기, 수업에 필요한 물건 가져오기, 책상 위에 자료 정리하기 등).
III. Alex는 사회활동에 참여할 것이다.
  A: Alex는 학교에서 다른 아동과 대화로 상호작용을 시작할 것이다.
  B: Alex는 교실에서 적절한 시간들을 유지할 것이다.
  C: Alex는 말 주고받기를 적절하게 할 것이다.
  D: Alex는 모르는 어른에게 절절한 방법으로 인사를 할 것이다(악수하기).
  E: Alex는 교사와 또래에게 적절한 이름을 사용하여 부를 것이다.
  F: Alex는 또래 동아리에 의해 계획된 사회적인 과외활동에 참여할 것이다.

출처: Koegel, R.L., O'Dell, M.C., & Koege, L.K. (1987). A natural Language paradigm for teaching nonverbal autistic children. Journal of Autism and Developmental Disorders, 17, 187-199; reprinted by permission.

있었다. 여러 해 동안에 걸쳐, 우리는 Alex가 주의집중하고, 참여하고, 지시를 따르고, 친구가 되는 것에 기초하여 목적을 진술하는 방법을 배웠다. 〈표 1〉은 Alex의 8학년 IEP에서 발췌한 몇 가지 예를 제시하고 있다.

〈표 1〉에 제시된 필수적인 목적 모두는 학년 수준 교육과정을 사용하여 일반적인 교실 안에서 수행될 수 있다. 교과보다는 오히려 기술과 행동에 기초하여 목적을 개발하는 것은 부모와 교육자들이 일반교실에서 아동의 배치의 목적과 아동의 다른 욕구를 거기서 어떻게 맞출 수 있는지 이해하게 한다. 일반교육 교사는 아동의 교육에서 그들 역할에 대한 더 나은 감각을 줄 수 있고 그들이 아동이 하는 것을 기대할 수 있다. 앞에서 심도 있게 논의된 세 가지 단계를 기초로 하여 일단 강력한 기초가 확립되면, 부모와 교육자들은 다음과 같은 두 개 이상의 단계를 시행하면서 성공적인 통합 프로그램을 개발할 수 있다.

단계 4: 전형적인 환경에서 프로그램 구성하는 법 알기

통합 프로그램을 구성하는 데 있어서의 첫 단계는 교장에서 부모에 이르기까지 프로그램의 일부가 될 모든 사람을 포함하는 현직연수회의가 되어야 한다. 이 현직연수회의에서는 프로그램을 설명할 수 있는 개인 또는 개인들, 아동이 그곳에 있는 이유, 목적이 무엇인지, 아동이 어떻게 참여할 것인지, 포함된 각 사람의 역할 그리고 학생의 협조를 얻어야 할 필요가 있는 기본적인 행동 관리와 강화 기법이 제시되어야 한다. 현직연수 스텝은 통합 프로그램의 개발에서 지원하는 지역 교육구에 의해서 고용된 자문가, 그 이전 해에 프로그램을 수행해 온 지역 교육구의 전문가, 또는 그 프로그램에 긴밀하게 포함될 수 있는 부모일 수도 있다.

다음에 전형적인 학급일수 동안 일정과 프로그램이 관찰되고 평가된다. 주의 깊은 분석은 아동의 참여를 최소한 기쁘게 받아들이는 것으로 보이는 수업일수의 이러한 부분을 확인하기 위하여 이루어진다. 그러한 시간은 도로 끌어오는(pull-up) 프로그램에 사용된다. 이 시간 동안엔, 그 아동을 학급으로 되돌아오게 하거나 개별적인 인지 및 자립적인 목표에서 일대일 개인교수를 위해 복도에 있는 작은 책상으로 돌아오게 할 수 있다. 이 시간이 매일 1~2시간을 초과해서는 안 되도록 주의해야 한다. 그 날의 나머지는 전형적인 학급 활동에서 보내질 것이다.

그러고 나서 하루의 활동을 근거로 하여 성공하려는 아동에게 필요한 지원이 결정된다. 아동의 장애의 성격과 정도에 따라 아동이 초기에 배치될 때 교사의 지원이 교실에서 필요할 수 있다. 아동에게 처음에는 많은 지시와 지원이 필요할 수 있다. 예를 들면, 아동은 그(또는 그녀)가 해야 할 것을 이해하는 것, 관련된 정보에 주의를 기울이는 것, 답안과 자료를 관리하는 것, 그리고 자리에 앉아 있는 것에 있어서 도움이 필요할 수 있다. 교사의 지원은 각 활동과 프로젝트를 통하여 아동을 안내하는 역할을 하고 교사의 교수와 지시를 반영한다. 어떤 아동들은 일어서야 할 때, 교실 안에서 옮길 때나 옮길 곳, 국기에 대한 맹세를 하는 법 등에 관하여 지시를 따르기 위하여 신체적으로 촉구될 필요가 있을 수 있다. 초기에 목적은 교사의 지원 하에 교실에서 잘 반응하고 편안하도록 하는 아동의 능력 안에서 개발되어야 할 것이다.

다음에 보조 교사는 아동이 쳐다보고 교사의 말을 듣도록 촉구하면서 교사에게 아동의 주의를 집중하도록 지시하기 시작할 것이다. 보조 교사는 또한 날마다 일정시간 동안 반에서 가르칠 수 있다. 이 기간 동안 일반 학급 교사는 아동과 일대일 시간을 보낼 수 있고, 친밀감을 개발하고 교수와 지시를 따르는 데 필요한 학습과 기법을 연습하는 데 시간을 보낼 수 있다. 그리고 교사는 그 기법들을 통합학급장면에 사용하기 시작하고 점차적으로 아동의 교수가 보조 교사에서 교사로 전이되기 시작한다. 보조 교사는 아동으로부터 철수하기 시작하지만, 다른 학생들을 돕기 위해 이동하면서, 아동이 망설이거나 규칙을 지키지 않는 것을 보고 아동에게서 눈을 떼지 않고 지켜본다. 보조자는 원조 제공과 필요한 것의 지원을 되돌린다.

뿐만 아니라 교사의 보조자로부터의 지원은, 학급프로그램들과 활동들에 아동이 어떻게 참가할 수 있을 것인지 생각해 보도록 시험되어야 한다. 각 프로젝트, 활동, 또는 연습문제지를 아동이 그것들을 하려면 그것의 어느 부분을 아동이 할 수 있고 어떻게 다른 부분이 수정되는지 결정하기 위해 고려되어야 한다.

일부 상황에서는, 교육자는 전형적인 아동들이 하고 있는 것과는 본질적으로 다른 요소의 자료 사용을 결정할 수 있다. 그러나 많은 상황에서 같은 자료들은 그것이 아동의 능력과 요구에 맞추기 위해 수정되고 적용된 것이라면 사용될 수 있다. 여러 지침서들이 이 과정에서 도움을 줄 수 있다.

첫째로, 아동이 할 수 있는 부분을 확인한다. 그러고 나서 나머지 과제를 단순화하는 방법을 찾아본다. 과제를 단순화하는 것은 1) 활동을 좀 더 명확히 만들기, 2) 아이들이 배우게 될 개념을 확인하고 제한하기, 3) 지침단서 사용하기, 4) 아동의 기술수준을 위한 요소 적용하기, 5) 좀 더 관련 있는 요소 만들기, 6) 문서화된 정보의 확장과 아동을 위한 지침들을 제공하기 위해 테이프 녹음 사용하기, 7) 아동이 학급 안에서 그것을 사용하기 전에 아동을 위한 요소 미리 가르치기(수집된 연습 문제지 샘플은 이 장의 끝부분에 있는 [그림 1]~[그림 7] 참조).

전형적인 학급 안에 배치하는 것이 "덤핑"과 같은 동의어가 되어서는 안 된다. 그것은 주의깊게 계획되고 고안된 프로그램이어야 하고 될 수 있어야 한다. 프로그램은 모니터되어야 하고, 자료는 기록되어야 하고, 사후지도는 유지되어야 한다. 그것은 특수교육의 스텝과 일반학교 교사들의 결합된 노력이다. 특수 교사들은 프로그램과 자료들을 개발하고 일반 교사들은 그것을 실행한다. 적합한 정보, 경험, 그리고 지원이 주어졌을 때, 신용할 수 없었던 행정가들과 교사들 그리고 심지어 Alex의 현재에 대해 반대하던 사람들조차도 그의 옹호자와 지원자가 되었다. 그들은 그들이 한 때 망설였었지만 프로그램의 성공을 자랑스러워하는 것에 대해 소유권을 주장하러 왔다. 그리고 Alex와 함께 한 시간이 끝났을 때, 그들은 배운 학습과, 자신들의 독특한 학생들을 위한 진짜 영향, 경험을 위한 감사에 대해 말했다.

이러한 종류의 전략들의 미덕은 협력적으로 일하고, 매년마다 그들이 다양한 수준의 능력에 적응될 수 있다는 것이다. 첨가된 보너스로 이 적응의 기술들과 부분적인 참가는 아동이 교회학급, 활동, 스카우트 활동, 그리고 다른 공동체 프로그램에 들어오게 할 방법을 제공할 수 있다. 어떻게 아이들의 두뇌에 많은 개념들을 채워 넣을 것인지 또는 아이들이 얼마나 많은 기술들을 습득할 수 있는 것에서부터, 그리고 내가 어릴 때 두려움으로 배웠던 조용한 공간들 안에서 자신들의 인생을 보내고 닫힌 문 뒤에서 있는 대신에 아동이 자연적인 환경에서 기능하기 위해 배우고, 어떻게 주류화 환경을 확신하고 익숙해 질 수 있는가에 대한 변화가 초점이다. 통합교육을 통해서, 자연적 환경은 아동을 위해서는 개방적인 배치가 되었다. 그리고 세상은 아동에게 우정, 수용, 지원, 그리고 상호적인 선물을 주는 장소가 되었다.

단계 5. 아동이 친구를 만드는 방법 알기

우정은 종종 장애학생들에게는 무시되는 영역이다. Alex와의 우리 경험은 우정이 단순히 아동이 자신의 동료들과 함께 있기 때문에 일어나는 것만은 아니라는 것을 발견했다. 우정 쌓기는 다른 영역의 기술개발로서 동일한 주의집중과 구조화된 프로그램을 요구한다.

이 영역의 기본 전제는 대부분의 과제가 전형적인 아동들에 의해 이뤄질 것이라는 것이다. 가족들이 고용할 수 있는 최고의 교사들이고 치료사들이다. 성인들의 임무는 단순하게 전형적인 아동들에게(일반 아동) 장애에 대한 정보를 명백히 열어 놓는 것과 아동들의 상호작용 촉진을 제공하는 것일 것이다. 아동들은 자신들의 두려움과 익숙지 않은 차이들에 대한 의문을 물어보고 표현할 기회를 가져야 하고, 장애를 가진 사람들이 차이(장애)보다 그들(자신)을 어떻게 더 좋아하는지를 알기 위해 도움을 받아야 하고, 장애를 가진 다른 학생들과 상호작용을 개발하는 방법에 도움을 받아야 한다.

1주나 2주 후에 아동은 전형적인 학급(일반 학급)에 배치되었으며, 개방적이고 솔직한 대화가 일반 아동과 같이 제공될 것이다. 이 대화는 아동의 부모나 학교직원에 의해 수행될 것이다. 나는 몇몇 중요한 개념을 설정하기 위해 아주 구체적이고 생생한 자료를 제시하면서 시작했으며, 그러고 나서 이러한 개념을 어떻게 사람들에게 적용하는지 아동과 함께 결론을 유도해낸다. 그리고 우리는 이 과정에서 즐거운 시간을 보내려고 노력한다. 예를 들어, 나는 종종 "땅 모양"이라고 불리는 장소에 대해 이야기하기 시작하는데, 거기서 규칙은 모든 모양은 그 자신의 성질을 유지해야만 하고 자신들과 다른 모양과는 혼합되지 않아야 하는 것이다. 이 이야기는 칠판에 배치된 다양한 모양을 사용하여 이야기한다. 시간 안에, 모양들을 발견하면 서로 다른 모양을 섞고 계속 규칙을 유지하면 멋진 일이 일어날 수 있다. 모양들을 칠판 위의 주변으로 이동시키면, 나는 그 모양들이 전부 섞여 있기 위해 그것들을 어떤 특별한 것으로 바꾸기로 결정했다고 설명한다. 그들이 보는 것에 따라, 아동들은 그 모양들이 변해서 멋진 기차가 된 것을 발견한다.

다음에, 나는 크래커는 없는 상자와 쿠키가 가득 들어 있는 크래커 상자를 소개한다. 나는 또한 상표가 붙어 있는 얇은 캔을 소개하는데, 캔 안에 강낭콩 대신 과일이 있는 것을 보여 주기 위해 바꾸어 놓는다. 열려 있는 그릇에, 아이들은 상표와는 다른 내용물에 깜짝 놀란다. 나는 또한 가상의 지역사회에 대한 이야기를 하는데 거기는 모든 사람들이 진한 갈색 머리카락을 가지고 진한 갈색 눈을 가지고 있다고 말한다. 나는 금발 머리와 파란 눈동자의 소년이 마을이나 학교를 갔을 때 사람들이 그 소년이 너무 "이상해서" 그에게 어떻게 반응하고 무슨 일이 일어날 것인가에 대해 학급 아동들에게 상상하도록 요청한다. 나는 계속해서, 그 지역사회는 어떻게 그의 "이상함"에 익숙해지고 그리고 그 소년을 받아들이고 그가–그의 금발머리가 무관하게 되는–그 자신이기 때문에 가치 있는 것을 배우는 것을 설명한다. 이 이야기들과 시각적인 교재물로부터, 아동은 칠판에 쓰여 있는 여러 가지 중요한 교훈들을 인지하게 된다.

1. 다른 것은 좋은 것이다.
2. 당신이 서로 다른 물건을 함께 놓는다면, 뭔가 좋은 일이 일어날 수 있다.
3. 당신이 안에 있는 것을 밖에서 보고 말할 수 없다.
4. 이상함은 당신이 그것에 익숙해져 있을 때 더 이상 이상하지 않다.

우리는 이런 개념과 수업들을 어떻게 장애인을 포함한 사람들에게 적용할지 논의한다. 동시에 우리는 특정한 아동들, 장애아동의 본성에 대해, 아동들이 장애로 인하여 직면하게 되는 특정한 도전에 대해, 아동들이 어떻게 다르며, 그럼에도 불구하고 다른 모든 아동들과 어떻게 같은지에 대해 논의한다. 아동들은 그들의 감정, 관심, 질문, 공포를 표현할 수 있는 기회를 가지고 있다. 이것은 진행과정의 중요한 부분이다. 그 아동들은 그들의 공포와 관심을 표현하고 그들이 성인에 의해 조용하고 민감한 방법으로 다루어지며 그런 두려움을 없애고, 똑바로 선 장벽을 낮게 만드는 것처럼 보인다. 나는 그 아동들을 그들의 학교 동료가 장애를 극복하는 데 돕도록 초대했다. 그들이 무엇을 할 수 있는지에 대하여 특정한 아이디어가 공유되었다. 아동 자원봉사자와 할당된 일이 주어지고 수용되었다. 내가 아동들이 이 가정을 진행하는 것을 보았을 때, 그들의 호응의 힘과 온정에 깊은 감동을 받았다.

Alex로부터의 선물

Alex의 정규학급 배치는 1학년 2학기 동안에 시작했다. 학년이 끝나면서 그는 다양한 영역에서 눈에 띄는 성장을 보였지만, 내가 그렇게 희망하던 사회적인 진보가 일어나지 않았다. Alex는 다른 아동들과 떨어진 거리를 유지했다. 다음 가을의 9월에 우리는 내가 앞에 기술한 프로그램을 수행했다. 나는 Alex의 교실과 그의 학교에 있는 모든 교실을 차례로 방문하였다. 우리는 그들의 학교에 있는 이 낯설고 작은 사람에 대해 논의하고 자폐증에 대해서도 대화를 나누었다. 나는 Alex가 정말 "이상하다"는 아동들의 명백한 믿음에 대해 인정했다. 그들은 심지어 그들의 어머니가 그가 이상하다는 것을 알고 있는 그것이 맞다고 생각했다면, 아마도 그것은 그가 이상하다는 것이 맞을 것이다. 우리는 그가 다르다는 것을 결정했지만 어느 정도 우리 모두가 왜 그런지 이해한 지금은 크게 중요하지 않는 것처럼 보인다. 우리는 Alex가 배워야 하는 가장 중요한 것들 중에 하나는 친구가 되는 방법이라는 것을 함께 결정했다. 우리는 아동들이 할 수 있는 세 가지 중요한 것들을 결정했고, 돕기 위한 나의 초대에 응하는 아동들을 학교에 두고 왔다.

몇 주 동안 나는 학교로 돌아가서 Alex의 학급에 있는 아동들이 그들이 지나갈 때 그의 어깨를 치고, 그의 얼굴 가까이에서 "안녕"이라고 말하면서 자세히 들어다 보고, 그들과 함께 그들의 놀이에 참여하도록 요청함으로써 숨기려고 노력하는 아동들을 보았다. 나는 그들이 온갖 노력을 다해 Alex의 모든 퇴행, 저항, 화에 대해 냉혹한 공격을 유지하는 것을 3개월 동안 보면서 그들의 끈기에 놀랐다. 내가 여러 주 넘게 Alex의 부정적인 반응을 관찰할 때, 나는 가라앉는 마음으로 아마도 전문가가 맞는다면, Alex는 절대 친구를 가질 수 없을 것이라는 것을 나의 남편에게 털어 놓았다. 나는 그 아동들이 Alex를 대하는 그들의 노력이 곧 약해질 것을 걱정했다. 하지만 그들은 포기하지 않았다! 몇 주가 지나고 그들은 그를 "받아들임"으로써 나의 방문 동안 나를 안심시키는 임무를 지속했다.

크리스마스 휴가 바로 전 어느 날, 나는 일상적인 방문을 하였고, 아름다운 선물을 받았다. 내가 보았을 때, 나는 가끔 Alex가 반응하고, 한 아동의 공격으로부터 후퇴하지 않는 것을 목격했다. 그의 벽이 무너지기 시작한 것이다! 늦은 봄, 육상경기 날에 나는 아동들이 하는 것처럼 Alex가 당기고, 끌고 때때로 손을 뻗고 그의 품에 다른 아동을 껴앉는 아동들의 혼잡 가운데에 앉아 있는 나의 아들을 보았을 때, 나의 가슴은 따뜻했고 나의 눈에 약간의 눈물이 흘렀다. Alex의 진보와 그 아동들의 작용은 계속되었다. 그 아동들은 기적을 행하고 있었고, 기적은 그 해를 지나면서 계속 커졌다. 기록하고 있는 지금 Alex는 10학년이고 자폐증으로부터 계속해서 도전을 받고 있다. 하지만 그것은 더 이상 그를 다른 아동들과의 사회에서 완전하고, 재미있고, 행복하고, 만족스러운 삶을 사는 것을 못하게 막지 않는다. 더 이상 그는 두렵고,

불안정하고 가족과 친구들의 사랑과 온정을 느낄 수 없는 그늘에서 기다리지 않는다. 지금 그는 그의 여동생과 함께 학교에 가는 버스를 타며 일상생활의 밝은 햇빛 속으로 걸어간다. 아침에 복잡한 복도의 부산한 움직임을 통과하는 데 주의를 기울이지 않는 길을 만들며, 친구와 하이파이브나 헤드락을 나누고, 친구와 비행기 잡지나 만화책을 유심히 바라보며, 그가 할 수 없을 때 학급동료와 속삭이고, 교회에서 세례를 받으며, 평범한 것을 수행하고, 보통의 보이스카우트 캠프, 이웃과 그의 친구들을 생일파티에 초대하며, 남자애들과 함께 게임센터에 가고 점심으로 패스트푸드를 먹는다.

게임장에 가는 것과 같은 방과 후 활동을 위해 친구들이 Alex와 함께 하고 있다.

그리고 최근 여러 해 동안, 그의 가까이에서 성실하고, 수용하며, 관대하고, 지원하고, 인도한 놀랄 만한 아동들은 누구일까? 그들은 또한 자폐증을 가진 그들의 낯선 친구로부터 위대한 선물의 영수증을 받지 못했을까? 그들은 Alex와 함께 산의 정상에 오름으로써 동정심, 관대함, 다양함의 아름다움 그리고 동지애를 배웠고, 기적이 일어나게 만드는 감정에 대해서도 알게 되었다.

앞에 놓인 도전은 "소속의 예술"을 배우는 것이다. 우리가 예술에 대해 배우고 우리는 아동들이 소속되는 길을 만들수록, 우리 모두는 아름다운 선물을 주는 사람과 받는 사람이 된다. 나는 그것을 "Alex의 선물"이라고 생각해 주기를 바란다.

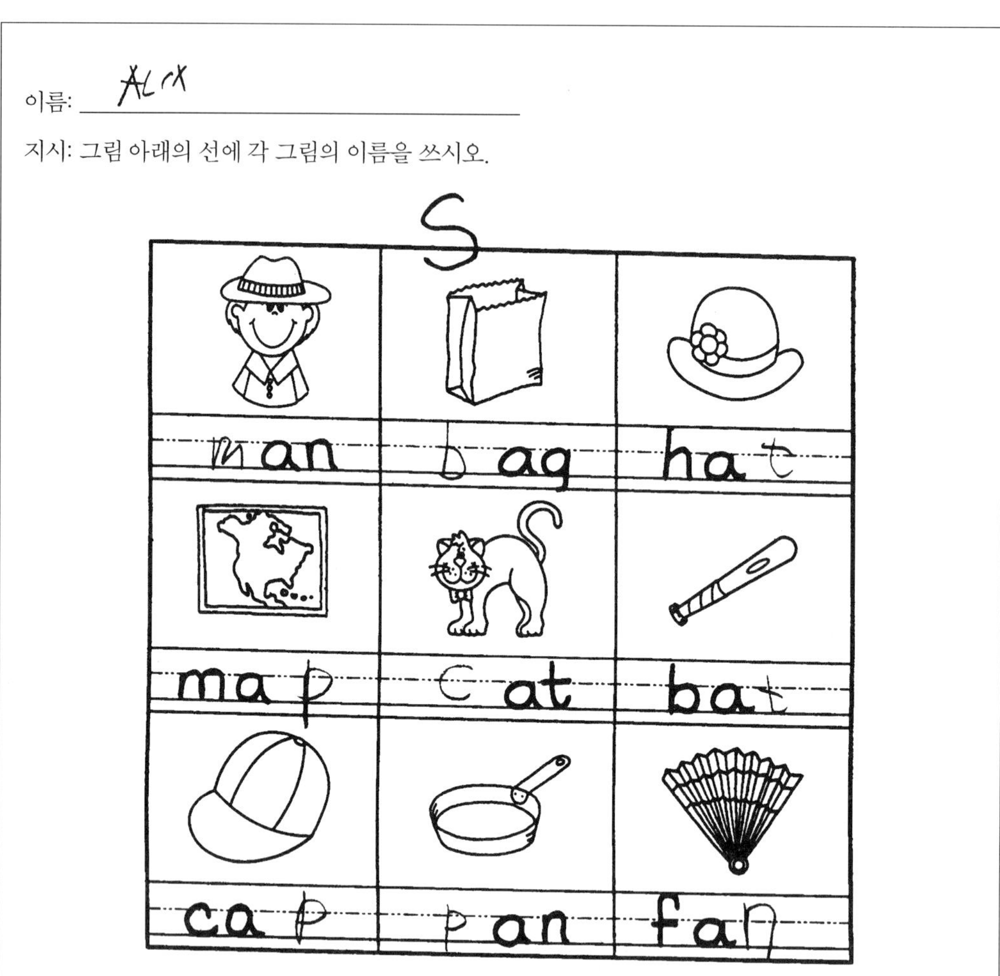

강화: Short A

[그림 1] 만약 아동이 전체 임무를 완성하지 못하면 그가 부분적으로 참여할 수 있도록 방법을 찾는다. 이 문제에서 전형적인 아동은 모음소리의 중요함으로 전체의 단어를 쓴다. 그 당시 학급은 이 연습문제지를 했고, Alex는 소리가 시작되고 끝나는 것을 배웠다. 그런 까닭에 이 연습문제지는 그 개념을 강화시키는데 적용되었다. 이 연습문제지에서 교사는 단지 Alex가 채워 넣은 시작하는 철자나 끝나는 철자만 남겨두고 각 단어의 대부분의 철자를 채웠다.

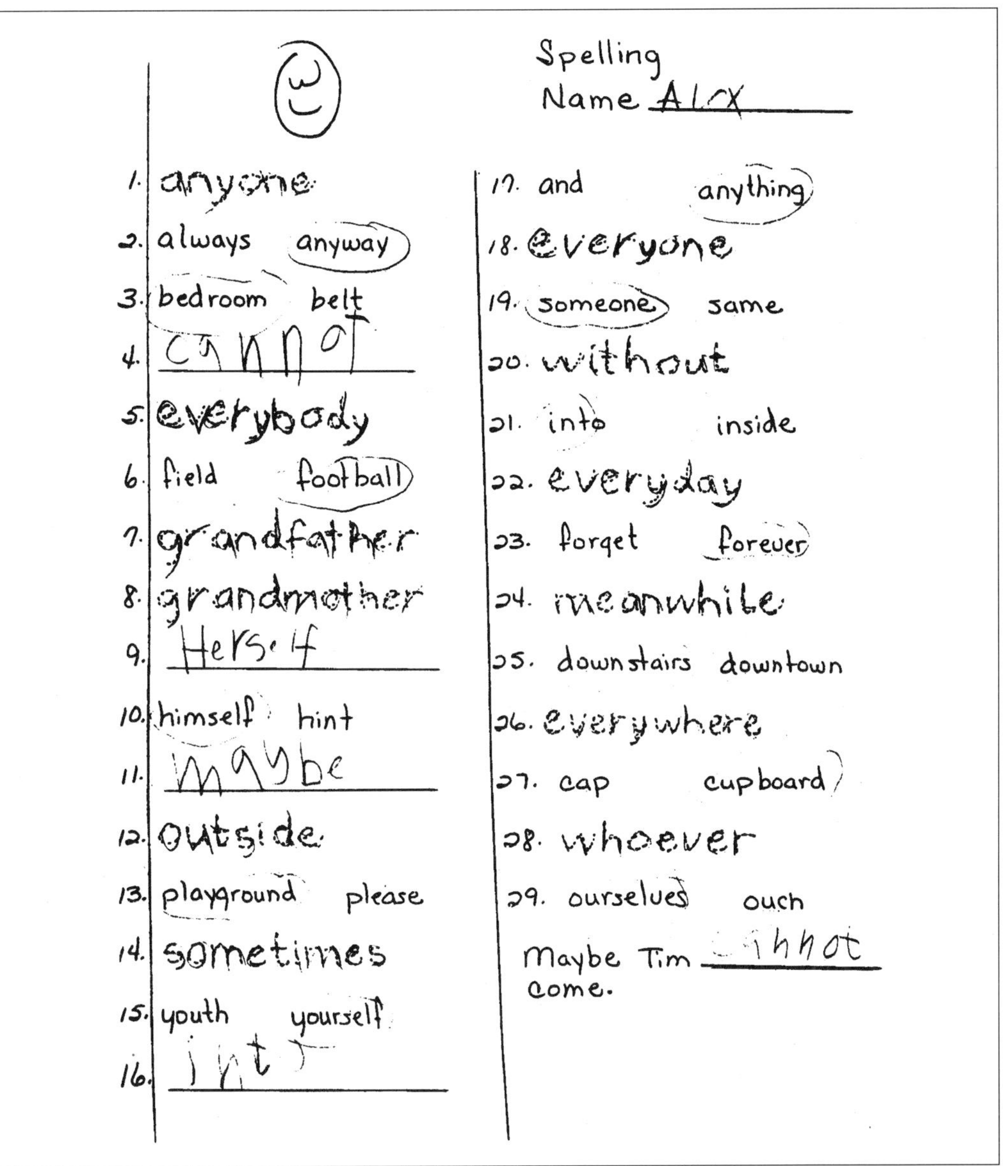

[그림 2] 만약 아동이 철자쓰기를 위한 단어를 모두 배우지 못했다면, 아동이 선 긋기 위해 점이 그려진 형태의 몇 개의 단어를 표시한다. 다른 단어들은 맞는 단어에 아동이 동그라미를 그리도록 허락함으로써 다양한 선택 형태로 표시할 수 있다. 아동이 철자 쓰는 것을 배웠던 단어들을 위해, 아동들이 철자를 쓸 수 있도록 여유 공간을 남겨둔다.

이름: ALEX

지시: 더하거나 빼시오.

100

6 + 0 6		3 + 5 8	6 - 5 1
3 + 5 8	6 - 2 4		5 + 2 7
4 - 1 3		6 + 3 9	
3 + 3 6		4 - 2 2	7 - 3 4

[그림 3] 문자의 몇 개를 지움으로써 과제를 단순화한다. 만약 아동이 두 기호의 구별에 어려움을 가지고 있다면, 기호들 중 하나에 동그라미를 그림으로써 아동의 주의를 판단한다. 이렇게 하면 아동의 성공이 증가한다.

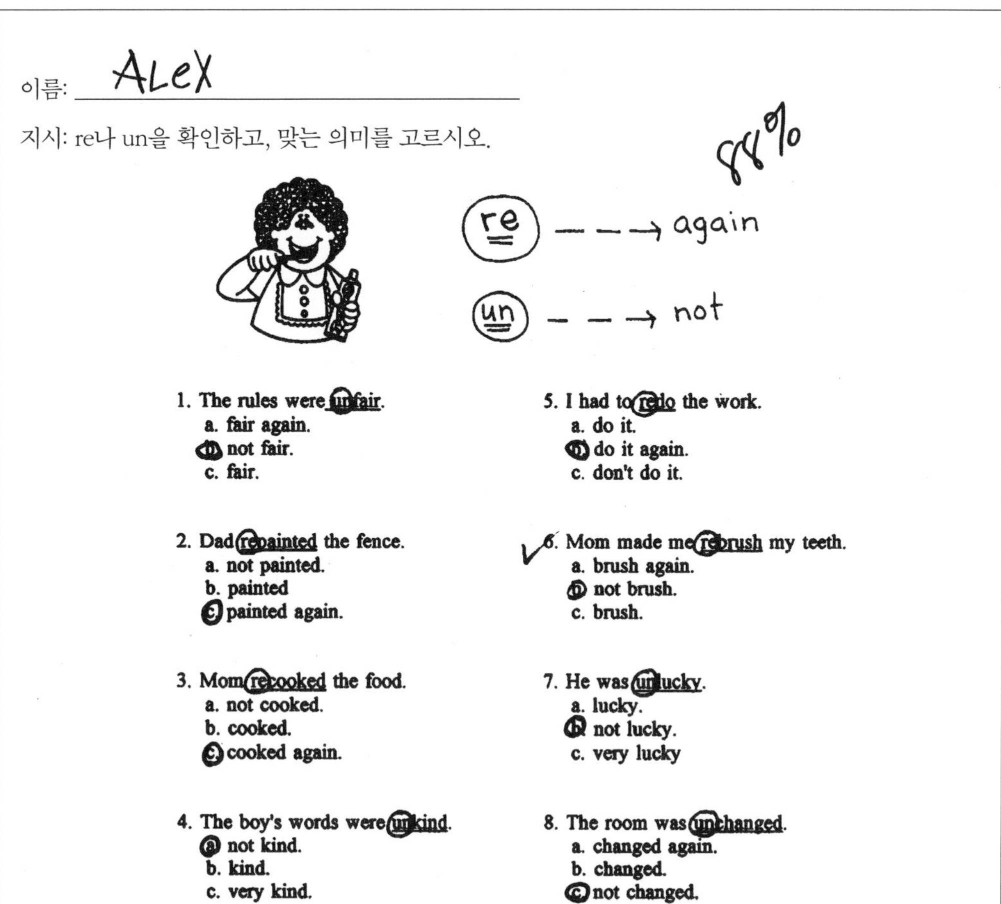

이름: ALEX

지시: re나 un을 확인하고, 맞는 의미를 고르시오.

88%

re ---→ again

un ---→ not

1. The rules were unfair.
   a. fair again.
   b. not fair.
   c. fair.

2. Dad repainted the fence.
   a. not painted.
   b. painted
   c. painted again.

3. Mom recooked the food.
   a. not cooked.
   b. cooked.
   c. cooked again.

4. The boy's words were unkind.
   a. not kind.
   b. kind.
   c. very kind.

5. I had to redo the work.
   a. do it.
   b. do it again.
   c. don't do it.

6. Mom made me rebrush my teeth.
   a. brush again.
   b. not brush.
   c. brush.

7. He was unlucky.
   a. lucky.
   b. not lucky.
   c. very lucky

8. The room was unchanged.
   a. changed again.
   b. changed.
   c. not changed.

[그림 4] 아동들의 참고를 위해 윗부분에 정보를 더함으로써 과제를 더 구체적으로 만든다. 아동들이 적절한 특징을 수행하도록 돕기 위해 접두사에 동그라미를 침으로써 단서를 제공한다.

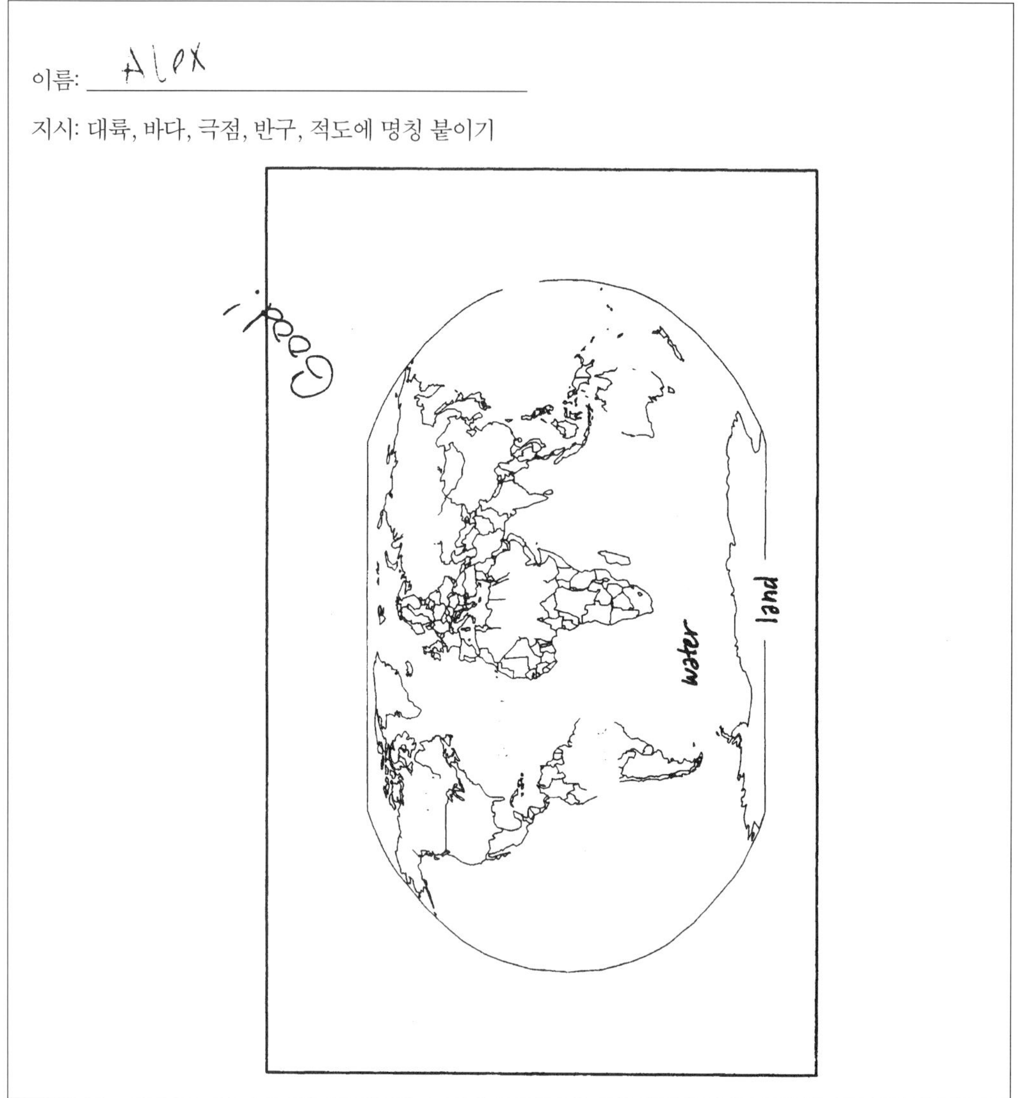

[그림 5] 아동이 배울 개념에 대해 확인한다. 전형적인 아동은 이 연습문제지의 바다, 대륙에 대해 이름을 붙이고, 극점, 반구, 적도를 확인하기 위해 방향을 표시한다. Alex는 지도의 어떤 부분이 땅과 바다를 나타내는지에 대해 배웠다. 그는 지도에 정확하게 위치시키기 위해 “땅”과 “바다”라고 써진 붙일 수 있는 라벨을 제공받았다.

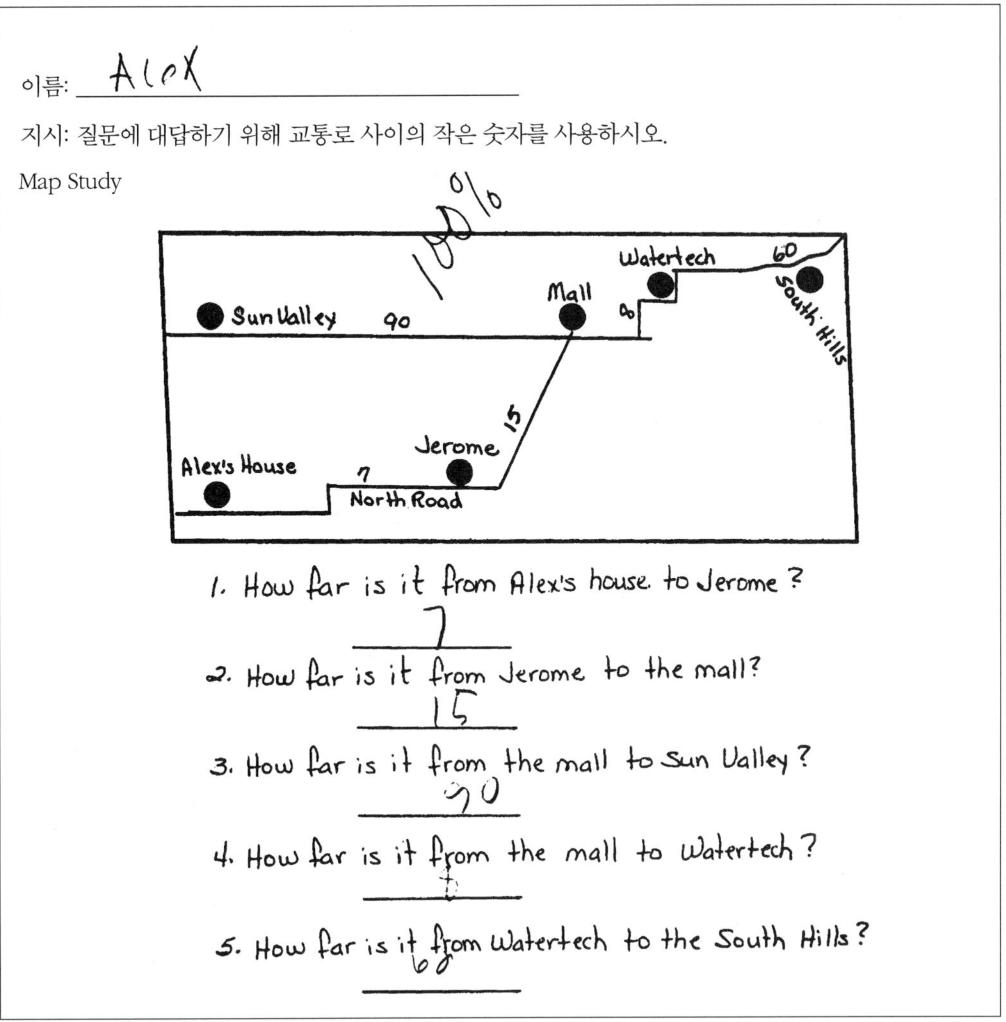

[그림 6] 자료를 단순화하고, 그것이 아동에게 더 많은 관련이 있도록 만든다. 원래의 연습문제지는 복잡한 뉴욕시의 지도를 표시했다. Alex가 다른 아동들처럼 같은 과제를 하는 동안, 지도는 그에게 중요한 장소를 포함하는 더욱 단순한 지도로 바뀌었다.

이름: ALIX

지시: 이야기를 읽고 아래의 질문에 답하시오.

Jacob의 아버지는 시청에서 근무했다.
Jacob은 그의 아버지와 함께 일하러 갈 예정이었다.
아버지는 그의 서류가방을 들고 Jacob에게 차안으로 들어가라고 말했다.
아버지는 기차역까지 운전을 하고 차를 주차시켰다.
아버지와 Jacob은 기차를 타기 위해 뛰어갔다.
기차는 그들을 도심지로 데려갔다. 빌딩은 매우 높았다.
Jacob은 그의 아버지와 함께 시청 건물로 걸어갔다.
그들은 엘리베이터를 탔다.
Jacob은 23층 버튼을 눌렀다.
그들이 아버지의 사무실에 갔을 때 Jacob은 그의 아버지의 책상에 앉았다.

100

1. Where was Jacob going?

ⓐ farm

ⓑ city

2. Where did Dad drive in the car?

ⓐ church

ⓑ train station

3. How did Jacob get downtown?

ⓐ train

ⓑ walk

4. What did Jacob do in the elevator?

ⓐ sat down

ⓑ pushed button

5. Where did Jacob sit in the office?

ⓐ dad's desk

ⓑ floor

[그림 7] 과제는 아동의 능력 정도에 맞추어 수정한다. 이 이야기는 중심 아이디어에 특별한 강세를 두고 오디오테이프로 단순화된 형태로 녹음된다. 다른 아동들이 그들의 답을 빈칸에 쓰는 동안, 다양한 답의 선택이 Alex의 연습문제지에 제공되었다. 문제와 가능한 답들 역시 지시에 따라 녹음되었다. Alex는 연습문제지를 완벽하게 하기 위해 녹음된 테이프를 따라했다.

제7장

아동의 의사소통을 매일의 환경이 지원하는 방법

Ann P. Kaiser & Peggy P. Hester

1975년 내가 박사 후 과정 학생이었을 때, 나(Ann P. Kaiser)는 내 시간을 언어학과 시설에 살고 있는 정신지체 청년들을 관찰하면서 보내고 있었다. 매일 아침 여러 시간 동안 관찰자로서 기록했고, 적어도 기숙치료시설에서 살고 있는 젊은이들 집단의 의사소통 행동을 기록하려고 시도했다. 1975년에 시설은 비록 잘 교육된 스텝, 대학과 협력을 유지하고 있었음에도 매우 제한적인 환경이었다. 언어와 기본적인 자립 기술을 가르치는 프로그램이 이제 막 시작 단계에 있었다. 거주인들은 그들 시간의 대부분을 "오두막"에서 보냈는데, 그곳은 텅 빈 큰방, 열악한 가구 그리고 부족한 자료와 대화 상대조차도 거의 없었다. 관찰 연구에 참여한 대부분의 참가자들은 언어 및 사회적 기술이 부족하였다. 대부분의 의사

이 장의 초기의 내용은 1992년 Tennessee 주의 Nashville에서 비혐오적 행동 관리에 대한 장애 및 재활 연구와 훈련센터 컨퍼런스의 제5차 연례국립연구소에서 발표된 것이다. 이 연구의 수행은 특수교육 프로그램국의 G008730528과 아동건강과 인간발달의 국립연구소의 HD15051과 HD27583의 지원에 의해 이루어졌다.

소통 상대는 그들에게 거의 유용하지 않는 스텝이나 서비스 제공자들이었다. 한 명의 스텝이 거주인과 모든 시간을 같이 보내도록 요구되었다. 각 방(Unit)마다 두 명의 스텝이 배속되었지만, 두 명의 직원이 한 곳에 동시에 있는 것은 거의 드물었다. 관현악에서 악기 연주처럼, 항상 한 명의 스텝이 떠나면(세탁물을 기계에 넣거나, 점검표를 기록하거나, 다른 심부름을 하거나), 다른 스텝이 돌아왔다. 젊은이들은 조용하게 혼자 있거나, 때로는 자기-자극적 행동을 하고 있었고 가끔은 많은 젊은이들이 과도한 약물 복용상태인 것으로 보였다. 거주인들이 부적절한 것으로 판단되는 행동을 하기 시작한 것을 스텝이 알아차릴 때는 간혹 사건이 발생하기도 했는데 그 결과는 타임아웃과 같은 중재를 하였다.

놀랄 것도 없이 젊은 남자의 발화에 대한 나의 내용 분석(그때 내가 등록한 언어학 과목에 영향을 많이 받은 분석에 의하면)은 매우 흥미가 적은 것으로 나타났으며, 대부분 한 단어의 말이거나 알아들을 수 없는 것이었다. "아니오"라고 하는 말을 가장 빈번하게 사용하고 있었다. 언어 환경에 대한 나의 분석은 의사소통을 위한 기회와 사회-의사소통의 반응과 시도에 대한 빈도를 조사하게 하였다. 이러한 빈도의 요약이 재미있게 나타났다. 말할 기회가 매우 적었으며(예: 거주인에게 말을 하는 경우가 거의 없었고), 상호작용은 간단하였으며 가끔은 행동에 대한 지시와 관계된 것뿐이었다. 그때에 그 데이터가 매우 흥미롭진 못했지만, 매일매일 관찰한 나에게 있어 결과는 환경의 질이 심각하다는 것이었다. 나는 그러한 장면에서 계속 연구할 수 없다는 결론을 빨리 내린 후에 시설에 있지 않는 아동에게 조기중재, 특히 조기 언어중재가 정신지체 아동에게 필수적이라고 생각했다. 자료 수집이 끝날 즈음 나는 시설을 떠났다. 나는 유치원에서 조기 언어중재 연구를 시작하였다.

정확하게 약 20년 후에, 장애아동에게 제공된 사회-의사소통적 환경에 대한 똑같은 이슈가 나와 나의 연구그룹(Vanderbilt 대학교의 Milieu Teaching Group)에게 흥미를 더해 주고 있다. 우리는 일상 대화 속에서 새로운 기능적인 언어를 학습하고 사용하는 데 어떻게 아동을 지원할 수 있는지에 대해 이해하려고 계속 노력하고 있다. 비록 장애아동을 위한 중재와 교육 서비스에서 많은 긍정적인 변화가 있다고 하더라도, 종합적이고 효과 있는 의사소통 중재는 연구자와 현장 전문가들에게 계속 도전이 되고 있다. 일대일에 기초한 어른중심의 언어 교수로부터 적절한 대화 상대와 맥락에 걸쳐 기능적인 언어 사용과 일반화를 지원하는 보다 자연적인 접근방법으로의 개념 및 실제적 아동이 언어중재를 위한 교수 모델이 효과가 있는 것으로 나타났다(Warren & Reichle, 1992). 이러한 아동은 언어 사용과 학습을 위한 자연적으로 발생하는 기회에 대해 아동의 의사소통 발달을 지원하도록 관련 분야의 관심을 쏟게 만들었다.

언어중재자들이 교사, 부모, 그리고 의미 있는 다른 사람이 시행하도록 자연적인 교수 모델을 개발함에 따라, 아동들이 새로 배운 언어를 사용하도록 기대되는 장면에서 체계적으로 지도하는 것이 중요하게 되었다. 훈련 환경(참고: Costello, 1983; Warren & Rogers-Warren, 1985)외의 아동의 언어 사용에 있어 언어 교수의 효과가 있는지 결정하는 개념에 따라 장면간 일반화의 틀이 기능적인 언어 사용을 이해하고 촉진하는 데는 불충분한 것처럼 보인다. 행동적 분석 관점에서 유래된 이 틀은 학습자에게 거의 배타적으로 언어 사용에 대한 짐을 부여하는 장소이다. 훈련 장면에서 다른 사람이 있는 다른 환경으로 일반화 또는 전이 기술을 사용하는 것은 그들의 몫이다. 이 모델에서 부족한 것은 환경에 대한 개념적 모델과 제한된 언어를 가진 아동이 새롭게 배운 기술을 사용해야 하는 환경에 대한 실험적 기반의 이해였다. 일반화에 대한 이해가 부정확하고 장애를 가진 유아들을 위한 현재의 환경에 대한 이해가 불충분한 것이었다.

이 장은 장애를 가진 영유아가 자주 자신을 발견하는 환경의 한 장면 중의 하나인 유치원 교실에서의 견해를 제공한다. 일반화의 사정을 포함하고 유치원 교실에서의 견해를 제공한다. 일반화의 사정을 포함하고 유치원 교실의 수정된 곳에서 세 연구의 비형식적 검토에 기초하여, 우리는 언어 사용에 있어 환경 효과의 몇 가지 원칙을 제공하고 장애아동의 의사소통을 지원할 수 있는 이러한 환경의 수정에 대한 몇 가지 시사점을 제공한다. 여기에 제공된 보고서는 연구의 전체를 설명하려고 한 것이 아니다. 의도는 의사소통을 지원하는 환경원칙을 나타내는 것으로써 이 관찰을 단지 사용하는 데 있다.

의사소통 환경으로 취학전 교실

지난 4년 동안, 유치원 교실에서 우리는 자연적인 언어중재 연구를 수행해 왔다(참고. Kaiser & Hester, 1994; Kaiser, Hester, Harris-Solomon, Delaney, & Keetz, 1995; Kaiser Hester, Harris-Solomon, & Keetz, 1994). 이러한 중재 동안에, 우리는 아동의 교실 안에 대화 상대(언어중재자, 교사, 동료)가 같이 있을 때, 즉 개선된 환경중심 언어 지도(Enhanced Milieu Teaching; EMT)가 효과가 있는지를 조사하기 위해 일련의 단일 대상 연구를 수행하였다. 뿐만 아니라, 우리는 새로운 장면(교실의 간식 장면, 소집단 수업, 또래와 놀이 시간, 부모와 함께 있는 가정에서의 시간)으로 일반화를 평가하기 위해 단일 대상 관찰 방법과 보다 총체적인 입장에서 교실에서의 상황을 조사하기 위해 수정된 기술적 방법을 사용하여 아동의 언어 환경을 조사하였다. 우리는 이 연구의 과정에서 다양한 대화 상대와 상호작용하는 아동의 수많은 시간을 비디오로 녹화하였다. 우리가 관찰한 교실은 결코 무선 표집 또는 대표적 표집은 아니었다. 그래서 그것에서 끌어낸 어떤 결론도 이러한 교실에만 제한된 것이었다. 우리는 이 연구에서 단지 12명의 아동을 계속해서 추적하였다. 〈표 1〉은 아동, 대화 상대자와 또래중심

〈표 1〉 참여 아동, 대화 상대자와 평가를 위한 전략

	아동							
	성별		나이(Mo)		SICD-E[a](Mo)			또래와의 대화를
	소년	소녀	평균	범위	평균	범위	대화 상대자	평가하기 위한 전략
연구 1	5	1	53.8	37~81	29	16~36	중재자[b] 교사 부모 또래	일반화의 직접관찰
연구 2	4	0	61.5	57~71	24	24~24	중재자[b] 교사[b] 또래[b]	또래에게 하는 일반화의 직접관찰 교실의 수정된 기술 연구
연구 3	2	0	60	55	16	20	교사[b] 또래	교실의 수정된 기술 연구

[a]언어기능 수준은 Sequenced Inventory of Communication Development의 표현 언어 척도로 평가하였다(Expressive Scale)(Hedrisck et al., 1975).
[b]중재에 포함된 사람을 나타낸다.

대화를 평가하기 위한 전략의 특성을 제시하였다.

이 연구에 참여한 아동은 언어 기술의 유사성 때문에 선정되었다. 그들은 37~81개월 사이에 있었고, 평균 연령은 58개월이었다. 그들의 언어 기술은 SICD(Sequenced Inventory of Communication Development)로 측정했을 때 16~36개월 사이에 있었다(Hedrick, Prather, & Tobin, 1975). 각각의 아동은 의사소통 양식으로 구어를 사용하였고 발화를 모방할 수 있었다. 그들의 형태소에서 평균 발화 길이(MLU)는 1.5였다(범위 1.1~2.8).

아동이 등록된 교실은 모두 공립학교 교실이었다. 비록 아동이 이러한 학급에 등록되어 있었지만 전체적인 기능과 언어 기술의 수준은 다양하였으며, 교실은 독립된 학급이었고 한 아동은 장애아동과 함께 있는 특수 학급에 배치되어 있었다. 각 교실은 적어도 2명의 어른이 모든 시간에 있었으며, 주로 1명은 주교사이고 1~2명은 보조 교사였다. 5개의 교실 중 4개에서 아동은 하루 중 일부분을 일반 또래 아동과 통합되었으며, 주로 체육, 음악 시간, 점심시간 또는 실외 놀이였다. 각 교실에 평균 8명 정도가 있었다.

이 연구들의 주된 목적은 아동의 언어 사용과 발달에 있어 EMT의 효과를 조사하는 것이었다. 세 연구 중 두 개에서, 우리는 EMT 중재를 제공하기 위해 아동의 교실 교사를 훈련시켰

다. 주 연구에서 우리는 아동이 새롭게 학습한 언어가 교실에서의 대화와, 한 사례는 가정으로 일반화하여 사용되는지 조사하였다. 이 장은 이러한 연구의 모든 절차와 결과를 보고하지는 않는다. 대신에 이 장은 우리가 평가한 일반화와, 또 아동이 새롭게 배운 기술을 아동이 사용하기를 기대한 환경에 대해 배운 것에 초점을 맞추고 있다.

EMT는 환경 배치, 우발 언어 교수의 다양함, 반응적 상호작용 전략을 결합시킨 다중의 자

〈표 2〉 개선된 환경중심 언어 지도의 구성요소

1. 환경 배치[a] 관심 있는 자료를 선정한다. 요구를 확대시키기 위해 자료를 배치한다. 환경을 중재한다. 아동과 함께 활동에 참여한다.	**촉진방법:** 1) 환경 속에 아동 관심사 2) 환경에 계속된 주의 3) 요구와 코멘트를 포함하여 발화와 무발화의 의사소통적 시도 4) 아동과 어른의 공동참여
2. 반응적 상호작용 전략[b] 아동의 리드를 따른다. 주고받는 것을 균형 있게 유지한다. 아동의 대화 주제를 유지한다. 어른과 아동의 행동을 구성하는 적절한 언어를 언어학적으로, 또 주제에 맞게 모델링한다. 아동의 수준을 일치시킨다(표적 수준의 대화). 아동의 발화를 확장하고 반복한다. 아동의 발화와 무발화 의사소통에 의사소통적으로 반응한다.	**촉진방법:** 1) 아동과 어른의 공동참여 2) 대화 서로 주고받기 3) 계속적인 상호작용 4) 화제 유지 5) 표현 언어의 이해 6) 어른에게 자발적인 의사소통시도
3. 환경중심 언어 지도 기법[c] 아동-단서 모델링 요구 모델 시간 지연 우발 언어 교수	**촉진방법:** 1) 의사소통을 위해 어른 요구에 반응하기 2) 일반화된 모방 기술 3) 요구하기 행동 4) 정교화된 어휘와 구문기술(및 표적)의 생성 5) 대화주고받기 6) 화제 계속 유지하기 7) 어른에게 의사소통적 시도하기 8) 향상된 대화기술

[a]이 절차의 보다 상세한 설명은 Ostrosky와 Kaiser(1991) 참조.
[b]이 절차의 보다 상세한 설명은 Hemmeter와 Kaiser(1994) 그리고 Weiss(1981) 참조.
[c]이 절차의 보다 상세한 설명은 Alpert와 Kaiser(1992) 참조.

연적인 언어중재이다. EMT의 기본적인 구성요소가 〈표 2〉에 요약되어 있다. EMT의 보다 상세한 설명과 그것을 개발한 연구들은 Kaiser(1993)에서 찾아볼 수 있다.

연구 1: EMT의 일반화 효과

첫 번째 연구(Kaiser & Hester, 1994)에서, 6명의 유치원 아동의 EMT 효과를 조사하였다. 그들 언어 사용을 세 명의 다른 대화 상대와 함께 한 3회기 동안 사전과 사후에 평가하였으며, 중재는 아동의 교실 안에서 훈련받은 중재자가 수행하거나 또는 아동 교실의 아주 가까운 곳에서 수행하였다. 놀이 활동 동안 집에서의 대화 상대자는 그들의 부모들이었고, 교실에서 자연스럽게 일어나는 소집단 활동에는 주교사가, 자유 놀이 시간에는 언어 능력이 조금 빠른 또래가 대화 상대자였다. 중재의 일반화가 각 아동과 각 대화 상대자 간 아동의 언어 사용(발화 수, MLU, 어휘의 다양성, 표적 어휘의 사용)의 네 개 중 적어도 한 개에서 일부 관찰되었음에도 불구하고 일반화의 수준은 대화 상대자에 따라 다양하였다.

그들의 부모와 상호작용한 아동들이 가장 일관된 일반화를 보여 주었으며 두 번째는 교사, 가장 적게 보여 준 아동은 그들의 또래 상대와 상호작용한 아동이었다. 일반화의 수준과 사전과 사후 일반화 평가 둘 다에서 그들 대화의 양과 복잡성에서 보다 중요한 두 개의 특정한 상대자의 행동, 즉 1) 질문의 수(요구), 2) 상대자의 전체 말 수에 관련되어 있는 것으로도 나타났다.

이러한 결과는 아동의 언어 학습을 위해 지원되는 상대자의 대화량이 아동의 의사소통의 효과에 영향을 주는 것으로 나타났다. 아동이 새로운 기술을 배울 때, 적어도 상대자의 지원 수준이 새로운 기능을 일반화하여 사용하는 정도를 결정하는 요인이 될 수 있다. 상대자가 보다 많은 지원을 제공했을 때, 더 많은 일반화가 관찰되었다. 동료 대 동료 상호작용 경우에서처럼, 아동의 수행능력에 대해 적은 지원이 제공되었을 때 중재 후 말의 빈도와 말의 복잡성에서 단지 적은 변화만 나타났다. 부모-아동 일대일 회기에서는 아동이 그들 말의 빈도와 복잡성에서 큰 향상을 보였다. 소집단 맥락에서 교사는 그들이 제공한 지원이 적었기 때문에 적어도 한 부분에서, 즉 세 명의 아동 중에서 그들의 관심을 분배하는 기능에서 특히 흥미롭게 나타났다. 그래서 교사가 질문을 하고 표적 아동과 말하는 것이 능숙하다고 해도, 비교적 표적 아동에게 말하는 것이 적으면 일반화가 낮게 나타났다.

비록 놀랄 만한 것은 아니지만, 이러한 결과는 두 명의 교사와 8~10명의 아동이 있는 교실에서 많은 언어 기술을 가지고 있지 않는 경우에 언어를 배우는 아동이 그들의 새로운 언어를 사용하는 데 제한된 지원 경험을 하는 것으로 보인다. 그들이 보여 주는 일반화의 정도는 교사와 또래가 제공하는 말의 양과 말하도록 하는 특정한 기회(예: 질문, 요구)에 따라 달라진다. 일정표, 소집단의 크기, 그룹의 구성, 대화의 상호작용에 있어 교사의 강조와 같은 환경 조건이 의사소통에 있어 얼마나 많은 지원이 아동에게 유용한지 직접적으로 영향을 미친다. 아동이 받아들이는 실제 지원의 양은 참여하는 교사와 또래에 대한 아동의 특정한 기술을 기초로 한 같은 교실 안에서도 아동 간 매우 다르며, 연구 2와 3에서 설명한 것처럼 아동의 지각하는 언어 능력에 따라서도 달라진다.

이 첫 번째 연구와 일치하는 경우를 우리는 수업을 하는 장면 간 여섯명의 아동 교실 중 두 곳에서 관찰하였다. 우리의 비공식적 관찰은 교사-아동 말 수준이 교사의 일반화 과제가 비전형적으로 발생한 것을 암시한다. 즉, 하루 동안 제공되는 대부분의 활동이 계속되는 교사참여, 심지어 아동의 소집단 안에서는 거의 기회가 제공되지 않았다. 교사들은 단 몇 초(하나 혹은 두 개의 단어)보다 조금 길게 개별아동과 드물게 대화하였다. 아동과 함께 이야기하는 대부분의 교사는 대화적이라기보다는 오히려 지시적이거나 교정적이었다. 아주 적은 수의 아동이 일대일 대화를 하는 것이 관찰되었다. 요약하면, 우리가 아동의 일반화와 연계하여 결정한 지원의 종류는 교실에서 잘 일어나지 않았다. 놀랄것도 없이, 표적 아동은 그들의 교실에서 새롭게 배운 언어를 거의 사용하지 않았다.

이 연구로부터 우리는 언어 학습을 지원하는 환경에 대한 두 가지 원리를 도출하였다.

1. 상대자는 얼마나 많이 말해야 하며 얼마나 자주 질문을 해서 반응을 유도하게 되면 아동이 말하는 데 얼마나 영향을 미치는가?
2. 아동이 말하는 빈도를 지원하는 환경은 또한 새롭게 배운 기술의 일반화도 지원하게 될 것이다.

연구 2: 중재자와 교실 교사에 의한 EMT적용의 분석

두 번째 연구(Kaiser et al, 1994)에서, 우리는 훈련된 언어중재자, (우리가 훈련시킨) 교사 중의 한 명, 그리고 놀이 상호작용 동안 또래 상대자가 네 명의 아동 각각에게 EMT를 제공한 세 부분으로 된 중재를 수행하였다. 실험 디자인은 대화 상대자 간(훈련자, 교사, 또래) 중다 기초선 설계였으며, 대상자 간 반복 수행되었다. 기초선을 시작하기에 앞서, 우리는 이틀 동안 수업 내내 각 아동을 관찰하고 비디오로 녹화하였다. 우리는 전체 16일간 수업하는 동안 연구의 마지막에 이러한 관찰을 반복하였다. 연구를 시작하기에 앞서 한 달 이상 매일 교실에 참여하였기 때문에, 관찰과 비디오 녹화는 아동과 교사들에게 비교적 방해되지 않고 수행할 수 있었다.

사전 연구에서, 훈련된 언어중재자에 의한 EMT의 수행은 아동의 표적 어휘 사용과 훈련자와 의도적 의사소통 교환을 체계적으로 변화시키는 결과를 가져왔다. 단일 대상 연구 설계는 중다 기초선 설계의 부분으로서 우리에게 대화 상대자 간 일반화를 모니터하게 해 주었다. 뿐만 아니라, 우리에게 훈련에 포함되지 않은 교사와 또래 간 일반화가 일어나는지 알아볼 수 있게 해 주었다. 가장 얌전한 아동의 일반화가 그들의 교사와 상호작용한 아동의 기초선에서 EMT의 수행동안 관찰되었다. 훈련자와 교사의 EMT가 심지어 20회기 이상 일어났음에도 불구하고 또래 기초선에서는 일반화가 관찰되지 않았다. 연구의 중재 부분의 끝에, 아동은 보다 빈번하게 대화했으며, 세 대화 상대자 모두와 보다 복잡한 말을 주고받았다. 그들은 표적 어휘(예, "소년이 먹는다."와 같은 행위자와 행위 결합)를 사용하였고 훈련자와 교사 사이에 EMT 둘 다에서 빠르게 새로운 표적 어휘(예: "풍선을 분다."와 같은 행위와 목적어 결합)를 습득하였다. 그들은 또래와 더 많이 대화했으며 교사-조정 또래중재에서 또래 간 사회적 상호작용의 빈도와 지속기간에서 긍정적인 변화를 보여 주었다. 연구의 마지막에, 아동들은 다른(훈련받지 않은)교사와 변인에 대한 적은 수준의 일반화와 다른(훈련받지 않은) 또래에게 아주 적은 일반화를 보여 주었다.

교실 관찰과 비디오 녹화자료가 수업하는 동안 아동에게 대화한 것과 아동이 대화한 거의 모든 발화를 제공하기 위해 쓰여졌다. 교사와 아동 간 맥락을 설명하는 현장 관찰 노트가 세 명의 연구보조자가 참여한 장면에 준비되었다. 그리고 이러한 노트는 기술된 자료의 마지막 장면까지 포함하고 있다. 이러한 교실자료는 중재와 자연적으로 일어나는 장면 간에 아동의 수행능력을 비교하는 기초로서 제공될 뿐만 아니라 훈련 전후 교실에 참여한 아동의 상호작용 유형을 전체적으로 제공하고 있다.

관찰결과로부터 얻은 자료는 한 아동을 위한 사례연구 기술을 개발하는 것에 우리가 초점을 맞추게 하였다. 그 아동은 수용 및 표현 언어기능이 24개월에서 28개월 된 것으로 검사된 5세의 남자아동으로 Casey이다. 교실에서 Casey의 의사소통 기회의 다양한 면이 관찰되었다. 첫째, Casey는 그가 말할 때 가끔 알아듣거나 이해할 수 없는 중등도의 조음장애를 지닌 부드럽고 약하게 말하는 아동이다. 4일간의 자료는 그의 발화의 약 25~30%의 중요한 부분이 그가 말했을 때 아무도 알아듣지 못하거나 듣는 사람이 이해하지 못하기 때문에 반응이 없다는 것이었다.

둘째, Casey는 대화하는 상대자를 특히 좋아하는 경향이 있었다. 그는 그와 친밀하고 애정적인 관계를 유지하는 한 명의 교사를 선택하는 데 대부분의 시간을 보냈다. Ms. Karen과 Casey의 관계는 장기간에 걸쳐 교실에서 세 명 모두의 교사와 인터뷰하는 동안에도 "특별하거나" 그에게 중요한 것으로 나타났다. 우리의 관찰은 그들의 보고서를 확증하였고 또한 왜 Ms. Karen이 중요한 대화 상대자가 되었는지 일부 의사소통적 이유를 제안하였다. 다른 어떤 교사보다 그녀는 Casey와 의사소통을 하려고 하는 마음이 강했다. 그녀는 그의 조음이 불분명하거나 그의 의도나 욕구를 표현하는 데 언어를 잘 사용하지 않을 때 Casey의 의도를 확인하기 위해 여유를 두고 질문하는데 능숙하였다. 그녀는 빈번히 그와 대화를 주도하였고, 그녀의 의도를 그에게 지속시켰다. 가끔 Casey와 앉아 있던 두 명의 다른 교사와는 달리 Ms. Karen은 활동 속에서 그와 함께 하였으며 하나 혹은 두 개의 단어의 반응을 요구하는 간단한 질문을 하였다. 그리고 그에게 친절하게 참여하는 방법으로 코멘트를 하였다. 가능하면 그녀는 다른 교사들 보다 그를 더 자주 참여시켰고 그리고 그가 그녀를 찾았기 때문에 Karen은 그가 좋아하는 것과 흥미로워하는 것에 대해 알고 있었으며, 그의 말이 분명하지 않을 때 그의 말을 결정하는 어려움을 덜 겪었다. 그녀는 부드러운 질문 전략을 사용하였고 불분명한 의사소통을 해결하기 위해 선택을 제공하였다.

반면에, 다른 두 교사는 길고 복잡한 질문을 더 많이 하는 경향이 있었으며 분명한 촉구와 Casey가 말한 뜻을 결정하는 데 비교적 보다 더 직접적인 방법을 사용하였다. 조용하고 어느 정도 위축되어 있는 Casey에게 있어서는 이러한 직접적인 방법이 성공할 확률은 더 적다. 그는 질문으로부터 자주 위축되었으며, 그때마다 그의 엄지손가락을 입에 넣었다. 이 교사들은 "Casey가 원할 때 말을 하며, 말하는 것에 대해 아주 고집이 세다."라고 결론 내렸다. 그들의 방법이 다른 아동에게는 매우 효과적이었음에도 Casey의 의사소통을 지원하는 데는 거의 성공하지 못했다.

교실에서와 세 중재 장면에서 Casey의 말하려는 의도는 우리가 관찰한 바에 따르면 반대로 나타났다. 중재 장면의 각각에서, Casey는 조금씩 스스로 말하려는 상대자가 되었다. 두 명의 어른 중재에서, Casey의 행동은 약 10회기쯤에서 변화되었다. 변화는 여기에서도 마찬가지로 관찰되었지만, 또래 대 또래중재에서 서서히 나타났다. 세 명의 교사 모두 교실에서 Casey의 반응에서 변화를 보고하였다. 그러나 우리의 기술적 관찰은 이러한 변화가 훈련 장면에 관찰된 것보다 더 명료하였으며, 그 변화는 그가 좋아하는 의사소통 상대와는 분명하게 나타났다. Casey가 소집단 문제해결 과제에서 또래에게 가장 적은 일반화를 보여 주었음에도 불구하고 또래중심 의사소통에서 변화는 교실에서 분명하게 일어나지 않았다.

첫 번째 연구에서처럼, 우리는 교실에서와 중재 장면에서 아동의 말을 위한 의사소통 지원에서 차이가 실험 장면에서 EMT 중재의 실행과 교실의 일반적 환경 맥락 둘 다의 결과라는 것을 알게 되었다. 실험 장면에서, 대화 상대는 계속해서 유용하였고, 아동의 흥미에 초점을 맞추었으며, 아동의 의사소통 시도에 주의를 기울였다. 간단히 대화 상대가 유용하도록 하고 Casey와 함께 하도록 교사를 격려하는 것을 포함해 안전하게 결론을 내리기 위한 충분히 긴 기초선을 포함한 우리의 실험 자료는 Casey의 언어 사용과 새로운 학습을 증가시키기 위해서는 충분하지 않았다. 그러나 기초선 조건은 우리가 교실에서 관찰한 전형적인 조건보다 아동의 의사소통에 더욱 지원적이었다. 만약 Casey가 기초선 조건에서 쉽게 말할 수 없었다면, 거기서 상대자는 그에게 들으려고 했을 것이고, 그가 대부분의 시간을 혼자 보내며 의사소통 시도에 대해 교사가 종종 빠뜨리고 잘못 이해하는 교실에서 그가 말하지 않은 것은 전혀 놀랄 일이 아니다. 보다 지원적인 조건이 유용할 때(그가 좋아하는 대화 상대로서), Casey의 의사소통은 현저하게 더욱 빈번해지고 쉽게 이해될 것이다.

이러한 관찰로부터, 두 가지의 부가적인 원리가 나타났다.

1. 교사와 아동 간 계속적인 긍정적 관계가 의사소통을 위해 특정한 지원을 제공하였다. 계속적인 관계가 상대자 간에 더욱 빈번한 접촉을 제공하였으며, 아동의 의사소통 기술과 전략에 대한 어른의 특정한 지식이 증가됨으로써 의사소통에 있어 끊김을 이어주고 대화를 끌어내도록 하는 특정한 전략을 결정한 어른의 기회가 활성화 된다. 의사소통에 참가하고 지속하려는 아동의 동기는 특정한 교사와 계속적이고 긍정적 관계를 가질 때 증가될 수 있다.
2. 아동의 의사소통 기술의 사용은 대화 상대자 간에 걸쳐 차별되며, 주로 대화 상대자의 행동의 차이에 기초하게 된다. 대화 상대자의 행동, 특히 EMT 중재와 관련된 반응적 및 우발 교수 행동은 체계적으로 아동의 수행능력에 영향을 미쳤다. 우리의 주요 자료와 기술적인 자료는 아동이 한 명의 대화 상대자와 아주 능숙하게 대화할 수 있었고 마찬가지로 다른 대화 상대자와는 더 숙련된 것처럼 보였다.

연구 3: 또래–지향 의사소통에 있어서 자연주의 언어중재의 사회적 효과

세 번째 연구에서, 우리는 EMT(Kaiser et al., 1995)의 교실교사 중재를 수행하였다. 우리는 계속되는 교실 활동의 맥락에서 훈련시키는 교사들이 교실의 정규적인 활동을 밖에서 수행하는 중재와 관련된 이전의 결과보다 아동의 매일의 의사소통 환경에 더 많은 영향을 끼칠 것이라고 제안하였다. 네 명의 교사(한 명의 주임 교사, 두 명의 준전문가, 대학원 보조원)가 두 명의 어린이와 함께 훈련하였다. 실험 디자인은 두 명 대화 상대자인 교사 간 중다 기초선 설계였고, 아동들 간에 반복 실시하였다. 모든 훈련과 실행은 교실의 자유 시간 동안 일어났다. 사전 연구에 따라, 우리는 전체 20일간 교실 데이터를 녹화하는 동안 중재 전후에 2일씩 각 교사와 아동을 녹화하였다. 비디오테이프는 연구의 주요한 부분에서 사용한 것과 비슷한 프로토콜을 사용하여 기술하고 코드화하였다. 교사와 아동 의사소통의 맥락을 기술하고 현장 기록이 준비되었다.

연구의 교사 훈련 부분의 결과는 네 명의 모든 교사들이 교실에서 그들 표적 아동과 상호작용하는 준거 수준까지 거의 EMT를 사용하도록 배울 수 있었던 것을 보여 주었다. 두 명의 아동은 그들 대화 상대자 둘 다와 중재 동안에 전체 대화량, 표적 어휘의 사용, 어휘의 다양성에서 현저한 증가를 나타내었다.

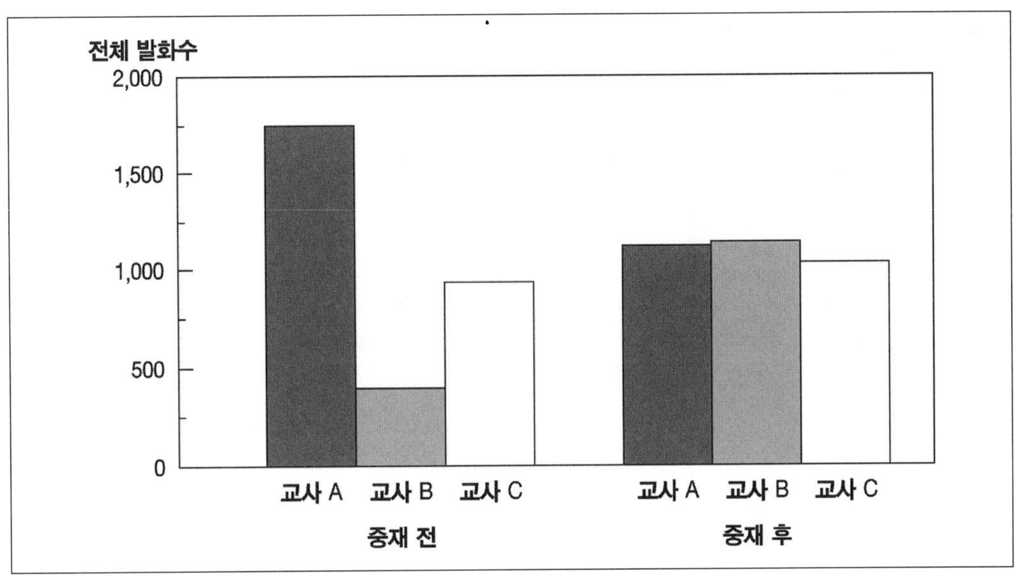

[그림 1] 교실에서 사전 및 사후 중재 관찰 동안 교사 A, B, C와 아동이 한 발화수

교실에서 기술된 데이터는 질적 및 양적 방법을 사용하여 요약되었다. 양적 분석은 이 논의의 초점이다. 이 교실에서 두 명의 교사는 등록된 여덟 명의 아동과 비교적 높은 수준의 언어적 접촉을 하였다 [그림 1]에서 보는 것처럼, 중재 전에 교사 A는 6시간 관찰 동안(교실에서 2일) 아동과 1,731 발화를 하는 것이 관찰되었다. 교사 C는 935 발화를 하였고, 교사 B는 397개의 아동중심 발화를 하였다. 중재 후에, 세 명 모든 교사는 6시간 동안 1,000~1,500번 사이로 아동과 대화하였다.

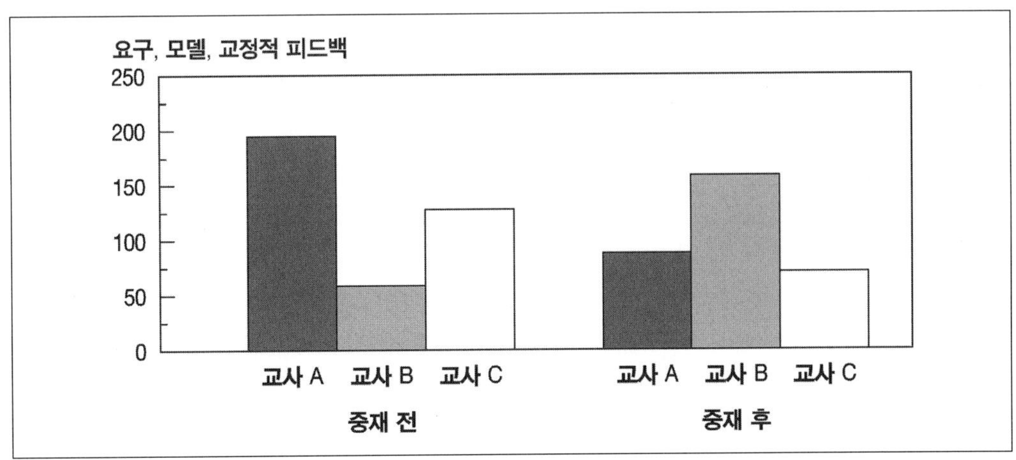

[그림 2] 사전 및 사후 중재 동안 교사 A, B, C가 아동에게 제공한 요구, 모델, 교정적 피드백의 수

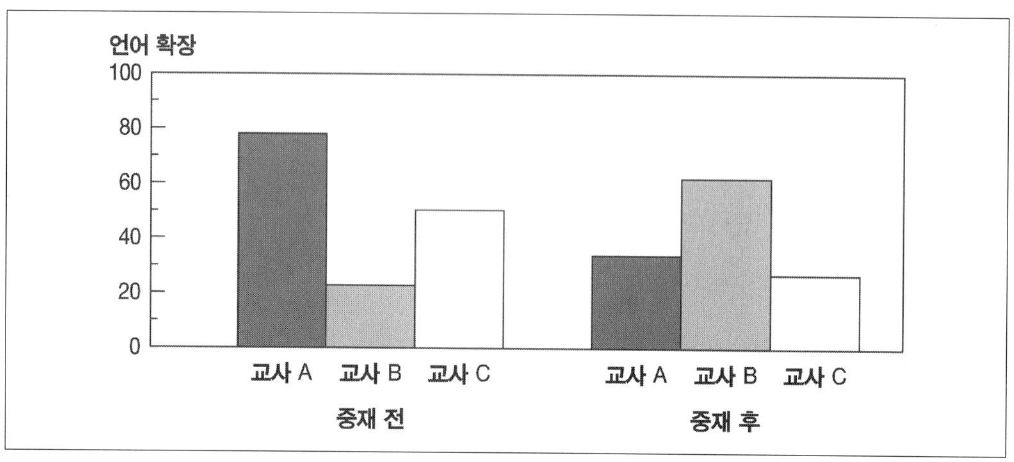

[그림 3] 사전 및 사후 중재 동안 교사 A, B, C가 아동에게 제공한 교사의 언어 확장

[그림 2]는 중재 전후에 교사의 요구, 모델 및 교정적 피드백을 보여 주고 있다. [그림 3]은 아동 발화에 대해 교사의 언어 확장을 보여 주고 있다. 교사의 언어 확장은 아동의 발화를 반복하도록 아동의 발화에 반응하는 것이며, 그러나 구문적 또 의미론적 정보를 더하여 확장하는 것이었다. 다시 보면 교사 A는 중재 전보다 요구와 확장의 가장 높은 수준을 보여 주었고, 교사 C는 중간 수준, 그리고 교사 B는 가장 낮은 수준을 보였다. 중재 후에, 교사 A와 C는 요구, 모델, 교정적 피드백의 수가 감소하였으나, 교사 B는 이러한 행동의 빈도가 현저하게 증가하였다.

이러한 특정한 행동수준이 "좋은지"에 대해 판단을 하기는 어렵다. 교사들 간에 흥미로워하는 유형은 무엇인가? 교실에서, 교사 A는 완전히 숙달된 수준의 교사였다. 그녀는 가르치는 수업과 그룹을 리드하는 거의 모든 책임을 맡고 있었다. 교사 B와 교사 C는 준전문가의 경험을 가지고 있었다. 교사 C는 주로 놀이 활동을 선도했으며 놀이하는 방법으로 아동과 대화를 주고받았다. 교사 B는 점심식사비를 받고, 화장실 사용하기, 기저귀 갈기, 간식 준비하기, 활동을 통해 아동을 이동시키는 과제 같은 것을 책임졌다. 다른 교사들처럼 그녀는 교실과 아동에게 신체적 접촉을 하는 가장 많은 시간을 보냈음에도 불구하고 그들에게는 대화량이 많지 않았다. 교실에서 중재의 한 가지 효과는 아동과의 대화에서 보다 동등한 교사 참여 쪽으로 나아가게 했다. 교사 A는 (듣기와 반응하기 위해 아동을 기다리는 것에 대해 피드백을 포함한 EMT 훈련을 가장 많이 받았지만) 대화가 적었다. 교사 B는 EMT 중재의 두 가지 핵심 요소(예: 반응적 상호작용 전략과 환경중심 언어중재기법)를 더욱 많이 사용하여 대화를 많이 하였다. 따뜻하고 아동과 참여하는 스타일 및 적절한 속도로 말하는 교사 C는 단지 적은 변화만 일어났다. 교사 대화에서 다른 변화는 모든 아동에 대해 모든 교사가 보다 적절한 분배를 하면서 대화하고 개인 아동의 언어 기술에 교사 대화의 복잡성이 보다 밀착되어 포함되었다. 예를 들면, 중재 전에, 교사 B는 6시간 동안 단지 한 번(아동중심 대화 1%)만 표적 아동 중 1명과 대화하였으나, 교사 A와 C는 같은 표적 아동에 대해 305번(18%) 및 204번(22%) 대화하였다. 중재 후에 교사 B는 표적 아동과 264번(아동중심 대화 23% 대화하였으나 교사 A는 176번(16%) 및 교사 C는 226번(20%) 대화하였다.

우리의 관찰과 교실에 우리가 포함된 것으로부터, 우리는 어떻게 교실 조직화의 즉, 교실에서 교사의 배치와 그들의 보다 나은 역할의, 심도 있는 증거가 얼마나 많이 교사들이 대화하는 것과 그들의 대화 내용에 영향을 미치는지 보았다. 교사의 스타일, 기술, 그리고 아동 접촉 유형에서 차이가 단순히 환경 또는 교사가 함께 모여 있는 것보다는 개인적인 어른의 대화 상대자를 고려하는 것이 중요한 것처럼 세 명의 교사가 모두 달랐다. 교실 안에 여러 명의 교사가 함께 있는 것은 언어학적 환경(대화량, 질문과 확장의 양)을 풍부하게 제공하였고 어른과 함께 하는 기회는 한 명의 어른과 여덟 명의 아동이 한 교실에 있는 것을 못하게 하였다.

연구 3에서 우리의 관찰은 두 개의 심화된 원리를 제안하였다.

1. 의사소통 환경은 개인 교사의 기술과 교실이 조직되는 방법에 따라서 영향을 미칠 것이다. 교사의 역할과 책임은 아동과 대화하는 맥락을 제공한다. 교사로서 그들의 주요한 역할을 정의하는 교사들에게는 그들의 대화 중 많은 부분이 가르치는 것과 질문 형식이 될 것이다. 듣는 것보다는 오히려 말하는 것이 교사의 상호작용으로 정의된다. 반대로 교실에서 기능적 도움을 제공하는 어른은 아동과 상호작용의 주요 부분에서 의사소통 상대자로서 그들의 역할을 못 볼 수도 있다.
2. 많다고 항상 더 좋은 것은 아니다. 아동과의 상호작용과 교실 관찰에서 교사의 기초선 관찰을 통하여 우리는 가끔 교사가 너무 많이 하는 것을 본다. 그 자료는 교사들이 아동이 말하거나 대답할 시간을 허용하지 않는 경우를 보여 주며, 교사들은 아동의 관심에 대해서는 무시하면서 자신들의 주제만 말하고 있는 것을 보여 준다. 아동이 충분하게 이야기 하는 것의 중요성에 대해 이미 언급한 일반적인 원리를 아직 적용하고 있음에도 불구하고, 우리는 이러한 원리를 수정하기 위한 양과 내용의 매개변수를 가정하고 있다. 연구 3에서 교사 A는 좋은 일을 많이 한 성인 파트너의 예였다. 그녀는 많은 질문(미리 답을 알고 있는 "검사"를 위한 질문 다수)을 하였으며, 그녀가 아동과 상호작용할 때는 거의 쉬지 않고 이야기 하였다. 그녀의 대화 스타일의 빈도와 방향은 아동이 주도적으로 대화할 기회는 제한하였다.

장애아동을 위해 어떻게 의사소통 환경이 변해 왔는가

우리가 관찰한 여섯 개 교실은 거의 20년 전에 처음 저자들이 관찰한 주 정신지체 시설의 오두막집과는 크게 비교되었다. 아동은 나이가 더욱 어렸으며, 프로그램은 연령에 적절한 활동으로 구성되어 있었고, 장면은 공립학교였으며, 선임 교사는 특수교육에서 특정한 훈련을 받았고, 말-언어치료사가 각 학교에 배속되어 있었다. 요즈음의 취학전 교육은 보다 풍부하고 지원적인 장면으로 되어 있다. 이러한 환경의 보다 개선된 특징 속에서, 취학전 아동의 사회 및 언어행동의 지원이 또한 훨씬 개선효과가 있을 것이라고 기대하는 것은 합리적이다.

그러나 세 연구와 관련된 교실 관찰로부터 얻은 자료는 이러한 취학전 교실에서 언어 사용과 학습을 위한 특정한 지원이 아직도 다양하며, 때로는 이러한 장면의 총체적인 사정이 나타내는 것보다 더욱 제한되고 있다는 것을 나타낸다. 우리가 아동지향의 대화와 언어 사용과 학습에 그들을 참여시키는 기회를 관찰하고 기록했을 때, 우리는 때때로 의사소통을 위한 특정한 지원이 제한되어 있다는 것을 발견하였다. 우리가 EMT를 사용하기 위해 교사들을 훈련시키는 맥락을 벗어나 우리는 교실에서 말 치료 회기를 제외한 언어 기술 중에서 우발 언어 기술이 사용되지 않는 것을 관찰하였다.

이러한 관찰을 토대로 하여, 우리는 아동과 함께 하는 대화 상대의 도움, 아동 의사소통 시도를 이해하는 기초의 상대자로서 집중된 관심, 아동 활동에서 상호참여함으로써 아동과 상대자의 능동적인 참여, 아동지향의 대화, 그리고 아동의 대화를 이끌어내기 위한 상대자의 질문 사용이 언어 사용을 지원하는 사회-의사소통 환경의 중요한 요소라고 결론지었다. 교실관찰은 아동에게 제공된 지원이 영향을 미칠 수 있는 대화 상대자 행동의 질적 부분이 될 수 있는 것을 시사한다. 이것들은 아동의 언급과 다른 의사소통 시도가 상호작용의 반응적 유형을 인정하며, 아동의 유형(예: 아동이 조용하며, 부드러운 음성과 촉구를 사용하기)에 맞는 상대자의 구어 상호작용의 유형에 맞추는 것, 그리고 아동과 대화 상대자의 계속적인 관련성을 포함한다.

관련성은 언어중재자에게는 낯설고 익숙하지 않는 개념이지만, 우리의 관찰은 교실 안의 아동이 다양한 어른과 그들 환경 속의 다른 아동과 아주 구체적이고, 잘 정의된 관련성을 가지고 있다고 나타내 주고 있다. 아동이 좋아하는 교사나 친구를 가지고 있다면, 아동과 대화 상대자 간에는 발화 및 무발어의 의사소통이 비교적 빈도가 잦아졌다. 아동이 누군가를 좋아하지 않거나 보다 적극적으로 한 사람 또는 더 많은 어른을 싫어한다면, 의사소통의 내용은 달라지고 대화(상호 관심사의 주제에 대해 좀 더 오래 참여하는 것)는 매우 적었다. 연구 1에서 우리가 관찰한 아동 중의 한 명은 교사에 의해 "문제행동"으로 간주되었다. 우리의 일차적인 관찰 속에서, 거의 모든 교사의 발화는 아동의 행동을 지시하는 것이었다. 분명히 교사와

〈표 3〉 지원적 사회-의사소통 환경을 만들어내는 환경원리

1. **아동에게 말하라.** 대화에 참여하고 의사소통 상대자로서 아동에게 유용한 사람이 되어라.
2. **질문을 하라.** (아동의 지식을 검사하지 않는) 아동의 말을 격려하기 위해 적절한 속도로 새로운 정보를 유도해내어라.
3. **아동의 리드를 따라가라.** 아동이 무엇에 관심이 있는지 그리고 아동을 위한 보다 기능적인 언어를 사용하기 위해서 아동이 무엇을 하기를 원하는지에 대해 대화하라.
4. **적절한 속도로 대화하면서 서로 주고받아라.** 대화에서 아동이 말할 기회, 스스로 시도할 기회, 그리고 반응할 기회를 주어라.
5. **아동과 적극적 관계를 확립하라.** 계속적인 관계는 말하는 것을 격려하며 아동의 관심을 아는 기회를 제공하며 아동의 특성 또는 불명확한 의사소통 패턴을 이해할 수 있게 해 준다.
6. **대화에 포함시키기 위해 일정표, 장면, 그리고 교사 역할을 조직화하라.** 어른은 아동의 말을 위해 독특한 맥락과 지원 장면을 제공한다. 모든 어른은 배경, 훈련 또는 역할에 관계없이 아동과의 대화에 기꺼이 참여하는 것이 중요하다.

아동 둘 다 의사소통을 지원하거나 또는 방해하는 관계의 발달에 기여하는데, 보다 덜 적극적인 관계의 결과는 아동이 원하는 사회-의사소통 기술을 발달시키는 아동의 기회를 더욱 억제할 수 있다.

교실 중재를 위한 시사점: 몇몇 간단한 해결방안

우리가 EMT와 같은 복잡한 자연주의적 중재의 유효성을 계속 주장해 왔다고 해도, 환경적 원리를 적용함으로써 우리는 관찰을 통하여 장애 영유아의 의사소통 환경을 개선시키기 위해 비교적 간단한 중재를 구성할 수 있다는 것을 알게 되었다. 이러한 원리가 〈표 3〉에 요약되어 있다.

교실 환경을 개선시키기 위한 이러한 시사점뿐만 아니라, 어떻게 하면 의사소통 발달을 이해하는지에 대한 정보와 그것을 지원할 수 있는지에 대한 의사소통 환경에 대한 일반적인 원리가 있다는 것을 알게 되었다. 〈표 4〉는 그런 분석에 대한 개념적 가교로서 이러한 환경 체제 원리를 제공하고 있다.

결 론

이 장은 장애아동을 위한 취학전 교실에 대한 몇몇 비형식적 관찰과 의사소통을 지원하거나

〈표 4〉 환경체계의 원리

1. 의사소통과 행동은 계속되는 관계의 맥락 안에서 일어난다. 그러므로 관계는 환경의 가장 중요한 요소이다. 적극적인 관계는 지식과 관심을 공유하는 것에 대해 양쪽 둘 다의 참여자가 의사소통을 하도록 동기화되는 맥락을 만들어낸다.
2. 환경은 상호작용의 유지 패턴, 결과, 그리고 상호작용의 내용에 의해 "창조되는" 영향력 있는 유발성을 가지고 있다. 환경은 교사가 미소 짓거나 크게 웃을 때, 그리고 아동을 격려할 때 긍정적인 요소로 경험된다.
3. 관계, 긍정적이고 영향력 있는 상호작용, 그리고 반응성은 공유된 의미와 의사소통의 발달을 지원한다.
4. 환경의 동일한 특징은 다른 긍정적 사회 행동을 지원하는 의사소통을 지원한다.
5. 물리적 및 일시적 환경(거시 수준의 변인)의 특징은 관계, 유발성, 그리고 특정 개인 간 행동(미시수준의 변인)에 영향을 미친다. 일정, 교실 관리전략, 발달적으로 적절한 실제의 실제적인 현상은 긍정적 교사-아동 상호작용과 대화를 위한 지원을 제공한다.
6. 학습과 발달은 환경의 거시 및 미시 수준이 지원적일 때 향상된다.

또는 억제하는 교실의 특징에 대해 보고하고 있다. 장애 영유아의 언어에 대한 환경의 효과와 교수적 중재를 설명해 주는 유용한 연구들이 인상적으로 소개되었다. 그러나 이러한 아동이 새롭게 학습한 언어를 사용하리라는 맥락에 대한 관찰 분석은 매우 적으며, 어떻게 환경이 구체적으로 이러한 아동의 의사소통과 새로운 언어 기술의 획득에 영향을 미치는지 기능적으로 분석한 것은 더욱 적다. 이러한 영역에서 체계적인 연구는 교실 장면에서 성공적인 의사소통자와 학습자가 될 필요가 있는 아동이 환경에 대한 보다 나은 이해와 의사소통 기술 둘 다를 만들어낼 것이다.

참고문헌

Alpert, C.L., & Kaiser, A.P (1992). Training parents as milieu language teachers. *Journal of Early Intervention, 16*(1), 31-52.

Costello, J.M. (1983). Generalization across settings: Language intervention with children. In J. Miller, D.E. Yoder, & R.L. Schiefelbusch (Eds.), *Contemporary issues in language intervention.* Rockville, MD: American Speech-Language-Hearing Association.

Hedrick, D.L., Prather, E.M., & Tobin, A.R. (1975). *Sequenced inventory of communication development.* Seattle: University of Washington Press.

Hemmeter, M.L., & Kaiser, A.P. (1994). Enhanced milieu teaching: Effects of parent-implemented language intervention. *Journal of Early Intervention, 18*(2), 269-289.

Kaiser, A.P. (1993). Parent-implemented language intervention: An environmental system perspective. In A.P. Kaiser & D.B. Gray (Eds.), *Communication and language intervention: Vol. 1. Enhancing children's communication:*

Research foundations for intervention (pp. 63–84). Baltimore: Paul H. Brookes Publishing Co.

Kaise, A.P., & Hester, P.P., (1994). Generalized effects of enhanced milieu teaching. *Journal of Speech and Hearing Research*, *37*(6), 1320–1340.

Kaiser, A.P., & Hester, P.P., Harris-Solomon, A., Delaney, E., & Keetz, A.F. (1995, March). *The social effects of naturalistic language intervention on peer-directed communication.* Paper presented at the 28th Annual Gatlinburg Conference on Research and Theory in Mental Retardation and Developmental Disabilities, Gatlinburg, TN.

Kaiser, A.P., & Hester, P.P., Harris-Solomon, A.C., & Keetz, A. (1994, May). *Enhanced milieu teaching: An analysis of applications by interventionists and classroom teachers.* Paper presented at the 118th Annual Meeting of the American Association on Mental Retardation, Boston.

Ostrosky, M.M., & Kaiser, A.P. (1991). Preschool classroom environments to promote communication. *Teaching Exceptional Children*, *23*(4), 6–10.

Warren, S.F., & Reichle, J. (1992). The emerging field of communication and language intervention. In S.F. Warren &J. Reichle (Eds.), *Communication and language intervention: Vol. 1. Causes and effects in communication and language intervention* (pp. 1–8). Baltimore: Paul H. Brookes Publishing Co.

Warren, S.F., & Rogers-Warren, A.K. (1985). *Teaching functional language.* Austin, TX: PRO-ED.

Weiss, R.S. (1981). INREAL intervention for language handicapped and bilingual children. *Journal of the Division for Early Childhood*, *4*(1), 40–52.

제8장

종합적인 긍정적 행동지원을 위한 새로운 구조와 체계 변화

Wayne Sailor

이 장의 초점은 통합환경에서 심각한 행동장애를 지닌 사람들을 위한 긍정적 행동지원이다. 나는 여기에서 심각한 행동장애를 지닌 아동들, 젊은이, 성인들을 학교, 지역사회, 직업의 일상적인 환경 속으로 통합하는 작업은 최근 몇 년 전에 나타났고, 이 책의 많은 부분에서 다루어진 긍정적 행동지원과 같은 폭넓은 기술이 제공됨에도 불구하고 정말로 힘겨운 일이라고 주장한다. 나는 고립된 예들과 시범을 넘어 긍정적 행동지원이 완전히 파악되고, 여기에서 설명된 시스템 변화 과정이 중요한 부분으로 간주되지 않는다면 이러한 사람들에게 광범위한 통합적인 실행이 발생하지 않을 것 같다고 주장한다. "한 아동을 키우기 위해서는 전체 마을이 필요하다."라는 속담은 심각한 행동장애를 지닌 아동에게 적용되었을 때 가장 진실이 된다. 이번 장은 힘든 장애를 다룬 짧고 역사적인 기준에 대한 관점에서 시작하여 통합과 행동 관리 실제에서의 현재 방향에 대해 알려 주는 철학의 패러다임 주제에 대한 논의로 이동할 것이다. 이번 장의 나머지 부분에서는 통합이 모두에게 현실이 될 수 있게 하기 위하여 "마을"이 특별한 지원 요구에 응답할 수 있는 방법을 재발명하는 과정에 대한 것이다.

1985년 이전에는 심각한 행동장애를 가진 사람에게 맥락상의(contextual) 환경에서 변화에 영향을 주는 규정은 탈시설화였다. 현재 규정은 통합이다. 그러나 행동중재(Mulick, 1994)에 있어서 혐오적인 방법의 지속적인 필요를 주장하는 행동과학자와 연구소들이 여전히 존재한다. 그러나 이 주제에 대한 많은 과학적인 노력의 경향은 분명히 복잡한 사회적 환경에 더 적합한 다양한 것을 기초로 한 분석으로 이동하였다(Carr et al, 1994; Horner, Sprague, & Flannery, 1993; Schroeder, Oldenquist, & Rojahn, 1990 참조).

이전 논문(Sailor, Goetz, Anderson, Hunt, & Gee, 1988)에서 나와 내 동료들은 심각한 지적, 행동장애를 지닌 사람들에게 적합하고 일반화된 새로운 기술을 가르치기 위해 더 넓고, 더 지역중심적이고, 생활양식에 초점을 둔 영역에서의 연구와 발전에 관한 사례를 주장했다. 소위 맥락 관련성 이론이라 불리는 구조를 개발할 때 우리는 학생, 고객 등을 위한 결과들이 더 넓은 사회적 맥락에서 적용되었던 기준을 배경으로 참조하였다. 기준은 아래와 같다.

1. 실용성: 결과가 그 사람들에게 유용한 어떤 것을 만들어내는가?
2. 바람직함: 결과가 일련의 선택들 중에서 스스로 선택할 수 있는 것인가?
3. 사회적: 결과가 제공된 지원 스텝 외에 사람들과 사회적 상호작용의 산출물인가?
4. 상황적: 결과가 응용 가능성이 있는 맥락에서 발전될 수 있는가?
5. 실행 가능성: 결과가 실제상황에서 그 사람에 의해 실행될 것인가?
6. 적절성: 결과가 나이에 적절하고 덜 의존적이고 더 통합된 환경에서의 발생을 확장시킬 수 있을 것인가?
7. 적응성: 결과가 그 사람이 특정한 상황을 넘어 확장할 수 있게 해 주는 문제해결능력 요소를 가지고 있는가?

비슷한 관점에서 Schroeder 등(1990)은 "지역을 참조한 행동적 기술"의 발전을 위한 Horner 등(1990)에 의해 제기된 더 넓은 사회적 맥락에서의 행동중재에 대한 효율성과 인간적인 면을 결정함에 있어서 고려사항에 대한 개관의 결론을 내렸다. 이들은 (제목에서만 오직) "윤리적이고 행동적 절차; 효율적 기술; 가치와 기술의 결합, 높은 방법론적인 노력; 대부분의 심각한 행동문제를 다루고; 지역에 초점을 맞춘 것이고; 종합적인 기술; 실제적인 절차;

국민적 합의; 학생의 생활양식에 대한 초점; 학문 간의 협력, 소비자 참여; 그리고 사회적 생태학적인 적합"이다(Horner et al., as cited in Schroeder et al., 1990, pp. 114-115).

Schroeder 등(1990)은 과학적인 노력의 변화하는 맥락 속으로의 통합 과정을 설명하는 데 도움을 주는 목록에 13번째 고려사항을 추가했다. 13번째 원칙은 사회적이고 생태학적인 적합은 "행동적 기술이 접근 가능성, 지속성, 자원 네트워킹, 문화적 윤리적 특성, 종교적, 인종적, 사회적 가치의 관점에서 특별한 지역공동체의 사회적 생태학을 반영해야만 한다고 말하고 있다(Schroeder et al., 1990, p. 115).

대부분은 혐오적인 것과 비혐오적인 행동적 중재 방법의 주제에 관해서 쓰여졌다(예: Repp & Singh, 1990). 되돌아보면 1990년대의 심리학에서 중요하고 역사적인 문제를 간주해 볼 때(심각한 행동장애에 대한 인간적이고 윤리적인 처치) 초점의 변화를 위한 일시적이고도 획기적인 사건으로서의 역할을 한 것 같다. Carr, Robinson과 Palumbo(1990)에 따르면 지금은 사회적 맥락의 이유와 환경들이 위기관리의 기술에서 그러한 방해적인 중재의 필요성이 일어나기 전에 위기를 변화시킬 수 있는 기능적인 처치의 더 넓은 분석으로 나아가고 있다고 쓰고 있다.

긍정적 행동지원에서의 맥락주의

Schroeder 등(1990)은 행동중재의 시스템이 중재들이 실행되는 환경적 맥락에 크게 의존적이라고 주장했다. 이들 저자들은 중재기술의 적용을 위한 변화하는 맥락이 중재의 적용에 있어서 지식의 윤리적이고 과학적인 원인의 결합을 지시하고 있다는 결론을 내렸다. 게다가 Carr 등(1990), Carr와 Sailor(1994), Sailor와 Carr(1994)는 혐오적인 방법 대 비혐오적인 방법의 문제는 심각한 행동장애를 지닌 사람들에게 영향을 미치는 현재의 맥락적 상황의 관점에서는 잘못된 문제라고 말했다. 행동주의적, 사회적 과학자들의 새롭고 적용 가능한 지식을 위한 현재의 요구라는 관점에서의 올바른 질문은 알맞은 생활양식의 맥락에서 행동적 지원에 관한 기술을 위한 필요조건은 무엇인가(Horner et al., 1993)이다.

돌이켜보면 심각한 행동장애의 중재를 위한 기술이 1985년 이전에 나타났다고 하는 것은 아무도 놀라게 하지 않는다. 이 당시의 중재는 기껏해야 지나치게 강제적이고 가장 나쁘게는 혐오적인 방법이었다. 행동중재를 위해서 과학적인 근거로 한 사회적 맥락은 고립적이고 독립적이었다. 치료를 제공하는 자격을 가진 스텝들보다는 행동적 지원(또는 관리)을 필요로 하는 대상자들이 더 많았고, 그 결과는 위기관리의 기술이었다(Carr et al., 1990).

학문적인 논쟁의 역사 사례에서처럼 렌즈(lens: 관심)는 미시적 분석(벌 주는 사람이 사용하는 혐오적인 방법 대 기능 평가로부터 일어나는 중재와 같은 비혐오적인 기술)으로부터 거시적 그림(지역공동체 상황에서의 생활 스타일, 학교 상황에서의 교육과정 등)으로 초점을 이동했다. 더 넓은 맥락에서 나타난 이전의 논쟁은 진부하고 부적절한 것 같다. 그러나 초점의 변화는 시간의 경과와 행동장애를 지닌 사람들에게 영향을 미치는 사회적 상황에서의 대응하는 변화, 예를 들면, 통합을 위한 계획(agenda)(Saileo & Skrtic, 1995), 완전한 시민 정신(Turnbull & Turnbull, 1990), 1980년대 중반 이래로 나타났던 지원된 생활(예: 제7장의 Kaiser 참조) 없이는 발생하지 않을 것 같다.

지금 일반적인 합의는 범위나 적용 가능성에 있어서 넓은 사회적 맥락에 참여와 생활양식 변화에 맞는 행동지원의 지역사회 참조기술을 개발하는 데 자원과 노력을 집중하기 위한 필요에 도달했다고 결론내리는 것은 아마 안전할 것 같다. 통합적인 측면만의 강조는 이용 가능한 자원 발전 시스템을 비난하기에 충분하다. 예를 들면, Horner, Diemer, Brazeau(1992)는 선생님과 성인 서비스 관계자들로부터의 가장 일반적인 기술적 도움 요구가 문제행동을 다루기 위해 많이 사용된다고 보고했다. 그러나 행동적 지원의 긴급한 기술을 위한 사회적이고 맥락적인 요구에 대한 증가하는 합의는 있지만 이러한 기술의 발전을 위한 최상의 접근에 대한 것들에(또는 그것이 기술로서 고려되어야만 할지) 대한 합의는 없다.

기능주의 대 해석주의

혐오적인 방법(Carr et al., 1990; Carr & Sailor, 1994)의 주제에 대해 행동주의 심리학자에게 도전하는 것은 점점 인기가 없어지고 불필요한 것으로 여겨지며, 일반적으로 과학으로서 심리학의 전제에 대한 도전은 초점이 이동하는 것으로 나타나고 있다(Evans, 1993; Hoshmand & Polkinghorne, 1992; Meyer & Evans, 1993). Meyer와 Evans(1993)는 "인간행동은 보편적으로 물리적인 세계에서는 분명하게 믿어지는 규칙적인 관계를 반드시 뒤따르지 않는다."는 것을 주장함으로써 지역공동체를 참조로 하고 긍정적 행동지원에 대한 포스트모더니즘 관점을 세웠다(p. 232). 그들은 특별한 지원을 필요로 하는 사람들의 사회적 요구를 다루는 데 있어서 과학의 적절한 과정으로서 구성주의(예를 들면, 질적 연구 방법)를 위한 사례를 말하기 위해 철학자 Habermas의 기여를 인용했다. Meyer와 Evans(1993)는 "주요한 패러다임 위기(p. 224)"보다 더한 것은 사회과학에서의 방법 아래는 없다고 주장하고 그 방향은 기능주의(또는 영국의 결합주의 철학의 성장으로서 실증주의)로부터 멀리 떨어져 해석주의(또는 독일 철학적 전통의 성장으로서의 구성주의) 쪽으로 향한다고 말했다.

논문에서는 특별히 명백하지 않았음에도 불구하고, Meyer와 Evans 논문의 일반적인 어조는 기능적인 과학(예: 뉴턴주의, 선형주의)의 더 넓은 단점을 가진 행동과학에 있어서 혐오적인 기술의 발전과 동등한 것 같다. 독자는 그들의 오래되고 "모더니즘" 기능주의 패러다임 때문에, 행동주의 과학자들은 장애를 가진 사람들의 행동을 통제하기 위한 철저한 방법을 진화시켰다는 인상을 남겼다. 이러한 추론에 의해 새로운 패러다임, 즉 포스트모더니즘 아젠다(agenda)에는 최첨단 과학의 해석주의적인 방법이 증가하고 있다. 이 패러다임은 더 인간적일 뿐만 아니라 일반적으로 인간 문제의 연구에 더 적합한 것이라고 Meyer와 Evans는 말했다. 그래서 논쟁을 해결하는 것은 더 "거시적인" 수준의 분석인 새로운 것으로 빠지게 된다.

Meyer와 Evans(1993)의 논문은 즉각적인 응답을 이끌어냈다(참조: Baer, 1993; Ferguson & Ferguson, 1993; Kaiser, 1993; Morris, 1993). 다양한 반박들 중에서 두 가지는 현재 토론에 적절하다. 첫째로 Ferguson과 Ferguson(1993)은 방법과 패러다임을 구별할 필요성을 지적했다. 예를 들면, 질적 연구 방법들은 해석주의로는 배타적으로 파악될 필요가 없고, 사실 과학적 조사의 결합적(기능주의자) 전략 속으로 통합될 수 있다(예를 들면, Lucyshyn & Albin, 1993). Ferguson과 Ferguson(1993)은 기능주의자와 해석주의자들의 패러다임사이에 분명한 구별을 보유하는 것을 더 선호하는 반면에, 그들은 Meyer와 Evans가 Skrtic(1991a, 1991b)의 관점을 과학에서의 해석주의자의 패러다임을 위한 지원의 하나로서 잘못 해석했다고 지적했다. Skrtic(1991a, 1991b)은 포스트모더니즘의 논제는 모든 패러다임들이 항상 도전을 받을 수 있다는 어떤 추정을 근거로 한다는 점에서 사실 모범적이지 않다고 말했다. 포스트모더니즘은 과학자나 실행자가 실용주의의 전제로부터의 지식의 기초를 세울 수 있는 기초로 진보할 수 있고 인간애의 서비스에서 실행될 수 있는 것들이 이루어지는 구성주의 과학의 가능성을 제공한다(Dewey, 1982; Rorty, 1991a, 1991b).

두 번째 논쟁은 Meyer와 Evans(1993)에 대한 Morris(1993)의 논쟁이다. Morris는 포스트모더니즘을 후기 구조주의(Day, 1988; Dougher, 1993)와 또는 기계론으로부터 맥락주의로의 이동과 동등하게 여겼다(Goerner, 1994; Pepper, 1946). Morris(1993)는 포스트모던적 응용행동분석과 같은 하나의 사건이 있었고 그것의 가치가 적어도 해석주의적 과학을 특징짓는 것들과 같이 인간적이었다고 말했다(참조: Fawcett, 1991).

간단히 이 논쟁에서는 착한 사람이나 나쁜 사람이 있지는 않을 것이고 더 복잡성에 의해 특징지어진, 더 역동적이고 체계적인 수준의 분석(덜 기계적)과 중재를 필요로 하는 단지 변화하고 있는 윤리성일 것 같다. 우리가 포스트모더니즘 생각의 시대로 들어가는 것과 비유적인 렌즈가 완전히 통합되기 위해서 특별한 도움을 필요로 하는 사람들을 위한 모든 수준의 학교나 지역공동체 서비스의 종합적인 시스템 변화를 위한 논제(agenda)를 다루는 것이 이 장의 주제이다.

포스트모더니즘: 협력과 패러다임 변화의 특징으로서의 의견

Tom Skrtic과 나는(Sailor & Skrtic, 1995) 학교와 학교-지역공동체 간 관계에 영향을 미치는 공공정책에서의 현재의 변화는 모든 인간의 노력과 지식에 대한 동시대적 기초에 영향을 미치는 더 넓은 것을 기초로 한 변형으로서 그들의 연결 관점에서 가장 잘 이해될 수 있다(Derrida, 1976; Searle, 1983)고 주장한다. 이러한 분석이 장점을 가지고 있다면 통합 상황에서 긍정적 행동지원을 위한 논제를 진보시키는 과학자와 실행자들의 논의는 더 큰 범위의, 체계 분석적 수준의 분석을 요구한다. 과학자들과 실행자들은 심각한 행동장애를 지닌 사람들을 위한 학교에서 발생하는 시스템 변화 과정과 지역사회 서비스 시스템에 걸쳐 발생하는 것들의 관계를 고려해야만 한다. 이 관계는 뒷부분에서 새로운 지역 학교에서 조사된다.

이 장의 공간적 제약이 포스트모더니즘의 개념을 둘러싸고 있는 철학적 주제들에 대해 적절한 토론을 허락하지 않는다. 좀 더 깊이 더 넓은 주제를 추구하는 데 흥미가 있는 독자들은 특히 사회과학과 교육을 위한 함축적 논의를 위해서는 Goerner(1994), Paul, Yang, Adiegbola와 Morse(1995), Rhodes, Danforth와 Smith(1995), Skrtic(1991a, 1991b)과 Sailor와 Skrtic(1995)을 봐야만 한다.

포스트모더니즘은 본질적으로 지식을 위한 인지적-합리적 기초를 거절했다. 철학적인 배경에 반하여 인식론, 과학적 조사를 위한 기초를 안내하는 것은 무엇인가? 하나의 매우 적절한 대답은 실용주의에서 발견될 수 있다(Dewey, 1982, 1990; James, 1948). 실용주의에서 지식을 위한 근거가 사실을 발견하는 것으로부터 문제해결로 이동했다(Rowland, in press; Sailor & Skrtic, 1995). 인식은 인간성의 흥미에서의 목적을 담당하는 정도로 진실의 상태로 접근했다. 해석주의적 연구 방법의 사용은 조사자들이 복잡한 시스템을 발전시키는 데 있어서의 참여자가 그들의 사회적 현실을 얼마나 맥락화 하는지를 이해할 수 있게 함으로써 이 과정을 진보시켰다(환경을 이해하다). 체계적인 모델을 사용하는 중재자들은 효과변화의 방법으로서 재맥락화(대안적인 이해를 생성하는 데 도움을 주는)를 용이하게 할 수 있다(Kelly & Maynard Moody, 1993).

Kuhn(1970)은 과학과 결과에서의 패러다임 수준의 변화를 위한 구조화에 대한 예전 논문에서 패러다임이 변할 때 실제(reality)에 대한 전체적인 정의들이 변화한다고 했다. Sailor와 Skrtic(1995)은 학교 재구조화와 건강과 사회 서비스 개혁에 있어 파악될 수 있는 주요한 변형 과정은 여성학(Riger, 1992), 수사학(Rowland, in press), 심리학(Sampson, 1993), 교육학(Rhodes et al., 1995)과 같은 다양한 영역에서 반대 작용을 가지고 있다고 말했다. 이들 영역의 모두에서 개혁 노력을 통해 쉽게 파악될 수 있고 유일하게 포스트모던적이고 패러다임 이동의 특징으로서 간주되는 두 개의 과정은 협력과 의견(voice)으로서 설명되는 과정들이다.

사회적 구성주의가 대화를 통한 실용적이고 포스트모더니즘 아래에서 지식을 위한 새로운 기초적인 근거를 위한 방법이라면 의견(즉, 담론의 선조)은 과정의 중심에 있고 사회 변화를 위한 방법을 제공한다. 예를 들면, 여성의 문제에 대한 사례에서의 의견은 개혁 논제를 앞서가는 여자들의 담론에서 반영된 지식이 사회적으로 구성된 구조의 입법화를 언급한다. 이것은 존재하는 범주적이고 사회적인 구조와 그들의 전통적인 지원을 위한 메커니즘의 한계 내에서 여자들의 관심에 대응함에 있어서 남자들에 의해 주도되는 현대 사회 시스템의 반응에 대비된다.

장애의 영역에서 나오는 의견의 흥미 있는 예는 그룹 액션 계획(GAP)이라 불리는 고상한 사람중심적인 계획 접근에서 발견될 수 있다(Turnbull, Turnbull, Shank, & Leal, 1995). 문제해결 그룹은 고등학교에서 심각한 행동장애를 지닌 학생들을 완전히 포함하는 주제를 다루기 위해 이 방법 하에서 구성된다. 가족 구성원과 전문가들은 그룹에 포함된다. 그러나 대부분 구성원은 장애를 가진 사람과 학교에서의 또래들로 구성된다. 담론을 통하여 장애를 가진 학생들은 그 학생의 선호를 표현하거나 대안들 중에서부터 선택할 수 있게 해 준다. 그 학생의 통합과 교육을 위한 계획의 과정은 그룹 참여와 담론을 통해 지원을 구조화하기 위해 장애를 지닌 학생들에게 권한을 부여하는 과정에 의해 인도된다.

관련된 협력의 주제는 사회적 구성주의의 상호의존성을 인지하는 것과 관련이 있다. 예를 들면, 협력적 과정은 통합과 같은 정책 개혁에서의 의견에 의해 제출된 도전적 과제들이 모던한(modern) 계층적 구조(예를 들면, 교장, 학교심리학자, 특수교육 관리자)로부터 멀리 떨어지고 초학문적이고 팀에 의해 관리되는 과정 쪽으로 결정 권한의 이동에 의해 응답할 때 교육에서 관찰된다. 권한이 입법화될 때 권한은 진실 또는 상호의존으로부터 발생하는 더 믿을만한 표현 쪽으로 이동하려는 경향이 있다. 의견과 협력이 포스트모던의 변형적인 논제에서 발생하는 상호의존적인 과정이 된다.

어떤 사람은 이러한 상호의존적인 과정을 역방향에서부터 잘 될 거라고 본다. 중요한 사례로서 긴급한 통합의 쟁점을 사용하는 협력은 사회 정책 개혁과정을 추진하는 힘으로서 보일 수도 있다. 부모, 다양한 전문가들, 다른 스텝은 문제해결 팀 배치로 통합교육을 용이하게 하기 위해 학교 장면에 모이게 된다(Skrtic, 1991a, 관료주의적 구조에 반대하는 것으로서 특별위원회로서 언급되는 것). 협력에 대한 이러한 기초는 의견이나 미리 할당된 구조적 역할(예를 들면, 부모 대 전문가)이나 범주적인 정체성(예를 들면, 전문직 보조원 대 언어치료사) 과는 독립적인 참여자들 각각의 관점의 합법화이다. 이러한 협력과 의견 과정의 생산물은 통합교육의 실행을 위해서 사회적으로 구조화된 기초이다. 의견과 협력 없이는 그러한 엄격하고 복잡한 시스템이 통합교육과 같은 급격한 변화에 의해 제기된 요구에 적응시킬 수 있을지 의심이 간다.

협력과 의견에 대한 모던의 대안적인 과정은 협력과 계층적인 결정으로서 보여질 수 있다. 대화를 위한 기초로서 문제해결이라기보다는 초점이 계층적인 권한의 맥락에서 근원지의 급진적인 변화에 충족되기 위하여 존재하는 분리되고 조각나고 엄격하게 범주적인 구조를 적응시키는 방법을 조사하고 있다. 가족은 시스템이 불리함에 응답하거나 적응해야 할 스트레스 요인으로서 보일 수 있다. 계층적인 권한의 요구 때문에 상황이 잘못된다면 어떠한 사람도 "일벌"(즉, 교사처럼) 실패의 과정 요소로서 인식되기를 원하지 않는다. 그 결과로 학교 관계자는 통합을 시도하는 것에 그들 각각의 범주적인 정체성의 위치로부터 흥미에서 협력하는 것에 동의할 수도 있다. 그러나 노력은 본질적이고 체계적인 변화에 얽매인 것이라기보다는 가능한 한 낮은 위험으로 일시적이고 조각난 것일 것 같다. 포함된 아동들 중 한 명이 심각한 행동장애에 의해 특징지어진다면 그 과정은 시스템 변화에 대한 대안으로서 불리함으로 변할 것 같다.

그러므로 나는 혐오적인 방법과 비혐오적인 방법에 대한 행동적 지원의 논문에서 초기 논쟁은 미세한 것에 초점을 둔 탈시설화와 통합 과정의 결과에서 중요한 사회적 변화 암시를 위한 요구에 대한 모던한 구조들의 응답을 반영하는 대화였다고 말했다. 게다가 나는 현재의 논쟁이 큰 규모의, 인식론적인 긍정적 행동지원의 기술을 필요로 하는 변형이 넓은 기초 수준의 시스템 변화에서 모든 인적 서비스 구조를 거쳐 발생한다는 인식이 더 영향을 미친다고 주장한다. 마지막으로 나는 이러한 변화들이 더 넓고 더 중요한 인간 노력의 모든 측면을 따라 가르는 변형 과정의 세트의 부분으로서 인식될 수 있다고 생각한다. 이들 포스트모던 세계 관점을 출현으로서 언급하는 후자의 과정은 공통적으로 긍정적 행동지원에 흥미를 가진 과학자와 실행자들에게 유용한 요소를 가지고 있다. 이들 상호의존적인 과정인 협력과 의견 둘 다 통합서비스의 긍정적 행동지원을 성취하기 위해, 시스템 변화의 속성을 중재의 가능성이 있는 점으로 여겨지기 위해 유용한 맥락을 제공한다. 이들 두 과정은 학교 개혁이라는 관점에서 아래의 장에서 논의되었다.

새로운 지역사회 학교

새로운 지역사회 학교라는 용어는 학교 개혁에 대한 특별한 접근을 위한 제목으로서가 아니라 규정으로서 사용된다. 우리는 그 용어를 아동들과 부모들에게 영향을 미치는 공공정책 개혁의 세 가지, 다르지만 고도로 상호의존적인 과정에 의해 직접적으로 영향을 받거나 그 안에서 완전한 참여자인 학교를 설명하기 위해 사용한다(Sailor, 1994a, 1994b; Sailor, Kleinhammer-Tramill, Skrtic, & Oas, 1996; Sailor & Skrtic, 1995). 내가 다음 페이지에서 설명한 것처럼 그 용어는 학교에서 보다 더 많은 것을 포함하며, 용어는 학교가 하나의 부분인 지역사회에서의 아동들과 가족들에 대한 서비스에 영향을 미치는 정책 변화를 설명한다.

새로운 지역사회 학교 규정은 현재 세 가지 공공정책 변형 과정을 포함한다: 1) 학교 개혁의 특별한 경우로서 특수교육 개혁, 2) 일반교육 개혁, 3) 학교-지역사회 관계 배치를 포함한 지역사회 인간 지원 프로그램 개혁. 변형 과정은 지역사회의 인적 지원 프로그램의 수준에서 운영하는 일반적으로 학교와 연관된 것, 즉 서비스 통합 노력으로써 언급될 수 있다(Kagan & Neville, 1993). 1970년대 초반에 시작되었고 오직 지금 완전한 힘으로 추진되고 있는 개혁 노력을 위한 추진력의 대부분인 그 아동들은 교육자와 다른 인적 지원 서비스 전문가의 관찰로부터 일어난다. 보호를 위한 아동들의 기초적 필요; 사랑과 가족과 돌보는 사람의 지원; 영양, 건강 등의 요구가 충족되지 않고 아동들이 공공 교육으로부터 받을 수 있는 학습 잠재력을 깨닫지 못한다면 많은 경우에 있어서 학교로부터 전혀 도움을 받을 수 없다. 우리의 공공 도움과 지원을 위한 전통의 시스템은 아동들의 조건이 더 악화되고 있기 때문에 잘 맞지 않는다. 그리고 지원 서비스 시스템이 비싸지고 있고 격려해 줄 만한 결과의 부재 속에서 유지될 수가 없다. 장애를 지닌 아동들은 이 그룹에 포함된다. 그러나 여기에서 설명된 상황들은 가난한 아동들과 다른 불리한 상황에 의해 영향을 받은 아동들까지 장애인들을 넘어서는 것이다.

지역공동체 인적 자원 서비스 시스템을 특징짓는 분열이나 단절이 현대의 학교들을 특징짓는다. 1980년대의 학교 수월성 운동이 높은 성취를 올리는 학생들을 위해 긍정적 결과를 나타냈지만 다양한 학업적인, 사회적인 약점이 있는 사람들을 대부분 무시했을 때 두 번째 학교 개혁의 움직임은 즉, 학교 재구조화는 모든 아이들을 향상시키는 결과를 가지고 가족에 의해 완전 참여를 가진 상향식 풀뿌리 운동으로서 나타났다.

마지막으로 통합교육이라는 용어는 특수교육, 제한된 영어 유창성, 지부(Chapter) 프로그램 등(예: Title I)과 같은 연방 정부의 범주적 프로그램에서 정책 개혁을 위한 생성적 설명으로서 나타났다. 이들 개혁과정이 모든 범주적이고 교육적인 지원 프로그램에서 다양한 정도로 실시되는 동안 특수교육은 현재 가장 강하게 영향을 받는다(National Association of State Boards of Education [NASBE], 1992). 학교들이 독립적인 아파트를 가진 아파트 단지 형태와 유사해지는 것을 깨달은 많은 교육자들은 통합교육을 공공 교육의 재통합 과정을 시작하는 하나의 전략으로서 인식하고 있다(Sage & Burrello, 1994; Sailor & Skrtic, 1995).

이들 정책 개혁 노력의 각각은 적절하고 긍정적인 지원을 가지고 심각한 행동장애를 지닌 학생들의 통합을 위한 계획을 촉진할 것이다. 그러나 증가하는 세 가지 개혁과정의 어떤 것도 다른 두 가지 과정 없이는 변형을 위한 계획을 완성할 수 없다는 증거들이 있다(Sailor et al., 1996). 다시 말해서 과정들은 상호의존적이다. 나의 관점에서는 그 과정들이 장소에서 많은 변인이(modern에서 postmodern 구조로의 이동으로서 이전 장에서 설명한 것처럼 더 큰 변화

과정으로) 언급되기 때문에 상호의존적이다(Sailor & Skrtic, 1995; Paul & Rosselli, 1995; Rhodes et al., 1995 참조).

의견과 협력의 개념이 실제로 포스트모던적 인간 도움 구조의 특성이라면 세 가지 정책 개혁 과정들의 상호의존성을 위한 증거가 발전하면서 세 가지 과정의 각각을 철저하게 조사하는 것으로부터 자료가 수집될 수 있다. 의견과 협력은 발전하는 것에서 몇 단계의 각 단계를 나타내는 형태를 특징짓는다.

교육 개혁을 고려해 보자. 현재 학교 재구조화 쟁점의 핵심은 장소 관리, 즉 경영과 산업의 관점에서 볼 때는 전사적 품질 관리(total quality mangement; TQM)로서 설명되는 개혁과 동등한 정도의 팀이 추진하는 관리 과정이다. 경영 분야에서는 노동자의 소리가 그룹을 거쳐서 경영에서의 표현, 특히 참가 의사결정을 한다. 학교에서는 학교 장소 위원회나 팀이(간혹 부모도 포함) 학교가 세워질 때부터 학교를 중앙 부서의 통치에 따라 엄격한 관료주의적 경영으로서 전통적이고 모던한 학교 구조까지의 엄격한 차이를 나타내는 과정으로 경영한다(Skrtic, 1991a, 1991b).

비슷하게 더 통합적인 교육과정과 탈중심적인 교육을 포함하는 과정은 학습 과정에서의 활발한 학생참여(여러 가지 옵션들 중에서 선택과 결정을 포함한다)를 증진시키고 용기를 준다. 학생들이 의견을 표현하는 것은 활발한 교육과정으로 그들에게 권한을 준다. 유사한 과정들은 공공 교육으로 더 효율적으로 부모들을 참여시키고 그들에게 그들의 아동들을 가르치는데 있어 활발한 선택을 제공하기 위한 학교 개혁 노력에서 이루어지고 있다.

포스트모던의 인간 지원 시스템의 두 번째 특징인 협력은 또한 세 가지 모든 과정의 중심에서 발견될 수 있다. 팀 협력과정은 각 개혁과정(전문적인 능력을 존중하지만 특정한 훈련 권한을 강조하지 않고, 다양성을 증진시키며 가치를 부여하고, 역할 분담과 고립적이고 전문적인 확정된 방법보다는 그룹에서 참여를 증진시키는)속에서 발견된다. 협력 그룹 과정은 그 과정들이 차별적이고 범주적인 역할 차이, 분리된 예산을 보유하고 그런 후에 협력과정으로 발전해 나가기 때문에 모던하다. 인적 자원 서비스 변형들이 완전한 진행 속에 있을 때 각 참여자가 동등한 기여자로서 간주되고 각 부서의 자금은 공통적인 문제해결 계획으로 공동 출자되기 때문에 포스트모던적이다(Kagan & Neville, 1993).

학교와 연계된 서비스 통합

서비스 통합의 역사

인간 지원 서비스 프로그램을 통합하려는 노력의 역사는 미국의 18세기까지 거슬러 올라간다. 그러나 실행 전략은 몇 몇에게 자원을 집중하려는 경향으로 미국 자본 경제 구조로의 힘을 강하게 하는 희생을 낳았다. 공공의 재분배하는 자원의 다원적 관리는 매우 최근까지 공공의 지원을 받지 못했다(Crowson & Boyd, 1993; Kagan & Nerville, 1993). 서비스 통합 운동의 현재의 서비스 "물결"이 1960년대의 연방 정부의 계획과 발전 노력을 따라감에도 불구하고(Kagan & Neville, 1993), 캘리포니아의 Healthy Start와 인디아나, 서부 버지니아에서 서비스를 위한 통합된 주 계획을 위한 관리 메커니즘과 같은 현재의 활동들은 비용 효율적인 방법으로 서비스를 제공한다는 고상한 접근으로서 권유당하고 있다.

지역의(지역사회 수준의) 노력은 서비스에 필요한 비용의 급속한 상승과 아동들의 건강 보호에 대한 고통, 건강 보험을 가지지 못한 가난한 가족 수의 급격한 증가, 미국 학교와 이웃들의 증가하는 폭력과 같은 지역사회 문제에서 뿌리를 두고 있다. 종합적인 건강 보호 개혁을 건강관리에서의 증가하는 위기의 측면에서 제정하려는 연방 정부의 통치에 대한 최근의 실패는 주와 시 수준에서의 해결에 노력을 집중함으로써 과정을 촉진시키는 데 도움을 주고 있다. 주 법률은 인간 서비스 변형 정책("전략적 파트너십", 1994)을 위한 논의를 할 수 있는 지역 해결의 예들을 위해 연구하고 있다. 예를 들면, 매니지드 케어(managed care)는 지역 수준에서 개혁을 하려는 주들에 의해 많은 조사를 하고 있는 건강 보호 자원 관리의 한 포럼이다. 아동들과 가족에게 지역 의회에 의한 가족 서비스 계획을 가지고 있는 서비스 통합 배치를 거친 노력은 건강, 교육, 그리고 사회복지 서비스 전달을 증가시키는 방법의 한 부분으로서의 건강 보호에 대한 개념을 실행 가능하게 된다. 물론 모든 소비자와 정보 비밀(gatekeeping)체계의 속성에 걸쳐 평등에 대한 개념은 현재의 가공할 만한 도전을 지속해 갈 것이다.

서비스 통합 운동을 구성하는 복잡한 변형의 과정에 대한 더 많은 지식을 얻기를 바라는 사람들은 적어도 Kagan과 Neville(1993), Melaville와 Blank(1991)을 조사하는 것이 좋다. 함께 고려해 볼 때, 이들 세 가지 작업은 미국의 역사에서 가장 큰 것 중의 하나이고 가장 중요한 정책 변형 계획에 대한 일치된 견해를 나타낸다.

서비스 통합 운동은 아동과 그들의 가족의 삶에 영향을 미치는 서비스 개혁에 초점을 맞춘 예방 계획으로서 시작했다. 그러나 최근에는 초점이 아동들을 넘어섰고 더 넓은 것을 기초로 하고 Clinton 정부의 "권한 지역" 법률(예: "Strategic partnership for urban revitalization", 1994)을 내포하고 있는 것과 같은 이웃에게 활기를 주는 프로그램을 가진 친근성을 찾고 있

〈표 1〉 학교와 연계되고 통합된 서비스 모델의 주요한 요소

- 가족에 초점을 두고 소비자에 의해 추진되는 사회/건강/교육 서비스 규정
- 지역사회 서비스 조정 위원회를 통한 조정된 서비스 규정
- 학교 선별과 의뢰과정을 통해서 확인된 적절한 클라이언트
- 지역사회 서비스 조정 위원회에 책임이 있는 학교-중심 서비스 조정자를 통한 "사례 관리"
- 지역사회 서비스 조정 위원회를 통한 행정적으로 확인된 클라이언트를 위해 투자하는 모든 기관
- 불필요하게 비싼 서비스의 대안으로서 문제해결 접근을 위한 융통성 있는 자금
- 학교 장면 자원 관리 팀의 서비스 조정 위원들

출처: Sailor, W. (1994). New Community Schools: Issues for families in three streams of reform. *Coalition Quarterly*, *11*(3), 11-13; reprinted by permission.

다. 서비스 통합이 지역사회 건강과 사회복지 지원 프로그램을 목적으로 한 개혁 계획인 반면에 그것의 학교와의 초기 연합은 이러한 시스템이 아동과 가족들의 관심과 요구에 더 잘 반응해야 된다는 필요를 가진 인식으로부터 발생했다. 이러한 것이 발생하기 위해서는, 개개의 학교와 연결하기 위한 가까운 근접성에서 적어도 학교가 아니라면 건강의 활기와 사회 서비스 전달 시스템이 필요하게 된다(Kirst, 1992).

학교(궁극적으로 학교 개혁과정)와 연계함에 있어서 서비스 통합 운동은 교육 실패와 인간 지원 프로그램들 즉, 기아, 가난, 남용, 무시, 신체적이고 정서적인 장애 등의 만성적인 의존의 위험성을 가지고 있는 아동에게 있는 요소들을 더 효율적으로 다루기 위한 메커니즘을 산출했다. 그것은 서비스의 소비자를 위한 단일 접촉에 영향을 줌으로써 이것을 성취했다. 이러한 가족지원 센터들은 학교 캠퍼스 내에 위치에 있거나 학교에 의해 유지되며 주로 학교에 가까운 곳에 위치해 있다(Crowson & Boyd, 1993; Kirst, 1992). 〈표 1〉은 이 장에서 설명한 학교와 연계되고 통합된 서비스 모델의 주요한 요소를 제공한다.

서비스 통합에 대한 필요

미국 역사에서의 서비스 통합은 바람직한 것보다도 오히려 빠르게 명령적인 것으로 되어가고 있었다. 첫째, 미국의 학급에서 아동의 상태는 악화되고 있다(Morrill & Gerry, 1990). 상황은 많은 가족들이 권한을 가지고 있는 서비스를 사용하는 것을 막는 교육의 부족, 문화적 고립, 가난, 영어를 말하지 못하는 상태 등과 같은 요소들에 의해 악화되고 있다("New Beginnings", 1990). 둘째, 아이들 남용, 주택문제, 수입지원 등에 대한 통계자료는 아동들을 위한 지원의 수준이 지원가격이 올라감에 따라 동시에 감소하고 있다는 것을 나타내 주고 있다(Kirst,

1989, 1992). 인간 지원 서비스 시스템 구조가 엄격하게 범주적이기 때문에 많은 아동들과 가족들은 적합 필요에 있어서 그들이 필사적으로 필요한 서비스를 가질 자격을 얻는 데 실패하고 있다(Morrill & Gerry, 1990).

가난 속에 있는 가족들은 "학습된 무기력감"의 방식으로 사회복지 시스템에 따라가고 있다(Seligman, 1975). 필요한 지원은 오직 가족이 서비스를 위해 적합한 병리적인 방식을 나타낼 때만 공급된다. 과도한 일을 하는 "케이스 매니저"는 종종 오랫동안 기다리는 것 등에 따르는 비난과 성급함의 태도를 가지고 자기 존중을 비하한다. 심각한 행동장애와 같은 장애를 지닌 아동들의 가족들은 이러한 방식의 서비스에 불편함을 느낀다(Turnbull, Ruef, & Reeves, 1993). 그들의 아동들은 어느 곳에서도 환영받지 못한다. 단순히 그 아동의 치과적 요구를 위해 치과의사를 찾는 것은 과도한 양의 시간과 자원을 낭비하게 된다.

인간 서비스 지원 시스템이 분리되고 범주적이고 거의 항상 협력적이지 못하기 때문에(심지어 단일 지역사회에서도) 많은 지원 필요를 가진(예를 들면, 가난과 장애) 가족들은 종종 그들 자신이 많은 케이스 매니저에게 적대적이라는 것을 발견한다. 각 서비스들이 비밀스런 요구 사항과 자료를 가지고 있기 때문에 이들 서비스는 서로서로 고객에 대한 정보를 공유하지 못한다. 결과적으로 가족들은 각 서비스를 받기 위해 끝없는 보고서를 채워야 하고 같은 지역사회 내에 있는 여러 물리적인 위치에서의 시간 소비적인 인터뷰를 경험하게 된다. 종종 하나의 서비스를 위한 적격성의 보유는 둘 다의 서비스가 필요함에도 불구하고 또 다른 서비스를 위해서는 적합하지 않다는 결정을 낳는다. 예를 들면, 편부모의 단독 수입은 그 자식들이 휴식 적격성에서 돌보아지는 동안 시내에서 집을 청소하는 것이다. 지역 버스 회사가 시내를 통하는 노선을 제거했을 때 여인은 그녀의 수입과 휴식 보호를 위한 적격성을 잃게 된다. 마지막으로 가족들은 종종 지속적인 서비스가 없는 곳에서 특별한 지원을 위한 필요를 가진 자신을 발견한다.

"전체적으로 다루는(Wrap-Around)" 서비스: 완전히 통합된 서비스 배치

학교와 연관된 서비스 통합 계획은 이러한 종류의 문제에 대한 준비된 해결책을 제공해 준다. 지역사회에서 이용 가능한 인간 지원 서비스 시스템은 완전히 통합된 배치에서 함께 가져올 수 있다. 그리고 개개인의 서비스와 지원들은 단일 접촉 시스템 메커니즘을 통하여 고객 주위를 둘러싼다. 이러한 배치 하에서 공공 교육, 지역사회 건강, 정신건강, 고용 개발, 경제/산업, 사회복지, 주차장과 여가, 사법부, 주택 지원, 성직자, 초기 유아 프로그램, 노인 간호 프로그램 등과 같은 시스템들이 종종 근처에 있는 학교나 가족 자원 센터의 후원을 통하여 개별가족들의 요구에 맞추어진다(사례연구 8.1 참조).

각 기관으로 오라고 고객들에게 요구하기보다는 고객에게 서비스를 제공하는 것은 대부분 관료주의적으로 조직된 범주적인 서비스 시스템을 작동하는 방식의 특별한 변형을 필요로 한다. 서비스 통합 메커니즘이 변형 과정에서 진보된 단계에 있을 때 서비스를 위한 재원은 범주적 적격성에 의해서라기보다는 실제 필요에 맞추어지게 된다. 그리고 유연한 재원이 서비스가 존재하지 않은 곳의 필요를 다루기 위해서 가능하게 된다(Melaville & Blank, 1991). 이러한 배치 아래서, 서비스의 낭비(예를 들면, 학교에서의 직업 교육, 학교를 마친 후에 발달장애서비스를 통한 직업훈련)는 없게 된다. 한편으로는 특정한 지역사회에서 요구되는 서비스의 부족 때문에 "사소한 틈사이로 떨어지는" 아동은 없게 된다.

서비스 통합 메커니즘은 오래된 케이스 매니저 모델을 단일 서비스 조정자(때로는 가족 옹호라 불리는)로 대치한다. 가족 옹호의 업무는 정보의 규정과 필요의 분석을 통하여 가족을 도와주는 것이고 그들이 일련의 선택들로부터 필요로 하는 서비스들을 선택하게 하는 것이다. 서비스는 가족 구성원들이 활발히 그들의 참여를 통하여 기여한 가족 서비스 계획에서 규정한 것과 일치하여 접촉 장면 근처에서 공급된다.

그러한 학교와 연관된 서비스 통합 메커니즘은 위기에서 시작하는 것이 아니라 예방에 초점을 두고 신생아 수준에서부터 시작하고 학교에서 직업 생활이나 성인 상태로의 전이의 기간까지 확장한다. 점차로 그러한 프로그램들은 그 사람의 생애 기간에 걸친 지원을 위해 추진된다. 그러한 배치에서의 강조점은 범주적 서비스 전달과 그것의 "정보 비밀" 기능의 적격성에 대한 것이라기보다는 진보와 성공에 대한 평가적인 지시자로서 실제 지원 수혜자들이 결과를 요구하는 서비스의 전달에 관한 것이다. 그러한 서비스 변형은 동시에 지역사회에 대한 지원과 강점의 자원이 되게 하는 과정 속에서 지역사회의 문화와 구성에 박차를 가하게 한다(Gerry & Certo, 1992). 유연한 자금이 그러한 배치 하에서 가능하게 될 때, 서비스 시스템은 완전히 요구의 범주적 정의와 관련되었기보다는 문제해결에 초점을 두게 된다. 인간 지원 요구가 협력적이고 문제해결 기구를 통하여 충족된다면 지역 수준에서 정부를 혁신하는 과정은 방법에서 시작하게 된다(Sailor & Skrtic, 1995). 예를 들면, New Jersey와 New York에서의 예비연구는 존재하는 범주적인 서비스와 일치해서라기보다는 유연한 자금 배치 아래서 쓰인 모든 지원 달러의 29%까지 예들을 발표했다.

기대되는 것처럼 그러한 급진적인 변형 과정은 성취하기가 쉽지 않다. 모던(modern) 시대에서 범주적인 서비스와 관료주의적 서비스가 정점에 도달했을 때 그러한 빠른 변화는 거의 불가능할 것이라고 1975년에 말했다. 공동 출자되거나 유연한 자금(즉, 그것의 사용은 부분적으로 소비자 가족의 분별력에 있다.)은 거의 있을 법하지 않았다. 그러나 포스트모던 시대의 출현의 시작과 함께 협력과 의견, 즉 완전히 통합된 서비스 배치를 추진하는 데 도움이 되는 과정들은 날로 명백해지고 있다. 예를 들면, 캘리포니아에서 SB820 Healthy Start 운동은 동등한 수의 기관 서비스 공급자 대표와 소비자를 구성하는 서비스 통합 배치에 대한 변형을 시작하기 위해 법률에 의해 자금을 지원받고 권한이 부여된 지역사회 위원회를 요구했다. 캘리포니아에서의 소비자 주권자의(consumer empowerment)는 입법된 변형 계획의 중요한 부분이다. Healthy Start는 캘리포니아 주가 지적 서비스 관료들에게 비밀 없는 의결권을 제공한 것처럼 진행되었고 가난, 장애, 좋지 않은 건강, 영어를 말하지 못하는 새로운 소비자 등의 상황에 있는 사람들에게 "여기 돈을 가져가세요. 그리고 당신의 지역사회에 있는 일반 시민 서비스와 파트너십을 형성함으로써 당신을 위해 일하는 지역 수준에서 어떤 것을 만드세요."라고 제안했다.

사례연구 8.1 Ricky

Ricky는 사교적이고 검은 머리의 9살 소년이다. Ricky는 캘리포니아의 이주한 노동자 가족이고 스페인어를 말하는 4명의 아동 중 한 명이다. Ricky는 조산으로 태어났고 심각한 합병증을 나타냈다. 그는 발달장애(심각한 정신지체로서 설명되는)와 심각한 행동장애(물건과 다른 사람에게 자기 파괴적인 행동과 폭력을 하는)를 지녔다. 그러나 대부분의 시간을 Ricky는 즐거워했고, 사교적이고, 주의집중을 잘했다. Ricky의 가족은 현재 초등학교와 중등학교 수준의 새로운 지역사회 학교 형태의 프로그램을 운영하는 북 캘리포니아 지역사회에 1년 동안 살고 있다.

새로운 지역사회로 이동하기 전에 Ricky의 가족은 중앙 캘리포니아에 있는 San Joaquin Valley에 있는 한 마을에 살았다. 거기에서 Ricky는 시교육부에 의해 "장애인을 위한 발달센터"라 불리는 중증장애를 가진 아동을 위한 분리 학교에 배치되었다. Ricky가 더 극단적 형태의 분열적인 행동양식을 발전시킨 곳은 그 곳에서였다.

중앙 캘리포니아 마을에서 Ricky의 가족이 이용할 수 있는 서비스는 거의 없었고 부적절했다. 학교는 집에서나 지역사회에서 Ricky를 어떻게 돌보는지에 대해 가족에게 방과 후 프로그램이나 조언도 제공하지 못했다. Ricky의 더 악화되는 상태 때문에, 발달장애 서비스 기관에서 온 지역의 한 케이스워커(caseworker)는 기관 배치를 위한 평가를 추천했다. 같은 기관이 Ricky의 가족을 위한 휴식 동안 돌봄 지원을 철수함으로써 예산 문제에 처하게 되었을 때 가족은 재배치에 관한 결정을 내렸다.

새로운 지역사회에서 Ricky의 가족을 위한 상황은 매우 달랐다. Ricky의 엄마가 Ricky를 학교에 등록하기 위해 군교육청에 갔을 때, 그녀는 이웃학교의 가족 옹호자와 만나야 한다고 들었다. 그 가족 옹호자의 아이들 중 2명이 그 학교에 등록해 있었다. 이전 지역사회의 지역 학교는 배치를 위해 Ricky를 평가하는 것을 거절했다. 가족 옹호자가 Ricky와 집에 있는 그의 가족들을 방문했고 그의 가족이 원한다면 이웃 학교에 참석할 수 있을 뿐만 아니라 Ricky가 일반 3학년 학급에 배치되어야 한다고 설명했다. Ricky의 학교 평가 동안 그의 어머니는 그 학교의 가족지원 센터에 있는 가족지원 그룹 수업에 참석하라고 초대를 받았다. 학교심리학자와 공공 건강 간호사에 의해 스페인어로 진행된 이 수업은 Ricky의 부모들로부터 학교가 그들에게 지원할 수 있는 조언을 찾는 것을 포함했다.

Ricky의 평가와 어머니가 학교에 참여한 결과로서 Ricky는 학교 관계자, 지역사회 공원과 여가 센터, 집에 있는 가족들의 협력 배치 하에서 실행되는 긍정적 행동지원 프로그램을 요구하는 개별화 계획을 가지게 되었다. Ricky의 IEP는 지역사회에 통합된 서비스 조정 협의회에 의해 승인된 보다 종합적인 가족 서비스 계획(FSP)에 포함되었다. 그 협의회는 학교에서 이용 가능한 서비스를 포함한 많은 지역사회 지원 서비스로부터 가족에게 도움을 제공한다. 게다가 가족 서비스 계획은 가족 옹호자와 학교 관계자를 포함한 문제해결 기간의 결과였다. 가족은 일련의 지원 서비스로부터 그들의 필요를 충족시키기 위해 자원을 선택할 수 있다.

새로운 지역사회로 재배치된 후 1년 동안 Ricky 가족의 프로그램 평가 데이터는 지역사회 지원 서비스의 적절성에 대한 가족 구성원들의 인식이 중요한 발전에 관해서 시사적이라는 것을 보여 준다. Ricky의 행동장애는 1년 코스를 넘어서까지 계속 약화되었고 학교생활의 80%까지 일반 학급에 참여를 지속할 수 있었다. Ricky는 장애가 없는 또래들 중에서 친구들 만들었고, 그림책을 통해서 그의 또래들과 사회적으로 상호작용할 수 있게 해 주는 의사소통 지원을 배웠으며 모든 학교 활동에 완전히 참여하였다. Ricky의 어머니는 전체 프로그램에 너무 빠져서 그녀는 스스로 가족 옹호자가 되기 위해서 훈련 프로그램에 등록했다.

학교와 연계된 서비스 통합의 성과를 조사하기

Ricky와 그의 가족과 관련하여(사례연구 8.1) 두 지역사회에서의 중요한 차이는 무엇인가? 두 지역사회 모두 크고, 스페인어를 말하는 인구가 있지만 첫 번째 지역사회의 서비스 공급자는 결코 Ricky의 어머니와 모국어로 의사소통하려고 시도하지 않았다. 경제적인 고려사항도 차이를 설명할 수는 없다. 왜냐하면 북 캘리포니아 도시는 중앙지역의 도시보다는 낮은 세금기반과 더 적은 자원을 가지고 있기 때문이다. 마지막으로 Ricky의 가족의 총 수입은 북쪽으로 이사했을 때 더 감소했다.

Ricky와 그의 가족이 경험할 수 있는 차이는 일련의 매우 본질적인 변형 결과의 탓이다. 그 변형은 북 캘리포니아 지역사회가 인간 도움 서비스 지원 구조에서 지난 몇 년 동안 경험한 것이다. 북쪽의 지역사회도 학교-지역사회 파트너십 배치, 재구조화된 학교 과정, 학교에 있는 가족지원 센터를 포함하는 학교와 연계되고 통합된 서비스 모델을 개발했다. 통합교육은 학교 재구조화 계획 속에 포함되고 그 결과 특수교육 내에서 고립된 시도가 아닌 전체 학교에 걸쳐 종합적인 학교 통합의 과정이다.

이런 변형의 또 다른 성과는 학교가 팀워크로 함께 하는 것이다. 학교에서의 운영이 교장과 사이트 관리팀(site resource management team이라 불리는)을 포함하는 상호작용적인 배치의 결과를 낳았다. 그 사이트 관리팀은 교사(일반교육과 지원 프로그램), 학교 관계자(참여하고자 하는 사람 누구나), 건강 지원 관계자(예: 치료사), 장애가 있는 아동과 장애가 없는 아동들의 가족 구성원들로 구성된다. 팀의 역할은 학교로 자원을 배치하고 분배하는 것이다(더 많은 정보를 위해서는 다음 부분인 Site-Based Management 참조). 사이트 팀에 있는 가족 옹호자들은 지역사회에서 서비스를 배치하는 개별적인 학생들에게 전문적인 자원 지원을 하는 데 완전히 익숙하다. 학교와 학교-지역사회 서비스 조정과 통합 내에 있는 이 과정은 종합적인 FSP의 가능성으로 이끈다. 이 계획은 모든 지지자들이 가족이 각 기관에게 요구하기보다는 가족을 "완전히 둘러싸는" 것을 가능하게 한다. 오직 한 세트의 양식만 작성하고 가족은 FSP 발전의 모든 측면을 위해서 한 사람(가족 옹호자)과 상호작용한다. 실제 지지자들의 대부분은 (건강관리를 포함하고) 학교의 가족 자원 센터를 통하여 연결된다.

서비스 통합에서 장벽을 극복하기

북캘리포니아 지역사회가 인간 지원 보조의 독특하고 유연하고 효율적인 그런 시스템을 전개하기 위해서는 매우 강력한 몇몇 장애물을 극복해야만 한다. 캘리포니아의 다른 지역사회와 다른 곳은 아직 이 지역사회가 학교에 연계되는 완전한 서비스를 개발할 때에 했던 도전을 취하지만 점점 더 많은 지역사회가 열의를 갖고 매년 온라인으로 연결해 가고 있다.

더 강력한 장벽에 대한 지원 통합은 다음을 포함한다.

- 분리되고 범주적인 서비스 프로그램: 의회는 프로그램을 정식으로 허가하는 문제를 제기하고 그것을 개시하는 적절성을 조사한다. 이 프로그램들은 일반적으로 특정한 사회적 문제(예: 10대 임신, 약물남용 등)를 조정하고 다른 문제는 제기하지 않는다. 각각의 그러한 프로그램들은 분리하는 데 대한 자격 요구, 양식, 장소 접근, 케이스워커 등을 포함한다. 다양하지만 밀접하게 관계된 프로그램들은 조정되거나 기초 자료를 서로 공유하지 않는다.
- 비밀 보장: 허가는 행정기관을 통해서 관리된다(예: 미국 건강과 인적 자원 서비스 부서 등). 각각의 보조 기관은 그 기관의 비밀 보장 지침을 갖고, 그 기관 소비자에 대한 분리된 데이터베이스를 유지한다. 각각은 다른 기관과 공유하지 않기 때문에(소비자 보호를 위한) 그것은 한 가족(또는 내담자)의 여러 기관에 걸쳐 서비스를 조정하는 것이 거의 불가능 하다. 각각의 기관은 관리가 필요한 사례인 내담자를 치료할 "사례 관리자(case managers)"를 가질 것이다. 이들은 서로 의사소통하거나 일치하지 않는다. 대부분의 경

우에 내담자가 적임일지도 모르는 그들의 기관 외부에 운영되는 프로그램에 대한 정보를 사례 관리자들은 내담자에게 알려 줄 수 없다.

- 재원 지원 제약: 그들은 인간 지원 문제를 해결하기 위해 융통성 있는 기제가 없기 때문에, 그리고 지원에 대한 특정한 지원자 요구가 특정한 지역의 현재 기관 프로그램에 의해 만날 수 없기 때문에 보조가 필요한 어떤 가족은 잘 드러나지 않고, 좀 더 어렵고 나중에 해결하는 경우 비용이 많게 되는 원인이 된다.
- 적격성: 정식으로 허가된 프로그램에 대해 책임이 있는 각 기관은 보조에 대한 적격성을 위해 기준을 맞출 것이다. 때로는 다양한 "안전망" 프로그램은 적격성의 쟁점 때문에 서로 효과적으로 취소될 것이다. 예를 들면, 내담자는 장기 실직의 기간 이후 국민의료 보조(Medicaid)와 부양자녀 가족지원(Aid to Families with Dependent Children)(AFDC)의 신세를 진다. 다른 지역사회 직업개발은 저급여직업인 파트타임에 배치되는 프로그램 결과를 지원한다. 직업배치는 내담자의 AFDC와 국민의료 보조의 취소를 초래하지만, 건강관리 비용은 직장을 그만두는 필요와 복지에 의존하는 것을 선도해 나간다.
- 기득권: 통합된 서비스 변형에 대한 가장 큰 장벽은 기관에 대한 충성심이다. 줄고 있는 예산과 정보 부족은 협력에 불리하게 작용하고, 기관의 자기보호 주의를 직접적으로 이끌어가게 한다.

이것들과 다른 장벽들은 극복하기 어렵지만 이것은 전국에 걸쳐 이 유형의 성공적인 변형의 예이다. 예를 들면, 알래스카 청소년 운동(Alaska Youth Initiative; AYI), Healthy Start (California), Community Vision Now(Kansas), New Community School(Kansas, California)이다. 이러한 배치의 종류 하에서 아동과 가족들은(그러나 정의되면서) 서비스를 전달하는 기간보다는 지원 서비스 시스템의 초점이 된다. 그 과정은 주로 아동과 가족에게 투자로서 시작되었으며, 예방 노력은 나중에 보다 중대한 문제로 나아가게 된다.

이러한 배치 하에 기관 지원은 모든 지역사회의 인간 서비스지원 시스템에 의해 나타내는 지역사회 계획 협의회의 사용을 통하여 탈중앙화된다. 만약 어떤 서비스가 무시당하면(예: 종교적 지원, 공원/여가, 사법), 그 프로그램은 적게 성공할 것이다. 그것은 실제로 특별한 서비스와 지원의 필요를 갖는 아동을 양육하는 모든 마을에 해당된다.

주와 지역사회는 학교에 연결된 서비스 통합 배치에서 진정한 소비자 권한의 정도까지 다양하다. 예를 들면, 캘리포니아의 Healthy Start운동은 지역사회 수준의 실행 협의회에 중요한 소비자 참가를 위임한다. 약간의 모델들은 그 지방의 지역사회 수준의 실행 협의회에서 대표성을 가진 기관 위원에 단지 의존하고 있다. 이외의 다른 모델들은 경영과 산업 이익으로부터 대표성을 가진 기관 위원에게 단지 의존하지만, 소비자도 적은 부분이지만 참가시킨다. 이 모든 모델의 타당성을 판단하는 데 상대적이고 평가의 자료가 부족하지만, 일화적 정보는 관리와 실행 팀 배치에 소비자를 더 많이 포함시키면 시킬수록 더 긍정적이고 중요한 결과가 나타나는 것으로 보인다.

'정부 개혁'이라는 구는 다양하게 학교-연계된 서비스 통합 모델이 소비자 역할의 인식과 함께 지역협의회로 대표되는 다양한 기관 중의 협력 지위로부터 실행대안, 새로운 형태를 위한 계획 및 운영 중의 선택에서 직접 참여를 통하여 소비자에게 권한 위임을 하는 기제로서 의견을 내는 협의회 회원들이 상호 협력하는 지위로 진화할 때 작동하기 시작한다(Kagan & Neville, 1993; Sailor & Skrtic, 1995; Sailor et al., in press). 협력의 단계에 도달했을 때만이 융통성 있는 재원 기제가 작동되기 시작된다. 그 과정은 비용을 공유하고 혁신적 과정이 일어날 정도에까지 신뢰하고 상호 존경을 요구한다(Kagan & Neville, 1993).

학교 재구조화와 통합교육

지역사회에 아동과 가족의 필요를 지원하기 위해 조정되고 중개된 계획을 통해 통합되고 한 결같은 웹 서비스를 제공하는 지역사회 지원 시스템을 운영하는 것은 과정의 단지 한 부분에 불과하다. 다음의 두 절은 학교 연계라는 용어 하에 일어나는 과정의 부분으로서 기술한다. 이러한 과정은 소위 학교 재구조화라 불리는 것으로 일반교육 개혁을 포함하는 고려로서 조사될 수 있고, 특수교육과 같은 범주적 학교 지원 시스템의 개혁과정 하에서도 가능하다. 후자는 종종 통합교육 범주 하에 설명되기도 한다. 다음 두 절에 설명되는 문제는 학교-연계된 통합 서비스 배치 안에서 효과적인 지원 시스템이 되기 위해서 무엇이 일어나야 하는가이다. 마지막으로 어떻게 그러한 시스템 배치가 학교와 지역사회에서 긍정적 행동지원을 요구하는 심각한 행동장애를 가진 사람의 긍정적 생활양식 변화와 결과의 가능성을 증가시킬 것인가이다.

학교 재구조화

Skrtic(1991a, 1991b)은 학교-지역사회 파트너십(서비스 통합)과 통합교육을 하기 위한 필요한 배치 둘 다를 나타내는 포스트모던의 과정을 학교들이 빌려오지 않고 단지 학교가 시간을 숭배하고, 현대의(modern), 전통적인 방법으로 조직된다는 이유로 몇몇 상세한 설명을 하였다(Sage & Burrello, 1994; Sailor & Skrtic, 1995). 지역사회 서비스 변형 과정에 반응하고 효과적으로 참여하기 위해 학교는 조직적 관료주의로부터 참여적 특별위원회로 그 자신을 변형시켜야 한다(Skrtic, 1991a, 1991b).

학교는 TQM이 나오기 전에 조직된 많은 대기업과 같은 전통적인 방법으로 조직되었다. 사무실의 중심 구역은 학교 운영에 책임이 있는 단독 관리자(학교장)가 점유함으로써 가끔은 미시적 관리의 중요한 정도에 까지 학교 운영에 대해 명령을 내리는 곳이다. 일선의 근로자(교사와 기타 사람)는 교장실에서 지시되는 게시판 정책에 일치해서 그들의 임무를 수행하며 절대적 권위를 가진 교장을 통해 의사소통 한다.

학교-지역사회 파트너십 과정은 보다 융통성 있고 투과성을 요구한다. 예를 들면, 부모는 학교에서 환영받는 것뿐만 아니라 그들의 아이디어가 언제나 환영받는다는 것을 느끼는 학교과정(예: 교실, 숙제지원 참여)에 적극적으로 참여하도록 초대받는 것을 느끼게 해 주어야 한다. 그렇지 않으면 “아웃사이더”로서 그들의 상태가 아주 큰 불만 수준에 이르게 된다. 나아가 학교와 연계된 가족 옹호자에게도 그렇게 해야 하며, 서비스 통합모델은 소비자와 서비스 지역사회에 학교의 연계를 제공해야 할 뿐만 아니라 학교 협의회의 참여회원까지도 환영하지 않으면 안 된다. 그러한 과정은 팀워크와 팀구조를 요구한다. 교사, 스텝 그리고 부모를 포함하고 팀이 존경스런 권위로 의사결정을 하려고 하면, 학교는 어떻게 관료조직에서 특별위원회로 조직적인 시스템 변형을 조직하고 이용하는지 알아야 한다. 전자는 피라미드 모양의 관리구조이지만 후자는 현실적인 문제해결 시스템이다. 전자는 기존의 구조를 유지하기 위해 조직된다. 후자는 구조위에 변화하는 수요에 적응하기 위해 조직된다. 상황이 시스템의 결과(즉, 아동학습)에 대해 시장요구의 성격으로 변화할 때, 그때 시스템은 적응하거나 또는 결과〔즉, 사립학교의 흰 비행(white flight)의 요구〕에 자신감을 잃는 고통을 경험하게 된다. 미국 사회에서 “시장”의 변화는 모던의 관료주의에서 포스트모던의 특별위원회로 학교의 변형을 강요받고 있다(Skrtic, 1991a, 1991b). 이러한 과정이 광범위한 시 또는 주 수준의 운동으로 가속을 받을 때, 그것은 학교 재구조화 과정으로 언급된다.

학교 개혁의 경향 최근 학교 개혁과정은 1980년대 초에 의회와 교육부에 의해 시작되었던 『A Nation at Risk』(National Commission on Excellence in Education, 1983)의 보고서 발간에 대응한 포괄적 노력에 그 기원을 두고 있다. 학교 개혁에 중요한 이 첫 번째 움직임은 학교의 수월성이라고 부를 수 있다(Darling-Hammond & Berry, 1988; Firestone, Fuhrman, & Kirst, 1989).

그 보고서는 학과목 내용, 졸업 학점, 교사 자격 요구, 표준화된 학생 사정 지침, 학습 시간의 증가 등과 같은 개혁을 연방 수준(1983~1985년 사이에 약 700개의 법이 제정)(Darling-Hammond & Berry, 1988)에서 제정하는 운동을 주도하는 역할을 하였다(Firestone et al., 1989). Bell(1993)에 따르면 이러한 “하향식” 운동의 종류는 변화가 수행되어야 하는 의사결정 구조에서 변화 과정의 실행에 대해 책임을 직접적으로 포함하는 데 실패하기 때문에 정책입안자들의 기대를 맞추는 데 실패하였다. 학교의 수월성 개혁은 이미 기대의 수용할 만한 수준을 성취하는 학생들에게 긍정적인 영향을 미친 1980년 중반까지는 분명하게 나타났으나, 『A Nation at Risk』에서 같은 개혁이 같은 성취 수준을 나타내는 학생들에게는 그렇지 못하였다(Hallinger, Murphy & Hausman, 1992).

학교 개혁의 초기 수월성 운동의 표준화 검사에서 학생 수행능력에 반영된 것처럼 교사들도 높은 표준의 생산성을 내도록 강력하게 제안되었다. 교육자들의 주요 초점은 이 기간 동안 교육과정의 향상이었다. 장애를 포함하여 많은 위험 요인에 노출된 학생의 수행능력은 수학 계산과 읽기 치료와 같은 기초적인 기술에 주로 초점을 맞춘 "수준 낮은" 교육과정이 제공되었다(Honig, 1987). 거기에는 실제 생활에 맞춘 수업과는 거의 관계가 없었다. 기계적인 기억과 표준화된 검사에 대한 피드백만으로 사실을 학습시켰다. 많은 학생들에게 점수(간혹 결핍)로 보상되는 반복적인 단순 학습은 부적절하였으며 결국에는 전혀 유용하지 않았다.

1980년대 말에 오면서, 교육자들은 수월성은 평등과 짝을 맞출 때 단지 존재할 수 있다는 것을 깨달았다(Murphy, 1993). 부자학교와 그렇지 않은 학교사이의 불일치는 매우 크게 나타났다. 교육운동에 있어 수월성의 설득력은 보다 가난한 학교에서 낮은 성취를 나타내는 학생이 진보를 보여 주기 시작하지 않으면 성공했다고 볼 수 없었다.

학교 수월성 운동은 주로 교육과정을 개선하고, 새로운 교수 실제를 소개하고(Slaviin, 1990), 학생 수행능력에 대해 학교가 책임을 지는 노력을 하향식으로 하였으며, 학교 재구조화운동(교육 개혁의 제2물결)은 풀뿌리 또는 상향식 운동의 특성을 나타냈다. 덜 풍부한 학교도 "학교의 전체적인 보고서 카드"와 "질적 표시 체크리스트"에 대한 압력을 다시 받게 되었으며, 그것은 보다 나은 교수 실제와 향상된 교육과정이 교육적 수행력을 향상시키는 데 필요한 것보다 체계적인 변화가 점점 더 명백하게 중요한 것이 되었다(Hallinger, Murphy, & Hausman, 1992). 1989년을 시작하면서 몇몇 중요한 새로운 개혁과정이 나타나기 시작하였으며, 첫째, 덜 풍부한 학군에서도 전국적인 학교 재구조화 운동의 기제를 통하여 더욱 확산되어 갔다. 학교 재구조화 아젠다의 보증은 지금도 계속되고 있으며, 다음을 포함한다.

1. 학생중심과 개별화된 학습 접근
2. 결과중심의 사정과 교육과정 수정
3. 참여 및 장면(site; 지역이라고 하기보다) 수준 관리
4. 학교에 있는 모든 학생들의 수행능력을 개선시키는 데 범주적 프로그램의 자원 활동에 맞추는 학교 통일 실제
5. 다른 지역사회 기관 및 단체들과 학교 연계를 강화하는 학습 과정에 보다 많은 부모를 참여시키기 위한 강한 동기 부여

주립학교 교장 협의회(CCSSO)에서는 재구조화된 교육과정과 교수 지침(CCSSO, 1989)에

명백하게 평등을 요구하는 입장을 채택하였다. 이 입장서에는 교장들이 장애학생과 학습 문제를 가지고 있는 학생에게 적절한 접근을 하도록 서명하였으며, 인종적으로 다양한 집단의 학습 양식도 촉진하는 과정을 효과적으로 할 것을 명령하였다. 예를 들면, 교장들은 높은 수준의 사고 기준과 대부분 수학 교수로 특징되는 반복적인 학습 과정을 추상적인 추리 과정에 강조점을 두는 입장을 채택하였다. 불리한 입장에 있는 학생들이 "그들도 무언가를 할 수 있다는 생각, 즉 교육에서부터 각 학생들이 기대와 능력의 최고 수준에서 수행할 수 있는 데 필요한 철학으로의 이동은 정말 드라마틱하다(Boyer, 1990).

Murphy와 Hallinger(1993)에 따르면 학교의 재구조화는 "학교 교육의 중핵 기술"(p. 12) 안에서의 이동에 지나지 않는다고 하였다. 분산된 교수적 방법, 즉, 탐구중심 교수방법론은 1980년대 중반에 결국 본격적으로 알려지기 시작한 "효과적인 학교"를 통해 소개되었다. 협동 학습 전략(Johnson & Johnson, 1990; Schlechty, 1989; Slavin 7 madden, 1989), 또래 교수방법(Clark, 1989)과 수업하는 동안 일어나는 소집단 학습(Boyer, 1990)은 높은 위험 요인과 장애를 포함한 모든 학생의 긍정적 결과와 연관될 수 있는 체계적인 연구를 통해서 점차 증가하고 있었다(CCSSO, 1989).

반면 전통적인 교수법 실제와 소집단 수업은 표준화된 교과목과 전 학년 성취도 검사를 통해 보다 높은 수행을 반영하도록 요구하였기 때문에 장애학생들을 일반 학급에서 더욱 분리시키는 경향이 있었고, 학교 재구조화 아젠다는 반대 효과를 나타냈다(Sailor & Skrtic, 1995). 소집단 교수 배치는 보다 다양한 학습 양식과 잠재능력을 가진 학생들의 통합을 촉진하였으며, 범주별 프로그램에 있는 아동의 직접적인 통합을 통하여 더 많은 교육자들을 그 과정 속으로 들어오게 함으로써 학교 통일 아젠다를 신장시켰다.

장면중심 관리 개혁의 첫 번째와 두 번째 물결의 사이에서의 하나의 매우 분명한 차이는 학교가 어떻게 운영할 것인지 즉 어떻게 학교 자원을 분배하며 학교 전체 예산을 운영할 것인지와 관계가 있다(Sage & Burrello, 1994). 학교 수월성 개혁은 중심 지역 사무실의 권위에 학교의 책무성이 종속되는 것이고, 학교 재구조화 운동은 점차 학교 장면에서 매일매일 학교 운영에 대한 권위로 이동하는 것이다. 장면 관리 과정 하에서, 때때로 장면 자원 관리팀이라고 불리는(Sailer et al., 1989) 학교 장면 협의회는 학교 통일 아젠다를 수행하기 위해 권한을 위임받는다. 앞에서 언급한 것처럼, 이 장면 팀에는 일반 교사와 범주별 교사 둘 다, 다른 학교 전문가 때로는 학교에 참여하는 아동의 부모, 간혹 학생으로 구성된다. 팀의 책임감 중에는 특별한 지원을 요구하는 학교 학생들의 필요를 맞추는 수단에 대한 계획을 짠다.

장면중심 관리 과정 하에서, 관리는 의사결정 공유를 통하여 장면 협의회, 즉 장면 관리자의 권한(학교장)을 균형 잡는 배치의 화합을 하게 한다(Darling-Hammong, 1990). 교장은 장면 협의회에 의해 계획되는 장면 자원 관리를 시행하는 데 필요한 자원을 관리하는 중심 지역구 사무실이 있는 학교의 주요한 협상자로서 활동한다(Sailor et al., 1989). 이러한 배치 하의 교장은 제1장(Title I)에서처럼 제2언어로서 영어(ESL), 특수교육, 직업 교육, 영재 및 천재 교육, 그리고 기타 프로그램 등 모든 범주별 프로그램의 예산과 자원의 관리를 위한 권한을 위임받는다. 간혹 이러한 것을 면제받는 과정에서는 협력적이고 통합된 장면 예산이 일어나도록 하기 위해 학교 장면이 효과적으로 되게 해야 한다.

교사에게 권한 위임하기 학교 재구조화 과정은 교사들에게 크게 권한을 위임하는 것으로 밝혀지고 있다(Bell, 1993). "성적 향상"에 대해 고군분투하는 것보다 재구조화된 학교의 교사들은 폭넓은 교수 구조 안에서 그들의 아이디어를 더 창조적으로 시험해 나갈 수 있다(Skrtic, 1988). 예를 들어, Tyack(1993)에 따르면

> 학교 교육을 향상시키기 위한 중요한 방법은 교실과 교사들이 꾸준히 노력하도록 주의를 기울이는 것이다. 하향식이 아니라 내부로 옮겨감으로써 교사들은 어떻게 하면 교수를 향상시키는지에 대한 더 좋은 감각을 얻게 된다. (p. 25)

이러한 재구조화 배치 하에서 교사들은 동일한 교육과정을 나누어주는 단순한 기술자의 지위에서 학생들에게 무엇을 가르치고 어떻게 가르치는가에 대한 정도까지 구조화에 대한 책임을 맡는 정도까지 이동해 간다. 이러한 의미에서 교사는 교수 과정에서 학생을 포함하여 교수 디자인과 다른 전문가를 "총지휘"하는 사람이 된다.

학교수행표준화위원회(The Council on School Performance Standards)(1989; Sailor et al., 1996에서 인용)는 재구조화된 학교에서 교사를 위한 표준 목록을 개발하였다. 이 표준들 중에는 다음과 같은 내용이 포함된다.

- 교사는 동시에 다양한 크기의 많은 학습 집단을 다룰 필요가 있다.
- 교사는 일정표, 다양한 범위의 학습 자료, 그리고 공간의 효과적인 사용을 융통성 있게 다룰 필요가 있다.
- 교사는 기초 및 고등/문제해결 기술, 개인 및 사회적 특성, 그들 자신이 새로운 것을 학습하는 능력에서 학생의 진보를 평가하고 기록해야 한다.
- 교사는 부가적인 학습 자료로서 서비스 기관, 정부, 기업 및 산업체로부터 지역사회의 자원을 확인하고 사용할 필요가 있다.
- 교사는 학습과 정보 자원의 도구로서 컴퓨터와 다른 교육공학기술을 적절하게 사용할 수 있는 기술을 가질 필요가 있다.
- 중학교, 고등학교, 직업학교 교사는 단일 교실에서 단지 한 개 또는 두 개의 학과 또는 기

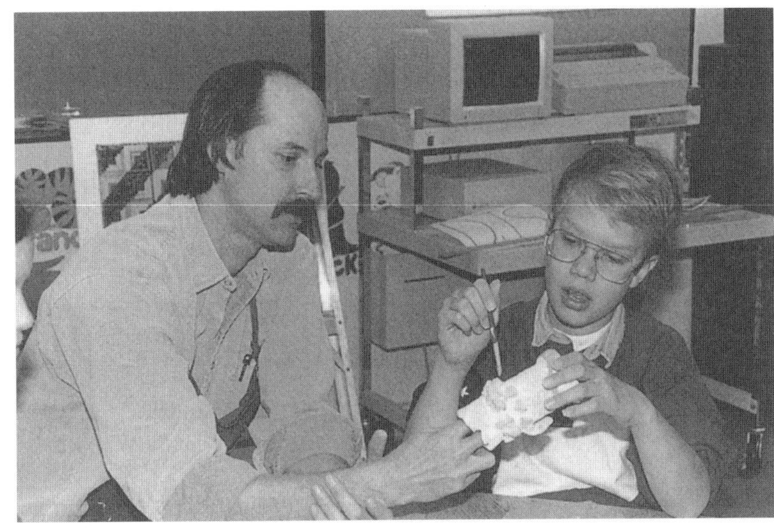

교사가 소집단 수업 장면에서 미술 지도를 하고 있다.

술 분야가 아닌 집단으로서 교수를 계획하고, 시행하고, 평가하는 학제적 교수 팀으로 역할을 할 필요가 있다.

의견과 협동의 필수적인 구성요소는 이러한 제안을 통해 일어난다. 일반교실에 심한 문제 행동을 가진 학생과 다른 장애를 가진 학생을 통합하는 것과 같은 차별된 교육 실제는 협동적 팀 구성을 통하여 실제가 만들어지도록 하는 전략이 있을 때 보다 가능하게 된다. 예를 들면, 이러한 구조 하에서 일반 교사는 학교 전체가 아니라 지원과 책임의 유형이 집단 과정으로 되어오기 때문에 그들의 교실에 장애학생을 포함하고 있더라도 부담감을 덜 느끼게 된다(Sailor, 1991).

학교 통일 학교 자원의 평등한 분배를 위한 학교 재구조화 하에서 장면중심 관리 실제의 기제가 제공되는 곳에서 학교 통일 아젠다는 분배되어야 할 물자와 협력에 대한 기제가 제공된다(McLaughlin & Warren, 1992). Sage와 Burrello(1994)에 따르면, 재구조화된 많은 학교는 학교 장면에서 이용할 수 있는 모든 범주적인 자원에 걸쳐 우선권을 가진다. 이러한 자원은 그들에게 이익이 되도록 하기 위해 범주적으로 확인된 학생(IEP가 있는 특수교육 학생)뿐만 아니라 학교에 있는 모든 학생에게도 이익이 될 수 있도록 하기 위해 조화된 방법으로 팀 과정을 통해 협력하게 된다. 이러한 학교 장면 아젠다는 학교 수월성 아젠다와는 거의 반대된다. 학교 수월성 하에서 표준화된 사정 지침에 높은 비율로 성취하지 못한 학생은 적어도 하루 중의 일부분, 교육의 주류화에서 그들을 제거하는 특수, 범주적 지원 프로그램의 다양한 것 중 하나에 자주 뽑혀 갔다. Lipsky와 Gartner(1989)는 범주적으로 확인된 학생들을 특징짓는 도전보다도 교수를 위한 더 큰 도전을 나타내는 "찌꺼기"(즉, 모든 범주적 자원이 최대한 정도까지 허용되어 사용되어 왔을 때도 학생들은 떠났다)로 나타난 몇몇 연구를 실제로 인용하였다.

반대로 학교 재구조화 아젠다의 중심 쟁점은 학교 전반에 대한 향상이다. 제1장을 통해 이용 가능한 특정 지원, 특수교육 및 기타(예: 한 번에 32개 특정 범주 자원 프로그램을 장면에서 작동할 수 있는 일부 California 학교[Sailor, 1991])에서는 수집된 전문 지식, 장비, 기타 자료를 모든 학생을 위한 보다 나은 교육적 결과의 서비스에 작용할 수 있는 방법으로 활용하고, 통합하고, 협력해야 한다. 그러한 과정을 성취하는 것은 쉽지 않으며, 교사, 교장 및 관련된 사람들이 성공할 수 있게 새로운 훈련이 필요하다(Sage & Burrello, 1994). 나아가 그들의 여러 가지 법령과 규정의 요구 사항과 일치되는 방법으로 범주별 프로그램이 작동될 수 있도록 훈련되어야 한다(Sailor, 1991). 그러나 학교 통일은 현재의 법 및 규정의 구조 하에서도 성취될 수 있으며, 학교 재구조화 하의 성공적인 예는 문헌에서 많이 볼 수 있다(예: McLaughlin & Warren, 1992).

Burrello와 Lashley(1992)는 학교 통일 아젠다를 수행하기 위한 기초를 제공하는 열한 가지 핵심 고려사항을 보고하였다. 〈표 2〉는 이러한 재구조화 결과를 나타내고 있다.

결과중심의 교육 학교 재구조화 운동의 모든 개혁 원리에 대해, 아무도 결과중심 교육(outcome-based-education; OBE)으로서 다양한 지역사회(와 전국적) 지지자는 더 이상 저항하지 않는다. 예를 들면, 일부 토대 이론자(fundamentalist) 집단은 그들의 전국적인 라디오 네트워크를 통하여 결과중심 운동의 본질에 대해 비웃고 있다. 그러한 조직된 저항은 해석하고 이해하는 데 어려울 수 있으며, 가끔은 잘못된 정보에 토대하는 것처럼 보인다. 예를 들면, 기계적인 반복 학습부터 고등 사고 기술로의 이동 노력은 결과중심 평가 실체에 의해 효과적으로 추진되어 왔다(Ysseldyke, Thurlow, & Shriner, 1992). 종교 집단의 반대가 활력이 있는 것은 배타적으로 학문 영역에서 가치 쟁점 속으로 숨어버릴 가능성이 있는 것과 같은 확인된 교육 결과의 일부 초기 예에 기인하는 것처럼 보인다. 예를 들면, Kansas 주 교육위원회는 위원회의 새로운 결과 추진 학교 인가의 기초에 주입법위원회의 위원으로부터 언어 공격을 받았으며, Kansas 학생의 부분에서는 훌륭한 시민과 도덕적 행동의 광범한 목적에 부합하는 결과를 삭제하였다. 그 목적은 가족(즉, 가치)의 전통적인 특권에 대한 공공기관(교육)의 지각된 침해가 법률가로부터 나와 삭제된 것이다.

OBE의 목표점은 간단히 학습하는 것보다는 오히려 학습으로부터 얻은 것에 의한 교육과정을 정의하고, 설계하고, 전달하고, 상세히 기록한다. 관심은 학생이 학습한 학습 과정의 결과를 가지고 성취할 수 있는 정도에까지 초점의 이동을 나타내고 있다. 예를 들면, 학생의 쓰기과제, 계산, 개념의 적용, 혼자서 읽은 책의 목록 등과 같은 표집으로 제공되는 포트폴리오 사정은

〈표 2〉 학교 통일 아젠다를 수행하기 위한 핵심 고려사항

- 학교의 모든 사람은 그들의 학습 요구에 관계없이 학교의 출석 대상 지역에 살고 있는 모든 학생의 교육에 대해 책임진다.
- 학교의 모든 사람은 교육의 통합된 체계 안의 모든 학생들의 요구에 맞게 초점을 맞추어야 한다. 학생들에게 명칭 붙임과 분리는 교육의 수월성에 대한 역효과를 낳는다.
- 모든 교육자는 모든 다른 교사 노력을 지원하는 데 사용되어야 하는 기술과 지식을 가지고 있다.
- 모든 학생들은 통합된 학교에 참여함으로써 이익이 된다. 학생들 스스로 최상의 교사가 되며, 의미 있는 학습 요구를 가진 개인을 위한 역할 모델이 된다.
- 학습 문제 예방은 특수교육의 적절한 분야이다.
- 학생의 요구 평가는 모든 교사와 관련 서비스 전문가를 위한 교육과정과 교수 계획의 일반적인 부분이다.
- 특수교육과 관련 서비스 전문가는 학교 교장의 리더십 아래 교사 팀의 정식적인 구성원으로 역할을 해야 한다.
- 특수교육과 관련된 서비스 전문가는 일반적인 학교 프로그램의 맥락 안에서 학생들에게 서비스를 제공해야만 한다.
- 자금 조달과 예산은 재택 교육(home school)과 지방의 지역사회에서 특별한 요구를 가진 학생들에 대한 서비스의 조항을 허용해야 한다.
- 아동을 위한 지역사회 중심 인간 서비스는 학교에서도 조화되어야 한다.
- 학교 프로그램의 효율적인 평가는 특별한 필요를 가진 학생들의 졸업 후 적응에 대한 고려를 포함해야 한다.

출처: Burrello, L.C., & Lashley, L.A. (1992). on organizing for the future: the destiny of special education. in K.A. Waldron, A.E. Reister, & J.H moore (Eds.), *Special education: The challenge of the future* (pp. 64–95). San Francisco: Mellen Research University Press; reprinted by permission.

표준화 검사에 의해 측정된 처음과 끝의 수행능력을 나타낸다(Ysseldyke et al., 1992). 따라서 교육과정은 미리 정해졌던 내용(예: 모든 2학년 선생님은 기초적 읽기를 하는 학생에게 모든 일견단어를 가르칠 것이다.)의 획득부터 교수의 측정할 수 있는 결과의 강조(예: 매 2주마다 초등학생들은 아동의 문학 과제 가운데서 선택하여 읽고 논의 할 것이다.)까지 이동해 간다(Sailor et al., in press). OBE로 이동해 가는 과정을 통해, 교육은 다양한 학습 양식을 가진 학생과 특별한 교수 자료와 지원을 필요로 하는 학생을 포함하여 모든 학생에게 더욱 개별화 된다.

학교 재구조화와 포스트모던 시대 앞의 절은 학교와 연계된 통합된 서비스 하에서 나타나는 과정을 조사하였다. 이러한 과정에서, 인간 서비스 전환의 포스트모더니즘의 특징인 의견과 협력은 운동의 모퉁이 돌로서 나타난다. 지역사회 수준에서 특별한 지원의 필요성을 가진 아동

과 가족의 요구를 효과적이고 효율적으로 맞추는 서비스 체계의 조정은 때로는 가족에게 하나의 접촉점을 제공함으로써 "모든 것을 감싸는" 과정을 가능하게 하는 가족 옹호자라 불리는 서비스 조정자를 필요로 한다. 그러한 과정은 어떻게 전통적으로 조직적인 학교와 연계될 것인가? 그 대답은 할 수 없다. 협력적인 과정인 통합된 서비스의 효과적인 참가자가 되는 학교를 위해 그것은 그 과정을 내부적인 그 자체로 비추어야만 한다(Sailor & Skrtic, 1995). 지역사회의 가족과 아동을 위한 서비스 계획에서 학교의 아동을 위한 서비스 계획을 효과적으로 잇는 서비스 조정자를 위해 그 서비스 조정자는 학교 사이트 자원 관리팀의 구성원이 되어야만 한다. 만일 학교가 관리되면서 사이트에 기초하지 않으면, 그런 참가와 결합은 아무리 잘해도 어렵고 아마 불가능하게 된다.

학교 재구조화 아젠다를 반영하는 학교 전환에 포함되는 과정과 지역사회(최종적으로는 주) 수준에서 모든 인간의 도움과 지원 체계의 전환을 포함하는 과정은 상호의존적이다. 전환의 한 세트는 다른 세트 없이는 충분히 일어날 수 없다(Sailor & Skrtic, 1995). 이러한 전환이 서로 다른 많은 주와 지역사회가 협력하여 일어나는 것은 그들이 모던에서 포스트모더니즘 시대까지 우리의 행로를 반영하는 광범위한 것을 중심으로 변화하고 있다는 증거이다(Sailor & Skrtic, 1995; Rhodes et al., 1995).

남아 있는 문제 하나는 이 장의 중심 문제에 우리를 되돌아가게 할 전환 과정의 심화된 세트를 조사하는 것이며, 그것은 어떻게 우리가 교육 실제의 주류화와 지역사회의 삶에서 심한 행동장애를 가진 학생을 효과적으로 포함할 수 있는가이다. 만약 학교에서 연방의 범주적 프로그램을 특징짓는 공공정책에서 개혁의 주된 방향을 말할 수 있다면 그것은 통합 하에서 가장 잘 설명될 것이며(예: McLaughlin & Warren, 1992; Sage & Burrello, 1994 참조), 그 다음엔 변화 아젠다의 중요한 부분을 제공하는 특수교육의 분야 안에서 통합교육을 특징짓는 전환이 될 것이다.

통합교육

통합 종류의 과정에는 두 가지가 있다. 첫 번째는, 대부분의 독자가 잘 알고 있는 일반교육 교실에서 심한 장애를 가진 학생들을 배치하는 경향을 설명하는 통합 또는 완전통합이라는 용어의 사용이다(Stainback & Stainback, 1984). 두 번째로는 내가 여기에서 좀 더 상세하게 조사해 보고 싶어 하는 한 가지로 학교 통일을 성취하기 위해 필요한 과정을 설명하는 보다 광범위한 것을 중심으로 하는 개념이다. 이 장의 나머지 부분에서 사용되는 통합교육이라는 용어는 연방의(때로는 주나 지방) 범주적 프로그램 하에 재정지원을 받는 특별한 학교 지원 프로그램에 의해 전환 과정을 설명하는 것이며, 이것은 학교 장면 통일 프로그램하의 학교 장면에서 일반교육 프로그램과 함께 충분히 통합되고 조정되는 것을 말한다(Sailor et al., 1996). 그래서 완전통합은 학생의 배치와 참여 쟁점에 대해 언급하며, 통합교육은 학교 지원 서비스의 조직과 활용에 대해 언급한다. 특별한 지원이 필요한 것으로 확인된 IEP를 가진 학생을 통합하지 않으면 특수교육(또는 범주적) 서비스를 성공적으로 통합할 수 없는 것처럼 일반적인 그룹핑에서 장애를 가진 학생의 배치는 통합교육의 개념에서 명백하다.

이 절은 특수교육이 어떻게 분리, 평등 교육 프로그램, 학생의 신중하고 확인된 "교실"로 조정된 것에서부터 전체 학교 교육과정과 교수 체계가 조화를 이룬 완전통합교육으로 진행되어 가는지 보여 주는 대표적인 사례이다. 같거나 거의 유사한 전환 과정이 제1장, ESL, 영재 그리고 다른 프로그램에서도 또한 보여진다. 범주적인 학교 지원 프로그램의 주요 개혁 아젠다로서 통합교육은 일반교육(재구조화)과 지역사회 인간 지원 서비스(학교 연계 서비스 통합)에 대해 앞 절에서 설명한 것처럼 포스트모던의 똑같은 전환 과정을 보여 준다. 여기에서도 마찬가지로 의견과 협력은 비범주적 배치에서 개인 아동의 지원에 대한 다양한 전문가, 스텝 그리고 부모의 능력과 창조성에 초점을 맞추는 팀 배치를 통하여 통합교육적 실제가 구조화 될 수 있다는 증거를 보여 준다.

특수교육 정책 개혁 특수교육 분야는 지난 15년 동안에 걸쳐 일반교육에 영향을 미치는 개혁들과 동등한 중요한 개혁을 경험했고 최근에 들어서야 두 개혁은 합쳐지기 시작했다(McLaughlin & Warren, 1992; Sage & Burrello, 1994). 이 개혁 운동의 중요한 특징은 Assistant Secretary for Special Education and Rehabilitative Service, Madeleine Will's와 "일반교육의 주도성(REI)"의 주도에 의해 나타났다(Will, 1986).

이러한 주도성에서, Will은 학생들을 뽑아내는 교실 실제, 학습 도움실, 기타 범주적으로 분리된 프로그램, 특수교육의 자원, 제1장(Title I), 체계적으로 통일된 교육 구조 속으로 이중 언어(이민자 포함) 교육을 가져와 제안하였으며, Margaret Wang과 그의 동료(Wang, Reynolds, & Walberg, 1988)의 연구를 실제적으로 믿고 사용하였다. Will의 흡수 아젠다를 지원하는 Wang 등의 제안은 특수교육 학문 단체 안에서 비중 있는 반대를 만들었으나 가벼운 정도로 지적되었다. 학습장애저널(*Journal of Learning Disabilities*)(1987, 20[5])의 전체적인 쟁점은 이러한 입장에 대한 논박으로 채워졌다. 논박의 핵심은 Wang과 동료들이 출판한 보고서에 사용된 방법론에 대해 일련의 비판이 있었고, 더욱 많은 부분은 특수교육의 범주적 형태 안에서 미래 특수교육에 대한 진정한 불안을 반영하고 있었다. Wang의 입장은 1975년의 모든 장애아를 위한 교육법(PL94-142)의 특수교육 수정안으로부터 일반교육의 범위에 학습장애의 범주를 궁극적으로 제거해서 경도/중등도 학습장애아동을 위한 책임을 돌리려는 노력으로 학습장애저널의 편집자에게 해석되었다.

REI는 주로 특정한 지원을 일반교육 맥락 속으로 해서 비교적 가벼운 장애학생(즉, 학습장애)의 통합에 관심이 있었으며, 두 번째로는 보다 심각한 장애를 가진(즉, 중도 및 최중도장애) 학생의 관련된 개혁과정에 관심이 있었는데 이것 또한 추진되고 있었다(Sailor et al., 1989). 통합으로서 언급된 이 과정은 특수교육 시스템의 Gartner와 Lipsky(1987), Skrtic(1991a, 1991b)의 비평서의 출판과 함께 일반교육 안에서 특히 국가적 관심을 얻게 되었다.

특수교육 개혁의 통합 부분은 특수교육자들로부터 강한 반대에 직면하고 있으며, 재미있는 것은 REI에 반대하는 "선두적인" 전문가들에게도 마찬가지이다(즉, Fuchs & Fuchs, 1994; Kauffman, 1989; Semmel, Gerber, & MacMillan, 1994; Vergason & Anderegg, 1989). 국가적인 보고서의 대부분은 완전통합 아젠다에 초점을 두고 있는 반면에, 특수교육(REI, 통합)의 결합된 개혁과정은 통합교육의 분류 하에 일반교육이 최근에 학교 재구조화 개혁과 결합시켜 함께 나타나고 있다(McLaughlin & Warren, 1992; NASBE, 1992; Sage & Burrello, 1994; Sailor, 1991; Sailor et al., 1995; Snell, 1991; York, 1994).

초기 개혁과정의 특징으로서 통합교육의 목적을 이해하기 위해서는 단지 특수 범주 자원의 일치에서부터 범주적으로 확인된 학생으로 초점의 이동이 있어 왔다는 것을 고려해야 한다. 통합교육 하에서, 초점은 모든 서비스로부터 학교에 있는 모든 아동에게 이익이 되도록 하는 방법으로 특정 요구를 가진 학생들을 지원하는 것이 된다. 이 학교 통일(McLaughlin & Warren, 1992) 개혁 아젠다의 성취는 적어도 특수교육 자원이 학교에 나누어주는 방법으로 일어나는 다음의 전환을 필요로 한다(Sailor, Gerry, & Wilson, 1993):

- 모든 장애학생은 그들이 장애가 없을 때 부모들이 선택하는 것과 같이 그들이 다니고 싶어 하는 학교에 출석한다.
- 장애학생들은 일반적으로 학군(또는 지역사회)에서 그들 출현의 자연적인 부분으로서 일반교육의 맥락에 포함된다.
- 학교에서(학교 활동으로서, 지역사회에서) 모든 그룹핑 배치는 이질적이며 자연적 비율을 존중한다.
- 모든 장애학생은 그들의 생활 연령에 적절한 일반교육 교실의 정규 구성원으로서 배치된다.
- 학교는 장면중심 관리와 체계적 실제로서 학교 자원의 협력을 채택한다.
- 학교는 학교 전체 재구조화 계획과 일치해서 중앙 집권적이 아닌 교수 실제를 채택한다.

통합교육의 특징은 학교에서 특정한 지원이 필요한 학생의 완전통합과 참여이다. 즉 통일된 학교는 통합교육의 실제를 포함하기 위해 재구조화되는 학교로서 예를 들면, 특수한 범주별 교실을 운영하지 않는다. 사실, 학생들은 학교나 지역사회에서 그들의 범주별로 "명칭 붙

교사가 특별한 도움이 필요한 학생에게 지원을 제공하고 있다.

이기"를 기초로 하거나 또는 특정한 지원이 필요한 것을 기초로 해서 어떤 배치에 집단으로 구성되지 않는다. 특수교육 아동이 아직까지 학습장애(LD), 심각한 정서장애(SED) 등과 같이 연방 보고서의 목적에 따라 계수될 수 있으나, 이러한 낙인 명칭(Sage & Burrello, 1994)과 비합법적 명칭은 학교 장면에서 사용되지 않으며, 학교와 관련된 대부분의 스텝, 아동, 가족은 모르고 있다.

통합교육적 배치 하에서 특수교육 지원의 본질은 의사결정 과정에 가족 구성원을 포함하는 팀 과정(York, 1994)을 통해 결정된다. 만약 결정이 일반교육 교실에서 준전문가적 지원이 필요하다고 결정되면, 포함된 장애학생을 위해 주요하게 지원하는 사람은 결코 격려 받지 못한다. 오히려, 그것은 일반교실 아동과 사회적 관계를 향상시키는 교실의 구성원으로서 학생을 지원하는 것이며, 전체 교실 프로그램을 촉진시킨다. 탈중심화된 교수방법(Slavin, 1990)의 과정은 일반 학생과 특정한 지원과 도움을 필요로 하는 학생에게 공통적인 학습 결과를 촉진시킴으로써 이 과정을 향상시킨다. 또래 지원과 수정된 교육과정은 탈중심화된 교수방법 하에 풍부한 과정이 된다(York, 1994).

특수교육 서비스가 전통적으로 조직되어 온 곳에서는 심각한 문제행동을 가진 학생은 확장된(값비싼) 사정이 수행된 후에는 SED, 자폐증, 또는 행동장애(BD)와 같은 명칭을 쉽게 받아들이며, 그러한 학생이 범주별로 집단 구성을 하는 곳에서는 특수 학급(또는 심지어 특수학교)에 배치되도록 의뢰된다. 그들의 교육을 위해 사회화의 심각한 문제를 가진 학생을 함께 그룹핑하는 실제에서는 그들의 어려움을 치료하는 것이 우선적인 문제이다. 그러한 집단 구성을 하여 배치하는 것은 장애학생보다는 오히려 서비스를 제공하는 기관(즉, 학교 특수교육 서비스)에 분명히 이점이 있다. 행동의 적절한 유형을 학습하고 사회화되기 위한 학생을 위해서는, 그러한 유형을 모델하는 또래와의 규칙적이고 유지된 기초 위에서 그들은 상호작용해야 한다. 심각한 문제행동을 가진 학생을 함께 그룹으로 하지 않는 곳에서는 문제가 없으며 결코 문제가 일어난 적도 없다(Schroeder et al., 1990). 보다 큰 적절성의 문제는 메인스트림 속에 그러한 학생을 어떻게 지원하도록 하는가였다.

행동장애학생 통합교육 실제 하에서 심각한 행동문제를 가진 학생의 "관리"는 특정한 서비스 체계의 배타적 범위보다는 오히려 학교 전체의 쟁점이다. 심각한 행동장애의 긍정적 관리를 위한 계획은 그러한 배치 하에서 개발되어 왔으며, 이것은 다음의 투입과 참여를 포함한다.

- 학교에서의 다학문적 팀
- 학교의 학생들
- 일반과 범주적으로 확인된 학교의 교수진
- 학교의 아동 부모뿐 아니라 다른 부모
- 학교가 섬기는 지역사회 구성원

그러한 긍정적 행동지원계획(Carr, 1988)은 학생 IEP의 일부가 된다. 만약 전일제 일반 학급에 참여가 계획된 목적이라면 표적 학급에 학생배치와 구성원이 되는 것은 계획의 시작에서 이루어진다. 학생들을 실제 교실에 보내거나 일반교육 교수 그룹에서 보내는 시간의 양은 계획의 목표와 일치하는 증가된 사회화 결과에 맞도록 참여의 단계적 스케줄에 의존할 지도 모른다. 일반교실에 있지 않을 때, 학생들은 학교나 또는 지역사회 밖에서 가르칠 수 있으나, 그러나 절대로 분리하거나 범주적으로 구성된 환경이 되어서는 안 된다. 그러한 배치는 시행의 초기 단계에서 학교의 자원에 크게 짐을 부과할 수 있으나, 그러나 현재 사회화 문제를 가진 모든 학생의 요구를 맞추기 위해서 학교를 함께 돕는다면 결국은 크게 도움을 가져올 수 있다.

목표 2000: 교육 개혁에서의 현재의 아젠다 클린턴 정부는 1993년 의회에 목표 2000이라는 Educate America Act(P.L. 103-227) 교육 개혁 프로그램 패키지를 소개하였다. 이 법안은 상원에서 S.1150으로 통과되었는데 미국 장애인법(ADA)과 직접적으로 연계되어 있고, 1973년의 재활법(Rehabilitation Act)의 504항과 장애인교육법의 1990년 수정안〔장애를 가진 교육법(IDEA), P.L. 101-476〕 둘 다와도 관련되어 있다. 목표 2000을 포함하고 있는 상원 보고서(Senate Report 103-85)는 직접적으로 통합교육의 쟁점을 기술하고 있다. 상원 보고서에서 통합교육의 쟁점에 대한 교육자들에 대한 지침은 두 가지 형태를 취한다. 첫째로, Minnesota 대학교에 있는 교육 결과 국가 센터(National Center on Educational Outcomes)가 사정 시스템 개발 실제를 통해 비변별적인 방법으로 장애를 지닌 모든 학생에게 적용 가능한 사정을 하는 가능성을 증가시키도록 지도하고 있다.

이 제안의 순수한 효과는 분리지침을 확인하는 것에서(즉, "기능적 교육과정") 일반교육과정에서 진보의 일정한 지침 쪽으로(즉, "적응 교육과정") 장애학생을 적응하도록 교육의 성과 중심을 강조하는 방향으로의 이동이다.

둘째로, 그 보고서는 그러한 사정 시스템이 일반교실과 일반교육 프로그램에 장애학생을 배치하도록 능동적으로 장려하는 요구를 분명하게 하고 있다. 마지막으로 그 보고서는 그들이 장애학생들에게 적용하는 목표 2000의 국가적 목적에 적절하도록 보장하는 표준과 사정자료를 국가 교육목표 패널이 검토하도록 지시하고 있다.

미네소타센터는 학군에 요구하는 최근의 출판물(Shriner, Ysseldyke, & Thurlow, 1994; Shriner Ysseldyke, Thurlow, & Honetschlager, 1994)에서 상원 보고서가 제기한 것에 대해 입장을 표했다.

1. 학생의 수행능력을 위해 책무성의 학교 전체 시스템에 모든 학생을 포함시키도록 하라.
2. 모든 학생의 통합을 확장하기 위해 학교 전체 사정 시스템이 합리적으로 조절되게 만들어라.
3. 장애학생들의 부분적인 수행이 같은 검사로 반영될 수 있도록 수행과 측정을 넓은 범위로 확장시키도록 하라.
4. 가능하면 언제든지 기존의 사정과 자료 수집 실제에 기초한 노력을 계속하라.

미네소타 센터는 모든 학생을 포함한 결과중심의 교육적인 노력과 일반 학생들의 수행능력을 반영하는 같은 교육과정 영역에서(예: 과학수업) 장애학생의 수행능력을 측정하는 예로서 켄터키 학교 개혁법(1990)을 인용하였다.

통합교육; 학교 재구조화; 그리고 학교와 연계된 통합 서비스: 상호의존적 포스트모던 과정

이 장에서 논의된 인간 서비스의 세 가지 개혁과정들은 포스트모던과 상호의존적인 것으로 묘사된 보다 넓은 전환의 부분으로서 제시되어 왔다. 세 가지 중 어느 것도 다른 두 가지에서 제시된 구조와 체계에서의 변화와 일치하지 않고서는 충분히 실현될 수 없다. 특별한 학교 장면의 운영에서 이런 과정들의 예는 학교-지역사회 동반자 배치(Sailor, 1994a, 1994b), 새로운 지역사회 학교(New Community School) 하에서 상호의존적인 관계를 설명하는 것을 논의해 오고 있다.

새로운 지역사회 학교의 기본 전제는 상호의존적이다. 현대에 우리는 마치 각각의 확인할 수 있는 문제가 어떤 특정한 연속적인 프로그램으로 해결될 수 있는 것처럼, 즉 고립된 상태에서 인간 지원 필요들을 나타내기 위해 시도해 왔다. 포스트모던 구조에서는 인간의 문제들은 더 체계적으로 보인다. 인간 노력의 모든 양상에 걸쳐 상호 연관성이 존재한다는 인식이 있고, 또 행동에 영향을 미치는 힘이 복잡하고 무수한 환경과 관계에 걸쳐 확장될 수 있다.

사회 개혁과정에서 관찰될 수 있는 상호의존은 경제학 부분에서 추적해 볼 수 있다. 삶의 다른 양상으로부터 관련된 "문제"가 고립 상태에 존재하는 것처럼 인간 지원 필요를 나타내는 것도 점차 힘들어지게 된다. 지원의 필요에 기여하는 요소들이 복잡하기 때문에 고립하의 필요들을 나타내고자 하는 시도들은 늘어난 지출에 비해 점점 덜 명확한 대가를 의미한다. 예를 들어, 미국 여러 지역의 학교들은 약물남용 문제와 싸우기 위해 특별한 프로그램의 가지고 있다. 이 프로그램들을 위한 재정은 약물남용 문제의 강도가 이에 상응하는 증가를 반영하면서 증가되었다. 그러나 학교는 약물남용에 영향을 받는 사회 문제들이 있는 유일한 장소이다. 경비가 들어간 것에서 나온 긍정적 결과 자료들은 신중한 문제가 단지 학교중심 프로그램에서만 나타낼 수 있는 것보다는 보다 광범한 학교-지역사회에 연계될 때 나타났다.

특수교육은 적절한 사례를 제공한다. 그들의 사회화에 영향을 미치는 상호의존적인 요소들, 다시 말해 주류화된 지역사회 삶에서 독립적으로 일하고 존재하는 능력에 대한 주의 없이 고립 하에 있는 장애인들의 학습 지원 요구를 말하는 것은 얻게 되는 성과에 비해 증가하는 특수교육 비용에 대한 반발을 증가시켰다(Shapiro, Loeb, & Bowermaster, 1993).

새로운 지역사회 학교에서는, 통합 그 자체가 끝은 아니다. 예를 들면, 어떻게 통합시킬지에 대한 문제는 일반교실의 심각한 행동장애아동은 특수교육자의 특별하고 고립된 관심들을 넘어서 IDEA 개념의 최소제한환경(LRE)에 더 잘 일치할 수 있어야 한다. 그런 학생들을 성공적으로 통합하는 데 필요한 적응은 학교 전체와 마찬가지로 지역사회 안의 지원 구조와도 연계되는 것이 필요하다. 이 개념 하에서 통합은 모든 학생들을 위한 교육적 결과의 증진을 위해 모든 지원이 더 효과적이 되도록 보다 큰 체계의 재구조화 틀의 한 요소에 불과하다.

간단히 요약하자면 새로운 지역사회 학교개념을 구성하는 공공정책 전환의 핵심 요소들은 다음과 같다.

1. 학교 연계 서비스 통합: 더 넓은 사회 맥락에서 인간 지원의 필요를 나타내는 학교-지역사회 동반자 환경은 기관중심이라기보다는 소비자중심이다.
2. 학교 구조화: 모든 학생들의 필요를 더 잘 나타내기 위해 협력적 계획과 운영 구조를 통해 학교 스텝들의 총체적 강점을 이용하는 일반교육 개혁과정
3. 통합교육: 일반교육 주류화에서 특정 학생들을 지원하는 동안 학교에서 모든 학생들의

교육을 강화하는 통합 맥락에서 훈련시키는 특별화된 기술과 지원을 적용하는 특수교육의 개혁과정

장애학생들 특히 심한 행동장애가 있는 학생들의 통합에 영향을 주고자 하는 노력은 만약 그런 노력들이 특수교육에 의해 추진되고 전체 학교 프로그램의 넓은 목표를 위해 가치를 가지고 있는 것처럼 여겨지지 않는다면, 몇몇 장소에서 고립된 시범을 넘어서서 성공하지는 않을 것 같다. 그러나 그런 노력들이 있는 곳에서는 재구조화의 학교 전체 프로그램과 학교-지역사회 동반자 환경과 일치하며, 특히 학생의 지원 필요가 단지 특수교육으로서가 아니라 학교가 해결해야 할 문제로서 검토된다면 그때 그 과정은 발전하게 된다.

새로운 지역사회 학교들은 이런 과정들을 강조한다. 첫째, 그들은 통일된 학교이다. 다른 범주적인 지원뿐 아니라 특수교육도 완전히 통합되고 조정되어서 학교의 전체 지원 필요를 충족시킴과 동시에 각 프로그램의 진단 평가된 학생들을 지원할 수 있다. 둘째, 그런 학교는 부모뿐만 아니라 교사에게도 권한을 부여하는 협력팀 환경에 의해 운영되며 동시에 그들은 그들의 전문성과 창조적 에너지를 끌어낸다. 지역사회 안의 아동과 가족의 필요가 서비스 조정과 한 가지 접촉점을 사용하는 동안에 학교 내의 서비스는 공동으로 활용하며 특별한 지원이 필요한 학생들을 "모두 포함하였다." 학교와 지역사회 둘 다에서 긍정적 행동지원 프로그램이 필요한 아동은 통합된 서비스 환경 하에서 보다 평범한 가족 서비스 지원계획안의 IEP를 통합하는 환경으로 적용하는 데 초점을 맞춘 노력을 할 수 있었다.

새로운 지역사회 학교는 그래서 포스트모던이다. 의사 발언과 협력과정이 이런 학교에서 증거가 되고 있다. 새로운 지역사회 학교는 가족들을 바퀴의 중심에 두는 종합적이고 통합된 서비스 환경의 한 구성요소를 형성한다. 학교는 건강, 사회 그리고 지역사회 안에서 다른 인간 지원 서비스와 결합하여 특정한 기능을 수행하며, 따라서 가족들이 그들의 자원을 더 잘 활용할 수 있도록 힘을 부여하고 그리고 포스트모던 사회에서 더 높은 삶의 질을 즐길 수 있도록 돕는다.

참고문헌

Americans with Disabilities Act of 1990 (ADA), P.L. 101-336. (July 26, 1990). Title 42, U.S.C. 12101 et seq: *U.S. Statutes at Large, 104*, 327-378.

Baer, D.M. (1993). To disagree with Meyer and Evans is to debate a cost-benefit ratio. *Journal of The Association for Persons with Severe Handicaps, 18*(4), 235-236.

Bell, T.H. (1993). Reflections one decade after "A Nation at Risk." *Phi Delta Kappan, 74*, 592-604.

Boyer, E. (1990). *The basic school.* New York: Harper & Row.

Burrello, L.C., & Lashley, C.A. (1992). On organizing for the future: The destiny of special education. In K.A. Waldron, A.E. Riester, & J.H. Moore (Eds.), *Special education: The challenge of the future* (pp. 64–95). San Francisco: Mellen Research University Press.

Carr, E.G. (1988). Functional equivalence as a means of response generalization. In R.H. Horner, G. Dunlap, & R.L. Koegel (Eds.), *Generalization and maintenance: Life-style changes in applied settings* (pp. 221–241). Baltimore: Paul H. Brookes Publishing Co.

Carr, E.G., Levin, L., McConnachie, G., Carlson, J.I., Kemp, D.C., & Smith, C.E. (1994). *Communication-based intervention for problem behavior: A user's guide for producing positive change.* Baltimore: Paul H. Brookes Publishing Co.

Carr, E.G., Robinson, S., & Palumbo, L.W. (1990). The wrong issue: Aversive versus nonaversive treatment. The right issue: Functional versus nonfunctional treatment. In A. Repp & N. Singh (Eds.), *Perspectives on the use of nonaversive and aversive interventions for persons with developmental disabilities* (pp. 361–379). DeKalb, IL: Sycamore.

Carr, E.G., & Sailor, W. (1994). Should only positive methods be used by professionals who work with children and youth? [Response to Birnbrauer]. In M. Mason & E. Gambrill (Eds.), *Debating children's lives: Current controversies on children and adolescents* (pp. 250–254). Thousand Oaks, CA: Sage Publications.

Clark, R.M. (1989). *The role of parents in assuring education success in restructuring efforts.* Washington, DC: Council of Chief State School Officers.

Council of Chief State School Officers (CCSSO). (1989). *Success for all in a new century: A report by the Council of Chief State School Officers on restructuring education.* Washington, DC: Author.

Council on School Performance Standards. (1989). *Preparing Kentucky youth for the next century: What students should know and be able to do and how learning should be assessed.* Report of the Council on School Performance Standards, Frankfort, KY, presented to Governor Wallace G. Wilkinson, the Kentucky General Assembly, the Superintendent of Public Instruction, and the State Board for Elementary and Secondary Education.

Crowson, R.L., & Boyd, W.L. (1993). Coordinated services for children: Designing arks for storms and seas unknown. *American Journal of Education, 101*, 140–170.

Darling-Hammond, L. (1990). Teachers and teaching: Signs of a changing profession. In R. Houston, M. Haberman, & J. Sikula (Eds.), *Handbook of research on teacher education* (pp. 267–290). New York: Macmillan.

Darling-Hammond, L., & Berry, B. (1988). *The evolution of teacher policy.* Santa Monica, CA: RAND.

Day, W.F. (1988). Hermeneutics and behaviorism. *American Psychologist, 43*, 129.

Derrida, J. (1976). *Of grammatology.* Baltimore: Johns Hopkins University Press.

Dewey, J. (1982). The development of American pragmatism. In H.S. Thayer (Ed.), *Pragmatism: The classic readings* (pp. 253–336). Indianapolis, IN: Hackett.

Dewey, J. (1990). *The school and society and the child and the curriculum.* Chicago: University of Chicago Press.

Dougher, M.J. (1993). Interpretive and hermeneutic research methods in the contextualistic analysis of verbal behavior. In S.C. Hayes, L.J. Hayes, H.W. Reese, & T.R. Sarbin (Eds.), *Varieties of scientific contextualism* (pp. 211–221). Reno, NV: Context Press.

Education for All Handicapped Children Act of 1975, P.L. 94–142. (august 23, 1975). Title 20, US.C. 1404 et seq: *U.S. Statutes at Large, 89*, 773–796.

Elmore, R.F. (1988). *Early experience in restructuring schools: Voices from the field.* Washington, DC: National Governors' Association.

Evans, I.M. (1993). Constructional perspectives in clinical assessment. *Psychological Assessment, 5*, 264–272.

Ewert, G.D. (1991). Habermas and education: A comprehensive overview of the influence of Habermas in educational literature. *Review of Educational Research, 61*, 345–378.

Fawcett, S.B. (1991). Some values Guiding community research and action. *Journal of Applied Behavior Analysis, 24*, 621–636.

Ferguson, D.L., & Ferguson, P.M. (1993). Postmodern vexations: A reply to Meyer and Evans. *Journal of The Association for Persons with Severe Handicaps, 18*(4), 237-239.

Firestone, W.A., Fuhrman, S.H., & Kirst, M.W. (1989). *The progress of reform: An appraisal of state education initiatives.* New Brunswick, NJ: Center for policy Research in Education.

Fuchs, D., & Fuchs, L.S. (1994). Inclusive schools movement and the radicalization of special education reform. *Exceptional Children, 60*(4), 294-309.

Gartner, A., & Lipsky, D.K. (1987). Beyond special education: Toward a quality system for all students. *Harvard Educational Review, 57,* 367-395.

Gerry, M.H., & Certo, N.J. (1992). Current activity at the federal level and the need for service integration. *The Future of Children, 2*(1), 118-126.

Goals 2000: Educate America Act of 1994, P.L. 103-227. (March 1994). Title 20 U.S.C. 5801: *U.S. Statutes at Large, 108,* 125-280.

Goerner, S.J. (Ed.). (1994). *Chaos and the evolving ecological universe.* Langhorne, PA: Gordon and Breach.

Hallinger, P., Murphy, J., & Hausman, C. (1992). Restructuring schools: Principals' perceptions of fundamental educational reform. *Educational Administration Quarterly, 28*(3), 330-349.

Honig, W. (1987, April). *Honig Advisory Committee Meeting.* Sacramento, CA.

Horner, R.H., Diemer, S.M., & Brazeau, K.C. (1992). Educational support for students with severe problem behaviors in Oregon: A descriptive analysis from the 1987-1988 school year. *Journal of The Association for Persons with Severe Handicaps, 17*(3), 154-169.

Horner, R.H., Dunlap, G. Koegel, R.L., Carr, E.G., Sailor, W., Anderson, L., Albin, R.W., & O'Neill, R.E. (1990). Toward a technology of "nonaversive" behavioral support. *Journal of The Association for Persons with Severe Handicaps, 15*(3), 125-132.

Horner, R.H., Sprague, J.R., & Flannery, K.B. (1993). Building functional curricula for students with severe intellectual disabilities and severe problem behaviors. In R. Van Houten & S. Axelrod (Eds.), *Behavior analysis and treatment* (pp. 47-71). New York: Plenum Press.

Hoshmand, L.T., & Polkinghorne, D.E. (1992). Redefining the science-practice relationship and professional training. *American Psychologist, 47*(1), 55-66.

Individuals with Disabilities Education Act of 1990 (IDEA), P.L. 101-476. (October 30, 1990). Title 20, U.S.C. 1400 et seq: *U.S. Statutes at Large, 104,* 1103-1151.

James, W. (1948). Pragmatism's conception of truth. In A. Castell (Ed.), *Essays in Pragmatism.* New York: Hafner.

Johnson, D.W., & Johnson, R.T. (1990). Social skills for successful group work. *Educational Leadership, 47*(4), 29-33.

Kagan, S.L., & Neville, P.R. (1993). *Integrating human services: Understanding the past to shape the future.* New Haven, CT: Yale University Press.

Kaiser, A.P. (1993). Understanding human behavior: Problems of science and practice. *Journal of The Association for Persons with Severe Handicaps, 18*(4), 240-242.

Kauffman, J.M. (1989). The Regular Education Initiative as Reagan-Bush education policy: A trickle-down theory of education of the hard-to-teach. *Journal of Special Education, 23*(3), 256-278.

Kelly, M., & Maynard-Moody, S. (1993). Policy analysis in the post-positivist era: Engaging stakeholders in evaluating the Economic Development Districts program. *Public Administration Review, 53*(2), 135-142.

Kentucky School Reform Act. (1990). House Bill 940. *Kentucky Revised Statutes.*

Kirst, M.W. (1989). *The progress of reform: An appraisal of state education initiatives.* New Brunswick, NJ: Center for Policy Research in Education.

Kirst, M.W. (1992). *Financing school-linked services* (Policy Brief #7). Los Angeles: Center for Research in Education Finance, University of Southern California.

Kuhn, T. (1970). *The structure of scientific revolutions* (2nd ed.). Chicago: University of Chicago Press.

Lipsky, D.K., & Gartner, A. (Eds.). (1989).

Beyond separate education: Quality education for all. Baltimore: Paul H. Brookes Publishing Co.

Lucyshyn, J.M., & Albin, R.W. (1993). Comprehensive support to families of children with disabilities and behavior problems. In G.H.S. Singer & L.E. Powers (Eds.), *Families, disability, and empowerment: Active coping skills and strategies for family intervention* (pp. 365–407). Baltimore: Paul H. Brookes Publishing Co.

McLaughlin, M.J., & Warren, S.H. (1992). *Issues & options in restructuring schools and special education programs.* Reston, VA: Council for Exceptional Children.

Melaville, A.I., & Blank, M.J. (1991). *What it takes: Structuring interagency partnerships to connect children and families with comprehensive services.* Washington, DC: Education & Human Services Consortium.

Meyer, L.H., & Evans, I.M. (1993). Science and practice in behavioral intervention: Meaningful outcomes, reserch validity, and usable knowledge. *Journal of The Association for Persons with Severe Handicaps, 18*(4), 224–234.

Morrill, W.A., & Gerry, M.H. (1990, February). *Integrating the delivery of services to school-aged children at risk: Toward a description of American experience and experimentation.* Washington, DC: U.S. Department of Education.

Morris, E.K. (1993).. Revise and resubmit. *Journal of The Association for Persons with Severe Handicaps, 18*(4), 243–248.

Mulick, J.A. (1994). Should only positive methods be used by professionals who work with children and youth? No. In M.A. Mason & E. Gambrill (Eds.), *Debating children's lives: Current controversies on children and adolescents* (pp. 228–236). Thousand Oaks, CA: Sage Publications.

Murphy, J. (1993). Restructuring: In search of a movement. In J. Murphy & P. Hallinger (Eds.), *Restructuring schooling: Learning from ongoing efforts* (pp. 1–31). Newbury Park, CA: Corwin Press.

Murphy, J., & Hallinger, P. (1993). *Restructuring schooling: Learning from ongoing efforts.* Newbury Park, CA: Corwin Press.

National Association of State Boards of Education. (1992). *Winners all: A call for inclusive schools.* Washington, DC: NASBE study Group on Special Education.

National Commission on Excellence in Education. (1983). *A nation at risk: The imperative for educational reform.* Washington, DC: U.S. Government Printing Office.

New Beginnings: A feasibility study of integrated services for children and families. (1990). San Diego: City of San Diego Public Schools.

Packard Foundation. (1992). *The future of children. Vol. 2: School-linked services.* Los Altos, CA: Center for the Future of Children.

Paul, J., & Rosselli, H. (1995). Integrating the parallel reforms in general and special education. In J.L. Paul, H. Rosselli, & D. Evans (Eds.), *Integrating school restructuring and special education reform* (pp. 188–213). Ft. Worth, TX: Harcourt Brace Jovanovich.

Paul, J., Yang, A., Adiegbola, M., & Morse, W. (1995). Rethinking the mission and methods: Philosophies for educating children and the teachers who teach them. In J.L. Paul, H. Rosselli, & D. Evans (Eds.), *Integrating school restructuring and special education reform* (pp. 9–29). Ft. Worth, TX: Harcourt Brace Jovanovich.

Pepper, S. (1946). *World hypotheses: Prolegomena to systematic philosophy and a complete survey of metaphysics.* Berkeley: University of California Press.

Rehabilitation Act of 1973, P.L. 93–112. (September 26, 1973). Title 29, U.S.C. 701 et seq: *U.S. Statutes at Large, 87*, 355–394.

Repp, A., & Singh, N. (Eds.). (1990). *Perspectives on the use of nonaversive and aversive interventions for persons with developmental disabilities.* Sycamore, IL: Sycamore.

Rhodes, W., Danforth, S., & Smith, T. (1995). Inventing the future: Paradigmatic, programmatic and political challenges in restructuring education. In J.L. Paul, H. Rosselli, & D. Evans (Eds.), *Integrating school restructuring and special education reform* (pp. 214–236). Ft. Worth, TX: Harcourt Brace Jovanovich.

Riger, S. (1992). Epistemological debates, feminist voices: Science, social values, and the study of women. *American Psychologist, 47*, 730–740.

Rorty, R. (1991a). *Objectivity, relativism, and truth: Philosophical papers* (Vol. 1). Cambridge, England: Cambridge University Press.

Rorty, R. (1991b). Inquiry as recontextualization: An anti-dualist account of interpretation. In D. Hiley, J. Bohman, & R. Shusterman (Eds.), *The interpretive turn: Philosophy, science, culture* (pp. 59–80). Ithaca, NY: Cornell University Press.

Rowland, R.C. (in press). In defense of rational argument: A pragmatic justification of argumentation theory and response to the postmodern critique. *Philosophy and Rhetoric, 28* (4).

Sage, D.D., & Burrello, L.C. (1994). *Leadership in educational reform: An administrator's guide to changes in special education.* Baltimore: Paul H. Brookes Publishing Co.

Sailor, W. (1991). Special education in the restructured school. *Remedial and Special Education, 12* (6), 8–22.

Sailor, W. (1994a). New community schools: Issues for families in three streams of reform. *Coalition Quarterly, 11* (3), 4–7.

Sailor, W. (1994b). Services integration: Parent empowerment through school/ community partnerships. *Coalition Quarterly, 11* (3), 11–13.

Sailor, W., Anderson, J., Halvorsen, A., Doering, K.F., Filler, J., & Goetz, L. (1989). *The comprehensive local school: Regular education for all students with disabilities.* Baltimore: Paul H. Brookes Publishing Co.

Sailor, W., & Carr, E.G. (1994). Should only positive methods be used by professionals who with children and youth? Yes. In M. Mason & E. Gambrill (Eds.), *Debating children's lives: Current controversies on children and adolescents* (pp. 225–227). Thousand Oaks, CA: Sage Publications.

Sailor, W., Gerry, M., & Wilson, W.C. (1993). Disability and school integration. In T., Husen & T.N. Postlethwaite (Eds.), *International encyclopedia of education: Research and studies* (2nd suppl., pp. 175–195). New York: Pergamon Press.

Sailor, W., Goetz, L., Anderson, J., Hunt, P., & Gee, K. (1988). *Research on community intensive instruction as a model for building functional, generalized skills.* In R.H. Horner, G. Dunlap, & R.L. Koegel (Eds.), Generalization and maintenance: Life-style changes in applied settings (pp. 67–98). Baltimore: Paul H. Brookes Publishing Co.

Sailor, W., Kleinhammer-Tramill, J., Skrtic, T., & Oas, B. (1996). Family participation in New Community Schools. In G.H.S. Singer, L.E. Powers, & A.L. Olson (Eds.), *Redefining family support: Innovations in public-private partnerships* (pp. 313–332). Baltimore: Paul H. Brookes Publishing Co.

Sailor, W., & Skrtic, T. (1995). American education in the postmodern era. In J.L. Paul, H. Rosselli, & D. Evans (Eds.), *Integrating school restructuring and special education reform* (pp. 418–432). Ft. Worth, TX: Harcourt Brace Jovanovich.

Sampson, E.E. (1993). Identity politics: Challenges to psychology's understanding. *American Psychologist, 48* (12), 1219–1230.

Schlechty, P. (1989). *Creating the infrastructure for reform.* Washington, DC: Council of Chief State School Officers.

Schroeder, S.R., Oldenquist, A., & Rojahn, J. (1990). A conceptual framework for judging the humaneness and effectiveness of behavioral treatment. In A. Repp & N. Singh (Eds.), *Perspectives on the use of nonaversive and aversive interventions for persons with developmental disabilities* (pp. 103–118). Sycamore, IL: Sycamore.

Searle, J. (1983, October 27). *The world turned upside down.* New York Times Book Review, 74–79.

Seligman, M. (1975). *Helplessness: On depression, development, and death.* San Francisco: W.H. Freeman.

Semmel, M.I., Gerber, M.M., & MacMillan, D.L. (1994). Twenty-five years after Dunn's article: A legacy of policy analysis research in special education. *Journal of Special Education, 27* (4), 481–495.

Shapiro, J.P., Loeb, P., & Bowermaster, D. (1993). Separate and unequal. *U.S. News & World Report, V* (23), 46–60.

Shriner, J.G., Ysseldyke, J.E., & Thurlow, M.L. (1994). Standards for all American students. *Focus on Exceptional Children, 26*(5).

Shriner, J.G., Ysseldyke, J.E., Thurlow, M.L. & Honetschlager, D. (1994). "All" means "all." *Educational Leadership, 51*(6), 38–43.

Skrtic, T. (1988). The organizational context of special education. In E. Meyen & T. Skrtic (Eds.), *Exceptional children and youth; An introduction* (3rd ed., pp. 479–517). Denver, Co: Love.

Skrtic, T.M. (1991a). *Behind special education: A critical analysis of professional culture and school organization.* Denver: Love.

Skrtic, T.M. (1991b). The special education paradox: Equity as the way to excellence. *Harvard Educational Review, 61*(2), 148–206.

Slavin, R.E. (1990). General education under the regular education initiative: How must it change? *Remedial and Special Education, 11*(3), 40–50.

Slavin, R.E. & Madden, N.A. (1989). What works for students at risk: A research synthesis. *Educational Leadership, 46*, 14–20.

Snell, M.E. (1991). Schools care for all kids: The importance of integration for students with severe disabilities and their peers. In J.W. Lloyd, A.C Rapp, & N.N. Singh (Eds.), *The Regular Education Initiative: Alternative perspectives on concepts, issues and models.* Sycamore, IL: Sycamore.

Stainback, W., & Stainback, S. (1984). A rationale for the merger of special and regular education. *Exceptional Children, 51*, 102–111.

Strategic partnership for urban revitalization (SPUR): Austin's nomination and strategic plan for an empowerment zone (1994). Proposal presented to the City of Austin and Travis County, Texas.

Turnbull, A.p., Ruef, M., & Reeves, C. (1993). *Family perspectives on life style issues for individuals, a problem behavior.* Unpublished manuscript, Beach Center on Families and Disability, University of Kansas, Lawrence.

Turnbull, A.P., & Turnbull, H.R. (1990). A tale about lifestyle changes: Comment on "Toward a technology of 'nonaversive' behavioral support." *Journal of The Association for Persons with Severe Handicaps, 15*(3), 142–144.

Turnbull, A.P., Turnbull, H.R., Shank, M., & Leal, D. (1995). *Exceptional lives: Special education in today's schools.* Englewood Cliffs, NJ: Merrill/Prentice Hall.

Tyack, D. (1993). School governance in the United States: Historical puzzles and anomalies. In J. Hannaway & M. Carnoy (Eds.), *Decentralization and school improvement: Can we fulfill the promise?* San Francisco: Jossey-Bass.

Vergason, G.A., & Anderegg, M.L. (1989). An answer to The Regular Education Initiative: A force for change in general and special education. *Education and Training in Mental Retardation, 24*(1), 100–101.

Wang, M.C., Reynolds, M., & Walberg, H. (1988, November). Integrating the children of the second system. *Phi Delta Kappan, 44*(1), 26–31.

Will, M.C. (1986). Educating students with learning problems: A shared responsibility. *Exceptional Children, 42*, 411–415.

York, J. (1994). A shared agenda for educational change. *TASH Newsletter, 20*(2), 10–11.

Ysseldyke, J., Thurlow, M., & Shriner, J. (1992). Outcomes are for special educators too. *Teaching Exceptional Children, 25*(1), 36–50.

제9장

행동 진단절차를 사용하여 초등학교 학생들의 체벌을 감소하기

Connie C. Taylor & Jon S. Bailey

체벌은 종교적 기초 위에, 역사적인 합법의 관점 위에서 논쟁 여지가 있는 오래된 역사를 가지고 있다. 초창기 미국인들은 아이들의 엉덩이를 때리는 것을 정당화하기 위해 종종 성경을 인용한다. "매를 아끼는 것은 아이를 망친다."는 익숙한 구절은 많은 성서 구절 중 체벌을 시인하는 오직 하나의 것이다(Cryan, 1987; Winson, 1982). 이러한 믿음은 초창기 미국인들의 교육적 관습 경향으로 나타났다. 체벌은 평범하게 받아들여지고 자유롭게 시행되었다. 1800년대 후반에 시행된 목록은 다음과 같다. "소년과 소녀가 함께 놀면, 4대; 인사하지

저자들은 그들의 연구에 참여하고 협력해 준 초등학교 교사와 스텝들에게 감사한다. Jodi Butler, Karie Gabik, Tami Knott, Allan McConnell, Ken Wagner, Anja Wulf, Frances Beck, Paulette Kunz, Felix Munoz, Carrie Pierce를 포함하여 자료 수집을 도와준 모든 사람의 노력에 감사를 표한다.

않으면, 3대; 책에 얼룩을 만들면, 2대; 싸우면, 4대; 상대방 이름을 부르면, 3대"(Cryan, 1987)

영국법에서 근간이 되는 부모 대신(loco parentis)의 개념은 교사들에게 그들의 참여가 부모로서 활동을 하도록 책임을 부여했다(Cryan, 1987; Wilson, 1982). 비록 법정은 부모 대신의 개념을 무너뜨리고 학교에서 때리는 것을 제한하였을지라도(Glaser v. Marietta, 1972), 그 후의 사례들은 교실에서 통제를 유지하기 위한 체벌 사용의 권리를 재차 단언하였다(Cryan, 1987). 동시대의 미국에서 많은 수의 부모들은 체벌의 사용을 강하게 비난했고, 많은 학군들은 체벌을 사용하는 것을 제한하거나 금지하였다. 지난 25년 이상 전개되어 온 행동분석방법은 문제행동을 다루기 위한 체벌 사용의 대안을 제공하였다. 심각한 문제행동의 치료연구는 문제행동을 만들어내는 요인을 결정하기 위해 확장된 행동사정의 사용을 강조하여 왔다. 기능적인 사정(Iwata, Dorsey, Slifer, Bauman, & Richman, 1982)은 어떤 주어진 문제행동이 주의집중, 도망 또는 회피, 자동 자극, 또는 다른 후속 강화에 의해 유지된다면, 회기별로 나타낼 수 있게 특별히 고안된 방법으로 나타낼 수 있다(Carr & Durand, 1985; Day, Rea, Schussler, Larsen, & Johnson, 1988; Repp, Felce, & Barton, 1988). 행동을 통제하는 요인을 결정하는 실험적 방법에 더하여 기술적인 분석(Bijou, peterson, & Ault, 1968)은 좀 더 넓게 사용된다(Touchette, MacDonald, & Langer, 1985; Wahler & Fox, 1981). 실험 기능적 분석의 주된 제한점은 변인을 유지하는 것을 발견할 필요가 있는 통제의 정도를 결정하는 것이다. 또한 실험적 분석은 행동이 발생하는 자연적 조건 아래에서 일반화의 정도를 결정하는 것이 아니다(Sasso et al., 1992). 기술적인 분석은 오직 상호 관련적인 자료를 제공한다. 그러나 비실험연구 전문가(예: 선생님)에 의해 자연적 환경에서 좀 더 쉽게 수행될 수 있는 장점을 제공한다. Sasso 등(1992)은 기술적인 분석을 좀 더 엄밀한 기능분석으로서 같은 결론을 가져오는 간단한 비교적인 자료로 결정하였다.

행동을 만들어내는 변인들은 일반적으로 두 가지 유형으로 개념화된다: 1) 강화결과, 2) 장면사건·강화에 기초한 중재는 오랜 전통을 가지고 있으며(Hall, Lund, & Jackson, 1968; Porterfield, Herbert-Jackson, Risley, 1976). 행동분석에서 행동 변화의 표준 방법을 구성한다. 장면사건의 분석과 적절한 장면사건 중재의 개발은 보다 최근의 혁신적인 것이다(Kennedy & Itkonen, 1993). 장면사건은 특정한 행동이 발생할 가능성을 증가시키는 활동이나 경우들이다(Baer, Wolf, & Risley, 1987). 장면사건은 선행 및 동시변인을 포함한다(Gerwirtz, 1972). 선행변인은 학생이 잘 자거나 학교에 오기 전에 아침식사를 한 것이든 혹은 버스에서 말다툼하는 것과 같은 변인을 포함한다. 동시적 변인은 아이들에게 과제나 학생이 편안한 책상에서 학업 수준에 맞도록 주어지는 교수 자료와 같은 것이 포함되어 있다. Bailey와 Pyles(1989)는 행동 진단으로서 장면사건과 강화결과 효과 둘 다를 분석할 것을 언급하였으며, 행동에 영향을 미치는 어떤 또는 모든 변인을 철저히 찾도록 추천하였다(장면사건과 문제행동 사이의 자세한 설명은 제16장 참조). 기술적·기능적 분석을 비교하고 평가하기 위한 연구는 자폐(Sasso et al., 1992), 지체(Kennedy, Itkonen, 1993; Lall; Browder, Mace, & Brown, 1993), 심각한 정서장애/정신분열증/주의력 결핍장애(Dunlap, Kern-Durnlap, Clarke, & Robbins, 1991)를 가진 개인에게 배타적으로 수행되어 왔다.

이 장은 반복적으로 맞기 위해 교장실로 보내지는 충분한 빈도와 강도의 현재 도전에 놓인 초등학교 학생들이 전형적으로 발전시키는 사정 및 중재기술을 확장시키고 있는 저자들에 의해 개발된 방법을 설명한다. 광범위한 기술적인 분석은 연구에서 각각의 학생들에게 수행되었으며, 장면사건과 강화를 결합시킨 개별화된 중재가 수행되었다. 이러한 진단중심의 중재는 체벌의 결과로 행동을 감소시키기 위한 시도로써 일반교실에서 평가되었다.

학교환경과 참여자 선택과정

플로리다 북부의 시골 초등학교에서 학교심리학자로서 봉사하고 있는 첫 번째 저자는 체벌의 사용에 대한 "대안적인" 것을 탐색하도록 교장의 요청을 받았다. 초기에 교장이 제안한 것은 신체적인 운동, 학교 운동장 쓰레기 줍기, 타임아웃 방의 사용이 포함되었다. 그 학교는 유치원부터 5학년까지 약 600명의 학생에게 서비스를 제공하고 있다. 학생의 약 80%는 백인이고 20%는 아프리카계 미국인이었다. 교장은 15년 동안 교장직을 수행하고 있으며 백인 남자였다.

교사들은 분열행동과 공격행동에 대해 교사의 판단에 따라 학생들을 교장실로 보냈다. 교장은 각각의 학생들을 위한 훈련활동을 결정하고 감독했다. 1990~1991학년도 동안 수집된 예비 자료는 부적절한 행동에 대한 엄격한 훈계(41%)와 때리는 것의 사용 가능성에 대한 신중한 경고(36%)이었으며, 학교행정가에 의해 체벌(52%)이 가장 빈번한 훈육활동으로 사용되었다(훈계와 경고는 동시에 종종 일어나게 됨). 맞은 학생의 71%는 백인이고, 24%는 아프리카계 미국인이었다. 체벌을 받은 학생의 89%는 남자였고, 11%는 여자였다.

참여자 선택과정은 교실에서 빈번하게 분열행동과 부적응행동을 보이는 학생을 확인하기 위한 다양한 측정을 포함하였다. 초기에, 학교 관리자에게 맞아 본 모든 학생들은 학교 교장이 가지고 있는 학생 훈련기록에서 확인할 수 있었다. 다음에, 교사는 학생 행동 체크리스트(Child Behavior Checklist; CBCL)(Achenbach & Edelbrock, 1983)를 완성하였으며 거기에는 각 아동의 교실행동에 대한 표준화된 척도결과가 나타났다. 마지막으로, 간단한 관찰이 행동의 다양한 빈도를 사정하기 위해 각 학생에게 수행되었다. 7명의 아이들이 1) 현재 학년 동안에 한 번 또는 그 이상 맞아 본 경험이 있으며, 2) CBCL의 세 가지 또는 그 이상의 검사에서 백분위 90 이상의 점수, 3) 비공식적인 관찰 동안 분열행동과 부적응행동을 빈번하게 보였기 때문에 중재에서 참여자로 선택되었다.

연구의 형식은 학생들이 이해할 수 있는 방식으로 설명되었다. 게다가 학생들과 그들의 부모는 현재의 규칙에 따라 활동에 참여하기 위한 동의서에 서명하도록 요구되었다. 이 장은 세 학생 Bob, Joe 그리고 Alex를 연구의 견본 형식으로서 제시하였다.

문제행동을 가진 세 명의 학생

Bob은 2학년인 7살 아프리카계 미국 학생이다. 그는 미성숙하며, 침착하지 않고, 혐오적이며, 반항적이라고 설명되었다. 그의 선생님에 따르면 그는 종종 친구들과 싸우고, 교실에서 소란을 피우며, 그의 과제를 마치는 데 문제를 일으키고, 빈번한 주의가 요구된다고 했다. 1990~1991학년도의 훈련기록은 Bob이 네 번 학교 사무실로 보내졌다는 것을 알려 주었다. 그는 한 번 훈계를 받고, 그의 엄마에게 한 번 연락이 되고, 두 번 맞았다. Bob의 교사는 여자였고 40대 초반이었다. 그녀는 21년의 교육 경험을 가지고 있었다.

Joe는 2학년 8살 백인 학생이다. 그는 파괴적, 충동적, 공격적, 침착하지 않다고 설명되었다. 그는 차례를 지키지 않고 말하고, 다른 사람을 방해하고, 주의집중에 어려움이 있었다. 그리고 그의 일을 마치는 데 종종 어려움을 겪었다. Joe는 1990~1991학년 동안 다섯 번 학교 사무실로 보내어졌다. 그는 두 번 훈계를 당하고 세 번 맞았다. Joe의 선생님은 여자였고 그녀는 40대 초반이었다. 그녀는 20년의 교육 경험이 있었다.

Alex는 1학년의 백인 학생으로 6살이다. 그는 미성숙하고, 과다 행동적이고, 따지기를 좋아하고, 반항적으로 묘사되었다. 보고에 의하면, 그는 주의집중 장애가 있고, 순서에 맞지 않게 일하고, 남을 방해하고, 많은 싸움에 관련되어 있다. Alex의 훈련기록은 1990~1991학년 동안에 여섯 번 보내졌다. 그는 두 번 훈계되었고 네 번 맞았다. 그의 선생님은 약 45세의 여자이다. 그녀는 21년의 교육 경험이 있었다.

진단방법

행동 진단(Baailey & Pyles, 1989; Pyles & Bailey, 1990, 1991)은 목표행동을 "유발할"지도 모르는 선행조건, 장면사건 및 후속결과 요인을 결정하는 중요성을 강조하는 사정접근이다. 목표행동을 만들어내는 요인을 결정하는 시도는 여러 가지 측정방법이 치료가 시작되기 전에 완성된다. 초기에, 저자는 각 학생의 교사와 대략 45분을 인터뷰했고, 그 후 기본적인 진단 질문을 하였으며 그것은 상황변인, 장면사건, 생리학적 변인, 조건변인이 포함된 요인을 나타내었다([그림 1] 참조). 교사는 선행사건과 후속결과 체크리스트를 완성하면서 주요한 분열행동 사건을 기록하도록 요구받았다([그림 2] 참조). 그들은 또한 매일 다른 수업시간에는 작은 분열행동이 있는지 또는 없는지 체크리스트를 완성하였다. 이 정보는 부적절한 행동유형을 확인하기 위해 시각적으로 조사된 각 참여자를 위한 분석유형을 수집하는 데 사용되었다. 전반적인 이러한 전략을 [그림 3]에 설명하였으며, 중요한 진단 정보를 얻는 다양한 방법이 수집되었고 그 결과 다중치료 접근이 되었다.

기초선 관찰

어떤 치료에 앞서, 공식적인 직접관찰을 각 목표 학생의 교실에서 수행하였다. 관찰회기의 길이는 25~30분이었다. 관찰 코드는 학생의 분열행동 발생률을 정확하게 기록하는 데 이용되었다. 자료는 훈련된 대학생에 의해 수집되었다. 관찰자와 교사는 연구의 목적과 단계에 대해 모르고 있었다. 관찰자들은 실제 학교 장면을 담은 비디오테이프를 봄으로써 첫 번째 저자로부터 부호체계의 사용을 훈련받았다. 2시간씩 열한 번의 훈련 회기가 1달 이상 열렸다. 자료수집은 관찰자들이 세 번의 연속적인 기간에 적어도 85%의 신뢰도를 나타낼 때 시작하였다.

개별화된 치료

각 학생들에게 선택된 치료법은 행동 진단절차의 결과에 의해 결정되고 개인에 기초하여 적절하게 시행된다. 몇몇 요소들이 치료를 개발할 때 고려된다. 첫 번째, 개별화 프로그램은 필요한 최소한의 절차만을 고려하여 긍정적 행동에 초점을 두어 고안한다. 예를 들어, 후속결과 변인들은 환경적 변화만이 행동을 개선시키는 곳에서는 효과가 일어나지 않는다. 두 번째, 치료는 효율적, 비용 효율적이고 교사들이 원하는 방식대로 고안되어야 한다. 다양한 치료는 교사들이 이해하기 쉬워야 하며 어떤 학교환경 안에서도 쉽게 설치하고 시행하는 데 시간이 거의 들지 않아야 한다. 그들은 다른 물건, 추가의 인원, 또는 많은 양의 1차 강화물을 요구하지 않는다. 다음의 절은 세 명의 각자에게 진단 정보와 교실 치료를 설명하고 있다.

Bob: 진단 정보와 교실 치료 진단 인터뷰 동안, Bob의 선생님은 Bob이 자주 과제수행을 하지 않고, 앉아 있는 것이 어렵고, 자기를 나타내는 것을 좋아하는 것 같다고 말했다. 그녀는 그가 항상 덜 구조화된 활동을 하는 동안 어려움을 겪고, 또래 친구들로부터 관심을 얻기 위해 부적절한 행동을 하는 것처럼 보인다고 말했다. 게다가, Bob은 그의 행동이 부적절할 때 종종 방에 보내짐으로써 학습된 상황을 피하는데 성공적인 것처럼 보인다고 말했다. 1주일 동안 Bob의 행동유형 분석이 그의 교사에 의해 완성되었으며, 어떤 특별한 유형이 드러나지 않는

행동 진단과 치료: 학교용

학생: ____________________ 목표행동: ____________________

1. 상황적 변인
- ❑ 행동이 일어나지 않는 어떤 상황이 있는가?
- ❑ 행동이 항상 일어나는 어떤 상황이 있는가?
- ❑ 하루 중 어떤 때에만 행동이 일어나는가?
- ❑ 어떤 사람과 함께 있을 때만 행동이 일어나는가?

취할 점

2. 조건변인
- ❑ 주의를 얻기 위해 행동이 일어나는가? 주의의 대상은 또래인가 또는 교사인가?
- ❑ 학습상황을 피하기 위해 행동이 일어나는가?
- ❑ 학습이나 활동의 도전 부족이나 지루함으로 행동이 일어나는가?
- ❑ 다른 행동들과 나란하게 또는 선행해서 행동이 일어나는가?
- ❑ 사회적 또는 학업적 기술 결함과 관련되는가?

취할 점

3. 생리적 변인
- ❑ 그 행동이 1년 중 한 계절 동안에만 일어나는가?
- ❑ 내담자가 몇몇 감정적 문제가 뚜렷한가?
- ❑ 약물치료의 부정적인 면이 행동에 영향을 미치는가(피곤, 불안정, 화남, 복통, 두통)?
- ❑ 학생의 행동이 자기자극 활동과 관련되는가?

취할 점

4. 다른 고려사항
- ❑ 그 행동이 위험한가?
- ❑ 학생들이 배우는 것을 방해하는가?
- ❑ 그것은 다른 학생들을 방해하는가?

취할 점

의견: ____________________

지침: 치료 계획의 개발에 앞서 모든 질문을 검토한다. 수행에 영향을 미치는 선행요소들은 가능한 한 그들이 치료 계획을 수행하기 전에 특별 회기에서는 분리하여야 한다.

[그림 1] 교사 인터뷰 시 행동 진단 질문(Bailey & Pyles, 1989에서 인용)

학교 장면에서 행동 진단

선행사건과 후속결과 조건의 체크리스트

학생: ____________________
날짜: ____________________
학교: ____________________
교사: ____________________
작성자: ____________________

1. 문제행동을 설명하시오: ____________________

2. 행동 피해의 결과가 있었는가? 만약 그렇다면, 설명하라: ____________________

3. 행동의 시간과 지속시간 시작시간: __________ 끝나는 시간: __________

4. 어디에서 행동이 일어나는가?
   - ☐ 교실. 어떤 교실? __________
   - ☐ 사무실
   - ☐ 운동장
   - ☐ 복도
   - ☐ 특별한 장소: 어디? __________
   - ☐ 식당
   - ☐ 버스
   - ☐ 기타: __________

5. 어떤 스텝이 배치되는가? ____________________

6. 스텝과 학생 행동은 있다면 어느 방향인가?
   - ☐ N/A

   직원: ____________________
   학생: ____________________

7. 다른 학생들이 쉽게 그 사건을 듣거나 볼 수 있는가?
   - ☐ 아니오.
   - ☐ 예. 일어나는 것을 본다. 얼마나 많이? __________
   - ☐ 예. 일어나는 것을 듣는다. 얼마나 많이? __________

8. 사건이 일어나기 전에 어떤 유형의 교수가 학생에게 주어졌는가?
   - ☐ 없다
   - ☐ 1:1 교수
   - ☐ 자습
   - ☐ 대집단 강의
   - ☐ 대집단 토의
   - ☐ 소집단 교수
   - ☐ 소집단 프로젝트
   - ☐ AV 프레젠테이션
   - ☐ 시험/퀴즈
   - ☐ 기타: __________

9. 사건과 함께 어떤 유형의 활동이 일어나는가?
   - ☐ 수학
   - ☐ 읽기
   - ☐ 사회 공부
   - ☐ 언어
   - ☐ 과학
   - ☐ 역사
   - ☐ 체육
   - ☐ 학교 프로그램 후
   - ☐ 학교 프로그램 전
   - ☐ 자유 시간
   - ☐ 식사시간
   - ☐ 기타: __________

[그림 2] 선행사건과 후속결과 조건의 체크리스트. 행동 진단-행동 관리 상담에서 인용

10. 행동이 일어나기 전 1시간 동안에 학생은 어떤 유형의 불만이 있었는가?
    - ☐ N/A
    - ☐ 예. ____________________

11. 사건을 만들도록 다른 학생이 행동 또는 어떤 말을 했는가?
    - ☐ N/A
    - ☐ 예. ____________________

12. 학생이 그날 안에 해야 할 다른 숙제나 책임이 있었는가?
    - ☐ N/A
    - ☐ 예. ____________________

13. 학생이 사건이 일어난 몇 분 안에 다른 문제에 대해 후속결과(점수를 잃음, 교정 피드백, 칠판에 이름 적기 등)가 있었는가?
    - ☐ N/A
    - ☐ 예. ____________________

14. 학생이 다른 활동을 수행하거나/완성하는 데 방해를 받았는가?
    - ☐ N/A
    - ☐ 예. ____________________

15. 요청이 사건 직전에 학생이 무언가 하는 것을 멈추게 만들었는가?
    - ☐ N/A
    - ☐ 예. ____________________

16. 요청이 사건 직전에 학생이 무언가 하는 것을 시작하게 만들었는가?
    - ☐ N/A
    - ☐ 예. ____________________

17. 학생 행동에 대한 후속결과는 무엇이었는가? 만약 한 개 이상 사용하였다면 일어난 순서대로 ☐에 숫자를 써 넣으시오.
    - ☐ 무시
    - ☐ 조용, 중립적인 토론
    - ☐ 제지하다. 재지시하다
    - ☐ 꾸중
    - ☐ 앉아서 보기
    - ☐ 타임아웃 의자
    - ☐ 타임아웃 방
    - ☐ 특권 상실
    - ☐ 칠판에 이름 써지는 것
    - ☐ 다른 교실로 보내지는 것
    - ☐ 교무실에 가는 것
    - ☐ 부모님 부르기
    - ☐ 집에 보내기
    - ☐ 기타: ____________________

18. 당신은 학생의 행동이 어떤 대가를 바란다고 생각합니까?
    - ☐ 주의 끌기
    - ☐ 과제 또는 임무
    - ☐ 자기자극
    - ☐ 원하는 대상/활동을 얻음
    - ☐ 도움 받기
    - ☐ 기타: ____________________ ____________________

19. 당신이 생각하는 두드러진 행동에 대해 쓰시오.

[그림 2] 선행사건과 후속결과 조건의 체크리스트. 행동 진단-행동 관리 상담에서 인용 (계속)

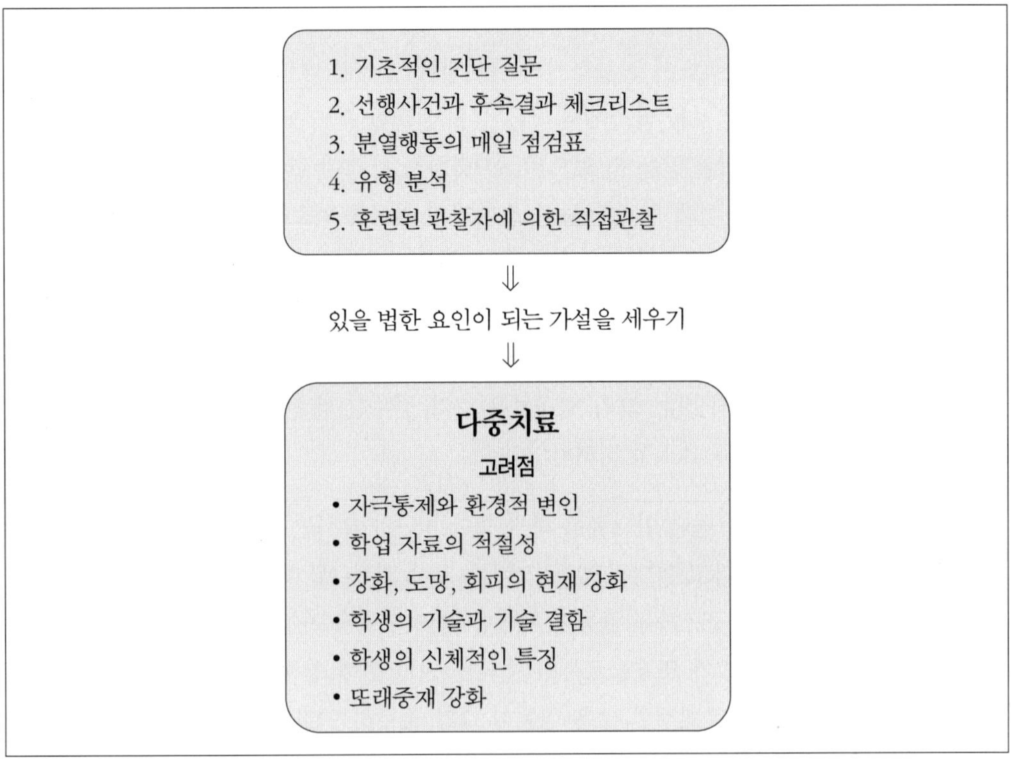

1. 기초적인 진단 질문
2. 선행사건과 후속결과 체크리스트
3. 분열행동의 매일 점검표
4. 유형 분석
5. 훈련된 관찰자에 의한 직접관찰

⇓

있을 법한 요인이 되는 가설을 세우기

⇓

다중치료

고려점

- 자극통제와 환경적 변인
- 학업 자료의 적절성
- 강화, 도망, 회피의 현재 강화
- 학생의 기술과 기술 결함
- 학생의 신체적인 특징
- 또래중재 강화

[그림 3] 체벌을 감소시키기 위해 사용되는 행동 진단 접근의 구조도

다고 하였다. Bob의 선생님은 주된 방해사건을 기록하는데 선행사건과 후속결과 체크리스트 두 개로 완성하였다. 두 사건 동안 많은 또래들이 참여하였으며, 그는 주의를 받고 과제를 회피했다. 비공식적 관찰은 Bob이 분열행동을 할 때 가끔 교사와 동료의 주의를 받는다는 것을 밝혀 주었다. 그러나 적절한 행동에 대해서는 적은 주의를 받았다.

치료가 시작되기 전에, 실험자는 Bob에게 할당된 활동을 하고 교사의 교수를 듣는 것과 같은 적절한 행동을 할 때 그의 특별한 스티커 종이에 그가 얻은 스티커를 붙일 것이라고 말했다. 그러나 그는 시끄럽게 하거나 그의 책상 위를 치는 것과 같은 방해행동을 할 때에는 스티커를 받지 못할 것이라고 하였다. 각 관찰회기의 시작에서, 5분 간격으로 들을 수 있는 신호를 제공하도록 시계를 작동시켰다. 신호가 울리는 각 시간에, Bob이 할당된 활동에서 참여했는지를 결정하기 위해 관찰되었다. 만약 그가 신호음의 순간에 하기로 되어 있던 것을 한다면, 실험자는 특별한 칭찬을 하고 종이 위에 스티커를 붙인다. 만약 Bob이 알람이 울리는 순간에 할당된 활동에 참여하지 않는다면, 실험자는 표에 "X"라고 표시하고, 그가 왜 스티커를 받지 못했는지 중립적인 톤으로 설명하고 그에게 다음 시간에는 스티커를 얻기 위한 일을 하도록 격려한다. 스티커와 X는 그의 행동에 즉각적인 피드백을 제공하기 위해 Bob의 책상 위의 카드에 기록된다. 만약 그의 목표가 관찰회기의 마지막에 달성될 때 그의 연필, 지우개, 도장과 같은 다양한 품목이 포함된 보물 박스에서 작은 상을 선택할 수 있도록 허락한다. Bob은 평균 회기에 대략 12개의 스티커를 얻을 수 있으며, 이 숫자는 간격이 길어짐에 따라 6개로 줄어든다. 그의 목표에 도달하기 위해 전체 가능한 스티커의 80%를 얻도록 요구된다. 치료의 마지막에 근접하여 시간간격은 5분에서 10분으로 증가된다.

뿐만 아니라, 분열행동에 대해 Bob이 받았던 동료들의 주의를 줄이기 위해 집단 강화가 시행되었다. 실험자는 Bob이 그날의 목적을 달성한다면 자유 시간에 5분 동안 각각의 학생들과 놀 수 있다고 학급에 설명하였다. 그의 또래들은 그가 공부할 때 좌절하지 않고 그가 부적절한 행동을 할 때 웃지 않도록 Bob을 격려하였다.

Joe: 진단 정보와 교실 치료 진단 인터뷰를 하는 동안, Joe의 교사는 그를 공격적, 학업을 수행하지 않고, 침착하지 못하다고 설명하였다. 그녀는 그가 전환(예: 체육시간에 걷기, 점심식사 후 되돌아가기)과 같은 덜 구조화된 활동과 특별한 영역 수업을 하는 동안에 어려움을 겪는다고 말했다. Joe의 교사는 그가 또래들로부터 주의를 얻기 위해 방해행동을 한다는 것을 알게 되었다. 그녀는 또한 그의 부적절한 많은 행동이 그가 공부하는데 있어 무능력을 유발한다고 말했다.

4주 동안 교사에 의해 완성된 Joe의 행동의 분석유형은 그가 전환 동안에 끊임없이 방해하는 것으로 나타났다. 그녀는 어떤 선행사건과 후속결과 체크리스트를 완성하지 못했다. 비형식적 관찰은 Joe가 흔히 방해행동을 할 때 교사와 또래에게 관심을 얻기 위해서라는 것이 드러났다. 그러나 그가 일반적으로 적절한 행동을 할 때는 주의를 받지 못했다.

치료시작 전에, Joe의 의자를 옮겨서 그가 더 이상 부적절한 행동을 끊임없이 강화하는 또래 옆에 앉지 못하도록 했다. 다음에 교사는 Joe를 위해 학과 과제를 수정했다. 그녀는 종종 그의 능력에 좀 더 적합한 활동을 제공하고 그가 완성하기로 기대된 많은 문제의 수를 감소시켰다.

관찰기간 동안에, Joe는 매 15분마다(Bob의 경우에서처럼) 스티커와 긍정적 주의에 대한 강화를 얻었다. 방해행동의 빈도를 최대한 줄이기 위한 시도에서, 긍정적 주의에 대한 강화 스케줄은 45회기에서 5분 간격으로 바뀌었다. 처음으로 Joe는 회기 평균 4개의 스티커를 획득할 수 있었다. 시간간격이 더 빈번하게 될 때 이 숫자는 12개의 스티커로 늘어났다. 만약 Joe가 가능한 스티커 총 개수의 80%를 얻는다면, 그는 실험자의 보물 상자에서 작은 상을 선택할 수 있다. 게다가, Bob을 위해 수행된 동일한 집단 강화를 분열행동에 대해 Joe가 받은 또래 주의집중 양만큼 줄이기 위해 사용하였다.

결국, Joe는 전환 중 적절한 행동을 나타내도록 요구받았다. 만약 그가 줄에서 이탈하지 않거나, 구멍을 향해 뛰어가지 않거나, 학교 내의 장소 이동 중 남을 공격하지 않는다면, 그는 교실 뒤 테이블에서 종이비행기를 만드는 데 5분 동안 보낼 수 있다(그에게 강화를 미리 결정하기 전에).

교실에서 수행된 개별화 프로그램은 학교 전문가 주는 대부분의 벌을 감소시킬 수 있다. 이 사진에서는 학교심리학자가 수업에서 아동의 과제행동을 증가시키고 분열행동을 감소시키는 시간간격에 기초한 보상시스템을 개발하였다.

Alex: 진단 정보와 교실 치료 진단 인터뷰 질문에 대해, Alex의 선생님은 그를 충동적이고, 과잉행동을 하며, 공격적이고, 과제를 하지 않는다고 설명하였다. 그는 차례를 지키지 않고, 등을 흔들며, 종종 그의 자리를 이탈한다고 말했다. 선생님에 따르면, Alex는 하루 종일 방해행동을 했으며 대집단 활동 속에서 가장 많은 문제를 일으켰다. 비록 Alex는 기초선 19회기에 그의 행동을 다루는 데 도움을 주기 위해 Ritalin 약물을 복용하고 있었으나 행동과 과제를 벗어난 행동을 지속하였다.

여러 가지 시도에도 불구하고, Alex의 선생님은 어떤 종류의 분석이나 또는 선행사건과 후속결과의 체크리스트를 끝내지 못했다. 비형식적 관찰에서 Alex는 선생님에게 주의집중을 받을 때 적절한 행동을 하는 것으로 나타났다. 그러므로 Bob에게 사용한 강화계획을 같은 선생님이 Alex에게도 사용하였다.

관찰회기 중, Alex는 Bob에게 설명되었던 것처럼 스티커와 긍정적인 행동에 대한 강화를 얻었다. 그는 실험자의 보물 박스로부터의 작은 상을 선택하기 위하여 가능한 스티커의 80% 이상을 획득하도록 요구되었다. Alex는 평균회기 중 대략 12개의 스티커를 얻을 수 있었다.

실험 설계

대상자 간 중다 기초선(A multiple-baseline-across-students)(Baer, Wolf, & Risley, 1968; Bailey & Bostow, 1979; Gersen & Barlow, 1978) 설계는 치료가 효과적이라는 것을 증명하

기 위해 사용된다. 치료는 개인의 진단 정보의 결과에 따라 학생마다 다르게 나타난다.

자료 수집

아동 행동에 대한 기초선 자료 자료는 각 오후에 같은 시간에 교실에서 수집되었다. 진단 정보에 의하면 학생들이 전형적으로 이 기간에 높은 비율로 방해행동을 나타내기 때문에 특정한 시간이 선택되었다. 방해행동의 빈도를 기록하기 위하여 10초 부분 동안 표집 절차를 사용하였다. 관찰자는 조심성 있게 이어폰을 통해 신호가 들려오는 테이프를 듣고 자료 종이의 적절한 상징에 동그라미를 표시함으로써 10초 간격 동안 일어나는 모든 행동을 기록하였다. 치료 회기는 대략 60분으로 하였다. 그러나 학급 활동과 학교 일정의 다양성 때문에 관찰회기는 25분에서 30분의 범위 안에 있었다.

10초 간격의 부분 또는 전체 동안에 일어나는 방해행동은 'Dis'에 동그라미를 표시함으로써 기록하였다. 이러한 범주는 다음을 포함한다.

1. 노래하기, 허밍, 휘파람, 짖기, 으르렁거리기, 트림, 또는 비웃는 것과 같은 소음이 2초 이상일 때
2. 선생님에게 허락받지 않고 교실 전체에 들리도록 말하기, 방해, 부르기, 소리 지르기
3. 손이나 물체로 책상을 치거나 두드리는 것과 같은 행동 및 비구어적 행동, 손가락 잡아채기, 바닥 위의 가구 긁기, 의자에서 두 다리로 등에 기대기, 가구 차기, 교실에서 물건 던지기, 몸이나 물체를 돌리기, 기물을 파괴하기, 물건을 때려눕히기, 비공격적인 방법으로 다른 사람 만지기(예: 책상 옆을 지나면서 동료의 머리나 팔 때리기)

체벌의 기초선 빈도 학생 훈련기록은 1년 동안 학교 교장에 의해 유지되었으며 각 표적 아동은 매번 체벌된 것으로 나타났다. 때린 날짜, 때린 행동에 대한 간단한 설명, 때린 위치, 아동이 엉덩이를 맞은 횟수가 기록된다. 체벌은 늘 교장에 의해 관리된다. 그러나 이 연구 동안, 선생님이 Bob과 Joe를 한 번 때렸다. 주(state)법은 어떤 시간에 어떤 아이가 맞는 것을 진술할 성인 목격자를 요구한다. 목격자의 존재는 학교 교장이 유지하는 기록에 의해 입증된다.

아동 행동과 체벌의 치료 날짜 치료 동안에 자료 수집은 학년의 끝에까지 기초선과 같이 계속된다. 자료는 아동의 방해행동뿐만 아니라 체벌의 빈도도 수집된다.

학생당 얻는 강화물의 수 자료는 치료 프로그램의 개인당 얻는 강화물의 수와 마찬가지로 수집된다. Bob과 Alex를 위한 주의집중 강화 스티커 종이의 분석은 이러한 학생들이 치료 날의 100%에 대해 특별한 상을 얻는 것을 나타내 준다. Joe는 치료 날의 86%에 특별한 상과 비행

기 강화물을 얻었다.

직접관찰의 신뢰도 직접관찰의 신뢰도는 치료 관찰의 40%와 기초선 관찰의 45%에서 독립적으로 두 명의 관찰자에 의해 평가되었다. 코딩용지의 각 10초 간격마다 일치와 불일치에 대해 점수화하였다. 일치횟수(시간간격 동안 두 관찰자가 행동이 일어났다고 동의하는 경우)와 비일치횟수(시간간격 동안 두 관찰자가 행동이 일어난 것에 대해 동의하지 않는 경우)를 사정하는 분리된 신뢰도 수치는 각 관찰 범주에 따라 계산되었다(Baily & Bostw, 1979). 독립된 관찰자 간 일치된 백분율은 일치된 전체 횟수 더하기 불일치된 횟수를 전체 일치된 횟수로 나눈 뒤 100을 곱하여 계산한다. 방해행동의 일치 신뢰도의 평균은 88%였으며, 범위는 0%~100%였다. 불일치 신뢰도의 평균은 97.8%였으며 범위는 90%~100%였다.

치료 결과

목표로 한 방해행동에서 변화를 평가하는 직접적인 관찰의 결과를 첫 번째로 제시하였다. 다음으로, 체벌의 기초선 비율을 치료율과 비교하였다.

학생 행동에서 변화 기초선과 치료조건 동안에 일어나는 최소한 한 가지 방해행동의 간격 수

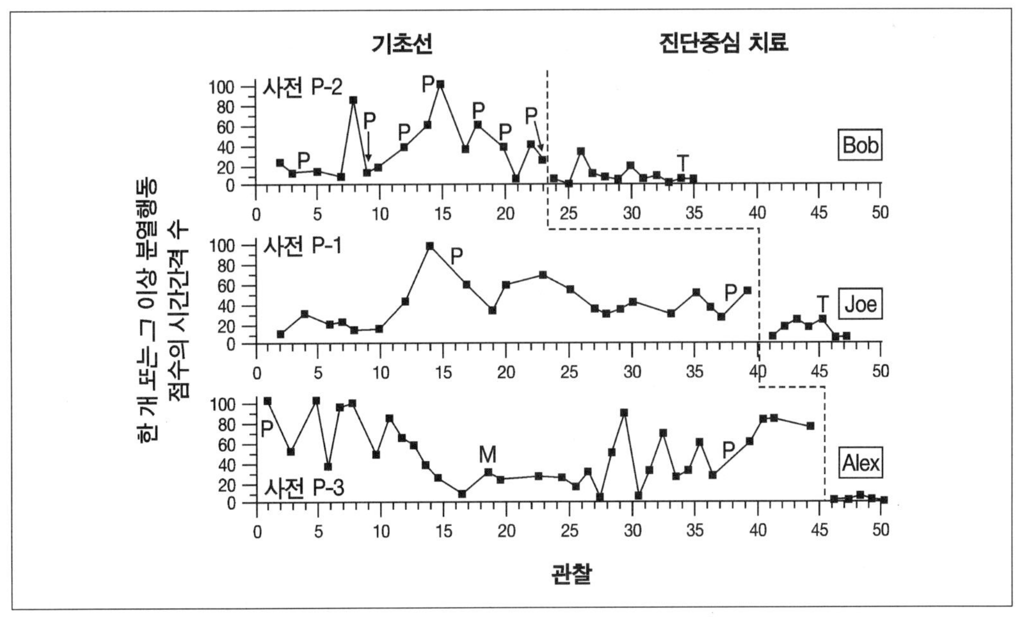

[그림 4] 기초선과 치료조건 간 모든 참여자의 방해행동의 간격 점수의 빈도(P=체벌 수행; T=계속적 주의집중 스케줄의 변화; M=리탈린을 처음 투여한 날)

를 [그림 4]에 Bob, Joe, Alex에서 제시하였다. 모든 참여자는 진단중심 치료 실행 후 방해행동의 감소를 나타내었다.

Bob은 기초선 동안에 평균적으로 35.5 간격의 방해행동을 하였다. 그의 자료는 6에서 102 범위에 이르기까지 다양하며 감소하는 경향을 보이고 있다. 치료 패키지가 시작되었을 때, 방해행동의 시간간격이 일반적으로 안정되게 감소하였으며 평균은 방해행동이 7.2 시간간격까지 감소하였다.

Joe는 9에서 95 범위에 이르기까지 기초선 동안에 평균 36.0 간격의 방해행동을 하였다. 평균은 치료조건 동안 방해행동이 11.1 시간간격까지 감소하였다.

Alex의 기초선 동안의 자료는 매우 다양하였으며 평균 49.2 시간간격 동안 방해행동이 나타났다. 치료조건 동안에, 평균 방해행동이 5.0 시간간격 수준까지 안정되게 감소하였다.

체벌의 감소 모든 참여자의 주당 체벌의 비율을 [그림 5]의 윗부분에 제시하였다. 기초선에서 체벌의 전체 비율은 주당 .53 빈도로 나타났다. 비율은 치료 동안에 주당 한 번도 일어나지 않

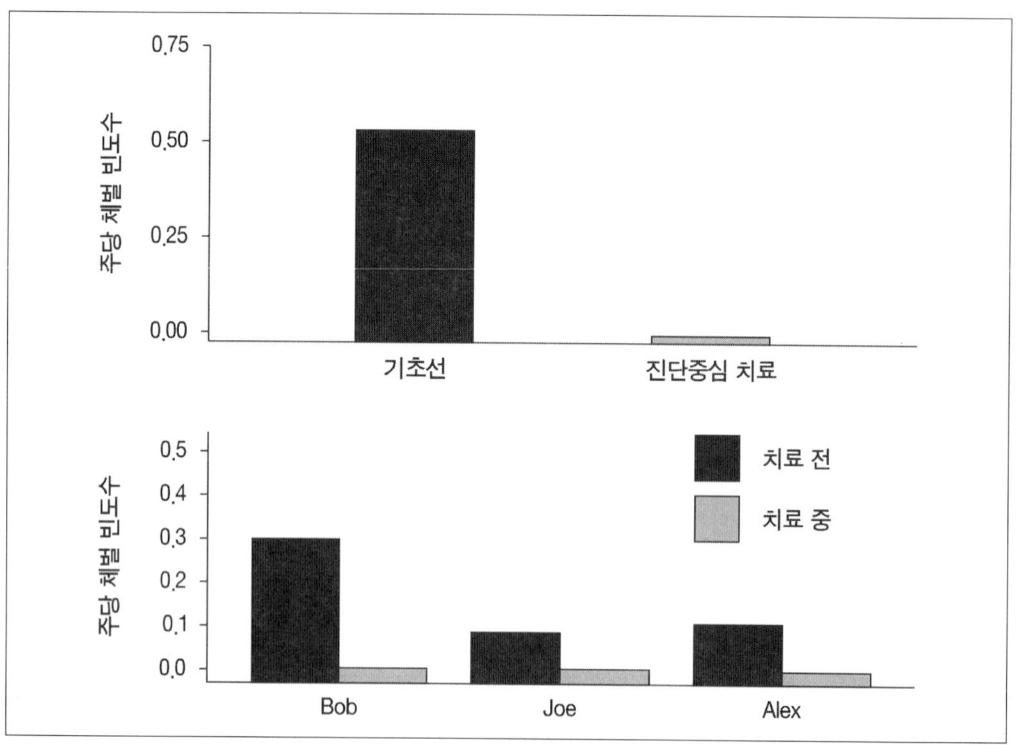

[그림 5] 위의 그래프는 기초선과 치료조건 간 모든 참여자를 위한 주당 체벌의 빈도수. 아래의 그래프는 치료 전의 치료 중 주당 체벌의 개인적 비율(검은 막대 기둥은 치료 전을 나타내며, 회색 막대 기둥은 치료 중 자료를 나타낸다.)

을 정도로 감소하였다. 전체적으로 치료 전에는 17번의 체벌이 있었고, 치료 후에는 체벌이 한 번도 없었다(개인 비율을 보기 위해서 [그림 5] 하단 참조). 모든 사례에서 주당 비율은 감소되었다.

결 론

이 장에 제시된 자료는 행동 진단 접근이 교실에서 아동의 부적절한 행동 발생과 관련될 수 있는 변인들을 결정하기 위해 효과적인 방법인가를 나타내었다. 비록 초기에 학교의 교장이 타임아웃이나 쓰레기 줍기와 같은 "체벌의 대안책"을 저자들에게 제안했으나, 우리는 아동을 절대로 교장실로 보내지 않기 위해서 행동을 예방하려는 노력을 선택하였다. 직접관찰은 일단 진단중심 치료가 시행되자 아동의 방해행동과 부적응행동의 실제적인 감소를 나타냈다고 보여 주었다. 게다가, 학생 훈련기록으로부터 자료는 치료 동안 체벌 빈도가 상당히 감소되었다는 것을 나타내었다.

진단절차는 몇 가지 이유에서 만성적인 문제행동을 다루기 위해 효과적인 방법을 찾는데 성공적인 것처럼 보인다. 첫 번째로, 그것은 부적절한 행동을 일으키거나 또는 유지시키는 변인을 체계적으로 조사한다. 행동은 무시할 수 없는 많은 요인들의 복잡한 결합이다. 진단 접근에서, 환경적 자극, 상황적 사건, 생리적 조건, 그리고 조건 강화들은 모두 적절한 변인을 정확히 찾는 시도로 고려된다.

두 번째로, 문제행동을 유도시키거나 유지시키는 변인들의 정확한 "진단"을 따르는 것은 효과적인 치료가 고안될 수 있게 한다. 전통적인 교실 관리 문헌에서, 절차는 종종 전체 학급을 위해 고안되었으며, 똑같은 강화가 현재의 특정 행동 원인과 관계없이 적용되어 왔다(Barrish, Saunders, & Wolf, 1969; Christy, 1975; Dietz & Repp, 1973; Foxx & Shapiro, 1978; Harris & Sherman, 1973; Marholin & Steinman, 1977; Pfiffner & O'Leary, 1987). 반면에 한 학생은 주의를 얻거나 과제를 회피하기 위해 울화를 보일지도 모르며, 또 다른 학생은 배고픔이나 수면 결핍 때문에 같은 행동을 할지도 모른다. 그러나 전형적인 프로그램은 정확히 같은 방법으로 행동을 다룬다. 비록 이러한 접근이 어떠한 경우에는 효율적일지라도 다른 경우에는 비효율적일지도 모른다. 진단 접근을 이용할 때, 다른 사람들로부터 주의를 얻기 위해 울화를 터뜨리는 아이는 강화를 받는 환경으로부터 일시적으로 제거된다. 반면에 회피 반응을 하는 아동은 과제에 관련된 요구를 피하기 위한 것이므로 허락되지 않는다. 마찬가지로 배고픔 또는 피로 때문에 울화를 내는 아동은 보다 많은 식사, 부가적인 간식 또는 쉴 수 있는 기회와 함께 가장 적절하게 다루어진다.

세 번째, 진단 접근은 영향을 미치는 행동이 확인된 변인들에 의한 절차로 구성된다. 행동 진단은 경험 있는 행동분석가의 여러 가지 자료 양식의 분석에 기초를 둔다. 정보가 체계적으로 수집되고 조사될 때 진단 결과와 치료선택은 평가하기에 좀 더 확실하고 쉽게 된다.

마지막으로 행동 진단을 이용하는 것은 분석결과가 언제 그리고 어떻게 가장 효과적으로 개입하는지를 제안하기 때문에 비용 면에서 효율적이다. 비록 진단 접근이 숙련된 관찰자에게 교실에서 시간을 일부 요구할지라도 그들의 존재는 교사나 학생에게 일반적으로 혼란을 일으키지는 않는다. 진단은 보다 광범위한 요인이 원인 변인의 속성인지 결정하기 위해 분석하기 때문에 보다 정확해질 필요가 있다. 그러므로 시간과 노력이 치료를 자의적으로 적용함으로써 낭비되어서는 안 된다. 교사가 학생들을 가르치는 실제적인 시간의 양이 제한되어 있기 때문에 문제행동을 해결하는 절차는 효율적이어야 한다.

재발되는 학교관련 문제행동을 처치하기 위한 진단절차의 사용은 임상적인 적용에 가치가 있는 것으로 보인다. 부적절한 행동의 명백한 감소는 학교환경에서 체벌을 제거할 수 있다. 연구가 시작되기 전에, 참가자들은 높은 수준의 방해행동, 부적응행동 그리고 벌을 받기 위해 교장실로 자주 보내졌었다. 비록 그들이 종종 지시나 경고를 받을지라도, 그들은 여러 경우에 체벌을 받았다.

이 연구의 자료는 체벌이 학급 행동의 장기적인 향상의 결과를 나타내지는 않는다고 제안한다. 만약 그렇다면, 학생들을 수많은 시간 때리는 것은 필요하지 않다.

직접관찰은 체벌이 자료 수집 전에 직접적으로 적용되었을 때, 기껏해야 그것이 수행되는 날에만 부적절한 행동이 감소되는 결과를 보여 주었다. 이 연구 후에 교장은 이 방법을 채택하여 적용하였으며 학생이 사무실에 보내지는 것을 막기 위해서 교실중심 치료를 탐색하도록 교사를 격려하였다.

참고문헌

Achenbach, T.M., & Edelbrock, C. (1983). *Manual for the Child Behavior Checklist and Revised Child Behavior Profile*. Burlington: University of Vermont, Department of Psychiatry.

Baer, D.M., Wolf, M.M., & Risley, T.R. (1968). Some current dimensions of applied behavior analysis. *Journal of Applied Behavior Analysis, 1*(1), 91-97

Baer, D.M., Wolf, M.M., & Risley, T.R. (1987). Some still-current dimensions of applied behavior analysis. *Journal of Applied Behavior Analysis, 20*(4), 313-327.

Bailey, J.S., & Bostow, D.E. (1979). *Research methods in applied behavior analysis*. Tallahassee, FL: Copygrafix.

Bailey, J.S., & Pyles, D.A.M. (1989). Behavioral diagnostics. In E. Cipani (Ed.), *The treatment of severe behavior disorders: Behavior analysis approaches* (pp. 85-107). Washington, DC: American Association on Mental Retardation.

Barrish, H.H., Saunders, M., & Wolf, M.M. (1969). Good behavior game: Effects of individual contingencies for group consequences on disruptive behavior in a classroom. *Journal of Applied Behavior Analysis, 2*(2), 119-124.

Bijou, S.W., Peterson, R.F., & Ault, M.H. (1968). A method to integrate descriptive and experimental field studies at the level of data and empirical concepts. *Journal of Applied Behavior Analysis, 1*(2), 175-191.

Carr, E.G., & Durand, V.M. (1985). Reducing behavior problems through functional communication training. *Journal of Applied Behavior Analysis, 18*(2), 111-126.

Christy. P.R. (1975). Does the use of tangible rewards with individual children affect peer observers? *Journal of Applied Behavior Analysis, 8*(2), 187-196.

Cryan, J.R. (1987). The banning of corporal punishment: In child care, school and other educational settings in the United States. *Childhood Education, 63*(3), 146-153.

Day, R.M., Rea, J.A., Schussler, N.G., Larsen, S.E., & Johnson, W.L. (1988). A functionally based approach to the treatment of self-injurious behavior. *Behavior Modification, 12*, 565-589.

Dietz, S.M., & Repp, A.C. (1973). Decreasing classroom misbehavior through the use of DRL schedules of reinforcement. *Journal of Applied Behavior Analysis, 6*(3), 457-463

Dunlap, G., Kern-Dunlap, L., Clarke, S., & Robbins, F.R. (1991). Functional assessment, curricular revision, and severe behavior problems. *Journal of Applied Behavior Analysis, 24*(2), 387-397.

Foxx, R.M., & Shapiro, S.T. (1978). The timeout ribbon: A nonexclusionary timeout procedure. *Journal of Applied Behavior Analysis, 11*(1), 125-136.

Gerwitz, J.L. (1972). Some contextual determinants of stimulus potency. In R.D. Parke (Ed.), *Recent developments in social learning theory* (pp. 7-33). New York: Academic Press.

Glaser v. Marietta, 35 1 F. Supp. 555 (W.D. PA. 1972) S.4.3.

Hall, R.V., Lund, D., & Jackson, D. (1968). Effects of teacher attention on student behavior. *Journal of Applied Behavior Analysis, 1*(1), 1-12.

Harris, V.M., & Sherman, J.A. (1973). Use and analysis of the "good behavior game" to reduce disruptive classroom behavior. *Journal of Applied Behavior Analysis, 6*(3), 405-417.

Hersen, M., & Barlow, D.H. (1978). *Single-case experimental designs: Strategies for studying behavior change*. New York: Pergamon Press.

Iwata, B., Dorsey, M., Slifer, K., Bauman, K., & Richman, G. (1982). Toward a functional analysis of self-injury. *Analysis and Intervention in Developmental Disabilities, 2*, 3-20.

Kennedy, C.H., & Itkonen, T. (1993). Effects of setting events on the problem behavior of students with severe disabilities. *Journal of Applied Behavior Analysis, 26*(3), 321-327.

Lalli, J.S., Browder, D.M., Mace, F.C., & Brown, D.K. (1993), Teacher use of descriptive analysis data to implement interventions to decrease students' problem behaviors. *Journal of Applied Behavior Analysis, 26*(2), 227-238.

Marholin, D., & Steinman, W.M. (1977). Stimulus control in the classroom as a function of the behavior reinforced. *Journal of Applied Behavior Analysis, 10*(3), 465-478.

Pfiffner, L.J., & O'Leary, S.G. (1987). The efficacy of all-positive management as a function of the prior use of negative consequences. *Journal of Applied Behavior Analysis, 20*(3), 265-271.

Porterfield, J.K., Herbert-Jackson, E., & Risley, T.R. (1976). Contingent observation: An effective and acceptable procedure for reducing disruptive behavior of young children in a group setting. *Journal of Applied Behavior Analysis, 9*(1), 55-64.

Pyles, D.A.M., & Bailey, J.S. (1990). Diagnosing severe behavior problems. In A. Repp & N. Singh (Eds.), *Perspectives on the use of nonaversive and aversive interventions for persons with developmental disabilities*. Sycamore, IL: Sycamore Press.

Pyles, D.A.M., & Bailey, J.S. (1991). Behavioral diagnostic interventions. In J. Luiselli, J. Matson, & N. Singh (Eds.), *Comprehensive handbook of self-injury*. New York: Springer-Verlag.

Repp, A.C., Felce, D., & Barton, L.E. (1988). Basing the treatment of stereotypic and self-injurious behaviors on hypotheses of their causes. *Journal of Applied Behavior Analysis, 21*(3), 281-289.

Sasson, G.M., Reimers, T.M., Cooper, L.J., Wacker, D., Berg, W., Steege, M., Kelly, L., & Allaire, A. (1992). Use of descriptive and experimental analyses to identify the functional properties of aberrant behavior in school setting. *Journal of Applied Behavior Analysis, 25*(4), 809-821.

Touchette, P.E., MacDonald, R.F., & Langer, S.N. (1985). A scatter plot for identifying stimulus control of problem behavior. *Journal of Applied Behavior Analysis, 18*(4), 343-351.

Wahler, R.G., & Fox, J.J. (1981). Setting events in applied behavior analysis: Toward a conceptual and methodological expansion. *Journal of Applied Behavior Analysis, 14*(3), 327-338.

Wison, F.C. (1982). A look at corporal punishment and some implications of its use. *Child Abuse and Neglect, 6*(2), 155-164.

제10장

문제행동을 하는 취학전 아동에게 서비스를 제공하기 위한 조기중재자의 직전 및 현직훈련 조정하기

Joe Reichle, Mary McEvoy, Carol Davis, Elisabeth Rogers,
Kathleen Feeley, Susan Johnston & Kathleen Wolff

이 장은 문제행동을 보이는 어린 아동과 함께 살거나 일하는 개인과 가족 구성원에게 서비스를 제공하는 전문가들을 위해 직전과정과 현직연수(기술적인 도움을 포함하여)를 조정하고 향상시키기 위한 필요에 중점을 맞췄다. 이 장은 문제행동을 보이는 어린 아동들의 수가 늘어가고 최근 조기중재와 현직연수활동이 교수기술의 진보와 보다 향상된 서비스 전달

이 장은 미 교육부가 미네소타 대학교의 부속 프로그램인 지역사회 통합연구소의 취학전 유아의 문제행동을 예방하기 위해 현직 및 기술지원 모델을 개발하고 평가하기 위한 H024P10017에 의해 지원되었다.

전략의 속도를 따라 잡지 못하고 있는 내용을 언급하고 있다. 현재 직전과정과 현직연수계획의 필요를 확인한 후에, 직전과정과 현직연수에 좀 더 조정된 접근방법을 만들어내는 데 필요한 몇몇 단계를 나타내는 실제를 제안하였다.

어린 학령기 아동 사이의 문제행동: 문제의 심각성과 증가

문제행동은 "개인이 자해행동, 남에게 피해를 주는 행동, 물리적 환경에 피해를 일으키는 행동, 새로운 기술 습득의 방해 또는 학습자의 고립을 유발하는 행동"으로 정의되어 왔다. 좀 더 신중히 분석해 보면 심각한 문제행동을 지닌 개인의 상당 부분은 유아기에 문제행동이 나타났으며(Green, 1967; Schroeder, Mulick, & Rojahn, 1980), 이러한 사람들은 시골과 도시 지역 둘 다에서 점점 증가하고 있다. 예를 들면, Brandenberg, Fridman과 Silver(1990)는 일반 아동과 위험에 처해 있는 아동의 14~20%가 행동 및 정서 문제를 나타낸다고 보고하였으며, 다른 조사에서는 발달장애로 확인된 어린 아동의 13~31%가 심각한 행동장애를 가지고 있다고 추정하였다(Chess & Hassibi, 1971; Donahue & Abbas, 1971; Eaton & Menolascino, 1982). Timm(1993)은 어린 아동들의 가족들이 미국 전역을 통해 지역중재 프로그램에 의뢰된 큰 그룹 속에는 중등도에서 중도 행동장애를 가진 아동으로 구성되어 있다고 보고하였다. 뿐만 아니라 최근 정부 통계청(Government Accounting Office; GAO) 보고서는 저소득층 아동의 많은 숫자가 문제행동에 대해 도움을 받지 못하고 있다고 보고하였다. 사실, 그 보고서는 추가보장소득(Supplemental Security Income; SSI)을 받는 아동의 수가 1989년 296,300명에서 1993년 770,500명으로 4년 동안 두 배 이상 증가하였다고 보고하였다.

어린 아동들이 모래놀이를 통하여 즐거움을 느끼며 서로 상호작용하고 있다.

불행하게도, 문제행동을 보이는 취학전 아동에게 서비스를 제공하는 많은 사람들 중에는 아동이 성장하면서 문제행동에서 "벗어난다"고 믿는 경향이 있다. 나아가 이것은 자해행동, 공격행동 및 상동행동의 낮은 수준을 무시하는 쪽으로 나아가게 하였다. 실제로, 취학전 아동이 보이는 문제는 없어지지 않으며, 사실은 계속해서 시간이 지남에 따라 악화되는 경향이 있다는 분명한 보고가 있다.

질 높은 교육 경험을 받지 못할 위험에 처한 문제행동 아동

Will(1984)은 행동문제를 가진 아동이 그들의 교실 배치에서 최대의 이익을 얻을 수 없다는 것을 관찰하였다. 전형적인 교육 장면에서 장애를 가진 아동을 가르치는 일반교육 초등학교 교사들 사이에서, 아동을 보다 제한적인 교육 장면에 되돌려 보내기 위해 가장 빈번하게 인용되는 이유가 사회적 동기에 있어 문제행동의 출현 또는 결과라고 하였다. 통합교육과 가정환경에서 교육 서비스를 제공하는 것이 중요하다는 강한 일치가 있다고 하더라도, 문제행동을 가진 아동은 가끔 전형적인 발달을 보이는 또래가 있는 아동 보육 및 통합된 공립학교 프로그램에 종종 포함되지 않는다(Danforth & Drabman, 1989; Giangreco & Putnam, 1992; Walker & Rankin, 1983). 교사와 관련 서비스 전문가들은 효과 있는 장기 통합 기회를 주기 위한 신속하고도 효율적인 설명을 해야 하는 문제행동에 직면해 있다고 보고하였다. Schloss, Miller, Dedlacek과 White(1983)는 일반교육자들이 문제행동을 하는 아동에 대해 참을성이 적은 경향이 있다고 보고하였다. 부분적으로 이러한 제한된 인내심은 문제행동을 하는 개인에게 앞서 조건을 조절하는 보다 친행동적 전략보다는 오히려 보다 반응적 전략(타임아웃, 과잉 교정, 반응 대가, 언어적 위협 및 꾸중)에 더 의존하는 교사의 성향으로 설명할 수 있다. 사회사업가들은 취학전 아동에게 가정중심 서비스를 제공하는 데 가장 큰 장애물 중의 하나로써 문제행동의 목록을 보고한다(Reichle, 1993). Carta 등(1994)은 문제행동이 특수교육에 어린 아동을 의뢰하는 교사가 한 원인이 될 수 있다고 보고하였다.

문제행동을 하는 아동에게 서비스를 제공하는 조기중재자의 훈련 증가의 필요성

교육적 딜레마는 현저하다. 교육자들은 아동이 그들의 필요를 나타내는 전문가에 의해 더 잘 서비스 받는 것을 가정하면서 문제행동을 가진 아동의 전형적인 교육 배치를 끝내려는 경향을 가지고 있다. 불행하게도 유용한 자료들은 취학전 아동에게 서비스를 제공하는 전문가들이 제한된 전문성과 어린 아동들이 나타내는 문제행동의 목록을 보고 전략을 시행하는 데 자신감이 결여되어 있다는 것을 보여 주고 있다. 진보적인 교육 서비스에 대한 증가된 요구는 문제행동을 만들어내는 어린 아동에게 어떻게 하면 보다 나은 사정과 중재전략을 시행하는 것을 배우고 도움을 얻고자 하는 전문가에게는 중요하다.

Wolff(1993)는 Minnesota주에서 취학전 아동에 서비스를 제공하는 교육자들의 현직연수 및 기술적 도움의 필요가 무엇인지 조사하는 설문조사를 실시하였다. 설문조사를 한 464명의 전문가(특수교육 리더, 유치원 교사, 말-언어병리학자 그리고 학교심리학자를 포함)들이 부가적인 훈련이 필요한 영역에 등위를 매겼다. 우선순위를 보면, 교육자들은 1) 기능적인 의사소통 중재, 2) 문제행동을 다루는 선행조건 중심 중재전략이 부가적인 훈련에서 가장 필요하다고 하였다.

현직연수를 위한 필요뿐만 아니라, 최상의 교육 및 가족지원 실제 영역에서 중요한 사전 서비스 훈련이 필요하다는 인식은 장애 및 재활연구 국가연구소(National Institute on Disability and Rehabilitation Research)가 지원하는 문제행동의 관리에 대한 긍정적 접근의 국가 컨퍼런스에 초점이 맞추어져 있었다(Reichle, 1991). 확인된 가장 중요한 우선순위는 직전 및 현직연수훈련의 질과 유용성 개선을 통해서 나타나는 여러 가지 문제행동을 예방하는 것이었다.

얼핏 보면, 우리는 개선된 현직연수와 기술적 도움이 무엇인지 확인한 것으로 볼 수 있다. 이러한 필요는 보다 효과적인 사정과 중재전략 개발을 이끌고 있는 빠른 과학적 진보로 나타난 것으로 논리적으로 설명할 수 있다. 어느 정도까지는 맞는 말이다. 1970년대 중반 이후로, 반응적 중재전략이 나타났다고 보기보다는 오히려 사정과 중재의 기술은 점점 예방적인 중재전략에 더 의존하고 있다. 교육공학이 확장됨과 동시에, 보다 통합교육 장면을 만들어내는 과정에서 일반교육자들에게 이 정보를 전환하려는 특수교육자의 증가된 요구가 있었다. 이 새로운 기술에 대해 적절하게 정보를 이전하는 것에 대한 실패는 문제행동을 하는 아동의 질 높은 통합교육 배치를 개발하는 데 실패하게 하였다.

그러나 우리가 단지 전문성의 기술을 업데이트하는 데 대한 필요를 확인한 도전적 문제의 책임성 여부의 문제는 실제문제를 전체적으로 너무 단순화시켰을 수 있다. 우리가 관찰한 전문가의 기본적인 필요는 공립학교 전문가의 상당한 부분이 사전 서비스에 적절히 훈련되지 않았음을 시사하고 있다. 문제행동을 가진 사람과 일하는 데 필요한 지식과 실제 기술 사이의 차이는 현재 확립되어 있는 전문적 수행능력 목록을 잘 조화시키는 필요를 넘어선 것일 수 있다. 사전 서비스 훈련에 대한 많은 도전적인 문제들은 전문가들이 그들의 학위를 딸 때 전문가로서 수행할 필요가 있는 과제에 좀 더 신중하게 참여할 필요가 있음을 포함하고 있다.

전문가 양성 프로그램이 직면한 도전적인 문제들

문제행동을 다루기 위해 친행동적 접근을 포함한 개선된 직전훈련은 곧 다가오겠지만, 그러나 대학교 수준에 제한될 것이다(U.S. Department of Education, 1993). 이것에 대한 주요한 이유는 특수교육과 관련 서비스 학문(예: 언어병리학, 작업 및 물리치료, 심리학)의 직전훈련 프로그램이 가끔 서로 분리되어 있고 참여자들도 공립학교에서 일하는 그들의 동료를 포함하지 않고 있다.

전문가 집단 각각이 의사소통, 행동 관리, 이론적 입장과 처치, 다른 영역 등에서 기본적인 정보를 나누어야 함에도 불구하고, 교육과 관련치료분야에서 직전훈련과정의 학생은 과정이나 현장실습 경험에서 거의 상호작용하지 않는다(Rainforth, 1985). 한 사람이 모든 영역에서 전문가가 되는 것은 매우 어렵기 때문에, 장애 영유아와 그들의 가족에게 서비스를 제공하는 전문가에게는 의사결정을 하고 프로그램을 시행하는 데 능동적으로 초학문적 노력을 함께 하려는 굉장한 필요가 있게 된다. 이러한 필요에도 불구하고, Locke와 Reichle(1989)은 공립학교 전문가들이 가끔 분리되어 일한다고 보고하였다. 뿐만 아니라, Courtnage와 Smith-Davis(1987)는 그들의 설문에 참여한 360개 고등교육 연구소 중 48%는 팀 협력에 대해 아무 훈련도 제공하지 않는다고 보고하였다. 전문가 양성의 협력 모델 시행에 가장 빈번하게 방해되는 것으로는 1) 책임에 대한 혼동, 2) 행정적 지원과 구조의 부재, 3) 학과(departments) 안에서 과정 소유권에 대한 "전문 영역(turfism)"이었다. 팀 협력 부족에 대한 보다 심층적인 이유는 앞에서 언급한 직전과정 훈련 프로그램의 분리 때문이었다.

Baumgart와 Ferguson(1991)은 팀 협력에 더 많은 강조와 현장 장면에서 팀 문제해결 사용을 활성화하여 대학 직전과정 교수를 재조정하는 것의 중요성을 강조하였다. 응용 경험에 보다 강조점을 두는 것은, 실습이 단순히 "실습하는 실험실"이 아니라 실습 학생이 보다 실패가 적은(vs. 시행착오) 학습환경을 만드는 데 주어진 충분한 지원이 협력적 교수환경이라는 것을 보장하는 데 필요할 것이라고 제안해 왔기 때문이다. 만약 이러한 것이 일어난다면, 이러한 배치를 제공하는 전문가들을 실습시키는 데 분명한 이점이 있을 것이며, 대학 교수와 공립학교 전문가 사이에도 능동적인 협력이 일어날 것이다. 양성 준비과정에서 협력훈련의 부적절성은 공립학교에서 서비스를 제공하는 전문가들 사이에 협력 부족을 나타내는 중요한 변인이 된다(Campbell, 1987; Wolery & Dyk, 1984). Rainforth, York와 Macdonald(1992)는 협력적 서비스 전달 모델의 이점을 1) 장애아동에게 증가된 교수시간 제공(Albano, 1983; McCormick, Cooper, & Goldman, 1979), 2) 향상된 기술 습득(Campbell, McInerney, & Cooper, 1984; Giangreco, 1986), 3) 일반교육환경에서 수동적 돌봄의 감소(McComick et al., 1979), 4) 팀 구성원들 사이의 갈등 감소(York & Rainforth, 1987)로 요약하였다.

다른 학문 분야에서 대학 전문가와 문제행동을 가진 아동에게 서비스를 제공하는 지방 서비스 제공자의 협력에 초점을 맞추는 직전훈련 프로그램의 시행에 방해가 되는 중요한 한 가지는 미국 교육국의 전문가 양성에서 재정지원 구성의 우선순위 방식이다. 현재의 양성과정 안에는 현직훈련 프로젝트(현직연수모델)와 직전훈련(석사학위 소지자)에 대한 분리된 연구기금 경쟁제도가 있다. 직전훈련과정 속에는, 특수교육훈련 프로그램과 관련 서비스 사이에 만들어지는 독특한 특징이 있다. 이러한 경쟁에서 분리는 직전과정과 현직연수 훈련활동을 함께 하도록 하는 잘 조정된 훈련 프로그램에 특히 재정지원을 해야 한다. 재정지원을 하는 우선순위에 대한 수정은 학문 및 직전과정과 현직연수활동에 걸쳐 보다 철저하게 협력을 조장할 필요가 있다.

요약하면, 일반교육과 특수교육자, 말-언어병리학자, 물리 및 작업치료사, 학교심리학자 그리고 다른 관련 서비스 학문의 영역에서 양성하는 데 책임이 있는 대학 학과들 간에 학제적 및 초학문적 훈련을 개발하는 것이 잘하고 있지 않다. 부가적으로 대학과 공립학교 사이의 협력 관계의 개발은 지금까지는 아주 적다. 어느 정도까지는 연방의 기금 정책과 대학 관료들이 현재의 문제에 기여할 것이다.

현직연수훈련과 기술지원의 효과적인 공급의 문제

전통적으로, 학군은 중등도 및 중도장애아동(문제행동아동 포함)을 위한 효과적인 중재를 계획하기 위해 교육자가 일하는 데 외부 자문가에 의존해 왔다. 이러한 자문은 가끔 제한된 현직연수와 자문가가 아동을 간단하게 직접관찰한 후에 직접적인 비주기적인 자문을 결합시키는 것을 포함한다. 전형적으로, 학교 프로그램에 자문가가 포함되는 경우는 행동문제가 위험수준에 도달된 후에 하게 된다(Reichle, 1993). 이때, 기술적 도움은 아동이 자신이나 다른 아동에게 해를 끼치는 것으로부터 빨리 벗어나기 위해 반응적 중재전략에 초점을 맞추게 된다. 불행히도, 위기관리 절차가 문제행동을 다루는 데 보다 성공적이라고 하더라도, 가끔 그들은 긍정적인 대치 행동을 가르치는 절차나 또는 방해적인 중재를 감소시키는 절차는 포함하지 않는다. 이러한 불행한 순환의 많은 경우가 위기중심 반응절차가 점점 더 방해가 많이 되고 있음에도 반복되고 있다(Nord, 1994). 결론적으로 문제행동을 하는 아동을 유도하는 사회적 동기는 결코 적절하게 표현되지 않는다. 교육자들이 단지 어떻게 하면 위기를 표현하는지만 가르치기 때문에, 나중에 어떤 지점에 가서 그들이 위기중재절차를 개발하는 것을 쉽게 간과하고 때문에 위기를 유도하는 선행사건과 후속결과가 다시 일어나게 된다.

보다 발전된 모델은 위기중재의 필요를 예방하는 데 초점을 맞춘 보다 나은 전략을 개발하여서 교사와 부모에게 현장에서 기술적 지원을 제공하여야 한다. 직전훈련과정 프로그램과 공립학교 서비스 제공자 둘 다에게 최상의 협력적 아젠다에 맞춘 현직연수 전달전략의 일반적인 구성요소가 Bailey(1989)와 Campbell(1990)에 의해 제안되어 왔다. 그들은 정보의 강력한 상호공급에서부터 장기적인 현장의 기술지원에 이르기까지 연계적인 현직연수방법을 통하여 가장 즉각적인 단기 현직연수 전문가의 욕구가 해결될 수 있다고 결론 내렸다. 장기적인 현장의 기술적인 지원이 현직연수훈련 모델에서 어떤 예의 중요한 구성요소를 나타낸다는 일치가 점점 많아지고 있다(Fredericks & Templeman, 1990). Campbell(1990)은 현직연수의 종합적인 패키지와 기술지원은 1) 특정한 훈련 필요에 대한 상세화, 2) 참여하는 사람에 대한 인센티브, 3) 예상되는 결과에 대한 분명한 확인, 4) 계속적인 피드백이 있는 정보의 확인된 적용이라고 제안하였다.

행동장애를 가진 취학전 아동에게 서비스를 제공하는 직전과정 및 현직연수과정의 사람들을 위한 모델 개관

미네소타 유아행동지원 프로젝트(Minnesota Early Childhood Behavior Support Project; MECBSP)는 대학과 지역 학군의 중핵적인 초학문적 그룹을 전제로 하고 있으며 다음을 할 수 있다.

1. 정서·행동문제가 있는 어린 아동을 위해 최소제한환경 속에서 서비스를 향상시킨다.
2. 장기적인 기술지원의 전문적인 전달자가 되며 양성과정 교수에 참여할 수 있다.
3. 전문가의 질적 향상과 관련된 집중 워크숍에서 다른 전문가와 준전문가가 전달하는 현직연수 코스웍을 계획하고 수행한다.
4. 직전과정과 현직연수 학생 둘 다에게 제공되는 집중적인 워크숍과 현장훈련을 실시한다(McEvoy, Davis, & Reichle, 1993).

더 나아가, 모델이 효과적이 되기 위해서는 참여자에 대한 인센티브, 결과에 대한 분명한 서술, 그리고 부모의 능동적인 참여가 포함되어야 한다.

대학과 공립학교 사이의 협력적인 관계 확립하기

다음 절은 문제행동을 지닌 어린 아동을 위한 강한 서비스 전달체계를 만들기 위해 대학과 공립학교 사이의 협력적인 관계를 확립하기 위한 MECBSP의 노력에 대해 논의한다.

필요와 자원의 정의

어떤 두 실체 사이의 협력을 생성하는 첫 단계는 그 협력이 상호에게 이익을 주는가를 결정하는 것이다. 결과적으로 대학의 인재준비 프로그램은 직전과정과 현직연수에 보완적인가를 확인하기 위해 공립학교 전문가, 행정가 및 부모와 신중하게 일하지 않으면 안 된다. 이 초기 단계의 활동은 학군 행정가와 그 지역 안에서 적절한 전문가와 부모의 대표와 논의를 필요로 한다. 이 논의에서는, 양성과정, 현직연수 및 기술지원 협력의 모델에 따른 문제행동의 범위와 크기가 대학과 공립학교 체계 사이에 공개적으로 논의되어야 한다. 미래의 확인해야 할 필요에 대한 참여자의 논의 중에 광범위하게 지원해야 할 것이 있다면, 미네소타 프로젝트의 스텝은 문제행동을 다루는 중요하고도 지속적인 현직연수와 기술적인 지원의 필요를 구성하는지 검증하기 위해 학군 사람들에게 설문조사를 한다.

일단 중요한 현직연수와 기술적인 지원을 지원하고 협력프로그램이 상호적인 이점이 될 수 있는 것을 보여 주는 증거가 축적되면, 대학 직전프로그램은 적어도 2~3년 동안(참여하는 쪽에서 연간 함께 검토하는)계속 할 수 있는 협력적인 프로젝트를 계획하는 학군과 일할 기회를 제공한다. 학교지역구 행정은 기꺼이 적절한 시간을 확보해야 하고 또는 초학문적 팀을 확립하기 위해 재정지원을 만들어내야 한다. 궁극적으로 이 팀은 가정과 학교에서 현장에 맞는 기술적인 지원을 제공하는 데 책임을 지게 된다. 부가적으로는 팀 구성원은 문제행동을 하는 어린 아동을 위한 긍정적인 행동지원계획을 개발하는 주제에 지역 스텝을 포함하는 장기 현직연수계획을 개발하고 실행해야 할 것이다.

이러한 활동에 참여시키기 위해 요구되는 시간 지원을 만들어내기 위해서, MECBSP는 참여하는 각각 3~4개의 공립학교 전문가의 시간을 25~33의 전시간(FTE: .20 = 1주일에 하루)을 비워두도록 참여하는 학군을 격려해 왔다. 다음에 대학은 프로젝트 기간 동안 팀의 목표를 달성하기 위해 팀에게 멘토링을 제공하고 협력적으로 일하기 위해 높은 수준의 기술을 갖고 있는 전문가(박사 후 조교수 또는 박사 후 과정 지망생)는 대략 .5FTE를 비워두도록 한다. 참여하는 학군을 위한 결과적인 이점은 정보를 잘 조정해 주지 못하거나 실습하는 사람이 수행하기에 어렵거나 성가시게 하는 값비싼 외부 전문가에 대한 필요를 감소시키는 것이다. 대학 프로그램에 참여하는 것에 대한 이점은 보다 나은 지원적인 실습, 응용연구, 시험 활동을 모델링할 수 있는 질 높은 훈련 장면의 확립이라고 볼 수 있다.

직전 및 현직연수과정을 공동으로 수행하기

그들의 참여로부터 요구되는 노력의 범위를 충분히 이해하지 못하는 개인의 팀을 선택하기 위해 재빨리 움직이기보다는 오히려 참여하는 대학 교수는 문제행동을 다루기 위해 긍정적인

〈표 1〉 문제행동을 다루는 긍정적 접근인 10주 코스를 성공적으로 완성한 결과로서 얻게 되는 능력

- 학생은 사회적·비사회적으로 동기화된 문제행동을 이해할 수 있다.
- 학생은 문제행동과 관련된 의학적 및 생물학적 다양성을 익숙하게 알 수 있다.
- 학생은 의사소통과 문제행동 사이의 관계를 이해하며, 문제행동에 의해 제공되는 의사소통 기능을 확인할 수 있다.
- 문제행동의 기능을 결정하기 위해 사용될 수 있는 사정전략을 시행할 수 있다(현재의 문제를 검토하고, 과정을 인터뷰하고, 직접관찰, 환경 조정을 포함하는).
- 학생은 심각한 의사소통 결핍을 가진 아동을 위한 일련의 중재전략을 익숙하게 알 수 있다.
- 학생은 환경 재배치의 수행과 문제행동을 다루는 데 사용되는 사회적 상호작용 중재에 대해 익숙하게 알 수 있다.
- 학생은 동기화된 문제행동을 피하게 하는 데 대안적 의사소통 중재를 수행할 수 있다(떠나도록 요구하기, 반응을 거절하기, 도움을 요구하기, 주의집중을 요구하기 등).
- 학생은 동기화된 문제행동에 접근했을 때 대안적인 의사소통 중재를 수행할 수 있다(주의집중하도록 요구하기, 도움을 요구하기, 바라는 물건이나 활동을 요구하기 등).
- 학생은 명예롭지 못한 동기화된 문제행동을 피하도록 하는 중재를 수행할 수 있다(일어날 가능성이 많은 요구 계열, 강화지연에 대해 인내하기, 협력, 고를 수 있는 것 중에서 물건 선택하기 등).
- 학생은 중재의 각각에서 사용되는 촉구 전략의 다양성을 이해할 수 있다.
- 학생은 평가와 조정 중재 경험을 할 수 있다.

접근을 나타내는 10주 코스의 현장 학점을 조직하는 학군 행정가와 함께 일한다. 이 코스는 모든 지역의 스텝에게 개방되어 있다. 스텝은 학과 학점(자신의 경비로) 과정으로 이수하거나 또는 그들이 대학 학점으로 따기를 원하지 않는다면 비용 없이 참여할 수 있다. 만약 참여자들이 그들 자신의 경비로 이 코스를 이수한다면, 호봉승진 쪽으로 학점을 이용할 수 있다. 부가적으로는 이 코스는 미네소타 대학교의 직전과정의 학생에게는 유용하다.

직전과정의 대학원생은 두 가지 수준에서 지역사회 중심과정에서 서비스를 제공받을 수 있다. 첫째로, 실습 경험을 위해 지원한 대학원 학생은 전망 있는 공립학교 실습 멘토와 협력적으로 일할 수 있고, 이러한 전문가들이 교실에 가져오는 경험과 지식을 얻을 수 있다. 둘째로, 상급의 리더십과정의 대학원 학생은 코스의 정보를 전달하는 데 참여할 수 있다. 〈표 1〉은 이 코스를 성공적으로 완수하면 학생들이 얻을 수 있는 수행능력 목록이다. 이 코스의 강의 내용은 이 장의 부록에 제시하였다. 다양한 영역에서의 가르침이 매우 중요할지라도, 세 영역에서 정보는 문제행동을 지닌 어린 아동을 위한 긍정적 행동지원계획을 개발하는 데 직전과정과 현직서비스 과정의 영향에는 특히 중요하다. 이러한 영역은 1) 문제행동이 사회적 기능을 제공한다는 인식을 하기, 2) 문제행동의 기능을 결정하기 위해 사용될 수 있는 사정활동에 익숙하기, 3) 사회적으로 동기화된 문제행동을 나타내는 데 유용한 중재선택을 확인하기이다. 이

것의 각각에 대해 아래에 간단히 논의하였다.

문제행동이 사회적 기능을 가지고 있다는 것을 인식하기 문제행동은 사회적으로 또는 비사회적으로 동기화되어 있다. 다른 사람의 중재를 필요로 하는 행동은 사회적으로 동기화된 것으로 언급된다. 사회적으로 동기화된 문제행동의 예는 교사의 관심을 끌기 위해 소리를 지르거나 또는 너무 어렵거나 지루해서 그 과제를 피하려고 물건을 던지는 행동을 포함한다. 앞의 두 행동의 각각이 다른 사회적 기능과 관련되어 있다고 할지라도, 둘 다 정상적인 행동으로 바꾸기 위해 환경 속에서 다른 사람의 중재를 필요로 한다. 그러므로 두 행동은 사회적으로 동기화된 문제행동의 예이다. 정상적인 상태로 하기 위해서 다른 사람의 중재를 필요로 하지 않는 행동은 비사회적으로 동기화된 행동으로 언급된다. 비사회적으로 동기화된 문제행동의 예는 감각자극을 얻기 위해 몸을 앞뒤로 흔들거나 귀가 아픈 데 대한 머리의 한쪽을 박는 자해행동이 될 수 있다.

일부 문제행동은 비사회적으로 동기화될 수 있다. 예를 들면, 아동은(비사회적으로 동기화된 것을 제공하는 감각자극 때문에 그의 손가락으로 눈을 찌를 수 있다. 그러나 눈을 찌르는 경우에 따라서, 각 경우가 일어난 후에 즉시 위로받는 주의집중을 받는 일이 계속되면 그 일을 발전시킬 수 있다. 만약 아동 자신이 받는 주의집중을 즐기면, 그는 주의집중을 받는 수단으로서 그의 눈을 찌르는 것을 배우게 된다. 결과적으로 처음에는 비사회적인 기능으로 제공된 행동이 강화를 통해 사회적 기능을 갖게 된다. 문제행동이 다양한 기능을 제공하기 위해 나타난다는 것을 이해하는 것은 교육자들이 기능적으로 같은 범위의 행동을 고려해 줄 수 있고, 현재 문제행동의 목록과 같은 목적으로 제공되는 사회적으로 수용할 수 있는 형태의 행동을 고려해 줄 수 있기 때문에 중요하다. 문제행동이 생물학적 또는 의학적으로 관련되거나 사회적 또는 비사회적으로 관련된 선행조건에 반응한 기능이 될 수 있다는 것을 이해하는 것은 전문가가 사정하는 동안 적절한 가설을 생성해내는 데도 중요하다. 문제행동의 원인이 포함하고 있는 적절한 가설을 세우는 것은 문제행동을 효과적으로 감소시키기 위해 조작될 필요가 있는 선행조건과 후속결과의 종합적인 철저한 조사를 하게 한다.

문제행동을 하는 아동 20명과 함께 일하는 20명의 전문가와 인터뷰하면서, Reichle(1992)은 전문가의 70%가 아동의 문제행동이 제공하는 가능한 기능을 설명할 수 없었다고 관찰하였다. 예를 들면, 문제행동이 아동이 화났거나 기분이 전도되어 방출된다는 보고가 스텝에게는 생소한 것이었다. 비록 정확하다고 해도, 분석의 이 수준은 적절한 중재전략을 개발하기 위해 충분하게 행동을 조작적으로 기능분석하지는 못할 것이다. 만약 중재자가 문제행동을 대치할 기능적 및 사회적으로 수용할 만한 대안들을 포함시키는 중재전략을 일치시킬 수 있다면 문제행동이 제공하는 기능을 확인하는 것은 매우 필요하다.

사정활동에 익숙해지기 다양한 사정전략이 문제행동의 사회적 기능에 대한 가설을 개발하고 확인하는 중재자를 돕기 위해 설명되어 왔다. 일반적으로 사정전략은 1) 인터뷰, 2) 직접관찰, 3) 환경 조정을 포함한다. 단어가 의미하듯이, 인터뷰는 대개 아동을 잘 알고 있는 사람 또는 아동이 나타내는 문제행동을 잘 알고 있는 사람이 완성하도록 일련의 질문 또는 체크리스트를 제공한다. 인터뷰의 목적은 1) 문제행동을 기술하고, 2) 문제행동이 가장 잘 일어나는 시간을 확인하고, 3) 문제행동의 가능한 기능을 확인하는 것이다. 문제행동의 방출에 기여하는 요인을 확인하기 위해 시작하는 빠르고 비교적 쉬운 방법을 제공하는 이점이 있다고 해도, 인터뷰는 단지 정보 관찰로서 신뢰롭다.

문제행동이 일어나거나 일어나지 않는(예: 집, 유치원) 상황에서 아동을 직접적으로 관찰하는 것은 인터뷰 사정에서 제공되는 정보를 확인할 수 있는 기회를 중재자에게 제공한다. 직접관찰 동안, 전형적으로 정보는 1) 행동의 빈도, 2) 행동에 영향을 미치는 선행조건(예: 하루 중 언제, 누가 같이 있을 때), 3) 행동이 일어나는 장소 또는 장면, 4) 행동의 후속결과에 대해 수집하게 된다. Reichle(1993)는 100명의 유아교육자들과의 워크숍에서 그들이 서비스를 제공하고 있는 문제행동 아동을 사정하면서 얼마나 많은 참여자들이 정규적으로 선행조건-행동-후속결과(A-B-C) 분석(또는 scatterplots)을 사용하느냐고 질문하였다. 참여자의 25% 미만이 긍정적으로 반응하였다. 이 분석방법을 얼마나 아느냐고 질문했을 때는 참여자의 단지 50%만이 긍정적으로 반응하였다. 많은 중재자들은 인터뷰 방법을 의존하는 것으로 보이며 중재전략을 선택하는 과정에서 수집하는 데이터는 보다 추상적인 것처럼 보인다. 비록 이 전략이 매우 효과적인 것처럼 보임에도, 결국은 전달에 있어서는 아주 비효율적이고 부적절한 중재처럼 될 수 있다.

인터뷰와 직접관찰을 완성해도, 특정 문제행동의 기능은 행동을 일으키는 특정한 변인이 충분히 관련된 것을 밝히지 못하기 때문에 아직도 불분명할 수 있다. 환경 조정은 아동의 정규적인 일상활동 환경 속에서 나타나는 복잡한 조건 때문에 적절하게 검사할 수 없는 가정을 검사하는 유용한 수단이 된다. 환경 조정을 수행하는 것은 아동의 문제행동을 방출하는 것과 연관된 것으로 믿어지는 특정한 선행조건과 또는 후속결과를 포함하는 것이며, 그러고 나서 이러한 변화가 행동에 어떤 영향을 미치는지 관찰하는 것이다. 예를 들면, 직접관찰 결과는 아동을 조직화된 활동으로 던져놓는 것을 의미할 수 있다. 이 결과는 잘 예견할 수 있는 것을 기록해 왔음에도 불구하고, 여러 가지 이유 중 하나만 일어날 수 있다. 아동은 좋아하지 않는 활동을 피할 가능성이 있다. 대안적으로 아동은 참여하는 데 신경을 쓰지 않고 그가 특별히 어려운 단계에 도착했을 때 피하기 위한 시도를 한다. 결국 아동의 행동은 그가 주로 테이블을 벗어나 도망칠 때 그를 붙잡는 교사로부터 관심을 얻기 위해 제안을 나타내는 것이다.

앞의 예의 맥락에서, 교사는 과제 어려움 또는 아동의 문제행동을 방출하는 과제를 하는 동안 관심을 제공하는 것에 대한 영향을 체계적으로 비교할 수 있었다. 다른 비교에서, 중재자는 아동에게 정기적 휴식을 주었을 때와 아동이 전형적으로 과제를 회피하는 활동에서 휴식을 주지 않을 때 일어나는 것을 비교할 수 있었다. 문제행동에 기여하는 가정화된 요인을 체계적으로 바꾸고 비교하면서, 중재자는 적절한 행동 뒤에 특정한 동기를 중재전략에 더 잘 일치시킬 수 있었다. 만약 문제행동의 기능이 정확하게 확인되지 않으면, 문제행동 목록을 성공적으로 해결할 수 있는 기능적인 대안을 확립하기 위한 개별화된 중재 프로그램을 계획하는 것은 불가능하게 된다.

이용 가능한 중재선택을 확인하기 아동의 문제행동은 가끔 아동과 그의 환경 사이의 상호작용 산물의 결과로 나타나기 때문에(Carr, Taylor, & Robinson, 1991), 중재는 아동, 환경 또는 그 둘 다에 맞춰질 수 있다(아동과 상호작용하는 사람의 행동을 포함하여). 사회적으로 동기화된 문제행동 중에서, 중재자가 해야 할 초기 결정은 개인의 문제행동이 제공하는 기능을 받아들일 수 있는가이다. 예를 들면, 아동이 과제 자료를 제공하자 바로 그 물건을 방안에 던지기 시작한다(즉, 회피 동기화된 문제행동 시작). 중재자는 아동이 그 과제를 회피하기 위한 것인지 결정하지 않으면 안 된다(문제행동 기능의 수용). 이 문제에 대한 긍정적인 대답은 현재 문제행동보다 사회적으로 더욱 수용될 수 있는 즉, 기능적으로 동등한 행동을 가르치는 것이 적절한가를 나타내는 것이다(Carr, 1977; Carr & Durand, 1985). 일부의 예에서는 이 문제에 대한 답이 아니오가 될 것이다. 즉 행동의 기능이 받아들여질 수 없다는 것이다. 예를 들면, 아동은 집으로 가기 위해 스쿨버스를 타는 것을 회피할 수 없다는 것이다. 이런 경우에, 중재자는 중재전략을 세우기 위해 1) 아동을 위한 보다 나은 자기-조정적 기술, 2) 아동의 환경 속의 다른 사람으로부터 좀 더 인내하거나 또는 이해하는 것을 고려하지 않으면 안 된다.

기능적으로 동등한 반응을 확립하기 위한 중재 만약 행동의 기능이 받아들여질 수 있다면, 기능적으로 동등한 보다 사회적으로 수용할 수 있는 반응을 찾아내는 것이 중요하다. 즉, 만약 아동이 활동을 회피하려고 하면, 활동을 회피하려는 요구에 반응을 가르치는 것은 과제자료를 던지는 아동에 대해 같은 기능을 제공하는 것이다. 다른 아동은 과제를 시작하려고 신경을 쓰는 것이 아니라 그가 특별하게 어려운 단계에 도착할 때 회피하려는 시도를 할 수 있다. 아동에게 도움을 요구하도록 가르치는 것은 보다 사회적으로 적절하고 기능적으로는 그 행동과 똑같은 형태를 하도록 하는 것이다. 결국, 아동의 문제행동은 관심을 불러일으키는 가장 효과적인 방법이 될 수 있다. 이러한 경우에, 보다 사회적으로 수용 가능한 주의-획득 반응을 가르치는 것은 가장 적절한 대치 행동을 나타내도록 하는 것이다.

만약 기능적으로 적절한 대치 행동이 나타나면, 그것은 아동의 입장에서 보면 최대한 효과적인 것이 되기 때문에 중요하다. Mace와 Roberts(1993)는 사회적으로 동기화된 결과를 성취

〈표 2〉 회피-동기화된 문제행동에 대한 의사소통 대안을 확립하기 위한 중재전략의 예

의사소통 대안	사 례
휴식시간 요구하기	지루해지면 그녀의 동료들에게 공격적 행동을 하기 시작하는 여자 아동이 짧은 시간 동안 구조화된 활동에 참가할 때 "쉬는 시간을 주세요."라는 말을 요구하도록 가르친다.
응답 거절하기	자신이 싫어하는 음식이 나왔을 때, 화를 내는 남자 아이는 "그만"이라고 쓰여진 카드를 가리킬 수 있게 가르친다.
도움 요청하기	활동 중에서 학습자 자신이 어려움을 느낄 때 문제행동을 하는 학습자에게 "도와주세요."라는 사인을 가르친다.
관심 요구하기	주변 사람의 주목을 받기 위해 하기 싫은 임무를 수행하는 동안 문제행동을 하는 학습자에게 "나를 봐 주세요."라는 메시지를 포함하고 있는 상징적인 그림을 지적하도록 가르친다.

하는데 어떤 특정한 아동 반응에 중요하게 영향을 미치는 요소가 네 가지가 있다고 언급하였다. 반응은 1) 강화가 즉시 전달될 때, 2) 합리적인 반응 노력을 요구할 때, 3) 바라는 결과를 성취하기 위해 반응의 낮은 빈도를 요구할 때, 4) 질적으로 좋은 결과를 가져올 때 가장 효과적이라고 하였다. 기능적으로 동등하고 효과적인 반응을 개발하는 것은 문제행동의 방출에 영향을 미치는 변인을 정확하게 이해할 것을 요구한다.

대부분의 경우에 있어서, 문제행동이 제공하는 기능이 보다 사회적으로 수용할 수 있는 형태의 행동으로 방출될 경우 강화를 받을 때, 의사소통 중재는 보장된다. 문제행동에 대한 가장 효과적인 의사소통 대안을 선택하는 것에 대한 중요성을 강조하는 문헌이 풍부해지고 많아진다고 하더라도, 그 증거는 교육전문가들이 효과적인 교수 절차를 선택하고 다음에 실행하는 전략을 수행해 본 경험이 궁극적으로 없다는 것을 나타내고 있다(Reichle & McEvoy, 1994). 〈표 2〉는 동기화된 문제행동을 피하기 위해 의사소통 대안을 확립하는 데 수행될 수 있는 중재전략의 예를 제시하고 있다.

자기-조정을 신장하기 위한 중재 불행하게도, 일부 경우에 있어서는 아동의 문제행동이 제공하는 기능이 받아들여질 수 없다. 예를 들면, 생명을 위협하는 의료적 응급상황을 예방하는 데 도움을 주는 의료적 행위는 회피할 수 없다. 그러한 상황에서, 중재자의 임무는 아동이 문제행동을 하지 않고 적어도 부분적으로 참여할 수 있게 충분한 자기-조정 활동을 하도록 하는 것이다. 사회적 기능(즉, 회피, 도망, 또는 관심, 물건, 서비스를 얻기)이 수용될 수 없는 상황을 스스로 해결하도록 자기-조정 활동 기술을 가르치는 것은 마찬가지로 문제행동을 둘러

〈표 3〉 수용할 수 없는 회피-동기화된 문제행동을 표현하는 중재의 예

중 재	실행설명
발생확률이 높은 요구 계열	발생확률이 높은 계열에서, 중재자는 아동이 전형적으로 따르지 않는(즉, 낮은 발생확률의 요구) 요구를 전달하기에 앞서 아동이 전형적으로 따르는(즉, 높은 발생확률의 요구) 세 개에서 다섯 개의 요구를 전달한다. 높은 발생빈도의 요구에 응해 줌으로써 낮은 발생빈도의 요구에 아동이 따르게 될 확률을 증가시킨다.
강화의 지연에 대한 참을성	강화의 지연에 대한 참을성을 가르치는 것은 두 가지 다른 단서, 즉 지연단서와 안전신호를 사용하는 전략이다. 지연단서는 기다리는 기간이 시작되고 있다는 것을 개인에게 가르치는 신호이고, 안전신호는 강화를 양도하는 신호로서 사용된다. 이 절차의 목적은 학습자가 문제행동을 하지 않고 활동에 계속 참여함으로써 시간의 양을 증가시키는 것이다.
협력	협력 중재 프로그램은 학습자가 하기 싫은 과제를 수행하는 데 책임감을 서로 나눠 갖도록 하는 것이다. 학습자에게 과제에 참여하도록 요구하기 전에, 중재자가 협력을 제안한다. 중재의 초기에는, 중재자가 과제의 많은 부분을 완성한다(즉, 중재자가 장난감의 75%를 치우고, 아동이 나머지 25%를 치운다). 협력의 양은 기회가 많아짐에 따라 감소한다(즉, 중재자는 장난감의 50%를 치우고, 나머지 25% 등).
선택할 수 있는 것 중에서 좋아하는 물건	선택형 중재 프로그램에서 좋아하는 물건을 고르게 할 때, 중재자는 물건이나 활동이 학습자가 좋아하는지 확인한다. 문제행동을 유발할 것 같은 활동에 아동이 참여하는 것을 요구하기 전에 학습자에게 물건이나 활동을 제시하는 것이다. 예를 들면, 버스 타는 것을 싫어하는 어린 아동에게 이 활동에서 좌절하는데 대해 카세트플레이어를 제공하는 것이다.

싸고 있는 변인을 정확하게 이해할 것을 요구한다. 아동의 성향을 향상시키기 위해 고안된 많은 중재에 대한 설명은 환경적 재배치(다른 사람을 방해하거나 불편하게하지 않고 자극을 일으키는 것을 감소시키는 가정 또는 교실을 재구조화하기)(Nordquist, Twardosz, & McEvoy, 1991), 가장 많이 일어날 수 있는 요구 계열(Davis, Brady, Williiams, & Hamilton, 1992), 강화의 지연에 대한 참을성(Davis, Reichle, & Light-Shriner, 1995). 협력, 선택사항으로서 좋아하는 물건을 포함하여 좋아하는 활동에 계속 참여하도록 하는 것이 중요하다. 〈표 3〉은 문제행동이 받아들여질 수 없을 때, 효과가 있거나 부분적으로 효과가 있었던 여러 가지 중재 예들을 제시하고 있다.

기술지원팀 구성원을 모집하고 훈련시키기

직전과정과 현직연수과정 코스의 끝부분에서, 학교지역구의 기술지원팀 구성원이 되기 위해

지원한 사람이 모집되었다. 위에서 설명한(즉, 기능적 사정활동과 중재선택) 중요한 코스 정보를 가지게 함으로써, 기술지원팀의 잠재적 구성원들은 그들이 개발하기를 기대하는 방향과 관련된 활동에 대해 매우 분명한 아이디어를 얻게 되었다. 지원서들이 학군 행정가에게 제출되었다. 지원자의 승인을 얻어서, 코스를 가르치는 사람은 지원자가 코스내용을 이해하는 정도, 참여의 수준, 코스에서 성실성에 대해 행정가에게 피드백을 제공하였다. 지금까지 기술지원팀은 말-언어병리학자, 특수교육자, 유아교육자, 준전문가, 학교심리학자, 작업 또는 물리치료사를 포함하여 적어도 세 가지 학문 분야를 구성하였다.

일단 기술지원팀이 처음 코스웍에 포함되어 있는 정보에 숙달되면, 보다 복잡한 훈련의 내용이 참여하는 학군 내의 학교 장면에서 대략 20주에 걸쳐 주당 3시간씩 회기로 수행되었다. 이 회기의 목적은 체계적으로 기술지원팀이 Anderson, Albin, Mesaros, Dunlap 그리고 Morelli-Robbins(1993)가 개발한 사례중심훈련 범위 및 계열과 비슷한 사례연구 양식을 사용하여 실제 사례에 코스 정보를 응용하도록 한 것이다. 이 방법은 교육과정 내용과 최상의 교수전략 실제에 대한 정보를 정교화하기 위해 사용되고 있다. 확장된 훈련 동안 일어나는 교수의 양은 기술지원을 필요로 하는 아동의 IEP팀 구성원을 만드는 데 초점을 맞춘다.

기술지원팀은 획득된 지식을 체계적으로 적용하고 기술지원팀 구성원의 지식을 확장하기 위해 대학 교수 및 대학원 학생들과 협력적으로 일한다. 기술지원의 이 수준에서, 경험 있는 박사과정 학생이 훈련에 능동적으로 참여한다. 이러한 학생들은 교실을 방문하고 사정 데이터를 축적하고, 중재계획을 구안하고, 기술지원의 짧은 현직연수과정과 궁극적인 수혜자인 팀 구성원과 나란히 협력적으로 일한다. 기술지원팀과 상급대학원 학생사이의 밀접한 협력 상태는 훈련을 받지 않은 직전과정의 학생들을 위한 우수한 미래 훈련 환경을 만들어내는 상호존중과 동료의식을 확립하는 기회를 제공해 준다. 계속해서 훈련받는 사람은 장기적인 현장 기술지원의 전달에 점점 더 많은 역할을 담당하게 될 것이다. 확장된 훈련 주제의 연대기와 훈련활동의 간단한 설명이 〈표 4〉에 설명되어 있다.

재정적 위임 코스웍과 계속적인 현직연수의 체계적인 계획을 만들어내고 실행하는 것뿐만 아니라 학군에 장기적인 현장 기술지원을 전달하고 효과적으로 작동되는 전문가 팀을 확립하기 위해서는 경비와 소요되는 시간이 필요하다. 결론적으로 종합적인 현직연수와 기술지원 잠재력을 개발하는 학군을 위해서는 실질적인 재정위임을 필요로 한다. 기술지원팀을 준비하기 위해서, 참여자(authors)들은 훈련에 대략 360시간을 소비하였다. 이중 대략 260시간은 유아특수교육, 특수교육, 그리고 말-언어병리학자를 포함한 학문에 고도로 훈련된 박사과정 학생이 직접 참여하였다. 그 노력의 나머지 부분은 대학 교수가 참여하였다.

참여하는 대학을 위한 프로젝트 경비는 첫해에 대략 15,000달러, 두 번째 해에 7,500달러,

〈표 4〉 기술적 팀 구성원을 위한 확장된 훈련 주제의 연대기와 훈련활동의 설명

확장된 훈련 주제	훈련활동
I. 학제적 팀 안에서 협력적으로 일하기	• 팀 구성원들은 그들의 팀 기술을 습득하기 위해 많은 훈련에 참가한다. 예를 들면, 팀 구성원들은 팀 모델(예: 구성원들 사이의 갈등, 팀 외부의 전문가가 제시하는 도전) 안에서 활동하는 동안 그들이 만날 수 있는 가상의 상황을 통하여 일하면서 역할극에 참여한다. • 팀 구성원들은 역할을 확인하는 중요성에 대해 소개받고 독립적으로 개별팀 구성원의 역할을 분담한다. • 팀 구성원들은 팀 회의 시 그들의 수행능력을 평가함으로써 계속적인 기초 위에서 그들의 팀 구성 기술을 사정한다.
II. 운영절차의 개발	• 대학 스텝으로부터 제공된 안내지침서를 통하여, 팀 구성원들은 지역구 정책과 일치하는 조직된 방법으로 수행될 수 있는 기술지원활동을 보장하는 운영절차 세트를 개발한다. 예를 들면, 절차와 일치하는 양식은 비디오 촬영을 할 수 있는 것을 포함하여 위탁절차와 부모에게 알리고 동의를 구하는 것까지 지역행정가에게 승인을 얻어 개발한다.
III. 프로그램 이수절차의 소개	• 기술지원활동의 시행을 위한 절차가 확립되면 기술지원팀 구성원에게 제공된다. 기술지원팀이 수행해야 할 각 과제(예: 인터뷰 절차, 직접관찰, 팀 구성원과 그 외의 사람에게 제공할 사정정보) 단계별 양식에 의해 세분화되고 팀 구성원의 연령순에 따라 제공된다.
IV. 기술지원 수령자 모니터링 절차의 소개	• 학습자의 변화를 점검하는 것뿐만 아니라, 기술지원팀 구성원도 각 기술지원 수령자가 기술지원 과정에 참여하는 정도를 모니터링할 책임이 있다. 팀 구성원들은 많은 종속 변인을 소개받으며, 그것은 기술지원 과정을 통하여 신중하게 모니터 된다. 그때 팀 구성원들은 이러한 변인과 직접적으로 관련된 정보 수집방법을 개발한다. 예를 들면, 기술지원 수령자의 능력을 평가하기 위하여, 정보와 중재를 일반화하기 위하여, 요구를 기꺼이 따르는지 및 학습자의 수행능력을 신중하게 기록하는지를 알아보기 위해 척도를 개발하고 사용할 수 있다.
V. 사례연구와 관련된 사정과 중재활동에 참여	• 각 팀 구성원은 문제행동을 나타내는 학습자와 기술지원을 희망하는 IEP팀을 확인한다. • 한 번에 한 팀 구성원들이 각 사례연구를 통하여 지원을 제공하는 대학 전문가와 함께 운영절차, 프로그램 이수절차 및 기술지원 수령자 모니터링 절차 모두를 통하여 일하게 된다.

세 번째 해에 약 5,000달러가 소요되었다. 기술지원팀의 각 구성원이 팀 활동에 충분히 참여하도록 하기 위해서는 각 팀에 서비스를 제공하는 적어도 세 명의 전문가 각각에게 최소한 .25 FTE 급여를 참여하는 학군이 제공하는 것이 필요하다. 처음에 이 프로그램을 시행하는데 들어간 경비는 참여하는 대학과 참여하는 학군이 공동으로 분담하였다.

학군 안에서 현직연수훈련의 연계성을 창조하기

기술지원팀의 효과성을 최대로 하기 위해서, 현장 기술지원을 보조하는 학교에 대한 종합적인 현직연수계획을 만들어내는 것은 중요하다. 이 계획에는 1) 문제행동을 가진 아동에게 서비스를 제공하는 전형적으로 긍정적 행동 접근에 경험이 적은 새로운 스텝이 채워지는 스텝 감소, 뿐만 아니라 2) 그들이 거의 기술지원팀 구성원과 자문할 필요가 없기 때문에 그들의 기술을 발전시키기 원하는 고도로 숙련된 스텝을 나타내야 한다. 현직연수훈련의 연계성을 개발하는 전략은 다음에 논의된다.

현직연수 선택의 메뉴를 제공하기 종합적인 연수계획을 개발하는 것은 일련의 정보를 배포하는 선택을 요구한다. 현직연수의 수준을 고려함이 없이, 적절한 인센티브가 의무보다는 기회로서 현직연수/또는 현장 기술지원을 하는 스텝에게 제공되어야 한다. 결과적으로 대학교 코스 학점, 반나절 또는 종일 현직연수 일정, 현장의 특정한 비공식적 현직연수, 그리고 학군 차원의 과제전담반을 포함하는 현직연수활동의 연계성이 계획되어야 한다. 〈표 5〉는 각 수준을 정의하고 있으며 개인 참여자의 인센티브와 함께 대학과 지역사회 공립학교 둘 다를 포함하고 이익이 되는 점을 상세히 설명하고 있다.

대학코스 학점 이장의 초기에 기술지원팀의 구성원이 되는 데 지원하는 꼭 필요한 요소로서 코스를 설명하였다. 그러나 이 코스는 기술지원 운영에 있어 부가적이고도 중요한 필수기능을 마찬가지로 제공한다. 교육 장면에서 일하는 많은 전문가들은 문제행동을 다루는 긍정적 행동 접근을 직접적으로 다루는 최소한의 코스웍을 가지고 있다. 1985년 이전에 전공학위를 받은 사람은 문제행동의 기능보다는 오히려 문제행동의 형태를 참조하여 정보를 구하는 데 초점을 맞춘 사정정보를 받았기 때문에 거리가 멀다. 나아가 그것은 문제행동을 억압하는(즉, 타임아웃, 과잉 교정, 반응 대가) 절차를 시행하는 데 초점을 맞춘 중재훈련일 가능성이 많다. 종합 코스의 참여는 수령자로 하여금 더욱 효과적으로 미래 기술지원을 획득하기 쉽게 만들며, 기술지원 제공자가 제안하는 내용(컨텐츠)의 논리성과 설명을 제공하는 데 비용을 들인 시간(significant))을 소비할 필요가 없다. 대신에 배경 지식을 가진 수령자는 절차를 시행하는 훌륭한 조화와 중재에 초점을 맞출 수 있다.

〈표 5〉 현직연수활동의 연계성

현직연수활동	설 명	포함된 개인에게 부여되는 이점
대학교 학점 코스	팀 구성원은 대학 학점으로서 이수할 수 있는 문제행동을 다루는 긍정적 행동전략 코스를 제공받는다.	기술지원팀 구성원에게 많은 주제(사정과 중재전략을 포함하여)에 대해 정교화하는 수단을 제공한다. 학군 안에서 전문가들은 보다 상급의 전문가를 위해 사용할 수 있는 학점을 딸 기회 또는 대학원 학위 프로그램 쪽으로 기회를 제공한다.
현직연수의 반나절에서 종일 절차	특정한 내용 영역을 정교화하기 위해서는 경비가 드는 많은 시간이 필요하다. 내용 영역은 현장의 개별 요구에 따라 선택된다. 예를 들면, 세 명의 교사와 그들의 스텝이 문제행동의 발생을 예방하기 위해서 그들의 교실을 재배치하는 데 관심이 있다. 그때 강의, 논의, 쌍방향컴퓨터 소프트웨어가 이 정보를 전달하는 데 사용된다.	기술지원팀이 학군 안에서 필요한 목표와 철저한 방법을 통하여 정보를 배포할 수 있도록 한다. 학군 안의 전문가는 그들의 요구를 직접적으로 충족시키는 정보의 심층적 프레젠테이션을 제공한다.
현장의 특정한 비공식적 서비스	구체적인 내용 영역(예: 기능적 사정, 환경 재배치, 의사소통 대치방법을 수행하는 중요성)과 기술지원 과정, 그리고 어떻게 팀 구성원과 의사소통하는지를 포함하여 주제에 대한 간단한 개관이 제공된다. 특정한 학습자의 프로그램의 예(사정, 중재 및 수정전략을 포함하여)가 제공된다.	기술적 팀 구성원이 효과적이고 간단한 방법으로 주제 영역을 소개하도록 한다. 지역 스텝에게 이용 가능한 정보와 서비스의 개관을 제공하며, 그것은 그들이 보다 정교한 기술지원을 추구하게 한다. 기술지원팀 구성원이 기술지원팀의 성공을 그들의 동료와 나눠가지게 한다. 그것은 활동의 예를 가지고 있는 지역구의 전문가에게 제공되며 그 결과 기술지원팀 구성원은 그들의 개인 학생을 촉진하도록 도울 수 있다.
지역구 차원의 과제전담반	과제전담반이 지역 요원의 구체적인 요구를 해결하기 위해 개발되었다. 지역구로부터 지역행정가, 팀 구성원, 그리고 전문가가 과제전담반을 보증하는 영역을 결정하기 위해 함께 한다. 예를 들면, 통합 프로그램이 학군 안에서 지금 막 시작되었다면, 팀 구성원들은 학생과 스텝의 전환을 촉진하는 것을 돕기 위해 학군을 통하여 서비스를 제공할 수 있다.	기술지원팀 구성원들이 그들의 학군 안에서 필요한 특정 영역에 그들의 에너지를 집중하도록 하게 한다. 학군 안의 전문가들은 특정한 내용 영역 안(예: 통합, 가정중재, 적절한 IEP 목적을 개발하기)에서 문제를 해결하는 그들을 돕기 위해 자원과 지원을 제공한다.

물론, 참여하기 위해 선택하는 스텝 구성원에게는 인센티브가 주어져야 한다. 보다 유능한 전문가가 되기 위한 강력한 인센티브는 코스웍에 참여하는 데 필요한 시간에 대해 경쟁을 불러일으켜 개인적 책임감에 따라 위험에 처해질 수 있다. Minnesota에서는 현직연수 코스웍에 참여하는데 두 가지 부가적인 인센티브가 있다. 첫째, 주 자격증을 유지하기 위해 5년마다 120시간 코스웍에 참여하는 것이 필요하다. 둘째, 2시간이 학위를 따게 해 주지는 않지만, 부가적인 코스웍은 경력과 교육 수준에 기초하여 봉급 수준을 올릴 수 있게 해 준다.

반나절에서 종일 현직연수절차 불행히도, 방금 설명한 인센티브는 모든(심지어 대부분의) 전문가를 참여하도록 모으는 데 충분하지 않다. 대안은 많은 훈련 모델 속으로 현직연수코스에 담겨있는 정보를 설명해 주는 것이다. 적절한 정보를 제시하기 위해 규칙적으로 스케줄 된 현직연수일자를 사용하도록 하는 것이 이러한 개인에게 필요하다.

기술지원팀은 문제행동을 지닌 아동에게 효과가 있었던 또는 부분적으로 효과가 있었던 실제 사정과 중재 방법에 초점을 맞추어 일련의 1시간 또는 2시간짜리 현직연수 서비스를 개발할 책임이 있다. 저자의 경험으로 볼 때 많은 공립학교 유아교육 프로그램은 월별 스텝 회의가 있다. 가끔 이러한 회의는 몇 시간이나 할 수도 있고 행정업무와 스텝 개발 활동을 균등하게 나누기도 한다.

건물/장면의 특정한 비공식적 현직연수 가끔, 전문가들은 문제행동 영역에서 개별화된 기술지원을 싫어한다. 기술지원 수령자의 비공식적 이전의 설문조사는 전문가들이 능력부족으로서 기술지원을 요구하는 것처럼 보일 수 있다고 제안하였다. 만약 기술지원 제공자가 요구하기 전에 그의 교실과 친하다면 전문가들은 특정 아동이 방출하는 문제행동에 대해 기술 도움을 더 찾는 것으로 데이터는 나타내고 있다(Reichle & Doss, 1994).

MECBSP는 간단하고 일시적인 "건물 내" 훈련 회기를 확립하기 위하여 특수교육 조정가와 학교 교장과 함께 일한다. 이 회기의 목적은 교실에서 일어나는 특정 상황에 훈련 내용을 적용함으로써 보다 일반적인 지역 전체의 현직연수를 제공하는 정보의 확장에 있다. 만약 이러한 회의보다 전에 또는 동시에 일어난다면 그것은 특히 도움이 되며, 기술지원 제공자는 회의에 참여하여 계획을 짜는 스텝이 제공하는 교실을 방문할 수 있다. 이러한 결과는 지원 제공자와 전문가 사이의 증가된 친밀성 때문에 일어난다. 그것은 또한 제공자가 일어나는 실제상황에 사정과 중재기법을 적용하는 개별화된 예를 제공해 준다.

현장의 특정한 장기회의를 수행함에 있어서, 참여가 자발적으로 이루어지는 것은 중요하다. 현직연수의 이러한 스타일이 효과적이 되려고 하면, 참여하지 않는 학교의 그들 동료에게 참여자가 제공하는 우호적인 평가결과로서 참여가 증가될 수 있다. MECBSP데이터는 학교건물 수준에서 보다 비공식적인 현직연수를 확립하는 것이 스텝에게 아주 호소력 있다고 보여 준다. 건물 안의 여러 명의 스텝이 건물 전체 수준에서 교육적 서비스를 향상시키기 위해 노력할 때 변화를 위한 기회가 생성되는 것은 특히 도움이 되는 것 같다.

지역 전체의 과제전담반 몇몇 학교지역구 안에 있는 종합적인 현직연수 및 기술지원계획에서, 지역구의 확인된 기술지원이 종합적으로 표현되기에는 충분한 자료가 되지 못할 수도 있다는 입장에서, 과제전담반이 확인된 필요 또는 쟁점을 나타내는 데 초점을 맞추어 개발되었다. 이러한 과제전담반 구성원은 말-언어병리학자, 학교심리학자, 일반교육자, 특수교육자, 조기교육자, 사회사업가, 부모, 준전문가, 물리 및 심리치료사, 그리고 대학교의 대학원 학생을 포함한 다양한 개인이 참여할 수 있다. 과제전담반 활동의 예는 대안적 의사소통 장치에 세 번째 대금지불을 요구할 수도 있고 행동수행 정책에 대해 학교행정가와 함께 일하는 것이 될 수도 있다.

부모자문가 그룹으로부터 투입을 확립하기

장애아동의 가족은 매우 다양한 요구를 가지고 있다(Bailey& Simeonsson, 1984; Benson & Turnbull, 1986; Turnbull & Turnbull, 1986). 특별한 도전은 이용 가능한 서비스와 자원의 배치가 가정생태학의 넓은 범위를 적절하게 나타내도록 보장하는 것이다. 예를 들면, 몇몇 경우에 있어서 부모는 자신들이 교육 서비스의 실제적인 실행으로부터 분리되어 있는 것으로 볼 수 있다. 다른 경우에 있어서는, 부모가 교육 서비스의 수행에 있어 능동적인 사람으로 그들의 역할을 열정적으로 하는 것을 볼 수 있다. 그러나 이러한 부모들은 서비스의 실제 전달에 외부적인 문제와 그들이 원하는 바람직한 참여의 수준을 인식하지 못하는 무능력 때문에 좌절을 겪게 된다. 예를 들면, 정신건강 또는 휴식 서비스, 의료적으로 필요한 장비, 또는 재택간호 서비스를 획득하기 위한 그들의 노력이 그들의 시간과 에너지의 지나친 많은 부분을 소비시킬 수도 있다. 기술지원팀은 얼핏 보면 부모가 교육 서비스의 영역 또는 문제행동과 벗어나 있는 것처럼 보이기 때문에 그들이 필요로 하는 영역을 알 필요가 있다. 효과적인 기술지원 서비스는 부모가 그들 아동의 교육에 보다 능동적으로 참여하는 가족의 능력을 방해하는 문제를 나타내는 자원을 찾는 데 합리적으로 가족을 기꺼이 도울 수 있어야 한다. 이 문제는 부모가 첫 번째 중재자의 역할을 맡게 되는 가정중심 유아 서비스 영역에 특히 중요하다.

장기적으로 현장 기술지원을 제공하기

방금 설명한 것처럼 현장연수가 기술지원팀의 중요한 활동을 나타낸다고 하더라도, 그것만으로는 충분하지 않다. 현직연수를 받는 많은 사람들은 현장중심의 신중한 사정과 아동의 변화에 효과가 있는 중재기술을 필요로 한다. Doss와 Rechle(1989)은 Minnesota주 안에서 숙련된 행동분석가로서 자격이 있는 사람과 실제 수행의 외부에서 정규적으로 개최된 회의에서 논의된 사정과 중재전략의 기술적 지원 결과를 조사하였다. 사정과 중재결정은 전문가 회의에서 논의된 자료를 기초로 하였다. 회의는 매 2주마다 한 번씩 열렸다. 대치기술습득 자료뿐만 아니라 문제행동 감소에 대한 측정에서 나타난 것처럼, 자문의 초점이 된 약 40% 아동이 진보를 나타내었다. 현장연수 프로젝트가 진보해 감에 따라, 기술적 요구의 증가하는 부분은 프로그램이 성공적이지 못한 아동에게 투자했던 적은 시간을 점점 개선시켜 서비스를 받게 하는 쪽으로 나갈 것이다. 덜 성공적인 아동에 대해 논의하는 회의시간을 더 많이 잡도록 요구했을 때, 중재자들은 종종 아동의 행동이 더 이상 실제의 문제가 아니라고 보고하였다. 기술지원의 전달을 통해서, 관찰자들은 정규적으로 중재절차의 시행과 스텝과 내담자(아동) 사이의 사회적 상호작용을 관찰하기 위해 현장에 있었다. 이러한 데이터의 요약결과에 따르면, 중재자와 함께 한 아동이 진보를 적게 보인 경우는 1) 중재자가 기술지원을 시작하기 전에 최소한 자유재량시간을 가진 경우, 2) 기술지원 프로그램이 시행되었을 때 즉각적인 진보가 이루어지지 않은 경우, 3) 스텝에 대해 보다 심각한 공격을 보인 경우에 명백하게 나타났다.

그 후에 기술적인 지원은 일주일에 두 번 현장에 전달되었다. 이 회기 동안, 기술지원 제공자는 스텝과 함께 중재절차를 시행하는 그들을 직접 코치하였다. 대략 6개월 기간이 지난 후, 스텝 참여가 형성되었다. 지도능력과 정규적인 현장 피드백 없이는 기술지원팀과 일하는 많은 전문가들이 신뢰롭게 중재전략을 실행하는지 의문스럽다.

문제성 있는 기술지원전략을 평가하고 중재하기

효과적인 기술지원을 전달하는 핵심은 문제 있는 기술지원전략의 신중한 조사와 수정을 허용하는 측정에 달려 있다. 전통적으로, 기술지원활동들은 두 가지 이유로 드러나지 않게 평가되어 왔다. 첫째, 만약 효과적인 중재활동이 바람직한 교육적 또는 사회적 결과를 성취하지 못하게 되면, 기술지원 제공자는 중재를 체계적으로 분석하기 위해 준비해야 한다. 둘째, 기술지원팀은 계속되는 예산 항목으로서 기술지원을 유지하는 것과 관련된 비용을 정당화하기 위해 서비스의 가치를 나타내는 입장에 서야 한다.

가장 가능성이 있는 평가요소는 기술지원을 받는 전문가의 소비자 만족으로 구성되어 있다. 불행하게도, 이 조사의 결과는 제공된 정보를 실행하기 위한 수령인의 지식이나 능력과 강력한 연결 관계가 없을 수도 있다. 더 객관적인 데이터는 종종 학습자 변화 데이터에 초점을 맞춘 기술지원활동을 평가하는 데 사용되곤 했다. 이 데이터는 문제행동의 비율, 강도, 또는 기간에서의 감소를 강조한다. 비록 모든 문제행동의 감속이 바람직하다 할지라도, 바라던 사회적 혹은 교육적 활동에서의 개선이 보장되지 않는다면, 이 데이터는 별로 인상적이지 못하다. 결과적으로 믿을 수 있는 측정은 최소한의 두 가지; 1) 문제행동, 2) 문제행동과 비슷한 사회적으로 받아들일 수 있는 행동에 초점을 맞출 필요가 있다.

1980년대 이래로, 연구자들은 사회적 타당성의 쟁점으로 방향을 돌려 왔다. 즉, 아동의 변화가 경험적으로 증명될 수 있다 할지라도, 만약 아동의 주위에서 중요한 시간을 보내는 사람이 행동의 특정한 변화를 알아볼 수 없다면 전반적인 영향을 주지는 못할 것이다. 결과적으로, 기술적 지원을 통해 제공되는 아동/전문가들과 정기적으로 접촉해 온 개인들은 중재활동의 초점이 되는 환경에서 기능하기 위한 아동의 능력에 대한 인식을 제공할 필요가 있다.

자주 간과되었던 아동 변화 데이터의 한 가지 측면은 절차상의 신뢰도 측정과 관련이 있다. 즉, 중재자가 중재계획을 고안하는 데 도움을 주었다면, 그 중재자가 신뢰할만하게 그 계획을 실행할 수 있을까? 기술지원의 개별적인 수행과 장기적이고 직접적인 접촉 없이, 절차상의 신뢰도는 좀처럼 자세히 조사되지 않는다. 사정실행의 신뢰도와 중재절차를 고려하는 것은 최근 실험결과가 교수목표를 세우는 절차로 이행되지 않거나 부정확하게 이행된다는 것을 제안하는 것을 나타내기 때문에 특히 중요해 보인다(Reichle & Doss, 1994). 기술지원 제공자 쪽에서 조사되는 절차상의 신뢰도는 엄정성이나 규정성의 측면에서 어떠한 중재전략이 실제로 기술지원 제공자 없이 실행되는지에 대해 통찰을 거의 제공하지 못한다. 즉, 중재자는 기술지원 제공자가 방문하는 동안 추천받은 절차를 열심히 실행할지도 모른다. 하지만, 그 기술지원 제공자가 없을 때는 거의 실행되지 않는다.

때때로, 절차상의 신뢰도는 문제행동과 결부된 개인과 상호작용하는 사람들과 실제적으로 자문하는 보다 큰 맥락에서 잘 보일 수 있으며, 일부 예에서, 문제행동은 아동과 상호작용하는 사람의 행동에 의해 유발될 수도 있다. 예를 들면, 아동은 어떠한 선택권이 없이 주어지는 즉시적인 응답을 요구하는 과제를 회피하기 위해 시도한다. 만약 중재자가 선택을 하도록 그의 스타일을 바꾼다면, 아동은 순서를 조절하게 되면서 과제를 완성하며, 시간을 좀 더 많이 주면, 문제행동이 상당히 줄어들 것이다. 이 경우에 관찰자로부터 피드백을 들을 수 있고, 보다 효과적인 상호작용전략에 대한 역할놀이는 절차적인 신뢰도가 획득되는 아동에게 실행된다. 그러나 실제에 있어서 기술지원의 수령자(즉, 기술지원을 받는 스텝 구성원)의 행동 변화는 첫 번째 목표가 될 수 있다. 그때 절차적인 신뢰도는 실제로 주요한 측정을 나타낸다.

저자의 경험은 일부 중재자가 보다 사회적으로 수용할 만한 의사소통 대안행동을 방출하도록 하기 위해 아동이 바람직하지 못한 활동을 회피하도록 함으로써 중재절차의 실행을 기꺼이 실행하지 않고 있다는 것을 보여 준다. 예를 들면, 교사는 아동이 과제종료를 요구하는 그림상징을 지적한 후에 아동이 활동을 종료하도록 기꺼이 허락하지 않을 수도 있다. 다른 스텝들을 문제행동 없이 아동이 참여하도록 가르칠 수 있는 곳, 그리고 문제행동보다는 오히려 좋은 상태가 되도록 발달시키기 위해 배경(history)을 허용하면서 활동의 길이를 짧게 해 주지 않을 수도 있다. 이러한 각각의 경우에, 중재자는 각 전략에서 교수 통제 본래의 손실을 받아들이지 않는다. 그러므로 기술지원 제공자는 아동이 제공되는 중재전략에 대해 합리적인 배치가 되도록 팀 서비스를 제공하는 사람들과 협력적으로 일하기 위해 신중을 기해야 한다. 모든 팀 구성원들은 그들이 기술지원을 하기 전에 중재전략을 시행하면서 편안함을 느껴야 한다. 그러나 빈번히 이 전략은 기술지원을 받는 사람 중에 중재과정에서 참여를 증가시키기 위한 확실한 선택으로서 간주되지 않고 있다.

앞에서 논의한 것처럼, 중재선택의 메뉴를 제공하는 것은 중재가 중재자의 교수와 중재기술을 보다 일치시킬 가능성이 증가되었다. 교수 프로그램의 신뢰와 풍부한 실행을 확립시키기 위한 열쇠는 기술지원 제공자가 1) 추천된 중재전략이 실행자와 아동 가족의 교수 스타일과 신념과 일치하는지 결정하고, 2) 기술지원을 받는 사람이 기꺼이 필요한 활력과 유창성을 가지고 전략을 실행할 의지가 있는지를 요구한다. 기술지원의 평가는 아동의 문제행동의 방출 또는 긍정적 대안의 방출뿐만 아니라 지원을 받는 참여자에 초점을 맞추는 측정을 포함해야 한다. 기술지원 실행 효과에 대한 사회적 타당도를 측정하는 것이 또한 중요하다. 이러한 측정들은 중재자와 아동의 사전·사후 기술지원활동을 잘 알고 있는 사람을 포함해야 한다. 마지막으로 수령자로부터 기술지원의 가치를 인식하는 것은 직접적으로 사용자의 친밀성과 제공되는 기술지원의 명료성을 나타내는 중요한 자료가 된다.

공립학교와 대학 간의 협력을 확립하기 위한 미래 방향

직전훈련과 현직훈련의 보다 협력적인 조화를 제한하고 낙담시키는 데 대학 전통과 행정관료의 성향이 있다. 이 성향과 싸우기 위해서, 현직연수와 기술지원의 정확한 계획이 시행되는 동안 확립된 협력 관계의 이점을 대학이 추구한 많은 전략이 있다. 이러한 활동의 몇몇을 다음에 간단히 논의하겠다.

비용-공유 실습 감독 상당한 정도에까지, 대학 훈련 프로그램은 학생 지도와 실습활동에서 대학원 및 학부 훈련생을 지도감독(supervise)하는 두 가지 전략 중 하나를 따르고 있다. 한 모델에서는, 대학은 학생 훈련생을 받아들이는 현장 전문가의 선의(goodwill)에 거의 전적으로 의존하고 있다. 이 모델은 받아들이는 교수의 입장에서는 의미 있는 자원봉사를 요구한다. 교수가 부지런하고 아주 동기가 높을 때라도, 지도감독하는 교수가 현직 학생의 훈련 프로그램을 통하여 허가해 주지 않을지도 모르기 때문에 실습활동에 있어 현직 코스웍의 통합을 보장해 주는 메커니즘이 없다. 마찬가지로 거기에는 슈퍼바이저와 훈련생 간에 공통적인 배경을 보장해 주는 현직 코스웍에 참여하는 지도감독하는 교수에게 인센티브가 제한되어 있다.

대안적 모델에서는, 대학 훈련 프로그램은 대학스텝 구성원을 통해 실습을 지도감독한다. 적용하는 장면에서, 이 선택은 양성과정 코스웍과 실습 장면에서 실행정보에 대해 계속해서 피드백을 제공해 주는 잠재적인 이점이 있다. 그러나 이 모델은 아주 효과가 적으며 잠재적으로 지도감독하는 것에 아주 불합리한 방법이다. 그것은 대학 슈퍼바이저뿐만 아니라 현장 스텝으로부터도 피드백을 받는 입장에 실습 학생을 배치한다. 피드백이 이 두 자원들 간에 일관적으로 되지 않기 때문에, 모든 쪽이 다 어정쩡한 상황에 놓이게 된다. 부가적으로 이 지도감독 모델은 어떤 주어진 실습 학생을 지역사회 중심과 대학중심 슈퍼바이저 둘 다에게 배속함으로써 자원의 배치 입장에서 보면 아주 이중적이다. 대학원 수준의 현직 학생을 멘토링하는 공립학교 전문가들에게 더 많은 인센티브를 보장할 뿐만 아니라 그들이 지도감독하는 학생들과 일치되는 정보를 가지기 때문에 그들에게 적절한 인센티브를 제공하는 것이 가능해야 한다.

대학과 공립학교 사이의 더 나은 협력을 위한 인센티브를 창조하기 위한 한 가지 전략은 봉급인상에 대해 지방 서비스 제공자의 준거가 주 교육부의 계속교육 요구조건을 직접적으로 조화시키는 두 가지 일을 포함해야 한다. 예를 들면, Minnesota주는 모든 교육 전문가가 그들의 교사 자격을 유지하기 위해서 계속교육코스를 이수하도록 요구하고 있다. 뿐만 아니라 공립학교에서 일하는 전문가(교사, 심리학자, 말-언어병리학자 등)는 봉급을 "올리기"위해 그들의 전문 학위와 관련된 분야에서 대학 학점을 이용할 수 있다. 그러나 이 학점을 축적하기 위해서 그들과 함께 일하는 서비스 제공자보다는 오히려 대학 학점에 비용을 지불하지 않으면 안 된다. 대학 훈련 프로그램에 대한 하나의 실행 가능한 선택은 지도감독하는 전문가에게 수업료를 제공하는 것이다. 비록 실험적인 의문이 있기는 하지만, 이 전략은 지도감독을 받으러 오는 학생들에게 슈퍼바이저가 공통 컨텐츠 정보를 공유하는 것을 보장하는 충분한 인센티브가 될 수 있다.

공통적인 컨텐츠 내용을 공유하는 것은 협력적인 현직연수과정/직전과정 조정을 하는 단지 첫 단계를 나타낸다. 협력을 계속적으로 하기 위해, 참여하는 공립학교 전문가들은 실습경험이 있는 양성과정코스 정보를 연계하고 멘토링하는 역할을 받아들여야 한다. 그러나 이것은 학교 전문가와 대학교 요원사이의 공유된 책임을 필요로 한다. 이것은 방법-관련 코스웍을 가르치는 대학교 요원들이 지역사회 훈련 장면에서 참여하여 일정부분을 책임을 지며 시간을 보내는 것이다. 시간을 보낸다는 것은 코스웍에서 가르치는 방법과 실습 장면에서 실습되는 것 사이의 공통성을 확립하는 기술지원 장치와 동료지원을 포함해야 한다. 나아가 양성과정 훈련활동에 선택된 공립학교 전문가들은 양성과정 훈련 프로그램에 무급(reimbursed) 자문가로서 서비스를 제공해야 한다. 정규적인 고용조건을 넘어 훈련활동 참여가 전체적으로 봉사활동이 되는 것은 비현실적이다. 잠재적인 순환 재정지원 기제가 전문가로서 공립학교 전문가의 일에 돈을 지불하는 것과 그들에게 1) 실습과정 슈퍼비전에 최초 할당된 돈을 재분배하는 것, 2) 수익을 만들어내는 계속교육활동에 초점을 맞추는 것을 포함하여 수업료는 제공하는 것이다.

실습 슈퍼비전에 대한 대학교 내에서 현재 할당된 돈은 임명된 공립학교 멘토에게 재할당될 수 있다. 예를 들면, 대학은 특정한 슈퍼비전을 보장하면서 학군과 비용공유 입장을 취해야 한다. 실습 슈퍼비전에 사용된 현재 돈을 재할당할 뿐만 아니라, 대학과 공립학교 사이의 협력을 지원하기 위한 추가적인 수입은 대학교 코스웍을 통해 만들어낼 수 있다.이 장에서 지금까지 지역사회 중심 코스웍을 교육적 가치 입장에서 논의해 왔다. 그러나 이 활동의 부가적인 결과는 계속교육과정 제공의 개발을 통하여 나온 기금을 이용함으로써 지역사회 멘토에게 재정적인 인센티브를 제공하기 위해 순환되는 기금을 만들어낼 수 있다. 예를 들면, Minnesota 대학교에서는 제공된 확장 코스웍의 등록비 50%이상이 바로 지원하는 학과에 되돌아간다. 직전과정과 실습전문가 둘 다를 목표로 응용코스웍의 계획을 제공하는 것은 학군에 재정지원 인센티브를 제공하고 또는 학군 안에서 양성과정 훈련활동에 대학교와 협력하기를 원하는 전문가들에게 실질적인 소득을 만들어낼 수 있다. 대학 교수를 위해 핵심적인 공립학교 협력을 위한 재정지원 메커니즘을 만드는 것은 교육연구와 훈련을 지원하기 위해 줄어드는 연방 기금의 분위기 속에서 매우 바람직한 것처럼 보인다.

교육과정 자문위원회 만들기 직전과정 훈련 프로그램은 소비자 욕구의 준거와 대학원생을 채용할 서비스 기관이 그들의 인력 준비활동을 나타내야 한다. 코스웍과 협력을 통해서, 대학은 준거에 영향을 미칠 기회를 갖게 된다. 마찬가지로 중요한 것은 서비스 제공자의 경험과 견해에 영향을 미칠 수 있는 대학교 양성프로그램을 위한 기회이다. 교육과정 자문위원회를 확립하는 것은 정기적이고 체계적으로 조직된 방식으로 이 정보를 획득하기 위한 기회를 나타내는 것이다. 부모와 소비자들은 어떤 교육활동을 계획함에 있어 중요하고도 타당한 구성요소를 제시한다. 계획된 교육활동은 소비자와 그들 가족에게 의미 있고 긍정적인 영향을 지니고 있어야 한다. 그러므로 전문가들은 서비스 전달을 향상시키기 위해 함께 서비스를 제공하고 일하는 협력을 해야 한다.

전문가들이 일하도록 위임되어 있고 부모가 그들의 아동을 신뢰하는 통합 서비스 전달체계는 1980년대와 그 이전에 이용 가능했던 것으로부터 교육환경이 아주 크게 달라졌다는 것을 나타내고 있다. 이러한 굉장한 발전이 있었음에도 불구하고, 많은 교사와 관련전문가들은 문제행동을 지닌 아동에게 서비스를 제공하는 그들의 능력에 대해 공개적으로 관심을 표해 왔다. 역설적으로 뛰어난 방법론적 전문가들은 이러한 아동에게 서비스를 제공하기 위해 존재한다. 나아가 방법론적 진보는 만약 교육자들이 서비스 전달체계 속으로 그들을 끌어들여서 그들로부터 이익을 얻을 수 있으면 타협이 일어날 것이다. 이러한 고취는 연구자, 준비요원, 공립학교 전문가, 그리고 부모들의 많은 노력과 공동노력을 요구할 것이다.

결 론

Anderson 등(1993)은 "현직훈련은 그 자체로서 효과적인 교육을 위한 모든 바람직한 결과와 발달장애를 가진 사람들을 위한 지원 체계를 성취시키는 데 충분하지 않다…"(p. 363)고 결론 내렸다. 현재의 저자들은 종합적인 훈련이 광범하고도 다양한 전문가와 가족에 유용할 수 있다는 입장을 공유하고 있다. 나아가 직전과정 훈련요구에서 현직연수훈련요구를 분리시키는 것은 불가능하다. 직전과정에 참여하지 않으면 나중에 현직연수와 기술지원 요구가 필요하다.

직전과정과 현직연수훈련을 향상시키기 위한 노력을 조정하는 것은 많은 수준의 파트너십을 포함한다. 공립학교 행정가와 대학인사는 조정된 훈련을 지원하는 시스템을 계획하는 파트너가 되지 않으면 안 된다. 대학 전문가는 공립학교 전문가와 부모 둘 다에게 유익한 협력을 개발해야 한다. 마지막으로 대학교 양성과정 학생은 대학 교수와 공립학교 멘토와의 협력적 관계를 발전시켜야 한다. 양성과정 학생과 공립학교 전문가가 잘 훈련할 때 그리고 능동적으로 부모와 협력할 때, 그들은 그들이 서비스를 제공하는 문제행동을 가진 사람의 생활에 더 많이 긍정적으로 영향을 끼칠 것이다.

참고문헌

Albano, M.L. (1983). *Transdisciplinary teaming in special education: A case study*. Urbana: University of Illinois-Urbana/Champaign.

Anderson, J.L, Albin, R.W., Mesaros, R.A., Dunlap, G., & Morelli-Robbins, M. (1993). Issues in providing training to achieve comprehensive behavioral support. In J. Reichhle & D. Wacker (Edu.), *Communication and language intervention: Vol. 3. Communicative alternatives to challenging behavior: Integrating functional assessment and intervention strategies* (pp. 363-406). Baltimore: Paul H. Brookes Publishing Co.

Bailey, D.B. (1989). Issues and directions in preparing professionals to work with young handicapped children and their families. In J.J. Gallagher, P.L. Trohanis, & R.M. Clifford (Eds.), *Planning for young children with special needs* (pp. 97-132). Baltimore: Paul H. Brookes Publishing Co.

Bailey, D.B., & Simeonsson, R.J. (1984). Critical issues research and intervention with families of young handicapped children. *Journal for Division of Exceptional Children, 9*(1), 38-48.

Baumgart, D., & Ferguson, D.L. (1991). Personnel preparation: Directions for the next decade. In L.H. Meyer, C.A. Peck, & L. Brown (Eds.), *Critical issues in the lives of people with severe disabilities* (pp. 313-352). Baltimore: Paul H. Brookes Publishing Co.

Benson, H.A., & Turnbull, A.P. (1986). Approaching families from an individualized perspective. In R.H. Horner, L.H. Meyer, & H.B. Fredericks (Eds.), *Education of learners with severe handicaps: Exemplary service strategies* (pp. 127–157). Baltimore: Paul H. Brookes Publishing Co.

Brandenberg, N.A., Friedman, R.M., & Silver, S.E. (1990). The epidemiology of childhood psychiatric disorders: Prevalence findings from recent studies. *Journal of the American Academy of Child & Adolescent Psychiatry, 29* (1), 76–83.

Briefing: Behavior problems pay off big. (1994, September 14). *St. Paul Pioneer press*, p. 3A.

Campbell, P. (1987). The integrated programming team: An approach for coordinating professionals of various disciplines in programs for students with severe and multiple handicaps. *Journal of The Association for Persons with Severe Handicaps, 12* (2), 107–117.

Campbell, P. (1990). Meeting personnel need in early intervention. In A. Kaiser & C. McWhoter (Eds.), *Preparing personnel to work with persons with severe disabilities* (pp. 111–134). Baltimore: Paul H. Brookes Publishing Co.

Campbell, P.H., Mclnerney, W.F., & Cooper, M.A. (1984). Therapeutic programming for students with severe handicaps. *American Journal of Occupational Therapy, 38* (9), 594–602

Carr, E.G. (1977). The motivation of self-injurious behavior: A reviews of some hypo theses. *Psychological Bulletin, 84*, 800–816.

Carr, E.G., & Durand, V.M. (1985). Reducing behavior problems through functional communication training. *Journal of Applied Behavior Analysis, 18*, 111–126.

Carr. E.G., Taylor, J.C., & Robinson, S. (1991). The effects of severe behavioral problems in children on the teaching behavior of adults. *Journal of Applied Behavior Analysis, 24*, 523–535.

Carta, J.J., Sideridis, F., Rinkel, P., Guimaraes, s., Greenwood, C., Baggett, K., Peterson, P., Atwater, J., McEvoy, M., & McConnell, S. (1994). Behavioral outcomes of young children prenatally exposed to illicit drugs: Review and analysis of experimental literature. *Topics in Early Childgood Special Education, 14* (2), 184–216

Chess, S., & Hassibi, S. (1970). Behavior deviations in mentally retarded children. *Journal of the American Academy of Child Psychiatry, 9*, 282–297.

Courtnage, L., & Smith–Davis, J. (1987). Interdisciplinary team training: A national survey of special education teacher training programs. *Exceptional Children, 53* (5), 451–458.

Danforth, J.S., & Drabman, R.S. (1989). In E. Cipani (Ed.), *The treatment of severe behavior disorders behavior analysis approaches* (pp. 111–127). Washington, DC: American Association on Mental Retardation.

Davis, C.A., Brady, M.P., Williams, R.E., & Hamilton, R. (1992). Effects of high probability requests on the acquisition and generalization of responses to requests in young children with severe disabilities. *Journal of Applied Behavior Analysis, 25*, 906–916.

Davis, C.A., Reichle, J., & Light–Shriner, C. (1995). *Teaching a tolerance for a delay in reinforcement: An intervention to reduce challenging behavior of individuals with severe disabilities.* Manuscript submitted for publication.

Donahue, E.D., & Abbas, K.A. (1971). Unstable behavior in severely subnormal children. *Developmental Medicine and Child Neurology, 13*, 512–519.

Doss, S., & Reichle, J. (1989). Establishing communicative alternatives to the emission of socially motivated excess behavior: A review. *Journal of The Association for Severely Handicapped, 14*, 101–112.

Doss, l., & Reichle, J. (1991). Replacing excess behavior with an initial communicative repertoire. In J. Reichle, J. York, & J. Sigafoos, *Implementing augmentative and alternative communication: Strategies for learners with severe disabilities* (pp. 215–237). Baltimore: Paul H. Brookes Publishing Co.

Eaton, L.F., & Menolascino, F.J. (1982). Psychiatric disorders in the mentally retarded: Types, problems, and challenges. *American Journal of Psychiatry, 10*, 139.

Fredericks, H.D., & Templeman, T.P. (1990). A generic in–service training model. In A.P.Kaiser & C.M. McWhorter (Eds.), *Preparing personnel to work with persons with severe disabilities* (pp. 301–317). Baltimore: Paul H. Brookes Publishing Co.

Giangreco, M.F. (1986). Effects of integrated therapy: A pilot study. *Journal of The Association for Persons with Severe Handicaps, 11,* 205–209.

Giangreco, M.F., & Putnam, J.W. (1992). Supporting the education of students with severe disabilities in regular education environments. In L.H. Meyer, C.A. Peck, & L. Brown (Eds.), *Critical issues in the lives of people with severe disabilities* (pp. 245–270). Baltimore: Paul H. Brookes Publishing Co.

Green, A.H. (1967). Self-mutilation in schizophrenic children. *Archives of General Psychiatry, 17,* 234–244.

Locke, P., & Reichle, J. (1989). *A survey of speech-language pathologists.* Unpublished manuscript, University of Minnesota, Minneapolis.

Mace, F.C., & Robert, M.L. (1993). Factors affection selection of behavioral intervention. In J. Reichle, J. York, & J. Sigafoos, *Implementing augmentative and alternative communication: Strategies for learners with severe disabilities* (pp. 113–133). Baltimore: Paul H. Brookes Publishing Co.

McEvoy, M., Davis, C., & Reichle, J. (1993). Districtwide technical assistance teams: Designing intervention strategies for young children with challenging behaviors. *Behavioral Disorders, 19,* 27–34

McCormick, L., Cooper, M., & Goldman, R. (1979). Training teachers to maximize instruction time provided to severely and profoundly handicapped children. *AAESPH Reviews, 4*(3), 301–310.

Nord, J. (1994). *Reducing escape motivated challenging behavior in an individual with developmental disabilities.* Unpublished manuscript, Institute on Community Integration, University of Minnesota, Minneapolis.

Nordquist, V.M., Twardosz, S., & McEvoy, M.A. (1991). Effects of environmental reorganization in classrooms for children with autism. *Journal of Early Intervention, 15,* 135–152.

Rainforth, B. (1985). *Preparation of physical therapists and teachers of students with severe handicaps.* Unpublished doctoral dissertation, University of Illinois at Urbana-Champaign.

Rainforth, B., York, J., & Macdonald, C. (1992). *Collaborative teams for students with severe disabilities: Integrating therapy and educational service.* Baltimore: Paul H. Brookes Publishing Co.

Reichle, J. (1991). *Determining the needs of professionals who serve preschoolers with disabilities.* Unpublished manuscript University of Minnesota, Minneapolis.

Reichle, J. (1993, April). *Procedures used in establishing an initial augmentative communication program.* Paper presented at the annual meeting of Wisconsin Speech, language, and Hearing Association, Stevens Point.

Reichle, J., & Doss, S. (1994). *Variables influencing the delivery of technical assistance.* Unpublished manuscript, University of Minnesota, Minneapolis.

Reichle, J., & McEvoy, M. (1994). *Delineating technical assistance needs for professionals who engage in challenging behavior.* Unpublished manuscript, University of Minnesota, Minneapolis.

Schloss, J., Miller, S.R., Sedlacek, R.A., & White, M. (2983). Social performance expectations of professionals for behaviorally disordered youth. *Exceptional Children, 50,* 70–72.

Schroeder, S.R., Mulick, J.A., & Rojahn, J. (1980). The definition, taxonomy, epidemiology, and ecology of self-injurious behavior. *Journal of Autism and Developmental Disorders, 10,* 417–432.

Smeets, P.M. (1971). Some characteristics of mental defectives displaying selfmutilative behaviors. *Training School Bulletin, 68,* 131–135.

Timm, M. (1993). The regional intervention program: Family treatment by family members. *Behavior Disorders, 19,* 34–43.

Turnbull, A.P., & Turnbull, H.R. (1986). *Families and professional: Creating an exceptional partnership.* Columbus, OH: Charles E. Merrill.

U.S. Department of Education. (1993). *Fifteenth annual report to Congress on the implementation of the Individuals with Disabilities*

Act. Washington, DC: Author.

Walker, H., & Rankin, R. (1983). Assessing the behavior expectations and demands of less restrictive settings. *School Psychology Review, 12*, 274–284.

Will, M.C. (1984). Educating children with learning problems: A shared responsibility. *Exceptional Children, 52*, 411–415.

Wolery, M., & Dyk, P.A. (1984). Arena assessment: Description and preliminary social validity data. *Journal of The Association for the Severely Handicapped, 3*, 231–235.

Wolff, K. (1993). *A survey of preschool educators' priorities for inservice training*. Unpublished manuscript, University of Minnesota, Minneapolis.

York, J., & Rainforth, B. (1987). Developing instructional adaptations. In F.P. Orelove & D. Sobsey, *Educating children with multiple disabilities: A trans-disciplinary approach* (pp. 193–217). Baltimore: Paul H. Brookes Publishing Co.

부록: 간단한 코스 일정의 예

EPSY 5900: 영아의 문제행동을 다루기 위한 친활동적 접근

교사

Kathleen Feeley, MS
Doctoral Candidate
Educational Psychology
Phone: 624-2380

Susan Johnston, PhD,
SLP-CCC
Communication Disorders
Phone: 624-2380

코스의 목적

이 코스의 목적은 문제행동에 대해 개인의 긍정적 중재 대안을 논의하기 위한 것이다. 코스의 큰 부분은 1) 의사소통 대안을 가지고 문제행동을 대치하는 것을 목표로 하는 중재전략, 2) 문제행동 발생의 가능성을 감소시키기 위해 교실을 조직화하고 동시에 사회적 상호작용을 촉진시키는 것이다.

코스의 형식

사정과 중재전략을 만드는 데 대략적으로 매주 60분을 사용할 것이다. 나머지 45분은 집단 활동에서 적극적으로 정보를 적용하는데 사용할 것이다.

코스 목표

1. 문제행동의 기능을 결정하기 위해 사용되는 사정전략의 범위를 학생들에게 익숙하게 하기
2. 문제행동을 하는 개인에게 긍정적 중재전략의 범위를 학생들에 익숙하게 하기(예, 행동 계기, 의사소통적 대치, 환경 재배치)
3. 심각한 의사소통 결핍을 가지고 있는 개인에게 중재전략을 수정하기 위한 방법을 학생들에게 익숙하게 하기

이 코스에서 학생의 책임

요구되는 읽기: 각 토픽에 관련되는 읽기 자료가 부과될 것이다. 학생은 논의하게 될 수업에 들어오기 전에 읽기를 끝내야 한다. 교재(Durand, 1990)는 Minnesota대학교 서점(Williamson Hall)에서 구할 수 있다. 다른 부가적인 읽기 자료는 수업시간에 배부할 것이다.

기능사정: 학생은 행동의 기능사정을 받아야 하며, 이 사정의 결과는 요약될 필요가 있다. 면접, 직접관찰, 그리고 요약양식이 제공될 것이다.

중재계획: 기능적 사정결과에 기초한 중재계획이 개발될 것이다. 이 계획은 수업에서 제시되는 중재방법으로부터 나올 것이다. 중재계획을 완성하기 위한 양식이 제공될 것이다.

점수:

각 과제는 전체 10점으로 되어 있다. 각 과제를 만족스럽게 끝내고 정확한 시간에 제출하게 되면 10점으로 매긴다.

읽기과제 자료

Durand, V.M. (1990). *Severe behavior problems: A functional communication training approach.* New York: The Guilford Press.

Excerpts from O'Neill, R.E., Homer, R.H., Albin, R.W., Storey, K., & Sprague, J. (1990). *Functional analysis: A practical assessment guide.* Sycamore, IL: Sycamore Press.

Excerpts from McEvoy, M. (Ed.). (1990). Organizing caregiving environments for young children with handicaps. *Education and Treatment of Young Children, 13*(4).

Reichle, J., & Johnston, S. (1993). Replacing challenging behavior: The role of communication intervention. *Topics in Language Disorders, 13*(30), 61-77.

Excerpts from Reichle et al. (in prep). *Intervention module.* Developing and Evaluating a Model of Inservice and Technical Assistance to Prevent Challenging Behavior in Preschoolers (Grant # H024P10017).

이 코스에서 제시되는 토픽의 개요

주	날짜	코스 개요
1	2/3	**토픽:** 소개
		1. 사전검사
		2. 코스의 개관
		3. 사회적으로 동기화 된 그리고 비사회적으로 동기화된 문제행동
		4. 의사소통과 문제행동 사이의 관계
		5. 문제행동의 의사소통적 의도
		활동: 비디오테이프 사례에 대한 집단토의
		읽기과제: Reichel, J., & Johnston, S.(1993)과 제1, 2장(Durnad, 1990)
		교사: Feeley와 Johnston
2	2/10	**토픽:** 문제행동의 기능적 사정
		1. 사정의 목적
		2. 기능적 사정전략
		3. 특정한 전략과 관계되는 강점과 약점
		활동: 직접관찰로부터 정보를 수집하고 요약하기
		과제: 학생의 사정(4주까지 끝낼 것)
		읽기과제: 제1, 3장(Durand, 1990)
		교사: Johnston

3	2/17	**토픽:** 문제 행동의 기능적 사정(계속) **활동:** 직접 관찰로부터 정보를 수집하고 요약하기 **읽기과제:** 제3장(Durand, 1990) **교사:** Feeley와 Johnston
4	3/3	**토픽:** 환경배치 1. 일정표 2. 환경 재배치 • 환경재배치를 위한 합리적 근거 • 교실 재배치 • 자료선택과 배치 **활동:** 소집단 브레인스토밍 **과제:** 수업시작하기 전까지 학생의 사정 **읽기과제:** Reichle 등(예습)과 McEvoy, M.(1990) **교사:** Feeley
5	3/10	**토픽:** 문제행동의 의사소통적 기능을 잘 나타내지 못하는 중재 1. 선택하기 2. 강화를 미리 구체화하기 3. 분열행동을 하게 하는 항목 **활동:** 소집단 브레인스토밍 **과제:** 학생을 위한 중재 프로그램(8주전까지) **읽기과제:** 없음 **교사:** Johnston
6	3/17	**토픽:** 문제행동의 의사소통적 기능을 잘 나타내지 못하는 중재(계속) 4. 가장 많이 일어날 만한 요구 계열 5. 지연에 대한 참을성 6. 협력 **활동:** 중재 프로그램과 자료를 평가하고 중재 프로그램을 조정하기 **읽기과제:** Reichle 등(예습) **교사:** Feeley

7 3/24 **토픽:** 심각한 의사소통 장애를 가진 개인을 위한 중재전략의 수정, 문제행동의 의사소통적 기능을 잘 나타내는 중재전략

1. 도망/회피 기능을 제공하는 문제행동을 위한 의사소통적 대치

활동: 없음

과제: 수업시작 전 학생을 위한 중재 프로그램

읽기과제: 제4, 5장(Durand, 1990)

교사: Feeley와 Johnston

8 3/31 **토픽:** 문제 행동의 의사소통적 기능을 나타내는 중재전략(계속)

3. 물건 접근의 기능으로 제공되는 문제행동을 위한 의사소통적 대치
4. 부가적인 고려점
   - 기능적 고려
   - 반응효율

활동: 없음

과제: 수업시작 전에 학생을 위한 중재 프로그램

읽기과제: 제4, 5장(Durand, 1990)

교사: Feeley와 Johnston

9 4/7 **토픽:** 촉구전략, 학습자 진보 점검

활동: 없음

읽기과제: 자료

교사: Feeley

10 4/14 **토픽:** 사례연구, 현직연수의 모델과 기술적 지원, 사후검사, 코스평가

활동: 모두 함께하기

읽기과제: 기술적 지원 모델 개관

교사: Feeley와 Johnston

제11장

합당한 절차의 공판을 피하기

부모와 학군 사이의 개방적인 관련성을 개발하기

William L. E. Dussault

특수교육의 맥락에서 사용되는 합당한 절차를 위한 공판(due process hearings)이라는 용어는 장애아동의 부모와 교육청 간의 형식적인 갈등을 해소하는 합법적인 포럼을 일컫는 말이다. 이 공판은 매우 구조화된 법률적 절차 속에서 행정 법률 판정(ALJs)이 나기 전에 열린다. 마치 법정에서 목격자의 증언과 증거물이 제출되는 것처럼, 목격자들은 교차 심문받고, 행정 법률 판정(ALJs)으로 성문화된 판결을 내린다. 행정 법률 판사(ALJs)는 진술한 사실을 판결하고, 주 및 연방 법에 공표시킴으로써, 사건의 결과가 종결된다.

현재까지의 경험에 비추어 본다면, 합당한 절차를 위한 공판은 장애아동의 평가, 프로그램, 또는 배치의 적절성에 대한 논쟁에서 순조롭지 못하거나, 심지어 합당한 해결책도 이끌어내지 못하고 있다. 공판은 적지 않는 비용과 많은 시간이 소비되고 있다. 하지만 어느 한쪽도 만족시키지 못하는 결정에 도달하고 만다. 미국 전역에서 합당한 절차를 위한 공판의 결정에 부모나 교육청에 의해 순전히 제안되거나 적절하게 선택되고 있지 않는다는 문제를 들추어내고 있다. 결과적으로 학생들이 부모-교육청 간 갈등의 희생양이 되고 있으며, 학생들의 욕구가 충족되지 못하고 있으며, 해결할 수 없는 부모와 교육청의 타당한 요구가 존재한다.

판정은 특정 학생에게 개별적으로 적절한 것 보다 오히려 상당수의 장애학생이 일반적으로 받아들여질 수 있는 것에 기초된다. 사설 기관은 종종 그들의 일을 잃을까봐 사적으로 부모들에게 제공하는 공판에서 비슷한 의견을 표현하는 데 너무 많은 제약을 느낀다. 더욱이, 모든 부모들이 자격을 갖춘 변호사들을 쉽사리 이용할 수 있는 것이 아니다. 경험이 부족한 변호사들은 그들이 기본적인 법률과 소송에 대한 지식을 배우는 동안의 계속적인 비용을 충족시키기 위한 과다한 변호 비용이 들게 된다.

가장 중요한 것은 합당한 절차를 위한 공판은 모든 참여자에게 긍정적인 태도를 가지게 하여 조정하기보다는 그 자체로서 갈등과 불일치를 조장하고 있다. 비록 P.L. 94-142(전장애아교육법)와 이 법규, 그리고 이것의 실행에 대한 비평이 널리 퍼져 있지만, 법 제정자들은 이 법의 기본적인 강점과 본질적인 가치에 대한 확고한 확신을 가지고 있다. 급진적, 혹은 심지어 혁명적인 교육으로의 새로운 접근이 세워진 것이었다. 이것은 교육 프로그램이 각 아동을 위해 개별화되었고, 부모는 반대 결정에 대한 법률적으로 도전할 수 있는 권리를 가졌다. 이 법은 실행의 과정이 평탄하거나 가속을 내기 위해 시행착오를 겪었다. 어떠한 법도 스스로 강화되거나, 규제되지 않는다. 분명하게도, P.L. 94-142와 이것의 재승인, 그리고 1990년 장애아교육법(P.L. 101-476)도 예외는 아니었다. 실행 상에서 나타나는 결점들이 있음에도 불구하고, 이 법은 각각의 장애학생들에게 효과적이고 적절한 개별화교육을 보장하는 데 있어 나타나는 문제들을 해결하는 절차적 메커니즘을 부모들에게 제공한다.

1980년대 초반 이후, 나는 많은 특수교육 문제상황에 관여되어 있었다. 대부분 나는 특수교육 대상 학생의 부모를 위하여, 또는 개별 학생을 위하여 일했다. 경우에 따라서, 나는 교육청에 호소했다. 비록 일부 상황들은 공식적인 합당한 절차적 호소가 요구되었고, 심지어 법정 호소까지 요구된 것도 몇 번 있었지만, 대부분의 사례(소송)들이 신중한 준비, 협상, 그리고 타협으로 해결되었다. 부모, 학생, 교육청, 외부 전문가와 변호사들에 대한 좋은 신뢰적 노력이 절대적으로 필요하다. 우리 사례(소송)에 활용된 절차상의 검토는 형식적인 갈등의 과정에서 호소할 곳 없는 부모와 교육청에게 그들의 입장 차이를 규정하고 해결할 수 있는 대안적인 수단을 제공하는 데 도움이 된다.

형식적인 갈등 절차 탈피하기

장애아동을 위해 부모와 교육청 간의 갈등은 많은 상황에서 발생할 수 있다. 예를 들어, 어떤 학생이 과하거나, 부적절한 훈련, 정학, 또는 교육청의 프로그램에서 제적당하게 되는 경우, 또는 학생이 일반 아동과 유의미한 접촉을 할 수 없는 곳에 배치되는 경우 등이다. 교육청은 학생의 개별 욕구를 충족시킬 수 있는 프로그램을 제공하기에 역량이 부족할지 모른다. 그러므로 부모는 학생의 사립학교 배치를 위하여 교육청으로부터 보상금을 얻으려고 한다. 또 다른 갈등의 예로는 불충분한 치료, 레크리에이션 프로그램, 혹은 상담 서비스 등이 있다.

이때, 부모들은 도움을 받기 위해 변호사를 찾게 된다. 이것은 의미 있는 특수교육 프로그램이 있는 경우 흔한 사례이다. 부모와 교육청 간의 관계성은 완전하게 깨어져 왔다. 인성에서의 갈등으로는 학생의 교육 프로그램의 적절성, 관련 서비스의 요구, 복잡한 평가에 대한 요구 등에 대한 일차적인 문제보다 우선해버렸다. 부모와 교육청은 양측이 어떤 희생을 치르더라도 “이기고” 싶어 하는 묘한 관계에 있다. 불행하게도, 사용되는 비용은 변호사 비용을 위해 부모에게 지불해야 하는 비용과 공판 조사관을 위해 교육청에 지불해야 하는 비용보다 많다. 양쪽이 투쟁적 경쟁을 하는 동안 아동을 위해 지불하게 되는 실비를 잃게 되거나 적절한 교육 프로그램이 지연된다.

이러한 상황은 일어나지 않아야 한다. 부모와 교육자 간의 공정한 유무상통할 수 있는 관계성을 만들고, 공개적이고, 정직하게 일 처리를 하기 위해 값비싼 외부인의 개입하는 일, 혼란과 시간 낭비를 피하기 위해 부모나 교육청은 다음의 몇 단계를 채택할 수 있다.

정보공유하기

교육청은 교육청 관할에 있는 모든 장애아동 부모들에게 그들이 이해할 수 있는 언어로 법에 대한 기본 권리를 알려야 한다. 더욱이, 이 권리는 부모와 토론하지 않고 “활자 인쇄”의 사진 복사로 제공되는 것보다 유의미한 방법상에서 구두로 설명되어야 한다. 많은 미국의 주에서 쉽게 이해할 수 있는 성문화된 부모 안내 핸드북(parent information handbooks)을 현재 입안하고 있다. 가끔 이 법에 의해 부모와 학생에게 활용할 수 있는 선택 사항에 대하여 설명하는 질의응답 양식도 계획하고 있다.

이러한 정보가 부모에게 제공되고, 쉽게 설명될 때, 교육청은 몇 가지 중요한 이점을 얻게 된다.

1. 교육청은 부모가 알 권리를 가지고 있는 정보에 대하여 대화함으로써 협력과 신뢰의 분위기를 만들 수 있다. 부모가 외적인 자원에 의해 이러한 정보를 획득하기 위해 강압되

었다면, 교육청은 시작부터 신뢰성을 상실할 어려움을 가지게 된다.

2. 법에 관하여 쉽고, 이해할 수 있는 설명으로 정보가 제공될 때, 교육청은 부모를 이해시킬 수 있다. 그러므로 법규의 갈등으로 부주의한 당을 짓고 활동하게 되는 것을 최소화하거나 혼란을 줄일 수 있다.
3. 교육청은 양쪽이 경기를 "할 수 있도록" 쉽게 이해할 수 있는 그라운드 규칙을 세울 수 있다.

교육청이 부모에게 권리에 대한 기본적인 정보를 제공하지 않을 경우, 부모는 다른 방법으로 이 정보를 얻어야만 할 것이다. 주 교육 기관은 연방 및 주 특수교육법과 법규에 대한 사본을 가지고 있어야 한다. 부모는 특수교육과 법에 대하여 설명하는 주 기관의 회보나 팸플릿을 요구해야 한다. 연방 법규의 사본은 미 교육부의 지방교육청이나 국회의원이나 상원의원의 사무실로부터 획득할 수 있다. 연방법에 준수하여 특수교육을 제공하는 주 계획안에 대한 사본도 또한 귀중한 정보를 제공할 수 있다. 이 계획안은 공문서이며, 주 교육청이나 미 교육부의 특수교육재활서비스국(OSERS)으로부터 얻을 수 있다.

지원 기반 구축하기

부모가 문제의 근원에 대하여 옹호해야 하는 상황이 오기 오래 전에, 장애인을 위하여 설립된 많은 지역사회 단체의 구성원이 되는 것은 아주 사려 깊은 처사였다. 이러한 단체들은 정신지체시민협회(Association for Retarded Citizens); 미국뇌성마비협회(United Cerebral Palsy Association); 미국자폐협회(Autism Society of America); 정형외과적, 신경학적, 그리고 행동장애를 위한 단체; 미국특수아동협의회(Council for Exceptional Children); 그리고 기타 많은 단체들을 포함한다. 회원 가입비는 최소 수준이다. 많은 단체들은 심지어 회비 없이 회원자격을 제공했다. 귀중한 정보가 월별 모임과 소식지를 통해 전달되었다. 정책적 동향, 주와 지방 예산 문제에 대한 조언, 프로그램 아이디어, 새로운 서비스 선택에 대한 유용성에 관한 정보 그리고 대안 등이 종종 논의되었다. 관여하는 다른 부모들은 서로 간의 도움과 지원을 제공할 수 있고, 이렇게 하는 동안, 전반적인 시스템 변화에 영향을 주는 데 필요한 기초자치단체의 형성이 가능했다.

그러나 아마도 이러한 협회의 가장 중요한 이유는, 어떤 이가 자신의 아동을 위하여 조치를 요구할 문제에 직면했을 때, 관여하는 교육청의 기본적인 태도에 관심 있는 단체의 구성원으로부터 유용한 정보를 가지기 위함이다. 교육청에서 프로그램을 제공하는 사람들의 전반적인 철학과 태도를 이해한다는 것은 아동을 위한 적절한 준비 및 입장을 밝히는 데 절대적인 필수사항이다. 만약 어떤 것이 교육청의 특수교육 스텝이 적절하고, 통합적이며, 질 높은 특수교육 프로그램과 서비스에 대한 준비에 강력하게 헌신할 수 있도록 결정할 수 있다면, 그리고 이러한 프로그램을 실행하는 힘을 가졌다면, 긍정적이고, 올바르고, 잘 준비된 접근은 성공하는 데 합리적인 변화를 가져올 수 있다고 가정할 수 있다. 다른 한편으로, 만약 어떤 사람이 특수교육 책임자가 권한이 없고, 적절한 프로그램에 대한 책임이 없는 교육청과 교류한다면, 이 접근은 전적으로 다르다. 이때 프리젠테이션은 엄격한 유착 및 법규 준수를 강조할 필요가 있다. 해결을 향한 협력적 노력은 이 사례의 경우 있을 법 하지 않다. 논의된 주제에 대한 성문화된 확인서, 협의회나 전화 대화를 통해 만들었거나 받은 추천서를 포함하여 모든 절차적 단계에 대한 완전히 성문화된 문서가 획득되어야 한다. 노련한 옹호자나 변호사에 대한 소구(訴求)권은 교육청으로부터 마지못한 승낙을 강요하거나, 계속적인 승낙을 위한 프로그램 실행을 조정하기 위해 필요하다. 유능한 무소속의 교육 전문가는 이러한 상황에 가치롭지 못하다.

교육청이 물적, 인적 자원의 부족, 제안된 특정 프로그램에 대한 철학적 불일치 때문인지 혹은 부모와 교육청 인사 간의 기본적인 인성의 충돌 등으로 인해 프로그램을 제공하는 데 실패하고 있는지에 대해 파악하는 것은 매우 중요하다. 앞서 설명했든 단체에 소속된 또 다른 부모들도 과거 비슷한 어려움을 겪었을 것이다. 그들은 태도나 인성 등에서 소중한 통찰력을 제공해 줄 수 있다. 인성적 관심에서 발생한 내용들보다 다른 이유를 찾기 위해 노력한다면, 교육청의 누군가에게 물어 보도록 충고해 줄 수 있을 것이다. "내가 생각하는 프로그램을 아동에게 제공할 때 당신이 갖게 될 문제가 무엇이고, 이것이 적절합니까?" 만약 이 질문이 과거 부모에게 좋은 정보를 제공해 왔던 교육청 대표에게 열린 마음으로 정직한 방법으로 물었다면, 그 부모는 확실한 답변을 다시금 얻을 수 있을 것이다. 비록 이 정보가 반드시 목적을 변화시키지는 않을 지라도, 교육청에서 해야 하는 일에 있어서 접근방법 유형에 근본적인 변화가 생길 것이다. 부모와 교육청이 함께 공생하기 위해 해야 할 어떤 문제들은 즉, 교육청의 많은 문제들, 비록 현실적이고 절박할지라도, 모든 장애학생을 위한 적절한 프로그램들을 부인하는 것을 정당화할 수 없다.

조기 준비

합당한 절차의 탈피는 부모와 교육청 간의 갈등과 문제가 일어나기 오래 전부터 실질적으로 나타났다. 유능한 부모 참여의 가장 중요한 자질 중 하나가 준비이다. 준비(preparation)는 첫 번째 개별화교육 프로그램(IEP)을 위한 모임에 앞서 시작되어야 한다. 심지어 아동의 평가 전에 시작되어야 한다. 아동이 학교에 입급된 시기로부터, 부모들은 학생에 관한 학교의 기록에 대한 사본을 보관해야 한다. 부모 간담회를 통한 적극적인 개입으로 계속적인 기본 체제를 만들어나가야 한다.

중도장애아동들은 도움을 필요로 한다. 프로그램 옹호는 출생 시부터 시작되어야 한다. 가벼운 문제(mild difficulties)를 가진 아동은 그들의 교육 프로그램 이후까지 법의 목적상 종종 "장애"로 분류되지 않는다. 그들이 완성한 자료, 그들이 많든 미술 작품, 그들이 받았던 과제 점수, 그들이 받았던 시험, 그리고 기타 학교 기록 목록 등의 수집은 특별한 프로그램을 위한 요구를 기록하는 데 있어 중요하다. 부모가 이러한 기록을 관리하는 데 실패해 왔다면, 교육청은 부모의 정당한 요구에 대하여 학교 기록에 대한 사본을 일반적으로 제공할 수 있다. 교육청은 학교 기록사항에 대한 정보를 부모에게 제공해야 할 의무를 지니고는 있지만, 이것은 문서제공을 위한 합리적인 복사 비용이 부과된다.

교육청에서 실시한 아동 평가를 사정하기

아동이 교육청으로부터 배치 평가를 받았을 때, 부모와 전문가는 아동이 평가받은 내용과 배치된 사항을 정확하게 확인하기 위해 다음의 내용을 고려해 보아야 한다.

내가 신뢰할 수 있는 검사는 무엇인가? 아동이 특수교육평가에 의뢰되었을 때, 교육청은 평가절차에 동의하기를 요구한다. 검사 혹은 평가 자료가 제공되어야 하고 아동의 모국어 또는 다른 적절한 의사소통 모델을 통하여 검사가 실행되어야 한다. 소위 많은 "표준화된" IQ 검사들은 장애를 겪고 있는 아동에게 사용되는 데 타당하지 못했다는 것을 기억할 필요가 있다. 지각이나 신체장애아동에게 사용되었을 때, 특히, 이 검사들이 시간제한형의 문항이거나 연필이나 종이를 가지고 문항을 완성하는 것을 요구할 경우, 이들은 검사 문항에 특별한 대상이 된다. 어떤 검사들은 특정 목적과 대상에 타당하지 못했다. 직업 평가를 실시할 경우, 직업능력이나 결과를 예언하는 데 타당한 검사들을 사용해야 한다. 마찬가지로, 평가 자료들은 특정 교육적 요구 영역을 사정하는 데 맞아야 한다.

학습장애, 청각장애, 혹은 둘 모두를 가진 아동과 관계있는 부모나 전문가에게 특별히 주의해야 하는 것: 구어 수행능력을 강조하는 검사들. 이들 아동들의 지각 문제들은 이 영역에서 아주 나쁜 점수를 받게 만든다. 진단 미확정적이고 사전에 확실한 신경학적 기능장애와 발작장애의 발생률에 대한 우리의 인식이 증가하기 때문에, 우리는 또한 신경심리학적 검사를 포함하여 늘어나고 있는 완벽한 신경학적 평가의 중요성에 주목해야 한다.

간단한 IQ 점수를 확인하는 검사들은 종종 배치 목적으로 교육청에 의해 실시되지만, 정확한 욕구를 검토할 수 있는 추가적인 검사와 결부시켜 생각하지 않는다면 진단적 가치는 거의 없다. 아동을 위한 적절한 교육 프로그램을 결정하기 위해서 유일한 준거로서 단일 절차를 사용해서는 안 된다. 유자격의 전문가에 의해 하위검사 영역의 면밀한 검토보다는 평균 점수에 관한 신뢰는 종종 아동의 능력에 대한 정확하지 않은 그림을 가지고 교육청을 떠나게 되고 만다.

다학문적 팀이 평가에 어떤 영향을 끼치는가? 교육청은 적어도 교사 또는 의심 가는 장애의 영역에 지식을 가지고 있는 다른 전문가를 포함한 다학문적 팀이나 전문가 집단의 노력을 통해 아동을 평가해야 한다. 적절한 배치장소, 건강과 시력 선별, 사회·정서적 상태, 일반적 지능, 학문적 수행능력, 의사소통 능력, 운동기능, 그리고 심지어 의료적 신경학적 평가를 포함하여 아동의 의심가능 장애의 모든 영역이 평가되어야 한다. 교육청은 이전의 외부 평가를 활용하거나 심지어 필요시 자비로 새로운 평가를 해야 한다. 부모나 교육청은 평가의 목적이 학생의 특수교육 서비스의 자격을 받기 위한 단순한 평가가 아니라 오히려 실질적인 기능 능력과 학생의 장애를 결정하는 것이고, 이러한 평가요소에 기초한 규범적인(prescriptive) 프로그램을 제공하기 위해서라는 것을 알아야 한다. 만약 평가의 유일한 목적이 일반적인 장애 범주 라벨이나 주 지원 자금을 확보하기 위한 자격, 그리고 학생을 위한 정당한 개별화된 교육 프로그램을 제공하지 못하는 정보를 위한 것이라면, 이때 평가는 부적절하고, 부당하고, 교육청과 부모 또는 학생에게 유용한 기능을 하는 서비스가 되지 못한다. 프로그램은 평가로부터 나와야 하고, 평가와 직접 관련되어야 한다.

어떤 분류가 적절한가? 많은 부모와 교육청은 여전히 분류가 특정 학생에게 적절한가에 대한 논쟁을 회피해 오고 있다. 부모가 학생이 학습장애로 적절하게 분류되었다고 생각할 때, 교육청은 정신지체를 가지는 것으로 학생을 분류해 왔다. 이러한 논쟁은 종종 지방 교육청이 특정 장애 영역에서 장애아동의 수를 기초해서 아동을 위한 주나 연방 정부의 자금을 책정하게 되는 주에서 종종 발생한다. 장애 범주의 이슈는 단지 지방 교육청과 주 교육청 간의 논쟁이다. 부모와 교육청 간의 핵심 이슈는 학생이 갖고 있는 라벨링에 대한 자금이 아니라 학생을 위해 제안된 프로그램의 적절성과 관련된다. 불행하게도, 많은 교육청들은 여전히 아동 분류에 기초해 교육 배치나 학생 대 교사 비율을 결정한다. 이러한 분류에 관한 논쟁은 타당하게 보이지만, 주요 법률적 논쟁은 학생들의 독특한 요구에 대한 학생의 IEP의 적절성과 관련된 것이라는 것을 명심해야 한다. 아동에게 제공된 프로그램이 아동의 개별적으로 밝혀진 욕구에 적절한 한 어떤 라벨링도 사용 가능하다라는 농담스런 말이 있다. 분명히, 학생들의 욕구를 분명하게 결정하는 정당한 평가는 궁극적으로 절절한 프로그램을 설계하는 데 아주 중요하다.

외부 자력 평가가 적절한 때는 언제인가? 연방법은 부모가 교육청의 평가가 적절하지 않다고 여겨지는 일에 대해 외부 자력 교육 평가를 위해 교육청에 자금 지불을 요청할 수 있도록 서비스를 제공한다. 외부 평가를 요구해야 하는지 결정하기 위해서, 부모는 교육청의 평가결과 및 모든 검사 내용에 대한 사본을 획득해야 한다. 부모는 이 검사 결과를 검토해야 한다. 검사 문항, 검사 결과, 검사자의 자격 여부나 특정 아동의 장애를 위한 검사의 적절성 등에 대해 어떤 의문이 있을 경우, 부모는 검사 실시에 책임이 있는 교육청 인사와 간담회를 요구해야 한다. 이러한 간담회에서, 부모는 이 검사가 아동의 특정 장애와 직접적인 관련성을 가지고 있는 지에 대해 특히 관심을 기울여야 한다. 부모는 그들이 쉽게 이해할 수 있는 언어로, 심리학적 전문용어를 탈피한 언어로 교육청 인사에게 설명을 요구해야 한다. 부모가 이 검사가 학생에게 적절하지 않거나 결과가 학생의 능력이나 욕구를 정확하게 반영하지 않았다고 직감적으로 느껴진다면, 이때 부모는 교육청으로부터 추가적인 검사를 요구해야 하며, 또는 외부 조력을 심각하게 고려해야 한다.

많은 경우에 있어, 부모는 실시된 특정 검사나 검사의 활용 그리고 이 검사가 무엇을 측정하기 위해 설계되었는지에 대하여 알지 못한다. 검사의 적절성을 측정하는 데 있어 부모용 척도는 이 검사가 학생이 실질적으로 할 수 있는 것과 할 수 없는 것이 무엇인지 말해 주는 것이다. 부모는 평가를 하는 데 있어 아동과 함께 하는 일상적인 관계에 대한 많은 경험을 가진다. 교육청의 해명을 받은 후에도 의문이 계속된다면, 노련한 옹호자의 조력을 구하는 것이 현명하다.

외부 평가가 필요하다고 결정했을 경우, 부모는 평가를 실시하는 사람을 선택할 자유를 가진다. 교육청의 추천을 고려해야 하겠지만, 이것은 부모가 관여하고 있는 어떤 옹호 기관으로부터 추천되어야 한다. 외부 평가는 아동의 능력을 적절하게 평가하는 데 필요한 모든 적절한 검사들을 고려해야 한다. 외부 평가의 최종 보고서의 중요한 구성요소는 아동의 프로그램 설계를 만드는 데 건의되어야 한다.

부모는 또한 외부 평가의 시설을 선택할 때, 교육청 평가와 외부 평가의 적절성에 관하여 법정 증언을 하기 위해 외부 시설의 대표가 필요하다는 것을 명심해야 한다. 교육청은 연방 법률에 따라, 교육청 외의 가정 평가가 적절한지를 입증할 목적으로 공판을 요청할 수 있는 선택 권한을 가진다.

심지어 부모가 교육청의 비용 지원에 대한 요구 없이 외부 평가를 받기로 결정했다 할지라도, 교육청은 IEP를 준비하는 데 있어, 이 평가의 결과를 반드시 고려해야 한다. 외부 독자적인 시설은 특별한 장애 범주에 아동을 배치할 시 보상받을 수 있는 주의 자금 체제와 일반적으로 결합되어 있지 않기 때문에, 외부 평가들은 종종 아동의 개별 프로그램 욕구와 관련된 직접적인 처방을 제공하는 데 있어 매우 유용하다. 교육청은 심지어 자신들의 검사 결과를 지지하기 위해 외부 평가 제안을 원할지도 모르고, 이것이 부모와의 신뢰를 깊게 만들지도 모른다.

교육청이 외부 독자적인 교육 평가의 비용을 피하기 위해 공판을 개최할 것을 결정했을 경우, 이것은 교육청과 외부 전문가 모두에 의해 평가가 비교되기 까지, 공판 연기를 제안하는 것이 바람직하다. 추가적으로, 일단 외부 평가를 받았을 경우, 프로그램과 관계되는 토론이 즉시 시작된다. 여기에 프로그램뿐만 아니라 사정 비용지불의 책임이 누구에게 있느냐에 대한 논쟁이 있다면, 공판을 개최할 수 있다. 그러므로 투자된 시간과 비용을 최소화해야 한다. 대안으로는 외부 평가의 비용에 대한 문제를 논의하기 위한 합당한 절차적 공판을 가지는 것이고, 그러고 나서 프로그램 요소를 논의하기 위한 두 번째 공판을 가지는 것이다. 분명하게, 비용과 연기는 이후의 상황에 실질적인 것이 된다. 외부 평가의 경제적인 책임이 누구에게 있는지 확립하기 전에 프로그램 요소에 대한 논쟁이 어떤지를 결정하는 것이 훨씬 더 합리적이다. 프로그램 요소에 대한 논쟁이 없다면, 교육청과 부모 사이의 협력적 관계성을 지속시키기 위해 외부 평가 비용의 문제를 타협하는 것이 가치롭다.

IEP 모임

교육청과 부모 사이의 가장 중요한 만남은 IEP 모임에서 생긴다. 일반적으로, 이 모임의 일정은 교육청의 특권이다. 이 모임은 부모와 교육청 간의 상호 동의가 되는 시간에 일정이 잡혀야 한다고 법률은 규정하고 있다. 그러므로, 교육청과 부모의 편의가 이 시간을 결정할 시 고려되어야 한다. 교육청과 부모는 이 모임을 철저하게 준비해야 한다. 교육청의 준비가 보다 분명해 보인다. 교육청은 아동의 실질적인 일과 프로그램 욕구가 고려된 아동의 평가를 완료해 놓아야 한다. 아동의 평가에 기초해서, 교육청은 아동이 받게 될 특별하게 설계된 수업의 특성과 아동에게 필요한 모든 관련 서비스 이 두 가지 모두를 활용할 수 있는 제안을 가지고 있어야 한다. 교육청은 교육청이 최근 가지고 있는 활용할 만한 교육 프로그램에 기초하는 것이 아니라 개별적으로 설계된 기준을 토대로 하여 아동을 위한 프로그램을 제공할 의무를 가진다는 것을 명심해야 한다. 할 수 있는 것과 없는 것, 목적, 목표, 그리고 일반교육과 특수교육 학급에서 보내는 시간과 관련 서비스(또는 전임 통합 일반교육 수업)를 포함하는 IEP 프로그램의 요소는 배치 결정이 되기 전에 결정되어야 한다. 프로그램 요소가 배치 결정에 직접적인 영향을 준다. 교육청이 IEP 프로그램 요소를 분명하게 표현하기 전에 특정 학생의 배치를 제안한다면, 교육청은 연방 법규와 규율을 위반하는 것이다. 교육청은 IEP 모임에서 동등한 파트너인 부모에 의해 수정 또는 거부를 가정하여 그들이 알고 있는 프로그램 제안과 완전한 배치 권면에 대하여 논의를 하기 위한 준비를 해야 한다.

부모는 주의 깊고, 사려 깊게, 그리고 완벽하게 아동의 교육 기록과 부모 자신의 경험을 다음 사항에 비추어 검토해 봄으로써 IEP 모임을 위해 준비해야 한다. 1) 아동의 학습 방법에 적당하고, 적당하지 못한 것, 2) 현재 아동이 알고 있는 것, 3) 부모가 아동이 장래에 배우기를 희망하는 것. 부모가 유능하거나 전문적인 태도를 가지지 못한다면, 아동에 대한 전문적인 지식을 가진 "전문가"로 대우 받기를 기대할 수 없다. 일반적으로 아동의 강점과 약점을 설명할 수 있도록 준비해야 한다. 성공적으로 혹은, 성공적이지 못한 방법으로 다루어 왔던 가정과 학교에서 이전의 중재들이 목록으로 만들어져야 하고, 충분히 논의되어야 한다. 아동을 위한 부모의 목적이 아동의 일상생활 욕구에 얼마나 유의미한지에 초점을 맞춰 포함되어야 한다. 모임에 출석한 모든 학교 인사에게 사본이 제공되어야 한다.

부모는 아동의 특별한 개별적인 욕구를 충족시키기 위해 적용해야 하는 교수 프로그램이 무엇인지에 대하여 분명한 생각을 가질 필요는 없지만, 부모는 아동을 위한 일반적인 교육의 초점이 무엇인지는 명심해야 한다. 심한 중도장애를 가진 아동을 위한 특수교육 서비스는 모든 다른 것보다 일차적인 목적을 제공해야 한다. 즉, 아동의 교육적 진로의 마지막에, 충분한 생활 기술의 개발, 아동의 일반적인 작업과 생활, 사회적 환경에서 지역사회의 자조적 구성원으로서 독립적인 생활로 이동할 수 있도록 해야 한다. 비록 완전한 자립이 모든 아동을 위한 적절한 목표는 아니지만, 타인에 대한 의존은 감소되어야 한다. 장애학생을 위한, 일반적인 교육 프로그램은 그들의 기본적인 권리가 되어야 한다.

부모는 IEP 모임에서 위협을 느낄 수 있다. 이것은 종종 있는 사례인데, 특히 교육청이 부모에게 전적으로 친숙하지 않은 언어로 두 명, 세 명, 네 명, 심지어 더 많은 전문가들이 그들에게 부담을 지울 때 위협을 느낀다. 매 시간 전문가의 진술서가 작성되어야 한다. 이 진술서는 관련된 아동과 직접적인 관련이 있고, 아동의 상황을 설명해야 한다. 부모는 다음의 사항에 대하여 질문을 자유롭게 할 수 있어야 한다. 자녀에게 적용되는 것이 어떠한가? 일상생활에 기초하여 교실에서 어떻게 공부시키는가? 자녀에게 어떻게 자립생활 훈련을 시킬 것인가? 부모가 IEP 모임에서 위협을 느꼈다면 최종 제안된 IEP는 아마도 이때 서명되어서는 안 된다. 부모는 사본을 요구해야 하고, 보다 덜 구속된 분위기에서 검토하기 위해 집에 가져와야 한다. 교육청은 단지 몇 명의 핵심 인사가 참석한 소규모의 사후 모임을 가져야 한다. 이때, 부모는 교육청이 제안한 프로그램 구성요소를 이해하는 데 도움을 받기 위한 외부 옹호자나 프로그램을 받고 있는 다른 부모와 만나야 한다.

연방법은 IEP가 객관적인 규준, 평가절차, 그리고 IEP 안에 세워야 하는 단기 지도 목표의 충족여부를 결정하기 위한 일람표 등을 포함하도록 정하고 있다. 이것의 목표는 아동의 진보를 측정하기 위해 만들어진다. IEP는 아동의 프로그램에서 진보를 보장하는 계약서는 아니지만, 이것은 프로그램의 성공여부를 측정하기 위한 기본적인 계획수립 도구이다. IEP 내에서의 진보가 단지 연간을 기본으로 해서 평가될 경우, 아동이 IEP 내에서 설계된 프로그램으로부터 유익을 받을 수 없을 경우, 상당히 많은 시간을 잃어버릴 수 있다. 아동 진보의 부족은 교육청 "과실"이 되지 못한다. 이것은 선택된 프로그램이 아동에게 적절하지 않다는 것을 의미한다. 여기에서 중요한 요인은 진보의 부족에 대한 교육청의 허가 실수나 법률적 책무성이 아니라, 오히려 학생에게 적절하게 만들어 주기 위해 가능한 빠르게 프로그램을 변화시켜야 한다는 것이다. 그러므로 짧은 간격으로(심지어 2주마다) 프로그램 내에서 학생의 진보를 확인하기 위한 준비가 중요하다. 이러한 준비는 부모에 의해 요구되어야 하고, IEP 내에서 구체적으로 포함되어야 한다. 이것의 목적은 아동의 욕구에 적절한 IEP를 유지해야 한다.

많은 부모들은 프로그램이 제공될 장소의 물리적인 위치에 대하여 매우 염려한다. 연방법과 법률은 프로그램이 종종 메인스트림으로 정의되고 있는, **최소제한환경**에서 실행되도록 강조한다. 전문가들은 **통합**(integration) 또는 **통합**(inclusion)이라는 말을 사용한다. 기본적인 법 요구 사항은 모든 아동이 그들이 장애를 가지지 않을 경우 출석해야 하는 학급에서 교육을 받을 것을 진술하고 있다. 규정에 의하면, 아동의 프로그램이 아동이 배치된 학교로부터 지리적으로 많이 이동하면 할수록, 이 프로그램은 더욱 제한적이 된다. 교육청은 그곳에서 심지어 보조 기구나 서비스를 사용해서도 적절한 교육을 받지 못한다는 것을 입증하기 전까지는 부모에게 일반적인 환경에서부터 옮기라고 할 수 없다. 적절한 프로그램을 제공받는 것을 필요로 하는 한, 일반교실환경으로부터 옮길 경우, 이때 아동은 더욱 제한적인 프로그램 내에 배치될지 모른다. 분리와 고립된 교실, 학교 건물은 법이 선호하는 선택 조항이 아니다.

IEP 모임에서 논의가 열려 있거나 협력적이었다면, 교육청은 학생의 욕구와 직접적으로 관련되는 아동 프로그램을 위해 그리고 목적과 목표가 객관적인 방법 내에서 측정될 수 있는 방향으로 아동의 진보를 위한 제안을 해 왔을 것이고, 부모는 즉각적으로 IEP에 서명하기를 바랄 것이고, 가능한 빨리 프로그램을 시작할 것이다. 그러나 부모는 교육청의 제안 사항과 관련된 문서의 사본을 집으로 가져오고, 이것을 신중히 검토하고, 의사결정을 하기 전 어떠한 외부 조력도 받을 수 있는 권리를 확실히 가지고 있다.

IEP 추수지도

IEP가 서명되고 프로그램이 시작될 때, 협력적 노력은 그다지 완벽하지 못하다. 단기목표와 연간목적을 향한 진보는 점검되어야 한다. 부모와 특수교육 교사, 치료사, 그리고 통합 프로그램에 관여하는 일반교육 교사 사이의 계속적인 접촉은 중요하다. IEP의 단기목표는 구체적으로 계획되지 말아야 한다. 아동의 학교 프로그램을 강화하는 부모 훈련과 가정 프로그램에 대하여 부모는 기대를 가져야 하고, 교육청은 이것을 제공해야 한다. 아동의 프로그램이 효과적이기 위해, 학교와 가정에서 일관성 있게 적용되어야 한다. 아동의 생활 두 영역이 교차(cross) 목적으로 수행될 경우, 혼란을 낳게 되고 진보도 아주 제한적일 것이다.

부모는 교육청이 아동의 요구에 책임을 가지지 않는다고 느낄 때, 또는 아동을 위한 적절한 프로그램이 활용되지 않는다고 생각될 때 많은 어려운 상황을 직면하게 된다. IEP 모임에서 또는 이 모임 바로 직후, 교육청이 아동을 위한 적절한 프로그램을 기꺼이 제공하지 않는 것에, 부모가 감정이 생긴다면, 부모는 합당한 절차적 호소를 하기 위한 의사결정을 내리기 전 몇 가지 예비 단계를 가져야 한다. 다음 절에서 이러한 단계에 대하여 설명한다.

합당한 절차적 호소에 대한 결정

첫째, 부모는 교육청의 평가 자료에 비추어 아동의 교육 목적을 검토해야 한다. 부모는 목적들이 현실적으로 획득 가능한지, 교육청의 견해가 아동의 적절한 프로그램을 위해 필수적인지 또는 범주화나 활용할만한 자금과 같은 외부적인 문제에 대한 것인지에 대해 평가가능한지 결정해야 한다. 둘째, 부모는 교육청과 일치하지 않는 영역에 대하여 확인해야 하고, 일치하지 않는 각 영역에서 아동의 프로그램을 위한 특정 영역을 결정해야 한다. 부모가 이 영역에서 아동에게 적절한 프로그램을 제공하기 위해 요구되는 것을 말할 수 있는 능력이 부족하면, 외부 도움을 구할 필요가 있다. 문제 영역을 설명하는 데 있어, 아동과 함께 하는 스텝과 이야기를 하는 것이 좋다. 마지막 학년도의 담임교사, 치료사나 교실 보조 교사는 금년 프로그램 요구를 설명하는 데 있어 원조가 되는 정보를 제공할 수 있다.

적절한 교육을 위해 중요한 프로그램 요소에 관하여 부모와 교육청 간의 갈등이 존재한다면, 몇 가지 대안적인 방법이 가능하다. 교육청과 협력적으로 관계하고 있으면서 프로그램 구성에 대하여 불일치한다면, 양측은 솔직하고 정직하게 그들의 견해를 표현할 것이지만, 아동의 요구에 대하여 진정으로 다른 입장을 가지고 있다면, 이는 자신의 의견을 위해 외부 전문가를 활용하는 것이 좋다. 양측은 공판의 가능성을 피하기 위해 이러한 기회를 받아들여야 한다. 이것은 그들이 합당한 절차에 호소하기 전, 그들과 전문가가 갈등을 해결하기 위한 시도로 지역 대표 만나기를 제안하는 것은 부모와 아동에게 상당한 이점이 된다. 교육청이 좋은 프로그램을 가지고 운영하는지 보장하기 위해 이러한 상황에서 교육청의 신중한 검토가 요구된다. 이것은 단지 시간을 벌기 위한 단순한 제동은 아니다. 교육 문제를 혼란스럽게 만드는 인성적인 갈등이 생길 경우, 중재자로서 행사하기 위해 이 교육청 또는 심지어 지역 교육청, 주 교육 기관이나 단과대학이나 종합대학으로부터 분리되고, 관계없는 행정가를 초대하도록 지역 대표에게 요구하는 것은 유용하다. 인성과 프로그램 논쟁 간의 명백한 공표를 위해 판사의 정기회의에서부터 기록은 분리되어야 한다. 일단 공표가 명백하고, 양측은 그들의 욕구불만을 토로했다면, 협상과 타협은 가능하다.

결 론

합당한 절차를 탈피하기 위해서는 학생의 교육적 유익을 위해 자신을 희생하는 노력, 준비, 헌신, 그리고 의지 등이 요구된다. 양측은 좋은 신용관계에서 일해야 한다. 그들은 그들이 할 수 있는 것을 인정해야 하고, 할 수 없는 것을 수용해야 한다. 독자적인 근본 방침을 지지할 때나, 자기 자신을 위해 또는 판례를 세우는 데 손해를 보지 않기 위해 어떠한 값을 치르더라도 이기려고 노력한다면, 얻을 것은 거의 없고, 많은 것을 잃게 된다. 총체적인 초점은 아동을 위한 최선의 교육 프로그램과 최선의 유익에 두어져야 한다. 만약 이것이 성인으로서 자립을 향하는 학생의 진보에 대한 희생을 의미한다면 승리는 더 이상 아무런 문제가 되지 않는다.

참고문헌

Education for All Handicapped Children Act of 1975, P.L. 94-142. (August 23, 1977). Title 20, U.S.C. 1401 et seq: *U.S. Statutes at Large*, *89*, 773-796.

Individuals with Disabilities Education Act of 1990 (IDEA), P.L. 101-476. (October 30, 1990). Title 20, U.S.C. 1400 et seq: *U.S. Statutes at Large*, *104*, 1103-1151.

논의

Lynn Kern Koegel & Robert L. Koegel

교육은 계속적인 발전의 과정에 놓여 있다. 많은 장애인의 권리들이 현실화 될 때, 이러한 변화들은 장애아동과 비장애아동 모두에게 유익이 되는 방향으로 일어난다. 현재 연구와 실천은 특수교육과 일반교육이 생산적인 합병을 하는 방향으로 옮기고 있다. 사회가 다양성을 지향하고, 지역사회 안으로의 탈시설수용화를 지향하듯이, 이러한 합병은 아주 시기적절한 것이다. 그리고 장애아동의 교육에 관여하는 사람들은 기능적인 교과와 사회적 기술 및 우정의 개발을 가르쳐야 할 필요성이 출생부터 시작하여 생애를 통해 지속적으로 이루어져야 한다는 것을 알아야 한다. 세심한 계획수립과 실행만이 장애아동을 다양한 사회에 기여할 수 있는 존재로 성장하게 한다. 그리고 세심한 계획수립만이 일반 아동들로 하여금 모든 아동이 모든 사람을 위한 삶의 질을 누릴 수 있다는 것을 인정하는 것을 배울 수 있을 것이다. 이 장은 부모, 법률, 연구, 그리고 치료사 등의 다양한 관점에서 장애인의 삶에 관여하는 사람들의 경험 연구, 그리고 사상에 대하여 말한다. 이 논의는 일반교육환경에서 장애아동의 성공적인 통합에 아주 중요하게 부각되는 몇 가지 중요한 주제에 대하여 검토한다. 그리고 나서 이러한 성공을 성취하는 데 중요한 일부 실천적인 절차들을 요약한다.

일반적인 중요한 주제들

몇 가지 일반적인 중요한 주제가 성공적인 통합 프로그램을 위한 규정사항이 되기 위해 나타났다. 첫 번째, 성공은 일반교육환경에서 세심한 계획과 준비(planning and preparation)를 포함한다. 치료사, 가족, 연구자, 그리고 기타 사람들은 계획수립 및 준비가 없다면, 교육과정은 아동이 통합교육의 이점을 경험하지 못하는 체제에서 끝나고 만다는 사실을 잘 알고 있다. 반대로, 세심한 계획수립에 따른 프로그램은 적절한 스텝을 임명할 수 있고, 교사, 가족 그리고 기타 다른 학교 인사에게 현직연수(in-service) 프로그램을 제공한다. 그리고 사전에 잘 준비된 시스템은 문제를 최소화하기 위한 사전 전략을 보다 잘 실행할 수 있다.

두 번째, 위 언급한 주제 중 준비와 관련하여, 심각한 이차 행동문제의 예방은 장애아동을 위한 중요한 교육적 목적이다. 그리고 이것의 중요성은 과소평가되지 않는다. 중재가 없다면, 학문적, 사회적, 그리고 언어적 어려움은 나이가 들어감에 따라 향상되지 않을 것이다—아동들은 더 나빠질 것이라는 새로운 여론이 있다. 더욱이, 과학적 연구들은 결함영역과 부정적 영향 간에 상호 관련성이 있다는 것을 밝혔다. 예를 들어, 초기 의사소통 문제는 문제행동과 사회적 어려움과 연합되기 쉽다. 문제행동의 시작은 종종 초기 아동기에 시작된다. 그러므로 전조 증상의 확인과 가능한 한 초기에 중재 프로그램을 세우는 것이 중요하다. Kaiser와 Hester(제7장)는 많은 언어-학습을 하는 아동은 새로운 언어 기술을 사용하기 위해 제한된 지원을 경험한다고 지적했다. 심지어 교실에서 성인 대 아동의 비율은 4:1이다. 아동이 일반화를 입증하는 정도는 다른 사람에 의해 제공되는 특정한 유인에 의존하기 때문에, 대화 패턴을 강화한다는 것은 의사소통 향상을 위해 필수적이다. Kaiser와 Hester는 지원적이고 사회적이고 의사소통적 환경을 만들기 위한 몇 가지 전략을 제시했다.

세 번째 주제는 긍정적 행동지원(positive behavioral support)을 제공하는 순행적 행동전략(proactive strategies)이 모든 아동을 위한 교육적 과정을 통해 규칙적으로 실행될 필요가 있다는 사실이다. 기능분석은 많은 도피, 회피, 그리고 교란적인 행동의 원인이 되는 주의결함 기능을 줄이기 위한 치료 계획과 생태적 조작 등을 결정하는데 매우 도움이 된다. 더욱이, 순행적 접근은 사건 만들기, 이전의 성공적인 중재 프로그램 세우기, 능력과 무능력의 영역 만들기, 그리고 성공을 조장시키기 위해 각 개별 아동이 싫어하는 것과 바라는 것 등을 결정하는 데 도움이 된다. 비협오적인 중재전략과 관련된 새로운 많은 정보들이 있다. 많은 것들이 이 책에서 논의되었다. 이것은 학교에서 체벌 절차의 일반적인 사용의 필요를 줄이거나 제거한다.

네 번째, 조정(coordination)과 협력(collaboration)은 값진 효과를 발휘한다. 그리고 이 두 요소가 없다면, 성공적인 프로그램도 없을 것이다. 조정과 협력이 없다면, 얻는 것도 많치 않을 것이며, 아동은 다양한 환경에서 각기 다른 기대에 의해 혼란스러워 질 것이다. Dussault가 지적했듯이(11장), 조정과 협력의 결핍은 아동에게 상처를 입히고, 조화로운 관계가 없다면 완벽하게 만족할 수 있는 사람은 없을 것이다. 조정과 협력은 다양한 기관 사이에 주고 받는 것을 포함하며, 사람들은(부모를 포함하여) 특정 아동을 위한 책무성을 가지고, 성취하려는 수고를 보상받게 된다.

다섯 번째, 모니터링(monitoring)과 평가(evaluation)는 모든 아동을 위한 효과적인 교육 계획수립을 성취하기 위해 계속적인 조절의 절차로서 필요하다. 획득(gains)의 여부는 적절한 시기에 모니터링 될 필요가 있다. 그러나 획득되지 못한 목표의 조절과 재평가는 동등하게 중요하다. 이 절차는 연간 IEP 모임에서 일어나지 않지만, 그 연도 동안 교실에서 계속적으로 일어난다. 추가적인 모니터링과 절차적 실행(procedural implementation)에 대한 평가는 또한 계속되어져야 한다. 협력자, 상담사, 부모, 그리고 기타 사람들로부터 피드백과 조력은 치료 절차의 실행의 질을 보장할 수 있다.

마지막으로, 사회적으로 타당한 생애 전반적인 욕구(socially valid life-span needs)가 가장 중요한 교육과정이라는 것을 기억해야 한다. 장·단기 목표가 개발되었을 때, 계획수립자는 장기적인 욕구를 고려해야 하고, 성인으로서 아동의 독립을 이끄는 요인을 확인할 필요가 있다. 획득은 장애인의 생애 전반적인 전망 위에 체계적으로 세워질 수 있는 사회적으로 유의미한 행동 변화나 결과를 제공하기 위해 객관적으로 문서화될 필요가 있다. 이것은 성인기에 많은 자기 충족과 자율성을 이끄는 유의미한 기술의 축적과 행동을 낳는다.

교육적 실행

이전 장의 연구자들은 독자들에게 교육적 통합을 촉진시키기 위한 몇 가지 실천적 절차를 제공했다. 다음 절차들은 효과적인 행동 변화를 일으키는 중요한 자료들이다. 첫 번째, 기능분석(functional analysis)은 모든 아동의 프로그램에 필요한 부분이 된다. 더 이상 반응 결과에만 의존하는 것은 충분하지 못하다. Reichle와 그의 동료들(제10장)은 관찰이 1) 목표행동의 빈도 기록, 2) 행동에 영향을 미치는 선행자극 결정, 3) 행동이 발생하는 환경 확인, 그리고 4) 자연스러운 행동 결과 등을 확인하는 데 필요하다고 지적했다. 문제행동이 나타날 때와 나타나지 않을 때를 기록하는 것은 문제행동의 원인과 관련된 요인뿐만 아니라 기능을 확인하는 데 도움이 된다. 이때 기능적으로 동등한 대체 행동을 가르칠 수 있다. 구체적으로, 환경적인 재구성, 생태적 조작, 의사소통적 대체, 그리고 교육과정 수정은 그에 맞게 조정할 수 있다.

두 번째, Sailor(제8장)에 의하면, 특수교육 서비스는 일반교육 프로그램의 맥락 내에서 실행될 필요가 있다. 특수교육의 목적은 통합적인 수업 환경의 학문적, 사회적 맥락 내에서 개발될 필요가 있다. 많은 교육청은 이전에 특수 학급에 분리되었던 아동이 현재 온종일 일반 학급에 배치되어 "순회"특수교육 수업을 받도록 고려하였다. 반면 특수교육 교사와 보조 교사는 중도장애아동이 배치되어 있는 일반 학급의 스텝을 지원했다. 부모와 지역사회 봉사, 그리고 또래들은 교육청의 비용을 최소화하고, 사회적 이득을 최대화함으로써 이들 학생의 통합을 돕는 데 유용하다. 그리고 시간이 지나감에 따라 잘 구조화된 프로그램이 실행될 때 이들 아동들이 얻은 유의미한 이득은 전문적인 서비스의 필요를 감소시킬 수 있었다.

일반교육의 맥락 내에서 특수교육 목적의 실행은 교육과정을 조절할 필요가 있다. 이것은 몇 가지 수단을 통해 실행될 수 있다. Nickels(제6장)는 부분적 참여의 활용을 입증했다. 이 방법은 비장애 또래가 수행하는 동일한 과제를 개인적 목표에 포함시키는 것이다. 이렇게 함으로써, 과제는 연령에 적절하지만 개인의 기능적 수준에 맞게 조정된다. 교육과정 목표와 더불어 위에서 논의된 기능분석을 조정한다는 것은 교육과정 수정이 가능하다는 것이다. 즉, 범위, 난이도, 그리고 소근육, 대근육 운동기술 요구 등을 조절하기, 같은 목표를 가진 유의미하고 기능적인 과제를 포함하기, 그리고 아동이 선택 결정을 할 수 있도록 허락하기와 같은 교육과정을 수정할 수 있다(Dumlap & Kern, 1993).

일부 다른 성공한 절차들이 이 책의 다른 장에서 논의되었다. 그리고 우리는 완전통합환경에서 우리 자신의 연구가 효율적이라는 것을 또한 발견했다. 이러한 절차 중 한 가지는 장애아동이 다음날 배울 내용을 사전에 집에서 편안한 태도로 준비할 수 있도록 학문적 기폭제와 같은 절차를 실행하기 위해 부모-전문가 협력을 활용하는 것이다. 이것은 치료 서비스 전달에 있어서 유용하고 비용을 효율적으로 사용하는 방법이다. 그리고 교사와 가족 간의 생산적인 관계를 향상시킬 수 있다. 또 다른 방법은 자기관리이다. 자기관리는 독립생활을 촉진시키는 것으로 알려져 있다. 그리고 학급의 보상체제를 유도한다. 더욱이 일부 연구는 모든 아동이 그들 자신의 교실에서의 행동을 평가할 때 긍정적인 교실환경 변화를 보여주었다.

마지막으로, 사회성 발달과 우정은 너무나 종종 간과된 영역이다(Hurley-Geffner, 1995). 많은 아동이 취학전에 시작하는 또래장애아동과의 접촉이 정규적으로 노출되고 있기 때문에 그들은 종종 더욱더 관대하고, 다양성을 잘 이해한다. 그러나 우정을 쌓는다는 것은 통상적으로 세심한 계획수립과 또래와의 활동하기뿐만 아니라 장애아동과 함께 직접적으로 활동하는 것이 필요하다. Nickels(제6장)는 장애아동의 다양성을 이해하도록 아동에게 사용한 효과적인 프로그램에 대하여 설명했다. Haring와 Breen(1992)은 또래 집단 모집이 중등학교에 다니는 학생에게 성공할 수 있다는 것을 보여주었다. 크리닉에서 실행하고 있는 최근 연구에서, 관계는 장애아동에게 자연스러운 후속자극이 제공되는 전문적인 게임의 개발과 더불어, 기능분석과 기능적으로 동등한 반응이 놀이 상황에 합병되었을 때 향상될 수 있다는 것을 제안한다. 가족은 방과 후 및 주말에 우정 개발을 돕기 위해 활용될 수 있다. 장애아동과 또래 모두에게 상호 보상적인 계획 활동은 긍정적 관계에 필수적이다.

요약컨대 이 장은 통합교육의 철학적 실천적 지침에 대하여 설명했다. 비록 이 장에서 논의된 많은 절차들이 장애아동을 위해 개발되었지만, 기법의 실행은 장애아동뿐만 아니라, 모든 아동에게 긍정적인 영향을 미친다. 교사와 다른 학교 인사들이 기능분석, 교육과정 조절과 수정, 개별화 등과 같은 기법에 더욱 숙련될 때, 교실에 있는 모든 아동은 이러한 과정으로부터 유익을 받을 것이다. 마지막으로, Nickels가 지적했듯이, 통합 프로그램이 세심하고 적절하게 실행될 때, 학기를 마칠 무렵, 장애아동은 동정, 관용, 다양성의 미, 우정의 의미를 배움으로써 많은 유익을 얻게 된다. 이러한 가치들은 사람의 생애를 통해 지속되고, 성인의 본보기가 장애의 정도에 관계없이 모든 아동의 수용과 통합을 말해 준다는 점에서, 통합 모델이 없다면 결코 얻을 수 없을 것이다.

참고문헌

Dunlap, F., & Kern, L. (1993). Assessment and intervention for children within the instructional curriculum. In J. Reichle, & D.P. Wacker (Eds.), *Communication and language intervention: Vol. 3. Communicative alternatives to challenging behavior: Integrating functional assessment and intervention strategies* (pp. 177–204). Baltimore: Paul H. Brookes Publishing Co.

Harning, T.G., & Breen, C.G. (1992). A peer–mediated social network interventioin to enhance the social integration of persons with moderated and severe disabilities. *Journal of Applied Behavior Analysis, 24*, 337–327.

Hurley–Geffner, C. (1995). Friendships between children with and without developmental disabilities. In R.L. Koegel & L.K. Koegel (Eds.), *Teaching children with autism: Strategies for initiating positive interactions and improving learning opportunities* (pp. 105–125). Baltimore: Paul H. Brookes Publishing Co.

제 3 부

사회 통합

제12장

사회적 관계, 영향을 미치는 변인 그리고 생애 주기의 변화

Craig H. Kennedy & Tiina Itkonen

사회적 관계와 인류(우리 자신과 문화)의 부재는 존재의 부재를 의미하는 것으로 이는 과장된 말이 아니다(Gewirtz & Petrovich, 1983; Mead, 1912). 출생부터 성인기에 이르기까지, 사회적 관계는 우리가 하고 있는 일, 의사소통 방법, 우리와 상호작용하는 사람, 우리와 사회적 관계를 하는 장소, 우리가 만들어가는 우정, 그리고 우리가 사회에서 가지는 다양한 역할들에 영향을 준다. 본질적으로, 우리의 관계들은 우리가 사람들이라는 것으로 규정된다. 보다 사회학적인 관점에서, 인간관계는 어떻게 사회와 그것의 실제가 형성되고 시간이 지남에 따라 전개되는지에 대한 근본적인 토대를 제공한다(Baldwin, 1986; Harris, 1977; Skinner, 1981).

가장 기초적인 단계에서, 사회적 관계는 시간이 지나감에 따라 계속적으로 발생하는 두 사람 또는 더 많은 사람들 사이의 실질적인 상호작용에 기초한다. 개인적인 단계에서 본다면,

인간관계에서 얻을 수 있는 유익은 교육 관계, 정서적 지지, 물질적 보조, 정보 접근, 의사결정 도움, 그리고 새로운 사람을 만날 수 있는 기회를 포함한다(Gottlieb, 1988). 이러한 유익은 많은 일상생활 과업을 이루는 데 필요한 신체적 조력뿐만 아니라 만족스러운 삶을 영위하기 위해 요구되는 심리적 지지를 제공해 준다. 불행하게도, 모든 사람들이 사회적 관계에 빈번하게 접근하지는 못한다. 한 집단 특히 중도장애를 가진 이러한 사람들은 잦은 그리고 장기간의 관계에서의 유익이 눈에 띄게 부족하다(Kennedy, Horner, & Newton, 1989).

점차적으로, 정책과 연구의 초점은 중도장애를 가진 사람과 가지지 않는 사람 사이의 사회적 관계의 부족에 따라 발생하는 문제를 개선시켜 왔다(예: Haring, 1991; Kohler & Strain, 1992; Sailor, 1991). 많은 관점에서, 중도장애인을 주류사회로 통합시키는 것은 이 분야의 노력의 결과로 규정짓는다(Winzer, 1993). 지속적인 사회적 관계는 분명히 가치 있고, 계속해서 추구해야 할 결과이지만 파악하기 어렵다(Strain, 1990).

이 장의 목적은 중도장애인과 일반인 사이의 관계성을 강조하는 사회적 관계에 관한 최근 연구 문헌을 알아보는 것이다. 이 장은 연구자가 사회적 연계에 대해 그들이 얻은 이해는 무엇이고, 더욱 구체적으로 어떻게 이 지식이 사회적 연계를 개발하고, 유지하기 위한 지지적 환경의 능력을 향상시키기 위해 사용될 수 있는지 검토하는 것이다. 이 분야에 대하여 과거 연구 노력으로부터 배웠던 것에 대하여 보다 잘 이해함으로써, 사회의 다른 구성원과 함께 개인적인 사회통합을 최대화하는 효과적인 행동지원을 지원하기 위한 최근의 노력을 향상시키는 방법에 대한 통찰력을 얻을 수 있기를 바란다.

대인 관계의 이해를 발전시키는 필수적인 첫 단계는 사회적 행동(예: 기본적인 행동 기능)과 사회적 행동의 유용성을 완화시키는 매개변수(예: 지지 환경) 사이를 구별하는 것이다. 이 특징은 중요한데, 이는 이 장에서 분석한 문헌의 토대를 제공한다. 이 특징은 어떻게 중도장애인을 위하여 행동지원을 조절하기 위해 연구자가 어떻게 시도했는지 함의를 가지지만, 이 특징에 대한 보다 분명한 설명은 최근 연구 지식의 토대에 기초한 실제를 향상시키는 데 있어서 유용성을 증명하는 것이다. 기본적인 행동 기능은 태도를 어떻게 해야 하는지, 태도가 무엇인지, 사람들의 서로 간의 관계 등을 결정짓는 변인이다. 이것 때문에, 기본적인 행동 기능은 중요하고, 중요한 변인이다. 지원환경은 신체적, 사회적 조절에 비하여 기본적인 행동 기능의 유용성을 중재하는 환경이다. 지원환경이 기본적인 행동 기능의 발생을 촉진하거나 간섭할 수 있기 때문에, 면밀한 검토가 필요하다. 기능과 지원환경 조절에 대한 해결의 결과는 사회적 관계에 영향을 미치는 기본적인 행동 기능에 대한 이해를 보다 분명하게 해야 하다.

이 장의 두 번째 목적은 지원환경이 어떻게 생애 주기의 다양한 관점에서, 조절되는지에 대하여 논하는 것이다. 지원환경이 촉진적이고, 영향을 미치는 관계 변인으로 해석된다면, 사회적 환경에 대한 더욱 분명한 토론이 보장되어야 한다. 일단 사회적 행동에 영향을 미치는 변인에 대한 지식이 개발되어야 되고, 다음 사항에 대한 중요한 질문이 고려되어야 한다. 중도장애인의 지원환경을 위하여 기능에 영향을 미치는 변인의 잠재력을 어떻게 억제하거나 최적화할 수 있을 것인가?

일단 환경이 어떻게 형성되고 사회적 행동이 어떻게 유지되는가에 대하여 보다 잘 이해한다면, 이러한 지식은 더욱 효과적인 지원환경을 구축하는 데 활용될 수 있다. 행동 기능과 지원환경의 조절 사이를 구별짓는 것은 사회적 관계를 이해하기 위한 중요한 기초를 제공한다. 구별 지을 때, 이 장에서는 다음의 물음을 가진다.

1. 관계에 영향을 미치는 침해적인 기능적 관계는 무엇인가?
2. 현재 지원환경의 특징은 무엇인가?
3. 이 분야에서 최근 자료를 더욱 효과적으로 활용하기 위해 사회적 환경을 어떻게 변화시킬 수 있는가?

사회적 관계에 영향을 미치는 유력한 변인

사람들 간의 심리적인 접촉은 사회적 관계의 개발에 영향을 미치는 변인들을 이해하기 위한 기초를 제공한다. 이것은 사람과 관계의 개발 및 유지에 영향을 미치는 변인에 대한 분석 간의 계속적인 상호작용의 흐름이다. 예를 들면, 교실 책상에 서로 나란히 앉아 있는 청년 두 사람(한 명은 장애가 있고 다른 한 명은 장애가 없다)이 고등학교 신문 편집을 했다. 수업시간 이들 과제는 최근 이슈에 대한 한 기사에 사진을 오려 넣는 것이다. 한 학생이 스키 타는 사람의 사진을 들고 와 다른 학생에게 이것을 보여 주었다. 이때 학생들은 그들 앞에 있는 사진에 기초하여 스키 기술 주제에 대하여 서로 서로 상호작용할 것이다. 이러한 상호작용은 그 주제에 대하여 다시 상호작용하는 것에 동의하는 두 학생과 함께 몇 분 동안 계속된다. 아마도 그들의 관심사는 교실 이외에서도 함께 이루어질 것이다.

이러한 사회적 상호작용의 발생에 영향을 미치는 변인은 무엇인가? 이러한 상호작용을 이러한 환경에서(예: 함께 점심 먹는 시간, 하이킹 할 때) 다른 사람에게까지 이끌 수 있는 방법은 무엇인가? 사람들이 상호작용하는 이유에 대한 기본적인 이해가 없기 때문에 문제가 된다. 임상전문가들은 단지 그들의 노력을 유도하기 위해 단지 직관에 의존할 수 있다. 중도장애인의 삶의 질에 경험적 연구가 긍정적인 영향을 끼친다면, 직관적 지식에 대한 분석과 확장은 필수적이고 바람직한 단계로 나타난다. 운 좋게도, 연구 문헌들은 몇 가지 영향을 주는 변인을 확인하는 데 있어 도움을 준다.

인접

사회적 관계의 발전과 관련된 한 가지 변인은 인접(proximity)이다. 인접은 두 사람의 물리적인 근접뿐만 아니라 두 사람 사이의 상호관계를 만드는 공학기술(예를 들면, 전화, 컴퓨터)을 말한다. 상호관계가 일어나기 위해서, 두 사람은 서로 서로의 행동을 중재할 수 있는 능력이 필요하다(Chadsey-Rusch & Rusch, 1988; Storey, 1993). 예를 들면, 잠재적 상호작용에 주의를 모으는 것은 상호작용을 시작하는 데 있어 중요한 첫 번째 단계이다. 그러나 두 사람 간의 인접 부족은 이러한 조작을 불가능하게 만든다. 영향을 미치는 변인으로서 인접이 필수적이지만, 관계에 기초한 상호작용을 세우기 위해서는 충분하지 않다는 것을 아는 것이 중요하다.

상호 강화하는 사건들

인접에 추가하여, 사람들이 상호작용하는 데는 어떤 이유가 필요하다. 이러한 이유들은 기본적인 행동 기능에 의하여 아주 인색하게 개념적으로 설명된다(Catania, 1992; Skinner, 1953; Thompson & Zeiler, 1986). 행동 기능에서 가장 중요한 것은 사회적 행동에 의해 일어난 후속자극이다(Skinner, 1981). 두 사람의 협력이 특별한 결과(예: 스키 타러 가기, 대화하기, 영화 감상하기)를 획득할 필요가 있다면, 사람들은 강화인자로서 기능을 확대하기 위해 상호작용할 것이다. 사회적 관계의 상호작용의 특성은 사람이 특정 후속자극을 획득하거나 피할 수 있는 것에 기초한다(Kimmel, 1979; Scanzoni, 1979).

상호 강화작용하는 사건(mutually reinforcing events)으로의 접근은 하나의 후속 기능이다. 예를 들면, 두 사람이 그들 집에 양탄자를 빨 동안 그들이 가장 좋아하는 경기를 보기 위해 야구 게임장에 참석했거나 영화를 보러 갔다. 이 각각의 경우, 이 사람의 상호작용은 상호 강화작용하는 사건의 결과이다. 이러한 조정은 사람들이 관여되는 많은 사회적 상호작용의 기초를 제공한다. 일터에서, 이러한 상호작용은 특정 기한까지 작업관련 과제를 완성하거나 소프트 볼 게임에 다른 동료 작업자를 참여시키는 것에 기초된다. 학교에서, 학생들은 음악 공연을 올리기 위해 함께 공부하거나 반 숙제를 완성하기 위해 함께 공부하는 것이다. 집에서 룸메이트와 함께 저녁식사를 계획하거나 만드는 것이다.

이러한 예들은 강화인자의 효율성을 결정하는 데 있어 중요하게 나타나는 상호 강화하는 사건에 대해 두 가지 중요한 차원을 지적한다. 첫 번째, 사건(들)은 관여된 각 사람에게 강화인자로서 기능하는 데 필요하다(Chandler, Fowler, & Lubeck, 1992; Haring & Breen, 1992). 계획하기와 저녁 요리 준비하기가 단지 한 사람에게 긍정적으로 강화작용하는 것이었다면 이 사건은 관여하는 다른 사람에게는 부정적인 강화인자로서 기능했을 것이다. 이 경우에, 사건에서 강화작용하는 기능은 사회적 상호작용이 일어나는 목적에 실질적으로 반대하는 일이다.

상호 강화작용하는 사건에 영향을 주는 두 번째 차원은 강화를 얻기 위한 **협력적 후속결과**(cooperative contingency)이다. 두 사람(또는 그 이상)의 협력적 반응이 강화를 얻기 위해 필요할 때, 협력적 후속결과가 발생한다(Hake & Olvera, 1978; Hake & Vukelich, 1972). 예를 들면, 두 사람이 야구 경기장에 참석하기로 되어 있을 경우, 한 사람은 표를 구매하고 다른 한 사람은 경기장까지의 교통이나 간식을 준비할 수 있다. 이 경우, 두 사람의 행동은 야구 경기장에 참석하는 것과 연합된 강화인자를 발생시키는 데 필요하다. 이러한 협력적 조절은 협력적 후속결과가 없을 때 사람들 간의 빈번한 상호작용이 더욱 전형적으로 일어난다(Azrin & Lindsley, 1956; Cohen, 1972; Hyten & Burns, 1986). 이것은 사회적 관계를 유지하는 데 있어 가장 중요한 변인인 협력적 후속결과와 상호 강화작용의 발생을 만든다. 두 사람은 결과가 상호 강화작용할 때 계속적으로 상호작용하는 경향이 있다.

상호 교환

관계성이 개발되고 유지되어야 하는 이유를 이해하는 데 관련되고 중요한 변인은 상호(reciprocity)이다. 상호는 두 사람 사이의 강화인자의 교환으로 설명된다(Berndt, 1986; Strain, Odom, & McConnell, 1984). 상호 교환의 핵심은 각각의 두 사람이 어떤 일에 상호작용하거나 연속적인 상호작용(그리고 강화인자를 유지하는 것)에 기여하는 것이다. 예를 들면, 친구로부터 생일선물을 받은 후, 선물을 받은 사람은 친구의 노력에 사의를 표하고, 그에게 감사의 카드를 보낸다. 이러한 상호 교환은 생일선물을 다른 친구에게 줌으로써 생일선물을 받은 사람에 의해 심화될 수 있다. 아동의 사회적 네트워크에 초점이 된 Hallinan(1978/1989)의 논문에서 상호작용의 중요성이 범례가 되었다. 저자는 초등학교 전체 1학년 학생 그룹의 인간관계의 형성과 발달에 관한 상호 교환의 영향을 조사했다. 그녀는 특별한 학생들 간의 상호 교환의 정도가 높게 나타날 때, 관계성은 전형적으로 오랫동안 유지되지만 반대 상황에서는 전형적으로 유지되지 않는다는 것을 밝혔다(Strain, Shores, & Timm, 1977).

상호 교환과 관계의 영속성에 대한 비슷한 관심이 장애를 가진 성인과 일반 성인 사이의 상호작용에 대하여 Kennedy와 그의 동료들에(1989) 의해 주목받았다. Kennedy와 그의 동료들은 "관계의 붕괴는 사람들 간의 일반적인 상호 교환의 부족이다." 라는 가정을 했다. 즉, 장애가 없는 또래들은 관계성 내에서 전형적으로 많은 역할과 기능에 책임을 가진다. 예를 들면, 활동의 참석과 관련된 견해(예: 영화 보러 가기, 하이킹 가기, 식사하러 가기)를 가지고, 상호작용과 관련된 많은 과제(예: 활동을 주도하기, 활동을 계획하기, 교통수단, 비용 제공하기)에 책임을 가진다. 많은 일반 사람들에게, 중도장애인과 상호작용함으로써 일어나는 책무성은 계속적인 상호작용을 유지하는 데 있어서 사실상 너무나 단일 방향성이다. 그러므로 두 사람

사이의 상호 교환은 관계 개발을 이해하는 데 있어 중요한 변인으로 나타난다.

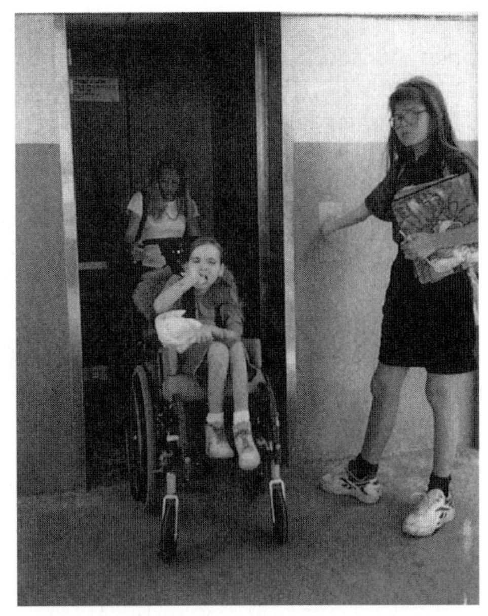

사회적 지원을 받는 것뿐만 아니라 제공하는 것은 관계 개발과 유지에 있어 중요한 요소이다.

선택

사회적 관계(예: 사람이 다른 사람과 관계하는 데 있어 얻거나 모면하게 되는 강화인자)에서 개인적 기여의 영향을 이해하는 한 가지 방법은 사람이 누구와 시간을 보낼지 상황을 선택함으로써 이런 사건을 개념적으로 설명하는 것이다. 선택(choice)은 상호작용하는 사람, 상호작용하는 때, 상호작용이 발생하는 장소, 그리고 어떤 활동을 할 것인지와 관계된다. 행동의 경험적 분석의 전망으로부터, 선택은 동시적 작동(concurrent operant)에 의하여 전형적으로 연구되었다(Catania, 1966; de Villiers, 1977; Herrnstein, 1970, 1990; Horner & Day, 1991). 이 장의 목적을 위하여, 동시적 작용(concurrent operant)의 개념은 사람이 어떻게 활용할 만한 사회적 상황 가운데서 선택하는지에 대한 연구를 하기 위한 기초를 제공한다.

행동의 흐름은 잠재적 상화작용들과 활동들 중 무수히 많은 선택이 끊임없이 주어진다. 동시적 작용(concurrent operant)에 관한 중요한 연구결과는 네 가지 변인이 선택과 밀접하게 연관되어 있다는 것이다.

1. 강화의 빈도(frequency)(예: 사회적 상호작용의 횟수는 선호하는 행동이나 사람에게 접근을 제공한다)
2. 강화의 크기(magnitude)(예: 선호하는 행동에 있어서 두 사람이 상호작용하는 시간의 양)
3. 강화의 지연(delay)(예: 사람이 선호하는 행동에 즉시 접근은 어떠한가)
4. 강화가 발생하는 데 있어서 관련된 노력(예: 상호작용이나 활동을 조절하는 데 필요한 많은 일)

특별한 관심은 어떻게 이 네 가지 변인이 상호작용하는가이다. 예를 들어, 강화의 빈도와 크기가 클수록 사람과 보내는 시간의 양이 많아지는 반면, 지연과 노력이 클수록 사람과 보내는 시간의 양은 적어진다. Kate라는 한 학생이 Joey나 Allyssa와 상호작용하는 시간을 보낼 수 있는 고등학교 점심시간을 생각해 보자. Joey와 상호작용하는 데 많은 노력을 했고 Allyssa와 상호작용은 많은 강화의 크기와 연관되었다면, 이때 평균적으로, Kate는 Joey보다 Allyssa와 종종 점심시간에 상호작용하게 된다. 이것은 심지어 모든 다른 변인이 동등하다 할지라도, Kate는 Joey와 더 많은 시간을 보내기 위해 전형적으로 선택할 것이라는 사례이다. 이론상, 임상치료사들은 빈도와 크기 강화인자와 연합된 상호작용을 위한 개인적 기회를 최대화하기를 원하고, 강화의 지연과 요구되는 노력을 최소화하기를 원한다. 잠재적으로, 이러한 변인들은 선택, 상호 그리고 시간이 지남에 따라 사회적 관계성이 어떻게 발전되는가 간의 관계를 이해하는 데 핵심이 된다.

외적 강화인자

사회적 관계를 지원하기 위해 최종적으로 영향을 미치는 변인은 외적 강화인자의 준비이다. 사용된 한 가지 전략은 상호작용에 관계하기 위해 추가적인 강화인자를 한 두 사람에게 제공하는 것이다. 금전적 유인(성인을 위해), 학점(학생을 위해), 그리고 교사의 칭찬(어린 아동을 위해)은 전형적인 외적 강화인자의 예들이다. 이전에 논의된 변인에 대하여 상호작용에 관계하기 위해 활용할 수 있는 강화인자가 상호작용을 유지하는 데 불충분하다면, 추가적인 인센티브는 활용할 만한 강화인자를 증가시킬 수 있다. 예를 들면, 성인 지원 기관에 사용된 한 가지 전략은 중도장애인과 활동하는 데 관여되도록 하기 위해 일반인(가능하면 아는 사람)에게 재정적인 보상을 제공해 왔다(Newton & Horner, 1993). 취학전 아동에게 전형적으로 사용된 또 다른 전략은 상호작용을 시작하도록 또래를 촉진시키기 위한 교사의 관심과 칭찬을 제공해 왔다(Kohler & Fowler, 1985; Odom & Strain, 1986). 외적 강화인자를 사용할 때 전반적인 목적은 이전에 알지 못한 사회적 강화인자 속으로 사람들을 "끌어들이는" 것이다(Baer & Wolf, 1970; McConnell, 1987). 즉, 외적 강화인자는 사람들의 상호작용을 유도할 수 있는 초기 유인으로서 사용될 수 있지만, 이것은 관계를 유지하는 데 도움이 되는 사회적 상호작용으로부터 활용할 만한 자연스러운 강화인자이다. 어떤 의미에 있어서, 외적 강화인자는 사람들이 서로 서로 알 수 있도록 하는 인센티브를 사람들에게 제공하는 수단으로서 채택된다. 그리고 유익의 결과를 즐긴다.

유력한 변인의 안정성

논의된 영향을 미치는 변인은 사회적 상호작용을 촉진하거나 구속하는 효과적인 지원환경을 어떻게 평가할 것인지에 대한 많은 지표를 제공한다. 그러나 지원환경과 사회적 관계에 관한 영향에 대하여 논의를 시작하기 전에, 변인 간에 나타나는 특정의 변량과 변화에 대하여 아는 것은 아주 중요하다. 영향을 미치는 변인은 개인의 생애 주기에 걸쳐 다양하지 않다는(아주 초기 발달은 제외하고) 것을 아는 것은 특히 중요하다(Benson, Messer, & Gross, 1992; Sherman, 1982). 즉, 이러한 변인은 성인기로 통하는 초기 아동기로부터 상호작용의 기초가 되고, 사회적 상호작용을 위한 기본적인 주춧돌이 된다. 그러나 중도장애인이 그들의 생활에 걸쳐 만나게 되는 지원환경은 이들 변인들의 조작을 촉진시키거나 방해하는 정도에 있어서 매우 다양하다. 이 시점에서 이것은 중요한 관심거리 가운데 있다. 왜냐하면 이 분야의 임상 치료사들은 장애인 지원에 실질적으로 재구조화하는 중앙에 서 있기 때문이다(Kohler & Strain, 1992; Sailor, 1991; Skrtic, 1991). 인간관계에 영향을 미치는 변인들이 개인의 생애 주기에 걸쳐 거의 변화하지 않기 때문에, 다양한 환경을 수반하는 물리적 사회적 조절은 매우 다양하다. 다음 절은 지원환경이 어떻게 유력한 변인에 영향을 미치는지에 대하여 탐색한다.

생애 주기에 걸쳐 유력한 변인 촉진시키기

사회적 관계에 기초가 되는 행동 원리에 대하여 많이 알게 됨에 따라, 사람이 살고 있는 환경을 구축하는 데 이 지식을 적용한다는 것은 가치 있는 결과를 낳는 데 중요하다. 그러나 최근, 장애인을 위한 지원환경은 다양한 배열로 구성된다. 일부 이러한 배열은 유력한 변인의 유용성을 촉진시키는 반면, 다른 것들은 이 유용성을 구속시킨다. 이러한 지원환경의 이질성은 다음과 같은 차원에 기초한다. 1) 중도장애인을 집단화시키는 방식, 2) 접촉하는 사람들, 3) 특정한 활동 형태의 유용성, 4) 사회적 관계에 활용할 만한 지원과 강조, 5) 전형적인 지역사회 환경에 물리적 인접. 이들 각 차원들은 유력한 변인을 촉진시키거나 방해한다. 생애 주기적인 전망으로부터 본다면, 지원환경은 개인의 생애 주기에 걸쳐 그리고 특정 연령의 집단 내에서 이 모두에서 다양하다. 이러한 논의의 초점은 유력한 변인을 최적화하는 것이 무엇인지 분석하는 것이고, 역으로, 유용성을 방해하는 것을 분석하는 것이다. 이러한 정보는 최근 중도장애인을 위한 지원환경의 강점과 약점에 대한 규범적인 이해를 제공해야 한다.

지원환경의 다양성

환경의 촉진적 차원 대 제약적 차원을 구별하는 최선의 방법은 아마도 광범위한 연속체에서 두 차원의 끝점을 생각해 보는 것이다. 첫째, 중도장애인과 일반인 간의 관계 개발을 방해하도록 설계된 극단적인 환경의 경우를 생각해 보라. 이러한 환경을 산출하는 시스템은 중도장애인을 지리적으로 외딴 곳에 배치하게 된다. 이러한 지리적으로 외딴 곳 즉, 많은 장애인들이 밀집된 장소에 밀집되어 있는 곳, 지역사회 구성원과 상호작용하거나 전형적인 지역사회 환경으로부터 접근이 배제된 곳, 개인이 할 수 있는 활동 유형이 제한된 곳이다. 만약 그렇다면, 사회적 관계를 개발하고 지원하는 것을 강조해야 한다.

불행하게도, 이러한 제약적인 환경이 여전히 존재한다. 사실, 역사적으로, 그들은 사회가 중도장애인을 위한 환경을 조정했던 일차적인 방법이 되어 왔다(예: 시설화). 사회적 관계에 관한 이러한 환경의 노력은 전혀 예상할 수 없었고, 달갑지 않은 것이다(Bruininks, Meyers, Sigford, & Lakin, 1981).

이러한 환경은 유력한 변인에 있어서 기본적이고, 널리 퍼져있는 제약 때문에 중도장애인이 다른 사람과 접촉하기 위한 기회에 부정적이다. 앞서 언급했듯이, 인접은 사회적 관계에 있어서 중요한 구성요소이다. 개인으로 하여금 전형적인 환경, 사람, 그리고 활동, 사회로부터 떼어놓는 것은 다른 사람과 관계하는 기회를 제한한다. 예를 들면, 많은 지역에서, 여전히 단지 중도장애학생을 위한 "집단" 학교에 가는 것이 학령기 아동에게 일반적인 것이다. 심지어 인접을 극복했다할 지라도, 이러한 환경은 관계를 개발하고 유지하는 데 필요한 다른 변인을 제약한다(예: 상호 강화작용하는 사건, 호혜, 선택).

반대로, 사회적 관계를 개발하고 유지하기 위해 설계된 지원환경을 생각해 볼 수 있다. 이런 환경은 중도장애인이 지역사회 내에서 자연스럽게 균형을 이루면서 생활하고, 그들 또래의 다른 사람들과 관계하는 활동을 할 수 있고, 그들이 관계하고 싶은 상호작용을 선택할 수 있고, 지역사회의 다양한 사람들과 상호작용할 수 있다. 이러한 지원환경의 유형은 또래와의 상호작용을 적극적으로 격려한다.

학생을 위해, 보다 통합적 환경이 되기 위하여 학교를 재구조화하는 쪽으로의 최근 이동은(Stainback & Stainback, 1992) 유력한 변인의 효과를 촉진하는 것과 함께 나타난다. 시간이 지남에 따라, 임상치료사들은 이러한 조절이 인간관계를 개발하는 데 보다 실현 가능한 선택사항이 된다는 것을 알게 되었다. 이것은 상호작용을 개발하고 유지하도록 돕는 노력의 결과인 후속자극을 관찰함으로써 배웠던 절차상의 과정이었다. 연구자들과 임상전문가들이 이것을 인지했던지 안했던지 간에, 유력한 변인에 대한 함의적인 영향은 지원환경이 어떻게 구조화되는지에 대하여 점진적으로 구체화되어 가고 있었다. 운 좋게도, 임상치료사들은 그들의 노력에 대한 후속자극에 민감했었고, 계속적으로 배워가고 있다. 예를 들면, 계속적인 인접, 상호 강화작용하는 사건의 유용성, 그리고 상호의 중요성에 대하여 더 많이 배울수록, 임상치료사들은 유력한 변인을 촉진시키는 최상의 실천을 위해 고려해야 할 것이 무엇인지 끊임없이 조정해 왔다(Nisbet, 1992; Odom, McConnell, & McEvoy, 1992; Putnam, 1991; Strain, 1991).

아마도 최근 접근에 대한 노력으로 인해, 통합환경의 중요성이 받아들여지고 있으며, 생애

장애가 없는 학생들이 있는 일반학교에 상호작용할 수많은 기회를 제공한다. 그러한 기회는 사회 관계를 발달시키는 데 주도적인 기회를 제공한다.

주기에 걸쳐 실험적인 연구가 나타나고 있다. 초기 아동기 교육 분야에서, 통합환경에서 지원을 전달하는 방향으로의 실질적인 움직임이 있다(Noonan & McCormick, 1993; Strain, 1990). 학령기 학생을 위한 최근 노력은 일반교육환경에서의 지원 서비스를 통합하는 데 초점을 두고 있다(Sailor, 1991; Salisbury, Palombaro, & Hollowood, 1993). 유사하게, 성인을 위한 지원 서비스는 일반 작업장과 전형적인 지역사회 환경에서의 고용에 초점을 맞추고 있다(Newton & Horner, 1993; Rusch, 1992). 이러한 각각의 조정은 또래 간의 일반적인 활동, 협력, 그리고 선택 등이 발생하게 하는 것처럼 인접을 부정하는 것에 대한 태도에서 적응 환경을 구축한다.

일반적으로, 보다 더 잘된 통합환경으로의 이동은 서비스 전달이 재구조화되는 방법으로 나타났다. 그러나 어떤 연령대에서 환경은 여전히 상당히 다양하다. 서비스의 연속체는 일반교육환경에서부터 독립학급의 배치에 이르기까지 학령기 학생을 위해 여전히 존재한다. 학생을 교육하는 데 이러한 각각의 접근은 유력한 변인들에 있어 매우 다른 효과를 가진다. 우리의 연구결과는 유력한 변인에서의 이러한 차이점이 학생의 사회생활에 분명한 효과를 가진다고 지적했다(Fryxell & Kennedy, in press; Kennedy & Itkonen, 1994). 예를 들면, 통합환경에서 교육받고 있는 이들 학생들은 전통적인 배치(독립학급)에 있는 학생들 보다 또래와 더욱 많은 접촉을 가지고 또래 사이의 우정을 더욱더 발전시킨다.

하나의 환경에서 다른 환경으로의 전환

한 가지 지원환경에서 또 다른 지원환경으로 전환을 할 때 학생은 비슷한 걱정꺼리를 만나게 된다. 예를 들면, 초등학교를 통해 취학전부터 일반교육환경에서 교육받아 왔던 학생에게는 계속적인 빈도가 증가한 것이고, 단지 중등학교 프로그램으로 전환할 시 유의미한 변화를 맞게 된다. 변화의 예는 1) 이웃학교에서 "집단"(혹은 독립된) 학교로 옮기는 것, 2) 일반교육 참여에서 특수교육 서비스로의 변화하는 것, 3) 또래와 새로운 접촉을 개발하고 이전에 만든 관계를 유지하기 위한 노력에서 전반적인 감소를 경험하는 것을 포함한다. 이러한 변화는 학생의 사회생활을 지원하는 유력한 변인을 효과적으로 조절하도록 계획되지 못한 새로운 환경에 학생을 배치하게 되고, 이전에 만들어진 사회적 관계를 분열시킨다.

한 환경에서 다른 환경으로의 효율적인 전환을 위해 필요한 전략에 더욱 많은 관심을 가지게 됨에 따라, 생애 주기 전반에 걸쳐 지원환경의 질과 일관성이 아주 중요하게 자리 잡아가고 있다. 연구와 실천으로부터 이러한 변인을 촉진시키는 방법에 대한 지식을 계속적으로 확대시키는 동안, 유력한 변인을 강조하기 위해 또래 내에서 이질적인 지원환경을 줄이는 것은 관계를 최적화하는 데 아주 중요하다.

최근 지원환경의 현상

사회적 행동과 관련된 촉진변인 대 제약변인에 대하여 많이 알았음에도 불구하고, 서비스 전달체제의 질적 변화는 여전히 나타난다. 그러나 지원환경 내에서의 이질은 시간이 지남에 따라 감소되어 나타난다(Winzer, 1993). 연구자들과 임상치료사들은 일차적인 목적으로 사회적 관계를 할 수 있도록 환경을 재구조화하기 위해 함께 노력하고 그 결과가 달성되었을 때, 우리의 노력을 향상시킬 수 있는 방법에 대해서 계속해서 배우게 된다. 생애 주기에 따라 영향을 미치는 유력한 변인을 조장시키기 위해 조절된 최근 환경의 현상은 조장되기도 하고 낙담스럽기도 하다. 조장적인 일은 지원환경을 최적화할 수 있는 방법에 대한 우수한 본보기들이 있다는 것이다. 이러한 환경은 최근 최상의 실천사항(best practice)으로 확인될 수 있다. 낙담적인 일은 모든 연령층에 걸쳐 보다 덜 선택적인 환경이 나타나고 있다는 것이다. 전자의 환경 유형의 확산은 후자 환경 유형의 빈도를 줄일 것이다. 중요한 결과를 낳기 위해, 연구와 실천을 종합하는 우리의 노력은 개발된 지원환경의 질을 최대화할 수 있는 핵심적인 방법이 될 것이다(Kaiser, 1993).

미래 연구의 방향

역사적으로 볼 때, 유의미한 사회적 관계의 부족은 종종 인용되는 중도장애인의 관심사 중의 하나였다. 유력한 변인을 조장하기 위해 환경을 조절하려는 적극적인 노력의 부재 가운데, 관계는 간헐적으로 발전되어 왔고 시간이 경과함에 따라 유지되지 못했다(Kennedy et al., 1989). 비록 유력한 변인에 대하여 많은 것을 알고 있지만, 임상치료사들은 여전히 사회적 관계를 개발하고 유지하기 위해 그들의 능력을 향상시킬 필요가 있다. 이 장은 관계에 영향을 미치는 최근 변인에 대한 이해를 요약하고, 발전해 온 지식과 이 분야의 지원환경에 대한 최근 영역을 관련시키려고 했다.

생애 주기를 통해 지원환경을 재구조화하려는 최근 노력은 임상전문가들에게 풍부한 새로운 학습 기회의 자원을 제공할 수 있다. 이러한 기회는 연구자들에게는 사회적 관계를 어떻게 개발하고 유지하는가에 대하여 심도 있는 이해를, 그리고 중도장애인에게는 안전한 사회생활을 지원받고 영위할 수 있도록 하여 그들의 삶의 질을 향상시킬 수 있다는 점에서 두 가지 유익을 제공한다. 그들이 원하는 것을 보다 잘 이루기 위해 지원환경을 재구조화 하기 위해서는, 연구자들과 임상전문가들은 이러한 노력의 결과를 확산시키고 유용한 전략이라는 것을 보장하기 위해 긴밀하게 함께 일할 필요가 있다. 다음은 학생들의 사회생활을 향상시키기 위한 노력을 확장시키고 구체화시키기 위한 핵심 내용으로, 연구자들과 임상전문가들이 고려해 보기를 원하는 영역이다.

행동공학

앞으로의 연구 영역은 유의미하고 활용할 수 있는 행동공학을 개발할 수 있는 방법이 그 하나일 것이다(Horner, 1991; Lindsley, 1991). 관계를 갖도록 할 수 있는 이러한 환경공학기술은 이전의 행동분석공학과는 다소 다를 필요가 있다. 기본적인 행동 원리는 다르지 않지만, 임상전문가들은 지원환경을 조절하는 방법에 대한 연구 현상의 특징을 반영해야 한다(Baer, Wolf, & Risley, 1987; Schwartz & Baer, 1991).

사회적 관계의 유형

개발이 필요한 두 번째 영역은 장애인과 비장애인 간에 발생할 수 있는 사회적 관계의 유형에 대하여 보다 잘 이해하는 것이다. 최근, 사람들이 만나는 조건, 그들이 함께 하는 것, 다양한 활동에서 얼마나 자주 관계하는지, 그리고 시간이 지남에 따라 그들의 접촉 유형이 어떻게 확장되는지에 대한 정보가 부족한 실정이다. 성공적·비성공적인 관계성이 어떻게 전개되어 가는지에 관해 더 많이 배우게 될 때, 임상치료사들은 관계의 결실을 맺게 되는 중요한 시점에서 행동지원을 제공하는 데 더욱 유리한 위치에 놓이게 된다. 이 연구에서 나타나는 한 가지 특징은(Kennedy & eItkonn, 1994) 사회적 관계의 시작(initiation)이나 시작의 개발(initial development)(예: 사람들이 어떻게 만남을 갖게 되고 시간과 환경에 따라 상호작용을 확대해 나가는지)과 관계의 계속적인 욕구(ongoing needs)나 유지(maintenance)(예: 장기간 상호작용에 대한 안전한 유형의 관계) 간에 차이점이 있다. 이들 두 관계의 측면은 여러 단계를 지원하기 위해 개발된 특정 공학(technologies)을 이끌어낸다. 이러한 특징은 개인이 관계를 발전시키는 데 필요한 요구와 성공적인 결과의 가능성을 높이는데 필요한 지원 방법에 대하여 임상치료사들이 잘 이해 할 수 있도록 할 수 있다.

최근 방법론들

위에서 언급한 각각의 연구 영역들은 적어도 세 가지 방법에서 최근 방법론들을 확장하기 위한 연구자들의 능력에 관한 설명이다. 첫째, 사회적 관계와 관련된 광범위한 종속 변인이 개발될 필요가 있다. 사회적 관계의 개념은 단일 차원에 의해 쉽게 분류될 수 없는 복잡한 실체이다. 이러한 것에 비추어 본다면, 사회적 관계의 현상과 관련된 다양한 특징에 대하여 다양한 측정도구의 개발 및 타당도 확보를 통해 보다 구체적으로 조작되어야 한다. 둘째, 이러한 종속 변인은 임상전문가들에 의해 그들의 채택을 촉진시키기 위해 가능한 한 사용자에게 친숙하도록 만들어질 필요가 있다. 마지막으로, 분석 시간의 구조는 더욱 장기간의 시간이 요구된다. 목적이 사회적 관계가 어떻게 개발되고 유지되고 끝나는지에 대하여 보다 잘 이해하는 것이라면, 이때 연구자의 분석에 대한 유지에 대한 내용이 규정될 필요가 있다. 이것은 연구자가 관계 유형을 기록하고 분석할 때, 몇 개월에서 몇 년까지 연구를 확장해야 한다는 것이다. 이러한 제안에 주의를 기울인다면 연구자들은 인간관계를 유지하는 기본적인 관계와 지원환경을 효과적으로 구축하는 방법에 대하여 보다 잘 이해 할 수 있을 것이다.

결 론

연구자와 임상치료사들처럼, 사회적 관계에 대하여 우리의 과학적 이해를 진전시킨다면 우리는 많은 것을 얻게 된다. 이 장의 서두에서도 언급했듯이, 모든 사회의 구성원들이 정규적으로, 계속적인 방식으로 경험해야 하는 관계성에서 도출된 많은 유익이 있다. 사회적 관계를 개발하고 유지하기 위한 지원공학의 진보는 만족스럽고 안전한 사회생활의 유익을 위해 중도장애인을 지원하는 데 중요한 기능을 제공할 것이다.

참고문헌

Arzin, N.H., & Lindsley, O.R. (1956). The reinforcement of cooperation between children. *Journal of Abnormal and Social Psychology, 52,* 100-102.

Bear, D.M., & Wolf, M.M. (1970). The entry into natural communities of reinforcement. In R. Ulrich, H.H. Sachnik, & J. Mabry (Eds.)., *Control of human behavior* (pp. 319-324). Glenville, IL: Scott, Foresman.

Baer, D.M., & Wolf, M.M., & Risley, T.R. (1987). Some still-current dimensions of applied behavior analysis. *Journal of Applied Behavior Analysis, 20,* 313-328.

Baldwin, J.D. (1986). *George Herbert Mead.* Beverly Hills, CA: Sage Publications.

Benson, P.A., Messer, S.C., & Gross, A.M. (1992). Learning theories. In V.B Van Hasselt & M. Hersen (Eds.), *Handbook of social development: A lifespan perspective* (pp. 81-112). New York: Plenum Press.

Berndt, T.J. (1986). Sharing between friends: Contexts and consequences. In E.C. Mueller & C.R. Cooper (Eds.), *Process and outcome in peer relationships* (pp. 105-127). New York: Academic Press.

Bruininks, R.H., Meyers, C.E., Sigford, B.B., & Lakin, K.C. (1981) *Deinstitutionalization and community adjustment of mentally retarded people* (Monograph No.4). Washington, DC: American Association on Mental Deficiency.

Catania, A.C. (1996). Concurrent operants. In W.K. Honing (Ed.), *Operant behavior: Areas of research and application* (pp. 213-270). Englewood Cliffs, NJ: Prentice Hall.

Catania, A.C. (1992). *Learning* (3rd ed.). Englewood Cliffs, NJ: Prentice Hall.

Chadsey-Rusch, F.R. (1988). Ecology of the workplace. In R. GaylordRoss (Ed.), *Vocational education for persons with handicaps* (pp. 234-256). Mountain View, CA: Mayfield.

Chandler, L.K., Fowler, S.A., & Lubeck, R.C. (1992). An analysis of the effects of multiple setting events on the social behavior of preschool children with special needs. *Journal of Applied Behavior Analysis, 25,* 249-264.

Cohen, D.J. (1972). Justin and his peers: An experimental analysis of a child's social world. In R. Ulrich & P. Mountjoy (Eds.), *The experimental analysis of social behavior* (pp. 23-44). New York: Appleton-Century-Crofts.

de Villiers, P. (1977). Choice in concurrent schedules and a quantitative formulation of the law of effect. In W.K. Hning & J.E.R.Staddon (Eds.), *Handbook of operant behavior* (pp. 233-287). Englewood Cliffs, NJ: Prentice Hall.

Fryxell, D., & Kennedy, C.H. (in press). Placement along the continuum of services and its impact on students' social relationships. *Journal of The Association for Persons with Severe Handicaps.*

Gewirtz, J.L., & Petrovich, S.B. (1983). Early social and attachment learning in the frame of organic and cultural evolution. In T.M. Field, A. Houston, H.C. Quay, L. Troll, & G.E. Finley (Eds.), *Review of human development* (pp. 3-19). New York: John Wiley & Sons.

Gottlieb, B.H. (1988). Marshalling social support: Formats, Processes, and effects. Newbury Park: Sage.

Hake, D.F., & Olvera, D. (1978). Cooperation, competition, and related social phen-omena. In A.C. Catania & T.A. Brigham (Eds.), *Handbook of applied behavior analysis* (pp. 208-245). New York: Irvington.

Hake, D.F., & Vukelich, R. (1972). A classification and review of cooperation proc-edures. *Journal of the Experimental Analysis of Behavior, 18,* 333-343.

Hallinan, M.T. (1987/1979). *The process of friendship formation.* Social Networks, 1, 193-210.

Haring, T.G. (1992). Social relationships. In L.H. Meyer, C.A. Peck, & L. Brown (Eds.), *Critical issues in the lives of people with severe disabilities* (pp. 195-217). Baltimore: Paul H. Brookes Publishing Co.

Haring, T.G., & Breen, C.C. (1992). A promedinted social network Intervention to enhance the social integration of persons with moderate and severe disabilities. *Journal of Applied Behavior Analysis, 25,* 319-334.

Harris, M. (1977). *Cannibals and kings: The origins*

of cultures. New York: Vintage books.

Herrnstein, R.J. (1970). On the law of effect. *Journal of the Experimental Analysis of Behavior, 13*, 243-266.

Horner, R.H. (1991). The future of applied behavior analysis for people with severe disabilities: Commentary I. In L.H. Meyer, C.A. Peck, & L. Brown (Eds.), *Critical issues in the lives of people with severe disabilities* (pp. 607-613). Baltimore: Paul H. Brookes Publishing Co.

Horner, R.H., & Day, H.M. (1991). The effects of response efficiency on functionally equivalent competing behaviors. *Journal of Applied Behavior Analysis, 24*, 719-732.

Hyten, C., & Burns, R. (1986). Social relations and social behavior. In. H.W. Reese & L.J. Parrott (Eds.), *Behavior science: Philosophical, methodological, and empirical advances* (pp. 163-183). Hillsdale, NJ: Lawrence Erlbaum Associates.

Kaiser, A.P. (1993). Understanding human behavior: Problems of science and practice. *Journal of The Association for Persons with Severe Handicaps, 18*, 240-242.

Kennedy, C.H., Horner, R.H., & Newtom, J.S. (1989). Social contacts of adults with severe disabilities living in the community: A descriptive analysis of relationship patterns. *Journal of The Association for Persons with Severe Handicaps, 14*, 190-196.

Kennedy, C.H., & Itkonen, T. (1994). Some effects of regular class participation on the social contacts and social networks of high school students with severe disabilities. *Journal of The Association for Persons with Severe Handicaps, 19*, 1-10.

Kimmel, D.C. (1979). Relationship initiation and development: A life-span developmental approach. In R.L. Burgess & T.L. Huston (Eds.), *Social exchange in developing relationship* (pp. 351-377). New York: Academic Press.

Kohler, F.W., & Fowler, S.A. (1985). Training prosocial behaviors to young children: An analysis of reciprocity with untrained with untrained peers. *Journal of Applied Behavior Analysis, 18*, 187-200.

Kohler, F.W., & Strain, P.S. (1992). Applied behavior analysis and the movement to restructure schools: Compatibilities and opportunities for collaboration. *Journal of Behavioral Education, 2*, 367-390.

Lindsley, O.R. (1991). From technical jargon to plain English for application. *Journal of Applied Behavioral Analysis, 24*, 449-458.

McConnell, S.R. (1987). Entrapment effects and the generalization and maintenance of social skills training for elementary school students with behavior disorders. *Behavior Disorders, 12*, 252-264.

Mead, G.H. (1912). The mechanism of social consciousness. *Journal of Philosophy, Psychology, and Scientific Methods, 9*, 401-406.

Newton, J.S., & Horner, R.H. (1993). Using a social guide to improve social relationships of people with severe disabilities. *Journal of The Association for Persons with Severe Handicaps, 18*, 36-45.

Nisbet, J. (Ed.). (1992). *Natural supports in school, at work, and in the community for people with severe disabilities*. Baltimore: Paul H. Brookes Publishing Co.

Noonan, M.J., & McCormick, L. (1993). *Early intervention in natural environments: Methods and procedures*. Pacific Grove, CA: Brooks/Cole.

Odom, S.L., & McConnell, S.R., & McEvoy, M.A. (Eds.). (1992). *Social competence of young children with disabilities: Issues and strategies for intervention*. Baltimore: Paul H. Brookes Publishing Co.

Odom, S.L., & Strain, P.S. (1986). A comparison of peer-initiation and teacher-antecedent interventions for promoting reciprocal social interaction of autistic preschoolers. *Journal of Applied Behavior Analysis, 19*, 59-71.

Putnam, J.W. (Ed.). (1991). *Cooperative learning and strategies for inclusion: Celebrating diversity in the classroom*. Baltimore: Paul H. Brookes Publishing Co.

Rusch, F.R. (1992). *Supported employment: Models, methods, and issues*. Sycamore, IL: Sycamore Press.

Sailor, W. (1991). Special education in restructured schools. *Remedial and Special Education, 12*, 8-22.

Salisbury, C.L., Palombaro, M.M., & Hollowood, T.M. (1993). On the nature and change of an inclusive elementary school. Journal *of The Association for Persons with Severe Handicaps, 18*, 75–84.

Scanzoni, J. (1979). Social exchange and behavioral interdependence. In R.L. Burgess & T.L. Huston (Eds.), *Social exchange in developing relationships* (pp. 61–98). New York: Academic Press.

Schwartz, I.S., & Baer, D.M. (1991). Social validity assessments: Is current practice state of the art? *Journal of Applied Behavior Analysis, 24*, 189–205.

Sherman, J.A. (1982). Behavioral approaches to children's learning. In T.M. Field, A. Huston, H.C. Quay, L. Troll, & G.E. Finley (Eds.), *Review of human development* (pp. 242–253). New York: John Wiley & Sons.

Skinner, B.F. (1953). *Science and human behavior.* New York: MacMillan.

Skinner, B.F. (1981). Selection by consequences. *Science, 213*, 501–504.

Skrtic, T.M. (1991). The special education paradox: Equity as a way to excellence. *Harvard Educational Review, 61*, 148–206.

Stainback, S., & Stainback, W. (1992). Schools as inclusive communities. In S. Stainback & W. Stainback (Eds.), *Controversial issues confronting special education: Divergent perspectives* (pp. 29–44). Needham, MA: Allyn & Bacon.

Storey, K. (1993). A proposal for assessing integration. *Education and Training of the Mentally Retarded, 28*, 279–287.

Stain, P.S. (1977). Effects of peers social initiations on withdrawn children: Some training and generalization effects. *Journal of Abnormal Child Psychology, 5*, 445–455.

Strain, P.S. (1990). LRE for preschool children with handicaps: What we know, what we should be doing. *Journal of Early Intervention, 14*, 291–296.

Strain, P.S. (1991, October). *Future directions for research on social skills training.* Paper presented at the Robert Gaylord-Ross Memorial Symposium on Social Skills Training for Persons with Disabilities, Nashville, TN.

Strain, P.S., Odom, S.L., & McConnell, W.C. (1984). Promoting social reciprocity of exceptional children: Identification, target behavior, selection and intervention. *Remedial and Special Education, 5*, 21–28.

Strain, P.S., Shores, R.E., & Timm, M.A. (1977). Effects of peer social initiations on the behavior of withdrawn preschool children. *Journal of Applied Behavior Analysis, 10*, 289–298.

Thompson, T., & Zeiler, M.D. (1986). *Analysis and integration of behavioral units.* Hillsdale, NJ: Lawrence Erlbaum Associates.

Winzer, M.A. (1993). *The history of special education: From isolation to integration.* Washington, DC: Gallaudet University Press.

제13장

통합된 취학전 자폐아동의 사회적 통합 수준 조사

Frank W. Kohler, Phillip S. Strain & Denise D. Shearer

1980년대 중반 이후 중도장애 유아를 위한 통합 기회를 제공하는 방향은 눈부신 진보가 있었다. 이러한 진보는 법, 옹호, 프로그램 계획수립, 중재기법 연구, 그리고 지원적 통합 서비스 전달에 대한 전문가적 합의 등에서 확실한 결과로 나타났다. 그러나 개별 아동, 특히 자폐아동을 위한 통합 서비스의 실재는 종종 통합 서비스를 받기 위한 가족의 과감한 노력에 달려 있다. 개인의 투쟁을 둘러싸고 있는 중심적인 주제는 특정 환경이나 프로그램의 접근에 관한 것 중 하나였다. 통합적 배치나 행정적 배치는 통합교육에 관심 있는

이 장은 국립정신건강연구소가 Allegheny-Singer 연구소에 지원한 MH47847-02와 조기학습연구소에 지원한 MH37110-12에 의해 쓰였다.

많은 지지자들의 우선적인 관심으로 전개되었다는 것은 놀라운 것이 아니다(Smith & Rose, 1993). 그러나 같은 물리적 공간과 행정적 배치의 공유는 사회적 교수적 통합을 자동적으로, 발전적으로 적절한 수준을 이끌지 못했다는 사실이 계속적으로 나타나고 있다(Guralnick, 1990). 참으로, 많은 학습 욕구와 사회적 기술 결함을 가진 아동은 통합적인 행정적 배치 내에서 배제를 당했다(McGee, Paradis, & Feldman, 1993). 이러한 통합적 환경 내에서의 배제는 특히 필요한 능력을 습득하기 위해 성인으로부터 개별지도 서비스가 필요한 자폐아동에게서 분명하게 나타났다(Lovaas, 1987).

필수적인 도전은 복잡한 통합교육의 특성을 이해하고, 대부분의 지지자들이 이러한 배치로부터 깊게 바라고 있는 결과를 얻는 것 중 하나이다. 복잡한 사회적 통합의 특성을 이해하려는 시점에서, 일반 환경의 배치뿐만 아니라, 저자는 취학전 아동에 대한 분석의 정도와 깊이에 따라 통합교육을 평가하기 위한 직접관찰 자료를 개발했다. 이 장은 취학전 통합된 아동의 환경 내에서 아동의 참여를 적용하는 네 가지 사회적 통합의 수준에 대해서 논의한다. 첫 번째 두 가지 수준은 아동이 활동하는 또래 그룹 구조 속에서 수업 경험 유형에 맞춘 자연스러운 생태학적 환경이다. 세 번째 수준은 아동의 계속적인 놀이와 참여에서 특정한 교사의 지시, 지원 그리고 일반적인 개입의 정도이다. 마지막 수준은 아동의 반응에 대한 구별된 모습과 그들의 행동에 대한 사회적 맥락(상황)이다. 관찰 코드는 통합에 대한 개별 수준을 설명한다. 이 코드에 있는 변인의 범위는 취학전의 질 높은 통합의 지표로 폭넓게 인정되고 있는 것이다.

이 장의 일차적인 목적은 취학전 단계에서 네 가지 다양한 사회적 통합의 수준에 적합한 다양한 코드 변인에 대하여 논의하고 설명하는 것이다. 목표는 LEAP 취학전 프로그램에 있는 두 명의 취학전 자폐아동과 두 명의 일반 아동으로부터 모은 자료를 설명하는 것이다. 이 장의 마지막 절에 이러한 자료로부터 도출될 수 있는 통합교육과 중재적 함의를 제시한다.

취학전 환경에서 네 가지 수준의 사회적 통합

분석의 가장 기초적인 수준에서, 특별한 욕구를 가진 아동(예를 들면, 자폐아동)이 일반 아동처럼 취학전 프로그램에서 같은 사회적 환경을 공유하고 있는지 평가하는 것이 가능하다(예를 들면, 특별한 욕구를 가진 아동들은 똑같은 취학전 활동의 영역에 참가합니까?). 첫 번째 분석 수준은 하루 동안에 집단 차이성, 개별 아동의 변화, 모든 활동에 참여를 증가시키기 위해 특별하게 설계된 중재절차 그리고 중재 대리자에 의해 부가되는 일과의 안정성을 조사한다.

두 번째 분석 수준은 다음과 같은 연구 문제를 가진다. 아동의 참여 구성과 집단 규모는 어떻게 되는가? 이 연구 문제는 장애아동이 그들의 또래처럼 똑같은 일과를 나누고 있을 때와 그들의 일과 동안 사회적으로 시인된 행동에 관계할 때, 특별한 욕구를 가진 아동이 누구와 상호작용하는지 관찰한다. 많은 취학전 일과에, 다른 아동과 함께 집단 속에 있다는 것은, 특히, 집단이 일반 아동을 포함하고 있다면, 잠재적으로 유익하다는 주장이 있다.

세 번째 분석 수준은 관찰의 초점을 성인 행동으로 옮기는 것이다. 특별한 성인의 행동이 분석되면, 종합적인 노력 수준(level of effort)의 전망은 사회적 통합뿐만 아니라 교수적 통합에 특히 밀접한 관계를 가진다는 것이다. 즉, 이러한 연구문제를 생각해 봐야 한다. 사회적 통합과 교수적 통합의 수준을 이루기 위해 필요한 교사 노력의 수준과 형태는 어떠한가?

상세한 네 가지 분석 수준에서, 한 가지 질문을 해 봐야 한다. 즉, 취학전 활동에 아동이 참여하기 위한 형태와 사회적 환경은 무엇인가? 이 물음은 공통의 활동과 일과에 관계하는 일반 또래의 활동들과 닮은 행동적 형태에 특별한 욕구를 가진 아동이 어느 정도 관계하는지 검토하는 것이다. 분석의 수준은 모든 아동이 비슷한 일과를 수행 가능하다는 것을 인정하는 것이다. 그러나 이러한 환경에서 그들이 행한 것(예: 스낵을 먹거나, 자유 놀이)은 매우 다양하게 관찰된다. 예를 들어, 자폐아동은 항상 자유 놀이에 참여할 수 있지만, 이 아동의 유일한 상호작용 행동이 다른 아동에게 공을 굴리는 것이라면, 자유 놀이 시간의 발달적 학습 잠재성을 보다 잘 활용하기 위해서 중재의 필요성을 사정해야 할 것이다.

LEAP 프로그램(학습 경험... 취학전 아동과 부모를 위한 대안적 프로그램)

이러한 분석의 수준이 어떻게 평가되는지 설명하기 위해, 다음 절에서는 LEAP 취학전 프로그램에 다니는 일반 아동과 자폐아동으로부터 도출한 설명 가능한 자료를 제시한다. 두 번째 저자의 방침에 따라, LEAP 취학전 과정은 3~5세 자폐아동과 일반 아동에게 취학전 프로그램(예: 장애아 조기교육 프로그램)을 제공하는 것으로, 1982년 연방 기금으로 시작되었다. 이것의 발단 시기에, LEAP 프로그램은 자폐아동과 가족을 위한 통합적 실천을 실시하는 몇 안 되는 초기 아동기 프로그램 중 하나였다.

LEAP 프로그램은 네 가지 주요 프로그램 구성요소로 구성된다. 1) 통합적인 취학전 프로그램, 2) 행동기술 훈련 프로그램과 부모를 위한 기타 서비스, 3) 국가적인 원조 훈련활동, 4) 교수적 실천에 대한 계속적인 연구. 첫 번째 프로그램 구성요소인 통합적인 취학전 프로그램은 세 개의 교실로 구성되고, 3~5세에 해당되는 각 13명의 아동(일반 아동 10명 자폐아동 3명)이 서비스를 받는다. 취학전 프로그램은 하루에 3시간, 일주일에 5일, 일 년 12개월 운영한다.

취학전 프로그램은 Fox Chapel 지역 교육청에 의해 공동 지원받고 있고, 지방 조기교육센터 내에 위치한다. 스텝 대 각 교실의 아동 비율은 성인 3명대 아동 13명이다. 각 교실은 2명의 교사와 보조 교사 1명이 담당한다. 전담 말-언어치료사가 교실 및 가정에서 장애아동과 가족에게 서비스를 제공한다.

교실 프로그램에 추가하여, 장애아동과 일반 아동의 가족은 유아를 가르치기 위한 효과적인 전략과 행동 관리의 기본적인 원리를 부모에게 가르치기 위해 설계된 기술 훈련 프로그램에 참여한다. 이 프로그램은 바람직한 훈련의 결과에 기초해서 각 가족에게 개별적으로 실시하는 활동으로, 가족중심 접근을 반영하기 위해 설계된 프로그램이다. 가족이 활용할 수 있는 추가적인 서비스는 월별 부모 지원 단체, 다양한 지역사회 기관의 의뢰 서비스, 그리고 전환 계획수립과 추수지도 활동 등이 포함된다. 두 가정을 위한 서비스 조정자가 이 활동에 참여하는 부모와 함께 일하는 데 활용된다.

세 번째 프로그램 구성요소는 국가 원조 훈련활동들을 포함한다. LEAP 취학전 프로그램은 국가 원조 훈련 프로젝트(National Training project)의 일환으로서(장애아를 위한 조기교육 프로그램) 투자된 지 7년째이다. 훈련활동은 일곱 가지 핵심 영역에 초점을 둔다: 1) 아동 사정활동, 2) 개별화된 교육 계획 개발, 3) 통합 수업을 위한 교수 프로그램, 4) 행동 관리, 5) 사회적 기술 훈련, 6) 전환 계획수립, 7) 가족과 함께 효과적으로 일하기. 지금까지, 10개 주의 20개 조기교육 프로그램은 LEAP 취학전 프로그램의 스텝에 의해 실행된 원조 훈련에 참여했다.

마지막 프로그램 구성요소는 새롭고 보다 효과적인 교수 실천을 알기 위해 계속적인 연구를 포함한다. LEAP는 아동의 사회적, 의사소통적, 그리고 교제 기술을 향상시키기 위한 교수 전략을 검토하기 위해 36개 이상의 연구를 하였다.

LEAP 취학전 프로그램에서 1980년대 초반 이후, 프로그램 개발 노력을 구체화했던 지도 원리는 다음의 신념들을 포함했다.

1. 모든 아동(예: 장애아동과 비장애아동)은 통합된 조기교육환경으로부터 유익을 얻을 수 있다.
2. 자폐아동은 학교, 가정, 그리고 지역사회 환경에 걸쳐서 중재 노력을 할 때, 조기중재로부터 많은 유익을 얻게 된다.
3. 자폐유아는 부모와 전문가가 파트너로서 함께 일할 때, 조기중재로부터 보다 많은 것을 얻게 된다.
4. 자폐유아는 또래 일반 동료로부터 많은 중요한 기술(예: 사회적 기술, 언어 기술, 적절한 행동)을 배울 수 있다.

5. 자폐유아는 조기중재 노력이 계획되고, 체계적이고, 개별화될 때, 조기중재로부터 많은 유익을 얻게 된다.
6. 비장애유아는 발달적으로 적절한 실제 활동을 반영하는 교육과정 활동으로부터 유익을 얻게 된다.

취학전 참여 코드

이 절은 첫 번째 절에서 설명된 네 가지 사회적 통합 수준을 검토하는 데 사용된 관찰 코드에 대하여 설명한다. 취학전 프로그램 참여 코드(Preschool Participation Code)는 통합된 취학전 활동 내에서 아동의 참여를 촉진시키기 위한 노력의 부분으로 1992년에 개발되었다. 이러한 기구와 관련된 모든 일들은 LEAP에서 실행되었다.

취학전 프로그램 참여는 1980년대 이후부터 조기교육 프로그램을 개발해 왔던 많은 실질적인 기구 중 하나를 채택한 것이다(Carta, Greenwood, & Atwater, 1985; Parsons, McWilliams, & Buysse, 1989). 이 코드는 통합된 취학전 프로그램 내로 아동을 참여시키도록 하는 여섯 가지로 편성되어 있다. 첫 번째 세 가지 단위는 활동(activities), 집단(grouping), 그리고 구성(composition) 배열의 유형으로서, 아동의 학습을 위한 구조로 생태학적 변인을 포함한다(Carta, Sainato, & Greenwood, 1988). 단위는 다양한 교사 변인을 포함한다. 이 변인들은 어떤 행동이 아동의 적절한 참여와 상호작용을 위하여 기능적 자극으로 나타나는지 검토하는데 중요하다. 마지막 두 가지 단위는 능동적 그리고 수동적 행동뿐만 아니라 관계를 위한 사회적 상황과 같은 구별된 반응 특성에 맞추어진 아동 변인이다(McWillian, 1991). 부가적인 변인을 추가하는 것이 이 취학전 프로그램을 평가하는 데 적절하지만, 이 장에서는 앞서 언급했던 네 가지 사회적 통합에 적절하기 때문에 이들 변인에 초점을 둔다.

취학전 프로그램 참여 코드는 〈표 1〉에서 제시한 것 같이 마흔네 가지 다양한 하위 코드를 포함한다. 전체 열한 가지 활동은 초점을 둔 아동의 인접(proximity)과 참여를 말한다. 다양한 집단과 구성 배열은 초점을 둔 아동과 함께 같은 활동에 일반 아동의 참여를 말한다. 아홉 가지의 하위 코드들은 초점을 둔 아동에게 적절한 교사의 행동을 말한다. 아동의 행동에 대한 세 가지 일반적인 범주가 일곱 가지 활동적인 반응에 대한 하위 코드를 포함하여 입력된다. 그러므로 아동의 능동적인 참여는 분위기에 적응하고, 교사, 또래, 또는 모두를 포함한다. 아동은 다른 사람에게 참여하게 된다.

관찰하는 스텝은 생태, 교사 그리고 아동 행동 변인을 기록하기 위해 6초 간격으로 체크하는 타이머를 이용한다. 활동, 집단, 그리고 구성단위는 각 1분 단위로 입력된다. 다음 6초 간격은 교사 학생 변인을 입력한다. 각 단위를 위한 다양한 하위 코드는 상호 배타적이다. 즉,

〈표 1〉 취학전 프로그램 참여 코드의 일차적인 단위와 하위 범주

생태학적 변인	설 명	특정 코드	
활동	관찰하는 아동에게 제공되는 학습경험이나 교수 초점. 활동은 교사에 의해 구조화되고 조정되거나 다양한 선택이 독립적인 선택을 하기 위해 학생에게 활용된다.	학업전/학급 운영(PA/CI) 언어 프로그램(LP) 대근육 운동/댄스(GD) 음악/낭독(MR) 자기보호(SC) 깨끗이 하기(CU)	이야기(St) 소근육(FM) 놀이(PI) 전환(Tr) 타임아웃(TO)
집단	관찰하는 아동과 똑같이 지시된 활동에 관여하고 똑같이 인접해 있는 많은 학생들	교사/학생(1:1) 소그룹(Sm)	혼자(O) 대 그룹(Lg)
구성	집단 내에 있는 장애학생과 비장애학생의 혼합비율. 아동이 표준화된 사정 도구 지표에 따라 한 영역 또는 그 이상의 발달 영역에서 적어도 1년 이상 지체를 보인다면, 이 아동은 장애를 가진 것으로 본다.	모든 장애아동(D) 대다수의 장애아동(>) 동일한 비율(=)	소수 장애아동(<) 일반적으로 발달하는 모든 아동(T) 단독(AI)
교사 변인			
교사의 행동	관찰하는 아동이나 집단에 적절한 것으로, 교사에 의해 사용되는 행동(집단 게임 활동들)	활동: 질문/토론(QD) 신체적 지도(Ph) 반대(Dp) 감독: 없음:	모델링(Md) 언어적 촉구(Vb) 찬성(Ap) 소리내어 읽기/노래 부르기(RS) 감독(Mt) 없음(No)
학생 변인			
관계 행동	활동에서 아동의 능동적인 관여	활동: 시늉(Pr) 의사소통(Cm) 음악/낭독(MR) 참여: 없음:	학업전(Ac) 조작(Mn) 대 근육/댄스 자기 보호(SC) 주의요함(At) 없음(No)
사회적 상황	다른 아동과의 직접적인 상호작용이나 연합된 참여를 포함하는 아동의 관여. 아동의 행동이 주의가 요구되면, 관여 상황 코드 없음(N)으로 입력한다.	또래(P) 또래와 교사(B) 없음(N)	교사(T) 혼자(S)

교사와 아동 행동에 대한 한 가지 하위 코드는 매 6초 간격으로 입력된다. 설명과 점수 산출 절차를 포함한 취학전 프로그램 참여 코드 매뉴얼 사본은 첫 번째 저자로부터 활용한다.

코드 훈련과 평가자 동의 절차

8명이 과거 2년 6개월 이상 코드 관찰을 위해 훈련받았다. 관찰자 훈련활동은 일반적으로 일 주일에 3~4번 이상 하루 3~4시간 동안 실시했다. 훈련활동은 세 단계에서 발생했다. 1단계는 1주 이상 지속했고, 다양한 코드 설명과 점수 산출 절차에 대하여 암기해야 한다. 피훈련자들은 중요한 코드 설명에 대한 숙달 정도를 확인하는 퀴즈를 완성함으로 이 단계를 마친다.

관찰자 비훈련자들은 2단계 동안 코드를 사용하기 시작한다. 이 영역은 6초 간격의 관찰을 구조화하기, 지명된 종이에 정확하게 변인에 대하여 기록하기를 포함하여 기술 습득이 요구된다. 비훈련자들은 계속적으로 감독하고 코치해 주는 노련한 파트너와 함께 관찰 연습을 한다. 이 단계의 훈련은 일반적으로 6~12시간 내에 완성된다.

3단계는 평가자 동의 절차를 확립한다. 피훈련자들은 노련한 파트너와 함께 매일 계속해서 관찰을 실시한다. 초기에, 팀은 기록을 비교하고, 불일치에 대하여 토론하기 전에 단지 1분(6초 간격) 동안 독립적으로 입력한다. 그러나 그들의 관찰은 일치도가 높아야 하기 때문에, 팀 구성원은 피훈련자가 20~30분 동안 독립적으로 모든 단위를 점수 입력할 때 까지 독립적인 입력 시간을 점차적으로 증가시킨다. 이 시점에서, 팀은 평가자 동의에 대한 공식적인 계산을 시작한다.

발생 신뢰도는 전체 일치 수와 불일치 수를 더한 값으로 특정 행동에 대한 전체 일치 수를 나누어 100을 곱하여 산출한다. 발생에 대한 일치는 각 주요한 코드 단위와 하위 코드에 의해 산출된다. 평가자 일치에 대한 평균 계수는 활동, 집단, 구성 변인의 96~100%이다. 교사 행동의 발생에 관한 평균 일치는 보통 활동, 감독, 비범주의 93~98%이다. 주요 아동 행동 코드에 대한 평가자 신뢰도는 평균 91~95%인 반면, 계수는 다섯 가지 사회적 상황 코드 전체에서 85~92%이다.

네 가지 사회적 통합의 수준을 설명하는 자료 프로파일

취학전 프로그램 참여 코드는 매년 LEAP에 있는 모든 아동을 전일 관찰하기 위해 사용된다. 이 절은 두 명의 자폐아동과 두 명의 일반 아동의 자료 프로파일을 제시한다. 이러한 자료가 LEAP에 있는 아동 참여의 특성에 대한 결론이 도출될 수 있다는 의도는 아니다. 이 소개는 3~4일 동안의 평가가 LEAP의 구조에 대하여 결론을 내리는 데 필요하다는 것에 비추어 본다면 단지 하루 동안 제한된 샘플을 나타낸다. 더욱이, 저자는 4명의 아동 사례가 논의에 적절한 네 가지 사회적 통합 수준을 가장 잘 설명할 수 있기 때문에 25개의 시설 아동 중 단지 4명의 아동 프로파일을 선택했다. 작은 샘플의 특성상 이 자료는 단지 통합된 취학전 프로그램에 맞추어진 사회적 통합의 종류를 설명하도록 의도되었다.

이 자료 프로파일을 위해 선택된 4명의 아동은 발달 욕구와 능력에서 상당한 다양성을 보인다. 모두 4명의 아동은 1~4개월 동안 LEAP 프로그램에 참가했다. 두 아동은 교실 1에 선택되었고, 그 중 Neil은 자폐로 진단받은 4세 6개월의 남아이다. 그는 많은 적절한 언어와 놀이 기술을 보였지만, Neil은 반구조화 된 놀이 상황에서 다른 아동들과의 상호작용을 회피했다. Katie는 모든 발달 영역에서 연령에 적절한 기술과 일반적인 발달을 보이는 3세 9개월의 여아이다. 두 아동은 교실 2에 선택되었다. Henry는 적절한 놀이 기술이 부족하고 구어를 거의 사용하지 않는 3세 4개월의 남자 자폐아이다. 마지막으로, Bob은 모든 영역에서 연령에 적절한 기술과 일반적인 발달을 보이는 3세 2개월의 남아이다. 다음 절은 이 4명의 아동에 대한 관찰 프로파일을 제공한다.

사회적 통합 수준 1: 아동이 같은 취학전 활동 영역에 노출된 정도

많은 취학전 프로그램은 장애아동과 일반 아동을 같은 교실 환경에 배치한다. 같은 수업에 입급한다든지 서로 가까이 인접토록 하는 것은 독특하거나 부정형적인 활동에 이질적인 참여 유형을 막지는 못한다. 그러나 예를 들어, 한 명 또는 그 이상의 아동들은 제한된 참여나 제한된 집단 참여 기술 때문에 주기적인 활동에서 배제된다. 더욱이 아동들은 다양한 관심이나 발달적 기술 때문에 자유 시간 동안에 다양한 활동을 선택한다. 첫 번째 사회적 통합 수준은 장애아동이 같은 학습 활동이나 기회 영역에 노출되는 수준에 맞췄다.

〈표 2〉는 LEAP의 주요한 활동 단계의 영역과 계열을 나타낸다. 이러한 단계는 폭넓고 다양한 기술 영역에 맞춰져 있고, 다양한 수준의 구조로 구성되어 있다. 〈표 2〉는 양쪽 교실에 있는 초점을 두고 있는 아동과 일반 아동이 그들이 지정한 관찰하는 날에 같은 활동에 참가했다는 것을 보여 준다. 추가하여, 각 활동에 참여한 기간은 각 교실 내에서 매우 비슷하다.

[그림 1]은 디스커버리 활동 기간 동안 4명의 아동이 선택한 활동을 보여 준다. 앞서 언급했듯이, 아동은 비구조화된 시간 동안에 아동이 선호하는 영역에 대해서 선택하는 데 자유롭다. 교실 1에서 두 명의 아동이 둘 다 대부분의 시간을 소근육 놀이 운동과 사회극 영역에서 놀이를 했다. 흥미롭게도, Henry와 Bob의 자료는 교실 2 관찰 기간 동안 매우 유사점을 보였다. 두 아동은 소근육, 대근육 댄스 활동, 사회극놀이 그리고 전환에 동등한 시간을 보냈다.

[그림 2]는 센터 활동 기간 동안 아동이 선택한 활동들이다. 디스커버리 활동과는 달리,

〈표 2〉 LEAP 취학전 프로그램의 수업 일정표와 아동 참가

수업 일정표	정의	과제에 보낸 시간(초)			
		초점을 둔 아동 1	일반 아동 1	초점을 둔 아동 2	일반 아동 2
테이블 활동	아동은 테이블에 배열된 개별적인 조립활동 또는 학업전술 활동에 참여한다. 적어도 한 개 이상 구조화된 과제를 수행한 후, 각 아동은 테이블에 배열된 다른 과제를 자유롭게 선택한다.	6	6	13	13
수업시작 서클 활동	모든 아동은 달력, 날씨, 학업, 그리고 최신 주제에 대하여 토론하기 위해 반원형태로 실시된다.	17	13	18	15
탐구 활동	이 영역은 대근육, 사회극, 애완동물 돌보기, 조립, 감각 테이블, 컴퓨터, 등을 포함된다. 각 아동은 하나 또는 모든 활용할 수 있는 활동을 자유롭게 선택하고 놀이할 수 있다.	36	31	29	33
간식 활동	아동들이 무리지어 앉아서 스스로 먹는다. 아동이 먹기를 마친 후, 책을 읽기 위해 움직인다.	11	13	8	7
이야기 활동	아동은 교사가 읽어 주는 이야기를 듣기 위해 돌아온다.	N/A	N/A	4	8
대근육 활동	모든 아동은 댄스, 균형 잡기 활동 같은 조직화된 대근육 활동에 참여한다.	8	7	9	9
센터 활동	아동은 조직화된 예능 활동과 학업전 기술 활동 등으로 순환되고 다음으로, 많은 대안적 교실영역 중 하나를 선택한다. 교사가 우선적인 활동을 구성할지라도, 아동은 모든 다른 활용할 만한 활동을 자유롭게 선택하거나 놀이할 수 있다.	20	17	22	29

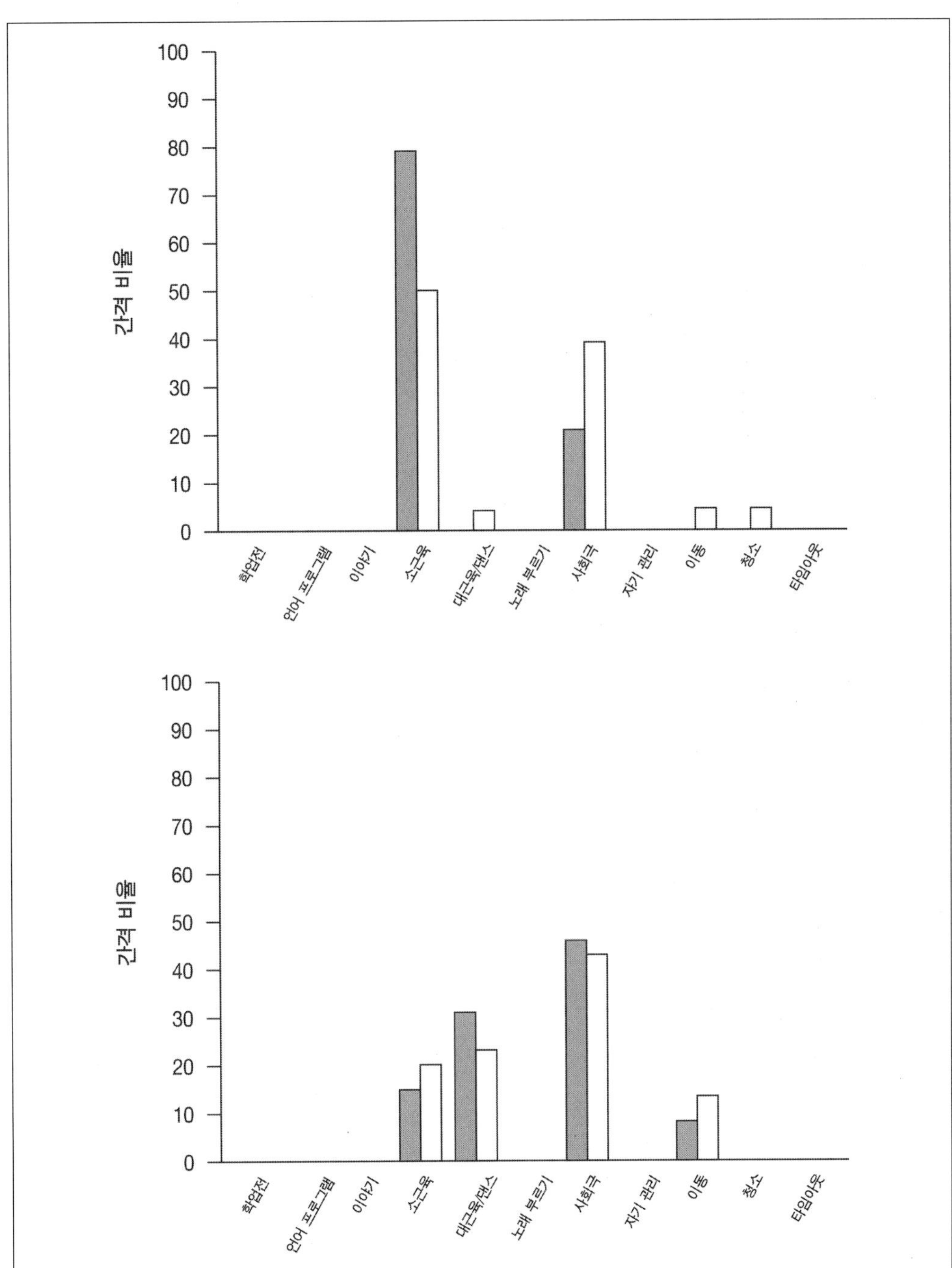

[그림 1] 위의 그림은 교실 1에서 두 아동, 아래 그림은 교실 2에서 두 아동이 탐구 활동 동안 각 활동에서 보낸 코드된 간격 비율을 나타내고 있다(위의 그림: 음영 막대=Neil, 하얀 막대=Katie. 아래의 그림: 음영 막대=Henry, 하얀 막대=Bob).

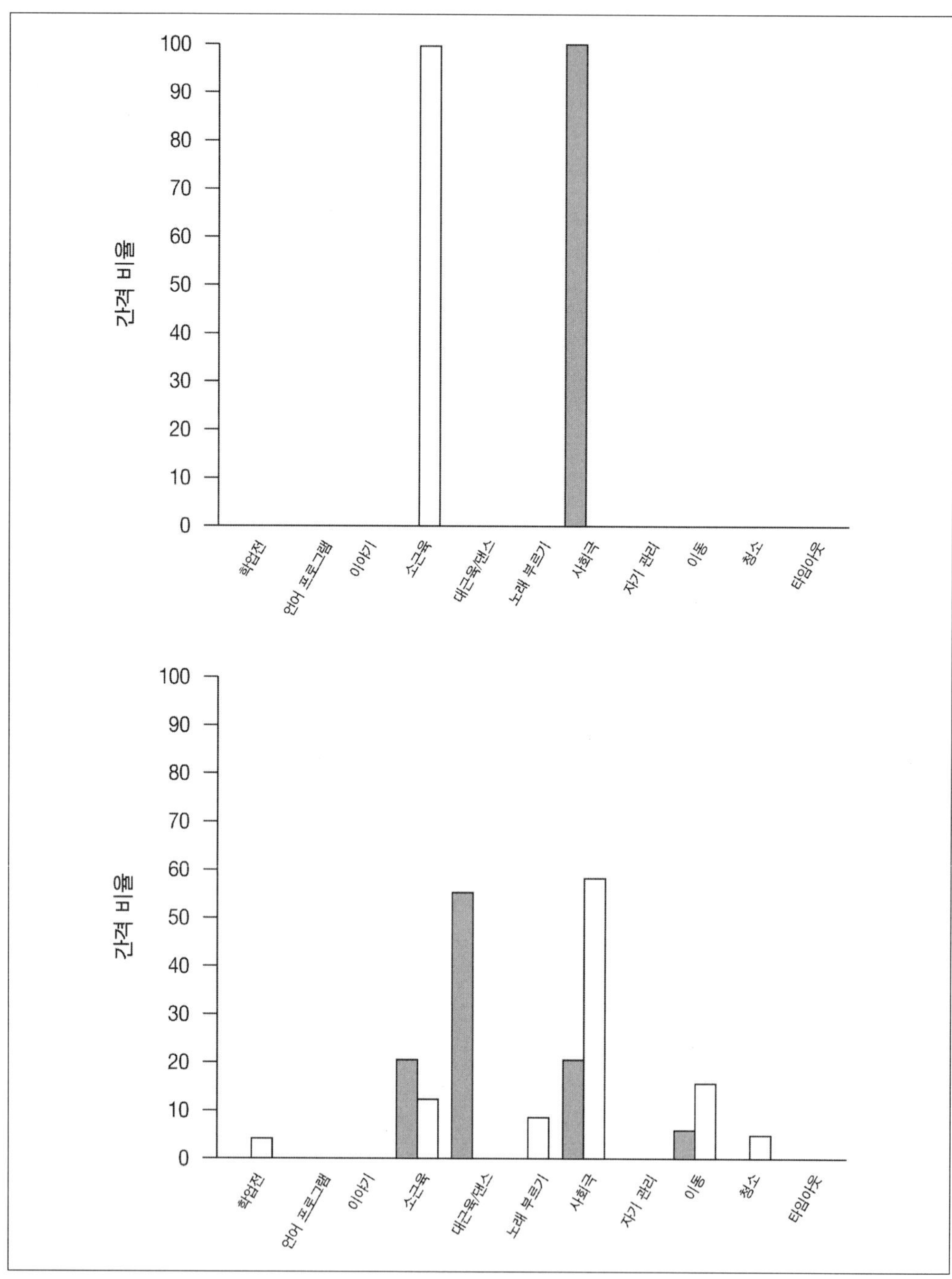

[그림 2] 위의 그림은 교실 1에서 두 아동, 아래 그림은 교실 2에서 두 아동이 센터 활동 동안 각 활동에서 보낸 코드된 간격 비율을 나타내고 있다(위의 그림: 음영 막대=Neil, 하얀 막대=Katie. 아래의 그림: 음영 막대=Henry, 하얀 막대=Bob).

Katie와 Neil은 다른 활동에 참가했다. 그들은 각각 소근육 운동과 사회극놀이에 대부분의 시간을 보냈다. 교실 2에 있는 두 아동은 또한 유의미한 차이를 보였다. Henry는 대부분의 놀이를 근육 댄스 활동에서 한 반면, Bob은 사회극놀이 영역을 선호했다.

제시된 자료는 사회적 통합뿐만 아니라 개별화의 예를 보여 준다. 일반교육과정 수준에서, 똑같은 학습 영역에 참여한 자폐아동들은 그들의 일반 또래 아동들처럼 경험한다. 특별한 욕구나 능력에 기초하여 어떤 활동에서 배제된 아동은 없었다. 그들에게 놀이를 하는 데 자유가 주어질 때, 아동이 서로 다른 경험을 추구하는 것처럼, 이 자료는 개별화된 단계도 설명해 준다. 아동 선택에서의 차이는 그들의 다른 발달적 기술, 흥미 또는 심지어 하루에 걸친 활동 구조에서의 변화로 인한 것이다.

취학전 통합교육의 최적 모델은 통합과 개별화 이 두 가지를 포함한다. 한편으로는, 상호작용 활동의 노출 정도가 취학전 통합의 의도와 정신을 유지하는 데 확실하게 필요하다. 사실, 개별 아동들에게 하루 종일 부정형 활동들을 제공한다는 것은 사회적 배제를 말한다. 다른 한편으로, 구체화(specialization)는 아동들이 선택을 하는 단계에서 부정형 또는 독특한 활동에 참여하는 것을 의미한다. 이 경우, 두 가지 추가 목적이 보장된다. 첫째, 통합의 시작 단계는 프로그램 변인이다. 취학전 프로그램 담당 행정가들과 교사들은 개별 아동을 위한 교육과정의 영역과 계열에 대하여 의사결정을 한다. 둘째, 아동의 활동 경험은 그들의 발달과 학습에 중요한 함의를 가지므로, 통합된 취학전 프로그램을 위한 현실적인 질적 지표가 제시되어야 한다.

사회적 통합 수준 2: 취학전 활동에 아동이 참여하는 집단 규모와 구성

능력별 학급편성(tracking)은 1980년대 이후 초등교육 내에서 압도적인 광범위한 실제가 되어 왔다(Brandt, 1992). 이 접근법의 명제는 수업은 아동이 동질의 능력 집단에 배치되었을 때, 가장 효과적이고 효율적으로 발생한다는 것이다. 하지만 많은 연구들이 이 접근법의 가정에 도전을 받고 있다(Wheelock, 1992). 통합의 두 번째 수준은 취학전 활동에 아동 참여의 구조에 대하여 조사하는 것이 능력별 학급편성에 적절하다. 다음의 두 가지 구조 차원이 적절하다. 첫째, 아동은 단독, 교사와 일대일, 또는 소·대 또래 집단을 포함하는 다양한 규모의 집단에 참가할 수 있다. 둘째, 아동 집단은 장애를 가진 모든 아동, 장애와 비장애 또래의 동등한 비율, 모든 비장애 등을 포함하는 다양한 형태를 가질 수 있다.

[그림 3]은 세 가지 선택 활동을 하는 동안 교실 1에 있는 아동의 집단 규모와 구성을 보여 준다. 그림에서 가장 위 부분의 자료는 테이블 활동 동안 소집단과 대집단 구조의 비슷한 균형을 보여 준다. 일부 대조가 탐구 활동 시간에 나타나지만, Neil은 혼자 또는 교사와 일대일

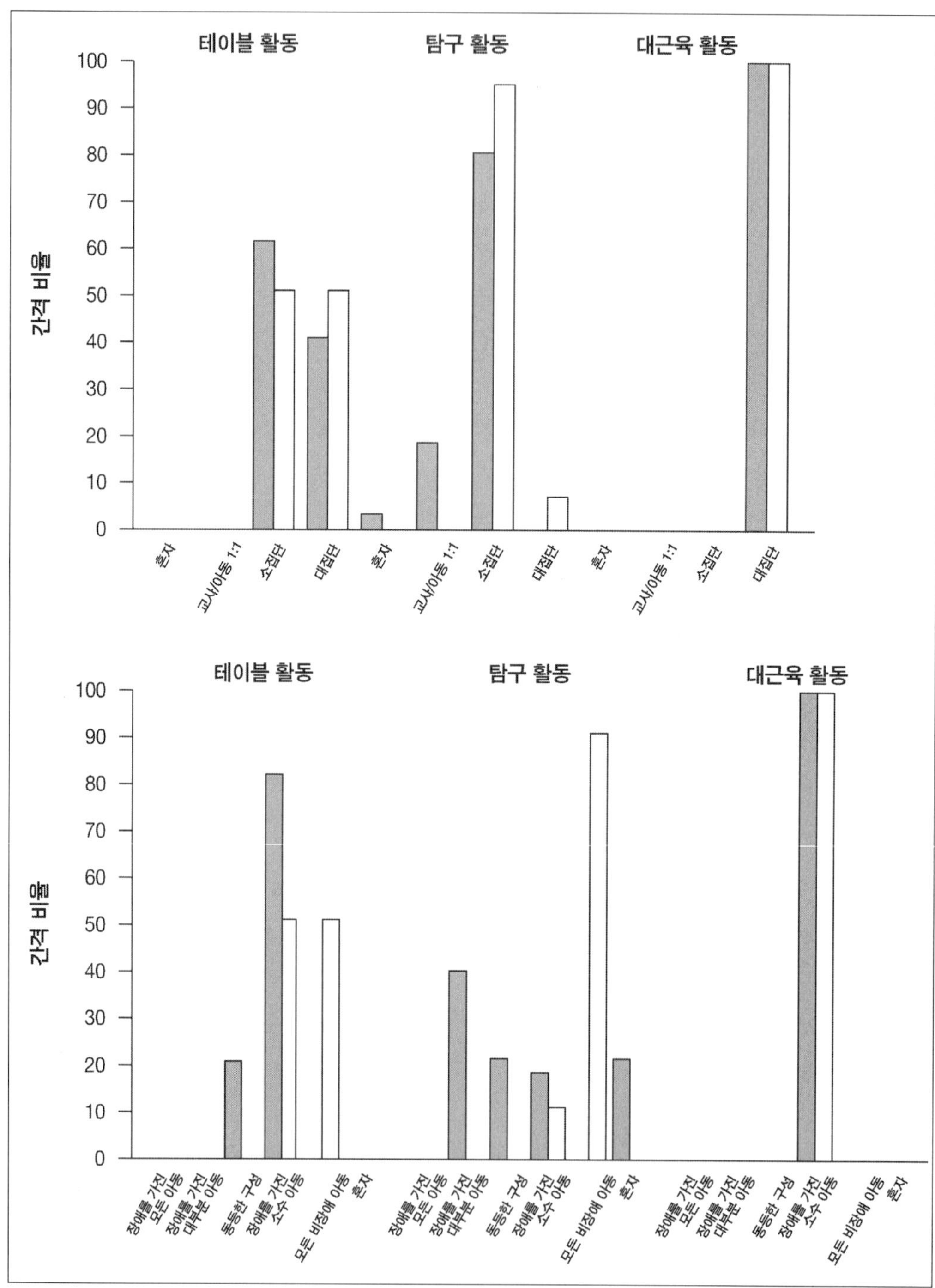

[그림 3] 세 가지 선택된 활동을 하는 동안 교실 1의 두 아동을 위한 각 집단 활동 구조(위의 그림)와 구성(아래 그림)에 대해 코드된 간격 비율(두 그림의 음영 막대는 Neil, 하얀 막대는 Katie)

에 21%를 사용한 반면, Katie는 100%를 소집단 또는 대집단에서 보냈다. 마지막으로, 두 아동은 그들의 대근육 운동 활동을 위해 대집단에 참가했다.

[그림 3]의 아래 부분은 이러한 활동에 참여한 아동의 구성을 설명한다. Katie와 Neil 두 아동이 테이블 활동 동안 소집단과 대집단에 참가했다.

Neil은 자신의 간격 중 20%를 비장애 또래와 장애 또래가 동등한 균형인 활동에 참여했고, 그 시간의 80%를 장애아동이 거의 없는 집단에 참가했다. 반대로, Katie는 자신의 간격 중 50%를 모든 비장애 또래로 구성된 집단에 참여했고, 그 시간의 21%를 자폐가 없는 아동과 자폐아동이 있는 비율에 동등하게 참가했다. 탐구 활동 동안 유사한 패턴이 발생했다. Neil은 자신의 간격 중 39%를 더욱 많은 자폐아동이 포함되어 있는 집단에 참가했고, 그 시간의 21%를 자폐가 없는 아동과 자폐아동이 있는 비율에 동등하게 참가했다. 반대로, Katie는 자신의 간격 중 89%를 모두 일반 또래들로 구성된 집단에 참가했다. 마지막으로, 두 아동은 대근육 활동을 하는 동안 동일한 구성에 참여했다.

[그림 4]는 교실2의 집단 규모와 구성을 말해 준다. 비록 Henry가 많은 시간을 혼자 보냈지만, Henry와 Bob은 테이블 활동 동안 똑같은 구조에 참가했다. 비록 Bob이 자신의 간격 중 16% 동안 교사와 일대일로 상황을 보였지만, 탐구 활동 동안 또한 유사한 것이 발생했다. 마지막으로, 두 아동은 대근육 운동 활동에서 동일한 프로파일을 보였다. 집단 구성은 그림의 아래 부분에 나타나 있다. 테이블 활동을 하는 동안 서로 다른 구조가 발생했다. Henry는 보다 많은 장애아동들이 있는 집단에서 많은 시간을 보냈고, 장애아동과 비장애아동의 동등한 비율, 그리고 혼자 참가했다. Bob은 탐구 활동 간격 중 40%를 모두 일반 또래와 함께 한 반면, Henry는 동등한 비율의 집단에서 많은 시간을 혼자 보냈다. 교실 1의 두 아동이 그랬듯이, Henry와 Bob은 대근육 활동 동안 동일한 패턴을 보였다.

활동 참가 자료와 같이, 집단 규모와 구성에 대한 기록은 사회적 통합뿐만 아니라 혼자 시간을 보내지만 여전히 참여하는 사례를 보여 준다. 4명의 아동이 모든 학우와 함께 이 활동에 참여함에 따라, 대근육 운동은 높은 통합의 정도를 제공한다. 반대로, 테이블과 탐구 활동 자료는 가변적이었다. 예를 들면, Henry는 자신의 13분 테이블 활동 동안 세 가지 다양한 집단 규모와 네 가지 구성에 참가했다. 일부 Henry의 테이블 활동 자료는 그가 일반 아동이 거의 없는 소집단과 대집단 또는 장애아동과 일반 아동의 비율에 동등하게 참가했기 때문에, 사회적 통합을 말해 준다([그림 3], [그림 4] 참조). 다른 한편으로, Henry는 42%를 혼자 보냈다. 이것은 사회통합의 예라고 말할 수 없다. 유사한 변화가 테이블 활동과 탐구 활동을 하는 동안 Bob과 Neil에게 나타났다.

다시 한 번, 이 자료는 적절한 균형이 통합의 수준을 위해 현실적이고 최적이라고 제안한다. 혼자 또는 개별적인 참여의 정도는 2~5세 장애아동뿐만 아니라 일반 아동에게 적절하다.

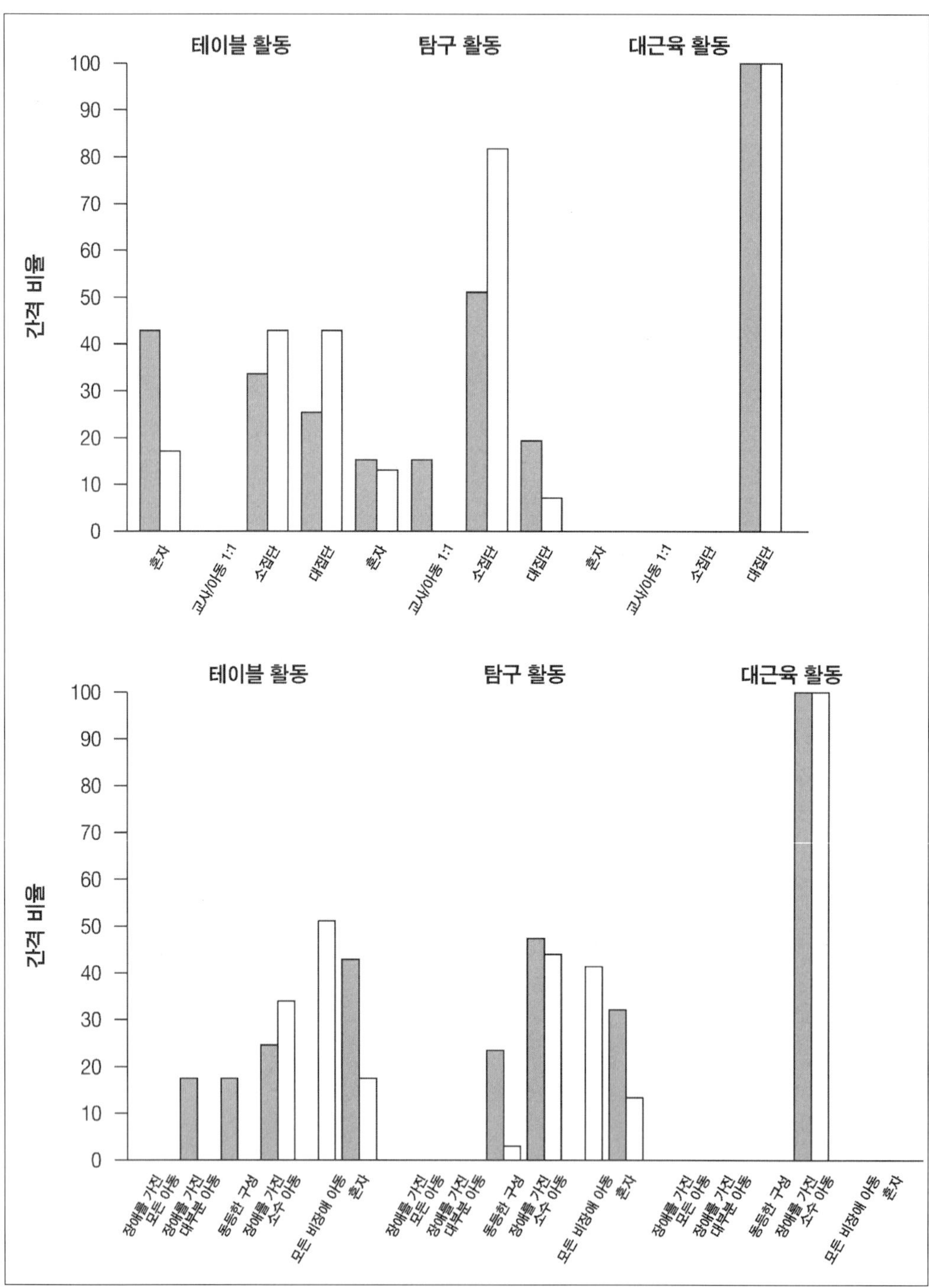

[그림 4] 세 가지 선택된 활동을 하는 동안 교실 2의 두 아동을 위한 각 집단 활동 구조(위의 그림)와 구성(아래 그림)에 대해 코드된 간격 비율(두 그림에서 음영 막대는 Henry, 하얀 막대는 Bob)

그러나 바람직한 기술을 보이는 아동과 함께 소집단, 대집단에 참가하지 않는다면, 교사는 또래 모방, 사회적 상호작용, 또는 상호 놀이의 촉진을 기대할 수 없다. 첫 번째 분석의 수준처럼, 두 번째 사회적 통합의 수준은 사람중심에 중요한 함의를 가지며, 실행 가능한 프로그램 질에 대한 지표를 말해 준다. 더욱이, 사회적 통합의 수준은 취학전 교사와 행정가들의 통제에 달려 있다(Odom & McEvoy, 1988).

사회적 통합 수준 3: 취학전 아동의 활동에 교사의 참여 정도

교사와 아동 행동 간의 관계가 멀지라도, 연구들은 교사의 행동은 다양하게 유의미한 기능을 가진다고 지적한다. 예를 들면, 실험연구들은 교사의 행동이 아동의 능동적인 관여(Strain, Danko, & Kohler, 1995), 또래와의 사회적 상호작용(Strain & Odom, 1986), 언어 사용(Hart & Risley, 1975), 그리고 폭넓은 학업전 기술(Wolery & Brookfield-Norman, 1988)을 촉진시킬 수 있다고 말했다. 동시에, 연구는 또한 교사의 행동이 심지어 아동의 반응에 대해 의도하거나 바라지 않는 효과도 산출할 수 있다고 지적한다. 예를 들면, 교사의 과도한 촉구와 지시는 아동의 과제 관련 참여나 관여를 감소시킬 수 있다(Hamilton & Gordon, 1978). 유사하게, Shores, Hester, 그리고 Strain(1976)은 교사의 대화적 행동은 취학전 아동의 또래와의 상호작용을 막거나 방해할 수 있다고 했다.

특정 기능에 관계없이, 교사의 행동은 아동의 반응에 중요한 영향을 미친다. 그러므로 세 번째 사회적 통합의 수준은 아동의 다양한 취학전 활동에서 교사의 적극적인 참여를 검토한다.

[그림 5]는 활동을 선택하는 동안 4명의 아동에게 지시한 적극적인 교사의 행동에 대한 간격 비율을 나타낸다. 〈표 1〉에서 보듯이, 취학전 프로그램 참가 코드는 질문, 신체적 지도, 언어적 촉구, 수용 등을 포함하여 일곱 가지 적극적인 교사의 하위 코드를 포함한다. 이야기 활동이 단지 교실 2에서 일어났기 때문에, 이 활동에 대한 Neil과 Katie의 자료는 포함하지 않는다. 교실 1에서 교사(위에 있는 그림 부분)는 탐구 활동 기간 동안 중요한 불균형을 보았다. Neil은 각각 간격의 20%, 40%(전체의 84%) 동안 적극적인 교사 행동과 감독(긴밀한 관찰)이 필요한 대상이었다. 반대로, 관찰된 간격의 31%만이 축척되었기 때문에 Katie의 놀이에 교사의 적극적인 행동과 감독적인 행동은 보다 적게 제공되었다. 교사는 Neil과 Katie의 스낵 활동 기간 동안 비슷한 적극적이고 감독적인 행동 수준을 제공했다.

[그림 5]에서 아래 쪽 그림은 교사가 아동의 탐구 활동 시간에 간격의 24%를 Henry에게 적극적인 행동을 제공했고, 그 시간에 66%를 감독했다(전체 90%)고 말한다. 반대로, 교사는 단지 5%와 탐구 활동 시간의 51%를(전체 56%) 적극적이고 감독적인 행동을 Bob에게 보였다.

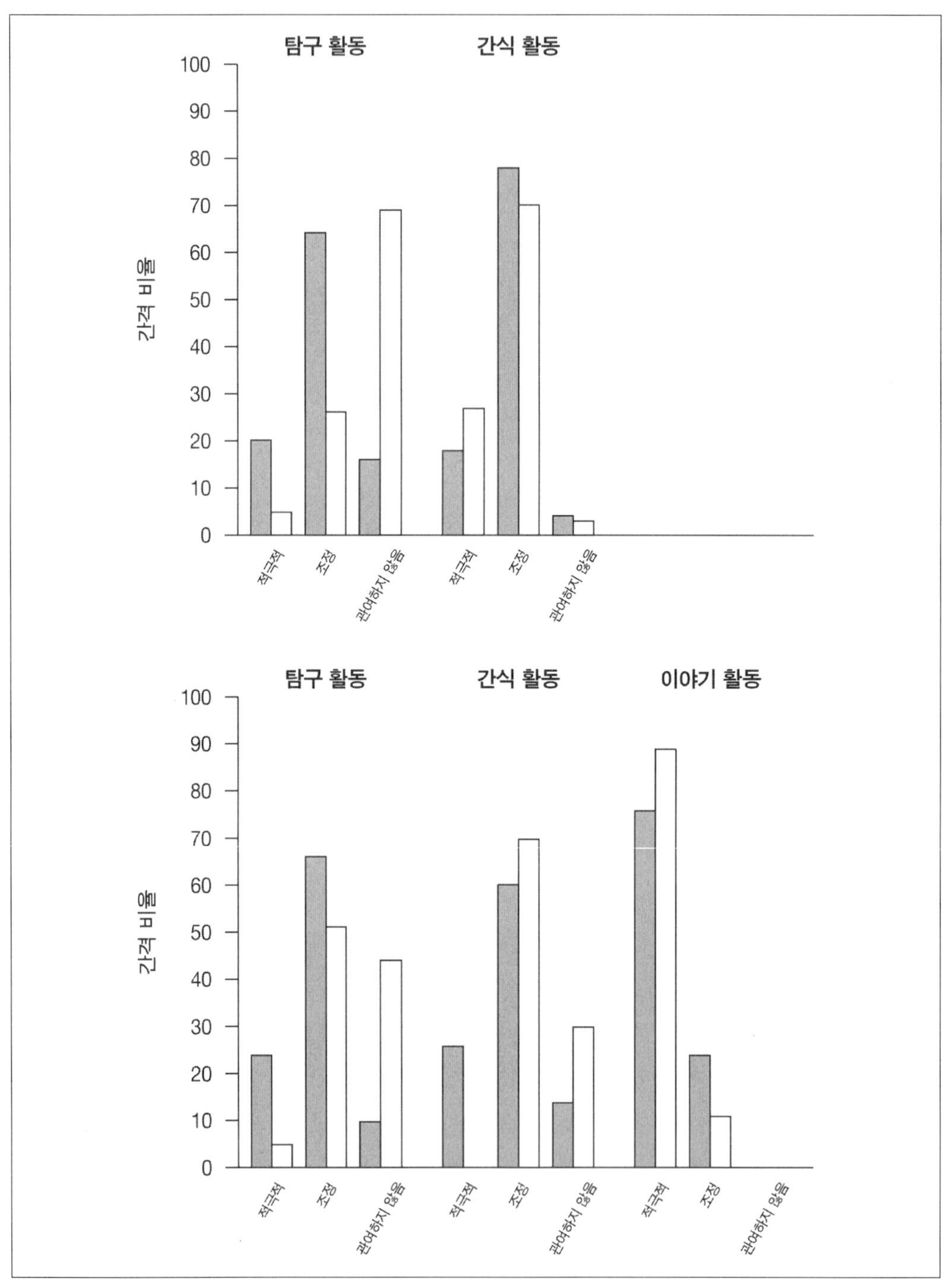

[그림 5] 선택된 활동을 하는 동안 교실 1(위의 그림)과 교실 2(아래 그림)에서 아동에게 지도한 적극적인 교사 행동의 코드된 간격 비율(위의 그림: 음영 막대=Neil, 하얀 막대=Katie. 아래의 그림: 음영 막대=Henry, 하얀 막대=Bob)

Henry에게 보였던 적극적 행동의 평균 비율은 간식 시간 동안 26%였고, 반면 Bob은 어떤 교사의 관리도 받지 않았다. 마지막으로, 교사는 이야기 활동 간격에 각각 76%와 89% 동안 Henry와 Bob에게 적극적인 행동을 보였다.

[그림 5]의 자료는 교사의 적극적인 참여가 획일적이고, 일관적이지 않지만, 교실 상황과 아동에 따라 다양하다는 것을 나타낸다. 교사의 행동에 영향을 미치는 특정 아동과 환경 변인이 충분히 알려지지 않았을지라도, 이것은 성인의 질문과 설명은 수업 전 서클 활동과 이야기 같은 활동에 기본 토대를 제공해 준다는 것은 분명하다. 교사 행동의 발생률은 탐구 활동과 관련된 비구조화 된 활동 기간 동안에는 보다 덜 두드러지지만, 활동과 자료의 선택, 주제 놀이 유형, 그리고 언어나 사회적 통합의 질과 같은 많은 중요한 아동 반응에 잠재적 영향을 미친다. 필수적으로, 이것은 교사 감독, 수용 그리고 지도가 취학전 환경의 중요한 구성요소라는 생각을 지지한다.

교사 행동의 변화나 균형은 취학전 아동에게 적절하다. 아동의 발달적 기술에도 불과하고, 모든 아동은 강력한, 보통의 그리고 최소의 성인 감독의 수준으로부터 유익을 받는다(Wolery, Strain, & Bailey, 1992). 이 자료는 교사가 개별적인 활동과 아동에 맞게 다양하게 관여할 수 있다는 것을 제시한다. 그러므로 교사 참여에 대한 평가는 통합된 취학전 프로그램에서 중요하고 실행 가능한 아동의 사회적 통합을 측정할 수 있다.

사회적 통합 수준 4: 취학전 활동에서 아동 참여의 형태와 사회적 맥락

이전의 사회통합의 수준은 아동 참여, 수반되는 또래 집단 규모와 구성의 구조, 그리고 교사의 참여 정도를 위한 활동 범위에 맞추어졌다. 불연속적인 형식과 아동 반응의 맥락은 사회통합의 최종 차원을 설명한다. 관여(engagement)는 아동이 그들의 환경과 적절하게 상호작용하면서 보내는 시간의 양으로 규정되었다(McWilliam, 1991). 본질적으로, 연구는 교구 조작, 질문하기와 답변하기, 수 세기 그리고 주제별 역할하기와 같은 적극적인 반응이 어린 아동의 학습과 발달 기술의 숙련에 직접적으로 기여했다는 것을 보여 주었다(McWillam & Bailey, 1992). 또한 연구들은 아동의 적극적인 활동 반응이 단지 교구와 관련되는 것인지 다른 아동 또는 성인과 함께 일어나는 것인지 밝혔다(McWilliam, 1991). 그러므로 사회 통합의 마지막 차원은 취학전 활동에서 아동 참여의 맥락과 형태에 맞추어졌다. 〈표 1〉에서 보듯이, 취학전 활동의 참여 코드(PPC)는 아동의 적극적인 관여와 참여 사이를 구별하고 있다. 게다가, 모든 적극적인 반응의 간격은 혼자 혹은 또래, 교사 또는 교사나 또래가 동시에 개입해서 발생하는가에 의해 입력된다.

[그림 6]은 Neil과 Katie의 적극적인 관여의 비율과 세 가지 선택적 활동에서 사회적 맥락의

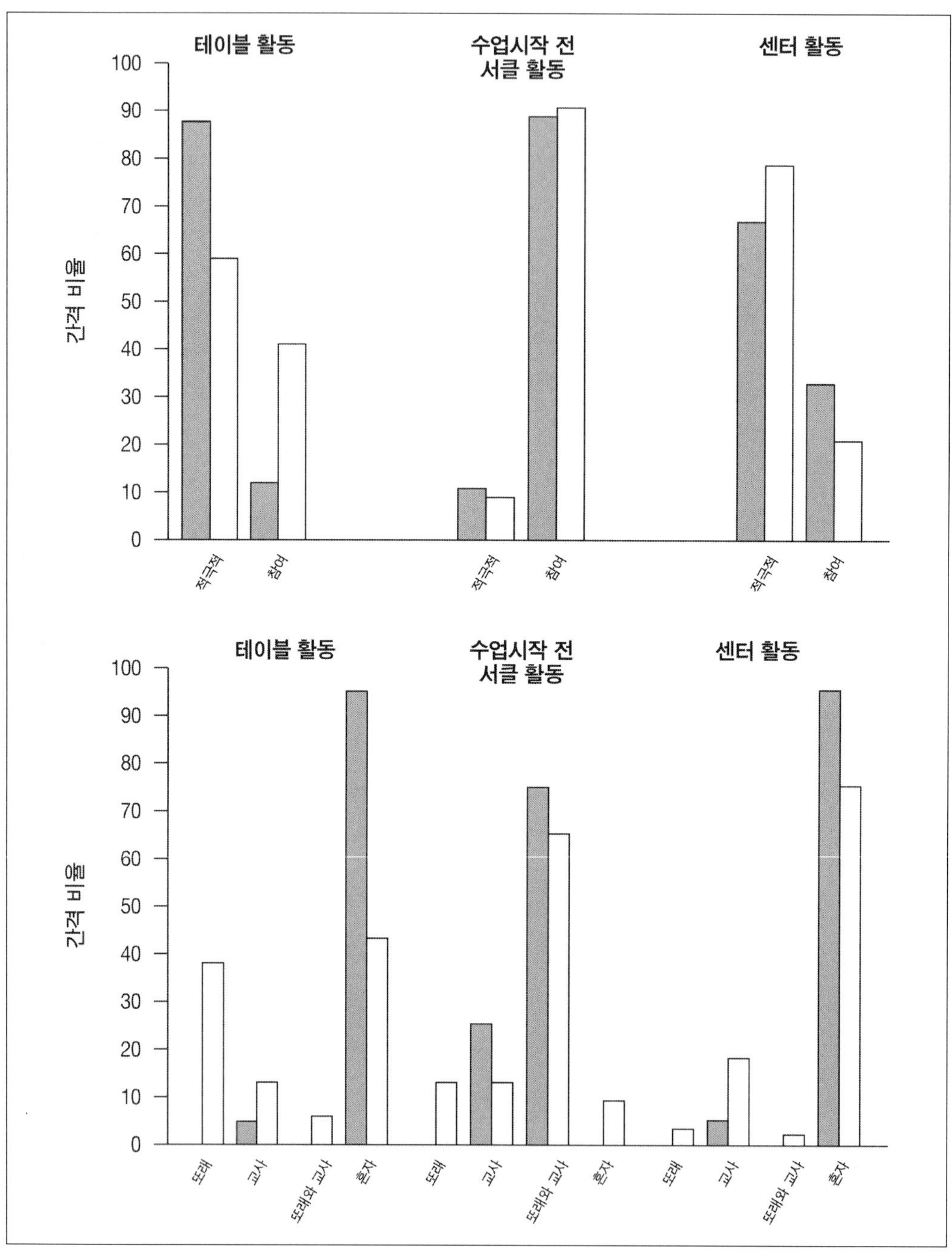

[그림 6] 세 가지 선택된 활동 동안에 교실 1에서 적극적인 관여(위의 그림)와 이러한 맥락을 위한 사회적 맥락에 대한 코드된 간격 비율(두 그림에서 음영 막대는 Neil, 하얀 막대는 Katie)

비율을 보여 준다. 두 아동 모두 테이블 활동 동안 높은 적극적인 관여 수준을 보였다. 그러나 그들의 반응을 위한 사회적 맥락은 아주 다양했다. Neil의 관여의 95%는 혼자 방식으로 나타났고, 반면 5%는 교사가 관여했다. 반대로, Katie 반응의 43%만이 혼자로 입력되었다. 그리고 38%는 또래가 개입되었다. [그림 6]에서 지적하듯이, 두 아동은 수업시작 서클 기간 동안 거의 관여를 보이지 않았고, 대부분 교사와 또래가 개입된 반응으로 나타났다. 최종적으로, Neil과 Katie는 센터 활동 동안 높은 적극적인 반응 수준을 보였고 대부분의 관여는 혼자 방식에서 발생했다.

[그림 7]은 교실 2에 있는 이들 아동을 위한 비슷한 프로파일을 보여 준다. Henry와 Bob은 테이블 활동 동안 동등한 관여의 수준을 보여 주고, 대부분의 반응 비율이 자연스럽게 혼자 일어났다. 교실 1에 있는 아동과 같이, 두 아동은 수업시작 서클 활동 동안 거의 관여하지 않았다. 이러한 활동 구조와 일치하여, 각 아동 반응의 50% 미만이 혼자인 방식으로 발생했다. 최종적으로, Henry와 Bob의 반응은 자연스럽게 혼자 관여하면서 센터 활동 동안 증가했다.

[그림 6]과 [그림 7]의 자료는 세 가지 형태의 변인을 보여 준다. 첫째, 적극적인 관여에 있어 유의미한 차이점은 다양한 활동과 교차되어 관찰되었다. 전반적으로, 4명의 아동은 테이블 활동 동안 평균 71%의 관여를, 수업시작 서클 활동 동안 16%, 센터 활동 동안 71% 그리고 이야기 활동에서는 7%의 관여를 보였다(단지 교실 2에서였고, [그림 7]에는 포함되지 않았다). 이러한 상호작용 변인은 4명의 아동 모두에서 관찰되었다. 둘째, 높은 교차 활동(cross-activity) 변인 수준은 사회적 맥락 자료에서 관찰되었다. 예를 들어, Katie는 테이블 활동을 하는 동안 혼자 그리고 또래와 함께 적극적인 높은 반응 비율이 관찰되었다(각각 43%, 38%). 대조적으로, 가장 높은 관여는 그녀가 수업시작 서클 활동을 하는 동안 교사와 또래가 모두 함께 할 때 나타났다. 끝으로, 대부분의 반응은 교사가 개입되었고, 센터 활동을 하는 동안 혼자 성향을 나타냈다(각각 18%, 75%). 관여와 같이, 사회적 맥락 자료는 다른 활동들과 교차하면서 상당한 변인을 보였다. 셋째, 상당한 변인은 개별 아동의 사회적 맥락 자료에서 나타났다. Neil과 Henry의 반응은 다른 아동들을 거의 개입시키지 않았다([그림 6], [그림 7] 참조). 대조적으로, Bob의 반응은 또래와 8~23% 개입되었고, Katie의 또래 관련 관여의 백분율은 센터 활동에서 3%, 테이블 시간에 38%를 차지했다.

본질적으로, 샘플 자료는 통합된 취학전 환경에서 관여와 사회적 맥락이 아동의 통합에 적절한 지표임을 지적한다. 두 가지 측정은 조직과 교사 개입의 정도에서 차이가 있는 활동들 간의 상당한 변인을 보여 준다. 더욱이, 사회적 맥락 측정은 선택된 4명의 아동 간의 상당한 변인을 밝혔다.

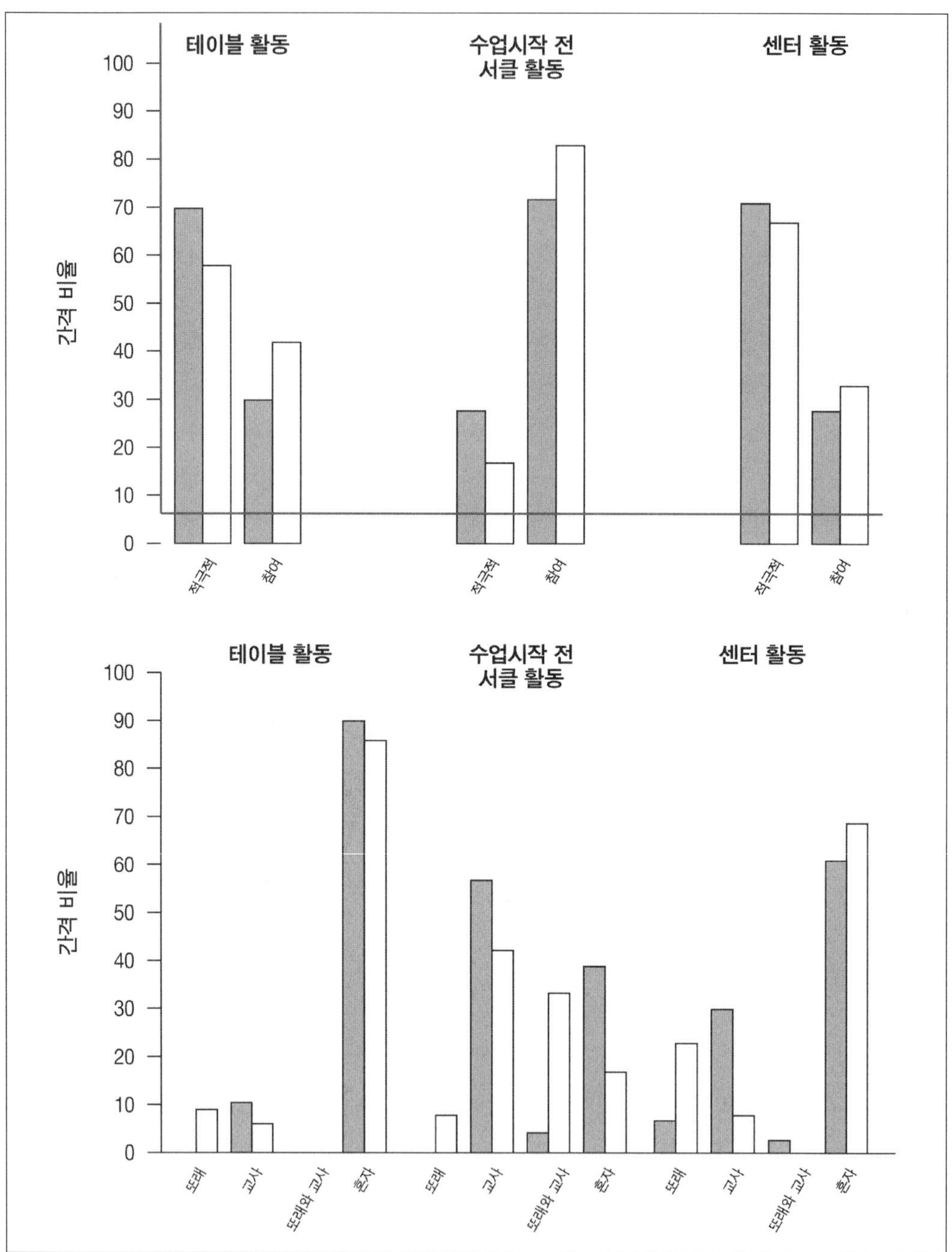

[그림 7] 세 가지 선택된 활동 동안에 교실 2에서 적극적인 관여(위의 그림)와 이러한 맥락을 위한 사회적 맥락에 대한 코드된 간격 비율(두 그림에서 음영 막대는 Henry, 하얀 막대는 Bob)

결론 및 함의

세 가지 중요한 결론이 제한된 관찰 샘플로부터 나타났다: 1) 네 명 아동의 모든 프로파일은 사회통합의 각각의 수준에 대한 본보기를 밝혔다. 2) 네 가지 수준의 사회통합은 다양한 방법으로 서로 관계하는 변인에 맞추었다, 3) 네 가지 수준의 통합은 초기 아동기 중재에 중요한 함의를 가진다. 이러한 중요한 결론은 뒷부분에서 논의한다.

아동의 관찰 프로파일에 대한 요약

모든 네 명의 아동 프로파일은 사회통합의 각 수준에 대한 예와 예가 되지 않음을 보여 준다. 예를 들면, Neil과 Kaite는 첫 번째 LEAP 교실(단계 1) 내에서 비슷한 수업 기간에 참여했다. 상호 개입에도 불구하고, 이들 아동들은 교사의 최소 지시를 요하는 센터 활동 기간 동안 다양한 영역의 활동들을 선택했다. 취학전 프로그램 참여 코드 또한 두 아동의 또래 집단의 규모와 구성에 있어서의 변인을 나타내었다(단계 2). 예를 들어, Neil과 Katie의 테이블 시간 자료는 소·대 집단 구조의 동등한 비율을 나타냈다. 반대로, 대부분의 탐구 활동은 소집단(Neil을 위한 한 명의 아동과 한 명의 교사)으로 입력되었다. 반면 모든 대근육 시간에는 대 집단 규모로 둘러싸였다. 관찰자가 Neil과 Katie를 위해 각각 네 명 그리고 두 명의 다른 구성을 입력 하는 것처럼, 이들 집단의 구조 또한 다르다.

세 번째와 네 번째 사회통합의 수준의 검토는 유사한 변인을 나타내었다. 예를 들어, 교사의 적극적인 행동과 조정은 Neil의 탐구 활동의 85%를 통합시켰고, Katie의 단지 30%와 비교된다. 그러나 두 아동은 그들의 간식 활동 동안에 동등한 성인 참여 수준을 경험했다. 마지막으로, 교실 1에 있었던 두 아동은 그들의 선택적 활동 전역에 걸쳐 비슷한 관여 수준을 보였다. Neil과 Katie의 반응은 종종 혼자 방식으로 나타났다. 그러나 테이블, 서클, 센터 활동 동안에 교사, 또래(단지 Katie만), 그리고 교사 또래 모두가 개입되었다.

교실 2에서의 관찰은 통합의 비교할 만한 예와 예가 되지 않음을 보여 준다. 비록 그들이 같은 일반적인 기간에 참여했을 지라도, Henry와 Bob은 센터 활동을 하는 동안 다양한 활동을 선택했다(단계 1). 두 아동은 또한 하루 종일 다양한 또래 구조에 참여했다(단계 2). 예를 들어, 세 네 개의 다양한 집단 규모가 테이블, 탐구 그리고 대근육 활동을 하는 동안 관찰되었다. Henry는 또한 혼자, 소수의 또래 장애아동, 동등한 비율, 그리고 많은 또래 장애아동을 포함하는 네 가지 구성에 참여했다. 반면 Bob은 세 가지 다른 집단 구조에 참여했다. 이 아동들은 또한 세 번째, 네 번째 사회통합 수준에서 불일치를 보였다. 예를 들어, Henry와 Bob은 탐구 활동과 간식 활동 기간에서 상대적으로 낮은 교사의 지시를 받았다. 마지막으로, 아동의 적극적인 관여는 수업시작 서클 활동에서 23%, 센터 활동에서 68%로 일반적인 평균에서 유동적인 반면, 이들 반응을 위한 사회적 맥락은 혼자 시간, 교사나 또래와 함께 하는 시간, 그리고 교사와 또래가 모두 함께 하는 시간을 포함했다. 요약하면, 모든 네 명의 아동 자료는 사회통합의 각 수준에 대한 예와 예가 되지 않음을 보여 준다.

사회통합의 네 수준 간의 관련성

사회통합의 네 수준은 다양한 다른 관계성을 함축하고 있는 변인에 맞추어져 있다. 첫째, 통합의 시작 단계는 이후 단계에 필수불가결한 조건의 상태로 제공된다. 예를 들어, 취학전 스텝은 교실에 있는 모든 다른 아동들과 교사들이 서클 활동에 참석하는 동안 독립적으로 퍼즐을 가지고 놀이를 할 수 있도록 개별 아동을 지시한다. 단계 1의 예가 되지 않는 것을 제시할 뿐만 아니라, 이 상황은 지명된 아동이 퍼즐 영역에서 혼자 했거나(단계 3), 거의 관여를 하지 않았거나 만약 관여가 있다하더라도, 교사와의 상호작용이고(단계 3), 그리고 혼자 방식으로 모든 적극적인 반응(단계 4)을 보이는 것처럼, 나머지 단계의 예가 안 된 것을 만들어낸다. 유사하게, 단계 3에서 어떤 집단 규모와 구성 변인은 네 가지 통합 유형을 위한 필요한 조건을 나타낸다. 예를 들어, 교사, 또래, 또는 교사와 또래 모두와 함께 적극적인 관여의 발생은 아동과 함께 하는 똑같은 활동에서 이들 아동들의 근접이 요구된다. 결론적으로, 통합의 첫 번째 두 단계는 자연스럽게 아동이 사회화가 되기 위해서 아동 참여가 필수불가결한 조건이다.

그러나 이 첫 단계의 필요성에도 불구하고, 자료는 단계 1과 2가 단계 4의 통합을 만들기 위한 충분한 조건이 아니라고 지적한다. 예를 들어, Neil은 연령에 적절한 사회적 상호작용, 놀이 그리고 언어 기술을 보이는 일반 또래의 소집단 또는 대집단에서 6분간의 테이블 시간 활동에 참여했다. 비록 Neil이 그의 간격의 88% 동안 적극적인 관여를 보였지만, 이러한 반응에 다른 아동들은 개입하지 않았다. 유사한 유형이 Henry의 13분간의 테이블 활동에서 나타났다. 그는 그의 시간의 58%를 일반 또래가 있는 소집단과 대집단에서 보냈고, 관찰된 간격의 70% 동안 적극적인 반응을 보였다. 그러나 테이블에서 다른 아동의 참석에도 불구하고, Henry의 반응은 이들 아동을 포함하지 않았다. 그러므로 자료는 사회통합의 첫 번째 두 단계는 필요하지만, 최종 단계를 위한 충분조건은 못된다. 일반 아동의 참여와 유용성은 취학전 자폐아동으로부터 사회적 상호작용과 또래-관련 참여를 확신할 수 없다. 연구결과는 단순한 물리적 통합은 취학전 장애아동으로부터 또래 모방과 상호작용을 촉진할 수 없다는 이전의 연구를 지지한다(Cooke, Ruskus, Apolloni, & Peck, 1981; Odom & McEvoy, 1988).

사회통합의 다른 단계로 교사 행동(단계 3)의 관계성은 또한 토론꺼리이다. 아동의 참여를 위한 교사의 지시는 활동의 유형(단계 1), 집단 참석자의 규모와 구성(단계 2), 그리고 아동 반응의 특징과 맥락(단계 4)을 포함하여 몇 가지 변인에 의해 영향을 받는다. 동시에, 교사 행동의 어떤 유형은 또한 특정 영역의 놀이 활동(단계 1)을 아동이 선택하는 데 영향을 미칠 뿐만 아니라, 그들의 참여를 위한 사회적 맥락과 특성(단계 4)에도 영향을 미친다. 비록 두 유형의 관계성이 가능은 하지만, 이 장에서 제시된 자료는 어떤 결론을 확신하는 데 있어서 상당히 제한적이고 초보적인 수준이다. 그러나 교사의 행동은 아동의 반응을 위한 의사결정자로서 제공될 수 있을 것이며, 또한 사회통합의 모델에서 제시한 생태학 및 아동 행동 변인에 의해 영향을 받는다. 앞으로의 연구들은 이들 두 변인 간의 기능적 관련성을 검토할 필요가 있다.

조기 아동기 중재를 위한 함의

이 장에 나타난 정도는 조기 아동기 중재를 위한 몇 가지 중요한 함의를 가진다. 첫째, 네 가지 예증적 사례로 획득된 자료는 통합 프로그램의 효율성을 평가하는 데 있어서 개별 아동에 초점을 두어야 할 필요성을 입증했다. 여기 이 자료는 통합의 경험이 한 아동 한 아동이 전혀 다르며, 개별 아동을 위한 활동들 간에도 전혀 다르다는 것을 보여 준다.

다단계 통합 분석으로부터 도출된 두 번째 중요한 함의는 특정 통합 상황 내에서 필요한 기술의 영역과 유형을 규정짓는 데 중요한 역할을 하는 맥락적 변인(예: 활동 유형)이다. 개별 아동 수준에서, 맥락적 변인은 아동의 다양한 기술 요구의 체계적인 배열을 신중히 고려하여야 한다. 그러므로 아동의 발달 능력의 범위 이내에서 통합의 기회를 아동에게 제공해야 한다.

마지막으로, 이 장에서 제시된 자료의 일반 아동과의 근접과 유용성은 취학전 자폐아동으로부터 사회적 상호작용과 또래-관련 참여를 보장할 수 없다고 제안한다. 이러한 결과에 기여하는 것은 무엇인가? 모든 저자들의 경험은 취학전 자폐아동과 그들의 또래 간의 질적 상호작용의 유지를 촉구하는 것은 교사가 자연스럽게 도달하거나 쉽게 성취할 수 있는 어떤 것이 아니라는 것을 지적한다. 첫째, 선택 상황이 주어졌을 때, 일반 아동들은 일반적으로 연령에 적절한 언어나 놀이 기술을 보이는 또래와 상호작용하려고 한다(Kohler & Strain, 출판 중). 둘째, 자폐아동은 종종 또래와의 상호작용을 조장하는 교사의 노력을 방해한다. 이러한 도전이 나타날 때, 종합적이고 장기적인 중재 접근방법, 특히 또래중재전략에 기초한 이러한 방법은 아동의 사회적 작용을 촉진시키는 데 충분한 조건이고 필요하다(Kohler, Strain, & Shearer, 1992; Strain, Goldstein, & Kohler, 출판중).

결론적으로, 이 장은 통합된 취학전 프로그램 내에서 아동의 참여에 적당한 네 가지 사회통합의 단계를 설명했다. 각 단계는 자폐아동을 위한 통합적 프로그램인 LEAP 취학전 프로그램에 입급된 네 명의 아동으로부터 얻은 관찰적 자료를 설명한다. 이 자료는 네 단계가 서로에게 유의미한 관계를 가지고 있으며, 아동의 통합에 대한 적절한 중재 차원을 제안했다. 비록 논의가 자폐아동의 취학전 통합에 맞추어져 있을지라도, 저자는 네 가지 단계에서의 통합은 또한 다른 발달적 욕구를 가진 아동을 수용하는 프로그램에 적절하다고 믿는다. 마지막으로, 모든 네 단계의 통합은 장애아동과 그들의 또래를 위한 질 높은 결과와 교육 접근을 제공하는 데 책무성이 있는 조기 아동기 행정가와 치료사들에게 영향을 미칠 것이다.

참고문헌

Brandt, R. (Ed.). (1992). Untracking for equity. *Educational Leadership, 50.*

Carta, J., Greenwood, C.R., & Atwater, J. (1985). *ESCAPE: Ecobehavioral system for complex assessment of preschool environments.* Kansas City: Juniper Gardens Children's Project, Bureau of Child Research, University of Kansas.

Carta, J.J., Sainato, D.S., & Greenwood, C.R. (1988). Advances in the ecological assessment of classroom instruction for young children with handicaps. In S.L. Odom & M.B. Karnes (Eds.), *Early intervention for infants and children with handicaps: An empirical analysis* (pp. 217–239). Baltimore: Paul H. Brookes Publishing Co.

Cooke, T.P., Ruskus, J.A., Apolloni, T., & Peck, C.A. (1981). Handicapped preschool children in the mainstream: Background, outcomes, and clinical suggestions. *Topics in Early Childhood Special Education, 1,* 73–83.

Guralnick, M.J. (1990). Major accomplishments and future directions in early childhood mainstreaming. *Topic in Early Childhood Special Education, 10,* 1–17.

Hamilton, Y.J., & Gordon, D.A. (1978). Teacher–child interactions in preschool and task persistence. *American Educational Research Journal, 15,* 459–466.

Hart, B., & Risley, T.R. (1975). Incidental teaching of language in the preschool. *Journal of Applied Behavior Analysis, 8,* 411–420.

Kohler, F.W., & Strain, P.S. (in press). The social interactions between preschoolers with disabilities and their peers: Methods for assessment, intervention, and analysis. In E. Cipani and N. Singh (Eds.), *Practical approaches to the treatment of severe behavior disorders.* DeKalb, IL: Sycamore Press.

Kohler, F.W., Strain, P.S., & Shearer, D.D. (1992). The overtures of preschool social skill intervention agents: Differential rates, forms, and functions. *Behavior Modification, 16,* 525–542.

Lovaas, O.I. (1987). Behavioral treatment and normal educational and intellectual functioning of young autistic children. *Journal of Consulting and Clinical Psychology, 55,* 3–9.

McGee, G.G., Paradis, T., & Feldman, R.S. (1993). Free effects of integration on levels of autistic behavior. *Topics in Early Childhood Special Education, 13,* 57–67.

McWilliam, R.A. (1991). Targeting teaching at children's use of time: Perspectives on preschoolers' engagement. *Teaching Exceptional Children, 23,* 42–43.

McWilliam, R.A., & Bailey, D.B. (1992). Promoting engagement and mastery. In D.B. Bailey & M. Wolery (Eds.), *Teaching infants and preschoolers with disabilities* (2nd ed., pp. 229–256). New York: Macmillan.

Odom, S.L., & McEvoy, M.A. (1998). Integration of young children with handicaps and normally developing children. In S.L. Odom & M.B. Karnes (Eds.), *Early intervention for infants and children with handicaps: An empirical analysis* (pp. 241–268). Baltimore: Paul H. Brookes Publishing Co.

Parsons, A.C., McWilliam, R.A., & Buysse, V. (1989). *A procedural manual for coding engagement in early childhood programs.* Chapel Hill: Frank Prorter Graham Child Development Center, University of North Carolina at Chapel

Hill.

Shores, R.E., Hester, P., & Strain, P.S. (1976). The effects of amount and type of teacher-child interaction on child-child interaction. *Psychology in the School, 13*, 171-175.

Smith, B.J., & Rose, D.F. (1993). *Administrators policy handbook for preschool mainstreaming.* Cambridge, MA: Brookline.

Strain, P.S., Danko, C.D., & Kohler, F.W. (1995). Activity engagement and social interaction development in young children with autism: An examination of "free" intervention effects. *Journal of Emotional and Behavioral Disorders, 3*, 108-123.

Strain, P.S., Goldstein, H., & Kohler, F.W. (in press). Peer-mediated interventions for young children with autism. In E. Hibbs and P. Jenson (Eds.), *Psychosocial treatment research with children and adolescents.* Washington, DC: American Psychological Association.

Strain, P.S., & Odom, S.L. (1986). Peer-social initiations: Effective intervention for social skills development of exceptional children. *Exceptional Children, 52*, 543-552.

Strain, P.S., & Smith, B.J. (1993). Comprehensive educational, social, and policy forces that affect preschool integration. In C.A. Peck, S.L. Odom, & D.D. Bricker (Eds.), *Integrating young children with disabilities into community programs: Ecological perspectives on research and implementation* (pp. 209-222). Baltimore: Paul H. Brookes Publishing Co.

Wheelock, A. (1992). The case for untracking. *Educational Leadership, 50*, 6-10.

Wolery, M., & Brookfield-Norman, J. (1988). (Pre)Academic instruction for handicapped preschool children. In S.L. Odom & M.B. Karnes (Eds.), *Early intervention for infants and children with handicaps: An empirical analysis* (pp. 109-128). Baltimore: Paul H. Brookes Publishing Co.

Wolery, M., Strain, P.S., & Bailey, D.B. (1992). Reaching the potentials of children with special needs. In S. Bredekamp & T. Rosegrant (Eds.), *Reaching potentials: Appropriate curriculum and assessment for young children* (pp. 92-111). Washington, DC: National Association for the Education of Young Children.

제14장

자연스러운 언어, 사회적 중재 및 말-이해력 훈련 통합의 중요성

Stehen M. Camarata

사회적 참조(social referencing)(새로운 정보를 배우기 위해 사회적 단서를 사용할 수 있는 능력)의 이론적 기원은 아동을 뽑아내어 치료실(pull-out) 환경에서 행해지는 특정적인 말 훈련에서부터 시작하여 기능적으로 적절한 목표에 초점을 두는 일상생활 환경에서 행해지는 교수로의 이동을 포함한다. 그러나 직·간접적으로 중재의 성공에 영향을 주는 사회적 맥락 내에 많은 요소들이 있다(Carr, 1994).

성공적인 의사소통에 열쇠가 되는 자연스러운 언어(naturalistic language)(사회적 맥락 내에서 정보를 교환할 수 있는 능력)의 한 측면은 메시지의 이해 수준(intelligibility levels)이다(Camarata, 1995; Kent, 1993). 이해력(intelligibility)이란 메시지를 정확하게 해독할 수 있는 청취자의 능력이다. 그러나 흥미롭게도, 이러한 의사소통과 사회적 참조의 근본적인 측면은 흔히 아동을 뽑아내어 서비스 전달을 사용하여 중재를 완성하는 말-언어병리학자들의 주요 영역으로 남겨져 있다(Bernthal & Bankson, 1993; Camarata, 1995). 그러나 말-이해력이 자연스러운 중재를 사용하여 성공적으로 수행될 수 있는 이전의 증거들이 있다(Camarata, 1993, 1995; Edwards, 1992). 최근까지, 이론적인 논쟁은 자연스러운 절차들을 사용하여 말 이해력을 위한 중재에 초점을 맞춰 왔다(Camarata, 1995; Hoffman, 1992). 그러나 더욱 일반적인 자연스러운 언어중재에 말-이해력 훈련을 통합하는 것은 전반적인 언어와 의사소통 기술에 있어서 뿐만 아니라 말 이해력에 있어 효과적이고, 빠른 일반화된 향상을 제공하면서 교수를 능률적으로 한다.

이 장의 목적은 세 가지이다. 첫 번째는 말-이해력 훈련에 적절한 근본적인 많은 가정들을 검토한다. 왜냐하면 이들 가정들은 아동을 뽑아내어 치료실 환경 하에서 전통적인 연습과 훈련 기법을 사용하여 말-이해력 교수를 완성하는 데 있어 이론적인 기초의 일부분이기 때문이다. 두 번째, 자연스러운 언어중재에 대한 중재절차의 재검토를 위한 사례가 제공되고, 언어 프로그램에 완전하게 통합된 말-이해력 훈련에 대한 통합중심의 전달체제의 이론과 기초 모형을 제공한다. 마지막으로 말-이해력 서비스로부터 전통적으로 배제되어져 왔던 중도장애인을 포함시키기 위해 실천의 범위를 확대하기 위한 이론을 소개한다. 이해할 수 있는 의사소통이 자기결정에 접근하는 데 있어 또는 개인의 선택을 확장시키는 데 있어, 그리고 파괴적인 행동, 공격, 자해(Carr, 1992; Dattilo & Camarata, 1991) 등을 줄이는 데 중요한 행동들이기 때문에 이 장에서 설명된 통합된 자연스러운 중재는 중도장애인에게 도움이 될 것이다.

말 이해력 대 조음과 음성

이해할 수 없거나, 부분적으로 이해할 수 있는 말을 가진 아동들의 말 발화 기술을 향상시키기 위해 고안된 중재 방법들이 언어치료, 조음, 그리고 음성을 포함하는 많은 표제어들 하에서 제시되어져 왔다. 비록 이들 각각의 용어들이 언어에 대한 말 음성을 학습하고, 발화하는데 문제를 가진 아동에 대하여 언급할지라도, 각 용어는 말이 어떻게 습득되고 숙달되는가에 대하여 다른 가정들을 반영한다. 조음과 언어치료는 말 발화와 연합된 몸짓 운동훈련을 강조하는 반면, 음성은 운동 구성요소에 추가하여, 말 발화 중재 내에서 인지-언어적 구성요소에 대한 인식을 포함한다(Bernthal & Bankson, 1993; Camarata, in press). 그러나 Camarata (1995)가 주장하듯이, 이들 표제어들은 아동의 말 이해력의 증가 즉, 중재의 최종 성과를 강조하기보다 오히려 전반적인 이해력에 기여한다고 생각되는 특정 능력을 강조하는 데 초점을 두고 있다(Kent, 1993). 비록 그러한 의미론적 분석이 덜 중요하게 보일 수 있으나, 중재의 특징들은 종종 표제 용어를 기초로 하는 철학에서부터 나온다(Camarata, 1995). 아래에서 논의된 것처럼, 장애아동의 말을 향상시키기 위한 모방과 훈련이 있어 왔다. Camarata(1995)는 조음(articulation)에서 음성(phonology), 말 이해력(speech intelligibility)으로의 용어의 이동은 실제적인 교수 목적에 중재의 초점을 둔 것이며, 전통적인 접근법을 넘어선 중재 관점을 확장시킨 것이다. 말 이해력(speech intelligibility)이란 용어가 이 장에서 사용된다.

언어의 통합된 부분으로서 말 이해력

연구자들은 전통적으로 언어 연구(언어 장애)를 독립적인 부분으로 세부화시켜 왔다(Bloomfield, 1993; Crystal, 1987). 예를 들어, Crystal은 언어를 형태학(단어 어미), 음성학(말), 의미론(의미) 그리고 통사론(단어순서와 단어 배열)으로 나눈다. 유사하게 Camarata(1991, 1995, 출판 중)는 언어를 형태론적, 음성론적, 화용론적(사회적 사용), 의미론적, 그리고 통사론적인 부분들로 규정한다. 역사적으로 언어 연구자들은 언어를 개별적인 구성요소로 세분화 하여 분리시켜 연구하려고 했다(Bloomfield, 1993). 당연하게도, 치료 프로그램들은 아날로그 방식에 따라 하나 또는 그 이상의 영역들에 초점이 맞춰져 왔다(Fey, 1986). 비록 이러한 아날로그 관점이 일부 연구의 측면과 중재 유형을 실행하는데 유용하다 할지라고, 동시에 언어 차원을 연구하고 치료하는데 중요한 이점이 있다. 예를 들어, Jakobson(1980)은 다음과 같이 주장했다.

> 어떤 단계(차원)가 독일인들이 das Teilganze 라고 부르는 것 그리고 전체성과 그 전체성의 다른 부분들 간의 상호 관련성이 고려되어야 한다는 것을 동시에 기억하면서, 주어진 단계(현상)의 기본 틀에서 언어와 언어의 분열에 접근하는 것은 중요하다.

이 생각에 반대하여, 말 습득에 대한 연구(조음, 음성)와 말-이해력 장애의 치료는 언어의 다른 측면들(Crystal, 1987)로부터 분리되어 일차적으로 실시되었다.

그러나 언어의 여러 차원 간의 상호 관련성을 검토하려는 초기의 시도들은 말과 언어의 다른 차원 간의 중요한 통합 효과를 밝혀왔다. 그러한 연구들은 각각 언어의 다른 차원들은 말 언어 장애를 가진 아동과 관계하여 상호 관련지을 수 있다고 지적했다. 예를 들어, Panagos와 그의 동료들(Panagos, 1982; Panagos & Prelock, 1982; Panagos, Quine & Klich, 1979, Paul과 Shriberg(1982), 그리고 Schwartz, Leonard, Folger와 Wilcox(1980)는 통사론적(문장) 복잡성의 변화는 말 발화의 정확성의 변화를 초래할 수 있다고 보고했다. 즉, 증가된 통사론적 복잡성은 종종 말 실수의 증가와 관련성이 있다. Bock(1982)은 아동의 말 체계의 제약을 처리하는 것이 말 발화에 쇠퇴를 초래한다고 지적하면서, 언어학적인 영역 가운데 복잡성에 있어 분명한 교환을 설명하는 상세한 모델을 제시하였다.

유사하게 Camarata와 그의 동료들(Camarata & Leonard, 1986, Camarata & Schwartz, 1985)은 의미론(단어 사용)과 말 사이의 상호 연관성을 드러내는 일련의 연구들을 실시했다. 이 경우에 있어, 더 큰 의미론적 복잡성(동사에 비교되는 목적어)은 말 발화 정확성(정확하게 발화되는 더 낮은 비율의 자음들)의 감소와 관련되었다. 이후의 연구들은 제약을 처리하는 것이 언어 영역들 가운데 자리바꿈을 초래할 수 있다고 제안하면서, 잠재적으로 혼란을 야기시키는 요인(예를 들어, 형태론적 표기의 다양성[단어 어미/접미사, 제시의 빈도, 그리고 각각의 부류 내에 있는 어휘[단어]에 대한 음성학적 구조)에 대한 통제의 정도를 높이는 연구였다. 마지막으로 Camarata(1990), Camarata와 Erwin(1988) 그리고 Camarata와 Gandour에 의한 연구는 형태론(문법적인 형태소들 또는 접미사들)과 말 사이의 상호 관련성을 제시했다. 이들 작가들은 문법 표기(예를 들어, 복수사용)를 만드는 어려움은 문법적인 변화(예를 들어, 기간에 따른 어미변화의 사용, 강도, 또는 근본적인 빈도, 말하는 동안 기본적인 구두 화음의 기본적 빈도)를 알리기 위해 사용된 유형에서 변화들을 이끌 수 있다고 주장한다.

성공적인 의사소통 장애물로서 말 이해력 장애

앞서 언급했듯이, 자연스러운 언어 습득과 더욱 비슷한 절차를 포함하기 위해 지난 10여 년 동안 언어중재절차에서의 현저한 이동은 말 이해력 훈련을 일반적으로 포함시키지 않았다(Camarata, 1993, 1995). 그러나 의사소통과 사회적 중재의 통합된 관점은 이해력이 기반될 것을 요구한다(Carr, 1992, 1944). 말 이해력, 언어, 그리고 더욱 일반적인 사회적 기술 간에 이러한 관계에 대한 많은 이론들이 있다. 앞에서 언급한 문헌 검토는 언어학적으로 관련된 학문적 기술을 포함해서, 흥미 있고 중요한 변인을 만들어내기 위해 언어의 다른 영역과 상호작용 할 수 있는 말 이해력을 밝혔다(Catts, 1989, 1993; Ham, 1958; Hodson, Nomura, & Zappia, 1989). 게다가, 여기에는 말 능력이 언어 습득과 언어 학습장애의 치료에 근본적인 역할을 한다고 제안하는 직접적인 증거가 있다.

예를 들어, Miller와 그의 동료들은(1990) 말 능력이 다운증후군 아동의 언어장애의 치료에 중요한 예언적인 요인이었다고 보고했다. 비슷하게, Leonard와 그의 동료들은(1982) 아동들은 발화하기 어려운 음을 포함한 단어의 발화를 실제적으로 피한다고 보고했다. Schwartz와 Leonard도 아동은 새로운 단어들을 배우기에 앞서 그들의 음 레퍼토리에 있는 음소(말의 음)가 포함된 단어들을 훨씬 더 잘 습득한다고 보고하면서 이러한 연구결과를 다시 검증했다. 또한 Camarata(1990)는 단어의 마지막에 위치해 있어 치조 마찰음(s와 z 음의 발화)의 초기 습득이 이들 음소(예를 들면, 복수어들)를 요구하는 문법적인 표시의 습득을 매우 빠르게 이끌 수 있다고 보고하였다. 그러므로 언어 학습장애아들은 언어와 의사소통 기술에서 성공하기 위해 언어 발화에서 유창해야 한다. 이러한 관점으로부터, 언어중재의 궁극적인 성공은 적어도 최소한의 말 이해력 기술로 예측될 수 있다. 이것은 아동의 말 능력이 부모나 교사 그리고 또래로부터의 교수 반응에 접근하거나 활성화되도록 설계된 중재에 특히 적합하다. 이러한 의사소통 파트너들은 적절하게 반응하기 위해 언어 학습장애아동들이 이해할 수 있는 말 투입이 필요하다(Yoder & Davies, 1992).

말 이해력 기술은 또한 더욱 일반적인 사회적 기술에 영향을 미친다. 사회적 기술의 발달에 있어 언어와 언어장애의 중요한 역할은 점차적으로 인식되어져 왔다(Carr, 1994). 기본적인 단계에서, 자신이 원하는 것, 필요한 것, 생각하는 것, 그리고 아이디어들을 표현하는데 어려움은 교실에서의 의사소통 좌절과 언어장애학생의 좌절감으로 이끌게 된다.

이러한 것을 바탕으로, 취학전 언어장애아동의 연관된 문제행동들이 이후에 나타난다는 생각이 점차적으로 분명해 지고 있다(Aram, Ekelman, & Nation, 1984; Cantwell & Baker, 1985; Carr & Durand, 1985). 더 중요한 것은, 파괴적인 행동과 말장애 그리고 낮은 말 이해력 수준 간의 관계를 증명하는 많은 연구들이 늘어나고 있다(Kaegel, Camarata & Koegel, 1994). 예를 들어, Carr(1992)는 중증장애인이 특이한 말 발화(일반적으로 낮은 이해력)에 친숙한 가족과 스텝 구성원들과 상호작용했을 때 상대적으로 낮은 파괴적인 행동 수준을 보였다고 보고했다. 그러나 장애인이 이상하고, 그들의 이해하기 어려운 유형을 이해하지 못하는 스텝이나 일반 대중과 상호작용했을 때, 파괴적인 행동이 매우 증가했다. Carr는 스텝과 다른 구성원들은 파괴적인 행동을 줄이기 위해 이상한 발화 유형을 이해하는 방법에 대하여 배워야 하지만, 이러한 접근은 전반적인 말 이해력(말 발화 기술)을 향사시키는 것 보다 덜 효과적일 수 있다고 주장했다. 왜냐하면 1) 어떤 스텝 구성원, 가족 구성원 또는 지역사회 구성원은 중증장애인들과 더욱 효과적으로 의사소통 할 수 있고, 2) 사람은 주류화 환경에서 의사소통과 상호작용을 위한 많은 기회에 접근할 수 있다. 위의 연구들은 끊임없이 말 이해력 장애가 사회적 발달에 장애가 되고, 사회적 기술에 부정적인 영향을 끼칠 수 있다고 밝히고 있다.

말 이해력 중재와 관련된 전통적인 가정들

말장애아동들을 가르치는 방법과 관련되는 많은 기본적인 가정들이 있다. 첫째, 말은 운동기능 향상을 위해 설계된 연습 활동의 사용을 권장하는 운동 행위로 보는 것으로 널리 알려진 관점이다(Bernthal & Bankson, 1981, 1988, Powell & Swartzlander, 1991). 말 이해력 곤란 아동은 조음장애로 흔히 언급된다(Bernthal & Bankson, 1981). 최대의 향상 음, 음 발화를 위해, 혀가 가는 위치, 구개와 관련되고, 혀의 조정과 관련된 어떤 말 음의 발화로 정의되는

(Webster's Dictionary of the English Language, 1989) 발음에 관한 강조는 혀의 움직임의 향상이 이해력 향상의 결과에 영향을 미친다는 가정에 기반을 두고 있다(Swift, 1918; Van Riper, 1939). 조음에 관한 강조는 일부 중재가 실질적으로 혀의 움직임을 훈련시킬 수 있는 반면 정확한 혀의 위치에 대한 지도를 제공하는 동안 다른 사람들은 아동들에게 개별 말 음을 모방하도록 함으로써 간접적으로 이것을 가르칠 수 있다는 점에서 직·간적접일 수 있다.

조음(articulation)이라는 용어는 중재의 설명이 "언어학적" 요소를 담고 있든지 없든지 관계없이 모방과 연습 활동을 사용하여 훈련을 시작하는 말 이해력 중재를 적용할 수 있다. 예를 들어, 개별 말 음의 직접적인 모방을 통합하는 광범위하게 사용되는 음운론적 과정(phonological process) 접근들이나 최대 대비(maximal contrast) 접근들은 조음 훈련이 근본적인 중재의 중요 특징이라는 가정에 기반을 두는 것으로 분류될 수 있다. 예를 들어, Elbert와 그의 동료들(1991)은 "음운론적 치료[말 이해력 훈련]의 중요한 측면은 쉽고, 자동적인 발화 기술의 획득이며, 이러한 기술은 반드시 일반화를 선행한다"라고 주장했다. Elbert와 그의 동료들은 말 음들〔최소 대비(minimal contrast) 치료〕의 유의미한 차이들을 강조하도록 설계된 훈련을 포함한 음운론적 치료에 대한 말-기반 접근의 효과들을 평가했었다. 그러나 목표 말 음에 대한 반복된 조음 훈련을 보장하기 위해 설계된 모방과 훈련 요소를 가지고 있었다는 것을 명심해야 한다. 그러므로 말 이해력 곤란을 향상시키려는 모방과 훈련 접근은 오랫동안 연구 문헌에서 두드러졌었고, 최근 실제의 통합적 부분으로 남아 있다(Bernthal & Bankson, 1993; Swift, 1918).

더 자세하게 연구되어야 하는 몇몇 관련된 가정의 측면들이 있다. 첫째로, 비록 말 신호의 궁극적인 산출이 일련의 운동 행위라는 것을 어느 누구도 부인할 수 없지만, 말 이해력 장애 아동의 비율에서 운동 장애에 대한 증거가 부재하다는 것이 계속적으로 나타나고 있다(Shriberg Kwiatkowski, Best, Hengst & Terselie-Weber, 1986). 비록 이 아이들이 최근 의학적, 신경학적 평가 방법을 사용하여 발견할 수 없는 일부 운동 장애의 형태를 사실상 가지고 있지만, 이것은 또한 이들 장애의 일부분이 실제적으로 언어 결함과 관련되어 있을 가능성이 있다(Camarata, 1995; Folkins & Bleile, 1990; Shriberg et al., 1986). 연구자들은 말 이해력에 대한 이중 언어학적 그리고 운동 장애에 대하여 오랫동안 논의해 왔다(Bloomfield, 1933; Folkins & Bleile, 1990; Ingram 1976; Stampe, 1969). 그리고 많은 중재절차들이 말 이해력 장애의 언어 구성요소에 초점을 두고 개발되어져 왔다(Gierut, 1989; Hodson, 1980; Ingram, 1981; Williams, 1991). 그러나 앞서 언급했듯이, 많은 언어-기반 접근들은 많은 방법에서, 전통적인 조음 접근과 유사한 모방과 훈련 절차들을 가지고 있다(Camarata, 1995).

모방과 훈련에 기반을 둔 중재와 관련된 두 번째 가정은 개별 말 음(음소)들이 전반적인 이해력을 향상시키기 위해 다루어져야 한다는 것이다. 이해할 수 있는 말은 개별 말 음들의 혼합으로 구성되었다는 가정이다(Kent, 1993). 그리고 개별 말 음들의 부정확한 발화로부터 또는 부정확한 말-운동 동작으로 부터 나온다는 가정이다(Elbert et al., 1991). 그러므로 치료는 전반적인 이해력을 향상시키기 위한 궁극적인 목적을 가진 개별 음에 대한 향상된 발화에 초점을 두었다. 흥미롭게도, 이러한 중재는 전통적으로 자음 발화에 초점을 두었다(Bernthal & Bankson, 1993; Elbert et al, 1991; Hodson, 1994). 그러나 말 인식에 대한 기본적인 연구는 모음의 음향적 자질이 자음에 기여하는 것보다 훨씬 더 이해력에 기여한다고 밝히고 있다(Ohde & Sharf, 1992). 그러나 전반적인 이해력에 있어 모음 발화의 치료 효과에 대한 유사한 연구와 말 이해력 장애아동에 있어 모음 오류에 관한 연구는 거의 없었다(Bernthal & Bankson, 1993; Camarata, 1995).

다시 말해, 비록 향상된 자음 발화(모방과 훈련을 사용한 발화)가 향상된 자발적인 말 이해력과 관련된다는 가정이 이론적인 가능성의 정도가 높지만, 가정의 타당성을 직접적으로 평가하기에 유용한 놀랄 만한 자료는 거의 없다. Elbert, Dinnsen, Swartzlander, 그리고 Chin(1990)은 말-운동(반복과 훈련)과 인지적-말(최소 쌍) 접근법의 결합을 사용하여 치료된 자음은 자발적인 말로 일반화를 초래했다. 그러나 작가들은 이러한 일반화가 향상된 전반적인(overall) 말 이해력과 연합되었는지에 대해 직접적인 검사를 하지 않았다. 가장 중요한 것은 말-운동 통제를 향상시키던지, 말음 발화를 향상시키던지, 모방과 훈련활동들은 궁극적으로 아동의 자발적인 말에 있어 목표 말의 발화를 초래한다는 기본 가정이다. 더욱이, 이러한 훈련이 전반적인 이해력에 있어 중요한 변화를 초래한다는 생각이다. 만일 이러한 중재 모델이 말과 사회적 기술 프로그램의 다른 측면에서 자연스러운 중재절차를 채택하는 통합 모델을 향한 아동을 뽑아내는 교실 환경에서 아날로그 훈련으로부터 떨어진 기본적 이동의 관점에서 실행된다면, 이들 가정들은 더욱 직접적인 검증이 필요하다.

요약하자면, 말 이해력 장애를 교정하려는 전통적인 접근들은 핵심 중재로서 모방과 훈련활동들을 포함하는 운동 관점에 토대했다. 이러한 전통적인 실제는 말-이해력 장애의 특성에 대한 가정에 토대했고, 다음으로, 이러한 장애를 치료하는데 요구되는 절차와 목표에 토대했다. 다음 절에서 토론되듯이, 이러한 가정들은 말 이해력 중재가 언어중재절차들에서 최근 변화와 통합과 같은 교수 실천에서의 변화에 대한 방법을 포함시키지 못했다는 결론을 내렸다.

언어중재절차에서의 변화

자연스러운 절차들을 더욱더 포함하기 위해 1980년대 이래로 언어중재 실천에서의 변화가 있었다(Camarata, Nelson, & Camarata, 1994; Fey, 1986; Koegel, O'Dell & Koegel, 1987). 그러나 이러한 변화에 앞서, 문헌을 고찰해 본다면, 최근에 말 이해력 중재와 같은 언어중재는

아날로그 치료를 위한 전형적인 장면의 예: 교사와 아동의 자료와 근접을 참조한다. 교사는 자극에 대해 통제를 높은 정도로 제공한다.

모방과 훈련 절차를 사용하는 아동을 뽑아내어 치료실 환경에서 주로 수행된다는 것이 분명하다(Fey, 1986; Mowrer, 1984). 흥미롭게도, 이러한 초기의 언어중재 모델들은, 특히 언어 결과를 확보하기 위해 매우 통제된 상황 내에서 핵심 모방 요소인, 말 이해력에 대한 전통적인 접근들과 유사한 이론적인 배경을 포함했다(McReynolds & Bennett, 1972). 이들 언어중재 모델들은 아동을 뽑아내어 치료실 환경에서 모방과 훈련활동으로 제한되었기 때문에, 자연스러운 중재로 대치되었다. 구체적으로, 일반화의 어려움(Siegel & Spradlin, 1985; Stokes & Baer, 1977)과 사회적 타당도와 관련된 제한점(Wolf, 1978)은 강력한 모방과 훈련활동에 의존하는 이 접근법에서 나타나는 문제들이었다(Kogel, Dyer, & Bell 1987; Koegel, Koegel & Surratt, 1992). 게다가, 중도장애아동을 포함하는 연구는 이런 아동이 종종 모방과 훈련활동을 채택하는 중재 환경 내에서의 비협조적이었다고 밝혔다(Koegel, Dyer, & Bell, 1987; Koegel, Koegel, & Surratt, 1992).

자연스러운 중재절차로의 이동은 장애아동이 제공받는 환경에서의 변화였다. 분리된 특수교육 서비스는 말 중재를 포함하여 광범위한 주류화 및 통합 서비스 전달체제 서비스로 대치되었다. 주류화 및 통합된 서비스로의 향상된 접근이 장애아동의 시민권에 확고하게 뿌리를 두고 있다 할지라도, 이러한 이동은 향상된 서비스 전달의 결과였다(Bricker, 1993; Cirrin & Penner, 1995). 그러나 말 이해력 연구가 모방과 연습 훈련에 토대를 두고 있기 때문에 서비스는 주류화나 통합환경에 확장되어 전달되지 못했다(Camarata, 1995; Koegel, Camarata & Koegel; 1994). 또한 많은 중도장애아동들이 모방과 훈련활동에 있어 협력하지 않기 때문에,

비록 이해 가능한 의사소통이 자기 결정을 성취하는 데 있어 중요한 기술이라 할지라도, 말 이해력 서비스에 접근하지 못한 것 같다(Dattilo & Camarata, 1991). 다음 절은 자연주의적인 언어중재기술과 관계된 절차들에 대한 논의를 하고자 한다.

자연스러운 언어중재 정의 내리기

자연스러운(naturalistic)이라는 단어는 "자연적 또는 자연과 일치하는 것"으로서 정의된다. 반면 언어(language)는 사고나 감정을 표현하는 어떤 수단으로서 정의되고, 중재(intervention)는 중재과정에 영향을 미치기 위한 어떤 사건이나 일의 개입으로 정의된다(Bernhart, 1983). 함께 생각해 본다면, 이들 단어들은 둘러싸고 있는 환경에서 관찰되는 다양한 종류의 학습들과 유사한 것으로 의사소통 발달의 과정에 영향을 끼치는데 사용되는 방법들이다. 말하자면, 정의에 의해, 자연스러운 언어중재는 일반적인 언어발달에서 보이는 특징과 가능하다면 많이 평행되도록 설계되었다. 그러나 이러한 정의의 핵심 요소는 우리가 "자연적" 환경이 되도록 고려하는 것이고, 둘러싸고 있는 언어 학습 맥락의 특징이 학습을 위해 가장 중요하다는 것이다. 다음 쪽은 자연스러운 언어 맥락에서 가장 중요한 측면을 구성하고 있는 것이 무엇인지 몇 가지 다른 이론적 입장을 검토한다.

자연스러운 말 중재의 진보에서 흥미로운 측면은 "자연스러운"으로 간주하도록 두드러진 다른 절차의 사용이다(Whole language, Norris, 1992; conventional recast training, Camarata, Nelson & Camarata, 1994; Natural language paradigm, Koegel, O'Dell & Koegel, 1987). 예를 들어, 총체적 언어(whole language)의 핵심은 종종 특정 언어 구조보다 화용론적(사회적 상호작용) 측면에 대한 교수이다. 대조적으로, 대화적 배역 변경(conversational recast) 중재는 일반 아동의 학습을 이끌어내기 위한 사회 맥락적 사고로, 아동에게 전달되는 형태론적(접미사 또는 기능어) 그리고 통사적(문장 구조들) 모델을 포함한다. 자연스런 언어 패러다임(natural language paradigm)에서, 구체적인 목표는 자연적인 강화인자를 토큰 사용하는 것이나 음식 강화인자를 사용하는 것 보다 의사소통 파트너와의 계속적인 상호작용이나 바라는 물체들에 접근하는 것, 사용하는 다양한 사회적 환경에서 가르치는 것이다. 마지막으로, 우발교수(incidental teaching)(Guess, Keogh & Sailor, 1978)는 모방적인 촉구와 외현적인 강화인자를 포함한 교수가 교실 환경에서 완성되었기 때문에 자연스러운 것으로 간주되어져 왔다. 이들 절차의 일반적인 측면은 일반 아동들과 상호작용에서 관찰된 상호작용 절차들의 적용을 강조한다(Nelson, 1989).

추가적으로, "언어"가 무엇으로 구성되어져 있는지에 대한 계속적인 논쟁이 있어 왔다. 비록 이러한 논쟁의 초점이 사실상 영장류들이 언어를 가지고 있는지 그렇지 않는지를 결정하는데 있어 기준을 확립시키는 데 있다 할지라도(Sevage-Rumbagh, Murphy, Sevik, & Brakke, 1993), 인간 언어의 경쟁적인 모델들이다. 예를 들어, 많은 이론가들은 내용(content)과 형식(form) 그리고 사용(use)에 초점을 두는(Bloom & Lahey, 1978; Lahey, 1988) 반면, 많은 심리학자들과 말 학자들은 언어가 형태론(morphology), 통사론(syntax), 의미론(semantics), 화용론(pragmatics), 음운론(phonology)으로 구성되어져 있는 것으로 정의한다(Camarata, 1991). 두 개의 이들 모델들은 언어의 통합적인 부분으로서 말 이해력(형태와 음운론의 부분)의 측면을 포함하고 있다(Crystal, 1987).

마지막으로, 중재 정의의 차이점들이 자연스러운 언어중재에 관한 다른 견해들을 유도한다는 것은 중요하다. 비록 다양한 이론적인 견해들 가운데 보다 덜 일반적인 자료라 할지라도, 우리가 중재라고 고려하는 것은 자연스러운 언어중재의 특성에 심오한 영향력을 끼친다. 예를 들어, 만일 우리가 언어 학습장애가 프로이드 전통의 내부적인 갈등으로부터 또는 부모의 측면에 있어 지원적인 의사소통이나 정서적인 환경의 부족으로부터 야기된다는 입장을 채택한다면, 일반 아동들의 언어 습득을 강화시키려는 자연스러운 말 환경 내에서의 맥락적인 변인(예를 들어, 부모의 투입, 관심, 동기, 언어 단서들, 부모-아동 반응 변인들의 구조적 특징들) 보다 오히려 가족의 심리적 상태의 측면을 조작하는 것으로 정의되어야 할 것이다(Camarata et al, 1994; Carr, 1994; Moerk, 1992). 그러나 중재의 경험적인 접근들에 대한 일반적인 측면(자연스럽든 그렇지 않든)은 목표행동의 변화를 측정하는 데 초점이 맞춰져 왔다

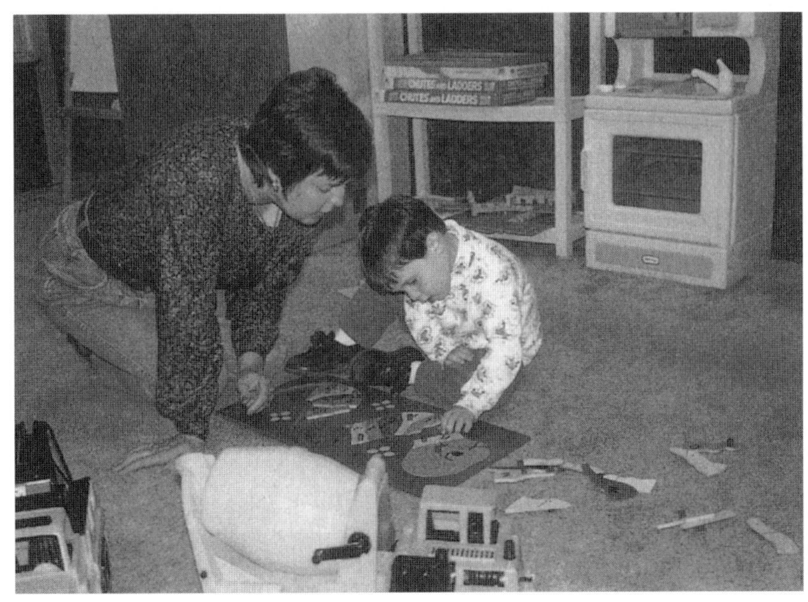

자연스런 치료 장면의 예: 교사와 아동이 상호작용하는 자료와 접근성에 주의한다. 아동은 자극을 통제하고 있다.

(McReynolds & Kearns, 1983).

요약해 본다면, 자연스러운 언어중재는 장애아동의 언어 체제의 형태론적, 통사론적, 의미론적, 화용론적 그리고 말-이해력 측면에서 측정 가능한(사회적으로 타당한) 변화를 낳을 수 있는 일반 아동을 가르치는 데 사용되는 것과 평행되는 절차들로 정의할 수 있다. 이러한 정의는 자연스러운 훈련 내에서 잠재적인 언어 목표로서 말 이해력을 구체적으로 포함한다(Camarata, 1993). 이 정의는 교수가 최소 제한된 환경 내에서 수행될 것을 또한 함축한다. 그러므로 자연스러운 중재의 초기 단계들은 아동을 뽑아내 치료실 환경에서 모방과 연습 활동을 사용하는 것과 사실상 직접적으로 반대되는 것이다.

자연스러운 말-이해력 훈련의 시사점

전통적인 말-이해력 훈련의 초기 단계들은 전형적으로 목표 발음 발화를 통제하도록 설계되었다. 이 훈련은 주의산만을 최소화시키기 위해 탈상황적인 것이고, 훈련의 목적은 목표어의 정확한 모방을 생성해내는 것이다(Fey, 1986). 발화가 통제된 조건들 하에서 완성된 후, 교수는 더욱 자연스러운 일반화 환경으로 옮겨진다. 이 시점에서 모방적 촉구와 분명한 강화인자는 사라진다. 그러므로 훈련은 높은 수준의 지원에서 덜 지원적인 수준으로, 더 낮은 자연상태에서 더 높은 수준의 자연상태로 나아간다. 대조적으로, 자연스러운 교수 절차들은 종종 자연스러운 강화인자를 포함하여(자연스러운 방법으로 전달된 모델) 일반 언어 습득과 겹치는 정도가 높은 수준에서 시작한다. 그리고 훈련은 자연스러운 배경에서 완성된다. 이러한 관점으로 부터, 중재의 목적은 자연스러운 학습환경과 가능한 밀접하게 일치하는 교수를 제공하는 것이라고 주장한다.

그러므로 자연스러운 말-이해력 중재의 모델은 전통적인 접근들과 상반된다. 중재의 출발점은 전통적인 절차의 "일반화 단계"에 해당된다. 그리고 아동이 자연스러운 중재 내에서 진보의 부족이 나타날 때 "발화 지원"이 추가된다. 대조적으로, 아날로그 훈련은 음절, 단어, 구 그리고 문장 단위의 발화로 이어지는 고립된 음 발화를 사용하고자 할 때 시작된다. 이것은 촉구와 강화인자를 사라지게 하고, 일반화를 이끌어내려고 계획된 절차들에 의해 수행된다. 자연스러운 중재에서, 교수의 처음 단계는 놀이나 통합 교수 맥락 내에서 완성될 것이고, 구나 문장 단위의 발화 모델은 촉구나 강화인자 없이 전달된다(Camarata, 1993, 1995). 모방적인 촉구는 비촉구된 훈련 내에서 아동이 진보의 부족을 보였을 경우, 단지 구절 단계에서 전달될 수 있다. 이론적인 견해로부터, 역 순서(전통적인 절차와 관련하여)가 채택된다: 구, 단어, 음절, 음은, 학습이 높은 수준의 단계를 보이지 않으면, 시작할 수 있다. 이후 단계인 음절, 음은 탈문맥화, 비언어적, 자연스럽지 못한 발화를 보인 때 마지막 재분류(last resort)가 될 것이

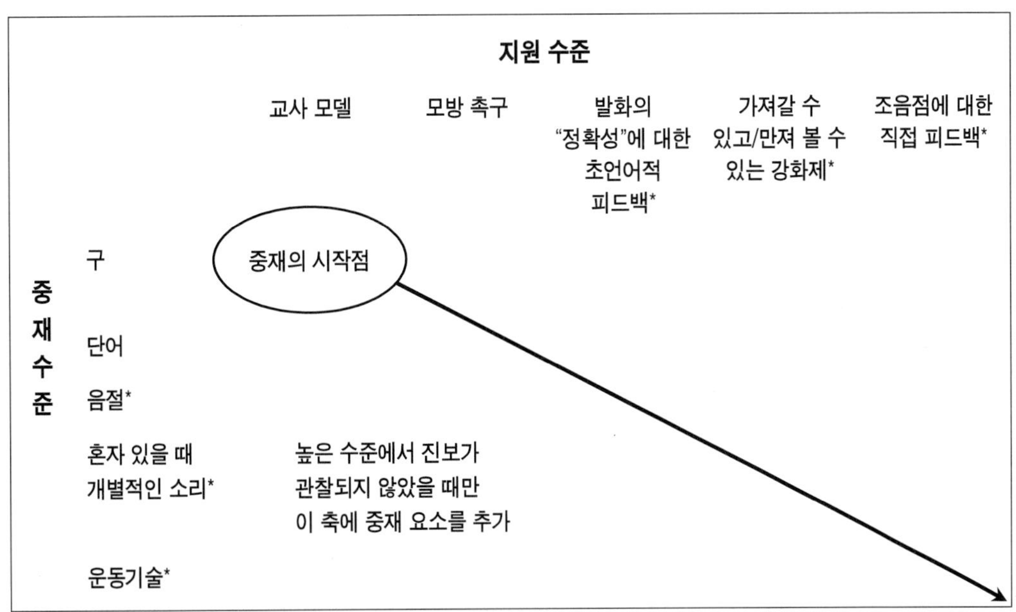

[그림 1] 자연스런 언어중재의 도식(*는 중재의 초기 단계에 포함되지 않은 이러한 요소를 나타내며, 자연스런 중재에서 진보가 거의 관찰되지 않을 때 운동훈련으로 전환된 것을 나타낸다.)

다. 이러한 자연스러운 중재 모델은 [그림 1]에서 요약되어 있다. [그림 2]는 말 중재 동안 사용한 자극과 상황을 나타낸다. 이것은 제안된 모델[그림 1]과 직접적인 대조를 이룬다.

통합환경에서 말-이해력 훈련의 실행을 위한 잠재적 모델

이 절은 통합환경 내에서 말-이해력 훈련을 실행하기 위한 잠재적인 모델을 설명한다. 이 이론적인 모델은 자연스러운 말-이해력 훈련이 효과적일 수 있다는 것을 나타내는 기초 자료에서부터, 그리고 광범위한 언어와 사회적인 기술에 대한 자연주의적 교수의 성공률에서부터 생겨난 것임을 주목해야 한다(Fey, Windsor & Warren, 1995; Warren & Reichle, 1992). 그러므로 이 모델은 교사, 특수 교사 그리고 말-언어병리학자들에 의한 평가뿐만 아니라 연구자들로 부터 계속적인 타당성 입증이 요구된다.

앞에서 언급했듯, 말-이해력 훈련을 위한 학교환경에서의 가장 자연스러운 중재는 통합환경이 될 것이다. 이점에서 말 목표는 일반교실 활동에 통합시키는 것이다. 왜냐하면 많은 연구들이 일반적인 언어중재는 우연하게 말 이해력을 향상시킨다고 지적했기 때문이다(Fey et al, 1994). 통합 활동의 특정 초점은 말 이해력이 되어야 한다는 것은 중요하다. 이것은 자음과 모음 목표 음, 그리고 부분적으로 이해할 수 있는 발성 또는 심지어 이해 할 수 없는 연속음

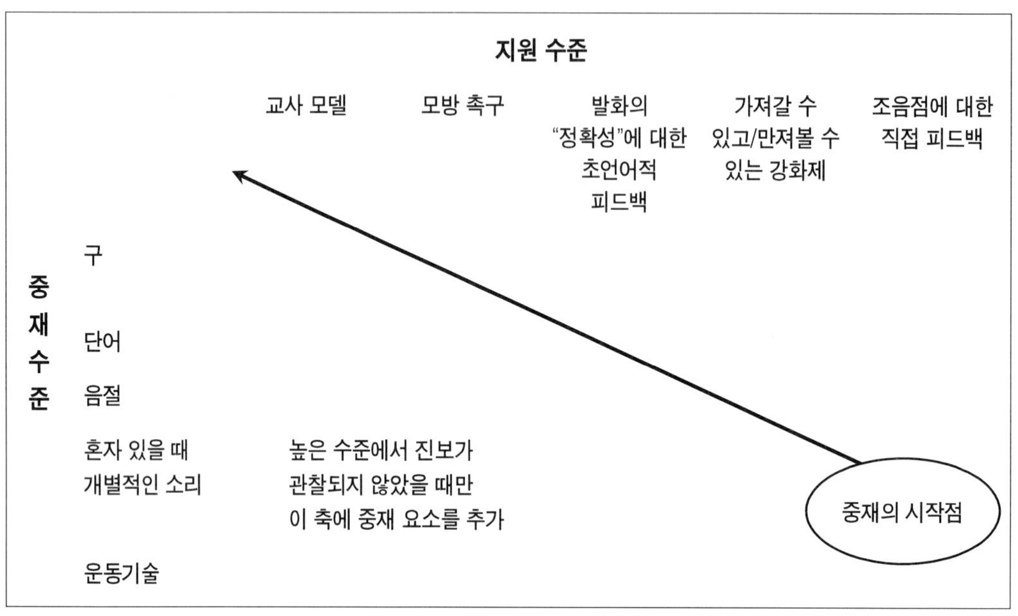

[그림 2] 자연스런 언어중재의 도식

에 대한 개조 절차를 잠재적으로 포함한다. 대안적으로, 위에서 언급했듯이, 단어의 발화나 모델의 모방을 위한 직접적인 촉구는 필요시 전달할 수 있다. 독립된 음의 발화나 복합적인 음의 모방들은 자연주의적인 절차가 효과적이지 못할 때만 요구된다. 이 훈련의 핵심적인 측면은 말-운동 발화 보다 오히려 이해력에 초점을 둔다.

잠재적으로 채택될 수 있는 많은 모델들이 있다. 말 발화의 주요 전문가로서, 일반적으로 말-언어병리학자는 목표를 선택하고, 중재를 위해 협력하며, 진보를 조정하기 위한 책임이 있다. 게다가, 말 병리학자는 교사에 의해 설계된 수업안을 이용하여 교실에서 활동을 완수할 수 있다. 그러나 이 수업안은 말-이해력 장애아동의 개별 요구에 적합한지 말 병리학자에 의해 채택된다. 대안적으로, 교사나, 특수 교사 또는 모두는 말-이해력 중재를 요구하는 아동들을 위해 말-이해력에 대한 수업을 일반교실 활동으로 통합 운영할 수 있다(Cirrrin & Penner, 1995). 초기 결과들은 교사와 특수 교사들이 광범위한 이해력 교수에 초점을 맞춘 모형(예를 들어, 학생들에게 부분적으로 이해할 수 있는 발화 기술을 반복적으로 가르치는 것)을 전달할 수 있다고 제안한다. 그러나 특정한 말소리에 초점을 두는 모형을 전달하는 데 있어서는 보다 성공적이지 못하다(Camarata, Koegel & Koegel, 1993).

결 론

전통적인 아날로그 중재들이 말-이해력 중재를 지배했기 때문에 여기에 제시된 통합 모형은 실행의 시작에 있으며, 많은 방법론적인 세부사항들이 현재 실험적인 타당성을 증명하고 있다. 이러한 방식에서, 교수 공학기술은 현재 1980년대 초반에 자연주의적 언어와 사회적 중재처럼 비슷한 단계에 있다. 그러나 초기의 언어와 사회적 중재 모형과 같이, 말-이해력 장애를 위한 자연스러운 통합 중재는 장애아동의 언어와 사회적 기술의 향상을 위해, 그리고 말-이해력 훈련을 향상시키고 새롭게 하기 위해 보다 큰 잠재력을 가지기 위해 나타났다.

참고문헌

Aram, D.M., Ekelman, B.G., & Nation, J.E. (1984). Preschoolers with language disorders: 10 years later. *Journal of Speech and Hearing Research, 27*(2), 232-244.

Barnhart, C.L. (1983). *The World Book dictionary.* Chicago: World Book.

Bernthal, J., & Bankson, N. (1981). *Articulation disorders.* Englewood Cliffs, NJ: Prentice Hall.

Bernthal, J., & Bankson, N. (1988). *Articulation disorders* (2nd ed.). Englewood Cliffs, NJ: Prentice Hall.

Bernthal, J., & Bankson, N. (1993). *Articulation disorders.* (3rd ed.). Englewood Cliffs, NJ: Prentice Hall.

Bloom. L., Lahey, M. (1978). *Language development and language disorders.* New York: John Wiley & Sons.

Bloomfield, L. (1933). *Language.* New York: Holt, Rinehart & Winston.

Bock, K. (1982). Toward a cognitive psychology of syntax: Information processing contributions to sentence processing. *Psychological Review, 89*, 1-47.

Bricker, D. (1993). A rose by any other name, or is it? *Journal of Early Intervention, 17*(2), 89-96.

Camarata, S. (1900). Semantic iconicity in plural acquisition: Extending the argument to normal children. *Clinical Linguistics and Phonetics, 4*, 319-325.

Camarata, S. (1991). Assessment of oral language. In S. Salvia & J. Ysseldyke (Eds.), *Assessment in special and remedial education* (5th ed., pp. 263-301). Boston: Houghton Mifflin.

Camarata, S. (1993). The application of naturalistic conversation training to speech production in children with speech disabilities. *Journal of Applied Behavior Analysis, 26*, 176-182.

Camarata, S. (1995). A rationale for naturalistic speech intelligibility intervention. In M. Fey, J. Windsor, & S. Warren (Eds.), *Language intervention: Preschool through the early school years* (pp. 63-84). Baltimore: Paul H. Brookes Publishing Co.

Camarata, S. (in press). Assessment of oral language. In J. Salvia & J. Ysseldyke (Eds.), *Assessment in special and remedial education* (6th ed.). Boston: Houghton Mifflin.

Camarata, S., & Erwin, L. (1988). Rule invention in the acquisition of morphology revisited: A case of transparent semantic mapping. *Journal of Speech and Hearing Research, 31*, 425-431.

Camarata, S., & Gandour, J. (1985). Rule invention in the acquisition of morphology. *Journal of Speech and Hearing Disorders, 50*, 40-45.

Camarata, S., Koegel, R., & Koegel, L. (1993, November). *Naturalistic treatment for disruptive behavior and speech intelligibility in autism and other disabilities.* Paper presented at the American Speech-Language-Hearing Association Conference, Anaheim, CA.

Camarata, S., & Leonard, L. (1986). Young children prenounce object words more accurately than action words. *Journal of Child Language, 13*, 51-65.

Camarata, S., Nelson, K.E., &Camarata, M. (1994). A comparison of conversation based to imitation based procedures for training grammatical structures in specifically language impaired children. *Journal of Speech and Hearing Research, 37*, 1414-1423.

Camarata, S., & Schwartz, R. (1985). Production of object words and action words: Evidence for a relationship between phonology and semantics. *Journal of Speech and Hearing Research, 28*, 323-330.

Cantwell, D., & Baker, L. (1985). Psychiatric and learning disorders in children with speech and language disorders: A descriptive analysis. *Advances in Learning & Behavioral Disabilities, 4*, 29-47.

Carr, E. (1922, September). *Mood, menses, and meaning: Complex determinants of severe problem behavior*. Paper presented at the Fifth Annual NIDRR Research and Training Center Conference on Nonaversive Behavior Management, Nashville, TN.

Carr, E.G. (1994). Emerging themes in the functional analysis of problem behavior. *Journal of Applied Behavior Analysis, 27*, 393-399.

Carr, E.G., & Durand, M. (1985). Reducing behavior problems through functional communication training. *Journal of Applied Behavior Analysis, 18*(2), 111-126.

Catts, H. (1989). Speech production deficits in developmental dyslexia. *Journal of Speech and Hearing Disorders, 54*, 422-428.

Catts, H. (1993). The relationship between speech-language impairments and reading disabilities. *Journal of Speech and Hearing Research, 36*, 948-958.

Cirrin, F., & Penner, S. (1995). Classroom based and consultative service delivery models for language intervention. In M.E. Fey, J. Windsor, and S.F. Warren (Eds.), *Language intervention: Preschool through the elementary years* (pp. 333-362). Baltimore: Paul H. Brookes Publishing Co.

Crystal, D. (1987). Towards a bucket theory of language disability: Taking account of interaction between linguistic levels. *Clinical Linguistics and Phonetics, 1*, 7-21.

Dattido, J., & Camarata, S. (1991). Facilitating conversation through self-initiated augmentative communication treatment. *Journal of Applied Behavior Analysis, 24*, 369-378.

Edwards, M. (1992). In support of phonological processes. *Language, Speech, and Hearing Services in Schools, 23*, 233-240.

Elbert, M., Dinnsen, D.A., Swartzlander, P., & Chin, S.B. (1990), Generalization to conversational speech. *Journal of Speech and Hearing Disorder, 55*(4), 694-699.

Elbert, M., Powell, T., & Swartzlander, P. (1991). Toward a technology of generalization: How many exemplars are sufficient? *Journal of Speech and Hearing Research, 34*, 81-87.

Fey, M.E. (1986). *Language intervention with young children*. San Diego: College-Hill Press.

Fey, M.E., Cleave, P., Ravida, A., Long, S., Dejmal, A., & Easton, D. (1994). The effects of grammar facilitation on the phonological performance of children with speech and language impairments. *Journal of Speech and Hearing Research, 37*, 594-607

Fey, M.E., Windsor, J., & Warren, S.F. (Eds.). (1995). *Language intervention: Preschool through the elementary years*. Baltimore: Paul H. Brookes Publishing Co.

Folkins, J., & Bleile, K. (1990). Taxonomies in biology: Phonetics, phonology, and speech motor control. *Journal of Speech and Hearing Disorders, 55*, 596-611.

Gierut, J. (1989). Maximal opposition approach to phonological treatment. *Journal of Speech and Hearing Disorders, 54*, 9-19.

Guess, D., Keogh, W., & Sailor, W. (1978). Generalization of speech and language behavior. In R. Schiefelbusch (Ed.), *Bases of language intervention* (pp. 373-395). Baltimore: University Park Press.

Ham, R. (1958). Relationship between misspelling and misarticulation. *Journal of Speech and Hearing Disorders, 23*, 294-297.

Hodson, B. (1980). *The assessment of phonological processes*. Danville, IL: Interstate Printers & Publishers.

Hodson, B. (1994). Helping individuals become intelligible, literate, and articulate: The role of phonology. *Topics in Language Disorders, 14* (2), 1-16.

Hodson, B., Nomura, C., & Zappia, M. (1989). Phonological disorders: Impact on academic performance? *Seminars in Speech and Language, 10*, 252-259.

Hodson, B., & Paden, E. (1981). Phonological processes which characterize unintelligible and intelligible speech in early childhood. *Journal of Speech and Hearing Disorders, 46*, 369-373.

Hodson, B., & Paden, E. (1983). *Targeting intelligible speech.* San Diego: College-Hill Press.

Hoffman, P. (1992). Synergistic development of phonetic skill. *Language, Speech, and Hearing Services in Schools, 23*, 254-260.

Ingram, D. (1976). *Phonological disability in children.* New York: Elsevier.

Ingram, D. (1981). *Procedures for the phonological analysis of children's language.* Baltimore: University Park Press.

Jakobson, R., (1980). *The framework of language.* Ann Arbor, MI: University of Michigan Press.

Kent, R. (1993). Speech intelligibility and communicative competence in children. In A. Kaiser and D. Gray (Eds.), *Enhancing children's communication: Research foundations for intervention* (pp. 223-237). Baltimore: Paul H. Brookes Publishing Co.

Koegel, R., Camarata, S., & Koegel, L. (1994). Aggression and noncompliance: Behavior modification through naturalistic language remediation. In J. Matson (Ed.), *Autism in children and adults: Etiology, assessment, and intervention* (pp. 165-180). Sycamore, IL: Sycamore Press.

Koegel, R., Dyer, K, & Bell, L. (1987). The influence of child-preferred activities on autistic children's social behavior. *Journal of Applied Behavior Analysis, 20*, 243-252.

Koegel, R., Koegel, L, & Surratt, A. (1992). Language intervention and disruptive behavior in Preschool children with autism. *Journal of Autism and Developmental Disorders, 22*, 141-153.

Koegel, R., O' Dell, M., & Koegel, L. (1987). A natural language teaching paradigm. *Journal of Autism and Developmental Disabilities, 17*, 187-199.

Lahey, M. (1988). *Language disorders and language development.* New York: Macmillan.

Leonard, L. Camarata, S. Schwartz, R. Chapman, K. & Messick, C. (1985). Homonymy and the voiced-voiceless distinction in the speech of children with specific language impairment. *Journal of Speech and Hearing Research, 28*, 215-224.

Leonard, L., Schwartz, R., Chapman, K., Rowan, L., Prelock, P., Terrell, B., Weiss, A., & Messicd, C. (1982). Early lexical acquisition in chidren with specific language impairment. *Journal of Speech and Hearing Research, 25*, 554-559.

McReynolds, L., & Benntt, S. (1972). Distinctive feature generalization in articulation training. *Journal of Speech and Hearing Disorders, 37*, 462-470.

McReynolds, L. V., & Kearns, K. (1983). *Single-subject experimental strategies in communicative disorders.* Baltimore: University Park Press.

Miller, J., Miolo, G., Murray-Branch, J., Pierce, K., Rosin, M., Sedey, A., & Swift, E. (1990, November). *Facilitating speech and language development in children with Down syndrome.* Paper presented at the annual conference of the American Speech-Language-Hearing Association, Seattle, WA.

Moerk, E. L. (1992). *A first language taught and learned.* Baltimore: Paul H. Brookes Publishing Co.

Mowrer, D. (1984). Behavioural approaches to treating language disorders. In D. Muller (Ed.), *Remediating children's language: Bhavioural and naturalistic approaches* (pp. 18-54). San Diego, CA: College-Hill Press.

Nelson, K. (1989). Strategies for first language teaching. In M. Rice & R. Schiefelbusch (Eds.), *The teachability of language* (pp. 263-310). Baltimore: Paul H. Brookes Publishing Co.

Norris, J. (1990). Whole language in theory and practice: Implications for language intervention. *Language, Speech, & Hearing Services in Schools, 21*, 212-220.

Ohde, R., & Sharf, D. (1992). *Phonetic analysis of*

normal and abnormal speech. New York: Macmillan.

Panagos, J. (1982). The case against the autonomy of phonological disorders in children. *Seminars in Speech, Language, and Hearing, 3,* 173–182.

Panagos, J., & Prelock, P. (1982). Phonological constraints on the sentence production of language disorderd children. *Journal of Speech and Hearing Research, 25,* 171–177.

Panagos, J., Quine, M., & Klich, R. (1979). Syntactic and phonological influences on children's articulation. *Journal of Speech and Hearing Research, 22,* 841–848.

Paul, R. & Shriberg, L. (1982). Association. between phonology and syntax in speech delayed children. *Journal of Speech and Hearing Research, 25,* 536–547.

Savage-Rumbaugh, S. E., Murphy, J., Sevcik, R. A., & Brakke, K.E. (1993). Language comprehension in ape and child. *Monographs of the Society for Research in child Development, 58* (3–4), 221.

Schwartz, R. & Leonard, L. (1982). Do children pick and choose? Phonological selection and avoidance in early lexical acquisition. *Journal of Child Language, 9,* 319–336.

Schwartz, R., Leonard, L., Folger, M., & Wilcox, M. (1980). Evidence for a synergistic view of linguistic disorders: Early phonological behavior in normal and language disordered children. *Journal of Speech and Hearing Disorders, 45,* 357–377.

Shriberg, L., Kwiatkowski, J., Best, S., Hengst, J., & Terselie-Weber, B. (1986). Characteristics of children with phonological disorders of unknown origin. *Journal of Speech and Hearing Disorders, 51,* 140–160.

Siegel, G., & Spradlin, J. (1985). Therapy and research. *Journal of Speech and Hearing Disorders, 51,* 226–230.

Stampe, D. (1969). The acquisition of Phonetic representation. *Papers from the Fifth Regional Meeting of the Chicago Linguistic Society* (pp. 433–444). Chicago, IL: Chicago Linguistic Society.

Stokes, T., & Baer, D. (1977). An implicit technology of generalization. *Journal of Applied Behavior Analysis, 10,* 349–367.

Swift, W. (1918). *Speech defects in school children.* Cambridge, MA: Riverside Press.

Van Riper, C. (1939). *Speech correction.* Englewood Cliffs, NJ: Prentice Hall.

Webster's Dictionary of the English language (2nd ed.). (1989). Springfield, MA: Merriam-Webster.

Warren, S., & Reichle, J. (Eds.). (1992). *Communication and language intervention series: Vol 1. Cause and effects in communication and language intervention.* Baltimore: Paul H. Brookes Publishing Co.

Williams, L.A. (1991). Generalization patterns associated with training least phonological knowledge. *Journal of Speech and Hearing Research, 34* (4), 722–733.

Wolf, M.M. (1978). Social validity: The case for subjective measurement or how applied behavior analysis is finding its heart. *Journal of Applied Behavior Analysis, 11,* 203–214.

Wyatt, G.L. (1969). *Language learning and communication disorders in children.* New York: Free Press.

Yoder, P., & Davies, B. (1992). Greater intelligibility in verbal routines with young children with developmental delays. *Applied Psychologistics, 13,* 77–91.

제15장

중추적 반응 훈련의 대안적 적용

상징놀이와 사회적 상호작용 기술 가르치기

Laura Schreibman, Aubyn C. Stahmer & Karen L. Pierce

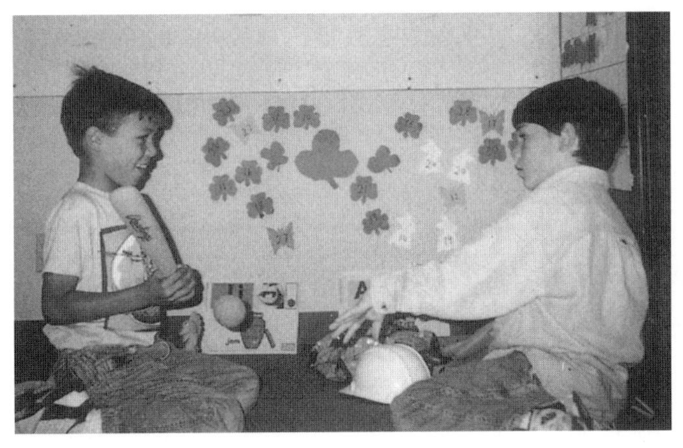

자폐아동의 중재에서 가장 중요한 진보 중 하나는, 초점이 개별 목표행동 훈련에서 중추적 반응(pivotal responses) 훈련으로의 변화이다. 이러한 초점의 변화는 행동 수업을 받아 왔던 아동에게 보이는 실질적인 향상이 희망을 가질 만큼 효과적인 중재의 일반성을 보이지 못했다는 체계적이고, 프로그램적인 연구의 결과를 반영한다. 이러한 제한은 더욱 널리 퍼지고 지속적인 효과를 가질 수 있는 향상된 전략을 개발시키는 데 목적을 둔 향후 연구 방향을 이끌었다. 이러한 연구 동향의 한 결과가 중추적 행동(pivotal behaviors)의 인식이었다. 즉, 행동이 변화될 때, 이 행동이 다른 행동에 널리 영향을 미친다는 것이다. 처음에 구어행동을 가르치는 데 일차적으로 활용했던, 중추적 행동의 핵심은 중재 효과의 일반성의 효과를 이끌었을 뿐만 아니라, 다른 행동적 레퍼토리를 형성하는 데 유용한 일련의 절차들을 제공했다. 이 장은 중추적 반응 훈련에 대하여 설명하고, 특히 상징놀이와 사회적 상호작용과 관련된 대안적인 기술 적용에 대하여 상세히 다룬다.

중추적 반응 훈련

역사적으로, 자폐아동을 위한 행동중재는 개별적인 행동 변화에 초점을 두고 전개되어 왔다. 필수적으로, 이러한 치료는 바람직한 행동 변화에 영향을 미치는 행동 원리의 체계적인 적용에 뒤따르는 특정 행동의 변화를 확인하는 것을 포함한다(Schreiman, 1988; Schreibman & Koegel, 1981). 예를 들어, 말 행동은 자폐인에게 중요한 중재 영역이었고, 구어행동 훈련은 전통적으로 한 번에 말의 한 가지 측면에 초점을 두었다(예를 들면, 모델 음에 대한 음성적 모방, 음색의 확인, 대명사의 사용). 모델중심의 중재는 자폐아동의 치료에 대한 행동 접근의 기초를 형성했고, 경험적으로 자폐아동의 폭넓은 반응 레퍼토리를 구축하는 데 효과적이었다(Schreibman, 1988). 그러나 초기의 열정은 중재 효율성에 유의미한 제한이 있다는 후속되는 연구결과들에 의해 조절되었다(Lovaas, Koegel, Simmons & Long, 1973). 이러한 제한은 중재결과를 비중재 환경으로의 일반화, 다루지 않은 행동으로의 일반화 또는 행동 유지 등에서의 중재결과의 실패를 말한다.

연구의 일반화 제한에서, 우리의 연구와 다른 연구자들의 연구는 중요한 변인으로 동기(motivation)(Koegel & Mentis, 1985)와 동시적인 복합 단서들에 대한 반응성(responsivity to simultaneous multiple cues)(Lovaas, Koegel, & Schrreinbman, 1979)의 결함에 대하여 암시했다. 동기의 어려움은 자폐아동과 관련하여 문헌에 잘 나타나있다. 그리고 아동이 새로운 환경에서 학습된 행동을 보이는 데 실패하거나 사회적 상호작용과 같이 자발적인 행동을 시작하는데 실패할 때 동기의 어려움이 주목된다. 동시적 중복 단서들에 대한 반응성, 또는 과잉선택(overselectivity)의 문제는 아동의 주의집중 시간의 폭이 너무나 협소해서 새로운 행동을 학습하기 힘들 때 나타난다(Schreibman & Koegel). 우리는 동기와 반응성에서의 결함이 이전의 행동중재에서 언급된 일반화 문제에 실질적으로 기여한다고 보고, 전망 있는 새로운 형태의 중재는 개별 목표행동에 맞추기보다는 오히려 동기와 반응성을 직접적으로 증가시키는 데 초점이 두어져야 한다고 가설을 세웠다(Schreibman & Koegel, in press). 중추적 목표행동을 증가시킴으로서, 중재자들이 많은 개별 행동에 간접적인 영향을 미칠 것이라고 추론되었다. 이러한 중재는 아동과 임상치료사들에게 요구되는 시간과 노력에 있어 더욱 효율적일 뿐만 아니라 일반화를 촉진시키는 데 있어 더욱 효과적일 것으로 전망되었다.

우리의 결과들과 다른 연구자들의 결과들(Hart & Risley 1980; McGee, Krantz & McClannahan, 1985; Walters & Egel, 1984)은 중추적 행동을 증가시키는 데 초점을 둔 자폐아동을 위한 중재가 더욱 일반화된 중재 이득을 이끌어낼 수 있었다고 제안했다(Schreibman & Koegel, in press). 예를 들어, 자폐아동의 동시적인 복합 단서들의 반응성을 증가시키는 것으로 알려진 절차의 활용이 축구 기법을 사용하는 행동 습득에서 일반화된 효과를 가지는 것으로 드러났고(Schreibman, Charlop & Koegel, 1982), 우발 학습과 사회적 반응에서 향상을 보였다(Burke & Koegel, 1982). 유사하게, 자폐아동의 동기를 증가시키는 것으로 알려진 절차들은 말 사용(Koegel, Dyer & Bell, 1987; Koegel, O'Dell & Dunlap, 1988; Koegel, O'Dell & Koegel, 1987; Laski, Charlop & Schreibman, 1988)과 아동의 긍정적 효과(정서적 반응)(Koegel & Egel, 1979)와 부모들(Schreibman, Kaneko, & Koegel, 1991)에서 증가된 일반화와 연관되었다.

동기 강화 절차

중추적 반응 훈련(PRT)에 사용된 특정 절차들은 자폐아동의 학습을 강화시키고 동기를 증가시키기 위한 방법상의 효율성을 확인하려는 이전의 연구로부터 직접적으로 나타났다. 다음 절차들은 Keogel과 그의 동료들(1989)이 작성한 훈련 지침서에 있는 내용을 자세히 설명했다.

분명한 지도와 질문 중재자는 분명하고, 모호하지 않는 방법으로 지도하거나 질문을 제시하기 위해, 그리고 과제에 적절하고, 적당한 지도를 제시하기 위해 유의해야 한다. 중재자와 훈련 자료에 주의해야 하는 아동을 돌보는 것도 유념해야 한다(Schreibman & Koegel, 1981). 예를 들어, 중재자는 아동과 함께 행하고 아동에게 옷 입는 것을 가르쳐야 한다. 그러나 아동은 멍하니 천장만 쳐다보거나 중재자를 무시한다. 중재자는 아동의 어깨를 가볍게 톡톡 치고, 아동의 이름을 부르고, 눈 맞춘다. 아동이 중재자를 바라 본 후, "셔츠를 입으세요"라고 말한다. 이러한 예에서, 중재자는 아동이 자신을 건드리고, 눈 맞춤함으로써 주의가 집중된다는 것을 알아야 한다. 이 지도는 간단하고, 분명하다.

유지 과제들의 삽입 아동의 전반적인 성공 수준이 높을 경우(높은 수준의 강화 비율이 유지되는 상태) 동기는 강화된다. 이것은 더욱 어려운 습득 과제 가운데 이미 숙달된 과제를 종종 삽입함으로서 이루어진다(Dunlap, 1984).

아동의 선택 학습환경에서 아동의 흥미를 최대화하기 위해, 특정 자극과 학습 상호작용의 특성을 결정할 때 많은 양의 투입이 아동에게 허락되어야 한다(Koegel, Dyer, & Bell, 1987). 이것은 중재자가 학습 과제, 학습 자료, 그리고 강화물을 결정했던 이전의 방법과 반대되는 것이다. 아동의 선택과 함께, 아동에게는 다양한 자료(예를 들어, 장난감, 게임, 과자)가 제시되고, 학습 활동이 일어날 수 있는 활동이나 물건을 선택하도록 허락된다. 중재자는 또한 아동의 흥미의 변화에 주의하면서, 아동에게 서로 다른 선호하는 활동에 변화하도록 허락한다. 부적절하고, 강제적이거나 잠재적으로 해로운 활동들이 허락되지 않는다는 점에서 아동의 선택은 절대적인 것은 아니다라는 것을 기억해야 한다.

직접적인 강화 직접적인 강화물은 아동에게 뒤따르는 반응과 관련된 직접적인 후속자극이다. 그러므로 구어 반응인 "공"의 직접적인 강화물은 약간의 음식이나 토큰 강화물(전통적인 강화 방법)을 습득하는 것과 반대되는 공을 굴리는 것이다. 공에 대한 접근은 "공"을 말하는데 뒤따르는 직접적이고 자연스러운 후속자극이다. 직접적인 강화물의 활용은 강화된 학습과 일반화와 연관된다. 이는 자연적인(일반화) 환경에서 유용한 강화의 형태이기 때문이다(Koegel & Williams, 1980).

합리적인 시도의 강화 강화를 최대화해서, 아동의 동기를 강화하기 위해 중재자들은 아동에 의해 이루어지는 모든 합리적인 시도를 강화한다(Koegel, O'Dell & Dunlap, 1988). 그러므로 강화물은 확실하지 않거나, 이전의 시도와 다른 우발적인 것이다. 그러나 강화물은 보다 넓은 정확한 반응의 영역 내에 있다. 이것은 강화의 장점을 살리기 위한 이전의 반응만큼 반응을 요구하는 이전의 훈련 프로그램과 대조적이다. 필수적으로, 아동은 "시도" 즉, 학습환경에서의 노력이 증가함에 따라 강화된다. 그러나 반응이 강화되기 위해서는 중재자나 훈련 자료에 의해서 나타나야 하며, 보다 넓은 정확한 반응의 범위 안에서 나타나야 하는 것으로 "합리적"이어야 한다. 그러므로 "공"이라고 분명하게 말하는 능력을 보인 아동은 이후 "공" 음에 대한 강화를 받지 못할 것이다. 이것은 합리적인 시도가 아니기 때문이다. 합리적인 시도의 예는 다음과 같다: 중재자는 아동과 함께 하며, 아동에게 동물 이름을 가르치려고 한다. 중재자는 아동의 장난감인 동물원 놀이 세트로부터 코끼리와 곰을 집어 들면서, "코끼리와 곰 중에서 무엇을 원해요"라고 말한다. 아이는 코끼리를 집으려고 노력한다. 중재자는 아동에게서 장난감을 멀리 치우고 촉구를 반복한다. 아이는 "코-고"라고 반응한다. 중재자는 아이에게 코끼리를 건네주면서 "잘했어요"라고 말한다. 이 예에서 중재자는 합리적인 반응 "코-고"를 받아들이고 아동에게 코끼리를 가지게 하는 데 주목해야 한다. 이러한 시도를 강화함으로써, 중재자는 아동이 앞으로의 과제에 대해 계속적으로 할 수 있는 동기가 생기고 성공할 수 있다는 것을 확신하게 된다. 또한 아동이 아무 말도 하지 않을 때, 아동의 행동은 강화되지 않는다(예를 들어, 아동은 코끼리를 가질 수 없다)는 것을 주목해야 한다.

역할 교대 활동은 아동과 중재자가 서로 교대로 반응하도록 준비된다. 이것은 사회적 상호작용인 "주고-받기"에 아동이 익숙해지도록 하는 것이다. 이것은 또한 아동에게 적절한 반응을 보이기 위한 모델 기회를 제공한다. 그러므로 아동은 다양하고 적절한 자극과 정확한 반응의 본보기에 노출되고, 이것은 중재 효과의 일반화를 강화시키는 데 기여한다.

복합적인 단서에 반응성 증가시키기

앞서 언급했듯이, 이전 연구는 많은 자폐아동을 특징짓는 주의력 결핍, 자극 과잉선택에 대하여 확인·설명해 왔다(Schreibman, 1988). 간략하게, 이러한 일탈적인 주의집중 패턴은 학습 환경에서 발생하는 것과 같이 동시적인 복합 단서의 반응에 실패하는 특징을 가진다. 이러한 주의력 결핍은 일반화의 실패를 포함해서 자폐아동의 광범위한 행동적 결함에 영향을 미쳐왔다(Lovaas et al, 1979; Schreibman, 1988). 그러나 연구는 많은 아동들에 대해, 과잉선택이 아동에게 일련의 조건적 변별(conditional discriminations)을 가르치는 데 초점을 두는 특별한 훈련을 통하여 실질적으로 감소시키거나 치료할 수 있다는 것을 증명해 왔다(Koegel & Schreibman, 1977; Schrebman et al, 1982). 이 연구는 구성요소 중 단지 하나에 기초하여 복합-구성요소 변별에 반응하는 아동이 이러한 훈련을 마치고 난 후, 이러한 변별에 반응하는 일반화된 전략을 배운다는 것을 증명했다. 조건적 변별은 복합적인 단서에 기초하여 반응하도록 요구된다. 이를 설명하기 위해, 아동으로 하여금 하얀 신발을 가지도록 요구하는 것은 아동으로 하여금 조건적 변별을 하도록 요구하는 것이다. 아동이 다른 신발(다른 색깔의)과 다른 하얀 의류 품목(신발이 아닌)을 가지고 있다고 가정할 때, 아동은 정확하게 반응하기 위해 물건(신발)과 색상(흰색)에 반응해야 한다.

우리의 훈련에서, 중재자는 복합적인 단서에 반응하도록 요구하는 학습 과제를 아동에게 제공하도록 격려했다. 이것은 중재자가 가능하거나 적절할 때, 아동에게 복합적인 단서에 기초하여 반응하도록 격려되거나 요구되는 과제를 선택한다는 것을 의미한다. 우리의 이전 연구결과에 기초해 볼 때, 아동이 그들의 환경에서 복합적인 자극에 기초하여 반응하도록 배움으로서, 그들의 주의력은 그들의 환경에서 더욱 많은 단서들을 사용할 수 있고, 더욱 일반화될 것이다. 이것은 강화된 학습과 일반화를 이끄는 행동의 자극통제를 확대시켜야 한다.

상징놀이 기술과 사회극놀이 기술 그리고 자폐증

비록 PRT가 자폐아동의 말 기술을 향상시키기 위해 사용되었다 할지라도, 다른 행동들도 이러한 기법을 사용하는 데 표적을 두어 왔다. 구체적으로, 상징적인 묘사와 사회적 기술을 포함하는 어려운 놀이 기술 유형이 성공적으로 표적되어 왔다(Pierce & Schreibman, in press; Stahmar, 1993, 1995; Throp, Stahmar & Schreibman, 1995). 이러한 특정 놀이 유형은 이러한 영역에서 자폐아동에게 나타나는 심각한 결함 때문에 표적화되어 왔다(Jarrold, Boucher & Smith, 1993).

정의에 의하면, 자폐인은 사회적 상황에 심각한 어려움을 가지고 있다(Schreibman, 1988).

아동에게, 사회적 상호작용의 기회는 놀이 상황에서 가장 흔하게 일어난다. 그러나 자폐아동은 적절한 놀이 기술을 보이지 못한다(Schreibman, 1988). 이런 아동은 장난감을 가지고 반복적인 행동을 하거나 그것에 강박관념을 가지게 된다. 그들은 심지어 좋아하는 영화로부터 장면을 실행해 보는 것과 같은 상동행동을 보인다. 자폐아동은 일반 아동이 보이는 창조적이고, 자발적인 놀이 활동을 수행하지 못한다. 게다가, 자폐아동의 놀이는 두드러진 상징성의 결핍이 나타난다(Baron-Cohen, 1987; Mundy, Sigman, Ungerer & Sherman, 1987; Wulff, 1985). 이러한 놀이에서의 어려움 때문에, 연구자들, 교사들 그리고 부모들이 상징성, 창의성 그리고 자발성을 촉진시키는 방식에서, 이들 아동에게 놀이를 가르치는 것은 중요하다.

아동이 참여하는데 가장 어려운 두 가지 형태가 상징놀이와 사회극놀이이다(Bretherton, 1989; McCune-Nicolich, 1981). 상징놀이와 사회극놀이는 아동으로 하여금 상징성을 사용하게끔 요구하기 때문에 어렵다. 상징놀이는 다음과 같은 것이다.

> (1) 상징놀이는 마치 그것이 다른 물건인 듯(예를 들어, 바나나는 전화기이다) 물건을 사용한다. (2) 주제는 그것이 가지고 있지 않는 물건에 자질들을 귀속시킨다(예를 들어, 장난감 난로는 뜨겁다). 그리고/또한 (3) 주제는 마치 물건이 존재하듯이 존재하지 않는 물건들을 언급한다(예를 들어, 팬터마임). (Baron-Cohen, 1987, p. 140)

게다가, 아동은 복잡한 놀이 행위를 수행해야만 한다. 즉 상징 행위를 장난감과 더불어 완벽한 이야기로 형성하기 위해 연결시켜야 한다. 사회극놀이는 진보된 상징놀이 형태이다. 이 상징놀이는 여러 집단의 아동이 익숙한 주제에 중심을 두고 협력적인 드라마를 계획하고 수행한다. 완전한 사회극놀이는 다섯 가지 요소들을 포함한다: 1) 아이스크림 행상인이 된 것처럼 연기하는 역할극, 2) 나무토막이 자동차인 것처럼 인식하는 것과 같은 위장 변형, 3) 사회적 상호작용, 4) 언어적 의사소통, 그리고 5) 끈기 또는 시작부터 끝까지 놀이 주제를 수행하려는 능력(Smilansky, 1968). 현존하는 문헌은 상징놀이가 12개월과 24개월 사이에서 나타나고(McCune-Nicolich, 1981), 사회극놀이는 3세나 4세 초에 발달한다고(Fein, 1981; Forys & McCune-Nicolich, 1984) 제안한다.

놀이 행동, 상징 형태는 놀이와 말, 그리고 의사소통 기술 간의 관계 때문에 자폐 치료에 있어 매우 중요하다. Vygotsky(1978)는 놀이는 그것을 통해 말이 발달되는 중요한 매체라고 믿었다. 일반 아동과 관계된 연구는 위장 놀이가 언어적 의사소통에 필수적인 대표적인 기술을 나타낸다고 지적했다(Perlmutter & Pelligrini, 1987). 사회적 상호작용뿐만 아니라 상징적인 놀이 형태와 더 복잡한 말 능력들 간의 상호 관련된 관계에 대한 명백한 증거가 있다(Bates, Benigni, Bretherton, Camaioni & Volterra, 1979; Rubin, 1987). 그러므로 상징놀이와 사회극놀이 기술은 자폐아동의 말 발달에 매우 중요할 수 있고, 이들 놀이 기술을 가르치는 것은 심지어 말 기술을 촉진시킬 수 있다(Stahmer, 1993).

비록 자폐아동의 말과 놀이 사이의 상호 관련성에 대한 몇몇 지적이 있다 할지라도, 이들 아동들은 그들의 말 결함을 초과하는 상징놀이 결함을 가지고 있는 것처럼 보인다. 다른 말로 말하자면, 말 능력에 맞추어진 정신지체 아동이나 일반 아동 보다 훨씬 적은 상징놀이 행위나 덜 복잡한 놀이를 드러낸다(Baron-Cohen, 1987; Riquet, Taylor, Beraroya & Klein, 1981; Stahmer, 1995). 다른 형태의 발달장애아동들도 상징적, 사회극놀이에서 지연을 또한 보인다. 그러나 그들은 그들의 정신연령에 맞는 일반적인 놀이에 대체로 참여한다(Beeghly, Weiss-Perry & Cicchetti, 1989; Hill & McCune-Nicolich, 1981). 비록 정신지체 아동들이 지체를 가졌다 할지라도, 모든 아동들은 비슷한 단계를 통해 진보한다. 그러나 자폐아동은 일반적으로, 정신지체를 넘어서는 놀이 결함을 보이면서, 그들의 정신연령에 관계없이 자발적인 상징극의 부재를 보인다(Baron-Cohen, 1987).

연구는 자폐아동이 자발적인 상징놀이의 부족을 보인다고 지적해 왔다(Baron-Cohen, 1987; Lewis & Boucher, 1988; Ungerer & Sigman, 1981; Wing, Gould, Yeates & Brierly, 1977). 그러나 연구는 만일 행위가 언어적으로 혹은 직접적인 모델을 통해 촉구된다면, 아동들은 간단한 상징놀이에 참가할 수 있다고 제안한다. 예를 들어, Lewis와 Boucher는 상징놀이에 적합한 특정 물건을 가지고 구조화된 놀이를 하는 동안 한 집단의 자폐아동들을 조사했다. 자폐아동은 장난감을 가지고 노는 어떠한 자발적인 상징놀이에도 참가하지 않았다. 상징놀이가 언어적으로 유도되었을 때, 그들은 일반적인 통제의 놀이 수준과 비슷한 단계에 있어 상징놀이를 수행했다. 이 연구는 이들 아동이 말이 일치되는 동료들의 단계들과 유사한 단계에 있어 상징놀이를 수행할 잠재력을 가지고 있다고 제안한다. 추가적으로, 더 자세하게 아래에서 언급되듯이, 우리의 연구는 특정 놀이 훈련을 통해 자폐아동이 자발적이고, 복잡한 상징놀이를 배울 수 있다고 지적한다(Stahmer, 1995).

자폐아동의 사회극놀이 특성을 조사하는 연구는 거의 없어 왔다. 그러나 상징놀이(Caron-Cohen, 1987; Stahmer, 1995), 놀이의 복잡성(Baron-Cohen, 1987; Rutter, 1974), 서로의 역할(Baron-Cohen, 1987; Rutter, 1974), 그리고 사회적인 상호작용 기술들(Rutter, 1978; Schreibman, 1988), 사회극놀이를 위한 필수적인 요소와 같은 영역에서 결함을 지원하는 연구는 있다. 게다가, 우리의 연구는 자폐아동이 특정한 훈련을 받기 전에는 사회극놀이에 많은 어려움을 가진다고 지적한다.

이들 놀이형태의 어려운 수준 때문에, 일부 필수적인 행동이 이 훈련이 시도되기 전에 제시되어야 한다. 다른 말로 말하면, 자폐아동은 발달적으로 상징놀이 기술을 배울 준비가 되어 있어야 한다. 아동은 장난감 자동차나 놀이 음식과 같은 몇몇 기능적인 장난감들과 조작적인 장난감들과 같이 더욱 간단한 장난감들을 가지고 적절하게 놀아야 한다. 게다가, 일부 말은 이들 기술들을 배우는 데 있어 필수적이다. 우리가 아동에게 상징놀이 기술들을 가르치려고 시도하기 전에, 아동은 2세 수준의 말을 가지고 있어야 하고, 사회극놀이 기술들에 대해서는 적어도 3세 수준의 어휘를 습득해야 한다고 제안한다. 게다가, 아동이 상징놀이에 참가하지 않을 경우, 사회극놀이에 요구되는 더욱 어려운 기술들을 가르치기 전에 상징놀이를 배워야 한다.

최근 문헌에서, 자폐아동에게 진보적인 놀이 단계를 가르치기 위한 시도는 거의 없었다. 대부분의 연구는 물건 조작, 공을 던지는 것 등을 포함하여 더욱 단순한 형태의 놀이를 훈련하는 것이었다. 이러한 놀이 훈련은 과제에서 벗어난 행위를 감소시키거나, 놀이 행동을 증가시키는 것으로 나타났다(Quinn & Rubin, 1984; Stahmer & Schreibman, 1992). 그러나 상징놀이나 사회극놀이를 가르치는 것은 "규칙들"이 계속해서 변하고, 아동들이 상호작용함에 따라서 진보했기 때문에 더욱 복잡해져 왔다. 한 연구는 자폐아동으로 하여금 세 가지 특정한 사회극놀이 대본을 성공적으로 훈련시키는 것을 포함했다(Goldstein & Cisar, 1992). 그러나 연구자들에 따르면, 때때로 특정 대본을 훈련시키는 것은 아동에게 판에 박힌 일들과 따분함을 초래했다. 이 과제는 자발적이고, 자연스러운 방식으로 독창적이고, 복잡한 놀이 주제를 만들기 위해 배우는 이러한 방식에서, 어려운 놀이 기술을 가르치는 것 중 하나가 된다.

PRT를 사용하여 상징놀이와 사회극놀이 기술 가르치기

중추적 반응 훈련은 아동이 복잡한 기술을 배울 수 있도록 충분한 환경을 제공하는 자연주의적인 방법을 중재자에게 제공해 주었으며, 아동의 놀이에서 창조성을 유지할 수 있도록 충분한 융통성이 있다. 이러한 기술 유형을 가르치는 데 있어, PRT 사용을 평가하기 위해서, 우리는 상징놀이 기술이나 사회극놀이 기술을 강조하기 위해 앞에 설명된 단계들을 채택했다. 채택된 절차들은 아래에 자세하게 설명했다.

분명한 지도와 질문 과제는 아동에게 분명하게 제시되어야 한다. 예를 들어, 특정 장난감을 가지고 할 수 있는 것이 무엇인지 아동에게 물을 수 있다. 모델링과 유지 과제의 사용은 훈련시 초기 과제들을 분명하게 하는 데 사용될 수 있다. 물론, 아동은 중재자와 훈련 자료에 집중해야 한다(Schreibman & Koegel, 1981).

유지 과제들의 삽입 상징놀이와 사회극놀이 기술들을 훈련하는 동안 더욱 단순한 단계에 놀이를 삽입시키는 것이 중요하다. 일반 아동들이 놀이를 할 때, 그들은 다른 것을 배제하고 한 가지 놀이 형태를 사용하지는 않는다(예를 들어, 아동은 단지 대치되는 물건만을 사용하지는 않는다). 대신 한 번에 혼합된 놀이 단계를 사용한다. 그러므로 자폐아동은 다른 형태의 놀이 행

어머니가 상징놀이 PRT를 통하여 블록을 어떻게 전화기로 사용하는지 자폐증 자녀를 가르치고 있다.

동을 결합시켜 배우는 것이 중요하다. 게다가, 아동이 이미 숙달했던 쉬운 형태의 놀이를 삽입시키는 것이 성공과 동기를 증가시킨다.

아동의 선택 아동으로 하여금 훈련에 사용될 특정 장난감 세트를 선택하도록 허락하는 것은 동기와 수행을 강화시킨다. 우리의 연구에서, 일단 장애아동이 놀이 기술을 숙달하면, 일반아동들의 놀이 기술과 비슷한 비율로 장난감을 변화시킬 수 있다는 것을 밝혔다(Stahmer, 1993). 놀이의 유형을 가르치는 데 도움이 되는 다양한 장난감들은 각각의 훈련 기간 동안 유용해야 한다. 만일 한 아동이 지시 없이 한 장난감에게 다른 장난감으로 해매기 시작하거나, 부적절한 행동을 보이기 시작한다면, 중재자는 아동에게 특정한 장난감을 가지고 적절하게 놀이하도록 촉구할 수도 있다.

직접적인 강화 놀이 훈련에서, 우리는 아동의 장난감 선택을 더욱 진보된 놀이 단계의 강화물로 사용했다. 예를 들어, 아동이 놀기 위해 차나 운전수를 선택했다면, 아동은 장난감에 자유로운 접근이 이루어지기 전에, 장난감을 가지고 상징적인 행위를 수행하도록 요구될 것이다. 상징적인 행위는 차를 씻는 것처럼 하는 것이고, 차에 연료를 넣는 척하는 것이다. 상징적인 행위를 수행 한 후, 아동은 장난감을 가지고 자유롭게 놀 수 있을 것이다. 아동의 능력이 진보함에 따라, 장난감에 자유로운 접근이 허락되기 전에, 더욱 복잡한 놀이가 요구된다. 일반적으로, 아동은 이들 상징적인 행위들을 수행하는 데 익숙해질 것이고, 상징적인 행위를 중재자로부터 거의 또는 전혀 어떠한 촉구도 없이 그들의 놀이에 통합시킬 것이다.

합리적인 시도의 강화 정확한 반응의 시도는 강화된다. 예를 들어, 아동이 소방관이 되려고 가정하여 호스를 사용하기를 원한다면, "물" 소리를 만들고 가상의 불을 향해 호스를 들이대는 것이 적절할 것이다. 아동이 적절한 행동은 취하지만 적절한 음 효과를 사용하는데 실패한다면, 이것은 사회극놀이를 시도함으로써 강화될 것이다.

역할 교대 중재자는 사회적 상호작용 기술들을 촉진시키고, 예를 제공하기 위해 적절한 놀이 행동 수행을 교대를 한다.

상징놀이와 사회극놀이 기술의 예

상징놀이의 상호작용의 예는 다음과 같다. 아동은 장난감집과 인형과 더불어 놀기 위해 선택할 수 있다. 아동은 장난감집 테이블에 앉아 있는 블록과 인형을 받고, "이 장난감과 더불어 할 수 있는 것이 무엇인지 보여 줄래"라고 지시받는다. 아동은 블록이 쿠키나 다른 음식이 됨으로써, 블록을 인형에게 먹이도록 기대된다. 아동이 반응하지 않는다면, 중재자가 블록을 인형에게 먹이고 냠냠이라고 먹는 소리를 낸다. 그리고 블록을 아동에게 되돌려 준다. 아동이 선택된 새로운 장난감에 여전히 반응하지 않을 수 있다. 아동이 반응할 때는, 장난감집과 인형을 가지고 놀도록 아동에게 주어진다. 아동이 상징놀이를 시도한다면, 예를 들어, 아동이 냠냠이라는 소리를 내고 인형이 아닌 블록을 그 자신의 음식으로서 사용한다면, 아동은 시도에 대해 강화(장난감에 접근)를 받는다.

아동이 상징놀이에서 향상되어짐에 따라, 아동은 더욱 복잡한 놀이에 참가하도록 기대된다. 예를 들어, 장난감에 자유롭게 접근이 허용되기 전에, 장난감집과 인형을 가지고서, 아동은 잠자는 인형을 깨우도록 촉구받을 수 있고, 인형의 치아를 양치하도록 대치되는 물체를 사용하도록 허락될 수 있고, 인형으로 하여금 음식을 깨끗하게 비우도록 할 수도 있다. 이 시점에서, 아동은 전형적으로 몇몇 관련된 놀이 행위들을 자발적으로 수행한다.

사회극놀이 훈련의 예는 아래와 같은 것이다. 아동이 공구 세트를 가지고 노는 데 홍미를 드러낸다면, 아동은 1) 이러한 장난감과 관련된 주제를 발달시키도록 격려되고(예를 들어, 집짓기), 2) 이 주제에 적절한 역할을 채택할 것이고(예를 들어, 건축 노동자), 3) 상호적인 역할을 중재자에게 할당한다(예를 들어, 집주인, 다른 노동자, 또는 사장). 사회극놀이는 상호작용에 도움이 되고, 선택된 놀이 주제에서 이들 역할을 개발시키게 된다. 중재자는 아동에게 가상의 인물의 존재를 가정하도록 촉구하거나, 놀이에 인형을 개입시키도록 촉구한다.

상징놀이와 사회극놀이 훈련의 결과

우리의 연구는 적절한 말 능력이 있는 자폐아동은 언어-연령에 맞는 일반 또래들과 유사한 단계에서 다른 성인과 더불어 자발적이고 창의적이며, 상징적인 사회극놀이에 참가하는 것을 배울 수 있다고 지적했다(Stahmer, 1995; Thorpet al, 1995). 게다가, 긍정적 반응과 같은 사회적인 행동들은 놀이가 행해지는 동안 사용된 말의 양과 같이 놀이 훈련 이후에도 증가한다. 새로운 장난감이나 성인에 대한 일반화는 또한 인상적이었고, 이들 향상된 놀이 행동은 여러 시간에 걸쳐 유지된다. 창의성, 자발성, 그리고 "전형적인" 놀이에 대한 항목이 관찰자에 의해 평가되었을 때, 자폐아동은 놀이 훈련 이후 상당히 향상되었다. 그러나 그들의 놀이는 일반아동의 놀이와 여전히 질적으로 구분되었다(Stahmer, Schreibman & Palardy, 1994). 심지어 놀이 훈련 이후, 아동에게 있어 어려운 한 영역은 다른 또래와 어울리는 것이다. 비록 그들의 놀이 기술이 향상되었다 할지라도, 다른 아동들과의 상호작용은 향상되지 못했다. 특정한 상호작용 훈련이 또래와 함께 상호작용 놀이를 향상시키는 데 필요하다. 앞으로의 연구는 또래로 하여금 아동의 놀이의 질을 향상시키고, 또래로 하여금 이들 놀이 기술을 가르치는 데 초점을 둘 것이다.

사회적 능력과 자폐

자폐아동은 사회적 능력의 영역에서 심각한 결함이 있는 것으로 특징지어진다(Rutter, 1978). 이러한 결함의 예들은 시선 접촉을 유지하는 데, 대화를 시작하는 데, 다른 사람의 적절한 정서나 감정에 참여하는 데 있어 실패를 포함한다. 그러므로 추상적인 사회적 능력의 개념을 정의하려고 시도할 때 고려해야 하는 많은 변인들이 있다. 비록 이러한 개념이 다측면적이라 할지라도, 사회적 행동의 필수적인 것은 상호적인 강화나 상호적인 측면에서 타인과 관련되고, 다양한 대인관계의 상황에서 요구되는 사회적 기술을 적용시키려는 능력으로 구성된다(Howlin, 1986). 또한 사회적 능력의 정의에 핵심적인 것은 다른 사람과 효과적으로 의사소통하는 능력이다. 자폐아동은 전형적으로 말하는 것이 늦고 유의미한 말을 발전시키지 못한다(Baltaxe, 1984). 그러므로 효과적인 사회적 기술을 습득하는 것이 더욱 도전적인 것이다.

물체와 상호작용체(예를 들어, 주의집중 결합) 간의 주의집중을 조정하는 능력은 또한 중요한 사회적 기술이고, 자폐아동에게는 손상된 것으로 드러났다(Mundy & Sigman, 1989). 게다가, 연구는 상호작용 간의 조정이 말이나 사회적 발달의 중요한 측면이지만(Bakeman & Adamson, 1986), 이러한 기술이 전통적인 사회적 기술 중재에서 가르쳐지거나 평가되지 못했다고 제안했다.

자폐아동이 복잡한 사회적 행동을 배우는 데 실패하는 이유는 동기 결함과 관련될 수 있다. 즉 아동은 행동적인 레퍼토리 그 자체의 부족뿐만 아니라, 그렇게 하도록 하는 동기가 부족하기 때문에 사회적 행동에 참여할 수 없을 수도 있다. 앞에서 언급했듯이, PRT는 자폐아동의 동기를 증가시키고 그리고 사회적 기술을 증가시키는 데 효과적인 기술이 될 수 있다고 드러났다(Pierce & Schreibman, 1995).

또래중재 PRT를 통한 사회적 능력 증가시키기

나이에 맞는 또래 훈련자의 사용은 실용성의 입장(예를 들어, 또래는 학교환경에서 유용하다)에서 사회적 기술 훈련을 위한 실행 가능한 선택일 수도 있고, 또한 발달적인 함의를 가질 수도 있다. 연구자들은 또래 관계가 아동의 정상적인 사회적 발달에 지극히 중요하다고 제안한다. 예를 들어, Hartup(1983)은 또래 관계가 1) 말과 다른 인지적 기술을 배우는데 도움이 되고, 2) 동료의식과 자존심을 강화시키며, 3) 사회적 규범의 전송에 대한 무대를 제공하는 등 기능적인 목적들에 기여한다. 그러므로 훈련자로서 또래를 이용하는 것은 증가된 사회적 능력(예를 들어, 증가된 놀이 기술들)과 관련된 즉각적이고 분명한 이점들을 넘어서는 이점들을 가지고 있다.

먼저 설명된 전략들에 추가하여, 사회적 능력을 향상시키기 위해 채택된 PRT는 다음과 같은 전략들을 포함한다.

1. 대화를 격려하고 확장시켜라: 언어적 상호작용을 증가시키기 위해, 또래는 아동이 함께 놀기를 원하는 것은 무엇이든지 간에 목표 아동을 격려하도록 지도받는다. 만일 목표 아동이 특정한 장난감과 더불어 상호작용하도록 동기화된다면, 아동은 그것을 획득하기 위해 말을 꺼내야 한다. 해당 목표 아동이 선호하는 물건과 관련된 말을 내뱉었다면, 목표 아동이 언급한 말과 관련하여 질문들을 시작하거나, 물음으로서 또래가 대화를 확대한다. 이것을 설명하기 위해, 목표 아동이 공과 함께 놀기를 선택했다고 가정해 보자. 공과 함께 놀도록 요구한 이후에, "나는 공을 높이 튕기고 싶다. 너는 공을 튕기고 싶니, 던지고 싶니?"와 같이 어떤 것을 말함으로서 또래는 대화를 확장시킬 수 있다. 시간이 흐른 이후, 또래는 "나는 내 남동생과 함께 밖에서 공놀이를 하고 싶다. 너는 어디에서 공놀이를 하고 싶니?"라고 말함으로서 대화를 더 확대시키려고 시도할 것이다. 목표 아동은 공을 가지고 상호작용하겠다고 선택했기 때문에, 아동은 특정 장난감과 관련된 생각에 대해 더 이야기 할 것이다.

2. 긍정적 정서를 확대시켜라: 또래는 언어적으로 "와우(wow)"와 같은 행복한 단어를 사용함으로써, 비구어적으로 미소지음으로써, 생기 넘치는 방식으로 행동하도록 지시받는다. 긍정적인 정서를 이행하는 것은 또래가 언어적 강화를 전달할 때 특히 중요하다. 과장된 긍정적인 정서는 상호작용의 중요성을 증가시키고, 해당 목표 아동에게 상호작용의 매개변수를 매우 분명하게 표현하도록 하는 데 기여한다.

3. 사회적 말의 모델이 되라: 또래는 다정하거나, 사회적 말 행동에 참가하도록 지시받는다. 예를 들어, 또래는 "너랑 놀고 싶다." 또는 "이 게임은 재미난다."라고 말한다. 이것은 또래로 하여금 목표 아동이 모방하도록 적절한 사회적 말을 하도록 허락한다. 게다가 "나는 재미있다."와 같은 긍정적인 사회적 말을 하고 난 이후에 또래는 "너 재미있니?"라고 목표 아동에게 물을 수 있다.

4. 부적절한 행동을 무시하거나 방향을 바꾸어라: 부적절한 행동은 자폐와 흔히 관련성이 있기 때문에, 음성모방(예를 들어, 말의 반복), 자기자극적인 행동들(예를 들어, 손뼉 치기) 그리고 다른 부적절한 행동들(예를 들어, 고함치기)은 학습에 방해를 주는 것으로 드러났다. 또래는 부적절한 행동을 무시하도록 교육받는다. 목표 아동이 부적절한 행동에 참가하지 않는 다른 장소에서 또래는 게임을 한다거나, 다른 활동을 선택하는 것과 같은 더욱 적절한 행동에 목표 아동을 참가하도록 할 수 있을 것이다.

또래에게 전략을 실행하도록 가르쳐라 PRT 전략을 실행하여 또래를 가르치기 위한 효과적인 방법은 PRT 안내 책자(이것은 앞에서 언급된 전략들을 포함하기 위해 채택되어져 왔고, 아동에게 적절하다; Pierce, 1993)와 역할극, 그리고 수행에 대한 부가적인 피드백을 포함한 교훈적인 지침으로 구성되어져 있다. 또래 훈련의 처음 단계에서, 또래는 그림이나 문서 형식으로 설명된 전략들을 담은 PRT 사회적 기술 안내 책자를 받는다. 이때 성인은 사례를 통해서 각각의 전략들을 언어적으로 설명한다. 이후, 또래는 성인에게 각각의 기법에 대하여 구두로 설명하는 훈련을 받고, 각 사례를 제공받고 이해 여부를 설명한다. 이후 훈련 단계는 또래로 하여금 다른 일반 또래와 함께 각각의 전략을 역할극으로 하도록 구성된다. 최종 단계에서, 또래는 훈련된 중재자로부터 부가적인 피드백에 의해, 자폐 학우와 함께 모든 전략을 실행하도록 훈련받는다.

비록 연구는 자폐아동이 놀이나 대화를 시작하는 것과 같은 복잡한 사회적 행동에 반응하도록 배울 수 있다 할지라도, 전형적으로 낮은 수준에 남아 있게 된다고 지적한다. 예를 들어, Odom, Hoyson, Jamieson, Strain(1985)은 또래 자폐 학우들의 사회적 행동을 증가시키기 위해 또래 자폐아동으로 하여금 다양한 접근 전략들에 참가하도록 가르쳤다. 이 연구의 결과는 시간이 지남에 따라, 아동들은 그들 또래들과 함께 놀도록 가르침을 받을 수 있다고 지적했다. 그러나 자폐아동이 참가했던 전반적인 복잡한 사회적 행동 단계는 상대적으로 변화되지 않은 채 남아 있었다.

또래중재 PRT 연구의 결과는 질문 개시에 반응하도록 자폐아동을 가르치는 데 이 기법이 효과적일 뿐만 아니라, 질문 개시와 같은 더욱 복잡한 사회적 행동들을 증가시키는 가능성을 또한 지니고 있다(Pierce & Schreibman, 1995). Pierce와 Schreibman의 연구에서, 낮은 사회적 기술과 비언어적인 IQ 점수 40과 65를 가지고 있는 두 명의 10세인 자폐아동은 또래중재 PRT을 통해 사회적 상호작용에 참가하도록 가르침을 받았다. 중재에 앞서, 목표 아동은 10분간의 놀이 기간 동안 일반 또래 아동과 더불어 질문 개시 없이 낮은 단계의 상호작용에 참가했다. 그러나 몇 주 간의 훈련 이후, 두 명의 목표 아동은 시간의 75% 이상 상호작용을 유지했고, 그들의 질문 개시는 매 세션 0%에서 35%의 범위로 증가했다. 목표 아동에 의해 시작된 질문 개시들은 놀이 활동(예를 들어, 나는 공을 가지고 놀고 싶다)이나 대화(예를 들어, 오늘 기분 어때요?)에 기반을 두고 있는 것이다.

비목표된 행동에서의 부수적인 변화 이 영역에 있어 연구는 또래중재훈련의 결과로서, 결합된 주의집중(상호작용하는 자로부터 활동으로 주의를 변화 이동시키는 능력)과 같은 다른 행동에서 나타나는 부수적인 변화들이 나타난다고 지적한다(Pierce & Schreibman, 1995). 기초선 동안, 목표 아동은 거의 결합된 주의집중에 참여하지 않는다. 즉, 아동은 전형적으로 공간을 응시하거나 주의집중을 전혀 드러내지 못했다. 이후 훈련 단계 동안, 목표 아동의 주의집중 초점은 또래나 놀이 물체와 관련되었다. 이러한 결과들은 중요하다. 왜냐하면 훈련이 구체적으로 주의집중에 목표하지 않았을지라도, 목표 아동의 주의집중 초점은 일반적인 주의집중 패턴과 유사했다(예를 들어, 결합된 주의집중에 참가).

일반적인 PRT의 절차는 자폐아동의 말 기술을 증가시키는 데 신뢰할 수 있다는 연구결과가 있다(Koegel, O'Dell & Koegel, 1987; Laski, Charlop & Schreibman, 1988). 중요하게도, 또래중재 PRT의 효과들은 또래가 자폐 학우의 말 기술을 증가시키는 데 효과적이라고 제안한다(Oke, 1993; Pierce & Schreibman, 1995). 구체적으로, 그들 또래의 PRT를 통해 사회적 기술을 배웠던 자폐아동은 더욱 빈번하게 말을 사용했고, 훈련 이후 더 긴 문장으로 말을 했다.

실제적인 고려사항

또래와 더불어 PRT를 실행할 때 고려해야 할 두 가지 중요한 요소가 있다. 1) 또래 훈련자의 특징, 2) 목표 아동의 특징.

또래 훈련자의 특징 몇몇 특징은 또래 훈련자를 선택할 때 중요하다. 첫째, 또래 훈련자는 중재 적용의 일관성과 연속성이 있어야 하고, 일관된 학교 출석을 하는 자가 선택되어야 한다. 둘째, 친절하고, 외향적이며, 높은 사회적 기술을 가지고 있는 또래 훈련자가 참여되도록 선택해야 한다. 이들은 목표 아동에 대한 모델로서 행동하기 때문에 능력 있는 또래 훈련자의 선택은 중요하다. 또한 문헌은 이러한 아동이 장애 학우들을 잘 받아들인다고 제안한다. 또래 아동의 특징에 대한 정보는 높은 사회적 상호작용이 일어나는 동안 또래 교사와 관찰로부터 가장 쉽게 얻을 수 있다.

목표 아동의 특징 사회적 상호작용의 높은 언어적 특성 때문에, 일부 언어적 기술을 가진 목표 아동은 비언어적인 친구보다 또래 훈련에 더 적합하다. 일부 언어적 기술을 가진 목표 아동의 선택은 또한 중요하다. 왜냐하면 또래 훈련자가 만일 목표 아동이 또래의 질문 개시에 언어적으로 반응하지 않을 경우, 낙담될 수 있거나, 상호작용을 유지하는 데 실패할 수도 있기 때문이다.

요약 및 결론

중추적 행동 훈련의 중요성은 자폐아동이나 유사한 장애아동을 위한 희망적인 중재에 대한 진보를 펼쳐 왔다는 것이다. 이 장에서 요약된 연구들은 PRT 통합과 이런 아동의 전반적인 중재계획에 수반되는 변인에 대한 확신 있고 강요적인 논의를 제공한다. PRT의 기초는 중재결과의 일반화를 강화시키는 동기와 반응성과 같은 중추적 행동에 초점을 두고, 그 중요성을 강조하는 프로그램적이고, 체계적인 연구결과에 있다. 계속된 연구들은 채택된 PRT의 변인이 진보된 상징놀이와 사회적 상호작용의 형태를 포함하여 자폐아동에게 있어 다양한 중요한 기술을 가르치는 데 효과적일 수 있다고 증명해 왔다. 자기 관리에 관한 중추적 행동에 초점을 두는 연구가 중요한 교수전략의 발달을 이끌었다(Koegel & Koegel, 1990; Pierce & Schreibman, 1994; Schreibman & Koegel, in press). 다른 진보된 행동적 레퍼토리의 습득을 위해 앞으로 개발될 많은 다른 기법에 대한 변인이 있다는 것을 의심치 않는다. 본질적으로, 앞으로 이 영역에서 흥미로운 진보가 있기를 기대한다.

참고문헌

Bakeman, R., & Adamson, L. (1986). Infants' conventionalized acts: Gestures and words with mothers and peers. *Infant Behavior and Development*, *9*, 215-230.

Baltaxe, L.A.M. (1984). Use of contrastive stress in normal, aphasic, and autistic children. *Journal of Speech and Hearing Research*, *27*, 97-105.

Baron-Cohen, S. (1987). Autism and symbolic play. *British Journal of Developmental Psychology*, *5*, 139-148.

Bates, E., Benigni, L., Bretherton, I., Camaioni, L., & Volterra, V. (1979). *The emergence of symbols: Cognition and communication in infancy.* New York: Academic Press.

Beeghly, M., Weiss-Perry, B., & Cicchetti, D. (1989). Beyond sensorimotor functioning: Early communicative and play development of children with Down syndrome. In D. Cicchetti & M. Beeghly (Eds.), *Children with Down Syndrome: A developmental perspective* (pp. 329-368). New York: Cambridge University Press.

Bretherton I. (1989). Pretense: The form and function of make-believe play. *Developmental Review, 9*, 383-401.

Burke, J.C., & Koegel, R.L. (1982, May). *The relationship of stimulus overselectivity to autistic children's responsiveness and incidental learning.* Paper presented at the Association of Behavior Analysis, Milwaukee, WI.

Dunlap, G. (1984). The influence of task variation and maintenance tasks on the learning and affect of autistic children. *Journal of Experimental Child Psychology, 37*, 41-64.

Fein, G. (1981). Pretend play in childhood: An integrative review. *Child Development, 52*, 1095-1118.

Forys, S., & McCune-Nicolich, L. (1984). Shared pretend: Sociodramatic play at 3 years of age. In I. Bretherton (Ed.), *Symbolic play: The development of social understanding* (pp. 159-191). New York: Academic Press.

Goldstein, H., & Cisar, C. (1992). Promoting interaction during sociodramatic play: Teaching scripts to typical preschoolers and classmates with disabilities. *Journal of Applied Behavior Analysis, 25*, 265-280.

Hart, B, & Risley. T.R. (1980). In vivo language intervention: Unanticipated general effects. *Journal of Applied Behavior Analysis, 13*, 407-432.

Hartup, W.W. (1983). Peer relationships. In E.M. Hetherington (Ed.) & P.H. Mussen (Series Ed.), *Handbook of clinical psychology: Vol. 4. Socialication, personality and social development* (pp. 103-196). New York: John Wiley & Sons.

Hill, P.M, & McCune-nicolich, I,. (1981). Pretend play and patterns of cognition in Down syndrome children. *Child Development, 52*, 611-617.

Howlin, P. (1986). An overview of social behavior in autism. In E. Schopler & G.B. Mesibov (Eds.), *Social Behavior in Autism* (pp. 101-131). New York: Plenum Press.

Jarrold, C, Boucher, J., & Smith, P. (1993). Symbolic play in autism: A review. *Journal of Autism and Developmental Disorders, 23*, 281-307.

Koegel, R. I., Dyer, K., & Bell, L. K. (1987). The influence of child preferred activities on autistic children's social behavior. *Journal of Applied Behavior Analysis, 20*, 243-252.

Koegel, R.I., & Egel, A.L. (1979). Motivating autistic children. *Journal of Abnormal Psychology, 88*, 418-426.

Koegel, R.I., & Mentis, M. (1985). Motivation in childhood autism Can they or won't they? *Journal of Child Psychology and Psychiatry, 26*, 185-191.

Koegel, R.I., O'Dell, M.C., & Dunlap, G. (1988). Producing speech use in nonverbal autistic children by reinforcing attempts. *Journal of Autism and Developmental Disorders, 18*, 525-538.

Koegel, R.I., & Schreibman, I. (1977). Teaching autistic children to respond to simultaneous multiple cues. *Journal of Experimental Child Psychology, 24*, 299-311.

Keogel, R.I., Schreibman, I., Good, A., Cerniglia, L., Murphy, C., & Keogel, L. (1989). *How to Teach pivotal behaviors to children with autism: A training manual.* Santa Barbara: University of California

Keogel, R.I., Williams, J. (1980). Direct vs. indirect response-reinforcer relationships in teaching autistic children. *Journal of Abnormal Child Psychology, 4*, 536-547.

Laski, K.E., Charlop, M.H., & Schreibman, I., (1988). Teaching parents to use the natural language paradigm to increase their autistic children a speech. *Journal of Applied Behavior Analysis, 21*, 391-400.

Lewis, V., & Boucher, J. (1988). Spontaneous, instructed and elicited play in relatively able autistic children. *British Journal of Developmental Psychology, 6*, 325-339.

Lovaas, O.I., Koegel, R.I., & Schreibman, I., (1979). Stimulus overselectivity in autism: A review of research. *Psychological Bulletin, 86*. 1236-1254.

Lovaas, O.I., Koegel, R.I., Simmons, J.Q., & Long, J.S. (1973). Some generalization and follow-up measures on autistic children in behavior therapy. *Journal of Applied Behavior Analysis, 6*, 131-166

McGee, C.G., Krantz, P.J., & McClannahan, I.E.S. (1985). The facilitative effects of incidental teaching on preposition use by autistic children.

Journal of Applied Behavior Analysis, 13, 17-31.

Mundy, P., & Sigman, M. (1989). The theoretical implications of joint-attention deficits in autism. *Development and Psychopathology, 1,* 173-183.

Mundy, P, Sigman, M., Ungerer, J., & Sherman, T. (1987). Nonverbal communication and play correlates of language development in autistic children. *Journal of autism and Developmental Disorders, 17,* 349-364.

Neef, N.A., Walters, J., & Egel, A.L. (1984). Establishing generative yes/no responses in developmentally disabled children. *Journal of Applied Behavior Analysis, 17,* 453-460.

Odorn, S.I., Hoyson, M., Jamieson, B., & Strain, P. (1985). Increasing handicapped preschoolers social interactions: Cross-setting and component analysis. *Journal of Applied Behavior Analysis, 18,* 3-16.

Oke, N.J. (1993). *A group training program for siblings of children with autism Acquisition of language training procedures and related behavior change.* Unpublished doctoral dissertation, University of California, San Diego.

Perlmutter, J., & Pelligrimi, A. (1987) Children's verbal fantasy play with parents and peers. *Educational Psychology, 7,* 269-280.

Pierce, K. (1993). *Strategies for increasing social behavior in children with autism: A Manual.* Unpublished manuscript. University of California, San Diego.

Pierce, K.I., & Schreibman, I., (1994). Teaching daily living skills to children with autism in unsupervised settings through pictorial self-management. *Journal of Applied Behavior Analysis, 27,* 471-481.

Pierce, K., & Schreibman, I., (1995). Increasing complex social behavior in children with autism: Effects of peer implemented pivotal response training. *Journal of Applied Behavior Analysis, 28,* 285-295.

Quinn, J.M., & Rubin, K.H. (1984). The play of handicapped children in T. Yawkey & D. Pelligrini (Eds.). *Child's play Developmental and applied* (pp. 63-79). Hillsdale, NJ. Lawrence Eribaum Associates.

Riquet, C.B. Taytor, N.D. Benaroya, S., & Klein, I.S. (1981). Symbolic play in autistic. Down's and normal children of equivalent mental age. *Journal of Autism and Developmental Disorders, 11,* 439-448

Rutter, M. (1974). The development of infantile autism. *Psychological Medicine, 4,* 147-163.

Rutter, M. (1978). Diagnosis and definition of childhood autism. *Journal of Autism and Childhood Schiizophrenia, 8,* 139-161.

Schreibman, I., (1988). *Autism.* Newbury Park, C.A: Sage Publications.

Schreibman, I., Charlop, M.H., & Keogel, R.I., (1982). Teaching autistic children to use extra simulus prompts. *Journal of Experimental Child Psychology, 33,* 475-491.

Schreibman, I., Kaneko, W.M., & Keogel, R.I., (1991). Positive affect of parents of autistic children: A comparison across two teaching techniques. *Behavior Therapy, 27,* 479-490.

Schreibman, I., & Keogel, R.I., (1981). A guideline for plaaning behavior modification programs for autistic children. In S.M. Turner, K.S. Calhoun, & H.E. Adams (Eds.), *Handbook of clinical behavior therapy* (pp. 500-526). New York: John Wiley & Sons.

Schreibman, I., & Keogel, R.I., (in press). Training for parents of children with autism: Pivotal responses and generalization. In P.S. Jensen & E.D. Hibbs (Eds.), *Psychosocial treatment research with children and adolescents.* Washington, DC: American Psychological Association.

Smilansky, S. (1968). *The effects of sociodramatic play on disadvantaged preschool children.* New York: John Wiley & Sons.

Stahmer, A. C. (1993). *Teaching symbolic play to children with autism using pivotal response training: Effects on play, language and interaction.* Unpublished doctoral dissertation, University of California, San Diego.

Stahmer, A.C. (1995). Teaching symbolic play skills to children with autism. *Journal of Autism and Developmental Disorders, 25,* 123-141.

Stahmer, A.C, & Schreibman, L. (1992). Teaching children with autism appropriate play in unsupervised environments using a self-management treatment package. *Journal of Applied Behavior Analysis, 25,* 447-459.

Sthmer, A.C., Schreibman, L., & Palardy, N. (1994, May). *Social validation of symbolic play training for children with autism.* Paper presented at the meeting of the Association for Behavior Analysis, Atlanta.

Thorp, D.M., Stahmer, A.C., & Schreibman, L. (1995). The effects of Sociodramatic play training on children with autism. *Journal of Autism and Developmental Disorders, 25,* 263–281.

Ungerer, J.A., & Sigman, M. (1981). Symbolic play and language comprehension in autistic children. *Journal of the American Academy of Child Psychiatry, 20,* 318–337.

Ungerer, J.A., & Sigman, M. (1987). Categorization skills and receptive language development in autistic children. *Journal of Autism and Developmental Disorders, 17,* 3–16.

Vygotsky, L.S. (1978). *Mind in society: The development of higher psychological processes.* Cambridge, MA: Harvard University Press.

Wing, L., Gould, J., Yeates, S.R., & Brierly, L.M. (1977). Symbolic play in severely mentally retarded and autistic children. *Journal of Child Psychology and Psychiatry, 18,* 167–178.

Wulff, B. (1985). The symbolic and object play of children with autism: A review. *Journal of Autism and Developmental Disorders, 15,* 139–148.

논의

Glen Durnlap

우리의 생활을 사회적 관계로 완벽하게 정의내릴 수는 없다. 우리의 관계는 유아에서 성인기에 이르는 심리적, 인지적, 그리고 정서적 발달을 통제하고, 이것은 생활 경험의 최적 비율로 구성된다. 많은 학자들은 사회적 관계성이 인간에게 있어 필수적인 특징이고, 사회적 맥락은 각자의 활동과 수행에 의미를 불러일으키는 요인이 된다고 지적해 왔다. 순간적인 상호작용(예, 필요한 업무처리를 중재하는 점원과의 상호작용)에서, 얽히고 지속적인 관계(예, 가족, 친구)에 이르기까지, 사회적 관계의 다양성 없이 우리의 존재를 생각하기 어렵다. 우리의 사회생활을 둘러싸고 있는 관계의 유형은 도처에 있는, 다층의 네트워크를 형성한다. 참으로, 우리는 종종 우리 자신의 개인적 파트너십과 사회적 접촉, 사회적 지원의 상태에 의하여 삶의 행복과 만족을 평가한다.

인간의 생활에서 관계의 근본적인 역할이 주어진다면, 이것은 장애인을 위한, 특히 생산적이고 호혜적 상호작용을 위한 준비와 기회가 부족한 사람들을 위한, 지원 프로그램에 대한 일차적인 입장을 고려해야 한다고 논쟁할 것이다(Newton, Horner, Ard, LeBaron, & Sapington, 1994; Odom, McConnell, & McEvoy, 1992). 사실상, 통합운동은 사회적 관계가 모든 사람에게 중요하고, 사람들은 분리되고, 정적인 환경에서 활기를 기대할 수 없다는 전제에 대체적으로 기반을 둔다. 전형적인 상호작용이 발생하고, 관계가 발전한 다면, 다음으로 사회적 접촉과 공유된 경험을 위한 자연스러운 기회가 발생하게 된다. 통합환경의 참여와 참가는 유의미한 사회적 생활 경험을 필요로 하는 사람들에게 필요하다.

사람들 속에서, 사회적 관계는 아주 중요한 관심 사항이지만, 이것은 문제행동의 발생과 기능적으로 관련이 있다는 것을 또한 알 필요가 있다. 대부분의 경우, 문제행동은 사회적 상호작용에 의해 통제받는다. 문제행동은 사회적 환경에 메시지를 전달하고, 대안적인 사회-의사소통적 행동과 기능적으로 동등한 것으로 설명된다(Carre et al., 1994). 그러므로 문제행동은 바라지 않는 사회적 상호작용의 형태로 해석될 수 있다. 비슷한 견해로, 이것은 사람이 사회적 환경 상황에 의해 힘들어하는 신호와 같은 것으로 볼 수 있다. 자신의 사회적 환경과 대인관계의 효율성에서의 향상은 자신의 불평거리를 완화할 수 있고, 문제행동의 발생을 줄일 수 있다는 장점이 있다(예, Koegel, Dyer, & Bell, 1987; Turnbull & Turnbull, 1990). 간단하게 말해서, 각자의 사회적 상호작용과 관계에서의 향상은 문제행동의 감소와 함께 진보되고, 더욱 자극적이고 그리고 더욱 만족한 생활양식의 결과를 낳을 수 있다(Newton & Horner, 1993).

중재 프로그램에서의 일반적인 경향은 사회적 관계의 향상을 포함하여 유의미한 결과를 강조하는 것이었다(Meyer & Evans, 1993). 하나의 중요한 단계는 통합된 상황에서 활동할 기회를 보장하고, 이러한 상황에 참여를 최적화할 수 있는 기회를 보장함으로써 사회적 접촉의 기회를 제공하는 것이다. 그러나 많은 학자들이 연구를 통해서 지적하듯이(이 책에 있는 몇몇 저자들을 포함하여), 물리적 통합이 필요한 조건이기는 하지만, 이것은 종종 사회적 상호작용을 촉진시키기에는 충분하지 못하다. 많은 다른 요소들이 고려되어져야 할 필요가 있다.

사회적 상호작용과 사회적 관계는 아주 복잡한 현상이다. 여기에는 상호작용의 시작과 지속에 영향을 미치는 생태학적, 인간 내, 그리고 인간 간 변인들이 있다. 그리고 상호작용을 통하여 다양하고 정교한 관계를 형성할 수 있는 무한한 경로들이 있다. 관계를 향상시키기 위한 최적의 전략을 이해하고, 조직하고, 배치하는 데 부딪치는 많은 이슈들이 있다. 이러한 것들은 다음과 같은 것들이다.

- 어떤 환경이 사회적 상호작용을 시작하고 유지하는 데 가장 도움이 되는가?
- 지원 인사들이 장애인의 레퍼토리를 세우기 위해 시도할 수 있는 특정 행동 특징은 무엇인가?
- 지원 인사들이 장애인의 독특한 장점과 약점을 사회적 지원 유형에 어떻게 잘 일치시킬 수 있는가?
- 관계의 발전에 가장 알맞은 사회적 맥락, 집단의 역동성, 그리고 대인관계 특징의 결합은 무엇인가?
- 유의미한 장애가 없는 사람이 유의미한 장애를 가진 사람과 오랫동안 우정을 형성하는 데 기여하는 요인은 무엇인가?
- 지원 인사들이 사회적 지원을 위해 개인의 특별한 욕구를 어떻게 확인할 수 있는가? 그리고 어떤 종류의 사회적 지원이 가장 필요한가? 그리고 어떻게 적절한 지원망이 개발되고, 인위적인 중재가 필요 없이 유지될 수 있는 방법은 무엇인가?

사회적 지원에서 중요한 연구문제에 대한 아주 적은 샘플이 있지만, 실험, 기술, 그리고 해석 방법을 포함하여 복합적인 연구 전략을 위해 필요한 것을 밝히기 위해서 충분하다. 또한 연구자와 지원 인사들은 그들의 중재전략을 선택할 때 상당한 통찰력과 민감성을 이용할 필요가 있다고 주장한다.

제3부의 제4장은 사회적 관계, 사회 통합, 그리고 문제행동의 발생에 적합한 중요한 이슈에 대한 분석을 반영한다. 각 장은 사회적 상호작용과 장애인의 통합의 영역에서 중요한 토픽에 맞추어진 실험연구에서 채택한 논문들이다.

Kennedy와 Itkonen(제12장)은 사회적 상호작용에 영향을 미치는 변인에 대한 알맞고 잘 정리된 생각을 제공한다: 즉, 사회적 행동을 통제하고, 사회적 행동을 위한 환경적 기회제공에 영향을 미치는 것. 그들의 연구는 이들 두 가지 영역에 영향을 미치는 요인들을 요약했다. Kennedy와 Itkonen은 또한 생에 전반적인 관점과 다양한 환경적인 관점에 적절한 사회적 지원에 대한 이슈를 강조했다.

IEAP Preschool에 대한 그들의 생산적인 연구에서, Kohler, Strain, 그리고 Shearer(제13장)는 방법론적인 측면에 초점을 두었다. IEAP에 대한 Strain과 그의 동료들에 의해 실행된 연구와 입증은 초기 아동기 통합교육 분야에 가장 큰 영향을 미쳤고 고무적이었다. 그리고 그들은 사회 통합에 중요한 영향을 끼쳤다. 이 장에서 설명한 자료 수집 틀은 하나의 중요한 사정 도구로 제공되고, 자료는 개별화된 아동중심의 중요성을 강조한다. 게다가 분석은 사회적 통합 수준에 대한 과소평가된 개념적 특징을 강조했다. 이런 특징은 통합환경을 더욱 발전시키는 데 중요하고, 통합적 교육환경에서 사회적 발전에 대한 우리의 지식을 진보시키는 데 중요하다.

Camarata(제14장)는 언어발달과 의사소통 발화의 이해력에 대한 이슈를 다루었다. 의사소통은 사회적 상호작용에 필수적인 구성요소이다. 그리고 이것은 의사소통적 교류에 더욱 효율적이며 상호작용의 깊이와 유의미한 관계의 발달에 보다 큰 가능성을 가진다. 정교한 사회적 접촉을 제한하는 "장애(bottleneck)"로서 부적절한 이해력에 대한 Camarata의 논의는 의사소통적 숙달과 사회적 능력에 대한 중요한 요점을 지적했다. 이 장은 또한 상호작용의 통합적이고 자연스러운 맥락 내에서 이해력 훈련을 제공하기 위한 원리를 세우는 데 기여했다. 이러한 논쟁은 전통적인 말 치료 접근을 포함하여 풀 아웃(pull-out) 프로그램이 통합되지 못한 아동에게 제공되었고, 상호작용과 공유된 경험에 대한 기회가 제한되었기 때문에 사회적 발달에 중요한 함의를 가진다.

Schriebman, Stahmer, 그리고 Pierc(제15장)은 자폐아동에게 중재를 제공하는 데 기여했다. 이들은 자폐와 관련된 두 가지 중요한 장벽에 중재를 시도했다—빈약한 동기와 손상된 반응, 그리고 그들은 자폐아동의 사회적 통합에 대한 흥미진진한 연구를 했다. 놀이는 아동이 친구와 많은 사회적 일과를 습득할 수 있는 중요한 상황이다. 그래서 중재에 관한 연구들은 아동이 향상된 놀이 기술 수준을 갖출 수 있다고 보고한다.

이 책에 있는 몇몇 다른 장들은 사회적 관계에 대하여 논의한다. 사회적 통합이 가족, 학교, 그리고 지역사회 환경을 넘어서는 개념이기 때문에 이러한 논의는 대체적으로 적절하다. 참으로 사회적 관계와 사회적 통합의 개념이 많은 연구에 의해서 주춤한 것이 일반적이지만 이 글은 연구 자료뿐만 아니라, 장애인이 전형적인 지역사회 활동의 맥락에서 향상된 사회적 관계를 위한 기회와 지원을 얻고 있다는 인상적인 입증을 제공한다.

참고문헌

Carr, E.G., Levin, L., McConnachie, G., Carlson, J.I., Kemp, D.C., & Smith, C.E. (1994). *Communication-based intervention for problem behavior: A user's guide for producing positive change*. Baltimore: Paul H. Publishing Co.

Koegel, R., Dyer, K., & Bell, L. (1987).The influence of child-preferred activities on autistic children's social behavior. *Journal of Applied behavior Analysis, 20*, 243-252

Meyer, L.H., & Evans, I.M. (1993). Meaningful outcomes in behavioral approaches to the remediation of challenging behaviors. In J. Reichle & D. Wacker (Eds.), *Communicative alternatives: Integrating functional assessment and intervention strategies* (pp. 407-428). Baltimore: Paul H. Brookes Publishing Co.

Newton, J.S., & Horner, R.H. (1993). Using a social guide to improve social relationships of people with severe disabilities. *Journal of The Association for Persons with Severe Handicaps, 18*, 36-45

Newton, J.S., & Horner, R.H., Ard, W.R., LeBaron, N., & Sappington, G. (1994). A conceptual model for improving the social life of individuals with mental retardation. *Mental Retardation, 32*, 393-402

Odom, S.L., McConnell, S.R., & McEvoy, M.A. (1992). Peer-related social competence and its significance for young children with disabilities. In S.L. Odom, S.R. McConnell, & M.A. McEvoy (Eds.), *Social competence of young children with disabilities: Issues and strategies for intervention* (pp. 3-35). Baltimore: Paul H. Brookes Publishing Co.

Turnbull, A.P., & Turnbull, H.R. (1990). Reader response. A tale of lifestyle changes: Comments on "Toward a Technology of 'Nonaversive' Behavioral Support." *Journal of The Association for Persons with Severe Handicaps, 15*, 142-144.

제 4 부

지역사회 통합

제16장

배경사건과 문제행동 사이의 관련성

행동지원의 이해를 확장하기

Robert H. Horner, Bobbie J. Vaughn,
H. Michael Day & William R. Ard, Jr.

평상시 우리의 일상사에서 일어나는 자연발생적인 상황은 우리의 행동에 강화 역할도 하고 체벌 역할도 한다. 하지만 이들 상황이 행하는 일시적인 강화 혹은 체벌 역할이 계속해서 유동적으로 변한다는 사실은 거의 인식하지 못한다. 우리는 마지막 식사를 할 때 음식이 가지는 강화는 24시간 주기에 의해 그 가치가 올라가기도 하고 내려가기도 하고 한다. 사회적인 접촉이 가진 강화는 최근에 경험한 접촉 유형과 접촉의 양에 의해 변한다. 불쾌한 일

이 장의 주제는 전체적으로 혹은 부분적으로 미국 교육부의 후원금 No. H133B2004의 지원으로 이루어졌다. 그러나 여기서 주장하는 의견은 반드시 미국 교육부의 정책이나 입장을 반영하는 것은 아니고, 미국 교육부의 입장을 암시하는 공식적인 입장도 아니다.

로부터 회피하려는 강화는 그 사람이 두통이 있는지 없는지에 따라 증가하기도 하고 감소할 수도 있다. 거슬러 올라가 보면, 행동분석가는 강화와 체벌의 가치가 고정되어 있다는 가정을 가지고 행동(및 행동 모델 만들기)을 기술하는 경향이 있었다. 인간행동에 대한 우리의 이해를 확장하는 데 핵심적인 특성은 활용할 수 있는 결과가 계속해서 증가하거나 감소하고 있다는 것이다. 이 점이 문제행동을 사정하고 효과적인 행동지원을 고안하는 데 엄청난 함의를 지니고 있다.

강화와 체벌이 가지는 일시적인 가치를 바꾸는 일을 **상황설정하기**(setting events)(Bijou & Baer, 1961; Gardner, Cole, Davidson, & Karan, 1986; Kanto, 1959; Wahler & Graves, 1983) 혹은 **작동설정하기**(establishing operations)(Catania, 1992; Kennedy & Itkonen, 1993; Michael, 1988, 1993; Vollmer & Iwata, 1991)라는 명칭을 붙여 왔다. 비록 이 두 가지 개념이 완전히 중복되지는 않지만, 일시적으로 결과에 대한 가치를 바꿈으로써 시간 경과에 따른 어느 지점에서의 상황이 이후 어느 한 지점에서의 목표행동으로 바뀔 가능성이 있다는 핵심적인 생각에서는 두 가지가 공통된다. 지금 음료수를 마시는 것이 한 시간 후 음료수에 대한 가치를 바꿀 수도 있다. 하루를 혼자서 보내는 것은 같은 날 저녁의 사회적인 접촉을 바꿀 수도 있다. 사랑에 빠진 것이 동료 작업자로부터의 비판에 체벌의 정도를 바꿀 수도 있다. 개인이 늘 하던 운동을 며칠 못하게 하는 것은 내일 운동에 임하는 가치를 증가시킬 수도 있다. 이번 장의 목표인, **상황설정하기**라는 용어는 강화 혹은 체벌의 가치를 일시적으로 바꾸어줌으로써 한 가지 행동의 가능성을 바꾸는 것을 가리키는 데 사용된다. 이 용어 자체는 두 가지 핵심적인 말보다도 훨씬 덜 중요하다. 첫째, 알맞은 때 어느 시점(반응이 있기 바로 전이거나 혹은 반응이 있기 오래 전이거나)에 발생하는 상황은 목표반응이 일어날 가능성을 바꿀 수 있다. 둘 째, 이런 일이 일어날 기제(mechanism)는 활용할 수 있는 결과의 일시적인 가치를 바꾸는 상황설정하기다.

인간행동에 대한 증가된 이해를 위한 상황설정하기의 함의는 오래전부터 인식되어 오고 있다(Kantor, 1959). 이 개념의 중요성이 요즘 다시 인식되고 있는 데 왜냐하면, 연구가들이 행동사정기술을 완성하려고 노력을 하고 있고 응용된 여러 상황을 만족시키는 지원을 만들어내려고 노력하고 있기 때문이다(Carr et al., 1994). 학교, 가정, 직장 및 지역사회는 복잡한 환경이다. 이들 맥락의 행동을 이해하고 영향을 주기 위해서는 연구자들은 표적 행동 바로 후나 바로 이전에 일어나는 상황 그 이상을 관찰할 필요가 있다. 행동지원에 대한 기능적인 기술(technology)은 문제행동에 대한 사정이 예측 가능한 상황설정에 대한 사정을 포함하기를 요구한다(Carr et al., 1994; Dadson & Horner, 1993; Durand, 1990). 유사하게, 행동지원전략은 상황설정의 효과를 바꾸기 위한 절차를 포함해야만 한다.

이 장은 1) 문제행동을 더 잘 이해하기 위해 상황설정을 통합시키는 모델, 2) 상황설정과 문제행동 간의 관련성을 기록한 연구, 3) 문제행동에 영향을 주는 상황설정하기 변인을 조작하기 위한 모델 등을 제공한다.

상황설정이 문제행동에 어떻게 영향을 주는지 이해하기

[그림 1]은 사례연구를 통해 문제행동에 상황설정하기가 어떻게 영향을 주는가에 대한 개념적인 모델을 제공한다. 교사가 휴식 후에 그녀의 5학년 반 학생들을 함께 모이게 하고, 다음 수업시간 과제의 자료를 제시하는 상황을 생각해 보시오. 학생 중 한 명인 Eric은 중도(severe) 장애와 매우 제한된 의사소통 기능을 가지고 있다. 그는 적절히 수정된 교육과정 하에서 대체로 학교 공부를 잘 수행하고 있지만 가끔은 소리를 지르고, 수업자료를 파괴하고, 교실을 이리저리 뛰어다닌다. 사실, 그의 문제행동 목록은 계속해서 증가하고 있다. 어떤 때는 Eric이 놀랍도록 수행을 잘하고, 어떤 날은 같이 생활하기가 매우 힘이 든다. [그림 1]의 맨 위는 문제

상황설정	결과 가치에 대한 상황설정의 순간적 영향 ⇨	선행자극 ⇨	이용 가능한 반응 ⇨	후속결과
S_1 또래와 싸움	• 힘든 과제로부터 회피하려는 가치 증가 • 교사 칭찬 가치 감소	S_1 과제를 하라는 교사의 요구 S_2 과제 재료	R_1 소리 지르기/달리기 R_2 재료 던지기 R_3 휴식 요청하기 R_4 도움 요청하기 ⇨	• 힘든 과제 회피
			R_5 과제수행 ⇨	• 교사 칭찬 • 더욱 일하기
S_2 아침 먹지 않음	• 음식 가치 증가	S_3 교사가 뒤쪽 테이블에 간식 놓아두기	R_6 뒤쪽 테이블로 달려가서 간식 집기 ⇨	• 음식 먹기
S_3 두통	• 힘든 과제로부터 회피하려는 가치 증가 • 교사 칭찬의 가치 감소 • 고통 감소의 가치 감소 • 과제 완성도 가치 감소		R_7 머리 때리기 R_8 흔들기 R_9 모퉁이에 앉기 ⇨	• 두통 감소

[그림 1] Eric의 문제행동에 대한 상황설정의 영향

가 되고 있는 날의 일반적인 상황의 흐름이 나열된다:

상황설정하기 → 선행자극 → 반응 → 후속결과

몇몇 상황설정은 교사의 다음 과제 제시 이전에 발생했다. 이들 상황은 전형적으로 교실에서 제시되는 강화의 가치를 바꾼다(예를 들면, 교사 칭찬). 과제가 제시될 때, Eric의 행동은 그 당시에 활용될 수 있는 서로 다른 결과의 상대적인 가치 이해에 의해 예언된다.

이 보기의 목적은 특정한 행동을 만들어내기 위해 상황이 상호작용하는 복잡한 방식을 보여주기 위함이다. 잠시 Eric 상황의 복잡함을 생각해 보자. 언젠가 수업이 시작되기 전에 세 가지 상황이 발생했다. 1) 휴식 시간이 끝나기 바로 전에 Eric은 또래와 싸움을 했다(S_1), 그리고 심장은 매우 빠르고 뛰고, 왼쪽 어깨는 쑤시고(그가 두들겨 맞은 곳) 그는 숨을 헐떡거리며 교실로 다시 들어갔으며, 2) 집에서의 다양한 일정 때문에 오늘 아침에 아침밥을 먹지 않았고(S_2), 그리고 3) 나타나고 있는 코감기 증상 때문에 두통이 있다(S_3). 이들 상황은 그 자체로 그리고 저절로 문제행동을 위한 상황을 설정하지 않는다. 이들 상황이 행하는 것은 교사가 과제를 제시하는 순간에 서로 다른 강화의 가치를 바꾸는 것이다. 예를 들면, 교사칭찬(전형적으로 Eric에게는 강력한 강화)은 상황설정의 결과로 그 가치가 일시적으로 감소되었다. 힘이 드는 과제는 더욱더 불쾌한 것이 되고, 그래서 힘이 드는 과제로부터 회피하려는 행동이 더욱 일어난다. 이 경우 Eric에게는 음식이 평상시보다 더욱 강력한 강화가 될 것인데, 왜냐하면 그가 아침밥을 먹지 않았기 때문이고, 그의 머리에 고통을 감소시키는 어떤 것(예를 들면, 몸을 앞뒤로 흔들기, 모퉁이에 조용히 앉아 있는 것)이 평상시보다 더욱더 강화를 주게 될 것이다.

교사는 운동장에서의 짧은 싸움, 아침밥을 먹지 않은 것, 혹은 Eric의 두통을 모르고 있다. 교사는 이전 며칠 동안 그녀가 했던 것과 꼭 마찬가지로 과제를 제시한다. [그림 1]은 과제가 제시되는 순간에 활용될 수 있는 서로 경쟁되는 네 가지 강화를 보여 준다. 1) 과제 회피, 2) 교사 칭찬, 3) 음식, 4) 두통으로부터의 회피 등이다. 이 모델에서 가장 가치 있다고 생각되는 강화가 가장 자주 활용 가능한 어떤 반응(혹은 반응그룹)을 통제할 것인가를 예언할 수 있다. 과제로부터의 도피는 그 당시에는 가장 가치 있는 활용할 수 있는 강화라고 가정하자. 이것은 과제도피(R1–R4)를 만들어내는 일련의 반응 중 한 가지 가능성을 증가시킬 것이다. 이 보기에서, Eric은 과제도피로 이끄는 네 가지 경력(소리 지르기/달리기, 자료 던지기, 휴식 요청하기, 도움 요청하기)을 지니고 있다. 그러나 도움 요청하기 혹은 휴식 요청하기는 종종 교사와의 협상이 요구된다. Eric은 과제의 어려움에서 도피하기 전에 교사에게 몇 번 도움을 요청하거나 혹은 휴식 취하기를 요구해야만 한다. 자료를 집어 던지거나 혹은 재빨리 도망가기는 강화를 만들어내고(과제로부터 도피), 교사와의 오래 지속되는 상호작용을 포함하지 않는다. 이들 문제행동은 반응의 숫자와 그 결과가 만들어지는 속도라는 관점에서는 더욱 "효율적"이다 (Horner & Day, 1991). 이런 상황에서, Eric은 공부하던 것을 마룻바닥에 던지고, 책상을 떠나고, 교실의 외딴 모퉁이로 이동해서 가버린다. 교사는 다시 공부로 돌아오라고 요구하고, Eric이 보상으로 찾아낸 외따로 떨어진 곳에서 그 시간을 보내고 있는 동안, 교사는 공부할 준비가 된 다른 학생들이 있기 때문에 계속 수업을 진행한다.

하루가 끝날 때쯤에, 교사는 다른 동료 교사들이 얼마나 Eric이 "예측할 수 없는" 학생이라고 말하는 소리를 듣는다. 교사 관점에서 보면, Eric의 행동은 매우 혼란스럽다. 교사는 같은 자료를 다른 날과 동일하게 제시하고 매일 같은 방법으로 제시한다. 대부분 Eric은 공부를 하기 시작하고 교사 칭찬에 반응했다. 하지만 오늘은 동일한 공부 과정이 파괴적인 반응을 만들어낸다. 이 보기에서의 "예측 불가능함"이 생기는데, 왜냐하면 교사가 바로 이전의 상황과 뒤를 잇는 Eric의 행동만을 보고 있기 때문이다. 문제행동이 발생하기 오래전에 발생하는 상황 설정하기의 영향을 포함하는 보다 더 완전한 분석이 Eric의 행동을 보다 더 이해하기 쉽게 만들어 주고 Eric의 문제행동을 감소시킬 수 있는 위한 구체적인 방향을 제시해 준다.

상황설정하기를 보다 더 잘 이해하기 위해서는 [그림 1]을 다시 참조하기를 권한다. 그리고 음식이 최고로 강력한 강화라고 가정해 보자. 그런 상황이 어떻게 나타나는지, 이런 상황이 주어지고 수업 후에 모든 사람이 먹을 수 있도록 교실 뒤 테이블에 특별한 과자가 놓여 있다면 Eric은 어떤 행동을 할지를 생각해 본다. 만약 [그림 1]의 모델이 효과적이라면 실세계에서 제시되는 상황 배치를 명확히 하도록 도와주어야 한다.

대부분의 교사와 부모는 상황설정하기가 아동의 행동에 영향을 준다는 것을 알고 있다. 그러나 그들은 그런 정보를 효율적으로 사용하는 방법을 지니고 있지 않다. [그림 1]의 목적은 문제행동의 가능성을 증대시키기 위해 다른 상황과 상호작용하는 상황을 설정하는 최소한 한 가지 구체적인 방법을 기술해야 한다. 이 모델은, 특히 그런 "예측할 수 없는" 문제행동과 그런 "엄청 재수 없는 날"의 문제행동 가능성을 감소시키는 전략 만들기를 포함한다. 그러나 어떤 모델에서든지, 실세계보다도 그런 이론적인 보기에서 예상을 보여 주는 것이 훨씬 더 쉽다. 이 모델이 실제 타당성을 가지고 있는 지 아닌지를 알아보기 위해 오랫동안 문제행동을 가진 15명의 성인과 청년의 문제행동에 상황설정하기의 영향력을 저자들이 체계적으로 검사했다. 이 연구는 뒤이어 상세히 기술되는데, 왜냐하면 이것이 [그림 1]의 이론적 모델이 된 경험상의 검사를 제공해 주기 때문이다.

문제행동에 대한 상황설정하기 영향의 연구 예

참가자

저자들의 연구는 중도 지적장애와 오랜 기간 문제행동을 가진 15명의 청년과 성인을 포함하였다. 직접 서비스하는 스텝들은 이들 문제행동이 상황설정하기에 의해 영향을 받는다는 것을 알아냈다. 개별 참가자의 가정과 지역사회로부터 모든 자료가 수집되었다. 〈표 1〉은 이들

〈표 1〉 15명 연구 참가자의 특성

참가자	나이	성	IQ[a]	다른 장애	AAMR[b]의 지원강도의 수준	의사소통
AKY	35	여	바인랜드 적응행동검사<20	없음	전반적	몸짓, 간단한 표시, 그림
BTY	31	남	바인랜드 적응행동검사<20	맹인	전반적	몸짓, 간단한 표시
CTA	14	여	바인랜드 사회성숙도검사 14개월	없음	전반적	몸짓
DBI	15	여	바인랜드 사회성숙도검사 21개월	자폐증	전반적	몸짓, 간단한 표시, 발성
EBN	15	남	바인랜드 사회성숙도검사 20개월	자폐증	전반적	몸짓, 발성
EJN	11	남	바인랜드 사회성숙도검사 36개월	자폐증	확장적	단어, 구
FCY	8	남	바인랜드 사회성숙도검사 46개월	없음	확장적	몸짓, 발성
GKY	17	여	바인랜드 사회성숙도검사 19개월	없음	전반적	몸짓, 발성, 간단한 표시
HSE	28	여	바인랜드 적응행동검사<20	자폐증	확장적	짧은 구, 표시
IRH	40	남	바인랜드 적응행동검사<20	없음	전반적	몸짓, 그림
JPP	13	남	바인랜드 사회성숙도검사	청각장애	전반적	수화, 몸짓
KKS	21	남	바인랜드 적응행동검사<20	자폐증	전반적	몸짓, 그림, 간단한 표시
LKT	23	남	바인랜드 적응행동검사<20	자폐증	확장적	짧은 구, 몸짓, 그림, 문자언어
MJN	37	남	바인랜드 적응행동검사<20	없음	전반적	몸짓, 발성
NIL	13	남	바인랜드 사회성숙도검사 20개월	자폐증	전반적	몸짓, 발성

[a]IQ는 바인랜드 적응행동검사(VABS)(Sparrow, Balla, & Cicchetti, 1984)와 바인랜드 사회성숙도검사(Doll, 1953)를 통해서 결정되었음.

[b]AAMR, 미국정신지체협회

〈표 2〉 각 참가자에 대한 기능사정의 결과

참가자	선행자극	문제행동	문제행동의 기능	문제행동과 관련된 상황설정하기
AKY	스텝 요구	소리 지르기, 다른 사람 치기, 머리카락 당기기, 자신 때리기, 담배꽁초 먹기	회피	병, 부상, 월경
BTY	스텝 요구	얼굴 치기, 손목 물어뜯기, 머리카락 당기기, 다른 사람 물기, 할퀴기, 물건 던지기	회피	변비, 병
CTA	스텝 요구	물기, 잡기, 머리카락 당기기, 물건 던지기	회피	월경, 밤에 잠이 깨어 방을 나가기
DBI	스텝 요구, 교정	구슬피 울기/울기, 때리기/잡기	회피	월경, 스텝 교체, 밤에 잠깨기
EBN	스텝 요구, 교정	다른 사람 때리기, 잡기, 물기, 자기 얼굴 때리기	회피	스텝 교체, 큰 소음
EJN	스텝 요구, 교정	반항하기, 차기, 침 뱉기, 소리 지르기, 던지기	회피	학교에서 안 좋은 날, 외출 거부, 스텝 교체
FCY	게임 교정-상대자가 앞섬	고함지르기, 슬피 울기, 때리기, 자기억제 부족 보여 주기	회피	일정 변경, 게임지기, 스텝 교체
GKY	스텝 요구, 어려운 과제, 교정	반항하기, 자기 머리카락 당기기, 머리 부딪치기, 옷 찢기, 옷 벗기	회피	월경, 버스에서 싸움
HSE	스텝 요구, 교정, 선호 물건 잃음	머리카락 당기기, 할퀴기, 때리기, 머리 부딪치기, 자신 물기, 자기 찌르기	회피	스텝 교체/일정 변경, 병
IRH	스텝 요구, 교정	고함지르기, 다른 사람 때리기	회피	스텝 교체/일정 변경
JPP	스텝 요구, 교정	잡아당기기, 걸어서 나가기, 던지기, 찢기, 부수기	회피	흥분, 외출거부, 학교에서 안 좋은 날, 스텝 교체
KKS	스텝 요구, 교정	다른 사람 때리기, 다른 사람 물기, 옷 찢기	회피	스텝 교체/일정 변경
LKT	스텝 요구, 교정	다른 사람 때리기, 물기, 차기	회피	스텝 교체/일정 변경, 잠 부족, 병
MJN	스텝 요구, 교정	자기 머리 때리기, 얼굴 때리기/턱 내밀기, 손 물기	회피	스텝 교체/일정 변경, 외출거부, 변비, 병, 피로, 짜증내기

참가자 각각에 대한 보다 구체적인 정보를 제공한다.

각 참가자는 O'Neill, Horner, Albin, Storey 및 Sprague(1990) 등이 추천한 절차를 따르면서 우선 기능 평가를 받았다. 이 사정은 스텝과의 인터뷰와 가정에서 직접관찰을 통해 문제행동이 파악되었다. 그 외에도, 사정은 선행변인을 정의했고, 추정된 문제행동을 유지하는 기능, 증가된 문제행동 수준과 관련된 상황설정의 목록을 정의했다. 〈표 2〉는 기능사정의 성과를 요약했다.

문제행동과 상황설정 측정

각 참가자에 대한 두 가지 서로 다른 결과변인이 관찰되었다. 첫째는 문제행동에 대한 측정이었다. 직접 서비스를 제공하는 스텝은 문제행동이 관찰되는 문제상황의 숫자를 세었다. 각 참가자는 사정 동안에 스텝이 찾아낸 특정한 문제행동의 목록을 가지고 있었다. 각 문제상황의 횟수가 세어졌다. 상황은 문제행동의 많은 발생횟수(예를 들면, 몇 번의 머리를 부딪침) 혹은 단 한 번의 발생을 포함할 수 있었다. 하나의 사건은 매우 짧거나 혹은 몇 분 동안 지속될 수 있었다. 새로운 사건은 문제행동 없이 3분간이 지난 후에 발생한 것이 기록되었다. 이 과정은 긴 기간에 걸친 문제행동의 일반적인 패턴을 나타내는 쉬운 방법이다. 문제행동에 관한 자료는 하루 중 학교에서 보내는 시간이 아닌 공부를 하지 않는 동안에 계속해서 가정 관련 인사들에 의해 수집되었다. 대부분의 경우 자료는 8시간 중 참가자와 관련인사들이 함께 하는 1시간을 정해서 그 동안에만 수집되었다.

두 번째 변인은 상황설정의 발생 횟수가 측정되었다. 각 참가자는 사정 동안에 임명된 관련인사에 의해 상황설정 목록을 지니고 있었다. 이 목록은 각 구성원이 바뀔 때 각 구성원에 의해 재검토되었고 만약 구성원이 교대되는 동안에 어떤 상황설정이 발생하면 상황설정 옆에 그 확인사항이 기록되었다.

관찰자 간의 일치 이 연구에서 주요한 도전은 자료를 수집하는 데 많은 사람이 소요되고 자료가 수집되는 동안에 엄청 많은 시간이 소요된다는 것이었다. 자료 수집에 45명 이상의 사람과 17,712시간이 소요되었다. 수집된 자료의 정확성을 사정하기 위해, 관찰자 간의 동의가 절실했고 1시간 동안 문제행동과 상황설정을 관찰했다. 관찰자들은 상황설정(예를 들면, 스텝 교체, 병, 일정의 변경) 발생을 관찰하거나 혹은 지속적인 결과(예를 들면, 스텝 기록, 스텝이 기록한 결석 기록, 사고 보고서)을 확인함으로써 상황설정을 관찰할 수 있었다. 관찰자 간의 일치는 1시간의 관찰 동안 문제행동의 발생빈도를 관찰했고, 같은 시간 동안 스텝이 기록한 상황설정의 빈도수를 비교했다. 관찰자 간의 문제행동에 대한 일치는 스텝에 의해 관찰된 구체적인 문제행동의 횟수를 관찰자 간에 일치되게 관찰된 횟수로 나눈 다음에 곱하기 100%를 해서 계산되었다. 유사하게, 상황설정하기에 대한 일치는 스텝(혹은 관찰자)이 관찰한 상황설정의 전체 숫자를 일치된 숫자(같은 상황을 기록한)로 나눔으로써 결정되었다. 참가자들 간에 상황설정에 대한 평균 일치비율은 84%에서 100% 범위였다. 참가자들 간의 문제행동에 대한 평균 점수는 78%에서 100%였다. 참가자들, 상황설정, 문제행동 간의 특정한 상호관찰자 점수는 저자들에게 요청하면 사용할 수 있다.

절차 각 참가자에 대한 기능사정이 완성되고 난 후에 각 가정에 배치된 스텝은 문제행동과 상황설정을 어떻게 관찰할 것인가를 훈련받았다. 그런 다음에 121~207일간 정해진 날(혹은 일부 참가자는 2일에 한 번씩)에 자료가 수집되었다. 상황설정의 발생에 영향을 주거나 현재의 행동지원 절차를 바꾸기 위한 아무런 시도도 행해지지 않았다.

결과

결과는 각 참가자의 두 가지 비교에 초점을 맞추고 있다. 첫 번째 비교는 각각의 지정된 상황설정과 특정한 상황설정이 없는 날의 문제행동 가능성과 상황설정이 있는 날의 문제행동 가능성을 비교함으로써 행해졌다. 각 참가자에 대한 주어진 다양한 상황설정이 관찰되었고, 저자들 또한 확인된 상황설정이 전혀 발생하지 않도록 주어질 때의 문제행동의 발생 가능성과 상황설정이 주어진 때의 문제행동의 발생 가능성을 비교했다. 단지 최소한 15번의 상황설정이 관찰되었을 때만 표적 상황설정에 대한 사정이 수행되었다. 만약 상황설정이 100일 이상의 관찰 기간에 최소한 15번 발생하면 상황설정된 날에 대한 문제행동의 개연성이 사정되고, 1) 특정한 표적 상황설정이 발생하지 않은 날과, 2) 확인된 어떤 상황설정도 전혀 발생하지 않은 날의 문제행동 개연성이 비교되었다. 표적 상황설정이 있는 날의 문제행동 개연성은 적어도 표적 상황설정(혹은 상황설정이 전혀 없는)이 발생하지 않을 때의 문제행동 개연성의 두 배임이 확인되었다. 결과는 아래 다섯 가지 유형으로 나타났다.

고통의 영향 4명 참가자의 신체적인 불편함이 문제행동 수준을 증가시키는 것과 관련 있다는 유형을 제공했다. 〈표 3〉은 불편함의 원인을 가리키고 문제행동이 1) 특별한 상황설정이 있을 때, 2) 특별한 상황설정이 없을 때, 3) 어떤 확인된 상황설정도 없을 때 등 세 가지 경우 중 최소한 한 번 발생한다는 개연성을 보여 준다.

이들 4명의 참가자로부터 나온 결과는 부상, 병 혹은 월경 때문에 생기는 신체적인 불편함은 회피 동기를 가진 문제행동의 가능성을 증가시켰다. 신체적인 불편함이 과제에 대한 혐오감을 증가시키고 그래서 이들 자극으로부터 회피하고픈 마음을 증가시키는 것이 가능하다. 만약 신체적인 불편함이 없다면, 일상사는 관찰기간 동안에 11~26.5%의 문제행동과 관련 있

〈표 3〉 고통(병, 월경 혹은 부상)을 상황설정을 한 참가자와 상황설정하지 않은 참가자의 문제행동 가능성

참가자	관찰일수	문제행동	특정 상황	고통을 가진 문제행동 가능성	고통 없는 문제행동 가능성	어떤 상황도 없는 문제행동 가능성
AKY	134	공격성	아픔, 부상	61% (22/36)	26.5% (26/98)	27.9% (17/61)
BTY	144	공격성	변비, 아픔	65.6% (21/32)	24.1% (27/112)	25% (7/28)
CTA	193	공격성	월경	32% (8/25)	19.6% (33/168)	19.8% (27/136)
DBI	203	흐느껴 울기	월경	61.9% (13/21)	11% (20/182)	7.8% (8/102)

참조: 괄호 안의 오른쪽 숫자는 계산된 관찰일자(관찰기간)이고 왼쪽숫자는 문제행동이 있던 일자의 수이다. 예를 들면, AKY는 134일 관찰되었다. 이 날짜 중 36일간 아프거나 부상을 당했고, 이 36일 중 22일(61%)간 그녀가 공격행동을 했다.

었다. 신체적인 불편함이 있을 때, 같은 기간 동안에 32~65.5%가 문제행동과 관련 있었다.

혐오스러운 상황의 영향 3명의 참가자가 독특하고, 혐오스러운 상황(〈표 4〉 참조)에 의해 영향을 받은 문제행동의 유형을 나타냈다. 혐오스러운 상황이 EJN로 하여금 계획된 외출(아마 그가 좋아했던 일)을 거부하게 했다. 혐오스러운 상황이 FCY로 하여금 보드게임에 지도록 했

〈표 4〉 혐오스러운 상황설정이 있거나 없을 때 참가자의 문제행동 가능성

참가자	관찰일수	문제행동	특정 상황	혐오스런 상황이 있는 문제행동의 가능성	혐오스런 상황이 없는 문제행동 가능성	어떤 상황설정도 없는 문제행동 가능성
EJN	151	공격성	계획된 외출 거부	50.0% (10/20)	14.5% (19/131)	5.8% (4/69)
FCY	182	자기상해	게임에 지기	94.4% (17/18)	26.8% (44/164)	18.6% (20/140)
GKY	121	짜증	버스에서 싸움	64.7% (22/34)	12.6% (11/87)	N/A

다. GKY에게는 버스에서 싸운 것과 버스 기사로부터 꾸중들은 것이 혐오스러운 상황이었다. 이들 상황이 발생했을 때, 8교시 시간 교대가 전체 문제행동의 50~94%를 포함하는 것 같았다. 만약 이들 혐오스러운 상황이 발생하지 않으면, 시간 교대는 12.6~26.6%의 문제행동을 포함하는 것 같았다. 상황설정을 한 8시간 교대를 할 때가 어떤 상황설정도 하지 않고 8시간 교대(5.8%~18.6%)를 할 때와 비교해 볼 때에 불일치가 훨씬 더 컸다.

스텝 혹은 일정 변경의 영향 5명의 참가자는 스텝의 교체(새로운 스텝 혹은 생소한 곳에서 친숙한 스텝과 일하기) 혹은 전형적인 일상사 일정 변경은 더 높은 단계의 문제행동(〈표 5〉 참조)과 연관 있다고 암시해 주는 결과를 제공했다. 어떤 상황설정이 없는 날은 전체 5.3~24.2%의 문제행동을 포함했다. 하지만, 만약 스텝 혹은 일정의 변화가 포함되면 문제행동은 전체에서 27~55.6%가 발생했다. 만약 스텝 혹은 일정 변화가 생기면, 문제행동은 최소한 2배인 것 같았다. 이들 영향이 여러 주에 걸쳐서 지속적인 유형이 될 것인지(많은 문제상황이 짧은 기간에 그런 것과는 반대로) 아닌지를 사정하기 위해, 이들 5명 참가자의 결과는 30일간의 지속기간에서 분리되었다(30일간의 연속적인 기간에서 8시간의 교대시간으로). 각 참가자마다 각각 30일간 스텝과 일정의 변화 없이 혹은 변화가 있게 교대기간 동안에 문제행동의 조건적인 개연성이 [그림 2]에 나타나 있다. 이들 자료는 스텝과 일정의 변화가 있을 때와 스텝과 자료의 변화가 없을 때 문제행동 수준에 대한 안정된 분리를 나타낸다.

〈표 5〉 스텝 교체/일정 변경을 상황설정으로 한 및 상황설정을 안 한 참가자의 문제행동 가능성

참가자	관찰일수	문제행동	특정한 상황설정	스텝 교체, 일정 변경을 한 문제행동 가능성	스텝 교체, 일정 변경을 안 한 문제행동 가능성	어떤 특정한 상황설정이 없는 문제행동 가능성
HSE	140	자해행동	스텝 교체, 일정 변경	47.2% (51/108)	18.75% (6/32)	17.6% (3/17)
IRH	134	공격적	스텝 교체, 일정 변경	33% (16/48)	12.8% (11/86)	10.3% (6/58)
JPP	207	공격적	스텝 교체	55.6% (30/54)	26.1% (40/153)	17.9% (17/95)
EBN	134	자해행동	스텝 교체, 일정 변경	35.1% (20/57)	18.2% (14/77)	24.2% (24/99)
KKS	132	재산 파괴	스텝 교체, 일정 변경	27% (15/55)	7.8% (6/77)	5.3% (2/38)

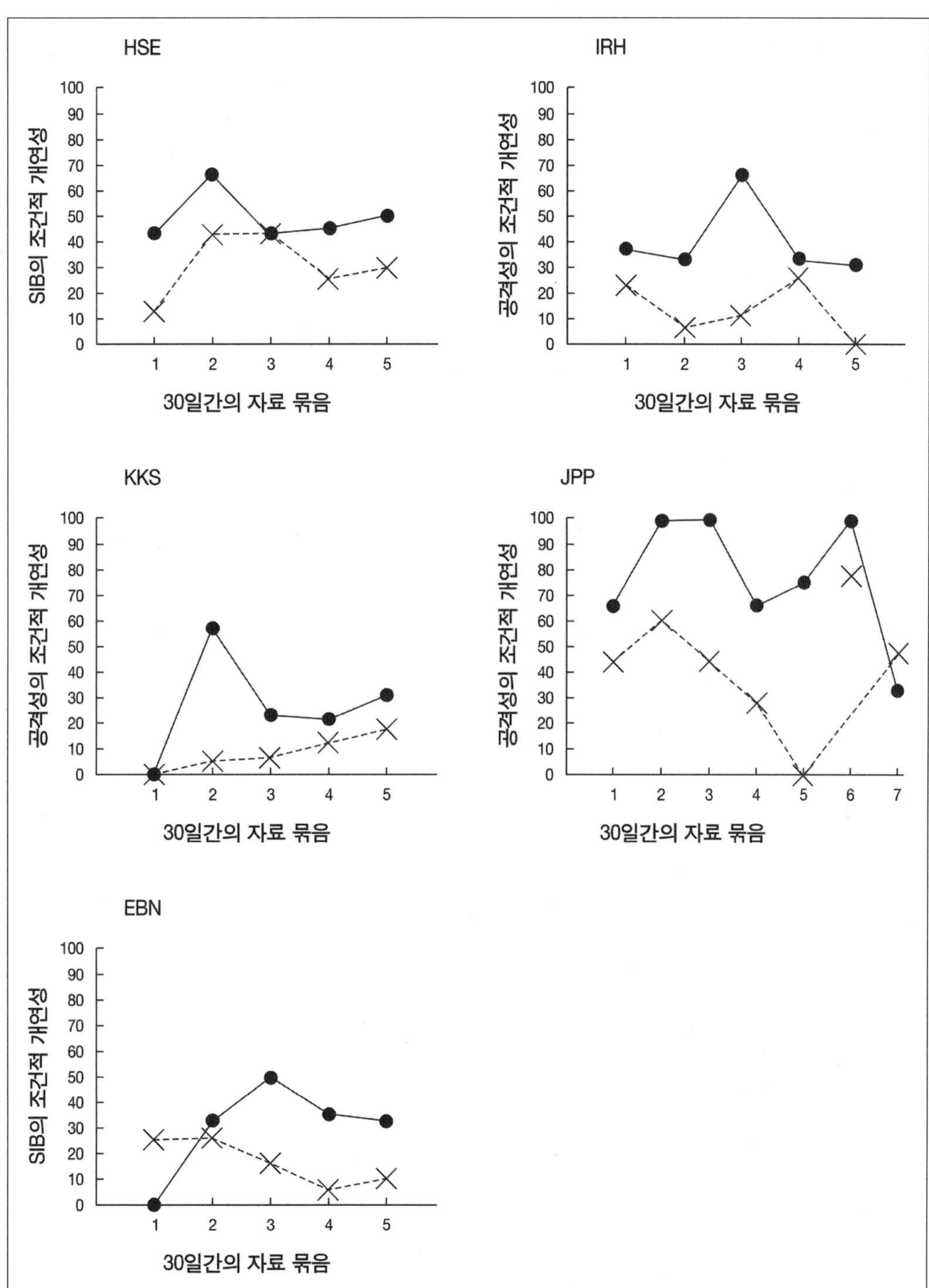

[그림 2] HSE, IRH, KKS, JPP와 EBN에게 스텝 혹은 일정 변경을 하거나 안 한 30일 동안 문제행동의 조건적인 개연성(SIB = 자해행위; ● = 스텝 교체; × = 스텝을 교체하지 않음).

피로의 영향 NIL이란 참가자는 피로와 관련된 문제행동을 나타냈다. NIL이 소리 내어 흐느끼며 울고 공격적인 것은 밤에 그가 4시간 밖에 잠을 못잔 것과 관련 있다. 밤에 최소한의 잠을 잤다는 것을 이해하면, NIL의 82.3%가 공격에 임하기가 쉽다. 이것은 밤에 잠을 충분히 잤을 때 공격성이 단지 26.7%라는 것과 심하게 대조를 이룬다.

문제행동의 고정된 비율 두 명의 참가자(EJN과 LKT)는 상황설정과 관련해서 문제행동에서의 극단적인 변화를 보여 주지 않았다. EJN의 자해행위(SIB)는 상황설정(스텝 혹은 일정 변경)이 있는 시간교대에서 74%가 발생했고 상황설정이 없이는 68%, 아무런 상황설정도 없는 시간교대에서는 56%가 발생했다. LKT의 공격성은 상황설정(스텝 혹은 일정 변경)에서 36%가 발생했고, 스텝과 일정 변경이 없이는 25%, 어떤 상황설정도 없을 때의 시간교대에서는 31%가 발생했다.

결과 종합 이 분석에서 연구 대상인 15명 중에서 13명이 상황설정이 있을 때 최소한 문제행동 가능성이 두 배라는 것을 나타냈다. 우리가 관찰한 네 가지 유형이 〈표 6〉에 제시되어 있다. 고통(신체적인 불편함), 낮은 예측 가능성(스텝 혹은 일정 변경), 혐오스런 상황(처벌받기 혹은 강화 제거하기) 및 피로(수면 박탈) 등이 문제행동에 영향을 주는 네 가지 가능한 상황설정의 보기다. 하지만 이들 결과가 단지 상황설정과 문제행동이 함께 변화한다는 것을 보여 준다는 것을 주목하는 것이 중요하다. 진정한 기능적인 관계는 보다 더 자세한 실험적인 통제를 요구할 것이다. Carr(1993)는 문제행동에 대한 고통(월경)의 영향에 대한 연구에서 실험적인 통제 경험을 제공했다. Gardner 등(1986), Kennedy와 Itkonen(1993), Vollmer와 Iwata(1991)은 또한 문제행동과 기능적으로 관련된 상황설정의 보기를 기록했다. 현재 결과의 영향과 점점 많아져 가고 있는 실험연구는 문제행동에 대한 기능적인 사정과 효과적인 행동중재의 고안에 상황설정이 더 큰 역할을 하고 있다는 것을 인식하고 있다. 다음 부분은 상황설정의 영향에 반응하는 실질적인 중재를 만들기 위한 하나의 토대를 제공한다.

〈표 6〉 네 가지 상황설정 유형

상황설정	예
고통	부상, 병, 월경
낮아진 예측 가능성	일정 변경, 스텝 교체
혐오스러운 상황	싸움, 특권 상실
피로	수면부족

임상의 행동중재로 상황설정의 사정을 통합시키기

1980년대 이래로, 행동분석가들은 이론을 실제문제로 응용하는 데 중요한 장족의 발전을 했다. 1) 행동지원을 안내하기 위한 기능적인 사정의 사용(Carr & Carlson, 1993; Durand, 1990; Iwata, Dorsey, Silfer, Baumen, & Richman, 1994; Koegel & Koegel, 1989; Mace & Lalli, 1991; O'Neill et al., 1990; Repp, Felce, & Barton, 1988)과 2) 중다 요소중재에 대한 증대된 강조(Carr & Durand, 1985; Carr et al., 1994; Meyer & Evans, 1989) 등 두 가지에서 중요한 진보가 있어 왔다. 효과적인 행동중재는 전형적으로 문제행동을 부적절하고, 비효율적이고, 비효과적인 것으로 만드는 현존의 환경 바꾸기를 포함한다(Horner, O'Neill, & Flannery, 1993). 단 하나의 변인을 조작해서는 이것이 거의 성취되지 않는다. 자주, 오랫동안 지속되고 사회적으로 유효한 효과를 만들어내기 위해서는 서로 다른 많은 특징이 연주회(예: 신체적인 상황 특성의 변화, 과제 요구에서의 변화, 교육과정에서의 변화, 속도에서의 변화, 새로운 기술 교수의 변화, 결과에서의 변화)에서 바뀌어져야 한다. [그림 3]은 중다 요소 중재의 일부로 상황설정이 사용되는 공식을 제공한다. 이 공식은 Gardner 등(1986)이 제공한 탁월한 토대 위에서 만들어지고 한 가지 특정한 문제의 다른 측면을 강조하기 위해서는 부가적이고 임상적인 조작이 필요할 것이라는 가정 하에 제공된다(Carr et al., 1994).

[그림 3]의 공식 뒤에 있는 기본적인 가정은 임상 프로그램이 제 자리에 있다는 것이고, 특정한 상황설정이 발생할 때를 제외하고는 임상 프로그램이 효과적이라는 것이다. 임상 프로그램의 목적은 전형적으로 1) 상황설정의 가능성을 최소화하는 것이 될 것이고, 2) 상황설정이 발생할 때 가끔 문제행동을 최소화하는 전략을 제공하는 것이 될 것이다. 다섯 가지 특정한 제안이 제공되고, 그 다섯 가지 제안이 충족되는 때가 [그림 3]에 기술된다.

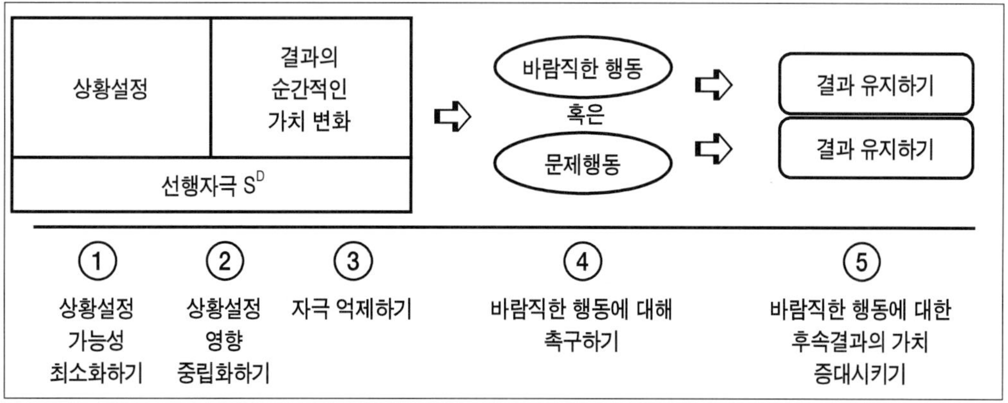

[그림 3] 상황설정이 문제행동에 영향을 준다고 확인된 다섯 가지의 중재

상황설정 가능성을 최소화하기

만약 한 가지 특정한 상황설정이 증대된 문제행동과 관련 있다면, 최초의 노력은 상황설정의 가능성을 최소화하는 것이 될 것이다. 예를 들면, 밤에 잠을 충분히 못잔 사람이 그것 때문에 하루 종일 문제행동을 야기한다면, 그 사람이 충분한 잠을 잘 기회를 갖도록 확실히 보장해주는 노력이 행해져야 한다. Kennedy와 Itkonen(1993)은 학교로 가는 특정한 길이 짜증을 내도록 하는 상황설정 역할을 한다는 것을 알아냈다. 이 짜증나는 길을 피함으로써 문제행동을 감소시킬 수 있었다. 이것은 무엇인가 통제될 수 있는 어떤 상황설정일 때 도움이 되지만, 많은 경우(예: 병, 월경, 스텝 교체) 상황설정은 통제의 범위를 넘어선다. 대부분 임상적인 맥락에서는, 상황설정을 최소화하는 것이 상황설정 문제를 강조하기 위한 노력의 일부분이고, 전체는 아니다.

상황설정의 영향을 중립화하기

가장 참신한 전략은 상황설정이 왜 문제행동에 영향을 주는가에 대한 이해에 바탕을 두고 있다. 만약 상황설정이 문제해결을 위한 강화를 일시적으로 보다 소중한 것으로 만든다면, 몇 가지 경우에는 문제해결을 위한 선행자극(S^D)이 제시되기 전에 이런 영향을 제압하는 활동을 소개하는 것이 가능해야 한다. 예를 들면, 방금 운동장에서 싸움을 한 학생이 높은 심리적인 흥분상태로 교실에 들어와서는 전형적인 학습행동을 통제하는 변인에 민감하게 반응을 하지 않는다. 대신에, 학습 요구로부터 회피하는 행동에 임하기가 매우 쉽다. 하지만, 만약 교사가 학생에게 훈련받은 긴장이완 방법을 사용할 기회를 제공하면, 회피하려는 마음이 순간적으로 사라지고, 회피 대신에 학습 촉진의 도입이 그를 교수적인 행동으로 이끌 것이다.

상황설정 영향 없애기 과정을 이용한 일화적인 보기는 그의 일상 일정이 바뀔 때 자폐증을 가진 한 젊은이의 문제행동이 훨씬 더 심각하다고 최근에 보고한 시설 스텝으로부터 나왔다. 하지만, 스텝은 1) 그날에 누가 지원을 제공할 것인지와 2) 계획된 세 가지 특정한 활동이 누구에게 지원될 것인지에 대한 간략한 검토에 의해 일정 변경이 뒤따를 때 문제행동이 발생하지 않는다는 것을 발견했다. 이런 검토는 2~5분이 걸렸고 "다음에는 무엇이지?"라는 질문을 할 때 다음의 세 가지 활동을 젊은이가 이름을 붙일 수 있을 때 끝났다. 예측할 수 있는 상황의 유형을 다시 확립하고, 예측할 수 없는 맥락으로부터 회피를 최소화하고, 문제행동과 종종 연관되는 공격성과 자해행동을 감소시키려는 스텝에 의해 일정이 검토되었다.

일상활동을 중립화하기 위해 문제행동을 파악하고, 문제행동의 결과를 유지하고 문제가 되고 있는 상황설정과 현존하는 강화와 체벌의 가치에 상황설정이 가진 추정된 영향을 파악하는 것이 필요하다. 이런 정보가 주어졌을 때, 임상적인 도전이 목표 상황설정이 발생한 후 그리고 자극이 제시되기 전에 수행될 상황설정 영향을 없애는 전략의 범위를 한정시켜야 한다. 핵심적인 질문은 문제행동을 더 가치가 없는 것으로 강화하고, 바람직한 행동을 더욱 강화시키기 위해 중재자가 할 수 있는 것이 무엇인가?

문제행동 자극(S^D) 억제하기

만약 중재자가 문제행동에 영향을 주는 상황설정을 파악한다고 가정하자. 그는 상황설정을 최소화하려고 노력을 하지만 상황설정은 가끔 일어나고 상황설정의 영향을 없앨 수 있는 실질적인 과정이 없다. 세 번째 선택사항은 전형적인 과정을 바꾸는 것이고 문제행동을 일으키기 아주 쉬운 그런 자극을 억제하는 것이다. 이것은 중증 장애를 가진 고등학교에 다니는 한 젊은 여학생이 그녀를 태우러 오는 버스가 늦은 것 때문에(일정보다 5분 이상 늦게 되면) 영향을 받는 문제행동을 파악했을 때, Dadson(Dadson & Horner, 1993)이 행한 것이다. 만약 버스가 늦게 되면(1주일에 1회 늦는 일이 발생함), 학생은 짜증난 상태로 학교에 도착할 것이다. 그녀의 첫째 수업은 체육이었고, 그녀를 에어로빅 활동에 참여하라고 요구하면(사전자극), 그녀는 에어로빅을 행하는 대신에 회피 동기화된 짜증내기를 수행할 것이다. Dadson은 버스가 늦은 것이 평상시보다 더욱 혐오스러운 체육활동을 만들어 준 상황설정이라는 것을 파악했다. 중다 요소 프로그램의 일부로, 이 학생은 버스가 늦은 날은 에어로빅 운동에서 스트레칭운동(선호한 활동)으로 옮긴다. 만약 버스가 늦으면 학부모가 학교에 전화를 할 것이고 버스가 제 시간에 올 것 인지 아닌지에 영향을 받을 보조 교사(스트레칭을 도와줄 시간)가 가르치는 시간 배당은 영향을 받을 것이다. 그 결과는 문제행동에 실질적인 감소를 가져 올 것이다.

바람직한 행동에 대해 촉구하기

만약 상황설정이 일어나고 자극이 제시되면, 개인이 휴식을 원하거나 도움이 필요할 때 개인이 무엇을 해야 하는지를 말해 주는 미리 교정한 자극(종종 교사의 요청으로)은 유용한 전략을 보충해 주는 것이다(Englemann & Colvin, 1988). 예를 들면, 만약 교사가 지시를 하면 회피하려는 문제행동이 뒤따를 것이라고 기대를 하면, 교사의 지시가 주어졌을 때 다음과 같은 진술이 추가되어야 할 것이다, "만약 당신이 이것을 하는 데 도움이 필요하면, 혹은 만약 당신이 휴식이 필요하면, 나에게 ...라고 말해라." 몇몇 경우에는, 학생이 과제를 시작하기 전에 학생이 "휴식" 혹은 "도움"이라는 반응을 하도록 시키는 것이 더욱 유용할지도 모른다. 목표는 학생이 그 과제를 시작할 가능성을 증대시키거나 혹은 만약 그 과제가 너무 혐오스러우면, 문제행동을 하기보다는 오히려 과제를 회피하기 위한 대안을 적절히 의사소통할 수 있는 가능성을 증가시키는 것이다(Carr et al., 1994; Durand, 1990).

바람직한 행동에 대한 강화의 가치를 증대시키기

다섯 번째 전략은 일단 상황설정이 발생하면 바람직한 행동을 위해 강화의 가치를 변경하는 것이다. 이런 접근법의 논리는 바람직한 행동을 위해 상황설정이 강화를 일시적으로 낮추고 또 문제행동을 위한 강화를 증대시키는 것이다. 이 영향에 맞서기 위해서는, 교사 혹은 부모가 바람직한 행동에 대해 일시적으로 강화를 변경할지도 모른다. 개인이 과제를 시작하도록 즉시 요구하기보다는 오히려 교사 혹은 부모가 즉각적인 칭찬을 할 기회를 만들어내면, 개인이 과제 관련 행동에 몰입할 가능성을 증가시킬지도 모른다. 이것을 성취할 하나의 방법은 변형된 쉬운 요구를 통해서다. Horner, Day, Sprague, O'Brien과 Heathfield(1991)는 4명의 참여자에게 식탁용 그릇을 접시 닦는 기계에 분류하기, 옷 널기, 잔돈세기, 계산기로 수학문제 계산하기 등과 같은 어려운 과제를 제시했다. 약 3회의 훈련 회기 혹은 문제행동의 시작에서 수월하게 요구를 한다(예: "내게 5개를 주시오", "내 손을 흔들어 주시오"). Horner 등(1991)은 어려운 과제가 변형된 요구와 함께 짝을 이루었을 때 참여자의 문제행동이 감소하고 과제 시도가 증가한다는 것을 발견했다. 상황설정이 있을 때, 변형된 요구가 활용 가능한 강화(즉, 교사 칭찬을 위한 기회가 증가될 때 지시를 따르는 것과 연관된 행동하기와 과제 요구로부터의 회피)를 일시적으로 변경하도록 요구할지도 모른다.

결 론

상황설정은 모든 응용된 상황의 한 가지 중요한 요소이고 문제행동을 이해하는 데 핵심적인 요소다. 기능사정의 기술과 행동지원이 발달하기 때문에, 상황설정의 영향이 포함될 필요가 있다. Pyles와 Bailey(1990)의 권장사항은 생리학적 상황설정 검사를 하기 위한 강력한 출발점을 제공한다. 유사하게, 조작을 확립하기 위한 연구는 문제행동분석에 상황설정 사정을 삽입하는 데 요구되는 방향성에 대한 우수한 예를 제공한다(Mace, 1994; Mace & Roberts, 1993). 핵심적인 메시지는 문제행동 바로 전과 후에 즉시 발생하는 상황에 대한 간편한 검사가 필요하다는 것이지만, 응용 상황에서 문제행동의 분석을 위해서는 그 접근법이 충분하지 않다는 것이다. 문제행동이 발생하기 오래 전에 발생하는 상황에 영향을 주는 것을 알아내기 위해 환경을 검사할 필요가 있다.

문제행동사정에 상황설정을 인정하기 때문에, 상황설정 중재과정이 행동지원계획에 일반적인 요소가 될 것 같다. 연구 논문(Carr & Carlson, 1993; Dunlap, Kern-Dunlap, Clarke, &

Robbins, 1991; Koegel, Valdez-Manchaca, & Koegel, 출판중)과 교과서(Carr et al., 1994; Durand, 1990; Meyer & Evans, 1989)는 중대한 문제행동에서 지속적이고, 사회적으로 유효한 변화를 만들어내기 위해 중다 요인 임상적 중재의 중요성을 강조하고 있다. 여기서 제안된 다섯 가지와 Gardner 등(1986)이 제안한 상황설정 과정은 효과적인 행동지원에 대한 중다 요인 접근법에 추가된 유용한 발견일 것이다.

참고문헌

Bijou, S., & Baer, D.M. (1961). *Child development: Vol. I. A systematic and empirical theory.* New York: Appleton-Century-Crofts.

Carr, E.G. (1993, May). *The relationship between menses and problem behavior.* Paper presented at the National Conference of the Association for Behavior Anaylsis, Chicago.

Carr, E.G., & Carlson, J.I. (1993). Reduction of severe behavior problems in the community using a multicomponent treatment approach: Extention into community settings. *Journal of Applied Behavior Analysis, 26*, 157-172.

Carr, E.G., & Durand, V.M. (1985). Reducing behavior problems through functional communication training. *Journal of Applied Behavior Analysis, 18*, 111-126

Carr, E.G., Levin, L., McConnachie, G., Carlson, J.I., Kemp, D.C., & Smith, C.E. (1994). *Communication-based intervention for problem behavior: A user's guide for producing positive change.* Baltimore: Paul H. Brookes Publishing Co.

Catania, A.C. (1992). *Learning.* Englewood Cliffs, NJ: Prentice Hall.

Dadson, S., & Horner, R. H. (1993). Manipulating setting events to decrease problem behaviors: A case study. *Teaching Exceptional Children, 25*, 53-55.

Doll, E.A. (1953). *The measurement of social competence: A manual for the Vineland Social Maturity Scale.* Minneapolis, MN: Minneapolis Educational Test Bureau, Educational Publishers.

Dunlap, G., Kern-Dunlap, L., Clarke, S., & Robbins, F.R. (1991). Functional assessment, curricular revision, and severe behavior problems. *Journal of Applied Behavior Analysis, 24*(2), 287-397

Durand, V.M. (1990). *Severe behavior problems: A functional communication training approach.* New York: Guilford Press.

Englemann, S., & Colvin, G.T. (1998). *Generalized compliance training.* Austin, TX: PRO-ED.

Gardner, W.I., Cole, C.L., Davidson, D.P., & Karan, O.C. (1986). Reducing aggression in individuals with developmental disabilities: An expanded stimulus control, assessment, and intervention model. *Education and Training of the Mentally Retarded, 21*, 3-12.

Horner, R.H., & Day, H.M. (1991). The effects of response efficiency on functionally equivalent competing behaviors. *Journal of Applied Behavior Analysis, 24*, 719-732.

Horner, R.H., & Day, H.M., Sprague, J.R., O'Brien, M., & Heathfield, L.T. (1991). Interspersed requests: A nonaversive procedure for decreasing aggression and self-injury during instruction. *Journal of Applied Behavior Analysis, 24*(2), 265-278.

Horner, R.H., O'Meill, R.E., & Flannery, K.B. (1993). Building effective behavior support plans from functional assessment information. In M.E. Snell (Ed.), *Systematic instruction of persons with severe handicaps* (4th ed., pp. 184-214). Columbus, OH: Charles E. Merrill.

Iwata, B.A., Dorsey, M.F., Slifer, K.J., Bauman, K.E., & Richman, G.S. (1994). Toward a functional analysis of self-injury. *Journal of Applied Behavior Analysis, 27*, 197-209.

Kantor, J.R. (1959). *Interbehavioral psychology.*

Granville, OH.Principia Press.

Kennedy, C., & Itkonen, T. (1993). Effects of setting events on the problem behavior of students with severe disabilities. *Journal of Applied Behavior Analysis, 26*, 321–327.

Koegel, L.K., Valdez–Manchaca, M., & Koegel, R.L. (in press). Autism: Social communication difficulties and related behaviors. In V. Van Hasselt & M. Hersen (Eds.), *Advanced abnormal psychology.* New York: Plenum.

Koegel, R.L., & Koegel, L.K. (1989). Community–referenced research on self–stimulation. In E. Cipani (Ed.), The treatment of severe behavior disorders: Behavior analysis approaches. *Monographs of the American Association on Mental Retardation, 12*, 129–150.

Mace, F.C. (1994, May). *Structural and functional analysis of problem behaviors.* Paper presented at the National Conference of the Association for Behavior Analysis, Atlanta.

Mace, F.C., & Lalli, J.S. (1991). Linking descriptive and experimental analyses in the treatment of bizarre speech. *Journal of Applied Behavior Analysis, 24*, 553–562.

Mace, F.C., & Roberts, M.L. (1993). Factors affecting selection of behavioral interventions. In J. Reichle & D.P. Wacker (Eds.), *Communication and language intervention: Vol. 3. Communicative alternatives to challenging behavior: integrating functional assessment and intervention strategies* (pp. 113–133). Baltimore: Paul H. Brookes Publishing Co.

Meyer, L.H., & Evans, I.M. (1989). *Nonaversive intervention for behavior problems: A manual for home and community.* Baltimore: Paul H. Brookes Publishing Co.

Michael, J. (1988). Establishing operations and the mand. *Analysis of Verbal Behavior, 6*, 3–9.

Michael, J. (1993). Estabilishing operations. *The Behavior Analyst, 16*, 191–205.

O'Neill, R.E., Horner, R.H., Albin, R.W., Storey, K., & Sprague, J.R. (1990). *Functional analysis: A Practical assessment guide.* Pacific Grove, CA: Brooks/Cole.

Pyles, D.A.M., & Bailey, J.S. (1990). Diagnosing severe behavior problems. In A. Repp& N.Singh (Eds.), *Perspectives on the use of nonaversive and aversive intervention for persons with developmental disabilities* (pp. 381–401). Chicago: Sycamore Press.

Repp, A.C., Felce, D., & Barton, L.E. (1988). Basing the treatment of stereotypic and self–injurious behaviors on hypothesis of their causes. *Journal of Applied Behavior Analysis, 21*, 281–289.

Sparrow, S., Balla, D., & Cicchetti, D. (1984). *Vineland Adaptive behavior Scales (VABS).* Circle Pines, MN: American Guidance Service.

Vollmer, T.R., & Iwata, B.A. (1991). Estabilishing operations and reinforcement effects. *Journal of Applied Behavior Analysis, 24*, 279–291.

Wahler, R.G., & Graves, M.B. (1983). Setting events in social networks: Ally or enemy in child behavior therapy. *Behavior Therapy, 14*, 19–36.

제17장

발달장애인의 문제행동에 대한 맥락적인 영향

Edward G. Carr, Christine E. Reeve & Darlene Magito-McLaughlin

Skinner가 선행자극과 후속자극의 영향을 강조한 가장 오래된 모델 중 하나인 행동분석 체계를 만들었다. 강화계획(Ferster & Skinner, 1957)과 같은 연구는 강화의 조건을 조작함으로써 성취될 수도 있는 행동에 대한 정교한 통제를 보여 주었다. 조작 결과에 대한 성공과 엄청난 관심에도 불구하고, 이들 연구는 시작부터 행동통제에 있어 선행변인의 역할과 병행되는 잘 발달된 이론 및 경험적인 흥미가 있었다(Skinner, 1938).

위의 발견에 토대를 두고, 사람들은 Skinner의 원리(행동수정 분야)의 응용은 선행자극과 후속자극을 동일하게 강조하는 연구문헌을 만들어냈을 것이라고 기대할지도 모른다. 연구영역의 몇 부분에서의 강조는 동일하게 나타났다. 하지만 문제행동의 처리와 분석에서는 특히

이 장은 미국 교육부의 연구과제 No. H133G20098과 No. H133B20004의 협력적인 동의에 의해 부분적으로 지원을 받았다. 저자들은 발달장애연구소의 전무이사인 Martin Hamburg 씨의 관대한 지원과 Sarah Robinson여사의 조력적인 비판에 감사를 표한다.

발달장애인들에게 주된 관심사는 후속자극에 초점을 맞추고 있다. 이 공식에 균형을 맞추기 위해 이번 장은 문제행동의 선행변인의 역할을 강조한다. 행동은 즉각적인 자극 상황, 맥락 상황, 결과 및 긍정적인 행동지원의 연결된 기능으로 이루어지기 때문에 이들 요인의 각각에 대한 고려가 필요하다.

문제행동 연구에서 후속자극의 역할

발달장애를 가진 많은 사람들은 광범위하고 다양한 공격성(예: 할퀴기, 때리기)과 자해행위(예: 스스로 머리 부딪치기와 얼굴 찰싹 때리기)를 보여 준다. 이들 행동은 결과조작을 통해서 수정이 가능하다는 것이 증명되었고, 1960년대 초부터 현재까지 결과조작은 이 분야 연구를 위한 지배적인 주제가 되어오고 있다(Carr, 1977; Carr & Durand, 1985a). 예를 들면, Lovaas, Freitag, Gold 및 Kassorla(1965)의 선구적인 연구는 정신분열증 환자라고 진단된 한 어린 소녀의 자해행동과 관련해서 위로하는 말을 했을 때 심각한 머리 부딪침이 더욱 악화되는 것을 보여 주었다. 사회적 관심사의 후속결과는 심각한 문제행동을 통제함에 있어 하나의 중요한 변인이 되었고, 이런 발견은 수년간에 걸쳐서 경험적인 상당한 지원을 받았다(Carr & Durand, 1985b; Carr & McDowell, 1980; Lovaas & Simmons, 1969; Martin & Foxx, 1973).

하지만 관심을 끄는 것은 문제행동을 위한 많은 가능한 강화 중의 단지 하나에 불과하다. 예를 들면, 일부 개인은 일반적인 관심(즉, 문제행동과 관련 없는)을 받을 때 더욱 문제행동을 보이는데, 사회적인 회피 또한 하나의 요인이 될지도 모른다고 암시한다(Taylor & Carr, 1992a, 1992b). 다른 연구는 문제행동이 발생할 가능성에 영향을 주는 데 유형의 보상(예를 들면, 선호하는 장난감, 활동, 음식)이 중요한 역할을 한다는 것을 증명했다(Durand & Crimmins, 1988; Edelson, Taubman, & Lovaas, 1983). 다른 연구는 촉각, 시각 및 미각이라는 형태의 감각적인 부상이 자해행동의 개연성을 변경시킬 수 있다는 것을 보여 주었다(Favell, McGimsey, & Schell, 1982; Rincover & Devaney, 1982). 생물학의 영향도 또한 몇 가지 자해행동을 통제하는 역할을 한다고 제안되었다(Barrett, Feinstein, & Hole, 1989; Cataldo & Harris, 1982; Thompson, Hackenberg, & Schaal, 1991). 그래서 자해행동을 행하는 자기 내부의 마취는 자해행동이 자기 중독이 되도록 행동을 강화한다고 생각된다. 날트렉숀(naltrexone)과 같은 마취성 길항제가 투여되면 행동과 마취 사이의 관계가 깨어지고, 자해행동은 덜 일어나게 된다.

사회적인 관심, 사회적인 회피, 1차 강화제, 감각적인 자극 및 자기 내부의 마취, 이 모든 것은 긍정적인 강화결과를 나타낸다. 문헌은 또한 부정적인 강화가 심각한 문제행동 통제에 영향을 줄 수도 있다는 것을 보여 준다(Carr & Newsom, 1985; Carr, Newsom, & Binkoff, 1976, 1980; Iwata, 1987; Plummer, Baer, & LeBlanc, 1977; Sailor, Guess, Rutherford, & Baer, 1968; Weeks & Gaylord-Ross, 1981). 이 연구방향의 원형은 발달장애인에게 학습 요구를 부가하는 상황을 포함한다. 예를 들면, 낱말 카드 파악을 아동에게 요구할지도 모른다. 아동은 자신을 때리거나 혹은 교사를 때리면서 반응한다. 교사는, 차례로 낱말 카드 과제를 제거함으로써 대응한다(Carr, Taylor, & Robinson, 1991). 이런 상황에서 추정되는 혐오자극(학습 요구)의 제거는 자해행동 혹은 공격성을 조건으로 한다. 그래서 이들 행동은 부정적인 강화의 우발적인 보상으로 더욱 자주 발생한다. 학습 요구는 연구된 가장 일반적인 혐오자극에 속한다. 하지만 임상연구에서 사람은 문제행동과 연관된 후속결과의 종결이 부정적인 강화 패러다임에서 그런 행동의 발생을 증가시키고 유지하는 역할을 잘 수행할 수 있는 많은 다른 잠재적인 혐오자극을 만나게 된다(예를 들면, 놀림당하기, 극단적인 온도, 높은 소음 수준, 붐비기).

비록 기능분석이 광범위한 긍정 및 부정적인 보상이 문제행동의 가능성을 바꿀 수 있다는 것을 보여 주기는 했지만, 혐오자극의 적용에 관심 있는 문제행동을 다루기 위해 가장 일반적으로 연구된 것은, 즉 다시 말하면, 체벌이다. 다양한 혐오자극의 우발적인 적용(예를 들면, 전기쇼크, 암모니아 향기의 강제흡입, 얼굴에 차가운 물안개, 과잉 교정)이 심각한 문제행동을 단기적으로 제압할 수 있다는 것을 보여 주는 많은 문헌이 있다(Axelrod & Apsche, 1983; Foxx & Bechtel, 1983; Guess, Helmstetter, Turnbull, & Knowlton, 1987; Matson & DiLorenzo, 1984). 처벌 절차의 적용은 문제행동을 통제하는 변인에 대한 기능분석에 의존하지 않는다. 즉, 물안개와 같은 체벌이 주어졌을 때, 주의집중, 회피 혹은 유형의 변인에 의해 유지되는 공격성과 자해행동에 체벌이 동일하게 적용될지도 모른다. 우리는 중재에 대한 이런 비분석적인 연구에는 개념적인 행동주의의 가장 독특한 특징인 교육적인 초점과 체계적인 규정이 부족하다고 어디에선가 주장했다(Carr, Robinson, & Palumbo, 1990). 그럼에도 불구하고, 문제행동을 관리하기 위한 결과에 토대를 둔 연구법의 일부로 혐오자극이 사용되고 있고 계속해서 사용될 것이다.

요약하면, 긍정적인 강화, 부정적인 강화 및 처벌을 포함하는 다양한 결과가 최소한 다음 30년 동안 문제행동을 다루는 대들보로 남을 것이다. 하지만, 이전에 말했듯이, Skinner는 선행자극이 중요한 역할을 또한 만들어낸다고 말했다. 이들 변인이 과소하게 강조되는가? 하지만 역사적으로 그런 상황이 변화하기 시작했다고 말한다.

선행변인연구에 관심 촉진시키기

자극통제 연구의 배경

작동조건화에 대한 동물연구 문헌에는 자극통제에 대한 강력하고 개념적으로 흥미 있는 풍부한 보기가 가득하다. 일련의 고전적 연구에서 Terrace(1983, 1964, 1966)는 변별이 획득되는 동안에 행해진 잘못의 횟수에 강하게 영향을 줄 수 있는 변별 패러다임에 자극이 도입되는 방식을 보여 주었다. Terrace가 개발한 과오 없는 학습 절차는 하나의 자극에서 다른 자극으로 통제를 이동하는 데 사용될 수 있고, 나아가서 최소한의 반대되는 정서반응(좌절)을 사용해서 그렇게 할 수 있었다. 이런 발견은 교육실천에 대한 엄청난 함의를 지니고 있는데, 왜냐하면 교육에서 사람은 종종 한 부류의 자극(예: 촉진자극)에서 다른 부류의 자극(특정한 교수적인 요구)으로 통제를 이동시킬 필요에 직면하기 때문이다. 비록 그것이 중요하기는 하지만, Terrace의 연구는 개념 확립(Kelleher, 1958)과 일반화 현상(Mostofsky, 1965) 등과 같은 자극통제와 관련된 다른 토픽의 경험적인 분석을 포함하는 많은 동물 학습 문헌의 단지 한 부분에 불과하다. 이들 각각은 또한 교육실천과 관련된다.

비록 이들 동물이 보여 준 보기가 강제적인 것이긴 하지만, 사람들은 항상 비둘기와 침팬지의 연구에서 나온 원리가 인간에게도 적용할 수 있는 것인지 의문을 제기할 수 있다. 운이 좋게도, 자극통제에 대한 작동적인 연구는 동물에 대한 실험 이상으로 까지 확대되었다. 예를 들면, 동물을 실험대상으로 한 Terrace에 의해서 개발된 과오 없는 학습절차가 응용되고 있고, 더욱 중요한 것은 전형적이거나 전형적이 아닌 아동이 사용하도록 확대되었다. 자극 용암법 절차(자극 구성요소들이 몇 가지 크기 혹은 색과 같은 실제적인 차원과 함께 변하는 것)와 자극형성 절차(자극의 배치가 변경되는 것)가 정신지체라고 진단된 아동들에게 단순하거나 복잡한 변별을 가르치는 데 다양하게 사용되고 있다(Bijou, 1968; Sidman & Stoddard, 1966). 이들 절차의 변형이 또한 자폐증이라고 진단된 아동들에게도 사용되어 왔다(예: Schreibman, 1975). 이 분야에 대한 지속적이고 실용적인 연구 분야 중 하나는 Etzel과 그녀의 동료들에 의해서 수행되었다(Etzel, Bickel, Stella, & LeBlanc, 1982; Etzel & LeBlanc, 1979; Etzel, LeBlanc, Schilmoeller, Stella, 1981). 그들의 연구는 발달장애인들의 중요한 교육적인 문제를 해결하는 데 동기화 절차(보상에 토대를 둔)의 사용만으로는 항상 그것이 적절하지 않을 수도 있다는 생각을 강조했다. 여전히 더욱 중요한 것은 그들의 연구가 변별학습 영역에 다양한 행동 결함을 강조하는 데 창의적이고, 자극에 토대를 둔 절차의 유용성을 보여 준다. Sidman의 개념학습(Sidman, 1990)을 촉진시키기 위한 자극등가 패러다임의 성공적인 발전과 함께 이 연구는 다음과 같은 의문을 제기한다. 만약 자극에 토대를 둔 절차가 변별학습과 개념형성과 같은 행동 결함의 치료에 강력하고 이로운 영향력을 가질 수 있다면, 선행자극에 보다 더 많이 초점을 맞추는 것 또한 심각한 문제행동과 관련 있는 과도한 행동을 치료하는 데도 이로울까?

자극통제와 심한 문제행동

심한 문제행동에 관한 문헌 중 많은 연구는 교수적인 요구와 같은 분리된 선행자극이 공격성, 자해행동, 짜증 및 관련된 파괴행동에 통제력을 가질 수 있다는 역할을 보여 준다(Carr & Durand, 1985b; Carr et al., 1976, 1980; Carr & Newsom, 1985; Iwata, Dorsey, Slifer, Bauman, & Richman, 1982; Repp, Felce, & Barton, 1988). [그림 1]은 전형적인 보기를 보여 준다(Carr et al., 1980). Bob에게는 요구한 사항이 단순히 의자에 "앉아라"였고, 반면에 Sam에게 요구한 사항은 기본적인 자력 기능(단추 채우기)인 "단추를 채워라"였다. 그림에서 보듯이, 이들 요구 사항은 교사에 대한 높은 수준의 공격행동(예: 할퀴기, 차기, 물어뜯기)으로 이끌었다.

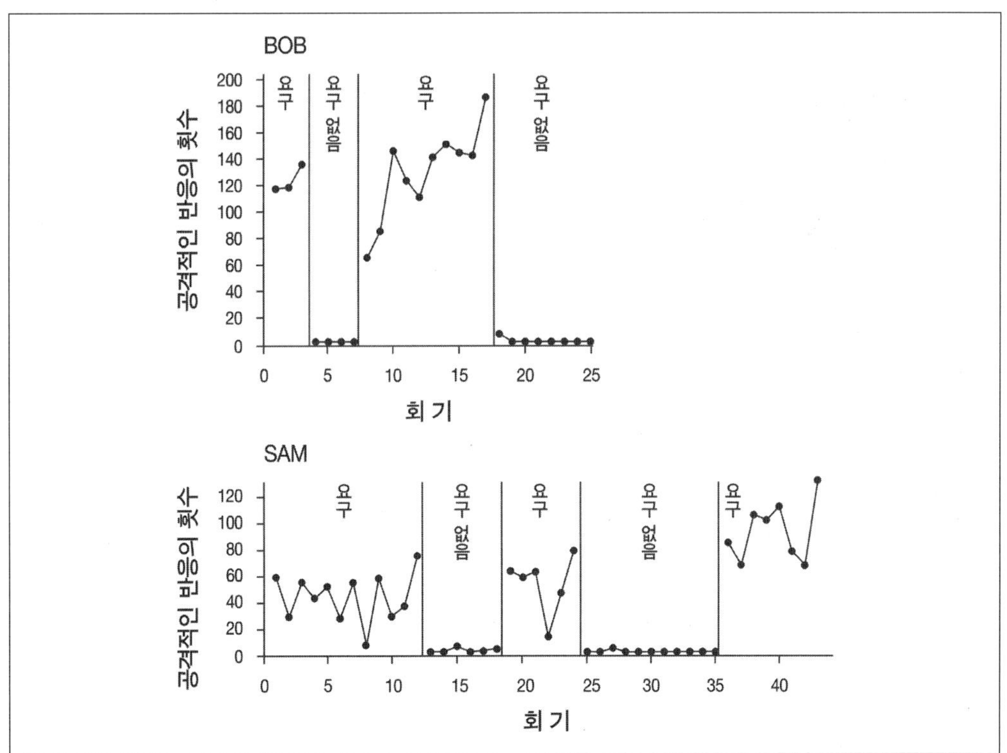

[그림 1] 학습 과제가 제시되거나(요구가 있을 때) 혹은 유지되는(요구 사항이 없을 때) 동안에 2명의 정신지체아동이 나타낸 공격적인 반응의 횟수. (Carr, E.G., Newsom, C. D.와 Binkoff, J. A.[1980]. 두 명의 정신지체인의 공격행동에 한 가지 요인으로서의 회피. *Journal of Applied Behavior Analysis, 13,* 105)

대조적으로, 요구가 없을 때는 최소한의 공격성과 서로 관련되었다. 이 유형은 교수적인 요구에 의해서 문제행동에 대한 힘든 자극통제를 보여 주고, 선행자극에 대한 체계적인 연구가 과도한 행동을 다루고 이해하는 데 유용할 수 있다는 것을 보여 준다. [그림 1]을 보다 자세하게 검사해 보는 것 또한 문제행동에 대한 자극통제가 시간 경과에 따라 동일한 자극(요구)이 서로 다른 수준의 공격적인 반응을 불러낸다는 점에서 다소 복잡한 현상이 될 수도 있다는 것을 보여 준다. Sam에 대한 첫 번째 "요구" 조건을 고려해 보자. 8번 회기에서 10분간의 교수시간에 Sam은 단지 8번의 공격적인 반응을 했고, 반면에 12번 회기에서 동일한 기간에 그는 77번의 공격적인 반응을 했다. 이들 자료는 공격의 개연성에 대한 자극의 영향을 조절하는 교수적인 요구 이외에 다른 요인이 있다는 것을 암시한다. 이런 특별한 경우에, 8번 회기 전에, 교사가 Sam이 "환상적인 분위기"에 있었다고 보고했는데, 왜냐하면 그날 교실에서는 파티가 있었고 그는 그 파티를 매우 즐겼다고 보고했기 때문이다. 대조적으로, 12번 회기 전에 Sam이 하루 종일 "불쾌한 분위기"였는데, 왜냐하면 그는 감기에 걸린 것처럼 보였고 더욱이 30분 전에 다른 아동과 언쟁을 했고 아직도 그 언쟁에서 벗어나지 못했기 때문이라고 교사가 말했다.

사람들은 이들의 일화적인 관찰로부터 어떻게 이론적인 의미를 취할 수 있는가? 개념적으로 사람들은 공격에 관한 조건적인 요구라는 결과가 부정적인 보상(회피) 패러다임에서 행동을 강화시켜준다고 가정할 수 있었다. 더욱, 요구는 요구가 생기는 일반적인 맥락의 한 가지 기능으로서 더욱 혐오적인 것으로 혹은 덜 혐오적인 것으로 행해질 필요가 있다. 교대로 혐오의 수준은 부정적인 강화의 영향력을 결정하고 궁극적으로는 공격의 개연성을 결정한다. 다른 세계에서는 문제행동이 그런 자극이 발생하는 맥락(지속적인 환경 및 생물학적인 상황)과 협력하는 변별자극(요구)이다. 맥락, 혹은 상황설정은 상당한 기간 토론된 주제다(Bijou & Baer, 1961; Kantor, 1959). 하지만 문제행동에 대해 이런 개념상의 분석과 중재상의 함의가 체계적으로 조사 연구된 것은 단지 최근이다.

상황설정하기

다양한 부류의 변별자극과 반응 간에 존재하는 관계는 반응 관계가 발생하는 이들의 맥락을 바꾸어줌으로써 변경될 수 있다(Bijou & Baer, 1961; Kantor, 1959). 나중에 발생하는 상황이 전형적으로 불연속적인 발생과 상쇄를 가진다는 점에서 맥락변인 혹은 상황설정(이번 장에서 상호 교환적으로 사용될 수 있는 용어)은 변별자극과는 서로 다르고, 그것은 일시적으로 그들을 통제하는 반응부류에 바로 앞에 선행하고 일시적으로 가장 가깝다. 이미 주목을 했듯이, 교수적인 요구는 변별자극의 좋은 보기인데, 왜냐하면, "단추를 채워라"라는 요구는 본질적으로 불연속적이고, 그것이 통제하는(즉, 단추 채우기) 반응 바로 앞에 오고 반응 그 자체를 시작하게 한다. 대조적으로, 신체적인 병(상황설정)은 이런 특징을 전혀 가지고 있지 않다. 병은 종종 시작과 끝을 빈약하게 경계 짓는다. 병은 앞설 수도 있고, 지속적일 수도 있고, 단추 채우기 반응 후에도 계속된다. 이 보기에서 병(감기 같은)은 "단추를 채워라"라는 반응에 영향을 줄 수 있다. 다양한 이유 때문에, 독감에 걸린 개인은 "단추를 채워라"라는 요구가 제시될 때 문제행동뿐만 아니라 빈약한 순종을 보여 줄지도 모르지만 좋은 건강상태이고 똑같은 요구가 제시될 때는 아무 문제행동 없이 좋은 순종을 보여 줄 수도 있다. Michael(1982)이 제시한 하나의 가능성은 일부 상황설정은 자극의 혐오스러운 자질과 강화 자질을 바꾼다는 것이다. 이 분석에서는 감기가 요구자극에 대한 혐오스러움을 매우 악화시킬 것이고, 그래서 회피 반응의 가능성을 증가시키고 간접적으로는 순종의 가능성을 최소화시킬 것이다.

생물학적인 맥락(상황설정)은 병의 요인뿐만 아니라 마약, 포만 혹은 박탈조건 등 다른 요인 및 잠과 월경을 포함하는 생리적인 사이클도 포함한다(Bijou & Baer, 1978). 맥락은 극단적인 온도 변화 및 주변의 소음수준의 변화 등과 같은 순전히 실질적인 환경특성을 포함한다. 그 외에도, 맥락은 교실에서 운동장 상황으로의 이동, 또 특정한 개인 혹은 개인들 집단이 있는 경우 대 없는 경우의 영향력처럼 본질적으로 사회문화적인 것이 될 수 있다(Bijou & Baer, 1978). 많은 다른 맥락과 함께 이들 맥락에 대해 수년간 연구 문헌이 주목해오고 있지만, 그것의 영향에 대한 분석이 나오는 데에는 속도가 느리다.

문제행동을 가진 아동에 대한 Wahler의 연구는 상황설정문제를 다른 연구자로 하여금 더욱더 면밀히 살펴보도록 자극하는 맥락의 체계적인 분석의 좋은 보기다(Dumas & Wahler, 1985; Wahler, 1980; Wahler & Fox, 1981; Wahler & Graves, 1983). 특히. Wahler(1980)는 아동의 어머니가 매일 다른 성인과 친밀한 사회적인 접촉이 거의 없거나 본질적으로 그런 접촉이 혐오스러울 경우 이들 어머니가 자기 아동을 혐오하는 방식으로 행동하기가 더 쉽고, 아동은 이번에는 더 높은 문제행동 수준을 가지고 반응한다는 예를 보여 주었다. 동일한 어머니가 높은 수준의 친밀한 사회적인 접촉을 경험을 했을 때, 그들은 자기 아동에게 더욱더 긍정적으로 행동했고, 아동도 이번에는 낮은 수준의 문제행동을 보였다. 달리 말하면, 가족 밖에 있는 다른 성인을 포함하는 보다 넓은 사회적인 맥락은 아동의 문제행동에 영향을 주는 상황설정이다.

교육 분야에서 Krantz와 Risley(1977)가 맥락에 대한 원형적인 연구를 보고했다. 유치원 아동을 연구하면서 이들은 이야기하기 동안 행동에 영향을 주는 맥락적인 영향력을 조사했다. 이완이 있은 후에 이야기하기 시간이 계획되었을 때, 주의집중이 잘 되었고 분열행동이 거의 없었다. 대조적으로, 활동적인 놀이 뒤에 이야기하기가 계획되었을 때 주의집중이 빈약했고 분열행동이 자주 일어났다. 다시 맥락(이 경우 연속된 활동)은 교실 수업시간 동안(이야기하기 시간)에 문제행동을 결정하는 강력한 결정자였다.

맥락의 영향을 연구하는 유용성은 방금 기술한 보기에 명확하게 예시된다. 하지만 두 가지 보기는 다 발달장애를 갖지 않은 아동이 관련된 보기다. 그러면 다음 질문은 상황설정에 대한 분석이 이런 모집단에도 또한 유용한가라는 것이다.

상황설정과 문제행동

발달장애 영역의 맥락적인 영향에 관한 연구문헌이 등장하고 있다. 세 가지 부류 1) 지속적인 상황, 2) 행동의 이력, 3) 생리학적인 조건(Gardner, Karan, & Cole, 1984)으로 상황설정이 파악되어 오고 있다.

지속적인 상황 이 부류는 어떤 특정한 상황 혹은 대상(예를 들면, 스텝 구성원, 방 배치)등이 있는 경우와 없는 경우를 포함한다. 이 부류의 좋은 보기는 Touchette, MacDonald와 Langer (1985)가 행한 연구에서 볼 수 있다. 이들 연구자들은 특정한 스텝이 있을 때 자폐증을 가진 것으로 진단된 개인의 자해행위 수준이 높다는 것을 알아냈다. 다른 스텝과 함께 있을 때, 문제행동 수준이 낮았다. 두 스텝이 동일한 교육 프로그램을 수행하고 있다는 사실에도 불구하고 이런 차이점이 생겼다. 스텝이 있다는 것은 지속적이고 계속되는 상황을 나타내는데, 즉 다시 말하면, 이것은 상황이 산만한 것이라기보다는 오히려 본질적으로 맥락이라는 것이다. Touchette 등의 분석으로부터 왜 어느 한 스텝의 맥락이 높은 수준의 문제행동과 상관이 있고 다른 스텝의 맥락은 상관이 없는지는 명확하지 않다. 그래서 우리는 통제 변인을 알지 못한다. 그럼에도 불구하고 이 연구자들은 최소한 겉으로 보기에는 이 분야에서 전통적으로 연구의 초점이 되어 온 변별자극이라는 종류와는 달리 다소 복잡한 자극 배치라는 것을 알아냈다.

붐빔(crowding)은 문제행동과 연관된 또 다른 지속적인 상황이다. 특히, 공격성은 발달장애인이 붐비는 조건에서 살거나 일할 때 훨씬 더 높은 수준으로 발생한다는 것이 관찰되었다. 붐빔이 완화되었을 때 공격적인 행동은 감소된다(Boe, 1977; McAfee, 1987). 또한 붐빔은 교수적인 요구와 같은 분산된 변별자극 자질이 부족한 지속되는 자극 조건(맥락)이다.

지속적인 상황 부류의 3번째 보기는 자해행동을 치료하는 데 보호 장구(옷)를 사용하는 것과 관련 있다(Dorsey, Iwata, Reid, & Davis, 1982; Silverman, Watanabe, Marshall, & Baer, 1984). 그래서 비록 헬멧이 실질적으로는 개인이 그런 위험한 행동을 하지 못하게 하지는 못하더라도, 사람들은 심하게 자기 스스로 얼굴을 때리는 일을 하는 개인의 머리 위에 패드가 든 헬멧을 착용케 하는 것이 그런 행동의 발생빈도를 낮출 수도 있다는 것을 발견한다. 겉으로 보기에는 보호 장구(옷)는 몇몇 경우에는 문제행동의 수준을 감소시키는 것과 관련 있는 하나의 자극 맥락이다.

행동의 이력 이 부류는 일시적으로는 조금 멀리 떨어진 현재의 자극에 반응하는 자극-반응

관계를 포함한다. 이 부류의 한 보기는 대인 간 상호 훈련(Horner, Day, Sprague, O'Brien, & Heathfield, 1991), 행동 계기(Mace et al., 1988), 이전 과제 요구(Singer, Singer, & Horner, 1987), 과제다양성(Dunlap, 1984; Dunlap & Koegel, 1980; Winterling, Dunlap, & O'Neill, 1987) 및 내포(Carr et al., 1976) 등의 문헌에 다양하게 언급되고 있다. 이들 과정의 핵심은 문제행동이 아닌 것에 변별자극이라고 알려진 자극 맥락 안에 문제가 되는 과제(공격성, 자해행동 기타 등등을 유발하는 것으로 알려진)를 제시하는 것이다. 예를 들면, 만약 어떤 사람이 정신지체라고 진단된 한 소년에게 그의 방을 깨끗이 청소하라고 요구를 하면, 그는 공격적으로 반응을 할지도 모른다. "청소를 해"라는 요구는 문제행동을 구분하는 하나의 변별자극이다. 하지만 만약 어떤 사람이 순종을 요구하는 변별자극으로 알려진 일련의 요구(예를 들면, "이 음료수의 뚜껑을 열어라", "마셔라", "네 녹음기를 틀어라")를 먼저 제시하고 그런 다음에 "청소해라"는 요구를 제시하면, 그 사람은 종종 이전에 문제가 되던 요구가 지금은 공격성보다는 순종을 이끌어내게 된다. 이전의 일련의 자극-반응 계열이 현재의 변별자극(즉, "청소해"라는 요구)에 대한 개인의 반응을 바꾸게 된다.

행동의 이력 부류에서 더욱 더 널리 퍼지고 있는 상황의 한 가지 보기는 개인의 일상적인 행동 일정의 변화를 포함한다(Brown, 1991). 그래서 몇몇 개인에게 일정은 개인으로 하여금 특정한 순서로 특정한 시간에 특정한 활동을 수행하길 요구하는 일정은 문제행동과 상관관계를 가질 수 있다. 대조적으로 개인이 하루 중 다른 시간에 서로 다는 순서로 활동을 수행하게 선택할 수 있도록 일정이 변경될 때에, 문제행동은 최소화된다. 겉으로 보기에는 활동 계열이 문제행동의 수행 혹은 수행하지 않음을 위한 중요한 역사적인 맥락이 될 수 있다.

생리적인 조건 이 부류는 신체적인 병, 박탈 혹은 포만, 마약 및 생물학적인 토대를 가지는 다른 상황과 같은 요인의 영향을 포함한다. 이 부류 상황의 좋은 보기는 Podboy와 Mallory (1977)가 행한 연구에서 볼 수 있는데, 이들은 정신지체를 가진 성인들의 공격행동에 카페인 수준이 미치는 영향력을 연구했다. 기초선 동안, 개인은 그가 평상시에 마시는 양의 카페인이 들어 있는 커피를 마시는 것이 허용되었고(하루에 4-15잔), 그리고 하루에 그가 행한 공격적인 사건의 횟수가 측정되었다. 중재 기간 동안에 이중 맹검법으로 무카페인 커피가 도입되었다. 공격적인 행동이 감소되었다. 겉보기에는 카페인 수준이 문제행동의 생물학적인 맥락을 구성하는 것처럼 보인다.

어떤 특정한 유형의 운동 형태에 포함된 격렬한 신체적인 활동은 또한 다양한 생리적인 영향력을 나타낸다. 흥미롭게도, 운동은 문제행동의 가능성에 영향을 주는 또 다른 맥락적인 변인이 될 수 있다. 한 연구(Baumeister & MacLean, 1984)에서, 중도 정신지체를 가진 사람으로 진단된 2명의 성인에게 조깅운동 프로그램을 도입하였다. 운동 요구량이 증가됨에 따라 자해행동과 상동행동 두 가지가 다 감소되었다. 유사한 결과가 몇 가지 다른 연구에서도 보고되었다(Kern, Koegel, Dyer, Blew, & Fenton, 1982; Lancioni, Smeets, Ceccarani, Capodaglio, & Campanari, 1984; McGimsey & Gavell, 1988).

모든 것이 무엇을 의미하는가? 발달장애인의 문제행동에 영향을 주는 것으로 보이는 수많은 맥락적인 변인이 토론되었다. 여기서 인용된 대부분의 연구는 본질적으로 거시 분석적이다. 그래서 Touchette 등(1985)의 연구에서는 특정한 스텝이 있는 것 대 없는 것 그리고 문제행동 발생 간에 상관관계가 존재했다. 하지만 그 방법이 거시 분석적이었기 때문에, 그 영향이 본질적으로 상황설정 때문인지(예를 들면, 크기, 키 혹은 목소리의 톤 등과 같은 스텝의 특징과 관련된 포괄적인 변인들) 혹은 특정한 변별자극(예를 들면, 한 스텝은 책망하기를 많이 사용했고 반면에 다른 스텝은 책망을 전혀 사용하지 않았음) 때문인지는 알려지지 않았다. 섬세한 연구법(미시분석적인)은 그런 상황을 자주 변경하는 상황설정과 변별자극-반응 간의 관계를 탐색하고 실증하는 것을 도울 수 있었다. 이 과정을 실제로 보여 주기 위해, 다음에 나올 부분은 현재 우리의 연구 프로그램으로부터 몇 가지 보기를 제시한다.

상황설정: 우리의 현재 연구에서 나온 예

몇 년간 우리는 월경, 분위기 및 의사소통의 가능성을 포함하는 수많은 맥락적인 변인의 영향을 탐구해 오고 있는 중이다. 우리의 탐구전략은 미시 분석적이었고, 전략은 상황설정이 문제행동에 본질적으로 미치는 직접적인 영향을 더욱 많이 파악해내도록 고안되었다.

월경 Christopher Smith와 Theresa Giacin의 합동으로 우리는 현재 지역 그룹홈에 살고 있는 정신지체라고 진단된 몇 명의 여성들과 함께 연구를 해 오고 있는 중이다. 스텝 면담을 통해서, 우리는 이들 여성들이 종종 자신의 월경과 밀접하게 관련해서 공격성을 분출한다는 것을 알게 되었다. 수많은 이전의 사례연구와 일화적인 보고들 또한 월경과 함께 문제행동이 악화된다는 것을 알려 주었다(Bailey & Pyles, 1989; Gardner, Cole, Davidson, & Karan, 1986; Kaminer, Feinstein, Barrett, Tylenda, & Hole, 1988). 우리는 월경의 역할을 체계적으로, 궁극적으로 실험을 통해 조사하기로 결정했다.

우리 연구의 첫 단계는 체계적인 기술적 분석을 포함했다. 한 참가자인 Kara를 생각해 보자. 9개월에 걸쳐서, 우리는 매일 오전 2시간 30분의 간격으로 그녀가 행했던 공격적인 사건의 숫자를 세었다. 명확하고 지속적인 유형이 나타났다. 9개월 중 8개월 동안 월경을 안 하는 때보다도 월경 전과 월경 중에 공격성이 더 자주 나타났다. 월경을 안 하는 동안 오전 중에는 단지 1번 혹은 2번의 공격이 전형적이었지만, 반면에 월경 전과 월경 중에는 오전 중에 6회 혹은 그 이상의 공격이 전형적이었다. 흥미롭게도 문제행동 사건의 98%는 문제행동 전에 요구가 주어졌을 때 발생했다. 요구가 주어졌을 때는 월경이 없을 때도 월경 전이나 월경 중일 때와 거의 같은 공격행동이 발생했기 때문에, 월경 전과 월경 중일 때 요구가 더 많은 공격성을 야기한다는 것이 사실인가라는 질문을 할 수 있었다. 이런 가능성을 시험하기 위해, 우리는 월경이 있을 때 대 월경이 없을 때 요구를 조작하는 실험을 수행했다.

이 연구(실험단계)의 두 번째 단계에는 네 가지 조건: 1) 월경은 없고 요구가 있을 때, 2) 월경도 없고 요구도 없을 때, 3) 월경이 있고 요구도 있을 때, 4) 월경이 있고 요구는 없을 때 등이었다. 요구가 없을 때, Kara는 그룹홈 주변에서 휴식을 취하는 것이 허용되었고 어떤 잡다한 일을 수행하라고 요구받지 않았다. 요구를 받은 동안, Kara는 빗자루로 쓸기, 옷 입기, 그녀 방을 정리정돈하기, 아침식사 후 청소하기 등을 포함하는 그녀의 일상적인 과제를 수행하라고 요구받았다. 공격성은 단지 월경과 요구가 결합되는 동안에 높았고 다른 세 가지 조건에서는 무시할 만한 것이었다. 달리 말하면, 요구 그 자체로는 공격성을 충분히 야기할 만큼은 아니었고(예를 들면, 요구가 있고 월경이 없을 때는 아무런 영향이 없었다), 월경 그 자체는 충분한 것이 아니었다(예를 들면, 월경과 요구가 없을 때도 아무 영향이 없었다). 오히려, 영향이 있는 것은 월경과 요구라는 두 가지 변인의 결합이었다. 이 발견은 월경이 변별자극(이 경우, 그룹홈의 잡다한 일을 하라는 요구)에 대한 반응을 조절하는 생물학적인 상황설정을 구성하는 모델을 지원할 것이라는 것이다.

우리는 이 두 가지 통제 모델이 가지는 임상적인 암시를 탐구하기 시작했다. 왜냐하면, 요구가 부분적으로는 미해결이기 때문에, 우리는 Kara가 몸이 좋지 않을 때(장애가 없는 사람도 같은 상황에서 그렇게 할지도 모르는 상황일 때) 그녀에게 부과된 요구수준을 감소시키는 것을 그녀가 선택할 수 있는 중재 프로그램을 고안했다. 우리는 또한 그녀에게 몸이 안 좋다고 느낄 때 과제에 도움을 요구하도록 가르쳤다. 왜냐하면 월경이 부분적으로 문제가 되고 있기 때문에 우리는 그녀의 신체적인 증상도 또한 다루는 중재를 고안했다. 즉 다시 말하면, 우리는 월경이 독특한 생물학적 상황이 아니라 오히려 고통과 불편함(이 경우, 울렁거림, 구역질, 등 아랫부분의 고통, 경련 및 두통)과 관련된 신체적인 많은 상황 중 하나라고 개념화했다. 그래서 우리는 필요한 대로, 따뜻한 물통, 운동요법, 처방전, 특별한 식사 및 마사지를 제공했다. 중재결과는 고무적이었다. 치료가 시작된 지 1년 반 후에 Kara는 그녀의 월경 중에 거의 영에 가까운 수준의 공격성을 보여 주었고 그녀는 어려움 없이 그룹홈의 대부분의 잡다한 일을 완성할 수 있었다.

기분 Christopher Smith와 Theresa Giacobbe-Grieco 합동으로 우리는 현재 지역사회 그룹홈에 살고 있는 자폐증과 정신지체라고 진단된 몇 명의 개인과 함께 연구를 해 오고 있는 중이다. 그룹홈 스텝과 면접을 함으로써 우리는 거주자들이 좋은 기분일 때보다도 그들의 기분이 나쁠 때 요구에 대한 반응으로 심한 공격성, 자해행동 및 기물파괴 등을 더 많이 하기가 쉽다는 것을 알게 되었다. 비록 일부 연구자(예를 들면, Gardner et al., 1986; Meyer & Evans, 1989)는 기분이 발달장애인의 문제행동을 위한 하나의 중요한 상황설정이 될 수 있다고 제안했고, 실험상의 패러다임을 사용한 이 모집단의 기분의 역할에 초점을 맞춘 사람은 아직 아무도 없다고 말했다. 그래서 우리는 이 문제를 체계적으로 탐구하기로 결정했다. 왜냐하면 우리는 환경적인 변인과 관련된 기분상태를 연구하는 데 흥미가 있기 때문에, 우리는 조심스럽게 의학적인 기록을 재검토했고, 양극성 애정장애와 같은 생물학에 기초한 정신과적인 조건 때문에 기분이 바뀔 가능성과 혹은 알레르기, 위장의 상태, 편두통 등과 같이 지속적인 의료문제 때문에 기분이 바뀔 가능성을 배제하기 위해 관련 스텝을 면담했다.

다음에는 Dunlap과 Koegel이 개발한 기분검사로 각 거주자를 그룹홈 스텝이 평가를 하게 했다(Dunlap, 1984; Dunlap & Koegel, 1980; Koegel & Koegel, 1986). 거주자는 기분이 안 좋을 때 0–1까지의 점수를 받았고(예를 들면, "고함지르기, 시무룩하기, 짜증내기; 짜증, 화 혹은 좌절된 것처럼 보이기; 일을 즐기지 않는 거처럼 보이기"), 중간 정도의 기분일 때는 2–3점(예: "확실하게 행복하거나 불행하게 안 보일 때; 가끔 미소를 짓거나 얼굴을 찡그리기"), 기분이 좋으면 4–5점(예: "미소 짓기, 적절하게 웃기; 일을 즐기는 것처럼 보이기")을 받았다. 점수를 매긴 후, 거주자는 특정한 그룹홈의 잡다한 일(요구를 받은 회기 동안)을 수행하라고 요구를 받거나 혹은 미리 정해진 일정에 따라 다양한 여가활동(요구를 받지 않은 회기 동안)에 참여하도록 허용되었다. 이들 회기 중 특정 회기가 시작되기 전에, 거주자가 아무런 중대한 문제행동을 보이지 않고 적어도 10분이 지나가야만 했다. 이 범주는 한 회기 동안에 이전에 일부 지속적인 일이 계속되어 발생하는 것이 아니라 문제행동이라는 것을 보증하기 위해 확립되었다.

실험은 실제 여섯 가지 조건으로 구성되었다.

1. 기분 안 좋음과 요구
2. 기분 안 좋음과 요구 없음
3. 중간 정도의 기분과 요구
4. 중간 정도의 기분과 요구 없음
5. 기분 좋음과 요구
6. 기분 좋음과 요구 없음

거주자 중 한 명인 Mary에게서 나온 자료가 전형적이다. 그녀가 맡은 잡다한 일(요구) 중 하나는 가구에 먼지를 털어내는 일이었다. 그녀 기분에 관계없이 Mary는 요구가 없을 때는 아무런 문제행동을 보이지 않았다. 그녀는 또한 기분이 좋고 요구 사항이 있을 때도 아무런 문제행동을 보이지 않았다. 그녀는 중간 정도의 기분과 요구가 있을 때 낮은 수준의 문제행동을 보였다. 매우 중요하게도, 기분이 안 좋고 요구가 있을 때 그녀는 높은 수준의 문제행동을 보였다. 다시 말하면, 요구 그 자체는 문제행동을 야기하는 데 충분치가 않았고(예: 요구와 기분이 좋을 때는 아무 영향이 없었다), 기분 그 자체도 충분치가 않았다(예: 기분 안 좋음과 요구가 없을 때도 아무 영향이 없었다). 또한, 영향력이 있는 것은 바로 기분 안 좋음과 요구라는 두 가지 변인이 결합할 때였다. 이 발견은 기분이 환경에 토대를 둔 변별자극에 대한 반응을 조절하는 이 경우에는 그룹홈의 잡다한 일과 관련된 요구인 상황설정을 구성하는 모델을 지지할 것이다.

우리는 이 두 가지 통제 모델의 중재 함의를 검토하였다. 그 함의는 두 가지다. 첫째는 파악하기를 통해 기분 안 좋음을 감소시키는 것이고 그런 다음에 기분 안 좋음으로 이끄는 환경적인 상황을 배제시키는 것이다. 이 전략은 본질적으로 예방적인 방법이다. 둘째, 기분 좋음을 이끌어내기 위한 전략을 채택함으로써 기분 안 좋음을 감소시키는 것이다(예: 유머의 사용, 강력하게 선호하는 자극과 원하는 사회적인 활동을 예측 가능한 방법으로 제시하기). 이 전략은 본질적으로 반작용적인 것이다.

의사소통 가능성 많은 연구는 특정한 의사소통 기능을 가르치는 것이 종종 문제행동에 대한 효과적인 중재가 될 수 있다는 것을 보여 주었다(Bird, Dores, Moniz, & Robinson, 1989; Carr & Durand, 1985b; Day, Rea, Schussler, Larsen, & Johnson, 1988; Horner & Budd, 1985; Wacker et al., 1990). 예를 들면, 기능분석은 개인의 공격적인 행동이 어떤 특정한 항목(예: 특정한 장난감)에 의해 유지될 수 있다는 것을 보여 준다. 즉 다시 말하면, 공격행동을 분출할 때마다 규칙적으로 유형의 항목을 제시하는 것이다. 만약 개인이 장난감을 요구하도록 교육을 하면(예: "나는 곰 인형을 원해"), 그런 요구를 존중하면 공격성이 감소한다. 공격성과 요구하기는 기능적으로 동등한 부류의 반응이고(Carr, 1988) 한 부류(요구하기)를 강화하는 것이 종종 다른 반응 부류(공격성)를 필요 없는 것으로 만들고, 결과적으로 후자의 반응이 훨씬 덜 발생하게 만든다.

불행하게도, 그 상황은 처음에 겉으로 나타나는 것처럼 그렇게 단순한 것은 아니다. 다른 것들 중에서, 청자(listener)의 의사소통 행동에 대한 반응이 매우 중요하다. 즉 다시 말하면, 사회적인 맥락은 문제행동이 재발하는가 아닌가에 대한 핵심적인 결정인자가 될 것이다. 사회적인 맥락이 종종 상황설정이라고 인식되기 때문에(Bijou & Baer, 1978), 문제행동이란 문제에 대한 분석이 가치 있는 일처럼 보인다.

문외한의 관점에서 보면, 청자의 반응은 소통가능성 문제와 관련 있다. 예를 보여 주기 위해, 사람이 한 젊은 소년에게 곰이 있는 곳에서 어머니의 다리를 반복적으로 무는 대신에 "나는 곰 인형을 원한다"라는 구를 말하거나 표시하도록 가르친다고 가정해 보자. 그의 어머니는 그의 요구에 따라 곰 인형을 제공해 줌으로써 반응하고 더 이상은 어려움이 없다. 어느 날 밤, 아이를 돌보는 사람이 어머니 역할을 대신한다. 빈약하게 조음된 말(혹은 표시)로 아동은 곰 인형을 달라고 요구한다. 그 아동은 효과도 없이 몇 번이나 더 곰 인형을 달라는 요구를 되풀이 하고 그런 다음에는 공격을 하기 시작한다. 비전문가 입장에서 보면, 우리는 아동을 돌보는 사람이 그 아동이 의사소통을 하려는 내용을 해석할 수 없었다고 말할 것이다. 왜냐하면 방금 이야기한 시나리오는 임상적인 연구에서 자주 나오는 것이기 때문에 우리는 그것을 체계적으로 조사하기로 결정했다.

Christine Reeve와 Laura Wray Palumbo의 협동으로, 우리는 발달장애를 가진 3명의 아동이 빈약한 조음 혹은 표시언어가 종종 성인으로 하여금 아동의 요구에 반응을 못해서 아동을 문제행동으로 이끈다고 파악된 연구를 수행했다. 각 아동은 서로 다른 10명의 성인과 짝을 지었다. 한 가지 조건에서, 성인에게 아동의 몸짓(조건을 알려 줌)의 의미를 말해 주었다. 두 번째 조건에서, 성인에게 아동의 몸짓(조건을 알려 주지 않음)의 의미를 말해 주지 않았다. 아동과 성인은 많은 장난감으로 가득 찬 방에서 상호작용을 했고, 장난감 중에서 아동은 오직 하나만을 선호하도록 미리 예정되었다. 아동이 요구했을 때, 성인의 과제는 올바른 보상(장난감)을 제공해 줌으로써 아동의 요구를 존중하려고 노력하는 것이었다. 당연하게도, 조건을 알려 준 경우, 성인은 100% 정확했다(즉, 성인은 올바른 장난감을 제공했다). 대조적으로 조건을 알려 주지 않은 경우, 성인은 단지 4분의 1에서 3분의 1정도만 정확했다. 이런 성인의 행동에 반응해서, 아동은 종종 조건을 알려 주지 않은 경우에만 성인에게 그들의 요구를되풀이 했지만 드물게는 조건을 알려 준 경우에는 성인에게 그들의 요구를 거의 되풀이하지 않았다. 조건을 알려 주지 않은 경우 성인은 명확하게 해 주는 말을 수차례 사용해 반응했다(예: "네가 원하는 것이 무엇이니?" "네가 원하는 것이 이것이니 혹은 저것이니?"). 조건을 알려 주지 않은 경우 성인행동(즉, 명확히 하기 위해 많은 질문을 하기, 많은 틀린 장난감 제공하기)은 강화를 하는데 오래 지체되는 결과를 가져왔다(즉, 처음 요구와 성인이 마침내 올바른 강화를 제공하기 사이에 시간이 많이 흘러갔다), 반면에 조건을 알려 준 경우, 강화의 지체는 매우 짧았다. 매우 중요하게도, 지체된 강화의 길이와 문제행동의 수준 간에는 직접적인 상관관계가 있었다. 아동은 조건을 알려 준 경우에 성인이 있을 때는 아무런 문제행동을 보여 주지 않았지만, 조건을 알려 주지 않은 경우 성인이 있을 때 엄청 많은 문제행동을 보여 주었다.

그래서 문제행동을 위한 중요한 상황설정으로 사회적인 맥락을 실제로 보여 준다. 청자가 아동의 의사를 이해할 수 없을 때, 아동은 문제행동으로 되돌아간다. 자발적인 관점에서 설명은 아마 반응효율성(response efficiency)이라는 개념에 놓여 있다(Horner & Day, 1991; Horner, Sprague, O'Brien, & Heanthfield, 1990). 특히, 청자가 새로 배운 의사소통 반응에 재빨리 반응하는 데 실패하면, 그 반응은 효과적으로 소거가 되고, 그것은 보다 덜 효율적인 것이 된다. 대조적으로, 돌보는 사람이 더 이상의 촉진을 피하는 방법으로 아동의 돌출행동에 재빨리 반응하는 법을 배웠을 때, 문제행동은 훨씬 성공적으로 처리되었다. 달리 말하자면, "정보를 미리 통보받은" 청중이 없으면 애매모호한 의사소통 반응은 문제행동보다도 훨씬 덜 효율적이 되고 문제행동은 다시 나타난다.

관련된 설명의 메커니즘에도 불구하고, 이 연구는 만약 그런 기능이 사용될 예정인 사회적인 맥락에 고려가 주어지지 않으면 의사소통 기능은 그 자체로 성공적이지 않을 것이라는 사실을 강조한다. 사회적인 맥락은 그래서 문제행동의 통제에 기여하는 요인이라고 볼 수 있다.

결 론

의사소통 가능성은 사회적 맥락 영향의 단지 하나의 보기다. 왜냐하면 의사소통 가능성은 본질적으로 사회 체계, 사람과의 상호작용, 상호 간의 영향에 대한 연구이기 때문에, 그것은 특정한 관심이다. 이런 유형의 영향은 문헌에서 체계적인 관심을 받기 시작하고 있고, 그것이 문제해결을 위한 중요한 상황설정이 될 수 있다는 사실은 문제행동에 대한 분석에 이들 변인이 포함되도록 확장하는 것이 가치 있는 것이 될 것이라고 제안한다. 유사하게, 월경도 단지 생물학적 상황설정 중 하나의 예이다. 가능한 병, 신체적인 상태 등의 숫자는 분명히 매우 크다. 생물학적인 맥락이 문제행동 발생 비율에 영향을 줄 수가 있기 때문에 사람들은 문제행동 분석이 이런 상황도 또한 포함하도록 범위를 넓혀야 한다고 강력하게 주장할 수 있다. 기분 또한 환경적인 상황설정도 보기의 하나다. 실제로 기분은 지금까지 분석되지 않은 많은 숫자의 환경적인 상황의 영향을 말하기 위한 종합적인 용어다. 우리가 지금까지 기술한 우리 자신이 한 세 가지 연구와 다른 연구자들이 수행한 작은 수의 연구를 함께 고려해 보면, 행동분석이 상황설정의 영향에 대한 실용적인 연구를 수행할 때까지는 문제행동이 완전히 이해되지 않을 것이라고 말한다.

궁극적으로 상황설정에 대한 연구는 연구자로 하여금 상황이 사회적인지 아닌지 혹은 본질적으로 생물학적인지 아닌지 체계를 수정하고 분석하도록 한다. 흥미롭게도, 이런 광범위한 분석은 Skinner의 과학과 인간행동(1953)이라는 책에서 조성한 시각과 일치하고, 이런 시각은 진보적으로 광범위한 인간행동 영역을 설명하기 위한 실험실 연구로부터 나온 기본적인 원칙사용을 강조하는데, 이는 사회적이고 문화적이라고 언급된 연구를 포함한다. 우리는 아직도 그 목표에 도달하지 못하고 있지만 맥락에 대한 경험적인 분석은 분명히 시작되었다.

참고문헌

Axelrod, S., & Apsche, J. (Eds.). (1983). *The effects of punishment on human behavior.* New York: Academic Press.

Bailey, J.S., & Pyles, D.A.M. (1989). Behavioral diagnostics. In E. Cipani (Ed.), *The treatment of severe behavior disorders: Monographs of the American Association on Mental Retardation, 12,* 85–107.

Barrett, R.P., Feinstein, C., & Hole, W.T. (1989). Effects of naloxone and naltrexone on self-injury: A double-blind, placebo-controlled analysis. *American Journal on Mental Retardation, 93,* 644–651.

Baumiester, A.A., & MacLean, W.E. (1984). Deceleration of self-injurious and stereotypic responding by exercise. *Applied Research in Mental Retardation, 5,* 385–393.

Bijou, S.W. (1968). Studies in the experimental development of left-right concepts in retarded children using fading techniques. In N.R. Ellis (Ed.), *International review of research in mental retardation* (pp. 65–96). New York: Academic Press.

Bijou, S.W., & Baer, D.M. (1961). *Child development I: A systematic and empirical theory.* Englewood Cliffs, NJ: Prentice Hall.

Bijou, S.W., & Baer, D.M. (1978). *Behavior analysis of child development.* Englewood Cliffs, NJ: Prentice Hall.

Bird, F., Dores, P.A., Moniz, D., & Robinson, J. (1989). Reducing severe aggressive and self-injurious behaviors with functional communication training. *American Journal on Mental Retardation, 94,* 37–48.

Boe, R.B. (1977). Economical procedures for the reduction of aggression in a residental setting. *Mental Retardation, 45,* 25–28.

Brown, F. (1991). Creative daily scheduling: A nonintrusive approach to challenging behaviors in community residences. *Journal of The Association for Persons with Severe Handicaps, 16,* 75–84.

Carr, E.G. (1977). The motivation of self-injurious behavior: A review of some hypotheses. *Pshchological Bulletin, 84,* 800–816.

Carr, E.G. (1988). Functional equivalence as a mechanism of response generalization. In R. Horner, R.L. Koegel, & G. Dunlap (Eds.), *Generalization and maintenance: Lifestyle changes in applied settings* (pp. 194–219). Baltimore: Paul H. Brookes Publishing Co.

Carr, E.G., & Durand, V.M. (1985a). The social-communicative basis of severe behavior problems in children. In S. Reiss & R. Bootzin (Eds.). *Theoretical issues in behavior therapy* (pp. 219–254). New York: Academic Press.

Carr, E.G., & Durand, V.M. (1985b). Reducing behavior problems through functional communication training. *Journal of Applied Behavior Analysis, 18,* 111–126.

Carr, E.G., & McDowell, J.J. (1980). Social control of self-injurious behavior of organic etiology. *Behavior Therapy, 11,* 402–409.

Carr, E.G., Newsom, C.D. (1985). Demand-related tantrums: Conceptualization and treatment. *Behavior Modification, 9,* 403–426.

Carr, E.G., Newsom, C.D., & Binkoff, J.A. (1976). Stimulus control of self-destructive behavior in a psychotic child. *Journal of Abnormal Child Psychology, 4,* 139–153.

Carr, E.G., Newsom, C.D., & Binkoff, J.A. (1980). Escape as a factor in the aggressive behavior of two retarded children. *Journal of Applied Behavior Analysis, 13,* 101–117.

Carr, E.G. Robinson, S., & Palumbo, L.W. (1990). The wrong issue: Aversive versus nonaversive treatment. The right issue: Functional versus nonfunctional treatment. In A. Repp & N.Singh (Eds.), *Perspectives on the use of nonaversive and aversive interventions for persons with developmental disabilities* (pp. 361–379). Sycamore, IL: Sycamore Press.

Carr, E.G., Taylor, J.C., & Robinson, S. (1991). The effects of severe behavior problems in children on the teaching behavior of adults. *Journal of Applied Behavior Analysis, 24,* 523–535.

Cataldo, M.F., & Harris, J. (1982). The biological basis for self-injury in the mentally retarded. *Analysis and Intervention in Developmental Disabilities, 2,* 21–39.

Day, R.M., Rea, J.A., Schussler, N.G., Larsen, S.E., & Johnson, W.L. (1988). A functionally based approach to the treatment of self-injurious behavior. *Behavior Modification, 12*, 565-589.

Dorsey, M.F., Iwata, B.A., Reid, D.H., & Davis, P.A. (1982). Protective equipment: Continuous and contingent application in the treatment of self-injurious behavior. *Journal of Applied Behavior Analysis, 15*, 217-230.

Dumas, J.E., & Wahler, R.G. (1985). Indiscriminate mothering as a contextual factor in aggressive-oppositional child behavior: "Damned if you do and damned if you don't." *Journal of Abnormal Child Psychology, 13*, 1-17.

Dunlap, G. (1984). The influence of task variation and maintenance tasks on the learning and affect of autistic children. *Journal of Experimental Child Psychology, 37*, 41-64.

Dunlap, G., & Koegel, R.L. (1980). Motivating autistic children through stimulus variation. *Journal of Applied Behavior Analysis, 13*, 619-627.

Durand, V.M., & Cirmmins, D.B. (1988). Identifying the variables maintaining self-injurious behavior. *Journal of Autism and Development Disorders, 18*, 99-117.

Edelson, S.M., Taubman, M.T., & Lovaas, O.I. (1983). Some social contexts of self-destructive behavior. *Journal of Abnormal Child Psychology, 11*, 299-312.

Etzel, B.C., Bickel, W.K., Stella, M.E., & LeBlanc, J.M. (1982). The assessment of problems-solving skills of atypical children. *Analysis and Intervention in Developmental Disabilities, 2*, 187-203.

Etzel, B.C., & LeBlance, J.M. (1979). The simplest treatment alternative: The law of parsimony applied to choosing appropriate instructional control and errorless-learning procedures for the difficult-to-teach child. *Journal of Autism and Developmental Disorders, 9*, 361-382.

Etzel, B.C., & LeBlance, J.M., Schilmoeller, K.J., & Stella, E.M. (1981). Stimulus control procedures in the education of young children. In S.W. Bijou & R.Ruiz (Eds.), *Contributions of behavior modification to education* (pp. 3-37). Hillsdale, NJ: Lawrence Erlbaum Associates.

Favell, J.E., McGimsey, J.F., & Schell, R.M. (1982). Treatment of self-injury by providing alternate sensory activities. *Analysis and Intervention in Developmental Disabilities, 2*, 83-104.

Ferster, C.B., & Skinner, B.F. (1957). *Schedules of reinforcement*. New York: Appleton-Century-Crofts.

Foxx, R.M., & Bechtel, D.R. (1983). Overcorrection: A review and analysis. In S. Axelrod & J. Apshe (Eds.), *Punishment: Its effects on human behavior* (pp. 133-220). New York: Academic Press.

Gardner, W.I., Cole, C.L., Davidson, D.P., & Karan, O.C. (1986). Reducing aggression in individuals with developmental disabilities: An expanded stimulus control, assessment, and intervention model. *Education and Training of the Mentally Retarded, 21*, 3-12.

Gardner, W.I., Karan, O.C., & Cole, C.L. (1984). Assessment of setting events influencing functional capacities of mentally retarded adults with behavior difficulties. In A.S. Halpern & M.J. Fuhrer (Eds.), *Functional assessment in rehabilitation* (pp. 171-185). Baltimore: Paul H. Brookes Publishing Co.

Guess, D., Helmstetter, E., Turnbul, H.R., III, & Knowlton, S. (1987). Use of aversive procedures with persons who are disabled: An historical review and critical analysis. *Monograph of The Association for Person with Severe Handicaps, 2* (1).

Horner, R.H., & Budd. C.M. (1985). Acquisition of manual sign use: Collateral reduction of maladaptive behavior, and factors limiting generalization. *Education and Training of the Mentally Retarded, 20*, 39-47.

Horner, R.H., & Dau, H.M. (1991). The effects of response efficiency on functionally equivalent competing behavior. *Journal of Applied Behavior Analysis, 24*, 719-732.

Horner, R.H., Day, H.M., Sprague, J.R., O'Brien, M., & Heathfield, L.T. (1991). Interspersed requests: A nonaversive procedure for decreasing aggression and self-injury during instruction. *Journal of Applied Behavior Analysis, 24*, 265-278.

Horner, R.H., Sprague, J.R., O'Brien, M., & Heathfield, L.T. (1990). The role of response efficiency in the reduction of problem behaviors through functional equivalence training: A case study. *Journal of The Association for Persons with Severe Handicaps, 15,* 91–97.

Iwata, B.A. (1987). Negative reinforcement in applied behavior analysis: An emerging technology. *Journal of Applied Behavior Analysis, 20,* 361–378.

Iwata, B.A., Dorsey, M.F., Slifer, K.J., Bauman, K.E., & Richman, G.S. (1982). Toward a functional analysis of self-injury. *Analysis and Intervention in Developmental Disabilities, 2,* 3–20.

Kaminer, Y., Feinstein, C., Barrett, R.P., Tylenda, B., & Hole, W. (1988). Menstrually related mood disorder in developmentally disabled adolescents: Review and current status. *Child Psychiatry and Human Development, 18,* 239–249.

Kantor, J.R. (1959). *Interbehavioral psychology.* Granville, OH: Principia Press.

Kelleher, R.T. (1958). Concept formation in chimpanzees. *Science, 128,* 777–778.

Kern, L., Koegel, R.L., Dyer, K., Blew, P.A., & Fenton, L.R. (1982). The effects of physical exercise on self-stimulation and appropriate responding in autistic children. *Journal of Autism and Developmental Disorders, 12,* 399–419.

Koegel, L.K., & Koegel, R.L. (1986). The effects of interspersed maintenance tasks on academic performance in a severe childhood stroke victim. *Journal of Applied Behavior Analysis, 19,* 425–430.

Krantz, P.J., & Risley, T.R. (1977). Behavioral ecology in the classroom. In K.D. O'Leary & S.G. O'Leary (Eds.), *Classroom management* (pp. 349–366). New York: Pergamon Press.

Lancioni, G.E., Smeets, P.M., Ceccarani, P.S., Capldaglio, L., & Campanari, G. (1984). Effects of gross motor activities on the severe self-injurious tantrums of multihandicapped individuals. *Applied Research in Mental Retardation, 5,* 471–482.

Lovaas, O.I., Freitag, G., Gold, V.J., & Kassorla, I.C. (1965). Experimental studies in childhood schizophrenia: Analysis of self-destructive behavior. *Journal of Experimental Child Psychology, 2,* 67–84.

Lovaas, O.I., & Simmons, J.Q. (1969). Manipulation of self-destruction in three retarded children. *Journal of Applied Behavior Analysis, 2,* 143–157.

Mace, F.C., Hock, M.L., Lalli, J.S., West, B.J., Belfiore, P., Pinter, E., & Brown, D.K. (1988). Behavioral momentum in the treatment of noncompliance. *Journal of Applied Behavior Analysis, 21,* 123–141.

Martin, P.L., & Foxx, R.M. (1973). Victim control of the aggression of an institutionalized retardate. *Journal of Behavior Therapy and Experimental Psychiatry, 4,* 161–165.

Matson, J.L., & DiLorenzo, T.M. (1984). *Punishment and its alternatives: A new perspective for behavior modification.* New York: Springer.

McAfee, J.K. (1987). Classroom density and the aggressive behavior of handicapped children. *Education and Treatment of Children, 10,* 134–145.

McGimsey, J.F., & Favell, J.E. (1989). The effects of increased physical exercise on disruptive behavior in retarded persons. *Journal of Autism and Developmental Disorders, 18,* 167–179.

Meyer, L.H., & Evans, I.M. (1989). *Nonaversive intervention for behavior problem: A manual for home and community.* Baltimore: Paul H. Brookes Publishing Co.

Michael, J. (1982). Distinguishing between discriminant and motivational functions of stimuli. *Journal of the Experimental Analysis of Behavior, 37,* 149–155.

Mostofsky, D.I. (1965). *Stimulus generalization.* Stanford, CA: Stanford University Press.

Plummer, S., Baer, D.M., & LeBlanc, J.M. (1977). Functional considerations in the use of procedural timeout and an effective alternative. *Journal of Applied Behavior Anlaysis, 10,* 689–706.

Podboy, J.W., & Mallory, W.A. (1977). Caffeine reduction and behavior change in the severely retarded. *Mental Retardation, 15*(6), 40.

Repp, A.C., Felce, D., & Barton, L.E. (1988). Basing the treatment of stereotypic and self-injurious behaviors on hypotheses of their causes. *Journal of Applied Behavior Analysis, 21,* 281–289.

Rincover, A., & Devaney, J. (1982). The application of sensory extinction procedures to self-injury. *Analysis and Intervention in Developmental Disabilities, 2*, 67-81.

Sailor, W., Guess, D., Rutherford, G., & Baer, D.M. (1968). Control of tantrum behavior by operant techniques during experimental verbal training. *Journal of Applied Behavior Analysis, 1*, 237-243.

Schreibman, L. (1975). Effects of within-stimulus and extra-stimulus prompting on discrimination learning in autistic children. *Journal of Applied Behavior Analysis, 8*, 91-112.

Sidman, M. (1990). Equivalence relations: Where do they come from? In D.E. Blackman & H. Lejeune (Eds.), *Behavior analysis in theory and practice: Contributions and controversies* (pp. 93-114). Hillsdale, NJ: Lawrence Erlbaum Associates.

Sidman, M., & Stoddard, L.T. (1966). Programming perception and learning for retarded children. In N.R. Ellis (Ed.), *International review of research in mental retardation* (pp. 151-208). New York: Academic Press.

Silverman, K., Watanabe, K., Marshall, A.M., & Baer, D.M. (1984). Reducing self-injury and corresponding self-restraint through the strategic use of protective clothing. *Journal of Applied Behavior Analysis, 17*, 545-552.

Singer, G.H.S., Singer, J., & Horner, R.H. (1987). Using pretask requests to increase the probability of compliance for students with severe disabilities. *Journal of The Association for Persons with Severe Handicaps, 12*, 287-291.

Skinner, B.F. (1938). *The behavior of organisms.* New York: Appleton-Century-Crofts.

Skinner, B.F. (1953). *Science and human behavior.* New York: The Free Press.

Taylor, J.C., & Carr, E.G. (1922a). Severe problem behaviors related to social interaction. I: Attention seeking and social avoidance. *Behavior Modification, 16*, 305-335.

Taylor, J.C., & Carr, E.G. (1922b). Severe problem behavior related to social interaction II: A systems analysis. *Behavior Modification, 16*, 336-371.

Terrace, H.S. (1963). Errorless transfer of a discrimination across two continua. *Journal of the Experimental Analysis of Behavior, 6*, 223-232.

Terrace, H.S. (1964). Wavelength generalization after discrimination learning with and without errors. *Science, 144*, 78-80.

Terrace, H.S. (1966). Stimulus control. In W.K. Honig (Ed.), *Operant behavior: Areas of research and application* (pp. 271-344). New York: Appleton-Century-Crofts.

Thompson, T., Hackenberg, T., & Schaal, D. (1991). Pharmacological treatments for behavior problems in developmental disabilities. *Proceedings of the Consensus Conference on the Treatment of Severe Behavior Problems and Developmental Disabilities.* Washington, DC: National Institutes of Health.

Touchette. P.E., MacDonald, R.F., & Langer, S.N. (1985). Ascatter plot for identifying stimulus control of problem behavior. *Journal of Applied Behavior Anlysis, 18*, 343-351.

Wacker, D.P., Steege, M.W., Northup, J., Sasso, G., Berg, W., Reimers, T., Cooper, L., Cigrand, K., & Donn, L., (1990). Acomponet analysis of functional communication training, across three topographies of severe behavior problems. *Journal of Applied Behavior Analysis, 23*, 417-429.

Wahler, R.G. (1980). The insular mother: Her problems in parent-child treatment. *Journal of Applied Behavior Analysis, 13*, 207-219.

Wahler, R.G., & Fox, J.J. (1981). Setting events in applied behavior analysis: Toward a conceptual and methodological expansion. *Journal of Applied Behavior Analysis, 14*, 327-338.

Wahler, R.G., & Graves, M.G. (1983). Setting events in social networks: Ally or enemy in child behavior therapy? *Behavior Therapy, 14*, 19-36.

Weeks, M., & Gaylord-Ross, R. (1981). Task difficulty and aberrant behavior in severely handicapped students. *Journal of Applied Behavior Analysis, 14*, 449-463.

Winterling, V., Dunlap, G., & O'Neill, R.E. (1987). The influence of task variation on the aberrant behaviors of autistic students. *Education and Treatment of Children, 10*, 105-119.

제18장

삶을 살아라!

생활 배치와 생활 코치를 통한 문제행동의 긍정적인 행동중재

Todd Risley

1964년에 문제행동을 하는 사람의 행동중재의 실제 보기가 최초로 출판되었다(Wolf, Risley, & Mees, 1964). 그때 이래로 많은 용감한 사람이 문제행동을 하는 사람과 함께 일하는 위험한 과제를 수행해 왔고, 자신들이 하는 일을 일반인들의 정밀한 조사를 받도록 하

나는 Judith Favell(이 장의 끝부분에 있는 후주 1), Karen Ward(후주 2), John VanDenBerg(후주 3) 및 Mike Renfro(후주 4)의 영향에 감사하며, 이들과 함께 나는 큰 문제에 대한 진정한 해결책을 찾아내고 이들 생각에 대한 실현 가능성을 시험하는 데 협력했으며, Richard Barth(1986)와 Carolyn Schroeder (Schroeder & Gordon, 1991)의 책은 나로 하여금 이들 개념을 가르치고 조직하도록 도왔고, Montrose Wolf가 그 일을 모두 시작했다.

고 있다. 그 결과로, 문제행동의 개념화와 치료가 시작되었다. 이 장은 문제행동을 다루기 위한 행동수정이라고 불리어졌던 인간적인 시각을 제시하는데, 이것은 현재는 문제행동을 위한 긍정적인 행동 계획하기라고 불려진다. 이들 표현은 행동중재를 고안하는 데 책임이 있는 사람들에게 강조된다. 파괴적인 행동이 문제가 되는 것은 바로 소비자와 함께 살아가고 일해야 하는 바로 그런 사람들이다. 문제행동이 도전적이고 그것을 고칠 것이라고 기대하는 사람은 바로 여러분이다.

문제행동과 긍정적 행동중재

소비자와 함께 살고 일하는 사람들이 볼 때에는 행동이 위험해 보이고, 정나미가 떨어지고, 파괴적이기 때문에 그 행동은 "도전적"이라고 불린다. 행동실천가들이 알고 있는 것은 위험하고, 정나미가 떨어지고, 파괴적인 행동의 사람들이 거의 실패 없이 즉시 반응한다는 것이다. 왜냐하면 문제행동을 보여 주는 소비자들은 일반적으로 의존적이고 종종 달리 중요한 것이 아니라고 생각하고 그들이 행하는 일은 무엇이든지 간에 다른 사람들이 그것에 틀림없이 반응을 하기 때문이다. 따라서 문제행동은 부분적 또는 전체적으로 문제가 있는 사람의 반응에 의해서 반드시 계속된다. 이것이 행동중재의 첫 번째 비밀이다.

행동중재의 두 번째 비밀은 사람들이 문제행동으로부터는 눈길을 돌리고 그 대신에 문제행동을 하는 사람들에게 새로운 행동을 가르치는 것과 소비자와 함께 살아가고 일하는 사람들에게 문제행동을 하는 사람들이 눈에 띠게 하고 중요한 사람으로 여기도록 만드는 데 초점을 맞추어야 한다. "문제행동을 하는 대신에 소비자가 무엇을 해야 하고 혹은 할 수 있고 혹은 할 것인가?"와 "우리가 어떻게 대안행동을 실행시키고, 대안행동을 유용하게 만들고, 대안행동을 인식할 수 있는가?"라는 질문이 행동중재에서 초점이 되는 질문이 된다. 비록 사람들이 문제행동을 진지하게 받아들이기는 하지만, 이것은 유일한 것은 아니고 중재의 가장 중요한 초점은 더욱 아니다. 그것을 문제행동의 처벌에 초점을 맞추는 "상식"과 구분하기 위해, 이 두 번째 비밀을 긍정적인 행동중재라고 부른다.

삶의 배치

행동중재는 서로 다른 수준의 세부 항목, 정확성 및 시간에 따라 행해진다. 모든 수준의 중재에서, 우리는 문제행동의 기능분석하기를 배웠고, 문제행동에 대한 친사회적인 대안을 강화하며, 가르치고 파악하기 위한 긍정적인 행동중재에 초점 맞추기를 배웠다.

미시적 수준의 행동분석에서 우리는 나쁜 습관을 아래 방법을 통해 대체하기 위해 긍정적이고 좋은 습관을 구성하는 데 초점 맞추기를 배웠다.

- 강화에 대한 경험적인 동일시
- 새로운 반응도에 대한 정확한 행동형성법
- 통제하는 자극에 대한 정확한 용암법
- 반응부류와 행동연쇄법에 대한 정확한 재프로그래밍하기
- 강력한 보상에 대한 정확한 후속결과

이 중재의 미시적이고 순간적인 수준은 심리학자 혹은 교육자(행동심리학자 혹은 특수교육자조차도)가 거의 소유하고 있지 않는 작동조건화에 대한 어느 정도의 숙달됨을 요구한다.

결과관리 수준에 대한 보다 더 많은 "상식"에서 우리는 긍정적 행동중재에 초점 맞추기를 배웠고 다음에 의해서 친사회적인 행동 보이기를 증가시키는 법을 배웠다.

- 문제행동의 맥락과 기능을 개념적으로 분석하기
- 문제맥락을 피하기 위해 다시 일정 잡기
- 참여 수준을 증가시킴으로써 문제행동을 "밀어내기"
- 사회적, 물질적 및 상징적인 결과에 더욱 많은 "좋은 것을 이해하게 함으로써" 친사회적인 대안행동을 확대해서 보여 주기
- 문제행동보다 더 낫게 "작용"할 뿐 아니라 특정한 기능적으로 동등한 사회 및 의사소통 행동을 가르치기
- 고립보다는 "함께 하는 시간"을 증진시키기

중재의 매일 매일의 수준은 대부분 행동심리학자와 일부 특수교육학자에 의해 성공적으로 고안될 수 있지만, 대부분 학부모, 교사 및 스텝에 의해 성공적으로 전달되기 위해서는 지속적인 훈련과 감독이 요구된다.

일시적인 행동분석수준과 일상적인 결과관리 수준을 넘어 세 번째가 광범위한 중재 수준이다. 우리의 긍정적이고 장기적인 성과에 대한 초점은 우리로 하여금 다음과 같이 물어보도록 한다.

- 그 사람이 포괄적으로 혹은 시간이 지남에 따라 어떻게 행동하고 있는가?
- 그 사람이 행복한가, 만족하는가, 안전한가?
- 그 사람은 자기 삶과 미래를 기초하고 그의 방식을 모델로 삼을 안정된 가정 및 가족, 친구가 있는가?

- 그가 독립, 생산성 및 통합을 실천하고 있는가?
- 그 사람이 새로운 흥미, 새로운 친구 및 새로운 기능을 계속 개발하고 있는가?

이들 삶의 질과 전반적인 발달은 자해행동이 없고 언어를 사용하는 "Dick"이 "그의 가족에게는 새로운 즐거움의 원천"이 되고 있다고 발표한 바로 그때부터 시작된 응용행동 문헌에 문제가 되고 있다(Wolf et al., 1964, p. 311). 사회적 타당도(Wolf, 1978)라는 책의 토론에 나타나 있고 그 후속연구의 성과에 대부분 기술되었다. 하지만 Oregon 그룹이 이웃하여 살기 계획(Neighborhood Living Project)(Bellamy, Newton, LeBaron, & Horner, 1990)이란 운동으로 그것을 명확하게 가장 잘 이끌었고, 그 운동에서 전체 모델 프로그램은 삶의 질 추적검사에 기초했다. 놀랄 만한 개념적인 발전은 행동의 변화라기보다는 주로 삶의 배치에 의해 성취될 수 있는 높은 수준의 삶의 질이었다. 이 세 번째 중재 수준은 결과관리 수준은 그 수준이 행동분석수준과 다른 만큼이나 달랐다.

이 수준에서 개인의 매주 및 매월의 삶의 유형, 그리고 개인이 다른 사람, 장소, 개인이 무시하고픈 일과의 상호작용은 고려해 보아야 할 단위다. 이 수준에서의 계획하기는 스트레스, 박탈 및 두려움이 감소된 삶을 배치하는 것이고, 개인이 흥미와 행동목록을 가지고 임하게 하며, 이것을 이끄는 풍족한 삶을 말하고, 개인 활동에 충분히 책임을 지도록 하는 것이다. 그리고 개인의 강화, 행동목록 및 말의 유창함에 발전을 이끌어 줄 달과 해가 지남에 따라 다양하고 복잡한 경험을 제공하는 삶이라고 부언하고 싶다. 강조하기 위해, 이 수준의 중재를 삶의 배치(life arrangement)라고 명칭을 붙이고 싶다.

삶의 코치

문제행동을 하는 사람을 위해 긍정적인 계획하기에 초점 맞추기를 배우는 것과 동시에, 우리는 그것이 대부분의 사람에게 이익을 줄 긍정적인 계획하기 전달도 배웠다. 우리는 "훈련과 그 훈련이 일반화되길 원하는 것"에서부터 "일반화를 위한 훈련(및 그것이 일반화되길 원하기)"(예를 들면, Stockes & Baer, 1977), 다음에 "훈련 및 사용을 위한 격려된 조건으로 일반화"(예: 재발방지), 마지막으로 효과 없는 설명적인 가상(허구)을 위한 일반화 인식하기 및 처음으로 사용하는 맥락에서 훈련함으로써 그것을 뛰어넘는 것으로 옮아갔다.

행동분석 수준에 사용되는 맥락 안에서의 훈련을 우발 교수(incidental teaching)라고 부른다. 언어의 일반화에서 우발 교수로의 개념적인 발전은 아래와 같은 계열로 일어났다. Risley와 Wolf(1964, 1967), Reynolds와 Risley(1968) 및 Hart와 Risley(1968, 1974, 1975, 1978, 1980, 1982). 우발 교수는 1982년 이래로 작은 수정 및 문제행동에 대한 친사회적인 대안방법을 강화시키고 확립하기 위해 많은 이름 변화와 함께 채택되어 오고 있다.

사용 맥락에서 훈련의 완전한 도입은 1980년대 지원고용 혁명과 함께 삶의 배치 수준에서 생겼다(참고: Kiernan & Stark, 1986). 훈련 후 배치라는 전통적인 실천 대신에("준비"가 될 때까지 직업을 촉진시키는 보호 훈련 상황에서 일반적인 직업기능을 훈련한 후 개인을 직업에 배치하기), 전략은 배치 후 훈련(개인을 실제 직업에 배치하고 매일 매일 그 직업을 수행하면서 그 일을 다소간 완성할 때까지 훈련시키는 것)이 되었다. 이것은 매우 강력한 중재전략임이 증명되어서 우리는 그 명칭을 가지고 명확히 구분을 해야 한다. 왜냐하면 삶의 "코치"(Wehman & Melia, 1985)가 삶의 지도인 지원고용에 사용되는 명칭이고, 내 생각에는 삶의 코치가 그것이 어디서 사용되든지 간에 배치 후 훈련을 위한 적절한 용어이기 때문이다. (명확히 하기 위해, 우발 교수라는 용어는 개인의 계속되는 활동에서 "우발적으로" 발생하는 "가르칠 수 있는 순간"에 대해 미세하게 순간적으로 반응하기 위해 보류되어야 한다.)

삶의 배치와 삶의 코치 전략

사람을 위해서 삶을 얻어내고 사람이 삶을 살도록 지도하는 것은 현대 행동중재의 의무적인 특징으로 고려해야 한다. 운 좋게도, 매일 일어날지도 모르는 결과관리 계획하기는 미세한 순간의 행동분석 계획하기보다도 훨씬 적은 기술적인 정확성과 특별한 훈련을 요구하기 때문에, 그래서 삶의 배치와 삶의 코치는 기술적인 정확성과 특별한 훈련 두 가지 중 어느 것 하나보다도 훨씬 덜한 것을 요구한다. 다른 사람을 돌보는 데 약간의 경험이 있는 대부분의 사람은 다른 사람이 좋은 삶을 설계하도록 돕고 다른 사람이 그것을 수행하도록 돕는 데 아주 작은 수준의 훈련만이 요구된다(전문가는 실제로 "계획에서 빠지기"가 요구될지도 모른다). 보통, 활용할 수 있는 삶의 배치의 유연성과 필요한 행동 계획하기의 기술적인 정확함 간에는 부적인 상관관계가 있다. 문제행동을 하는 사람을 위한 삶의 배치를 수정할 수 있는 정도가 넓으면 넓을수록, 행동 계획하기는 정확함과 기술적인 것이 훨씬 덜 요구된다. 개인의 삶의 배치가 덜 유연하면 할수록 그 행동 계획하기는 훨씬 더 정확하고 기술적이어야 한다. 문제행동을 하는 대부분의 사람은 미리 지정된 스텝과의 안정된 서비스 조직에 의해서 제공된 일련의 자금지원을 미리 받은 특정화된 곳에서 살아간다. 그런 모든 속박 안에서 현존하는 최상이 아닌 환경에 개인의 행동을 일치시키기 위해 기술적인 결과관리 혹은 정확한 행동분석 계획하기는 종종 행해질 수 있다(하지만 삶이 배치될 수 있고 삶의 지도가 제공될 때조차도 충분한 행동분석과 결과관리는 유용하게 그런 삶으로의 전환을 촉진시킬 수 있다는 것을 주목해야 한다).

융통성 있는 재정지원

문제행동을 하는 사람을 위해 더 나은 삶을 배치하는 것은 융통성과 자금 제공자 또 개인의 삶에 관련된 다른 사람으로부터의 협력이 요구된다. 개인적으로 맞추어진 프로그램의 융통성 있는 자금지원은 기술적인 현실문제이다. 컴퓨터를 사용해서, 각 개인을 위한 가격과 비용으로 예산이 관리될 수 있다. 법률과 이론에서 서비스는 1970년 이래로 독특한 개별화교육 혹은 훈련계획에 토대를 두고 있다. 대부분 정부 자금제공기관 및 지역학교, 서비스 기관은 여전히 문제행동을 하는 사람에게 미리 특성화된 작은 서비스 목록을 위해 자금을 제공하고 서비스를 전달하는 것이 더욱 친숙하고 편리하다는 것을 발견하는데, 이것은 일의 일시적인 상태에 불과하다. 성공적인 예와 성공적인 소송이 계속 상호적으로 만들어지기 때문에, 실제로 개별화된 서비스를 위해 융통성 있는 자금지원은 급속히 표준이 될 것이고, 특히 성공적인 예는 전통적인 서비스보다도 훨씬 경비가 적게 든다. 전문가는 그가 활용할 수 있게 된 새롭고 강력한 자원을 어떻게 사용해야 하는지를 배울 필요가 있다. 운 좋게도, 삶의 배치와 삶의 코치는 낮은 기술을 필요로 하는 도구다. 이들을 어떻게 사용하는가를 배우는 것은 많은 훈련을 요구하지 않는다. 하지만 문제행동을 하는 사람을 다룰 때, 이것을 사용하는 것을 배우는 데 가장 중요한 일은 약간의 재훈련이 필요하다.

중요한 관련 인사들의 협력

전문가에게 어려울 것 같은 또 다른 문제는 소비자의 삶에서 협력하는 데 관련된 모든 사람의 도움을 얻을 필요성이다. 문제행동이력을 가진 사람은 일반적으로 "자신의 경우에" 관련된 많은 사람과 많은 기관이 있는데, 그의 행동이 문제가 되면 될수록 그 사람 주변에는 더 많은 사람이 있다. 이들 모든 사람과 기관은 소비자 삶의 상당한 부분에 어느 정도의 영향력을 가지고 있고, 모든 사람은 그들 자신의 책임감과 소비자의 최상의 흥미에 대해 자기 나름대로의 정의를 가지고 있다. 소비자가 삶을 설계하고 모든 사람이 협력하도록 돕는 것은 어렵지 않다. 모든 사람이 참여하도록 만들고, 한 가지 계획에 모든 사람이 동의하고 그 계획에서 그들의 역할을 결정하도록 만드는 데 시간과 숙련된 조정이 필요하면, 누군가 그 계획에 변화가 필요하다고 생각할 때마다 다시 회의를 여는 데 노력과 끈기가 요구된다.

현대의 긍정적 행동중재를 위한 단계

활용할 수 있는 탄력적인 자금과 소비자의 삶에 중요한 사람과 기관의 협력과 함께 최신의 긍정적 행동중재가 계속된다. [그림 1]은 그런 중재에서의 일련의 단계를 제공한다. 주로 기관의

1. **참여자를 모집한다**—소비자 프로그램을 도와야만 하고 소비자 프로그램에 해를 줄 수 있는 모든 사람 중(물론 소비자를 포함해서)에서 확립된 중재팀에 참여할 참여자를 모집한다.

2. **장기적인 삶의 환경을 배치한다**—안전한(삶을 위협하는 행동에 비해) 하지만 여전히 발달과 중재를 이끌어낼 수 있는 장기적인 삶의 환경을 배치한다(삶을 살아라! 1부).

3. **노출되는 것을 줄인다**—문제행동과 관련된 생태학적인 조건에 노출되는 것을 줄인다.
노출되는 것을 최소화한다—개인이 최고로 기능하는 것과 관련된 생태학적인 조건에 노출되는 것을 최소화한다.

4. **훌륭한 기능의 기간을 이용한다**—최고 혹은 두 번째 만들어내는 데 문제행동과 기능적으로 동등한(혹은 더 나은) 기능을 안내하기 위해 훌륭한 기능의 기간을 이용한다.

5. **대안행동이 확립되고 난 후에**—문제행동에 의해 만들어진 최고 혹은 두 번째 행동을 감소시키거나 혹은 배제한다(필요할 경우에는 체벌을 사용한다).

6. **강화인자, 행동목록 및 유창함을 확대한다**—발달을 촉진시키기 위해 표본, 관찰 및 참여를 통해서 삶의 안내와 함께 점점 더 증가하는 다양한 삶에 강화인자, 행동목록 및 유창함을 확대한다(삶을 살아라! 2부).

7. **중재 이후의 삶에 대한 계획을 세운다**—"일반화"보다는 재생방지와 추적을 통해서 중재 이후의 삶에 대한 계획을 세운다.

[그림 1] 문제행동을 하는 사람을 위한 현대의 긍정적 행동중재계획의 제안된 단계

과제인 처음 두 단계가 가장 중요하다. 처음부터 이들에 대한 무제한의 시간과 노력이 경주되어야 하고, 이들 단계는 필요한 만큼 자주 되풀이되어야 하는데, 왜냐하면 그들은 대부분 문제에 대한 원인과 해결책을 나타내기 때문이다.

1단계: 팀을 만든다.

팀 만들기는 본래 계획하기 과정은 아니다. 그것은 사회적 과정이다. 목적은 소비자의 프로그램에 해를 미치지 않게 해야 하거나 소비자 프로그램을 도와야 하는 모든 사람으로부터 공식적인 약속이 성취될 때까지 처리하고 문제를 해결하는 것이다. 가장 중요한 결과는 모임에서 기록된 문서라기보다는 오히려 모든 사람으로부터 공식적으로 인정된 약속이다. 과정은 비록 양쪽을 약간 지니고 있기는 하지만 미래를 계획하기가 아니고 집단치료도 아니다. 조직적인

전략 계획하기와 팀 만들기로 후퇴하는 사람이 그것을 가장 잘 배울 수 있다.

2단계: 삶을 살아라.

문제행동을 위한 내구적이고 유용한 중재 일부는 후에 더 작은 지도와 조력으로 환경에 개인이 직면할 때까지는 시작조차도 않게 된다. 소비자를 개인과 팀이 자신의 나머지 아동기 혹은 다음 청년기 수십 년 동안 선택하게 될 삶의 환경 안으로 배치한다(즉, 장소, 집을 같이 사용할 사람, 이웃, 직업, 교통, 친한 사람, 잡다한 일, 레크리에이션, 조력자, 도전). 그것이 완전히 소거될 때까지 보호, 지도, 강화표본을 위한 여분의 스텝을 추가한다. 개인을 위해 장기적인 친구, 이웃, 조력자를 찾는다. 왜냐하면 사람이 가장 중요한 삶의 일부이기 때문이다.

3단계: 삶을 미세하게 조정한다.

이 단계는 어느 정도는 기술적인데 왜냐하면 그것이 문제행동 및 최상의 기능성과 연관된 조건을 환경적으로 분석 파악하기를 요구하기 때문이다. (좋은 기능성은 단지 문제행동이 없는 것으로 정의되지 않고, 다른 것들의 영향에 접근할 수 있다는 것에 의해 정의된다는 것을 주목한다.) 몇 가지 경우에, 이들 조건은 모호하고 공식적으로 정량화된 사정을 요구할 것이다(예: Touchette, MacDonald, & Langer, 1985). 하지만 대부분의 경우 비공식적인 관찰과 인터뷰는 충분할 것이고, 문제행동을 최소화하는 데 요구되는 개인의 일정을 민감하게 재조정을 하고 영향을 수용하며, 사회적인 행동을 실천하는 데 개인 시간을 최소화하기 위해 노력이 어디에 필요한지를 할당할 것이다.

문제행동은 많은 경우에 처음 3단계만으로도 충분하다. 친사회적 상호작용에 의해 지배되는 복잡하고 흥미로운 삶을 배치하기 위해 협력하여 일하고 있는 개인을 참여시키면서, 시간 경과에 따라 개인은 새로운 효과적인 기능을 발전시키고, 새로운 강화를 발견하고 개인의 문제행동을 유지시키려는 행동 올가미를 피할 것이다. 만약 그런 발달이 일어나지 않는다면, 사람은 다시 2와 3단계로 돌아가는 것을 고려해야 하고, 나아가서 개인의 삶의 질을 향상시켜야 하며, 개인이 다른 상황에서 보내는 시간을 다시 조정해야 한다.

4, 5단계: 코치 조직하기와 결과관리

4, 5단계는 친숙한 코치와 결과관리 기술을 포함한다. 하지만, 몇 가지 개념적인 정교함은 처음과 두 번째 획득 모두에서 문제행동의 개연성을 가진 기능에 대한 행동분석 수행을 요구한다. 처음 획득은 문제행동을 강화시키는 역할을 하기가 쉬운 즉각적이고 예측할 수 있는 결과다.

두 번째 획득은 그것을 강화하는 기능을 할 수도 있고 안 할 수도 있는 문제행동에 더욱 지연된 개연성을 가진(하지만 실제의) 영향이다. 보기로, 폭력적인 공격행동은 그것이 발생할 때(처음 획득) 반응할 뿐 아니라 그의 기분을 관찰하기 위해 다른 때(두 번째 획득)에 사람들이 조심스럽게 그에게 주의를 기울이도록 하고 그의 불만족을 예상하도록 해 준다.

문제행동이 발생해 온 기간이 길면 길수록, 그것을 유지하는 강화에 공헌하는 지연되고 중단되는 결과(두 번째 획득)를 가져오기가 쉬운 것 같다. 유사하게, 개인의 삶이 더욱 더 변화가 없고 제한될수록 그런 두 번째 획득은 일부 행동을 위한 강화기능을 더욱 하기가 쉬운 것 같다. 더구나, 개인의 언어기능이 더욱 숙달되면 될 수록(예: 개인의 "정신연령"이 더 높을수록), 두 번째 획득과 그의 문제행동에 대한 관계가 언어로 기술될 것 같고 그래서 그런 행동을 유지시키는 기능을 더하는 것 같다. 두 번째 획득은 일반적으로 그들에게 "명성", "역할", "중요함", "힘", "자아 존중" 등과 같은 인간적인 명칭을 제공하는 상담자와 다른 사람과의 인터뷰로부터 나온다. 명칭은 제쳐두고 완전한 행동분석은 비록 지연되고 문제가 될 가능성이 있기는 하지만, 그런 실제 행동결과가 사람들이 우리를 위해 가지고 있는 것과 소비자에 대한 우리의 서비스가 똑같이 중요하다고 생각하도록 요구한다.

6단계: 발달을 촉진한다.

이것은 개인 삶의 깊이와 복잡성을 계획적으로 확장시킴으로써 개인의 지식과 행동목록의 깊이와 복잡함을 신중하게 개발하기 위한 긍정적 행동 계획하기의 최종 단계다. "행동의 계획적인 발달"(Risley & Baer, 1973)은 행동중재의 잠재적인 목표다. 개인이 깨어 있는 주(week) 동안 발달의 100%를 통해 현저한 경험과 실천이란 결과를 가져오는 전체 삶의 맥락에서 계획적이고 자연적으로 삶의 지도를 실제로 기대할 수 있다.

7단계: 실제 삶을 계획한다.

마지막 단계는 명백함을 인정하는 것이다. 만약 한 개인이 이미 단정하고 영속적인 삶을 살아가고 있다면, 그는 다른 종류의 삶으로 "옮아가지" 않는다. 문제행동을 행한 사람은 예측 못할 사건이 일어날지도 모르는 삶의 맥락에서 그런 사건을 만들어내거나 혹은 그런 사건을 자극함으로써 가끔 있지만 높은 위험이 있는 예측 못할 사건에 대해 가장 준비를 잘 할 수 있다(예: Marlatt & Gordon, 1985). 우리 모두처럼 이들은 가끔 특별한 도움이 필요할 것이고 그런 도움을 이용할 수 있도록 만들기 위한 준비가 계획되어야 한다.

결 론

한 개인을 위해 삶을 배치하는 전략과 그 개인을 지도하기 위한 전략은 개인을 문제행동에 대한 긴 행동중재 이력으로부터 나온다. 그것은 행동중재 수준에서 가장 강력하고 지속적이며 비용이 적게 드는 것처럼 보인다. 그것은 기술적인 정확함이나 특별한 훈련이 거의 요구되지 않고, 유일한 의존은 더욱 정확한 결과관리와 융통적이지 못한 조직, 자금지원 및 문제행동을 하는 사람을 위해 여러분이 삶을 살도록 허용해 주지 않는 관료적인 구조 등 불행한 환경에 대비한 행동분석전략의 더욱 미세한 정확성에 맡기는 선택 전략이 되어야 한다.

친숙한 기도를 풀어쓰면

> 우리가 절대로 수용할 수 없는 그런 상황을 바꿀 수 있는 힘을 우리에게 허용해 주시고, 우리가 절대로 바꿀 수 없는 그런 조건에서 일할 수 있는 기술적인 기능을 우리에게 허용해 주시고,
>
> 그리고 그런 차이점을 우리가 알도록 해 주는 지혜를 우리에게 허용해 주시길...

문제행동을 하는 사람의 삶의 조건은 종종 수용할 수 없기에, 현재 차이점은 그들이 점점 더 그것을 바꿀 수 있는 우리의 힘 안에 있게 될 것이라는 것이다. 그런 변화는 긍정적인 행동계획하기의 선도적인 가장자리를 의미한다.

후 주

1. 1985년부터 1991년까지 해마다, Judith Favell과 나는 행동치료발달위원회 모임의 공동연구회에 함께 참석했다. 이 공동연구회는 중증 행동장애의 치료에 관한 그녀의 연구와 삶의 환경에 대한 나의 고안을 융합하는 모임인데, 점점 이번 장에 제안된 몇 가지 요점으로 발전했다. 마지막 공동연구회(참조: Favell & Risley, 1991)의 내용은 또한 이 장의 몇 곳의 구성에 포함되었다.
2. 1984년에, 가장 뒷바라지하기 어려운 시설에 수용된 10명의 사람들을 위한 특별한 프로그램을 개발하기 위한 목적으로 그 프로그램은 우리 시설 이외의 곳에 있는 문제행동을 가진 사람들에게 의학적 및 행동적으로 서비스하는 법을 우리가 배울 수 있도록 해 주는 것으로 어렵게 알래스카 주의 발달장애인을 위한 자금으로 50만 달러를 얻게 되었다. 앵커리지서비스위원회의 이사인 Karen Ward만이 기꺼이 이 도전을 받아들이려고 했고 받아들일 수 있었다. 우리는 이들 10명의 사람들을 위한 지역사회 프로그램을 고안하고 조정하는 데 협력했다. 처음에 우리는 이들 중 2명의 사람들에게 실패를 했는데, 왜냐하면 이들의 성적인 행동이 그들의 이웃들에게 위험을 지니고 있었기 때문이다. Ward 박사는 인내심을 발휘해서 마침내 그들과 다른 성적인 문제행동을 하는 사람들도 받아들일 수 있는 재발방지 프로그램을 고안했다(참조: Ward et al., 1992). 1986년에는 직업지도로 우리의 보호

작업장을 실제의 경쟁적인 고용, 이동 노동자, 집단거주지 등에 인구를 줄일 목적으로 알래스카 주 정신지체 및 발달장애, 직업재활국은 지원받은 직업 "제도의 변화" 허락을 승인받았다. Ward 박사와 나는 Theda Ellis와 그 허락을 실행하고 직업 훈련가를 재훈련시키기 위한 지원고용에 관한 훈련 프로그램을 고안하는 데 협력해서 일했다. Ward 박사는 나아가서 훈련을 주 전체로 파급시키기 위해 훈련을 개발했다(Ward & McGlone, 1987; Wilcox, Ward, & Knox, 1992).

3. 1987년 알래스카 젊은이 국민제안(Alaska Youth Initiative; AYI)이 아동과 젊은이 한 사람 한 사람씩 주가 운영하는 시설로부터 실제 가정, 그들의 가정이 있는 지역사회의 뒤쪽에 있으며 그들에게 꼭 맞춘 보호막으로 둘러싼 지원과 치료가 있는 곳으로 데려와서 "배치하기" 시작했다. 주의 아동과 청연 정신건강조정자인 John VanDenBerg는 이 프로그램을 고안하고 실행했다(VanDenBerg, 1993 참조). 그의 대학원 지도교수이자 동료로서 나는 프로그램 개발과 몇 가지 매우 어려운 경우에 그와 상담했다. 그의 상급자로서 1988년 내가 정신건강과 발달장애분과(Division of Mental Health and Developmental Disabilities; DMHDD) 이사가 되었을 때, 나는 프로그램이 성장하는 것을 지켜보았다(그리고 걱정했다). 1990년까지 예상치 못한 편안함과 성공적으로 주 정부가 운영하는 시설의 평균비용의 약 반으로(그리고 그들의 지역사회로부터 아무런 부정적인 정치적인 반응도 없이!) 전체 알래스카의 지역사회에서 "문제행동을 가진 사람 중에서 가장 문제가 많은 85명의 사람들을 우리가 돌보고 있었다.

4. 1988년에 나는 알래스카 종합대학교로부터 안식년휴가를 받았고 주로 AYI를 보호하고 다른 모집단을 보호하는 서비스의 사용을 탐색할 목적인 알래스카의 DMHDD의 이사가 되었다. 성인정신건강체제의 구조(특히 배상의 메디케이드 목록은 서비스를 심리치료, 약물관리 및 심리사회적인 재활 등에 대한 정찰가격으로 서비스를 "강화"시켰다는 사실)와 그것을 운영하고 있는 뿌리를 깊이 내린 관료제가 보다 몸에 맞는 개별화된 서비스로 나아가지 못하도록 방해했다. 그것은 발달장애분과(Division of Developmental Disabilities(DD))의 주장과는 매우 반대되는 것이었다. 퇴직은 DD 관련인사의 계급에 대해 제비뽑기를 해서 결정했는데, 이것은 메디케이드가 아니었다. 새로 임명된 발달장애서비스국의 조정자인 Mike Renfro와 나는 우리에게로 오는 모든 새로운 주의 돈을 가지고 몸에 맞는 개별화된 서비스체계를 고안하고 실행할 수 있었다.

1990년에 다시 대학으로 내가 돌아왔을 때, Mike Renfro는 그들이 서비스를 제공하고 있는 사람과 가족을 알고 있는 주의 DD관련인사들이 "주장자"가 되도록 계속 훈련하고 고용할 수 있었다. 그는 서비스 제공자들과 소비자들이 서비스 원칙들—사실은 몸에 맞춘 개별화된 서비스를 요구했고 그리고 DD위원회에게 확신을 시켜 주었고 그리고 서비스 제공자협회가 개별화된 몸에 맞는 서비스를 보장을 채택하도록 안내했다. 1993년까지 주의 DD 지원을 받고 있었던 사람 중 반 이상이 자신들의 선택된 삶을 "몸에 맞게" 서비스를 받고 있었고—그런 지원의 비용(평균비용: 1991년 18,400달러; 1992년 16,858달러; 1993년 16,442달러)은 예전의 그룹홈 혹은 감독을 받는 아파트(25,000달러) 더하기 직업적인(10,000달러) "지위"보다도 훨씬 적었다. 6년간의 개별화된 몸에 맞는 서비스를 받은 후에 주가 운영하는 DD시설로 가는 것이 허용될 필요가 있는 사람은 아무도 없었고 서비스하기가 매우 힘이 드는 사람들조차도 개별화된 몸에 맞는 서비스를 받으면 DD서비스체계는 시설이 필요하지 않다는 것을 보여 주었다. (그리고 비용이 훨씬 싸다. 가장 비싼 10개의 몸에 맞춘 서비스 계획조차도 시설에서 1사람당 드는 비용 평균의 반이다!)

참고문헌

Barth, R.P. (1986). *Social and cognitive treatment of children and adolescents.* San Francisco: Jossey-Bass.

Bellamy, G.T., Newton, J.S., LeBaron, N., & Horner, R.H. (1990). Quality of life and lifestyle outcomes: A challenge ofr residential progrrams. InR. Schalock (Ed.), *Quality of life: perspectives and issues* (pp. 127-137). Washington, DC: American Association on Mental Retardation.

Favell, J.E., & Risley, T.R. (1991, November). *Treatment of severe behavior disorders in persons with developmental disabilities.* Workshop presented at the annual convention of the Association for Advancement of Behavior Therapy, New York.

Hart, B.M., & Risley, T.R. (1968). Establishing use of descriptive adjectives in the spontaneous speech of disadvantaged preschool children. *Journal of Applied Behavior Analysis, 1,* 253-262.

Hart, B.M, & Risley, T.R. (1974). Using preschool materials to modify the language of disadvantaged children. *Journal of Applied Behavior Analysis, 4,* 243-256.

Hart, B.M., & Risley, T.R. (1975). Incidental teaching of language in the preschool. *Journal of Applied Behavior Analysis, 4,* 411-420.

Hart, B.M., Risley, T.R. (1978). Promoting productive language through incidental teaching. *Education and Urban Society, 10,* 407-429.

Hart, B.M., & Risley, T.R. (1980). In vivo language intervention: Unaticipated general effects. *Journal of Applied Behavioral Analysis, 13,* 407-432.

Hart, B., & Risley, T.R. (1982). *Incidental teaching of language.* Lawrence, KS: H&H Publishing.

Kiernan, W.E, & Stark, J.A. (Eds.) (1986). *Pathways to employment for adults with developmental disabilities.* Baltimore: Paul H. Brookes Publishing Co.

Marlatt, G.A., & Gordon, J.R. (1985). *Relapse prevention.* New York: Guilford Press.

Renfro, M. (1994). *Advocrat: A bureaucrat who advocates* (DD community services position paper). Juneau, AK: Division of Mental Health and Developmental Disabilities.

Reynolds, N.J., & Risley, T.R. (1968). The role of social and material reinforcers in increasing talking of a disadvantaged preschool child. *Journal of Applied Behavior Analysis, 1,* 253-262.

Risley, T.R., & Baer, D.M. (1973). Operant behavior modification. The deliberate development of behavior. In B. Caldwell & H. Ricciuti (Eds.), *Review of child development research: Vol. 1. Social influence and social action.* Chicago: University of Chicago Press.

Risley, T.R., & Wolf, M.M. (1964). *Experimental manipulation of autistic behaviors and generalization into the home.* Paper presented at the American Psychological Association, Los Angeles. Reprinted in R.E. Ulrich, T. Stachnic, & J. Mrbry (Eds.). (1966). *The control of human behavior.* Glenview, IL: Scott Foresman.

Risley, T.R., & Wolf, M.M. (1967). Establishing functional speech in echolalic children. *Behaviour Research and Therapy, 5,* 73-88.

Schroeder, C.S., & Gordon, B.N. (1991). Assessment and treatment of childhood problems. New York: Guilford. State of Alaska division of Mental Health and Developmental Disabilities. (1992). Alaska Developmental Disabilities service principles. Juneau, AK: Author Stokes, T.F., & Baer, D.M. (1977). An implicit technology of generalization. *Journal of Applied Behavior Analysis, 10,* 349-367.

Touchette, P.E., MacDonald, R.F., & Langer, S.N. (1985). A scatter plot technique for identifying the stimulus control of problem behavior. *Journal of Applied Behavior Analysis, 18,*

343–351.

VanDenBerg, J.E. (1993). Integration of individualized mental health services into the system of care for children and adolescents. *Administration and Policy in Mental Health, 20* (4), 247–257.

Ward, K.M., Heffern, S.J., Wilcox, D.A., McElwee, D., Dowrick, P., Brown, T.D., Jones, M.J., & Johnson, C.L. (1992). *Managing inappropriate sexual behavior: Supporting individuals with developmental disabilities in the community.* Anchorage: University of Alaska Center for Human Development.

Ward, K.M., & McGlone, M. (1987). Supported employment: Transitioning clients and staff from a sheltered workshop environment to integrated community employment. *New Directions, 8* (3), 1–6.

Wehman, P., & Melia, R. (1985). The job coach: Function in transitional and supported employment. *American Rehabilitation, 11* (2), 4–7.

Wilcox, D.A., Ward, K.M., & Knox, C.J. (1992). *Supported employment: Employment specialist manual and Supported employment: Master trainer manual.* Anchorage: University of Alaska Center for Human Development.

Wolf, M.M. (1978). The case for subjective measurement or how applied behavior analysis is finding its heart. *Journal of Applied Behavioral Analysis, 11,* 203–214.

Wolf, M.M., Risley, T.R., & Mees, H.I (1964). Application of operant conditioning procedures to the behavior problems of an autistic child. *Behaviour Research and Therapy, 1,* 305–312.

제19장

인간중심 계획하기

Don Kincaid

1980년대 중반 이래로 발달장애인, 그들의 가족, 지역사회 구성원은 다른 사람들이 어떻게 장애인을 인식하는가에 대해 실질적인 변화를 보아 왔다. 장애에 대한 인식과 생각의 이런 변화는 개인이 필요로 하는 것과 원하는 것을 실제로 어떻게 찾아내고 어떻게 제공해 줄까 하는 많은 중요한 변화를 나타내고 있다. 분명히 통합, 지역사회, 자기옹호, 도전적인 행동, 생활방식 문제, 가족지원 등과 같은 용어들이 이 책 전반부에서 언급되고 개인과 가족에 대한 긍정적인 행동지원 제공에 대한 철학과 실천에서 변화가 나타나고 있다. 인간중심 계획하기라는 용어는 장애인의 철학과 가치 변화를 나타내게 되었을 뿐만 아니라 개인이 원하고 필요로 하는 것이 무엇인지를 파악하고 추구하는 새로운 일련의 기술을 묘사한다.

지난 몇 년간에 개발된 다양한 과정이 인간중심 계획하기 속에 들어가 있다. 이들 몇 가지는 삶의 유형 계획하기(O'Brien, 1987; O'Brien & Lyle, 1987), 개인 미래 계획하기(Mount, 1987; Mount & Zwernick, 1988), McGill 행동 계획하기 체계(Forest & Lusthaus, 1987; Vandercook, York, & Forest, 1989, 1989), 성취 구조/개인적인 프로파일(O'Brien. Mount, &

O'Brien, 1991), 핵심적 삶의 유형 계획하기(Smull & Harrison, 1992) 등이다.

인간중심 계획하기의 다섯 가지 필수적인 성과

인간중심 계획하기 활동은 많은 유사점을 공유하고 있다. 대부분의 접근법은 보다 많은 긍정적인 미래를 계획하기와 가족 및 개인에 관해 더 많이 배우는 집단을 포함하기 위해 집단 그래프(큰 종이와 표시한 그림) 촉진기법을 이용한다. 그 외에도, 이들 연구법은 다섯 가지 필수적인 목표, 성과 혹은 개인의 삶에서 가치 있는 성취를 추구하기 위한 명백한 혹은 함축된 책임을 공유한다.

1. 지역사회의 삶에 참여하고 출석하기. 이 성과는 다른 모든 시민이 활용할 수 있는 동일한 지역사회에 출석할 뿐 아니라 "정상적인" 사람과 "정상적인" 일을 할 기회를 가져야 한다는 것을 강조한다. 이 목표는 대부분의 사람이 정상적인 일상을 수행할 것이라고 생각되는 지역사회에서 삶의 모든 측면과 대부분의 사람이 당연하다고 여기는 삶의 모든 측면을 포함한다. 쇼핑가기, 친구 방문하기, 교회 혹은 유대인 교회에 가기, 영화 보러 가기, 식당에서 밥 먹기, 지역의 건강클럽에 참여하기 등은 단지 대부분의 개인이 자기 지역사회에 참여하는 몇 가지 생활방식이다.
2. 만족한 관계를 얻고 유지하기. 많은 장애인은 친구를 갖는 일에 결코 도움을 받아본 적이 없었다. 사실, 일부 사람은 자신과 함께 있어 주는 것에 대해 실제로 돈을 지불하지 않고 친구를 가져본 적이 없을 지도 모른다. 유사하게, 많은 장애인은 낭만적인 관계를 가지도록 지원받아 본 적도 결코 없을 것이다. 장애를 가진 아동은 종종 가족과 분리되었고, 가족 유대관계를 유지하도록 지원받아 본 적이 없었다. 부가적으로, 과거에 문제가 되었던 개인을 돌보아 준 사람은 그런 접촉관계를 잃어버렸을지도 모른다. 인간중심 계획하기에서 장애인에게 사랑과 애정을 주고받을 수 있는 계기를 제공하는 친구와 가족과의 건전한 상호관계를 지원해야 한다.
3. 일상의 삶에서 선호를 표현하고 선택하기. 장애인은 일반적으로 그가 할 수 있는 선택을 하도록 허용되지 않았다. 과거에 대부분의 인간 서비스 체계는 소위 "장애인"이라 불리는 사람에게는 너무 많은 책임이 부여된다고 생각했고, 자신의 선호를 어떻게 표현하는지 배울 기회를 지원받지 못했다. 정신지체인 중 매우 적은 수의 사람이 자신의 개인적인 책임과 결정하기를 배우는 데 도움을 받는 방식으로 자신의 삶을 통제하도록 허용된다.

   일부 사람에게는 그들이 통제할 수 있는 힘이 있다는 것이 부인되어 온 것은 그들의 삶에서는 거의 의미가 없는 일이다. 무엇을 먹을 것인가, 언제 먹을 것인가, 어떤 옷을 입을 것인가, 혹은 어떻게 자신의 머리카락을 다듬을 것인가. 더욱 많은 것들이 삶에서 큰 문제가 되어오고 있다. 어디서 살 것인가, 누구와 방을 같이 사용할 것인가, 어디서 일할 것인가, 어떤 종류의 일을 할 것인가, 혹은 자신의 돈을 어떻게 사용할 것인가. 이 목적은 개인이 선호와 선택을 표현할 기회를 가져야 할 뿐 아니라 다른 사람이 그런 표현을 적절하게 들어주고 반응해야 한다는 것을 말한다. 우리는 삶의 작고 큰 결정에서 개인이 선택하는 것을 지원해야 한다.

4. 존경받는 역할을 성취하고 품위 있게 살아갈 기회를 가지기. 이 목표는 모든 사람에게 필수적이지만, 아직도 많은 장애인은 지역사회에서 존경과 품위를 얻을 기회가 허용되지 않고 있다. 종종, 정신지체인은 그들이 자신의 능력을 발휘하지 못하거나 혹은 자신의 개인적인 특성을 긍정적인 방식으로 발표하지 못하는 상황에서 계속 살아오고 일을 해오고 있는 중이다. 그들은 요구하는 역할을 어쩔 수없이 해오고 있고, 적절하지 못하게 옷을 입고, 그들이 어떻게 보이는지에 상관하지 않는 사람에 의해 자신의 머리카락을 자르고, 너무 함께 붐벼서 그들의 차이점이 과장되고 대체로 지역사회의 사회적인 예의범절을 배우는 데 지원을 받지 못한다.

   발달장애인은 지역사회에 이바지할 수 있고 그런 과정에서 존경과 품위를 찾을 수 있다. 장애인은 사회에 공헌을 하는 데 지원을 받아야 하고, 한 개인으로 가치가 부여되어야 하며, 자기존중을 가져야 하고, 품위 있게 행동해야 하며, 존중을 받아야 한다.

5. 계속해서 개인 능력 개발하기. 누구에게든지 기회와 지원을 통해 능력은 개발될 수 있다. 능력 개발의 첫 번째 단계는 다음과 같은 태도다, "맞아, 그것은 가능해. 너는 그것을 할 수 있어. 나는 너를 도울 수 있어. 우리가 함께 그 일을 할 수 있어." 각자에게는 성장하고 발달할 기회가 주어져야 하고, 삶의 보다 많은 기회를 이용할 기회, 자신의 삶과 미래를 통제할 기회가 주어져야 한다. 이것은 새로운 것을 배울 수 있다는 것, 최소한의 도움으로 성공할 수 있다는 것과 사회에 공헌할 수 있다는 것을 포함한다.

개인의 프로파일과 미래 계획을 촉진하기

몇 년 동안 삶을 구성하는 프로젝트(Life Quilters Project)는 개인의 프로파일과 미래 계획을 촉진하기(Personal Profiling and Futures Planning)라고 불리는 과정을 이용해서 West Virginia 전역에 인간과 가족중심 계획하기를 제공해 오고 있다. 이 접근법은 1989년 Joseph Patterson에 의해 많은 미국의 주 하원의원들에게 최초로 가르쳐졌다. 그때 이래로 우리는 이 접근법에 다른 인간중심 접근법으로부터 수집된 부가적인 정보를 사용해서 또 우리 자신의 주(state) 체계와 우리가 지원하는 사람들로부터 배운 것을 가지고 이 접근법을 수정했다. 사실, 우리가 개인의 프로파일과 미래 계획하기를 촉진할 때마다, 우리는 그 과정을 더 개정하고 개작한다. 그래서 오래된 활동이 더욱 효과적인 것이 되도록 하고 개정하는 새로운 활동을 발견함에 따라 대체로 그 과정은 시간이 경과함에 따라 변하고 있다. 또한, 각 당사자의 독특함, 가족 및 지역사회의 지원은 그 과정이 이용될 때마다 중요한 개작이 요구된다.

개인 프로파일(Personal Profile)의 최초 활동은 개인의 전반적인 이해와 그 개인의 환경을 발전시키기 위해 집단 그래프 기술을 활용한다. 개인 프로파일은 누가 팀에 참여하고 있는지(즉, 당사자, 가족 구성원, 교사, 지역사회 구성원) 제시하고, 당사자의 삶에 중요한 사람과 중요한 장소를 파악하며, 당사자의 일생과 건강을 재검토하고, 당사자의 선택 결정을 위한 기회를 파악하며, 당사자가 어떻게 존경을 얻고 잃는가를 결정하고, 당사자의 미래에 관련된 팀 구성원의 희망과 두려움을 인식하며, 바라는 성과를 획득하기 위한 기회에 현재 방해물을 사정하고, 당사자의 삶에 영향을 주는 전반적인 토픽에 도달한다.

개인의 미래 계획(Personal Futures Plan)의 두 번째 활동은 또한 집단 그래프 기법을 이용하고 개인 프로파일 활동에 파악된 정보에 바탕을 두고 만들어진다. 이 활동은 집단의 시각을 고려하도록 확대되고 당사자의 단기 및 장기간의 긍정적인 성과를 수행하도록 확대된다.

Mount(1994)는 명확히 개인 미래 계획하기 과정의 많은 이점과 제한점을 강조한다. 이 과정의 이점은 참여자에게 동기를 고취시키고 당사자의 가족과 친구뿐 아니라 장애인에게 역량을 부여하고, 지역사회의 관계망을 확장하고 발전시키면서 조직적인 변화를 만들어내면서 당사자에 대한 긍정적인 관점발달을 포함한다. Mount는 만약 당사자가 필요로 하고 원하는 것에서 그 조직이 필요로 하고 원하는 것으로 강조의 초점이 이동된다면 과정의 통합은 해 볼만하게 된다고 말한다.

> 개인 미래 계획하기는 다른 상보적인 변화 활동과 분리되어 사용될 때 덜 효율적이다. 만약 미래 계획하기 과정이 표준화되어 대규모로 수행되거나 혹은 그것에 맞추어 하는 대신에 서비스의 현존하는 구조에 그것을 들어맞게 짜 맞춘다면 이런 분열이 발생하기가 매우 쉽다. (Mount, 1994, p. 102)

왜냐하면 인간중심 계획하기의 이론적인 근거, 이점 및 제한점은 Mount와 기타의 사람들에 의해 제시되어 왔기 때문에 이 장의 다른 부분은 개인 프로파일과 미래 계획하기 기술의 실제 적용에서의 문제를 강조한다. 여기서의 목적은 독자가 이 과정에 친숙해질 뿐만 아니라 인간중심 계획하기 팀을 촉진시키기 위해 실제로 그 기술을 자신에게 적용하기 위한 과정에 충분히 친숙하게 되고 동기 부여가 되어야 한다는 것이다.

틀 혹은 퀼트(Quilt) 사각형

삶의 퀼터 프로젝트(Life Quilters Project)에 애팔래치아의 유산을 계속 유지하고 주제를 모아서 짜기 위해서, 개인 프로파일과 미래 계획의 개인 틀은 퀼트 사각형처럼 그려진다. 각 틀은 2 내지 3 피트의 사각형 종이에 그려지고 점선으로 둘러싸여진다. 이들 점선으로 둘러싸인 것은 삶의 퀼트를 유지하는 "뜨개질하기"를 나타낸다. 틀이 모두 벽으로 함께 둘러싸여지면 그것은 마치 애팔래치안 퀼트(미국 북동부지방)를 닮는다. 이 삶의 퀼트는 개인의 과거, 현재 및 미래에 관해 팀이 수집한 중요한 정보를 의사소통하게 해 준다.

아래 부분은 우리가 촉진해 온 집단으로부터의 완성된 퀼트 사각형의 보기를 제시한다.

각 보기는 어떻게 그 틀을 촉진시키는가, 그 틀이 무엇을 성취하기를 원하는지 및 그런 과정 중 각 단계가 어떤 문제를 강조하는가에 대한 설명을 수반한다.

틀 1: 이곳에 누가 있는가?

촉진자는 모든 사람에게 자신을 소개하고, 그들의 역할을 파악하며, 그들이 스텝과 어떻게 관련이 되는지 진술하도록 요구함으로써 과정을 시작한다. 참여자가 말을 함으로써, 팀의 자원봉사자가 그들의 이름과 직함을 이곳에 누가 있는가라고 종이 위에 기록하고 그들이 당사자를 알게 된 시간의 길이를 표시 한다([그림 1]). 이 틀은 모든 참여자에게 서로를 알게 되는 기회를 허용하고 이름, 관계, 당사자와의 경험의 수준을 기억하도록 돕는다. 이 일이 완성되고 난 후에는 삶의 퀼트 틀에 대한 연구가 시작될 준비가 된다.

틀 2: 사람

인간관계는 모든 사람의 행복과 성공에 필수적이다. 하지만 관계와 관련된 정보는 전통적으로 장애인의 삶의 기록에는 없었다. 인간 서비스 제공기관에 의해서 지원을 받은 사람은 종종

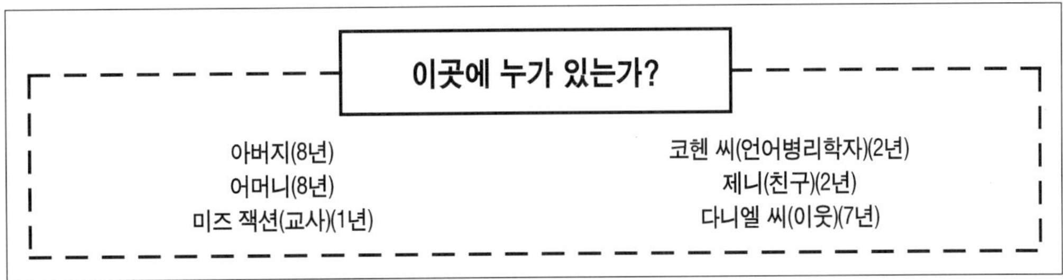

[그림 1] '이곳에 누가 있는가?'라는 틀 샘플

가족, 스텝, 친구와 자신이 분리되었을 때 중요한 관계를 잃어버린다. 장애인은 전형적으로 비장애인보다도 더 작은 사회적인 관계를 지니고 있고, 그래서 개인과 접촉이 있거나 접촉을 없애버리는 것이 당자사가 의미 있는 관계를 확보할 기회에 중요한 영향을 미친다.

당사자가 누구와 함께 시간을 보내는가를 가리키는 사람 틀([그림 2])은 최상의 관계망을 지니고 있으며 가장 효율적이다. 또한 이 틀은 제공된 지원이 자연스러운지(가족과 지역사회) 아닌지 혹은 기관중심으로 지원이 제공되었는지 아닌지를 보여 준다. 이 틀은 1) 가족(청색),

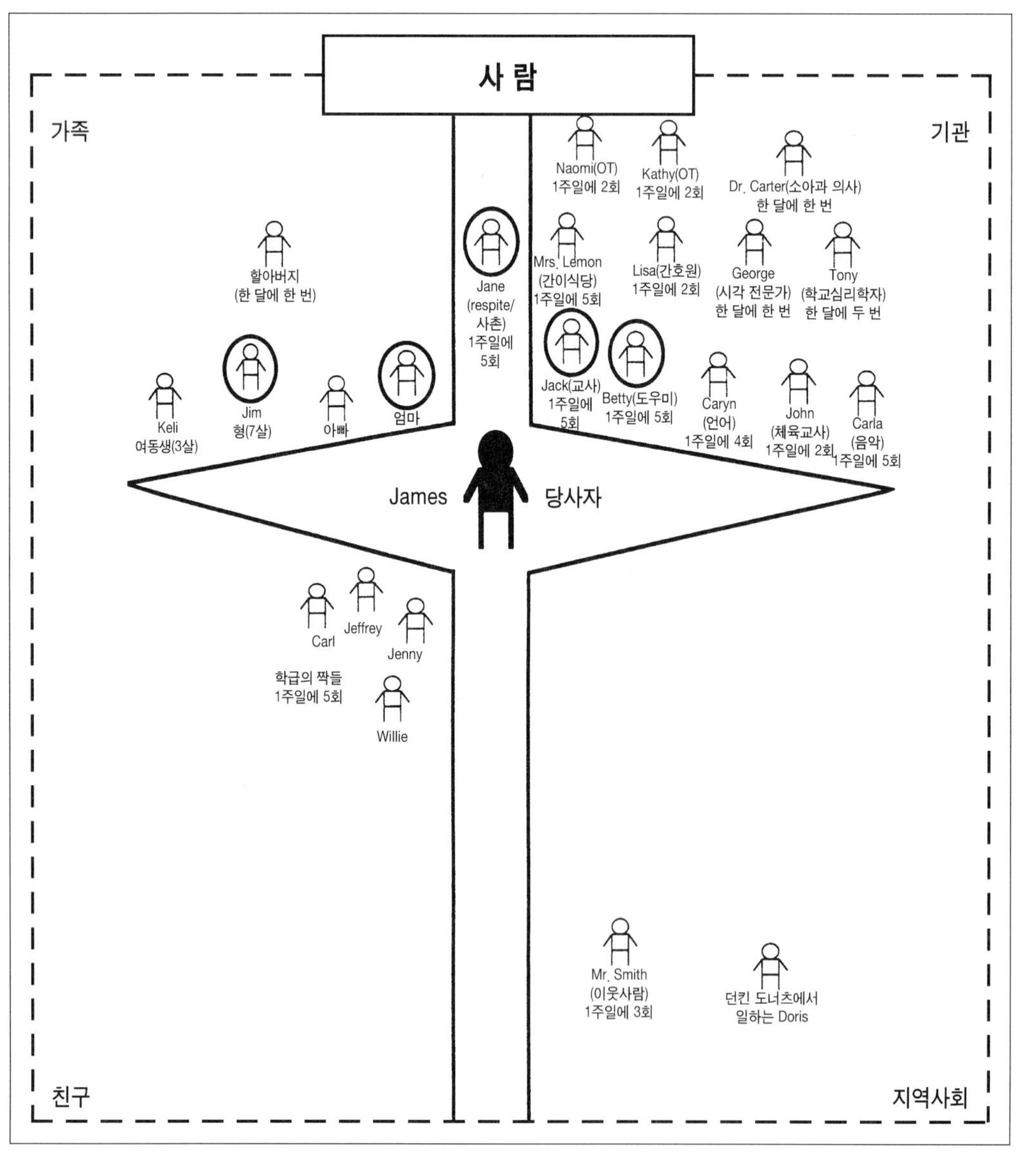

[그림 2] 한 아동을 위한 사람 틀 샘플

2)기관들(노랑/갈색), 3) 친구와 친분이 있는 사람(녹색), 4) 지역사회(오렌지색) 등 서로 다른 색으로 된 부분을 나눔으로써 전개된다. 당사자는 틀(자주색)의 중간에 나타난다. 이 틀과 활동 전반을 통한 색의 사용은 각 틀의 측면을 강조할 뿐 아니라 참여자의 흥미를 유지시키는 데에도 중요하다.

촉진자는 다음에 "당사자의 삶에 가장 중요한 사람이 누구인가?"라고 묻는다. 가장 중요한 사람은 당사자 가까이에 그려진다. 당사자의 삶에 그들이 미치는 중요성에 관해 사람들 간에 상당한 의견 차이가 있으면 팀은 합의에 도달하려고 노력한다.

당사자와 관련된 각 사람을 파악한 후에는 촉진자 혹은 다른 팀 구성원 각자가 얼마나 자주 당사자와 접촉을 하는지를 기록하고(1주일간 접촉한 전체 시간) 당사자와 가장 친밀한 유대관계가 있는 사람과 가장 효과적인 사람이 누구인지 그 사람을 녹색으로 원을 만들어 표시한다.

틀 3: 장소

장소 틀([그림 3])은 당사자의 현재 출석과 모든 지역사회 삶의 여러 측면의 참여에 대한 사진을 팀이 얻도록 허용해 주고 촉진자 혹은 다른 참여자가 다음과 같이 하기를 요구한다.

1. 당사자가 1개월 동안에 방문하는 모든 장소에 대한 사진을 찍는다.
2. 당사자의 가정, 직장, 학교 및 지역사회 환경을 포함한다. 또한 당사자가 이용하는 교통수단의 유형과 얼마나 자주 그것을 이용하는지를 표시한다.
3. 가정과 지역사회에서 발생하는 활동을 보여 주고 당사자가 얼마나 자주 그런 활동에 참여하는지를 표시한다.
4. 당사자가 직장에서 일하거나 학교에서 공부하는 동안 무엇을 하는가를 설명한다.
5. 이 틀에서 가장 중요한 친구, 집을 같이 사용하는 사람, 스텝 및 기타를 포함한다. 전체 사람 틀을 이곳에 그대로 다시 적지는 않는다.

틀 4: 중요한 삶의 경험 이력

만약 당사자가 자기 정보를 정확하게 이야기할 수 없다면 당사자를 잘 알고 있는 사람이 당사자의 이력을 제시하도록 팀이 사람을 준비시켜야 한다. 당사자의 삶을 조망하고 출생부터 현재까지 중요한 일을 기록한다. 어린 아동에게는 배치와 위기의 긴 이력이 없을지도 모른다. 하지만 부모의 이력 혹은 양육자의 지원과 서비스를 찾고자 하는 시도는 결정적이고 중요하다. 그래서 이 틀은 당사자의 나이에 토대를 두고 다르게 접근된다.

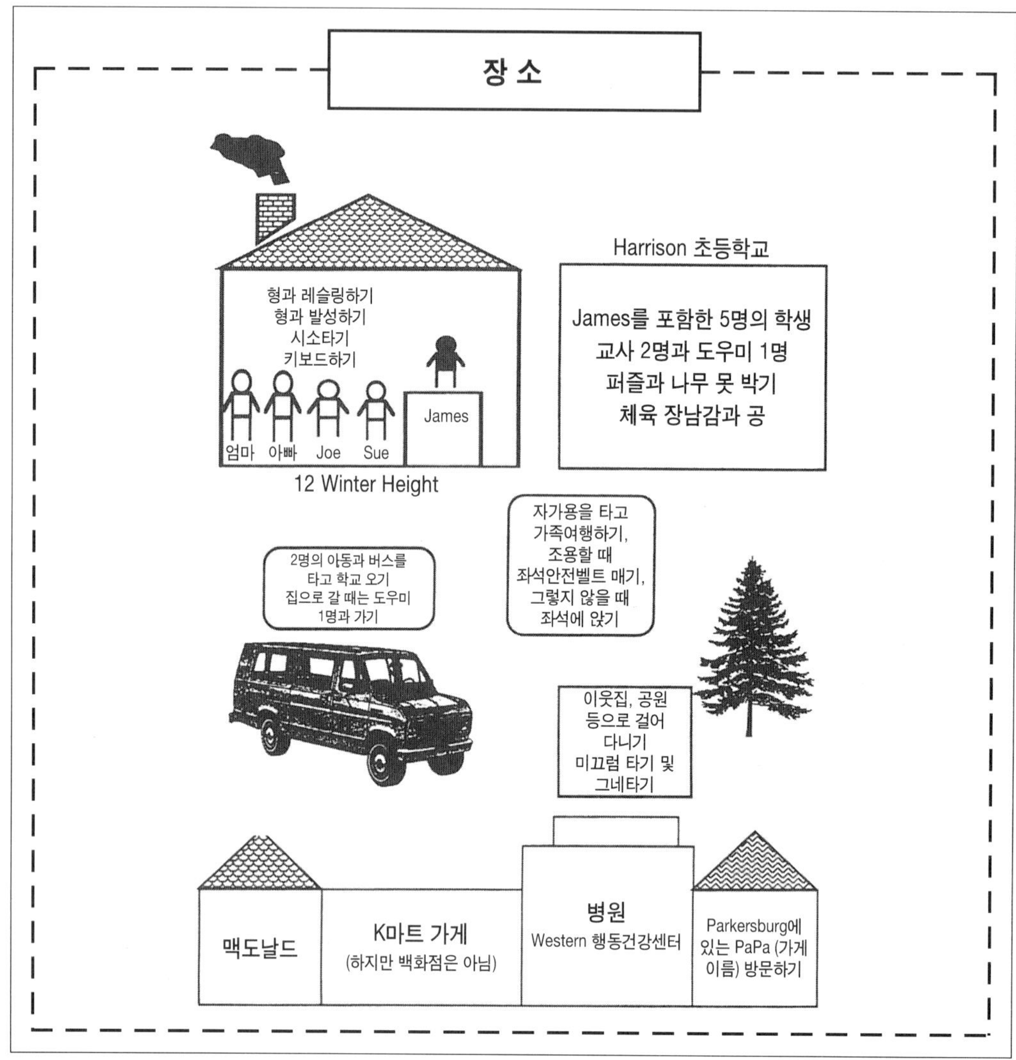

[그림 3] 아동을 위한 장소 틀 샘플

성인에게는 팀이 당사자가 어디서 언제 태어났는가를 설명하고, 생물학적 가족 혹은 양자 가족과의 생활, 기관적인 배치, 병원입원, 중병, 친구와 가족 등 소중한 사람의 손실, 당사자가 살았던 서로 다른 장소 등을 설명한다([그림 4a]와 [그림 4b]).

하지만 팀은 아동의 서비스 체계에 가족이 포함된 이력에 더욱 관심을 집중시킨다. 성인의 경우처럼 팀은 언제 어디서 그 아동이 태어났는지, 아동의 자기 가족과의 생활, 아동이 어디서 살았는지를 설명해야만 한다. 하지만 의사와 기관의 서비스와의 중요한 접촉, 사고, 어디서 서비스가 계속되었는지, 서비스는 효과적이었는지, 지속되지 못했는지 혹은 지속적

[그림 4a] 성인을 위한 중요한 삶의 경험 이력의 틀 샘플

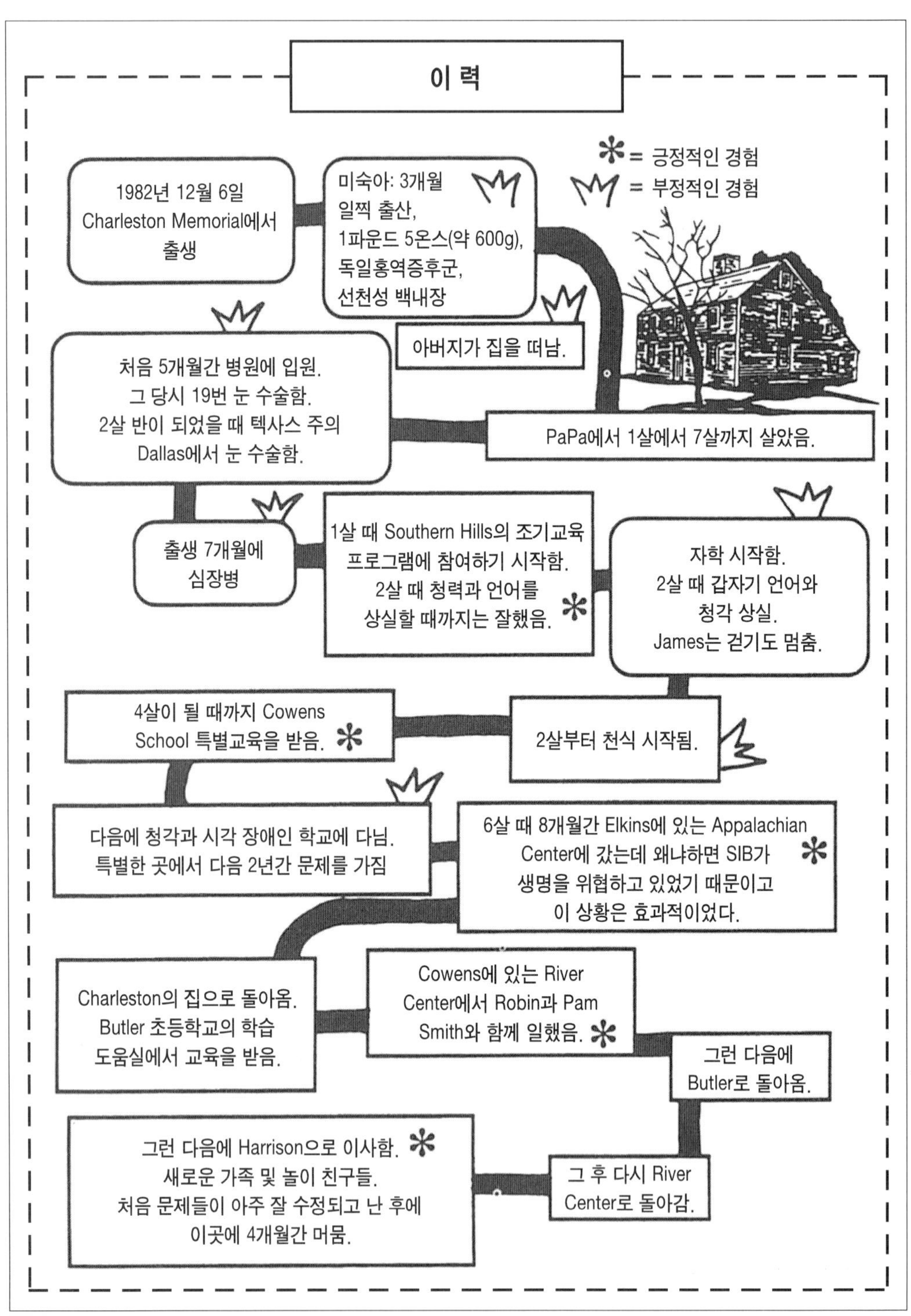

[그림 4b] 아동의 중요한 삶의 경험 이력의 틀 샘플

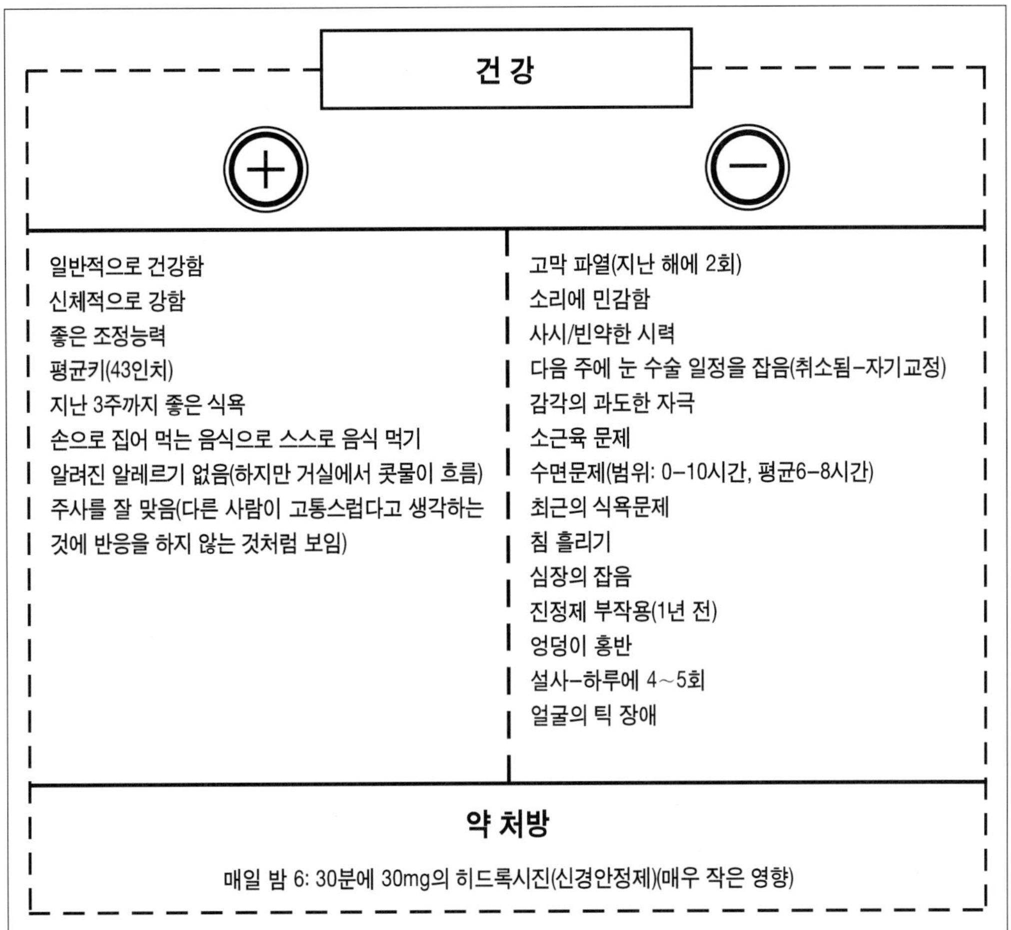

[그림 5] 아동의 현재 건강 틀 샘플

이었는지 등이 또한 나타나야 한다([그림 5]).

이 틀을 그리는 사람은 날짜와 중요한 장소에서의 사람 이름을 기록해야 한다. 위기와 문제는 붉게 나타낸다. 좋은 때와 성공은 초록색으로 기록한다. 이 이력은 스케치되어야 한다. 이후에, 만약 이것이 중요하면, 자세한 내용이 채워질 수 있다. 지금 현재까지 당사자의 삶에 대한 조망하기가 중요하다. 이 틀은 당사자에 대한 참여자의 기억을 자극할 것이고 그들로 하여금 당사자가 어디 출신인지, 현재까지 그의 삶의 상황은 어떤지에 대해 더 나은 이해를 얻도록 해 준다.

틀 5: 현재의 건강

이 틀에서는 팀이 집단의 합의에 바탕을 두고 긍정적인 것(+)은 초록색으로 부정적인 것(−)은 붉은색으로 제시하면서 당사자의 현재 건강을 조망한다([그림 5] 참조). 건강 요소는 긍정적인 또는 부정적인 것이 될 수 있다. 집단은 좋지 않은 증상 혹은 문제, 특별한 돌봄 혹은 필요한 장비, 조정 및 행동양식 등뿐만 아니라 좋은 건강을 나타내는 것도 기록한다.

현재의 약물복용도 틀의 아래쪽에 기록되어야 한다. 팀은 모든 행동을 통제하는 약물복용을 확실히 기록해야 한다. 집단은 또한 간략하게 약물복용의 긍정적이고 부정적인 영향을 토론해야만 하고 틀의 적절한 장소에 그것을 적어두어야 한다. 현재의 상황이 영속적인 상태(예: 시각장애), 만성적이지만 치료가 가능한 장애(예: 위궤양) 혹은 급성의 일시적인 상황(예: 부러진 팔)인지를 토의한다.

이 틀에서는 간호사, 내과의사 혹은 다른 의료 종사자로부터 정보를 이끌어내는 것이 유용하고 필요할지도 모른다. 하지만, 이것이 당사자 건강의 주요한 측면을 설명해 주는 오직 건강 스케치를 위한 것이라는 것을 기억해야 한다. 중요한 세부사항은 후에 기록될 수 있다. 집단은 당사자 어려움의 "원인"이 이것 혹은 저 병이라는 길고 상세한 토론에 의해서 관심이 산만해져서는 안 된다.

틀 6: 선택

선택 틀은 두 부분(자신과 다른 사람)으로 구분되며 당사자가 자신을 위해 얼마나 많은 선택을 하는가를 보여 주고 이 당사자를 위해 다른 사람이 얼마나 많은 선택을 행하는가를 보여준다([그림 6]). 선택에 대한 토론은 참여자로 하여금 당사자가 자신의 삶에 얼마나 많은 통제력을 가지는가와 얼마나 많은 통제력이 다른 사람의 손에 있는가를 알아보기 시작하도록 한다. 당사자가 매우 중요한 문제(예: 거주 장소, 방을 같이 사용할 사람, 개인 소지품을 어디에 보관할 것인가, 어떤 종류의 직업을 계속 유지할 것인가, 자유 시간과 여가시간을 어떻게 보낼 것인가)에서 이 당사자가 얼마나 많은 선택을 가지는가를 나타냄으로써 틀 6이 완성되어야 한다. 이 틀은 또한 일상 문제에서 개인적인 선호(예: 자기 방을 어떻게 장식할 것인가, 옷을 어떻게 입을 것인가, 어떤 화장을 하고 어떤 보석을 착용할 것인가, 어떤 음식을 먹을 것인가, 언제 먹을 것인가, 언제 잠자러 갈 것인가, 언제 개인적인 요구를 돌볼 것인가)에 얼마나 많은 선택을 하는가를 보여 준다.

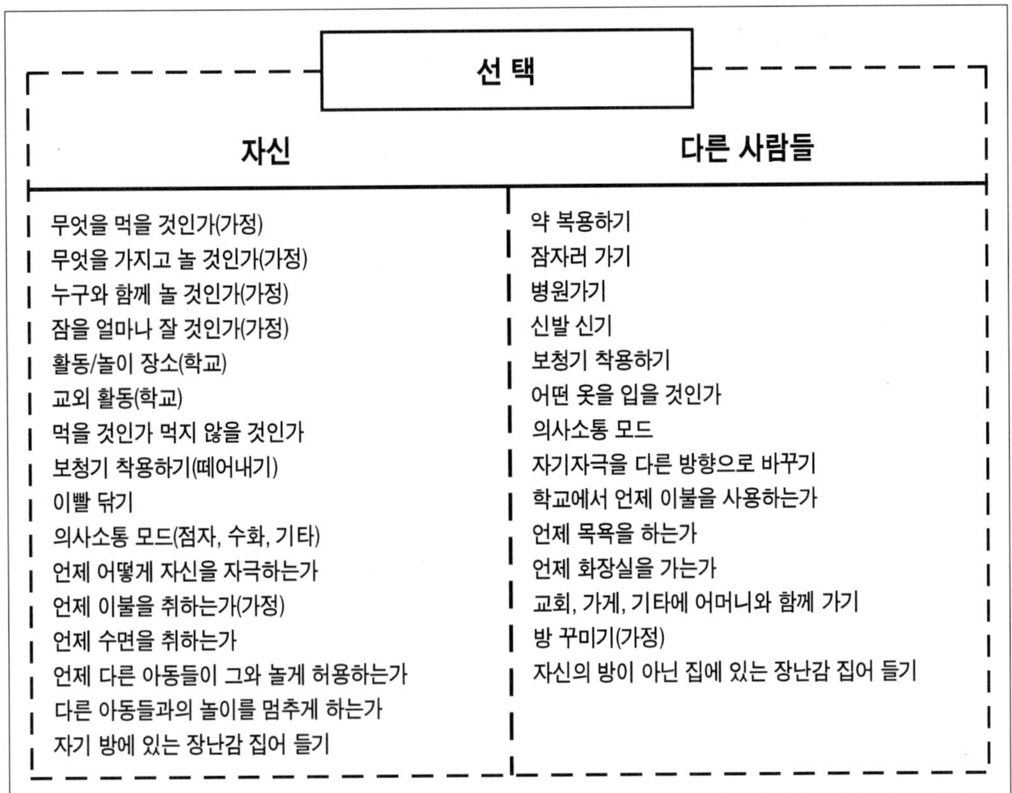

[그림 6] 아동의 선택 틀 샘플

틀 7: 존중

존중 틀은 당사자가 존중을 얻도록 도와주고 존중을 잃어버리게 하는 행동을 파악한다. 당사자가 채우는 역할은 그런 지원이 존중되도록 하고 품위 있는 행동도 또한 표시된다. 이 틀은 당사자가 존중을 얻도록(+) 도와주는 그런 행동 및 역할과 당사자가 지역사회에서 존중을 잃도록(−) 해 주는 이상하고 특별한 행동으로 나눈다([그림 7] 참조).

존중받는 행동은 멋있게 미소 짓기, 유머 감각 지니기, 도움주기 등처럼 아주 간단한 것일지도 모른다. 참여자는 "왜 당신은 이 사람을 좋아합니까?"라고 여기서 물어 보아야 한다. 존중받는 역할은 당사자를 인정된 사회적인 위치에 배치하는 것과 직업 가지기, 잡다한 일하기, 다른 사람 돕기, 자원봉사하기, 팀에 참가하기, 집단과 사회에 다소간의 다른 공헌하기 등을 포함한다. 존중받는 행동과 역할은 초록색(+)으로 표시한다.

반대로, 이상하고 특별한 행동은 종종 사람으로 하여금 지역사회에서 존중을 잃게 한다. 위험한 행동은 당사자 혹은 다른 사람에게 심하게 해를 입히거나 혹은 환경을 파괴할지도 모른

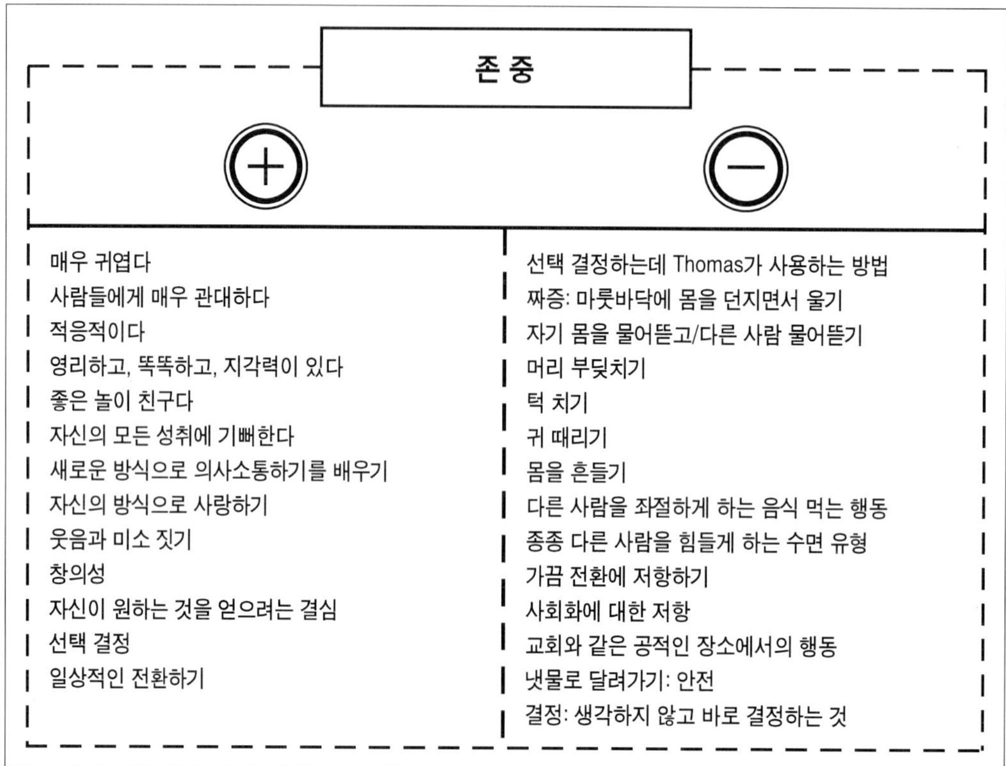

[그림 7] 아동 존중의 틀 샘플

다. 과도한 행동, 공격행동, 자해행동 및 다른 특별한 행동이 이 부분에 나타난다. 특정한 행동(예: 얼굴 찰싹 때리기, 큰 소리로 고함지르기)은 붉은 색(−)으로 표시한다. 붉은 색으로 표시된 도전적인 행동은 기능분석 활동을 통해 후에 탐색될지도 모른다.

팀은 개인 프로파일이 시작되기 이전에 이 틀을 당사자가 확실히 준비하도록 해야 한다. 당사자는 자기의 이상하고 특별한 혹은 위험한 행동이 토론될 때 속이 상할지도 모른다. 당사자가 어떻게 느끼는지 표현하도록 격려하고 프로파일에 계속 참여하도록 격려해 주어야 한다. 하지만 당사자가 마음을 차분히 가라앉히고, 휴식을 취하고, 다른 선호하는 활동에 종사하기 위해 가끔은 프로파일 활동에서 빠질 기회를 허용해 주어야 한다.

틀 8: 전략

전략 틀의 목적은 참여자가 당사자와 함께 "일하는" 혹은 "일하지 않는" 상황에 대해 생각을 해내도록 하는 것이다[그림 8]. "일하는" 것은 왼편에 나열되고 이것은 상황, 사람, 장소, 능력

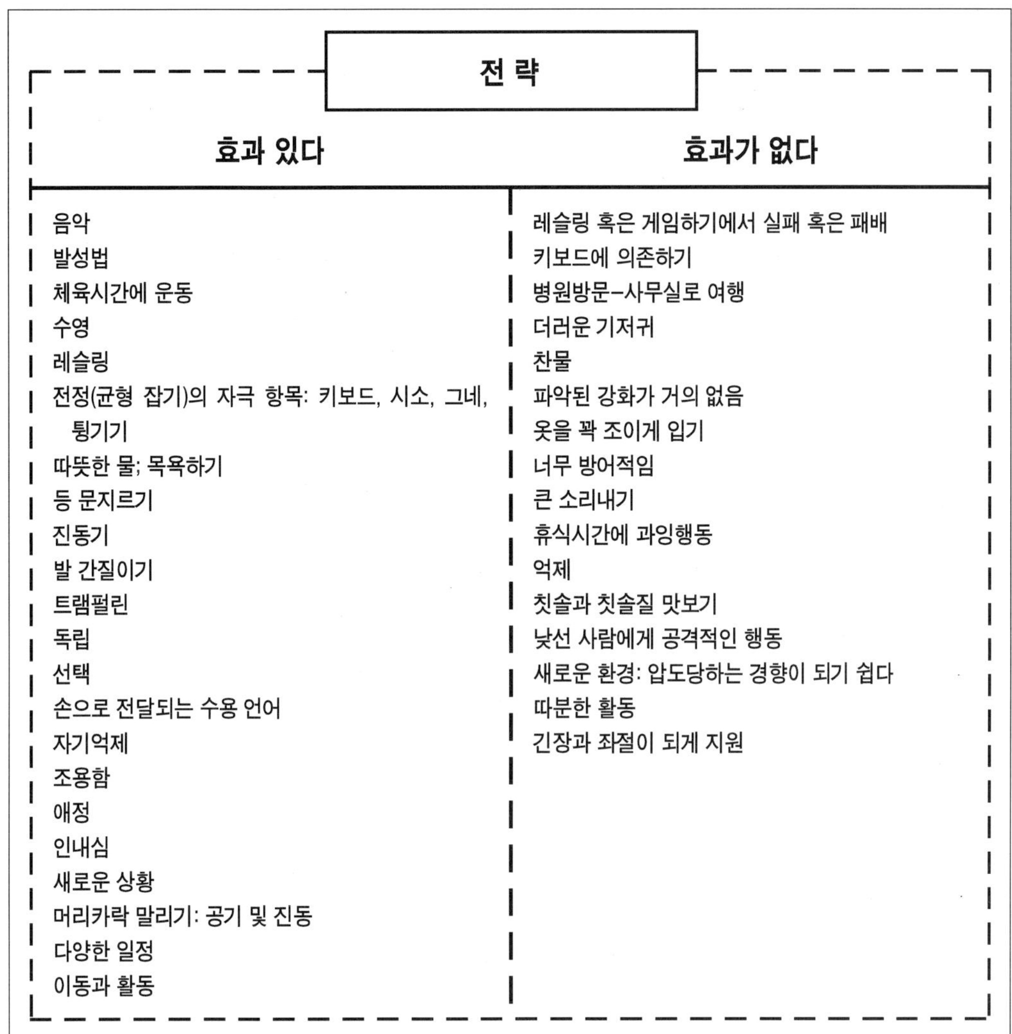

[그림 8] 아동 전략 틀 샘플

및 동기, 흥미 및 일을 만드는 활동 등을 포함한다. 이것은 초록색으로 표시된다. "일을 하지 않는" 것은 오른쪽에 나열되며, 이것은 전략, 조건, 사람, 장소 및 좌절, 걱정 혹은 다른 문제를 만들어내는 활동 등을 포함한다. 이것은 붉은 색으로 표시된다.

전략 틀은 실제로 벽에 게시되어야 하고 다른 모든 틀이 토론되는 동안에 개정과 첨부를 위해 활용할 수 있어야 한다. 종종, 참여자는 다른 틀의 개발 도중에 당사자와 함께 일하거나 일하지 않는 어떤 것을 표현할 것이다. 이런 언급이 후에 기억될 것이라고 생각해서는 안 된다. 다른 틀에 대한 토론이 진행되는 동안 그런 항목을 이 틀에 즉시 첨가한다. 이 틀은 처음 7개

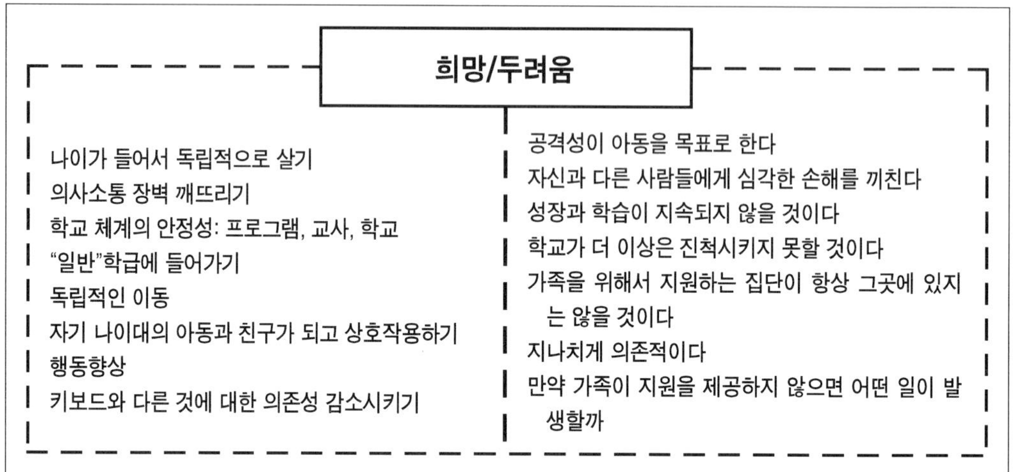

[그림 9] 아동의 희망과 두려움 틀 샘플

의 틀 다음에 곧바로 강조될 것이지만 다른 활동을 하는 동안에 정보가 첨가될지도 모른다.

이 틀은 참여자가 제공할 수 있는 모든 것을 열거해야만 한다. 다른 틀을 토론할 시간과 상황 사이에 약간의 중복도 있을 것이다. 모든 이해할 수 없는 말, 기술적인 언어 및 명칭은 모든 참여자가 무엇이 토론되고 있는 지를 이해할 수 있도록 판독되어야 한다. 항목은 동시에 양쪽 난에 적혀질지도 모른다. 예를 들면, 몇 가지 경우에는 특정한 전략이 효과가 있지만, 다른 경우에는 동일한 전략이 효과가 없을지도 모른다. 참여자가 몇 가지 상황은 복합적인 성과를 가진다는 것을 이해하는 것이 중요하다. 종종 사람은 일을 서로 다르게 보고 동일한 일의 서로 다른 면을 본다. 모든 사람의 관점이 이 틀에 포함된다.

틀 9: 희망과 두려움

희망과 두려움 틀은 당사자에 관한 관심사 중 몇 가지를 집단이 표현하는 데 유용할지도 모른다([그림 9] 참조). 이들은 또한 당사자가 특정한 상황에서 기능하는 능력을 포함하고 당사자의 지원 요구를 만족시키는 집단의 능력을 포함할지도 모른다. 이 틀은 특히 가족 참여자의 관심을 파악하고 강조하는 데 중요하다. 처음 시작부터 팀과 촉진자가 그들의 미래 희망과 꿈뿐만 아니라 두려움, 관심사 및 가족과 참여자의 걱정거리를 아는 것이 필수적이다.

틀 10: 장애물과 기회

장애물 및 기회의 틀([그림 10] 참조)은 장기적인 자문에 임하기 전에 필수적인 정보를 수집한

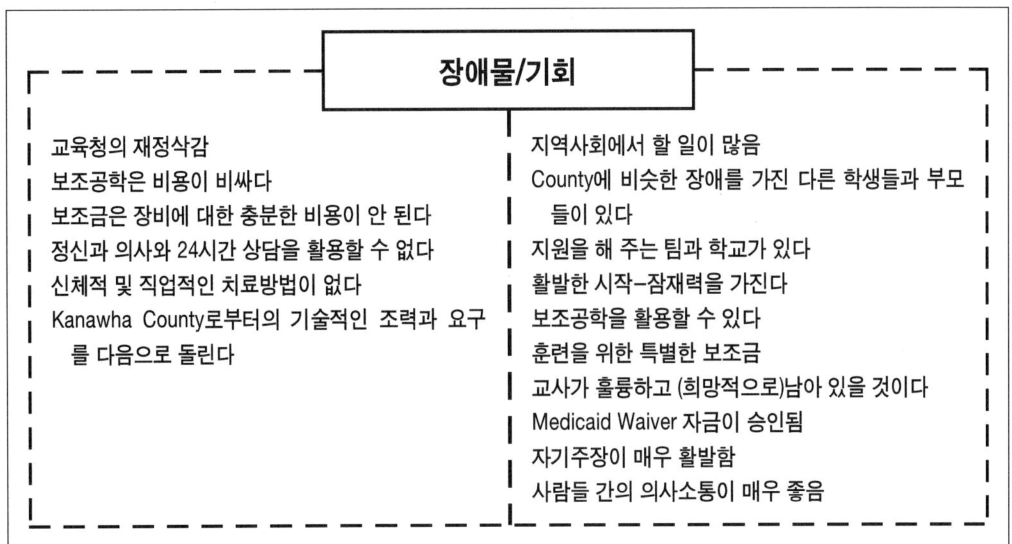

[그림 10] 아동의 장애와 기회 틀 샘플

다. 이 활동은 참여자 노력의 성공을 방해할지도 모르는 기관 내 혹은 지역사회 내의 문제를 살펴본다. 그 외에도, 이 틀은 당사자를 위한 더 큰 성공 혹은 기회에 대한 개연성을 보장해 주기 위해 이끌 수 있는 지역사회, 기관, 가족 혹은 당사자에 관해 무엇이 독특한지를 살펴본다.

희망과 두려움 및 장애물과 기회 양 틀에서의 관심사는 후에 강조될지도 모른다. 그 계획하기가 두 가지 문제를 적절하게 강조하도록 개인 미래 계획하기 틀을 실행하기 이전에 즉시 희망과 두려움 틀이 완성되는 것이 유익하다. 미래 계획의 개발 바로 후가 미래 계획을 획득하거나 추구하는데 영향을 줄 수도 있는 현재의 장애물과 기회를 강조하기가 아주 좋은 때이다.

틀 11: 개인 프로파일에서의 주제

이 틀([그림 11] 참조)은 처음 10개의 틀에서 개발된 당사자의 프로파일로부터 가장 중요한 몇 가지 긍정적이거나 부정적인 영향을 참여자가 파악하도록 허용한다. 틀 11을 정리하는 진술은 다음을 포함한다.

1. 사람 틀로부터: "Kisha가 가졌던 유일한 관계는 돈을 받고 업무를 맡았던 스텝이고 이들과의 관계가 2년 이상 지속된 사람은 아무도 없었다."
2. 장소 틀로부터: "Gary는 지역사회의 다른 곳에 거의 가질 않았고 장애가 없는 사람과는 거의 상호작용이 없었다."
3. 선택 틀로부터: "Julie는 그녀 삶에서 크고 작은 결정에 선택을 거의 하지 않았다."

주 제

Charles와 함께 상호작용하고 있는 대부분의 사람은 기관의 사람들이다
확대 가족 구성원은 Charles와 상호작용하는 법을 배우지 않았다
대부분의 관계는 성인과의 관계이다
대부분의 기관 상호관계는 1대 1이다
Charles는 많은 소음을 만드는 다른 아동들과의 상호관계를 원하지 않는다
Charles는 학교와 식당을 제외한 지역사회의 다른 장소에는 많이 가지 않는다
그는 단지 그가 가길 원하는 장소에만 간다
그는 그가 알고 있는 자신이 무엇인가를 얻을 장소에 가길 좋아한다
그는 외출을 많이 하지만, 동일한 장소로만 간다.
그는 변화를 좋아하지 않는다
역사적으로 사람 및 장소에 많은 변화가 있었다
건강문제가 매일 발생한다
부정적인 건강 관심사를 위한 결론/결심이 아무것도 없다
출생과 함께 생긴 감각문제
긍정적 및 부정적인 사건이 교대로 발생하는 이력
기관을 포함하는 것이 긍정적이다
Charles와 그의 가족을 지원하는 팀으로 된 기관 사람이 있다
두려움은 안전(자신과 다른 사람들), 관계, 건강 및 미래와 관련이 있다
Charles는 4살 아동에게 전형적인 많은 선택이 있다
관심이 되는 주요한 행동은 공격적이다(안전 이유 및 사회적인 수용가능성)
일반적으로, 모든 사람은 진정으로 Charles를 좋아하고 있는 것처럼 보인다
Charles는 사교적이다
그는 많은 발전을 이룩했다
그의 의사소통 기능은 최근에 확대되었다
우리는 효과가 있고 없는 것을 많이 알고 있다
Charles는 명확히 사람, 장소 등 그가 좋아하는 것을 파악하고 있다

[그림 11] 아동 개인의 프로파일 틀로부터 나온 주제

4. 존중 틀로부터: "Charles의 문제행동에도 불구하고 그는 많은 유머 감각을 지니고 있고, 이것을 그의 교사와 다른 학생이 매우 좋아한다."
5. 장애물과 기회 틀로부터: "Miguel의 가족에게 지원을 제공하는 서로 다른 5개 기관이 있고, 그들은 서로 잘 의사소통을 안 하고 함께 일도 안한다."

그런 요약 진술은 더욱 바람직한 미래를 성취하기 위한 전략을 어떻게 이행할 것인가를 계획하기뿐만 아니라 더욱 나은 바람직한 미래를 상상하는 데 안내역할을 제공한다. 이들을 자

주색으로 보여 줌으로써 이들 주제의 중요성을 강조한다. 개인 프로파일 활동이 일단 완성되고 나면 개인 미래 계획하기에 대한 연구가 시작될 것이다.

개인의 미래 계획

참여자들이 개인 프로파일을 완성하게 되면, 그래서 만약 개인이 좋아하는 것을 더 많이 행할 수 있다면, 그가 좋아하는 사람과 그를 좋아하는 사람과 함께 일하고 산다면, 지역사회에서 수용과 존중을 촉진시키는 역할을 그에게 제공함으로써 존중받을 행동을 격려하는 장소에 있다면, 그들 모두는 개인이 훨씬 더 나은 삶을 살아갈 수 있다는 것을 깨닫기 시작한다. 참여자의 많은 어려움은 특히 그에게 적합하지 않은 상황에서 강제로 일하고 살아가라고 하는 것에 놓여 있다는 것을 이해하기 시작한다. 그들은 당사자가 다른 많은 좌절 및 실패와 함께 사람의 서비스를 받아들이기만 함으로써 외적인 상처를 입어 왔다는 것을 깨닫기 시작한다. 이런 관점에서 대부분은 개인적으로 당사자의 삶의 어려움을 파악하기 시작한다. 당사자가 현재까지 더 나은 삶을 성취하도록 그들이 돕는 최상의 성공적이지 못한 이유를 또한 그들이 깨닫기 시작한다.

지금까지 참여자는, "와우, 만약 우리가 그것에 관해 더 많은 일을 할 수만 있다면, 그는 훨씬 더 행복하게 될 텐데."라고 말하기 시작했다. 일부 사람은 다음과 같이 물을지도 모른다. "아무튼 왜 그가 그 일을 해야만 합니까?" 여러분은 그가 그 일 하기를 엄청 싫어한다는 것을 안다. 왜 그에게 그 일을 하게 시키는가? 만약 그가 다른 일을 할 수 있다면 그는 훨씬 더 행복할 텐데." 다른 참여자는, "만약 그가 계속해서 그 장소에 살아야만 한다면 Tom은 결코 행복하지 않을 것이다", 혹은 "우리가 스스로 일을 다르게 하는 법을 배울 때까지는 우리는 절대로 갈 수가 없다." 등과 같은 것을 깨닫고 있는 중이다. 실제로, 참여자는 더욱 긍정적인 미래를 보기 시작했는지도 모른다. 모든 촉진자가 이쯤에서 해야 하는 일은 참여자가 이런 생각을 당사자의 실세계에서 합리적인 관점으로 만들도록 돕는 것이다.

집단이 볼 수 있도록 벽에 부착된 개인 프로파일의 틀을 통해서 촉진자는 집단이 배운 것을 간략하게 재조명해야만 한다. 그는 집단에게 틀 11의 주제를 읽어주어야만 한다. 더욱, 집단에게는 색의 코드, 장점, 성공 및 긍정적인 경험을 의미하는 특히 초록색과 문제, 관심 및 위기를 말하는 붉은 색을 상기시켜 주어야 한다.

첫째 부분에서 토론된 5명 당사자의 성과는 보다 긍정적인 미래를 상상하기 위한 일반적인 토대를 제공한다. 집단이 이 당사자의 삶을 숙고해 볼 때, 촉진자는 당사자가 이런 삶의 유형과 성취를 인식할 수 있는지 촉진시켜 줄 질문을 물어볼 수 있다. 아래를 포함하는 다섯 가지 필수적인 목표를 상기한다.

1. 지역사회 삶에 참여하고 출석하기
2. 만족한 관계를 얻고 유지하기
3. 일상의 삶에서 선호를 표현하고 선택하기
4. 존경받는 역할을 성취하고 품위 있게 살아갈 기회를 가지기
5. 계속해서 개인 능력 개발하기

긍정적인 미래에 대해 상상하기는 더욱 만족스러운 삶을 살기 위해 당사자가 필요로 하는 것이 무엇인가를 집단에게 이미 말하고 있다는 것을 참여자가 이해하도록 도와주는 것이다. 개인 프로파일에 초록색으로 칠해진 모든 것은 집단에게 이 당사자를 위해 무엇이 행해지고 있는가를 말해 준다. 참여자가 오래된 사고방식에서 빠져나와 다른 미래를 상상하도록 도와주는 것은 촉진자의 역할이고, 이것이 당사자로 하여금 자기 목표를 깨닫도록 허용해 줄 것이다.

개인 미래 계획의 개발은 집단이 무엇을 할 수 없는가를 토론할 시간이 아니라 오히려 모든 사람이 매우 열심히 노력하면 무엇을 할 수 있는가를 토론하는 시간이다. 하지만 개인 프로파일로부터 나타난 현실이라는 조각에 비현실적인 "몽상가"의 꿈이 뿌리를 내리도록 도우는 것이 필요할지도 모른다. 목표는 팀 구성원이 현실 이라는 영역 안에서 자신의 환상을 확대하도록 돕는 것이다.

[그림 12]는 한 아동을 위해 개발된 개인 미래 계획의 기본적인 유형을 제공한다. 환상에 관한 많은 변형이 있을 수 있고, 촉진자는 이런 환상을 반영하기 위해 개인적인 판단과 예술가적 표현을 이용할 필요가 있다. 한 가지 시작하기 좋은 방법은 개인 미래 계획에 몇 가지 장소(집, 직장, 지역사회)로 틀을 만들고 아래와 같은 질문을 묻는 것이다.

1. 가정: 우리가 당사자에 대해 배운 것에 바탕을 두고, 그에게 최상의 가정은 어떤 종류가 될 것인가? 이 가정은 지역사회 어디에 있어야 하는가? 주변에 어떤 자원이 있을 필요가 있는가? 가족과 친구는 어떻고, 그들이 얼마나 가까워야 하는가? 집을 같이 사용할 사람은? 방을 같이 사용할 사람은? 고용된 사람으로부터 얼마만한 도움이 필요할까? 가정은 얼마만한 접근성이 요구될까? 교통수단은? 당사자가 어떤 종류의 역할로 채워야 할까?
2. 직업: 이 사람에 대해 우리가 배운 것에 토대를 두고, 이 사람에게 어떤 종류의 직업, 학교, 혹은 다른 날의 프로그램이 가장 적합할까? 특히, 어떤 종류의 직업? 어떤 종류의 상황? 어디? 집에서는 얼마나 떨어져야 하는가? 얼마나 많은 다른 사람이 그곳에서 일을 할까? 장애인은 얼마나 많이 있는가? 이 사람은 이 직업에서 도와줄 어떤 특별한 기능을 이미 지니고 있는가? 그 직업이 생산적인가? 그 직업은 지역사회에서 존중받는 일인가?

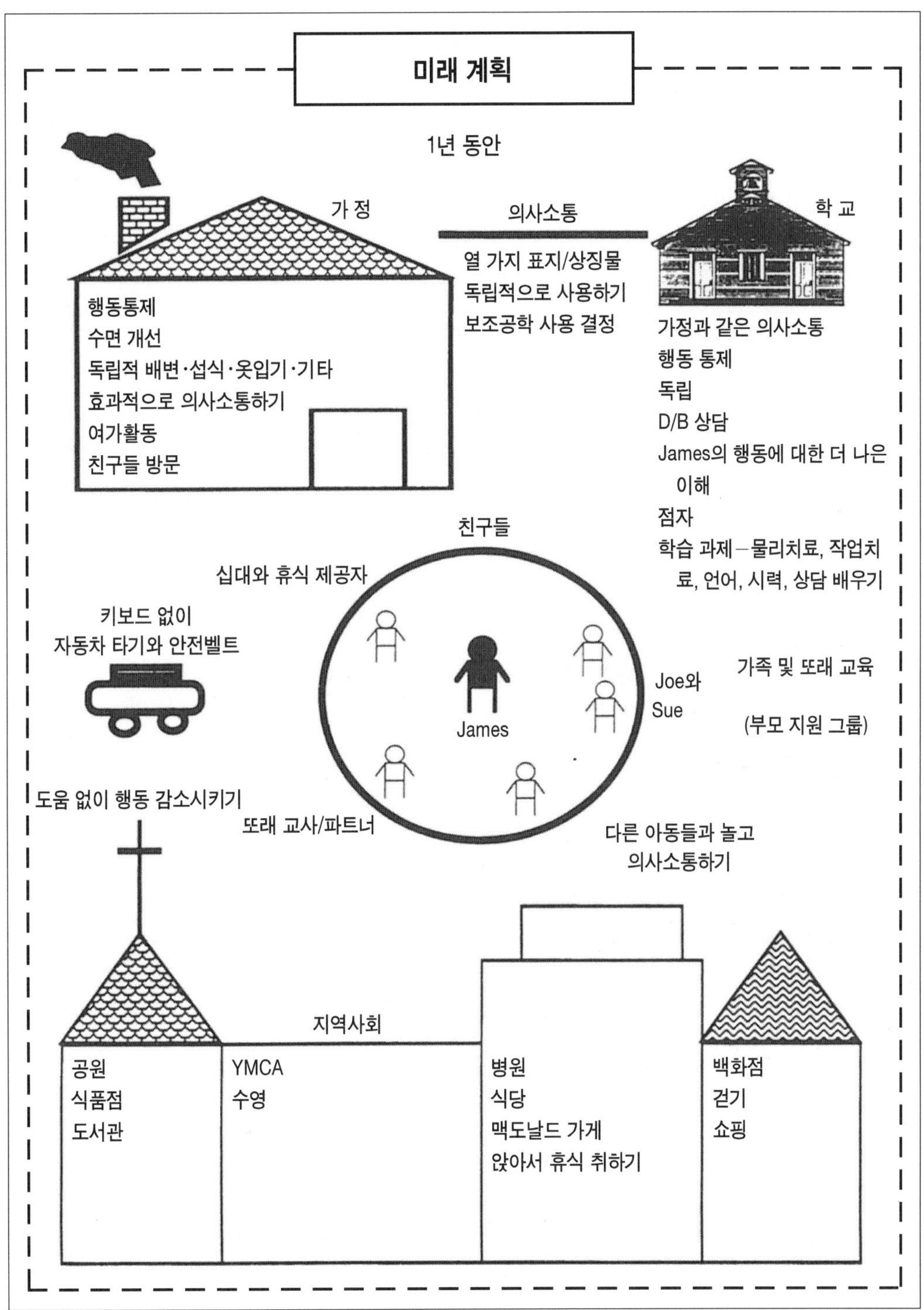

[그림 12] 아동의 개인 미래 계획 샘플

이 일을 하는데 이 사람은 얼마나 많은 도움이 필요할까? 교통수단은 어떤가? 이 사람이 얼마나 많은 돈을 벌까? 이 사람은 어떻게 봉급을 받을까? 승진할 기회는 있는가?

3. 지역사회: 이 사람에 대해 우리가 배운 것에 토대를 두고, 어떤 종류의 이웃과 지역사회가 그에게 최상이 될 수 있는가? 어떤 종류의 지역사회가 이 사람을 수용하고 존중할까? 누가 최상의 이웃이 될까? 이 지역사회에서의 오락과 쇼핑은 어떤가? 건강 자원은 어떤가? 다른 자원은? 가족과 친구는 어떤가? 교회는 어떤가? 접근성과 교통수단은 어떤가?

   부가적인 정보가 다음 영역을 강조해야 한다.

4. 선택하기와 능력 수행하기: 이 사람에 대해 우리가 지금까지 배운 것에 토대를 두고, 그가 어디서 개인적인 능력을 수행할 수 있고 새로운 것을 배울 수 있는가? 어디서 그가 더욱 더 독립적이 되고 자기 삶을 선택하여 자기 삶에 대한 책임을 맡을 역량을 가지게 될까? 어디서 그가 개인의 선호를 표현할 수 있게 될까?
5. 관계: 미래에 이 사람의 관계망이 어떻게 확대되고 풍족해질까? 지역사회, 가정 및 직장에서 관계가 어떻게 지원받을까? 어떤 종류의 친구가 그의 미래를 유지시켜줄까?

이 활동은 본질적으로 긍정적인 것이 되어야 한다. 팀 구성원은 당사자를 위해 그들이 상상할 수 있는 가능한 최고의 시나리오에 대해 토론해야만 한다. 그러면 촉진자는 당사자가 획득할 수 있고 실천할 수 있는 가능한 목표를 팀이 찾아내도록 도와주어야 한다. 참가자가 계속 힘쓰고 있는 것이 당사자와 다른 팀의 참여자 및 일반적으로 지역사회로부터 유의미하게 많은 노력을 요구할 것이라는 것을 참여자에게 명백하게 설명한다. 그래서 그들은 자신이 일을 떠맡고 있다는 것과 자신이 그 사람을 위해 긍정적인 미래를 추구하려는 그들의 노력을 인식할 필요가 있다.

각 개인에게는 이 긍정적인 미래가 언제 성취될 것인지 시간 틀을 알아내는 것이 중요하다. 일부 개인에게는 6개월에서 1년간의 시간 틀은 현실적일지도 모른다. 다른 사람에게는 3–5년간의 시간 틀이 더욱 더 실용적일지도 모른다. 종종 논리적이고 명확한 시간 틀이 있다. 예를 들면, 1년 동안에 하나의 프로그램에서 다른 프로그램으로 전환하고 있는 아동이 가장 이상적인 시간 틀을 제시할지도 모른다. 3년 동안에 학교에서 고용으로 전환 중인 젊은 성인은 또 다른 가능한 시간 틀을 제시할지도 모른다.

한 개인을 위해 긍정적인 미래에 대한 서로 다른 비전을 허용하는 것 또한 수용할 수 있다. 예를 들면, 17살인 학생이 친구와의 아파트, 통제되는 아파트, 혹은 지원되고 양육되는 환경에서 자기 가족과 함께 계속해서 살아가는 것 등으로 이루어진 가정환경을 포함하는 개인 미래 계획을 가질 수도 있다. 이 모든 성과는 긍정적일 수 있고 가능한 바람직한 성과로서 미래 계획 안에 포함될 수도 있다.

회기 마무리하기

개인 미래 계획이 충분히 상세하게 완성되고 난 후에, 촉진자는 참여자로부터 어떤 부가적인 반응을 요구해야만 한다. 예를 들면, 그들이 이 경험으로부터 무엇을 배우는가? 그것이 그들을 어떻게 느끼도록 만드는가? 그 활동의 긍정적인 몇 가지 측면과 부정적인 몇 가지 측면은 무엇인가? 그것에 적응시키기 위해 그들이 어떤 추천을 할 것인가? 그들 제안의 장점과 약점에 관해 토론해 본다.

개인 프로파일과 미래 계획을 촉진시키기 위한 팁

1. 개인 프로파일과 미래 계획하기 활동에 가능한 많이 당사자와 가족을 포함시킨다. 이 말은 개인 프로파일과 미래 계획하기 상황의 양상 바꾸기를 요구할지도 모른다. 예를 들면, 활동의 위치는 당사자와 가족 구성원이 더욱 받아들일 수 있고 접근할 수 있는 영역으로 이동될 필요가 있을 수도 있다. 모든 참여자가 말하고 있는 것을 이해할 수 있도록 정보가 제공되는 속도는 조절될 필요가 있다. 개인 프로파일과 미래 계획의 내용은 당사자와 가족 구성원의 역할을 확실히 더 강조할 필요가 있다. 정보의 정확성뿐만 아니라 또한 그것이 당사자와 가족에게 확실히 전달되도록 하고 그들의 말과 어떤 부과적인 정보를 포함하는 것은 계속해서 정보를 명백히 하는 것이다. 마지막으로 가족 구성원과 당사자가 자기 팀의 지도자가 되는 데 가능한 그들의 역할을 고려하는 것도 중요하다. 사실, 질문하기, 틀을 그리기 혹은 팀이나 작업집단 이끌기 등과 같은 개인 프로파일과 미래 계획 활동을 그들이 떠맡을지도 모른다.
2. 개인 지식에서 나온 정보를 강조한다. 이 정보는 당사자, 그의 가족 및 그를 가장 잘 알고 있는 사람으로부터 나올 것이다. 전문가의 지위는 당사자 개인의 지식과 일치하지 않는다는 것을 깨닫는 것이 중요하다. 팀의 참여자와 공헌하는 사람은 당사자를 최대한으로 알고 있고 최대한 돌보는 개인이어야 한다.
3. 팀에 관련된 모든 사람의 투입을 고려하고 격려한다. 이 말은 촉진자는 팀을 만나기 전에도 있을 수 있는 사회적인 상황과 관계망의 문제를 수용할 수 있고 그것을 알고 있기를 요구한다. 예를 들면, 여러 기관 간에 계속되는 논쟁이 있는가? 가족과 기관 간에 해결 안 된 문제가 있는가? 참여자의 능력이 함께 일하는 것을 방해할 성격상의 갈등이 참여자 간에 있는가? 만약 그렇다면, 팀이 당사자의 긍정적인 미래 추구하기를 시작하기 전에 이들 문제가 강조될 필요가 있다.

   그 외에도, 마음이 내키지 않는 참여자를 찾아내고 그들을 참여하도록 격려하는 것이 필요하다. 촉진자는 그들에게 모든 말에 대한 엄청나게 많은 긍정적인 강화뿐만 아니라 구성적인 피드백을 제공해 주어야 한다. 많은 팀 참여자는 자신의 의견을 가치 있는 것이고 권장되도록 만드는 데 익숙하지 않을 수도 있다. 그것이 바뀌어야 할 것이고 혹은 팀 모임에서 모아진 팀 구성원의 의견이 필요한 만큼 종합적이고 유용한 것이 안 될 것이다.

핵심적인 책임자로부터 참여를 촉진하는 것 또한 중요할 것이다. 만약 마음이 안 내키는 참여자가 있다면, "Tom, 너는 ____를 어떻게 생각하니?"와 같은 말을 사용해 직접 말을 걸어서 그를 포함시키는 것이 중요할 것이다. 종종 종이를 집어 들거나 혹은 재료를 정리하는 활동의 일을 하는 데 혹은 틀을 그리는 데 모든 개인이 도움을 주도록 요구하는 일을 할 것이다.

4. 해결책을 생각하기 전에 모든 사실을 수집한다. 개인 프로파일과 미래 계획 활동은 정보를 얻고 장점과 문제를 파악하는 기회지만 문제를 해결하려는 적절한 때는 아니다. 팀은 이 단계에서는 문제해결과 필요 이상으로 문제를 강조하는 쪽이 아니고 정보를 제공하는 쪽으로 이끌어져야 한다. 이후의 팀 활동은 도전으로 파악된 해결책을 살펴보기 시작할 것이다.
5. 개인 프로파일과 미래 계획에 파악된 의견 차이를 탐색한다. 참여자에 관해 당사자가 선호하고 즐길 수 있는 작업 선택사항, 삶의 배치 등에 대해 서로 다른 생각을 가질 수 있다. 그들은 당사자를 위해 무엇을 작용하고 무엇을 작용 안 하는지에 대해 서로 다른 의견을 가질 수 있다. 과거 노력의 성공과 실패에 관한 엄청나게 많은 정보는 왜 의견에 차이가 있는가를 탐색함으로써 수집될 수 있다. 종종, 이런 탐색 중에 매우 중요한 정보가 수집될 수 있다. 팀의 구성원은 그들이 믿고 있는 것과 그들이 느끼는 특정사항에 대해 후에 합의에 도달할 수 있지만, 개인 프로파일과 미래 계획의 개발 중에 서로 다른 의견을 사람들이 털어 놓는 것이 중요하다.
6. 팀의 태도를 조심스럽게 사정한다. 모임에서 가끔, 인간중심 계획하기의 철학과 일치하지 않는 가치 혹은 반응이 표현되기도 한다. 예를 들면, 개인은 당사자가 선택을 할 필요가 있다는 것을 인정하기를 거절할 수도 있고 혹은 당사자가 어떤 종류의 관계를 시작하거나 유지할 수 없다는 믿음을 나타낼 수도 있다. 이런 상황은 작업팀의 계속되는 기능에 문제를 제기한다. 촉진자로서 여러분은 반박 혹은 교육 없이 그런 의견의 표현을 허용하는가? 여러분은 팀 구성원의 그런 진술의 각 보기에 반응을 하는가?

삶의 퀼트 계획에서의 우리의 접근법은 작업팀의 태도를 조심스럽게 사정해 왔다. 이것은 분리된 진술인가 혹은 많은 참여자에 의해 표현된 지속적인 진술인가? 만약 그것이 많은 참여자에 의해 표현된다면, 그들이 이런 철학에 직면하는 것이 필요하고, 약간의 교육과 가치 설명 활동에 임하는 것이 필요할 것이다. 하지만, 개인양육에 대한 일반적인 접근이 보다 인간중심 가치 토대를 지향하는 것의 이익이 될 때가 있다.

7. 관심을 언제 새 방향으로 돌려야 하는지를 인식한다. 만약 더욱 깊이 문제 혹은 영역을 그들이 탐색하도록 허용하는 것이 필요하다면 촉진자는 언제 당사자의 관심을 다른 곳으로 돌려야 할지를 알아야 하고 혹은 팀에 참여자가 계획된 활동으로 언제 돌아가야 하는지를 안다. 이런 구분을 하는 이유는 명백하다. 개인 프로파일 혹은 미래 계획을 완성하는 것은 어디서건 이 장에 제시된 구조화된 형식의 문제를 강조하고 실행 중인 과제에 지속적으로 작업집단이 남아 있는지 여부에 따라 2시간에서 2일이 요구된다. 하지만, 중요한 문제를 보다 더 깊이 강조해야 할 필요가 야기될 때도 있다. 가끔은 문제가 나타날 때 이런 문제를 탐색하는 것이 이롭다. 다른 때는 뒤를 잇는 모임에서 이들 문제를 보다 깊이 탐색하는 것을 기록하는 것이 더욱 효과적이다. 그런 문제에 대한 탐색은 당사자를 효과적으로 지원하는 데 필요한 정보와 통찰을 얻는 데 필수적이다.
8. 팀을 관찰한다. 촉진자가 팀을 적절하게 관찰하는 것이 매우 중요하다. 두 명의 촉진자가 함께 일하는 것이 권장되는데, 한 사람은 틀에 그림을 그리거나 글씨를 쓰고 다른 사람은 토론을 촉진시킨다. 이것은 팀 구성원이 강력히 혹은 명백하게 진술하지 않을 문제와 시각 및 언어적인 단서를 당사자가 알게 해 준다. 만약 촉진가가 팀에게 등을 돌린 채 종이 위에 그림을 그리면, 그가 팀의 진술 혹은 그림에 반응하는 것을 관찰하기는 어렵다.
9. 개인 프로파일과 미래 계획하기 활동을 긍정적인 분위기로 끝맺는다. 개인 프로파일 활동은 종종 팀 참여자에게는 정신을 나게 하고, 충격적이고 성가신 것이 될 수 있다. 사실, 일부 사람은 실제로 활동의 그런 부분이 비형식적인 것이라고 말하지만 “낙담시키는 것”이다. 가끔 사람은 매우 속이 상해서, “오, 나는 결코 ...를 알지 못했어.”라는 말을 하기도 한다. 그래서 개인 프로파일을 따르는 긍정적인 활동의 일정을 맞추는 것이 매우 좋다. 최고의 긍정적인 활동은 실제 미래 계획인데, 왜냐하면 이것은 그들이 좋은 일을 할 수 있는 것에 진정으로 참여자가 집중을 하도록 허용하기 때문인데 그들 스스로 자신을 동기화하고 당사자가 “그것에 대해 무엇인가를 하도록” 어떻게 동기를 부여할 수 있는가이다.

다음은 무엇인가?: 인간중심 계획하기 과정 지속하기

일단 팀이 당사자의 과거, 현재와 미래를 조망하고 나면, 그것은 계획하기 팀 혹은 작업팀이 앞으로 무엇을 추구할 것인가를 위한 토대가 된다. 당사자와 그의 팀은 그들이 어디로 가기를 원하는지에 대한 안목을 가지고, 팀이 그곳에 어떻게 도달할 것인가에 초점을 맞춘다. 비록 개인 프로파일과 미래 계획이 팀이 강조하기 시작하는 많은 목표와 목적을 찾아낼 것이고, 모든 사람의 삶의 질 문제를 강조하는 계획을 종합적으로 지원하는 계획을 개발하는데 필요한 더 깊은 많은 정보가 여전히 있을지도 모른다. 이런 부가적인 정보를 수집하고 그것을 적용하는 것은 지속적인 과정이고 아래와 같은 부가적인 과정을 포함할 수도 있다.

한 개인의 복잡한 문제행동을 보다 잘 이해하기 위해, 우리는 종종 기능분석을 행한다. 팀 참여자는 인터뷰를 수행하고, 당사자와 그의 환경을 관찰하고, 팀이 왜 당사자의 문제행동이 발생하고 있는가를 팀이 결정할 수 있도록 정보를 수집한다.

팀은 또한 서비스 전달 사정에 자주 임하거나 혹은 당사자의 일상활동에 대한 심층 분석과 그에게 제공된 지원에 대한 심층 분석에 종사한다. 이 사정은 당사자의 장점, 요구, 프로그램 목표 및 교수전략을 파악한다. 팀은 나이 적합성, 기능성, 또래 포함 등과 같은 문제를 조사한다.

다른 활동은 지역사회통합 문제를 강조하는 것을 포함할 수도 있다. 작업집단은 이웃, 조직, 친한 사람과 지역사회 안의 활용할 수 있는 다른 활동에서 통합을 어떻게 촉진시키는가에 관한 새로운 아이디어를 만들어내기 위해 브레인스토밍 회기를 이용할지도 모른다.

이들 모든 활동은 당사자의 삶의 중요한 영역에서 당사자를 어떻게 보다 효율적으로 지원하는가에 대한 더 깊고 더 풍부한 통찰력을 제공한다. 이 정보는 종합적인 작업 계획 혹은 긍정적 행동지원계획에 기록될 수 있는데, 이것은 토론될 문제, 취할 행동, 수행될 지원 등을 파악한다. 책임 있는 팀 구성원 파악하기와 행동의 완성을 위한 명확한 시간 구분을 확립하는 것은 또한 팀이 당사자에 대한 초점을 유지하도록 돕고 중요한 목표의 달성을 돕는다.

우리의 인간중심 계획하기 과정은 다음과 같이 요약될 수 있다. 개인 프로파일과 미래 계획은 연구를 시작하도록 하고, 부가적인 정보는 다양한 활동을 통해 획득되고, 종합적인 계획이 개발되고, 팀 혹은 작업집단은 이 파악된 목표를 성취하기 위해 계속해서 일을 한다. 그래서 이 과정은 언제 완성되는가? 결코 완성되지 않을 것이다. 한 개인의 삶과 환경은 항상 변화하고 있는 중이다. 우리 모든 사람은 새로운 도전, 방해물 및 기회에 직면한다. 어느 누가 매일 가족, 친구, 동료와 지역사회로부터 지속되는 지원이 필요하지 않다고 말할 수 있을까? 문제행동을 하는 사람 혹은 장애인은 또한 투쟁, 실패 및 성공에 직면한다. 자신의 가족, 친구 및 다른 지역사회 구성원의 지원으로 그들은 자신의 개인 미래 계획의 모든 측면을 성취할 수도 있다. 그들은 자신이 원하는 가정을 가질 수도 있다. 그들은 자신이 사랑하는 직업을 가질 수도 있는데, 이것은 지역사회에 진정한 공헌을 한다. 그들은 광범위한 지역사회 활동에 참가하고 출석할 수도 있다. 그들은 자신을 지원하는 한 부류의 집단을 가질 수도 있고 그 집단에게 교대로 그들이 지원을 제공할 수도 있다. 하지만 삶은 여전히 지속된다. 한 개인의 개인 미래 계획이 획득되면 새로운 계획이 파악되고 그 계획의 추구가 계속된다. 그런 긍정적인 미래에 대한 추구 계획에게 행운이 있기를!

참고문헌

Forest, M., & Lusthaus, E. (1987). The kaleidoscope: Challenge to the cascade. In M. Forest (Ed.), *More education/integration* (pp. 1–16). Downsview, Ontario, Canada: G. Allan Roeher Institute.

Mount, B. (1987). *Personal futures planning: Finding directions for change* (Doctoral dissertation, University of Georgia). Ann Arbor, MI: UMI Dissertation Information Service.

Mount, B. (1994). Benefits and limitations of personal futures planning. In V.J. Bradley, J.W. Ashbaugh, & B. Blaney (Eds.), *Creating individual supports for people with developmental disabilities: A mandate for change at many levels* (pp. 97–108). Baltimore: Paul H. Brookes Publishing Co.

Mount, B., & Zwernick, K. (1988). *It's never too early, it's never too late* (Publication No. 421–88–109). St. Paul, M.N: Metropolitan Council.

O'Brien, J. (1987). A guide to lifestyle planning: Using The Activities Catalog to integrate services and natural support systems. In B. Wilcox & G.T. Bellamy (Eds.), *A comprehensive guide to The Activities Catalog: An alternative curriculum for youth and adults with severe disabilities* (pp. 175–189). Baltimore: Palu H. Brookes Publishig Co.

O'Brien, J., & Lyle, C. (1987). *Framework for accomplishment.* Decatur, GA: Responsive Systems Associates.

O'Brien, J., Mount, B., & O'Brien, C. (1991). *Framework for accomplishment: Personal profile.* Decatur, GA: Responsive System Associates.

Smull, M.W., & Harrison, S.B. (1992). *Supporting people with severe retardation in the community.* Alexandria, VA: National Association of State Mental Retardation Program Directors.

Vandercook, T., York, J., & Forest, M. (1989). The McGill Action Planning System (MAPS): A strategy for building the vision. *Journal of The Association for Persons with Severe Handicaps, 14*, 205–215.

제20장

통합 장면에서 긍정적 행동지원을 제공하기 위한 중재자의 능력형성 팀 훈련 모델

Jacki L. Anderson, Audrey Russo, Glen Dunlap & Richard W. Albin

중도장애인을 위한 행동지원계획은 실질적으로 1980년대 이래로 발전되었다(Carr et al., 1994; Honrer et al., 1990). 목표는 문제행동의 단순한 감소를 넘어서까지 확대되었다. 행동지원 프로그램은 개인이 기능적인 능력 획득하기를 도울 것이라고 기대하고, 관계를 개선시키고, 지역사회 활동에 참여하기 및 선호하는 일에 접근하기를 기대한다. 따라서 행동지원 방법은 다수의 사정과 중재전략을 통합하도록 확대되어 왔다. 이들 연구법은 전통적인 행동 관리 절차를 훨씬 넘어서 확장된다. 그들은 지역사회 맥락의 다양성을 넘어서 장기적으로 통합되어야 하는 생태학적, 체계적, 여러 전문 분야에 걸친 변인에 대한 고려가 요구된다.

이 장은 미 교육부의 장애 및 재활연구에 대한 국립연구소의 과제 No. H133B2004에 의해 지원받았다. 그러나 여기에 진술된 내용은 미 교육부의 입장을 반드시 반영하는 것은 아니며, 어떤 공식적인 서명도 없었다.

이런 행동지원의 성장과 확장은 지역사회에서 중증 장애인을 지원하기 위한 책임 있는 서비스 체계에 새로운 요구를 제시한다. 광범위한 지원 목표는 고양된 기대를 가져오고, 이런 기대와 함께 지역사회 수준에서 강화된 능력을 배양할 필요성이 생긴다. 그래서 현직연수훈련은 훈련 내용과 훈련과정이라는 관점에서 정교해져야 한다. 훈련은 본질적으로 종합적인 것이 되어야 하고, 통합학교, 직업, 가정, 지역사회 및 오락장면에서 개선된 삶의 질을 촉진시키는 방식으로 긍정적인 행동지원의 기술을 강조해야 한다. 지역의 능력을 개발하기 위해, 교사와 직접 서비스를 담당하는 관련 인사, 특성화된 전문가 인사, 가족, 소비자 및 중증장애인의 삶과 관련된 다른 지역사회 구성원을 포함하는 광범위한 영역의 참여자에게 자료가 유용한 것이어야 한다. 훈련과정은 장기적이어야 하고, 또 정보 제공과 함께 기술의 지원 적용과 지역사회 형성 노력을 위한 기회를 포함해야 한다.

이 장은 그런 훈련의 예를 제공한다. 예는 전형적인 지역사회 상황에서 장기적으로 이 기술의 활용을 증진시키는데 필요한 체제의 변화와 지역사회 개발뿐만 아니라 긍정적 행동지원 영역에 지역 전문가의 기술 발달을 강조하기 위해 고안된 현직연수 팀의 훈련계획이다 (Anderson, Albin, Mesaros, Dunlap, & Morelli-Robbins, 1993). 긍정적 행동지원에 대한 재활연구 및 훈련센터(Rehabilitation Research and Training Center; RRTC)의 주요한 훈련 구성요소로 팀 훈련 모델이 개발되었다(장애와 재활연구에 관한 국립연구소, 협력조약 No. H133B2004). 긍정적 행동지원에 관한 RRTC는 1987년에 확립되었고, 그때 이래로 훈련계획은 20개 주에서 주(state) 수준의 훈련 팀의 관계부처 합동으로 개발되었다. 이들 팀에 속하는 개인은 많은 수의 지역사회에서 종합적인 훈련과 기술적인 도움을 제공하고 있다.

이 장은 지역 수준에서의 팀 훈련 모델의 실행에 초점을 맞추고 있다. 그것은 지역 수준에서의 훈련을 포함하는 중요한 특성 강조하기 훈련 모델에 대한 간략한 기술과 함께 시작된다. 특히, 초점은 훈련 수혜자에 의해 지원을 받는 당사자 개인에게 훈련 내용의 적용을 포함하는 사례연구팀의 창설이다. 이 장은 기본적인 과정과 교육과정 내용의 재검토다. 이 장의 후반부는 팀 훈련계획에 참가하고 있는 주들 중 한 주의 사례를 예로 제시하고 있다.

왜냐하면 이 장은 지역 수준에서의 훈련에 초점을 맞추고 있기 때문에, 심도 있게 다루어지지 않을 국가 수준의 훈련 노력에 관한 것이 많다. 국가 수준의 훈련계획에 대한 보다 많은 토론과 그 성과에 관심이 있는 독자는 Anderson 등(1953)을 참조하기 바란다.

팀 훈련과정의 일반적인 특성

긍정적 행동지원에 관한 국가적인 팀 훈련계획을 따른 연구는 많은 중요한 특징에 토대를 두고 있다. 이들 특징은 다음을 포함한다.

1. 훈련가 훈련하기 모델을 채택하기: 이 모델에서는 처음 훈련에 참여한 사람은 후에 참여자를 위한 훈련가로서의 역할을 한다. 수많은 보고는 이 전략이 처음 훈련 노력을 넘어서 정보를 퍼뜨리는 데 효과적일 수 있다는 것을 보여 주었다(Demchak & Browder, 1990; Jones, Fremouw & Carples, 1977; Page, Iwata & Reid, 1982; Peck, Killen, & Baumgart, 1989). 계획에서, 각 주는 국립 전문가로부터 종합적인 훈련을 받을 수 있도록 각 기관 간에 주 수준의 팀을 설립했다. 주의 팀은 훈련가가 되도록 훈련되었고 각 주(state)간에 지역사회에 팀 훈련 접근법을 전파하도록 함께 일하였다. 유사하게, 많은 환경에서 훈련가 훈련하기 모델이 지역 수준에서 일부 훈련을 받은 사람이 미래 지역사회의 서비스를 제공하는 훈련가가 되는 목표를 세웠다. 이 파급 모델은 지역사회가 당연히 해야 할 지속적인 훈련 요구의 강조에 도움을 줄 수 있고, 부분적으로는 문제행동을 하는 개인의 요구지원 변화 및 교육과 인간 서비스 분야에 종사는 자격을 갖춘 관련 인사의 감소와 만성적인 부족 때문이었다.
2. 복합적인 청중을 목표로 하기: 보다 전통적인 실제에서처럼, 하나의 특정한 기관 혹은 프로그램에 초점을 맞추는 대신에 우리는 다양한 선거권자와 기관을 나타내는 청중에게 훈련을 제공한다. 복합적인 청중을 목표로 삼는 것은 다양한 기관과 지역사회 및 목표 지역사회에 거주하고 있는 개인의 다양한 삶의 영역에 영향을 주는 가족 구성원에 걸쳐 조정된 지원과 종합적인 지원을 위한 맥락을 창조하는 것이다(Dunlap, Robbins, Morelli, & Dollman, 1988).
3. 사례연구팀 형식 이용하기: 훈련 내용과 과정의 많은 부분은 문제행동을 하는 개인에 초점을 맞추고 운영한다. 사례연구팀은 당사자의 삶의 여러 측면에 관련된 사람으로 구성되고 그래서 종합적인 긍정적 행동지원을 전달하려는 노력에 통합되는 것 같다. 팀은 부모, 교사, 전문직 보조원, 관련 서비스 스텝, 통합 전문가, 또래, 사례 관리자, 동료, 직업 지도원, 친구 그리고 당사자를 돌보고 지원할 다른 어떤 개인을 포함할 수도 있다. 각 훈련 회기는 몇 가지 사례연구팀을 포함할 수도 있고; 이들 구성원은 자신의 지역사회를 위한 참여자 훈련의 핵심을 구성한다. 이들 팀의 개발 과정과 사례연구팀의 목적은 이 장의 후반 부분에서 더욱 상세하게 토론된다.
4. 내용에 지원받은 적용으로 변화 주기: 현직연수와 수정된 지도 접근법을 사용한 다양한 훈련 절차를 따르는 것은 그런 정보의 제공과 지원받은 정보 적용이 훈련과정을 통해서 산재하도록 허용한다. 주 정부 팀의 지원으로 사례연구팀 구성원은 기술을 이해하고 실행하는 데 서로서로 지도원의 역할을 한다. 구성하고, 이행하고, 평가하고 그들은 당사자를

위한 종합적 긍정적인 행동지원계획을 수정하기 위한 훈련과정을 통해 훈련과정을 넘어서 함께 일하고, 각 양상이 훈련 회기에 제시될 때마다 지원계획을 만들어 나간다.

5. 긍정적 행동지원의 모든 측면을 강조하기 위한 종합적인 교육과정 제공하기: 노력에 대한 철학적이고 다학문적인 토대를 포함해서 행동지원 관점의 확대는 행동지원과 모든 다른 개인 삶의 측면 간의 상호 관련성을 참여자가 이해하도록 종합적인 교육과정이 필요하다는 것을 의미한다. 이 교육과정은 삶의 질 향상 주변을 순회하지만, 1) 사정과 기능적인 분석, 2) 교수 및 교육과정적인 수정, 3) 행동 대체의 교수, 의사소통 기술 및 자기 규칙적인 전략, 4) 비상사태 관리 전략, 5) 긍정적 행동지원계획 구성, 6) 행동지원 패키지에 대한 성공 평가, 7) 체제 변화 및 훈련 전략의 문제 등의 범위에 한정되지 않는 것을 포함한다.

6. 긍정적 행동지원 지역사회의 개발 촉진시키기: 지역 수준에서 긍정적 행동지원의 지속적인 실행과 확대 개발은 훈련과정의 각 단계에 중요한 부분이다. 참여자는 전략, 문제 및 지역사회 구성원을 위한 긍정적인 행동지원을 보장하기 위해 지역사회 전문가가 함께 일하도록 사례연구팀 간에 자원을 공유하도록 한다. 처음에는 참가한 당사자를 지원하기 위한 협력에 초점을 맞춘다. 훈련이 진행됨에 따라, 실행에 대한 자신의 지역사회를 통한 지속적이고 확대된 긍정적 행동지원을 위한 장기적인 지역사회 행동계획을 개발하기 위한 가능한 해결책과 함께 팀은 공통된 요구, 자원을 찾아내도록 격려된다.

7. 주(state)의 훈련가와 지역사회를 위해 지속적인 지원 제공하기: 주 훈련 팀이 주 전체를 통해 훈련을 전파하는 과정과 그 내용에 그들 최초 훈련의 충실함을 촉진시키려는 노력을 수행하는 것은 주 훈련 팀에 지원을 제공하는 것이다. 사례연구 참여자로서 주 훈련가가 최초 훈련에 참가하고, 그 훈련의 초점은 종합적인 긍정적 행동지원 기술로 팀 구성원의 확장적인 경험과 내용에 맞추어져 있다. 주 훈련 팀의 최초 훈련이 파급되는 동안에 계획된 훈련가로부터의 지원은 훈련 내용과 자료에 대한 명확함과 함께 훈련 수행과정에 초점을 맞추도록 한다.

8. 다양한 훈련 수준 제공하기: 이런 중요한 특성 이외에도, 훈련 팀 계획의 다른 특징은 그것이 다양한 훈련 수준을 제공한다는 것이다. 주 훈련 팀의 구성원은 가치, 이론과 다른 사람이 그 기술을 실행하도록 하기 위해 세련된 수준의 행동지원 관점에 기초가 되는 연구를 이해할 것으로 기대된다. 지역 수준에서 기대하는 발달, 실행과 당사자(예: 가족 구성원, 친구)를 위한 긍정적 행동지원계획을 평가하는 과정에 참여하는 능력에 개인(예: 직접 서비스 제공자)이, 몇 가지 경우에는 다른 사람이 이 기술(예: 관리 혹은 관련 인사)을 실행할 수 있는 기술적용을 개인 간에 일반화하는 능력을 포함한다.

지역 수준의 팀 훈련

이 장의 나머지 부분은 지역사회를 향한 훈련에 초점을 맞추고 있고, 여기서는 훈련 교육과정이 관리되는 적용 수단으로 사례연구팀이 이용된다. 앞에서 지적하였듯이, 이것은 실제 발달과 긍정적인 행동지원계획의 실천을 거쳐서 발생한다. 이 과정은 여기서 기술되고 훈련계획에 참가한 당사자를 위한 성과와 지원계획 개발의 사례에 대한 기술과 함께 뒷부분에서 설명된다.

사례연구팀

협력적인 팀워크는 통합적인 지역사회에서 개인의 복잡한 요구에 부합되는 체계를 개선시키는 과정뿐만 아니라 교육과 다른 인간 서비스의 성공적인 제공의 주요한 구성요소다. 장애인의 요구를 결정함에 있어 다양한 투입의 중요성과 이들의 요구를 만족시키기 위한 서비스의 제공은 1975년의 전장애아교육법(Education for All Handicapped Children Act: P.L. 94-142)의 요구 사항에 의해 명확하게 만들어졌다. 이 법은 여러 전문 분야에 걸친 팀에 의해 수행될 개별화교육 프로그램(IEP)의 사정, 고안 및 실행을 요구하였다(Federal Register, 1977). 사실, 학교 체제 안에서 작용하고 있는 다학문적 혹은 초학문적 팀은 학교에서 성인 서비스로 졸업하는 학생을 위한 개별화전환교육계획(ITP) 영역에서 관계부처 간의 팀 노력을 포함하도록 확대되어져 왔다(Halpern, 1985; Hasazi, 1985; Wehman, Kregel, & Barcus, 1985; Wehman, Moon, Everson, Wood, & Barcus, 1988). 학교의 팀(Chalfant, Pysch, & Moultrie, 1979; Sugai & Horner, 1994), 또래 지원팀(Stainback, & Stainback 1985, 1989; Vandercook & York, 1990)과 많은 일반교육 프로그램에 있는 학생연구팀 과정을 통해 장애학생을 정규교육 교실로 통합을 촉진시키기 위해 학교와 교실 수준의 지원을 광범위하게 제공하는데 팀 과정이 사용되어져 오고 있는 중이다. 협력적인 팀의 증가된 이용은 전문가와 보조 전문가가 성공적인 협동에 종사할 준비가 더욱 잘되도록 관련인사 훈련에 변화를 줄 필요성을 만들어내고 있는 중이다(Baumgart & Ferguson, 1991; Meyer & Evans, 1989; Racino, 1990; Snell, 1990).

사례연구팀 구성원

사례연구팀 형식은 팀 훈련 모델의 성공을 위한 구조를 만들어낸다. 통합적인 환경에서의 삶의 질 지원하기는 개인의 요구, 장점 및 선호에 대한 전체적인 관점뿐만 아니라 한 개인으로서 각 개인에 초점을 맞추기가 요구된다. 이것은 먼저 당사자를 선정함으로써 예시되고, 다음엔 그 개인을 지원하기 위한 사례연구팀을 만드는 것이다. 사례연구팀을 만드는 것은 당사자의 다양한 삶의 측면에 걸쳐서 그에 대한 직접적인 지원을 제공할 처음 구성된 사람과 함께 하는 다양한 수준의 과정이다. 이들 사람은 부모, 교사, 거주지 혹은 직장 지원 관련인사, 아동 양육 제공자 및 기타의 사람을 포함할 수 있다. 다음 단계는 영향을 미칠 개인으로 구성된 팀으로 확대되지만 훨씬 간접적이거나 혹은 흔치 않은 방식이다(예: 관련 서비스 인사, 학교 교장, 사례 관리자, 의료관련 인사). 사례연구팀 구성원에 대한 부가적인 수준은 훈련을 받을 우선권이 있다고 파악된 개인을 포함할 수 있지만, 당사자와는 직접 관련이 없을 수도 있다(예: 기관훈련 스텝, 행정가, 당사자와 관련이 없는 직접 서비스 관련 인사). 훈련과정으로부터 이익을 볼 사람이 있는데, 이들은 문제행동을 하는 다른 지역사회 구성원을 지원할 책임이 있고 또 훈련과정 전체를 통해 팀에 참여할 사람이다. 이 다양한 수준의 토대는 각 당사자가 자기 팀에 요구되는 지원을 가지고 있다는 것을 확실히 하고 훈련과정의 일부로 긍정적인 행동지원을 만들어내는 데 참여하는 모든 훈련 참여자를 만들어낸다.

당사자 개인의 선발

당사자와 그의 팀에 대한 신중한 선발은 지역사회의 보다 더 넓은 훈련 요구를 강조하는 것을 도울 수 있다. 전형적으로 3~8명의 당사자와 그의 팀은 지정된 지역사회를 위한 훈련에 참여한다. 우리는 특별한 프로그램 혹은 서비스 기관의 충분히 많은 대표가 그런 지원을 필요로 하는 모든 개인을 위한 긍정적 행동지원 모델을 실행하기 위해 그런 프로그램을 서로서로 돕는 것을 지원할 수 있도록 권장한다. 예를 들면, 특정한 학교로부터 2명 혹은 그 이상의 당사자 선발은 전체 학교가 문제행동을 감당하는 방향으로 영향을 주는 책임과 전문적 지식을 제공하는 행정가, 충분한 특수교육 교사 및 지원 스텝. 일반교육자, 가족 구성원, 관련 서비스 스텝으로 서로 돕게 한다.

당사자 선발에 두 번째 고려사항은 훈련가가 다양한 연령대(아동과 성인), 능력 및 문제행동의 유형과 강도에 걸쳐서 기술이 성공적으로 적용되는 것을 살펴 볼 기회를 제공하기 위해 다양한 개인적인 특징을 나타내는 것이다. 또 다른 고려사항은 개인이 그의 시간을 보낼 환경과 관련시키는 것이다. 긍정적인 행동지원에 초점을 맞춘 삶의 질을 강조하기 위해서 통합적인 장면과 전형적인 또래와의 유의미한 상호작용과 통합에 대한 명확한 약속이 있는 상황에서 당사자가 살아가고, 일하거나, 학교에 가는 것이 중요하다.

마지막으로 선발된 당사자는 당사자의 삶에서 엄청난 잠재적인 영향력을 가지고 있고 삶과 훈련계획을 넘어서까지 작용을 잘 할 집단적인 지원을 모으기 위한 협력팀 모델을 최고로 보여 줄 수 있는 사람이 되어야 한다.

협력적인 관계

각 사례연구팀의 구성원은 긍정적인 행동지원전략을 수행하기 위해 훈련을 통해서 함께 일한다. 팀의 모든 구성원 간에 협력적인 관계는 훈련 참여에 전제가 되는 것은 아니라는 것을 주목해야 한다. 한 개인에 대한 점진적인 사정과 중재에 대한 초점은 기관 간에, 다학문적인, 혹은 가족-기관 간의 상호작용이 중립적이고, 실존하지 않는 혹은 두 당사자가 적대관계에 있는 경우조차도 긍정적인 협력이 나타날 기회를 만들어낸다. 사례연구팀 과정의 가장 강력한 특성 중 한 가지는 장애나 혹은 문제행동을 가진 개인에 관심이 있는 지역사회 구성원 간에 협력과 새로운 수준의 이해를 촉진시키는 것이다.

사례연구팀은 팀 구성원이 서로 서로 지도역할을 하는 수정된 지도 접근법을 사용한다. 이것은 보다 전통적인 2개로 구성된 접근법인 Joyce와 Showers(1980, 1982)가 기술한 연구법과 대조를 이룬다. 참여자가 피드백, 지원 및 자신의 특별한 팀에 속하지 않은 다른 당사자를 위한 자원 등을 제공하는 동안 사례연구팀에 따라 지도의 다른 수준이 발생한다. 하지만, 다른 지도 수준은 사례연구팀과 개인 참여자에게 지도역할을 하는 주 훈련가와 함께 발생한다. 이 형식은 참여자가 기술을 적용하는 데 지원을 받도록 하고, 판단을 할 수 없는 피드백 및 당사자의 요구와 선호를 만족시키기 위해 제안된 전략에 적응하도록 하는 다양한 자원과 기회를 제공한다. 모든 팀 구성원 특히 행동중재과정과 바람직한 성과에 관해 스스로 및 자신의 노력에 긍정적으로 느끼도록 도와주는 것에 대해 지속적인 강조를 해야 한다. 우리의 경험은 고품질의 현장훈련에 지도가 실행되도록 하는 것이 새로운 기술의 전이, 예측 및 참여자의 능동적인 행동목록에 모델을 가져다준다는 점에서는 Joyce와 Showers(1980, 1982)의 경험을 지지한다.

팀 훈련과정의 구조

지역 수준에서의 팀 훈련과정을 통해 누군가의 훈련 내용을 적용하기 위한 기회를 제공하도록 구성된다. 훈련 내용은 4~6개월 기간에 점차적으로 전달된다. 각 훈련 회기가 끝난 후에 사례연구팀은 자신의 프로그램 혹은 가정에서 현장의 토대를 통해 새로운 전략을 실행하기 위해 함께 일한다. 팀은 질문하고, 명백히 하고, 자신의 노력에 관한 피드백을 받기 위해 그들의 훈련가와 상담을 한 다음 훈련 회기로 되돌아간다. 내용 정보에 대한 다음 주제가 제공되고, 과정은 각 팀에 의해서 완전한 행동지원계획이 고안되고 실행될 때까지 과정이 축적된다. 훈련의 운용중인 지도 구성요소는 훈련 프로그램의 각 회기에 그것이 첨가됨에 따라 지식과 기능을 최대화하기 위해 혼합된다. 긍정적인 행동지원계획 구성하기를 행하는 이 훈련과정의 설명은 사례 예와 함께 다음에 제공된다.

팀 훈련 교육과정

이 장의 이 부분은 지역 수준에서 제공되는 훈련 프로그램의 내용과 계열을 설명한다. 특히, 사례연구팀이 긍정적인 행동지원과 당사자에 관한 지식을 축적함에 따라, 사례연구팀이 임하는 과정과 연관된다. 훈련이 4~6개월 동안 진행됨에 따라, 지원전략이 실행되고 종합적인 행동지원계획이 구성된다. 사실, 긍정적인 행동지원계획을 만드는 과정은 훈련을 통해 활동 내용과 계열 제시를 위한 토대로서의 역할을 한다.

〈표 1〉은 팀이 종합적인 행동지원계획을 만드는 동안에 훈련과정에 걸쳐 팀이 참여하고 있는 과정의 개요를 제시한다.

처음 회기 동안에 첫 단계가 책임을 맡았고, 4~6개월의 연속된 기간의 끝에 지원활동을 유지하기 위한 처방과 함께 전체 완전한 계획이 만들어졌다. 당사자의 특별한 요구와 특성에 의해서, 계열성에 중복과 변형이 있을 수도 있다. 더욱이, 사정과 같은 몇 가지 요인은 행동지원의 지속적이고 다양한 측면이다. 비록 사정 절차 형식의 소개는 계열 속의 특정한 시점에 발생하기는 하지만, 사정과 중재의 일반적인 연계는 최상의 지원 프로그램이 가진 중요하고 계속적인 특성이다. 그럼에도 불구하고, 〈표 1〉에 나타난 일반적인 윤곽은 유용하고 효율적인 접근법임을 보여 주었다.

"Kathy S."를 위한 사례연구팀

"Kathy S."의 사례를 설명함으로써 이 팀 훈련과정의 정교화가 촉진되는데, "Kathy S."는 버지니아 주에서 지역사회 훈련 동안에 당사자로 참여를 했던 부인이다(사례연구 20.1A와 20.1B를 참조). 버지니아 주는 1989년의 국가 훈련계획에 참여했고, 그때 이후로 수많은 지역사회 훈련을 수행하였다. 중증장애, 외상성 뇌손상, 문제행동을 하는 사람에게 도움이 되었다. 버지니아 주의 훈련은 전형적으로 6개월 이상이 걸리고 일반적으로 2일간의 강의, 토론 및 실습으로 4회에 걸쳐 제시되었다. 이들 회기는 당사자가 거주하고 있는 전형적인 환경에서 확장적인 실험훈련으로 산재되었다. Kathy는 1992년 전형적인 버지니아 지역사회에서 수행된 긍정적 행동지원 훈련에 참가했던 5명의 당사자 중 한 명이었다.

훈련 회기 소개

훈련의 최초 몇 회기는 지역사회 삶, 통합, 개인적인 존엄 및 행동지원에 활용될 수 있는 확장적인 선택과 기술 등에 대한 기본적인 가치와 철학적인 관점을 포함해서 광범위한 행동지원 사업에 대한 조망을 제공한다. 토론은 지원 수혜자(당사자를 포함해서)를 위한 유의미한 성과

〈표 1〉 긍정적인 행동지원계획 만들기의 과정

1. 학습자 및 학습자가 자기 시간을 보내는 맥락을 기술한다.
   • 개인 미래 계획하기 과정을 시작한다.
2. 행동 혹은 관심 행동의 종류를 파악하고 정의를 내린다.
   • 기초선의 자료를 수집한다.
3. 사정을 수행하는 동안에 요구되는 행동지원을 실행한다.
   A. 삶의 유형 향상 I
      1. 통합: 학교, 직업, 생활, 환경
      2. 향상된 상호작용, 참여, 독립, 선택, 다양성, 예측 가능성
   B. 긍정적인 절차 I
      1. 자극 변화
      2. 대안(바람직한) 행동의 상반행동 보상
   C. 위기 예방과 중재절차 I
4. 사정 수행
   A. 삶의 질〔예: 주거 삶의 유형 검사(Kennedy, Horner, Newton, & Kanda, 1990), 인간중심 사정(Mount & Zwernick, 1987; O'Brien & Lyle, 1987; Vandercook, York, & Forest, 1989), 사회 관계망 분석(Kennedy, Horner, & Newton, 1990), 프로그램 질 표시 체크리스트(Meyer, Eichinger, & Park-Lee, 1987), 삶의 질 단서 질문(Anderson, Mesaros, & Meary, 1991)〕
   B. 생태학적 환경 체계〔예: 긍정적인 환경 체크리스트(Albin, Horner, & O'Neill, 1993), 상호작용 관찰양식(Albin, Horner, & O'neill, 1993), 교육과정 활동 프로파일(Foster-Johnson, Ferro, & Dunlap, 1991)〕
   C. 목표행동 혹은 행동 등급에 대한 기능적인 사정
      1. 인터뷰〔예: 의사소통 인터뷰 형식(Schuler, Peck, Tomlinson, & Theimer, 1984), 기능분석 인터뷰 형식(O'Neill, Horner, Albin, Storey, & Spraque, 1990)〕
      2. 체크리스트/평정척도〔예: 동기사정검사(Durand, 1988)〕
      3. 직접관찰〔예: A-B-C(S-R-C) 분석; 기능분석 관찰형식(O'Neill, Horner, Albin, Storey, & Spraque, 1990), 스캣플롯(Touchette, MacDonald, & Langer, 1985), 일화기록, 행동지도(Ittelson, Rivlin, & Proschansky, 1976), 의사소통 기능분석〕
   D. 의사소통 목록 사정
   E. 학습특성 사정
5. 사정 결과를 분석한다.
   A. 다음을 언급하는 기능행동 혹은 행동 등급에 대한 가정을 만들어낸다:
      1. 생태학적인 변인
      2. 상황설정
      3. 바로 앞 선행사건과 결과 유지하기
      4. 잠재적으로 경쟁하는 행동/기능적인 같은 행동
      5. 의사소통 목록과 의사소통의 기능
      6. 삶의 질
   B. 경쟁적인 행동분석을 구성한다.

〈표 1〉 긍정적인 행동지원계획 만들기의 과정 (계속)

C. (만약 필요하다면)가정을 검사하기 위한 기능적 행동분석을 수행한다.
1. 선행조건/후속결과 처리
6. 지속적인 사정을 위한 새롭고 계속되는 질문과 전략을 표현한다.
7. 가정을 이끄는 종합적인 행동지원계획을 고안한다.
A. 삶의 유형 향상 II(I에서와 동일한 범주이지만 사정/가정에 특정한)
B. 상황과 즉각적인 선행조건 수정(예: 즉각적인 선행조건/유인 변경하기, 환경상의 오염물질 제거하기, 집단배치 변경하기)
C. 교육과정과 교수전략에서의 변화(예: 기대, 유의미한 과제, 과제 난이도, 변형, 길이, 예측 가능성, 학습자 특성에 일치하는 교수전략 등을 명확히 하시오)
D. 기능적으로 같은 행동 훈련/교수 프로그램
E. 의사소통, 사회적 기능 교수
F. 기능 영역에 걸친 일반적인 기능 형성
G. 긍정적인 절차 II(예: DRO, DRL, 자극통제)
H. 자기조절 전략
I. 위기관리 절차
8. 지원계획 이행과 평가척도의 성과
A. 삶의 질 향상
B. 교수의 효율성
1. 개발된 혹은 증대된 기능적인 행동
2. 개발된 혹은 증대된 일반적인 기능
3. 개발된 혹은 증대된 의사소통과 사회적인 기능
C. 기본적인 건강과 향상된 안전(예: 감소된 응급실 방문, SIB*의 감소)
D. 감소된 표적 행동 혹은 배제된(및 대치된) 표적 행동
9. 지속적인 긍정적 행동지원을 위한 과정과 일정을 확립한다.
A. 친구로 된 팀, 동료 작업자, 가족 구성원 및 서비스 제공자
B. 장기적인 목표/개인 미래계획
C. 중재와 후속 적응의 영향에 대한 평가
D. 삶의 유형, 사회적인 관계망, 개인적인 선호 및 시간 경과에 따른 변화를 촉진시키기 위한 과정에 대한 평가
E. 새로운 행동, 요구 혹은 상황이 생김에 따라 기능적인 사정 중재를 통해 이전 시점으로 돌아가기 위한 기제

출처: Anderson, J. L., Albin, R. W., Mesaros, R. A., Dunlap, G., & Morelli-Robbins, M. (1993). 종합적인 행동지원을 성취하기 위한 훈련 제공의 쟁점. J. Reichle & D. O. Wacker (Eds.), *Communication and language intervention: Vol. 3. Communicative alternatives to challenging behavior: integrating functional assessment and intervention strategies* (pp. 363-406). Baltimore: Paul H. Brookes Publishing Co.; 허락하에 재인쇄됨.
*SIB: 자해행동(self-injurious behavior)

와 도전적인 행동의 감소뿐만 아니라 어떻게 새로운 능력과 개선된 관계의 성취와 같은 그런 성과를 포함시켜야 하는가에 초점을 맞춘다(Meyer & Evans, 1993; Meyer & Janney, 1989). 개인 미래 계획하기의 주제 또한 강조 된다(더 나은 정보를 위해 제19장 참조).

사례연구 과정은 당사자의 삶, 그들이 직면하는 문제 및 매일매일에 바탕을 둔 그들의 삶의 질을 전체적으로 조망하면서 시작된다. 삶의 질 척도 검사를 시작하도록 팀에게 도구와 단서를 제공하는 질문이 제공된다. 개인 미래 계획하기의 주제가 소개되고 그리고 계획하기 과정이 시작된다.

훈련가는 전반적인 긍정적 행동지원 모델에 삶의 유형 향상이 중요한 가치를 구성하는 요소라는 것을 강조하면서 삶의 질 관점을 행동중재라는 영역에 연결짓는다(Turnbull & Turnbull, 1990). 이런 관점은 문제행동의 발생에 직접 영향을 줄 수 있는 특정한 삶의 유형변화를 가리킬 수 있다는 것을 알아야 한다. 전반적인 삶의 유형 변화에 대한 이런 강조가 주어졌을 때, 초점은 관심이 되는 특정한 목표행동의 파악과 기초선 자료 수집으로 좁아진다.

사례연구 20.1A Kathy

Kathy는 탁아소와 꽃집에서 자원봉사활동을 하는 중년의 흑인 여성이고 자신의 자유 시간은 수영, 볼링, 가족과 친구 방문하기로 보낸다. Kathy는 그녀가 어머니의 집에서 이사를 나온 후로 줄곧 같은 여자와 살고 있다. 긍정적 행동지원 훈련이 시작되었을 때, Kathy는 35세였고 3년간의 분리된 시간을 제외하고는 그때까지 어머니와 살았다. 발달장애인을 위한 시설에 두 번 갔는데, 그곳에서 그녀는 1년이 조금 안 되게 머물렀고 한 번은 주 정부의 정신건강 시설에 약 1년 정도 머물렀다. 그녀는 중도 정신지체라는 진단을 받았고 대발작 경력이 있고, 자신의 성인 삶의 대부분을 문제행동을 하는 사람이라고 명칭이 붙었다.

Kathy는 활용 가능한 대부분의 지역사회와 주거 서비스의 수혜자가 되어 왔다. 하지만 이들 서비스 중 대부분은 센터중심이었고 분리된 환경에서 제공되었다. 이용할 만한 기록은 그녀 나이 22세 때 분리된 학교에서 특수교육을 끝마쳤으며 그런 다음에 직업 전 프로그램에 참여했으며, "완고한 행동문제" 때문에 퇴학 처분을 받고 말았다. 그녀가 그 훈련 프로그램에 참여자가 되었을 때, Kathy는 아무런 서비스도 받지 않고 있었다.

지역사회 프로그램에 그녀를 포함하기 위한 서비스 체계에서는 그녀의 행동중재에 대한 지속적인 요구와 지원 부족 때문에 Kathy가 당사자가 되었다. 그녀를 대상으로 한 사례연구팀은 그녀의 어머니, 사례 관리자, 가족 사례연구 조정자, 서비스 중지기관 구성원, 일상의 지원 프로그램 관련인사로 구성했다. 참여자의 일부는 훈련 전에 Kathy를 알고 있는 개인들이었고 다른 나머지 참여자는 자신의 기관 안에서 반복된 노력에 관심이 있었다.

Kathy의 어머니는 Kathy를 위한 대안적인 삶의 배치를 찾는 데 도움을 요청했다. 하지만 Kathy의 어머니는 비록 그녀가 실제로 Kathy를 돌볼 수가 없었고, 그녀 스스로도 Kathy의 힘드는 행동에 대해 더욱 두려워하고 있음에도 불구하고 그녀는 Kathy가 집 밖에 거주하는 것에 대해 반대되는 감정이 병존했다. 만약 그녀가 Kathy를 위한 계획을 만들지 못하면 Kathy는 시설에 배치될 것이라는 것을 또한 두려워했다.

최초 사정과 중재활동

팀 구성원에게는 사정이 역동적인 과정으로 기술되고, 그런 후에 자료를 모으고 관찰된 자료를 종합하는 전략의 출발이 제시된다. 훈련이 시작되고 난 후 곧 이 최초의 사정활동과 동시에 최초의 중재가 시작된다. 삶의 유형 향상, 긍정적인 보상 그리고 필요한 경우엔 위기중재 등의 영역에서 전형적으로 최초의 중재가 발생한다. 삶의 질을 향상시키기 위한 즉각적인 변화는 통합적인 상황에서 증가된 시간, 전형적인 또래와의 지원된 상호작용, 자기의 일상활동에 대한 선택과 통제를 위한 증가된 기회 등을 포함할 수도 있다. Kathy S.를 위한 최초 사정과 중재활동이 사례연구 20.1B에 기술된다.

사례연구 20.1B Kathy

긍정적인 행동지원 훈련이 시작되었을 때, Kathy는 지역사회 서비스 위원회가 제공하는 어떤 서비스에도 포함되지 않았다. 대부분의 지역사회 서비스 제도는 그녀의 문제행동 때문에 그들의 프로그램으로부터 그녀가 이득을 보지 못할 것이라고 느꼈다. 그녀는 채용되지 않았고, 단발성의 가족방문 이외에는 어떤 친구 혹은 유의미한 사회적인 접촉이 없었고 어떤 지역사회 행사나 활동에 참여하지 않았다. 그녀는 내과의사와의 약속이외에는 집 밖으로 여행을 할 이유가 거의 없었다. 그녀는 어머니와 텔레비전을 시청하거나 퍼즐놀이를 하거나 혹은 집을 이리 저리 걷거나 하면서 하루 종일 어머니와 함께 시간을 보냈다. 지역사회 서비스 스텝은 Kathy가 행할 선택사항이 하나도 없다고 느꼈고, 만약 그녀 어머니가 아프면 그녀는 시설에 배치될 위험이 있다고 느꼈다.

Kathy는 머리카락 잡아당기기, 때리기, 걸어 나가기와 걷기 등과 같은 몸동작으로 의사소통을 했다. 그녀는 신음하기 혹은 소리 지르기 이외에는 자기 목소리를 사용하지 않았다. 훈련 시작 무렵에 관심이 되는 행동은 다른 사람을 때리기(주먹을 쥐고 혹은 손바닥을 가지고), 걸어 다니기, 약 먹기 거부, 야뇨증 등이었다. 지금까지의 보고서는 이들 행동에 대해서는 무시할만한 정보를 제공했고, 마치 시도된 전략은 일시적인 것처럼 보였다. Kathy가 매우 곤혹스러워 할 때 그녀는 병원에 입원되었고 그녀가 포함된 프로그램으로부터 차단되었다.

훈련의 처음 2일간의 목표 중 하나는 인간중심 계획하기의 전략을 탐구하고 사용하는 것이었다. 인간중심 계획하기와 삶의 질 사정을 사용함으로써 사례연구팀은 2시간이 넘는 동안 Kathy를 만났다. Kathy의 어머니와 그녀의 사례연구 관리자는 이 계획하기 과정을 통해 협력적인 사람으로 남을 것이라고는 생각하지 않았다. 하지만 Kathy는 전체 회기 동안 방안에 남았고, 그녀는 흥미가 있는 것처럼 보였고, 토론에 대한 그녀의 즐거움을 표시하기 위해 몸동작을 사용했다. 팀이 그녀에게 다른 집으로 이사 가는 것과 일할 수 있는 기회를 개발하는 것을 이야기했을 때 그녀는 동의한다는 표시로 지속적으로 고개를 끄덕였다.

이 최초의 계획하기와 평가과정의 성과 중 하나는 Kathy의 일정에 작게 적응하는 것이었다. 예를 들면, Kathy는 자신을 포함해서 다른 사람이 그녀의 머리칼을 빗질하도록 시키고 싶어 하지 않았다. 그녀 머리카락 빗질하기는 항상 Kathy가 어머니 혹은 그렇게 하려는 사람 누구든지 때리기로 끝났다. 그녀 어머니는 그녀의 머리칼을 매우 짧게 깎아 이런 상호작용을 피했다. 팀은 그녀의 머리카락이 특별히 짧다는 것을 주목했고 아마도 그녀가 다른 사람과는 다르다고 파악했다. 그 외에도 그들은 Kathy가 많은 시간을 거울을 보면서 보낸다는 것을 주목했다. 팀은 Kathy의 머리카락이 길게 자라게 허용했고 새로운 가정 스텝이 그녀의 머리카락을 빗질하는 일을 하도록 허락했다. 새 스텝은 Kathy의 머리카락을 마사지 하는 첨가물을 사용하기 시작했다. 처음 몇 일간 Kathy는 자신의 머리카락을 다른 사람이 만지는 것을 허용하지 않았다. 하지만 3주 안에 Kathy는 자신이 머리카락을 빗질하고 다른 사람이 머리카락을 씻어주는 것을 거절하지 않았다. 훈련의 초기에 팀의 다른 구성원이 Kathy를 백화점에 데려가서 그녀가 새로운 옷을 사도록 했다. 그녀는 자신의 새 옷을 입고는 거울을 쳐다보는 데 더 많은 시간을 보냈고 그녀가 다른 사람을 때리는 비율은 감소되었다.

다른 팀의 구성원이 Kathy에게 특별히 관심을 가졌다. 왜냐하면 이 팀의 구성원은 성인 돌보기 촉진 프로그램에서 서비스와 조정을 제공하는 일을 했기 때문에, 그녀는 Kathy를 더 많이 알기를 원했다. 그녀는 주 단위로 Kathy를 지역사회로 데려갔다. 이 여행은 긍정적인 경험이었고 다른 어떤 때리는 행동 혹은 문제행동이 결코 포함되지 않았다. Kathy는 백화점에 가는 것, 새 옷을 구매하는 것(이전에 그녀는 결코 자기 옷을 선택하지 않았다), 식당에서 밥을 먹는 것과 지역사회를 걸어 다니는 것 등을 즐겼다.

종합적인 행동지원계획 개발하기

다음 몇 번의 훈련 회기는 점점 더 체계적인 사정 절차와 중재전략에 대한 더욱 구체적인 설계에 초점이 맞춰진다. 파악된 목표행동의 기능적인 사정은 중요한 토픽이다. 사례연구팀 구성원은 그 행동의 발생을 지배하는 의사소통 기능과 자극 매개변수를 결정하는 맥락에 걸쳐 목표행동을 조사하는 인터뷰와 관찰기술을 이용한다. 당사자가 자기 시간을 보내는 맥락에서 작용하는 생태학적 혹은 환경적인 체계 또한 조사된다. 사정활동은 더욱 개인의 선호, 장점 및 전반적인 행동목록과 의사소통 목록을 평가하도록 확대된다. 이런 사정은 삶의 유형 적응뿐만 아니라 교수 구성요소를 포함하는 효과적이고 종합적인 지원계획을 개발하는 데 매우 중요하다. 사정 자료가 분석되고 당사자에 대한 이해와 개인행동과 환경과의 관계에 대한 이해를 얻어내려는 지속적인 노력에서 가정이 만들어진다(Carr, Robinson, & Palumbo, 1990). 가정이 조사되고 필요하면 수정된다(Dunlap & Kern, 1993).

훈련은 사정 결과를 숨김없이 논리적으로 활용할 수 있는 중재와 연결된다(Horner, O'Neill, & Flannery, 1993). 예를 들면, 참여자는 기능분석 결과가 그들에게 가르쳐야 할 환경과 의사소통 행동의 종류를 결정해야 한다는 것을 배운다(Carr et al., 1994). 유사하게, 힘 드는 활동에 개인 특유의 반응과 선호 사정은 지원 제공자가 개별화된 유의미한 교육과정과 활동 일정을 만들어내도록 도와주어야 한다(Dunlap & Kern, 1993). 관계와 환경에 대한 사정은 개인 삶의 잠재적인 문제와 결함을 파악해내는 데 사용된다. 훈련은 이들 자료가 어떻게 개인의 사회적인 관계망과 가정, 지역사회의 관례 등과 연결되어야 하는가를 보여 준다.

많아지고 있는 중재선택사항의 배열과 관련해서 철저한 사정 자료의 집합은 다채로운 요인, 각 당사자 개인을 위한 가정으로 이끌어진 종합적인 행동지원계획이라는 형태로 함께 생겨난다. 훈련의 이런 국면은 〈표 1〉〔그리고 Anderson 등(1993)에 보다 완전하게 기술되었다〕에 기록된 각 구성요소를 위한 상당한 강의와 토론을 요구한다.

종합적인 행동지원계획은 개별화된 사정 자료에 기초를 두고, 그것은 훈련에 제시된 모든 다양한 요소를 포함할 수도 있고 포함하지 않을 수도 있다. 하지만, 대부분의 계획은 보다 긍정적인 학습환경을 만들어내기 위한 교육과정과 교수에 관한 수정을 포함한다. 실제로, 효과적인 행동지원계획의 특징은 그것이 기능형성(행동 감소와는 반대로)에 초점을 맞추고 있다는 것이다. 특히, 특정한 교수는 전형적으로 기능적인 목표행동과 동일한 기능의 대체를 가르치도록 설계된다. 당사자가 예측할 수 없고 불쾌한 일에 대처할 수 있도록 도와주도록 설계된 자기조절 기술과 전략 또한 많은 중재 패키지의 중요한 구성요소다. 몇 가지 계획은 긍정적인 보상에 대한 명백한 설명으로부터 이점이 되며, 다른 계획은 반드시 목표행동이 달갑지 않게 파괴적이거나 혹은 위험한 것이 되는 위기상황을 관리하기 위해 규정한 단계를 포함한다.

만약 그것이 기본적인 삶의 질 관심에 직면하지 않으면 종합적인 행동지원계획은 부적절한 것이 될 것이다. 그래서 훈련은 전체 행동지원을 이끌어 주는 이들 중심 주제에 대한 가끔의 조망을 제공한다. 특히, 과정의 목표이고 팀의 지원계획이 이들의 필수적인 성과로 향하도록 이끄는 삶의 질 성과는 팀에게 맞춘 초점을 계속 유지하도록 상기시킨다. Kathy를 위한 종합적인 행동지원계획의 개발은 사례연구 20.1C에 기술된다.

사례연구 20.1C Kathy

Kathy의 공격성에 대한 기능사정은 동기사정검사(Durand, 1988), A-B-C 차트, 스캐트플롯(Touchette, MacDonald, & Langer, 1985) 및 직접관찰을 기록하기 위한 다른 방법(O'Neill, Horner, Albin, Storey, & Sprague, 1990) 등을 사용해서 완성되었다. 이런 노력은 많은 정보를 찾아냈고 이전의 일부 가정이 틀렸다는 것을 보여 주었다(예: 때리기는 관심을 끌기 위해서 수행된다). 이들 사정의 결과는 Kathy가 성공적이지 못한 메시지를 전달하기 위해 그녀가 수많은 시도를 행한 후와 그녀의 요구가 무시되었을 때 때리기(손바닥을 펴고 찰싹 때리기)에 자주 호소를 한다는 것을 암시했다. 그녀의 참여가 거절되었을 때 혹은 그녀가 한 가지 행동을 끝내기를 원했을 때 때리기가 또 발생했다. Kathy가 회피하기를 원했을 때, 그녀는 종종 일어나서 그 장소를 떠나고 걷기 시작한다. 만약 참여가 강제되었을 때, 그녀는 손이 닿는 가까운 곳에 있는 개인 혹은 어떤 사람이든지 때리곤 했다. 이것은 왜냐하면 그녀가 비언어적이고 효과적으로 의사소통을 할 수 있는 다른 대안 수단이 없기 때문에 다른 사람을 이해시키기 위해 이들 신체적인 수단(즉, 걷기, 당기기, 걸어가기, 때리기)을 사용했다고 가정된다. 그녀가 선호하는 것은 자신이 한 가지 행동 혹은 활동에 종사함으로써 나타났다. 따분함 혹은 불쾌함은 때리기, 걷기 및 당기기에 의해 의사소통이 되었다.

이들 사정 자료는 의사소통이라는 영역의 중재와 연결되었다. 팀은 재빨리 그녀의 파악된 선호에 바탕을 두고 의사소통 카드를 고안했고 그녀가 원하는 물건과 활동을 의사소통하기 위해 이들 카드를 그녀가 사용하도록 격려했다. 그 외에도 팀은 때리기 행동의 대안으로 "멈춤" 표시를 그녀에게 가르치기 시작했고 그녀가 불쾌한 상황에 있을 때마다 이 표시를 사용해서 자신의 상황을 통제하도록 촉진시켰다.

즐거움과 가치 있는 새로운 학습경험뿐만 아니라 문제와는 반대로 긍정적인 행동과 관련된 그런 상황에 대한 엄청난 정보를 제공해 주는 지역사회에서 Kathy가 시간을 보내기 시작했다. 문제와 관련된 몇 가지 사건과 상황은 많은 사람과 시끄러운 상황, 사람이 너무 그녀 가까이 서 있거나 앉아 있는 것 등 그녀가 싫어하는 활동에 Kathy를 강제로 참여시키는 것이 포함됐다. 그 날 사람이 붐비지 않는 시간대에 백화점으로의 여행은 문제가 없었지만, 사람들이 엄청나게 몰리는 일이 발생했을 때 Kathy는 파괴적인 행동을 보였다. Kathy가 패스트푸드점과는 반대되는 보다 조용한 식당에서 그녀가 밥을 먹기를 더 좋아한다는 것이 명백해졌다. 팀이 새로운 경험을 소개 했을 때 자료가 성공적인 성과 및 어려운 성과와 관련된 상황에 대한 자료가 수집되었다. 이렇게 해서, 팀은 사전 변인에 대한 개선된 이해력을 얻었고 공공장소에서 문제행동을 예방하기 위한 많은 전략을 Kathy의 계획에 통합할 수 있었다.

팀이 합당한 오락의 출구를 찾았기 때문에, Kathy가 어떤 유형의 대근육 활동에서 뛰어나다는 것을 배웠다. 그녀는 달리기, 던지기 및 공 잡기 등과 같은 뛰어난 체육능력을 가지고 있었다. 하지만, 오락 활동에 참여할 기회는 그녀의 행동문제 이력 때문에 활용할 수가 없었다.

팀은 그녀가 사람이 많은 곳과 시끄러운 곳에서 상호작용을 하려고 하지 않는다는 것을 발견한 이래로 Kathy의 전통적인 집단 스포츠 활동에 등록이 이 시점에서는 이로울 수 없다는 것이 발견했다. 대신에 팀은 수영과 같은 기능에 그녀의 자신감을 만들어 줄 수 있는 개인 활동 개발을 추구했다.

대략 3개월 간의 훈련 후에 사정과 중재전략이 개발되었고, Kathy는 가족 돌보기 프로그램에서 자기 또래의 여자와 살기 위해 어머니의 집을 떠나 이사를 했다. 이사 전에 팀은 원만한 전환을 보장하기 위해 Kathy가 그녀 어머니와 친밀하게 함께 일을 하도록 했다. 이 시점에서, 팀은 문제행동을 예방하기 위한 효과적인 전략에 관한 정보를 가지고 있었다. 예를 들면, Kathy는 잡지보기, 퍼즐풀기, 음악 듣기 및 음악에 맞추어 춤추기, 자동차 타기, 텔레비전으로 1950년대의 시트콤 시청하기 등을 즐겼다. 텔레비전 보기에 포함된 몇 가지 성공적인 전략은 그녀가 머리카락을 빗질할 때, 라디오를 들으면서 양치하기, 가게에서 줄을 서 있는 동안에 잡지책 읽기 등을 보여 준다. 팀 구성원은 또한 통합된 상황에서 개인을 지원하기 위한 종일 프로그램에 종사하는 스텝과 함께 일했는데, 그녀의 새 가정을 방문할 자연적인 기회를 발전시키기 위해 Kathy는 2달간의 훈련 후에 시작했다. 그들은 그녀가 함께 살 예정인 Leanne라는 여인을 Kathy의 일정에 포함시켰다. Kathy와 Leanne의 포함 부분은 개인 돌봄, 의사소통, 여가, 안전 및 개인적인 삶에서의 훈련을 포함할 것이다. 이 훈련은 또한 그녀의 주간 프로그램에 통합되었다. 훈련에 의해 만들어진 팀 과정의 결과로 이 모든 프로그램이 개발되고, 실행되고 평가되었다.

긍정적 환경 체크리스트(Albin, Horner, & O'Neill, 1993)의 사용은 만약 그녀가 동일한 환경에서 살았다면 같은 나이대의 사람이 가졌을 개인 재산이 Kathy에게는 하나도 없다는 것을 보여 주었다. 그녀는 개인위생에 사용되는 것을 제외하고는 자기 소유의 물건을 많이 소유하지 않았다. 팀과 가족 구성원은 그녀의 이사를 축하하기 위해 그녀의 새 집에서 그녀가 사고 싶어 하는 것을 구매하도록 그녀를 쇼핑에 데려갔다.

관계망 지도(Mount & Zwernick, 1987)는 삶의 질 문제에 핵심적이고 실질적인 정보를 더 보태어 주었다. 다른 통찰력 가운데 이 도구는 Kathy의 친구가 아무도 없다는 것을 분명히 했다. 새 가정으로의 이사와 주간 지원 프로그램은 우정을 발달시킬 새롭고 자연스런 기회를 제공했다. 팀의 지원으로 지역사회에서의 친숙한 사람과의 접촉을 증가시키기 위한 노력이 행해졌고, 가게로의 나들이에 참여하고, 사교적인 전화를 걸고, 다른 출장도 갈 수 있도록 기회를 부여해 주었다.

유의미하고 지속적인 변화 만들어내기

비록 마무리 훈련 회기가 행동지원 중재와 관련된 새로운 내용을 훨씬 덜 지니고 있기는 하지만, 그것은 지역사회와 당사자의 삶에서 유의미하고 지속적인 변화를 만들어내는 데는 필수불가결한 것이다. 행동지원계획에 대한 다양한 구성요소가 정의되고 실행됨에 따라 훈련활동은 그 영향을 평가하는 곳에 집중한다. 팀은 자료에 토대를 둔 수정안을 만들고 종합적인 지원계획의 각 영역의 범위와 영향을 확대하기 위해 함께 일한다. 평가노력은 당사자의 삶의 질과 기능적으로 동등한 행동의 발달과 확장된 의사소통 기능 혹은 사회적인 기능의 개선을 조심스럽게 검사한다(Meyer & Evans, 1993). 그들의 목표행동이 자신 혹은 다른 사람에게 해가 될지도 모르지만 당사자의 개선된 건강과 안전에 특별히 관심을 가지면서 목표행동의 감소 혹은 배제 효과도 또한 검사된다.

훈련이 진행되고, 시간이 경과함에 따라, 긍정적인 행동지원계획을 위한 메카니즘 확립에 대한 증가된 강조가 필요하다. 훈련과정 전체에 흐르고 있는 주제는 형식적인 훈련과정이 끝난 후 까지 긍정적인 행동지원의 확대 및 계속과 관련 있다. 사례연구팀은 그들의 당사자에 대한 협력적인 지원을 계속적으로 제공하도록 고무되고, 요구가 생길 때 부가적인 사정과 중재를 수행하도록 고무된다. 개인 미래 계획(더 많은 정보를 위해서는 제19장 참조)을 다시 찾아보고 특정한 장기목표를 파악한다. 그런 다음에 행동계획은 목표를 성취하는 데 파악된 장애물을 극복하기 위한 가능한 전략을 포함하도록 개발된다.

당사자가 우연히 만나는 목표와 장애물에는 종종 유사성이 있는데, 특히 본질, 융통성 및 지역사회, 교육과 인간 서비스 기관이 제공한 서비스의 위치 등에서의 변화를 요구한다. 훈련의 후반부 회기에서 모든 훈련 참여자가 공통된 장애물과 자원을 파악해내기 위해 협력한다. 당사자 팀의 구성원을 이끌어 온(예: 기관 행정가, 정치가, 미디어, 훈련에 참여하지 않은 인근의 학교 및 기관의 대표자) 지역사회와 기관의 부가적인 구성원은 팀이 자신의 사례연구를 제시할 때 성공적인 긍정적 행동지원에 관해 더 많은 것을 그들이 배울 수 있도록 마지막 훈련 회기에 초대된다. 이들 지역사회 구성원은 통합적인 환경에서 효과적인 긍정적 행동지원을 제공하기 위해 자기 지역사회의 능력을 더욱 증가시킬 조직의 변화를 위한 계획세우기에 참여한다. Kathy S.의 행동지원계획의 성과는 사례연구 20.1D에 토론된다.

사례연구 20.1D Kathy

9개월 동안의 훈련이 끝나갈 무렵, Kathy는 자기와 같은 나이대의 여자인 Leanne과 함께 가정에서 살고 있었다. 이런 삶의 배치는 성인 후의 돌봄 프로그램을 통해 재정이 지원되었다. Kathy와 Leanne의 관계는 의뢰인과 유급 가족부양자로써 형성되었지만 두 여자는 또한 좋은 친구가 되었다. Leanne은 그녀의 가족 모임에 Kathy를 포함시키기 시작했다. Kathy는 자기 어머니와 친밀한 접촉을 유지했고, 그녀의 정규적인 가족 방문에 Leanne를 포함시켰고,

그녀와 Kathy는 Kathy 어머니를 위한 사교적인 지원의 원천이 되었다. 두 가정은 최소한 매주에 한 번씩 정찬을 포함해서 더 많은 합동 활동을 위해 서로 자신들의 일정을 협력해서 조정했다.

Kathy의 때리기는 1개월에 한 번으로 감소되었다. 지속적이고 기능적인 사정에서 나온 부가적인 결과는 일부 행동은 발작이 시작되기 전에 발생한다는 것을 보여 주었다. 훈련이 끝나자마자 곧 Kathy는 24시간 동안 입원을 했는데 왜냐하면 지속적인 발작 때문이었다. 팀이 계속해서 강조하는 한 가지 관심사는 Kathy가 경련방지제 약 복용하기를 주기적으로 거절한다는 것이었다. 찾아낸 전략은 두 사람(Kathy는 경련방지제, Leannne은 비타민)을 식사 때마다 동시에 복용케 하는 것이었다. 하지만 이 글을 쓰고 있는 동안에도 이것은 결정되지 않았다.

팀이 준비한 의사소통 카드(집에서 사용하는 물건의 사진, 팀 구성원의 사진, Kathy가 방문하는 장소, 가족 구성원, 친구 등의 사진)의 사용빈도가 높아지면서 이용되었다. Kathy는 또한 "화장실에 갈 거야"와 "그만"이라는 두 가지 요구를 표현하기 위한 표지 사용하는 것도 배웠다. 이 두 가지 표지와 의사소통 카드의 사용이라는 2주간의 학습기간 안에 Kathy는 그녀가 가고 싶은 장소와 누구를 방문하고 싶은가를 선택하고 있었다. 훈련이 끝나갈 무렵에는 Kathy의 걸어 다니기는 거의 발생하지 않았고, 그녀는 단 한 번 침대에 오줌을 쌌다. 최초로, Kathy는 마치 그녀가 단어를 만들기라도 하듯이 발성을 하기 시작했다.

팀 훈련 이전에 참여하고 있는 기관과 참여자는 성공적인 협력의 이력은 없었다. Kathy의 어머니는 서비스에 좌절했고 실망했었다. 사례 관리자는 그녀의 인내심과 창의성에도 불구하고 현재의 지역사회의 서비스 안에서 훈련과 지원 기회를 개발하는 데 성공적이지 못했다. Kathy의 행동과 그녀에 대한 부정적 인식은 그녀의 삶에 새로운 지원과 서비스 제공을 방해하는 데 효과적이었다. 하지만 팀 훈련과정을 거치면서, 이 팀은 응집력과 기능을 갖추게 되었다. 팀 구성원은 Kathy에게 너무 많은 지원을 해서 형식을 갖춘 훈련이 끝난 후에도 그들은 계속해서 만나고 지원을 제공했다.

이 글을 쓸 때쯤에 훈련기간 동안에 만들어진 팀은 계속해서 매 3개월 혹은 4개월마다 만난다. 이 팀은 Kathy의 언어치료사와 그녀의 새 이웃사람 중 한 명을 포함하도록 확대되었다. 더욱 최근에는 팀의 지원과 함께 Kathy는 매주 4시간씩 식료품 코너의 선반을 정리하는 일을 하기 시작했다.

결 론

이 장에서 기술된 훈련과정이 협력적인 팀워크와 지역사회에서 개인을 위한 효과적이고 종합적인 행동지원을 위한 효율적인 수단임이 증명되었다. 이들 지원은 개인의 요구와 선호에 책임을 질 수 있을 만큼 충분히 효율적이고 융통성이 있는 지원을 제공하는 지역사회 능력의 향상과 통합적인 환경에 참여하는 개인 능력에서도 유의미한 향상을 가져왔다. 그 외에도 이 훈련은 긍정적인 행동지원 기술을 시간이 경과함에 따라 이들 당사자 개인에게 적용하는 데 필요한 전문적인 기술을 제공하였으며, 지역사회에 있는 다른 개인에게로 확대 적용하는 데 필요한 전문적 기술의 발전을 가져다주었다(Anderson et al., 1993).

참고문헌

Alvin, R.W, Horner, R.H., & O'Neill, R.E. (1993). *Proactive behavioral support: Structuring and assessment environments.* Unpublished manuscript. University of Oregon, Specialized Training Program, Eugene.

Anderson, J.L., Albin, R.W., Mesaros, R.A., Dunlap, G., & Morelli-Robbins, M. (1993). Issues in providing training to achieve comprehensive behavioral support. In J.Reichle & D.P. Wacker (Eds.), *Communicative alternatives to challenging behavior: Integrating functional assessment and intervention strategies* (pp. 363–406). Baltimore: Paul H. Brookes Publishing Co.

Anderson, J.L., Mesaros, R.A., & Neary, T. (1991). *Community referenced nonaversive behavior management trainers manual* (Vol. 1). Washington, DC: National Institute on Disability and Rehabilitation Research.

Baumgart, D., & Ferguson, D. (1991). Personnel preparation: Directions for the next decade. In L.H. Meyer, C.A. Peck, & L. Brown (Eds.), *Critical issues in the lives of people with severe disabilities* (pp. 313–352). Baltimore: Paul H. Brookes Publishing Co.

Carr, E.G., Levin, L., McConnachie, G., Carlson, J.I. Kemp, D.C., & Smith, C.E. (1994). *Communication-based intervention for problem behavior: A use's guide for producing positive change.* Baltimore: Paul H. Brookes Publishing Co.

Carr, E.G., Robinson, S., & Palumbo, L.W. (1990). The wrong issue: Aversive versus nonaversive treatment. The right issue: Functional versus nonfunctional treatment. In A. Repp & N. Singh (Eds.), *Perspectives on the use of nonaversive and aversive interventions for persons with developmental disabilities* (pp. 361–379). Pacific Grove, CA: Brooks/Cole.

Chalfant, J.C., Pysch, M.V., & Moultrie, R. (1979). Teacher assistant teams: A model for within-building problem solving. *Learning Disabilities Quarterly, 2,* 85–96.

Demchak, M.A., Browder, D.M. (1990). An evaluation of the pyramid model of staff training in group homes for adults with severe handicaps. *Education and Training in Mental Retardation, 25,* 150–163.

Dunlap, G., & Kern, L. (1993). Assessment and intervention for children within the instructional curriculun. In J. Reichle & D.P. Wacker (Eds.), *Communicative alternatives to challenging behavior: Integrating functional assessment and Intervention strategies* (pp. 177–203). Baltimore: Paul H. Brookes Publishing Co.

Dunlap, G., Robbins, F.R., Morelli, M.A., & Dollman, C. (1988). Team training for young children with autism: A regional model for service delivery. *Journal of the Division for Early Childhood, 12,* 147–160.

Durand, V.M. (1988). Motivation assessment scale. In M. Herson & A. Bellack (Eds.), *Dictionary of behavioral assessment techniques* (pp. 309–310). Elmsford, NY: Pergamon.

Education for All Handicapped Children Act of 1975, P.L. 94–142. (August 23, 1977). Title 20, U.S.C. 1401 et seq: *U.S. Statutes at Large, 89,* 773–796.

Federal Register (Vol. 42, pp. 42474–42515). (1977, August 23). Washington, DC: U.S.

Government Printing Office.

Foster-Johnson, L., Ferro, J., & Dunlap, G. (1991, November), *Do curricular activities contribute to problem behavior in the classroom?* Paper presented at the 36th Annual Meeting of the Florida Educational Research Association, Clearwater.

Halpern, A.S. (1985). Transition: A look at the foundations. *Exceptional Children, 57*, 479-486.

Hasazi, S.B. (1985). Facilitating transition from high school: Policies and practices. *American Rehabilitation, 11*, 9-16.

Horner, R.H., Dunlap, G., Koegel, H.L., Carr, E.G., Sailor, W., Anderson, j., Albin, R.W., & O'Neill, R.E. (1990). Toward a technology of "nonaversive" behavioral support. *Journal of The Association of Person with Severe Handicaps, 15*, 125-132.

Horner, R.H., O'Neill, R.E., & Flannery, K.B. (1993). Building effective behavior support plans from functional assessment information. In M. Snell (Ed.), *Instruction of students with severe disabilities* (4th ed., pp. 184-214). Columbus, OH: Charles E. Merrill.

Ittelson, W.H., Rivlin, L.G., & Proschansky, H.M. (1976). The use of behavioral maps in environmental psychology. In H.M. Proschansky, W.H. Ittelson, & L.G. Rivlin (Eds.), *Environmental psychology: People and their physical setting.* New York: Holt, Rinehart & Winston.

Jones, F.H., Fremouw, W., & Carples, S. (1977). Pyramid training of elementary school teachers to use a classroom management package. *Journal of Applied Behavior Analysis, 10*, 239-253.

Joyce, B., & Showers, B. (1980). Improving in-service training: The age of research. *Educational Leadership, 37*, 379-385.

Joyce, B., & Showers, B. (1982. November). The coaching of teaching. *Educational Leadership*, 4-7.

Kennedy, C.H., Horner, R.H., & Newton, J.S. (1990). The social network and activity patterns of adults with severe disabilities: A correctional analysis. *Journal of The Association for Persons with Severe Handicaps, 15*, 86-90.

Meyer, L.H., Eichinger, J., & Park-LEE, S. (1987). A Validation of program quality indicators in educational services for students with severe disabilities. *Journal of The Association for Persons with Severe Handicaps, 12*, 251-263.

Meyer, L.H., Evans, I.M. (1989). *Noaversive intervention for behavior problems: A manual for home and community.* Baltimore: Paul H. Brookes Publishing Co.

Meyer, L.H., & Evans, I.M. (1993). Meaningful outcomes in behavioral intervention. In J. Reichle & D.P. Wacker (Eds.), *Communicative alternatives to challenging behavior: Integrating functional assessment and intervention strategies* (pp. 407-428). Baltimore: Paul H. Brookes Publishing Co.

Meyer, L.H., & Janney, R.E. (1989). User-friendly measures of meaningful outcomes: Evaluating behavior interventions. *Journal of The Association for Persons with Severe Handicaps, 14*, 263-270.

Mount, B., & Zwernick, K. (1987). *It's never too early, it's never too late.* St. Paul, MN: Motropolitan Council.

O'Brienm J., & Lyle, C. (1987). *Framework for accomplishment.* Decatur, GA: Responsive Systems Associates.

O'Neill, R.E., Horner, R.H., Albin, R.W., Storey, K., & Sprague, J.R. (1990). *Functional analysis of problem behavior: A practical assessment guide.* Sycamore, IL: Sycamore Publishing CO.

Page, T.J., Iwata, B.A, & Reid, D.H. (1982). Pyramidal training: A large-scale application with institution staff. *Journal of Applied Behavior Analysis, 12*, 335-351.

Peck, C.A., Killen, C.C., & Baumgart, D. (1989). Increasing implementation of special education instruction in mainstream preschools. Direct and generalized effects of nondirective consultation. *Journal of Applied Behavior Analysis, 22*, 197-210.

Racino, J.A. (1990). Preparing personnel to work in community support services. In A.P. Kaiser & S.M. McWhorter (Eds.), *Preparing personnel to work with persons with severe disabilities* (pp. 203-226). Baltimore: Paul H. Brookes Publishing Co.

Schuler, A.L., Peck, C.A., Tomlinson, C.D., & Theimer, R.K. (1984). Communication interview. In C.A. Peck, A.L. Schuler, C.

Tomlinso, R.K. Theimer, T. Haring, & M. Semmel (Eds.), *The social competence curriculum project: A guide to instructional programming for social and communicative interactions* (pp. 43–52). Santa Barbara: University of California–Santa Barbara.

Snell, M.E. (1990). Building our capacity to meet the needs of persons with severe disabilities: Problems and proposed solutions. In A.P. Kaiser & C.M. McWhorter (Eds.), *Preparing personnel to work persons with severe disabilities* (pp. 9–23). Baltimore: Paul H. Brookes Publishing Co.

Stainback, S., & Stainback, W. (1985). *Integration of students with severe handicaps into regular schools.* Reston, VA: Council for Exceptional Children/

Stainback, W., & Stainback, S. (1989). Practical organizational strategies. In S. Stainback, W. Stainback, & M. Forest (Eds.), *Educating all students in the mainstream of regular education* (pp. 71–87). Baltimore: Paul H. Brookes Publishing Co.

Sugai, G., & Horner, R.H. (1994). Including students with severe behavior problems in general education settings: Assumptions, challenges, and solutions. In J.Marr, G. Sugai, & G. Tindal (Eds.), *The Oregon Conference Monograph* (Vol. 6) (pp. 102–120). Eugene: University of Oregon.

Touchette, P.E., McDonald, R, F., & Langer, S.N. (1985). A scatter plot for identifying stimulus control of problems behavior. *Journal of Applied Behavior Analysis, 18*, 343–351.

Turnbull, A.P., & Turnbull, H.R. (1990). A tale about lifestyle changes: Comments on "Toward a technology of 'nonaversive' behavioral support." *Journal of The Association for Persons with Severe Handicaps, 15*, 142–144.

Vandercook, T., & York, J. (1990). A team approach to program development and support. In W. Stainback & S. Stainback (Eds.), *Support networks for inclusive schooling: Interdependent integrated education* (pp. 95–122). Baltimore: Paul H. Brookes Publishing Co.

Vandercook, T., & York, J., & Forest, M. (1989). The McGill Action Planning System(MAPS): A strategy for building the vision. *Journal of The Association for Persons with Severe Handicaps, 14*, 202–215.

Wehman, P., Kregel, J., & Barcus, J.M. (1985). From school to work: A vocational transition model for handicapped students. *Exceptional Children, 52*, 25–37.

Wehman, P., Moon, M.S., Everson, HJ.M., Wood, W., & Barcus, J.M. (1988). *Transition from school to work: New challenge for youth with severe disabilities.* Baltimore: Paul H. Brookes Publishing Co.

논의

Gail McGee

주립 병원에서 박사 전 훈련과정 중인 나는 만성 정신분열증을 가진 청년 환자들을 돌보는 곳에서 순환근무를 했다. 그들은 현관의 안락의자에 앉아서 몸을 이리저리 흔들면서 나날을 보냈고, 비록 모든 사람들이 읍내에 나갈 수는 있었지만, 그들은 병원 뜰을 거의 벗어나지 못했다. 나는 그들이 지역사회 이곳저곳을 돌아다니도록 열심히 행동 점수주기 체계를 만들었지만, 며칠 후에는 좌절하고 말았다. 오전 집단 "치료" 회기 때, 나는 청년들이 지역사회로 외출하여 점수를 획득하는 데 실패했다는 사실에 직면했다. 그들의 반응은 "우리가 병원에서 왔기 때문에 식당, 가게 점원, 영화관 호객꾼 등이 우리가 그들 주변에 가는 것을 원하지 않는다."는 것이었다. 나는 "그렇다면 그들은 여러분이 병원에서 왔다는 것을 어떻게 알았나?"고 물었다. 나의 다소 단순한 응답에 회의적이 되어 그들은 자신의 발에 신겨져 있는 고동색의 병원용 양말을 지적했다. 이 당면한 문제는 Woolworth에 모든 서로 다른 종류의 색을 가진 양말을 구매하러 사람을 보냄으로써 고치기가 쉬웠다. 하지만 지역사회 통합 지지자는 문제행동을 하는 사람을 받아들이는 문제에 대한 지속적인 해결책은 훨씬 더 복잡하다는 것을 발견하게 되었다. 나는 팀 훈련 모델을 다룬 이 장을 내가 이용할 수 있기를 바라면서 지금은 중년이 된 사람이 그 병원 현관에서 여전히 흔들의자에 앉아 있지 않기를 믿었다.

이 마지막 장들의 최우선적인 주제인 지역사회 통합의 목표는 문제행동을 하는 사람의 삶의 질 향상이다. 함의는 삶의 질 향상을 위한 전략은 삶의 유형 변화 중에서 격리시킴으로써 행동의 감소를 가져오는 전통적인 치료 접근법보다도 더욱 효과적으로 문제행동을 감소시키는 것이 될 수도 있다.

Risley(제18장)는 행동분석이 항상 삶의 질에 관심을 가져왔다고 말하고, 실제 Wolf(1978)는 우리에게 "어떻게 행동분석이 그 본연의 길을 찾고 있는 중인가?"라는 물음을 제공해 주었다(P. 203). 아마 행동분석이 올바른 길을 찾아가기 시작했지만, 만약 그렇다면 그 여행은 분명히 시간이 오래 걸렸다. 응용행동분석 영역이 항상 문제행동의 상황을 개선시키기를 돕는다는 목표를 가졌다는 것은 사실이지만 하지만 종종 그런 "상황"은 문제행동의 원인이 되었을 수도 있었다. 너무 자주, 실제 목표는 장애인을 더 좋게 만드는 것이 아니라 치료 스텝을 위한 상황을 더 좋도록 만드는 것이었고, 그 결과는 어떤 환상이 그 문제를 치료하든지 간에 계속되는 돌고 도는 문제가 되었다.

연구자가 장애인을 위한 "질"적인 삶의 환경을 설계하기 시작함에 따라, 이들 "질"적인 환경을 확립하는 데 역사적으로 누구의 기준이 사용되는가에는 너무 작은 관심이 기울여져 왔다. 만약 다른 누군가가 그들의 이상적인 환경에 우리를 강제로 살라고 한다면 우리 대부분은 빈약하게 행동할 것이다. 이 책의 각 장들을 통해서, 개념적인 것에서부터 어떻게 그 기술을 행하는지의 범위에 초점을 맞추어 왔지만, 기본적인 강조는 개인에 있다. 향상된 삶의 유형을 고안함에 있어 개인의 선호, 선택 및 장애가 조심스럽게 고려되어야 한다.

고맙게도, 이 저자들은 욕조 물에 있는 아기를 그 밖으로 집어 던지지는 않았다. 모든 사람은 장애인을 위해 진정으로 향상된 삶의 질을 획득하는데 행동분석이 공헌해야 한다는 것을 인식하고 있다. 각자는 문제행동을 감소시키는 데 기능분석이 하는 필요한 역할을 가끔 인정한다. 지속적인 지원과 유지를 위한 계획의 중요성이 또한 삶의 계획하기에 강조된다.

계속적인 발달 혹은 학습의 중추적인 역할은 각 장에서 암시적 혹은 명백한 관심을 받는다. 솔직하게도, 통합 지지자는 일부 장애인은 지역사회의 통합이 자신의 삶에서 가장 선호하는 것 중 하나가 아니라고 생각하고 있다는 것을 인정해야 한다. 만약 명백하게 회피하는 것이 아니라면 사회적인 상호작용의 요구는 사회적인 상호작용에 결함을 가진 사람에게는 호소력이 없을 수도 있다. 하지만 발달을 위해 개인이 기회를 가지게 할 필요성이 있다는 널리 퍼져 있는 요구는 통합적인 환경이 삶의 계획하기에 고려되어야 한다는 것을 가리킨다. 더욱, 통합적인 환경은 높은 삶의 질(활동, 일정, 기타에서의 선택하기)의 다른 핵심적인 특성을 제공하는데 크게 이바지한다. 종합적이고 발달상의 삶의 계획하기는 어려움을 제시하는 지역사회 삶의 그러한 측면을 융화시켜야 하고 이들을 체계적으로 다루어야 한다.

Horner와 동료들(제16장) 및 Carr와 동료들(제17장)은 문제행동에 대한 전통적인 기능분석을 넘어서 새로운 관점을 제공하는 기술적인 수준에서의 지역사회 통합문제를 강조한다. Horner, Vaughn, Day와 Ard(제16장)는 교사의 경험과 서비스 제공자에게로 이동해 갈 사례에 상황설정이라는 개념을 도입한다. 그들은 왜 한 개인이 겉으로 보기에 "예측할 수 없는" 방식으로 행동하는가를 설명하는 명백한 예와 함께 상황설정을 문제행동에 대한 우리의 이해력과 통합시켜 주는 모델을 만들어낸다. 인상적인 광범위한 연구가 상황설정(예: 고통, 회피사건, 스텝 혹은 일정 변경, 피로)의 15명의 장애 청년과 성인 13명의 문제행동과의 관련성을 조망한다. 매우 유용하게도, Horner와 그의 동료들은 문제행동을 위한 중다 요인 중재의 일환으로 상황설정을 조작하기 위한 혁신적인 모델의 윤곽을 그렸다. 이 장은 필요한 연구에 자극을 제공할 뿐만 아니라 실천가와 삶을 계획하는 사람에게 도움이 된다는 것을 증명하여야 한다.

Carr, Reeve와 Magito-McLaughlin(제17장)은 분명히 Skinner를 즐겁게 해 주었을 실험분석으로 최종 결론을 내리면서 문제행동의 선행조건을 보다 더 조심스럽게 고려할 필요성에 대한 역사적인 관점을 취한다. 상황설정은 생물학적인 맥락, 신체적인 환경 및 사회문화적인 문제라는 관점에서 조사되어야 한다. 또한 발달장애인의 상황설정이 연구되어 온 문헌에 같이 조망된다. 월경, 분위기 및 의사소통 가능성의 영향에 대한 실험적인 분석의 흥미 있는 예가 문제행동에 대한 맥락적인 영향을 체계적으로 연구하라는 요구를 지지자에게 제공했다.

Horner와 동료들 및 Carr와 동료들은 상황설정에 대한 약간 다른 기술적인 해석을 하지만, 전자는 강화 혹은 처벌의 가치 변화를 강조하고 후자는 변별자극의 영향을 맥락이 변경한다고 주장하고 있다. 미래의 연구가 특별한 상황설정의 영향을 분리시킬 필요가 있지만, 의심의 여지도 없이 문제행동을 하는 개인을 위해 개념화와 개선된 중재와 향상된 삶의 질로 이끌 것이다.

Risley(제18장)는 미시적인(행동분석) 것에서부터 전체적인 수준(삶의 배치)의 상식(후속결과 관리)에 이르는 문제행동을 다루기 위한 전략의 연속체에 대해 개략적으로 설명한다. 그는 전체 삶의 유형변화가 중재를 하기 가장 효과적인 수준일 때, 전문가는 이 수준을 효율적으로 다루기 위해 재훈련이 필요할지도 모른다고 제안한다. 개별화된 프로그램을 명시한 법이라는 혁명적인 시각에 사려 깊은 감사가 있다. 진정으로 개별화된 계획은 장애인에게 근본적으로 새로운 삶을 제공하기 위해 서비스 전달체계를 재정비하는 것이 필요하고 가능하도록 만들어 준다.

Risley의 삶의 코치 연속체는 인간중심 계획하기라는 Kincaid의 장(제19장)에 더욱 상세하게 설명되었다. 장애인을 위해 더 나은 미래를 계획하는 데 고유한 가치를 따르면서 Kincaid는 그들이 계획을 하고 있는 것과, 당사자가 요구하고 원하는 것이 무엇인지, 당사자의 미래를 위한 단기 및 장기 목표를 어떻게 확립할 것인지 등을 당사자가 이해하도록 집단 계획하기 팀을 위한 매우 특정한 과정을 설명하고 있다. 또한 그 과정이 제대로 되고 생산적인 것이 되도록 계속해서 그 과정을 계획하도록 실질적인 조언을 제공한다.

Anderson, Russo, Albin과 Dunlap(제20장)은 개인 삶의 계획하기뿐만 아니라 체제의 변화를 목표로 하는 현장 팀 훈련계획에 대한 기술을 제공한다. 약술된 과정의 장점은 훈련이 종합적이고 여러 전문 분야에 걸친 장기적인 것이라는 것이다. 주(state)의 기술훈련 교육과정은 지원된 적용과 산재한 정보를 포함한다. 또 중요한 것은 훈련가 훈련 모델은 특히 장애인과 장애인을 지원하는 팀에게로 이런 기술의 전파를 계획한다는 것이다.

Risley, Kincaid와 Anderson과 동료들은 장애인을 위한 더 나은 삶을 계획하기 위한 가장 필요한 단계는 가족 구성원, 서비스 제공자, 참여 기관 및 당사자 자신 간에 협력과 협동 관계 확립하기를 포함한다. 하지만, 모든 저자들은 최소한 몇몇 경우에는 문제행동을 다루는 데에는 더 많은 기술적인 정확성이 있어야 한다는 것을 인정한다.

요약하면, 이 장들은 직업을 촉진시키고 실질적인 아이디어를 제시한다. 이것은 오늘 마침내 행동분석이 실제로 그 본연의 길을 찾아가고 있는 중이라는 것을 보여 준다.

참고문헌

Wolf, M.M. (1978). Social validity: The case for subjective measurement or how behavior analysis is finding its heart. *Journal of Applied Behavior Analysis*, *11*, 203-214.

찾아보기

≪ㄴ≫

≪ㄷ≫

《ㅇ》

《ㅍ》

《ㅎ》

≪기타≫

역자 소개

이영철

- 대구대학교 대학원 특수교육학과/정신지체아교육전공(문학박사)
- 박사학위 논문: 환경중심 언어지도가 정신지체아의 자발 발화에 미치는 효과
- 미국 오레곤대학교 해외파견교수, 대통령자문 교육혁신위원회 위원, 우석대학교 사범대학 학장
- 현, 한국정신지체아교육학회 회장, 우석대학교 교수학습지원센터장, 우석대학교 특수교육과 교수

■ **주요 저 · 역서**

- 조기언어교육프로그램
- 개별화 교육프로그램의 이론과 실제
- 탈산업사회와 특수교육
- 특수아동의 이해와 교육
- 장애 영 · 유아를 위한 교육방법 외 다수

■ **주요 논문**

- 정신지체라는 명칭의 해체를 위한 담론, 통합교육에 대한 일반교사와 특수교사의 인식수준과 개선방향 외 다수

박정식

- 대구대학교 대학원 특수교육학과/정신지체아교육전공(문학박사)
- 박사학위논문: 특수학교 전환교육 실행수준과 촉진방안
- 대구대학교 강사, 영진전문대학 강사, 영남대학교 대학원 강사
- 대구대학교 사범대학 부설교육연구소 연구원
- 현, 우석대학교 유아특수교육과 교수

■ **주요 저 · 역서**

- 특별한 교육적 지원 요구학생을 위한 여가 · 생활지도

■ **주요 논문**

- 성과중심 전환교육의 핵심영역인 자기결정 구성영역과 하위요소 탐색, 발달장애학교 전환교육 실천수준 외 다수

이응훈

- 대구대학교 대학원 특수교육학과/정신지체아교육전공(문학박사)
- 박사학위논문: 정신지체인의 성과중심 전화교육을 위한 자기결정기술 촉진 방략
- 주요 경력: 거창전문대학 강사, 거창기능대학 강사 역임
- 현, 거창여자고등학교 교사

■ **주요 저 · 역서**

- 자기결정기술
- 특별한 교육적 지원 요구학생을 위한 여가 · 생활지도

■ **주요 논문**

- 성과중심 전환교육의 자기결정 구성요소와 지원전략, 성과중심 전환교육에서의 자기결정과 동기와의 관련성 고찰 외 다수

지역사회에서 행동문제를 지닌 사람을 통합하는
긍정적 행동지원

인 쇄 일	2007년 9월 25일 초판 인쇄
발 행 일	2007년 9월 28일 초판 발행
편 저 자	Lynn Kern Koegel · Robert L. Koegel · Glen Dunlap
역 자	이영철 · 박정식 · 이응훈
발 행 인	구본하
발 행 처	도서출판 박학사
주 소	서울시 마포구 서교동 476-53 세화회관
전 화	(02)3142-3765
팩 스	(02)3142-3766
E-mail	pakhaksa@kornet.net
웹사이트	www.pakhaksa.co.kr
등록번호	제10-2230호

가격 18,000원 ISBN 978-89-91633-41-4

♣ 역자와의 합의하에 인지첨부는 생략합니다.